經世與實業

劉廣京院士百歲紀念論文集

黎志剛、潘光哲 主編

緣 起

潘光哲

2021年，適逢中央研究院院士劉廣京（Kwang-Ching Liu, 1921-2006）教授百年冥誕；這部論文集是廣京先生的故舊門生謹懷敬意，奉獻紀念的成果展現。

最初，在2016年廣京先生逝世十周年的時候，門生黎志剛教授發起這項紀念事業，並得到中央研究院王汎森院士、陳永發院士的支持，汎森院士尤為關懷備至，在在鼓勵編輯事業的進行。志剛教授廣邀同懷致敬意念的學界同仁，以成其業，迴響熱烈。不意，天喪斯文，文稿尚未匯集完全，全帙有待殺青之際，志剛教授意外於2021年4月英年早逝，史林君子，悲慽無已。個人深受廣京先生提攜，有幸與志剛教授系出同門，彼此情誼濃郁，完成先行者之志願，絕對義不容辭。敬蒙史界前輩同仁信賴，個人得以接手這項事業，願能紀念告慰廣京先生和志剛教授在天之靈。

本書定名為《經世與實業：劉廣京院士百歲紀念論文集》，當然不能涵括廣京先生氣象宏大的史學全景。然而，「經世」和「實業」，始終是廣京先生關懷備至的課題。蓋中國現代意義「實業」之發展，與傳統「經世」意向，有若輪之二軸，彼此互存共力，方可驅動前行於美善未止之境。一旦失調，必至輪傾車覆而後已。正如廣京先生以史家客觀而宏大的視角，就李鴻章倡言的「官督商辦」企業方案為例證，提醒我們，李當時對於商人作用的眼光，與經世學者魏源早在1830年代「官告竭，非商不為功也」的看法，實在可以媲美。較諸後世基於多重目標而將「官督商辦」企業（及其從業者）「漫畫化」乃至「妖魔化」的筆法，浸潤人心，馴至今日動輒將官府中人委商興利的舉措冠以圖利商家的罪名，竟還可以激動一時視聽，沸沸揚揚。廣京先生的慧眼，其實不是沒有現實意義的。也就是說，廣京先生的史學本身，就寄寓著無限的「經世」意涵。即便本書收錄的專論，未必率皆集中於斯，闡釋其間精義；只是，各方史家俊彥立足史學本分，奉獻一己心血，從不同的視角解析述說近代中國歷史進程的方方面面，正也是法式廣京先生史學的一種展現方式。

編者匯集文稿，考慮本書作者分處寰宇各地，行文自有風格，故不強為統一，但求本其理路，自成規範。書末敬附略述廣京先生學術文稿與著作目錄，有心之士倘願一窺廣京先生的學術世界，求知尋理，當可藉之略得助益。全帙的出版問世，承蒙秀威出版公司總經理宋政坤先生支持，主編鄭伊庭女史與同仁費神編校，謹此同申謝悃。

目次

附錄

第一部

近代中國的思想世界與經世實踐

近世中國的自我形象

王汎森

「什麼是中國」，已經成為一個熱門的論題。我個人因葛兆光教授等人的盛情邀請，參加了兩次相關的會議，[1]這篇短文便是兩次會議的初步成果。本文的主要論點是：目前討論「什麼是中國」這個問題時，主要是從外面去關照，譬如從政治、外交、經濟、社會等面向來觀察它的樣態。不過這故事的另一面是，我們也可以從內部來看這個問題，也就是「中國」自己是怎麼樣看自己的，它自己希望成為什麼樣子，這個「自我形象」如何改變，以及如何隨時根據理想的「自我形象」來查核自己發展的狀態。

一、

我認為「自我形象」（Self-image）有兩個層面，一方面是克倫威爾說的「畫我需是我」，另一方面是畫我需是理想中的「我」——「希望成為的我」。[2]我認為「自我形象」即是這兩個面向的相加，或是相互為用。在任何一個時間點上，一個國家或人物的「自我形象」都是複雜的，而且不可能窮舉的，但其中仍有一些比較居於主流的元素可以被把握。

自我形象的重要性，可以引用查爾斯・泰勒（Charles Tayler）在《現代性中的社會想像》（*Modern Social Imaginaries*）一書中提到的「社會想像」（Social Images）。Charles

[1] 第一次是 Prof. Torbjörn Lodén 和張隆溪教授在瑞典主辦的「What is China?」研討會；第二次是在 UBC 的演講，特此向兩個主辦單位致謝。關於這個問題，請參考葛兆光，《宅茲中國：重建有關「中國」的歷史論述》（臺北：聯經出版公司，2011）、《何為中國：疆域、族群、文化與歷史》（香港：牛津大學出版社，2014）。由於本文原先是演講稿，故行文比較口語化。

[2] 如傳世各種朱元璋的畫像，有兩種截然不同的面貌：一種端莊優雅，另一種醜陋獰惡。一般人多認為獰惡的應該是朱元璋的本相，風雅的則是他希望傳達的形象。但我看來，一個是「真正的我的樣子」，一個是「我希望自己是什麼樣子」。「自我形象」常微妙地包括這兩部分，由「所是」到「理想」之間有一連續狀態，希望示諸外人的往往是「理想」的那一面，或是靠兩者之間的連續狀態來維持。這裡僅是借用朱元璋畫像的例子來分析「自我形象」可能包含的問題，實際上朱元璋畫像面貌差異的原因，遠為複雜，學者間頗多爭議，可以參看夏玉潤，〈漫談朱元璋畫像之謎〉，《紫禁城》2008 年第 4 期，頁 192-203；胡丹，〈相術、符號與傳播「朱元璋相貌之謎」的考析與解讀〉，《史學月刊》2015 年第 8 期，頁 15-24。

Tayler 的「社會想像」是想要了解對整個社會而言，人們如何「想像其社會存在的方式，他們與他人和諧共處的方式，事情在他們與他們的夥伴之間進展的方式，通常可以獲得滿足的期望，以及做為這些期望之基礎的更為深刻的規範性概念與關係。」[3]在這裡我所提到的「自我形象」，主要是「事實上」如何與「理想上」應如何，所交織形成的一個參照框架。它提供了一個方向感，指引我們了解自己正在何處或是正在走向何處，最終應邁向何處？善的理想與我現在的發展之間的距離為何？

「自我形象」的範圍很廣，我在本文處理的只是其中一個面向，即古代國家認為「理想上」我們應如何的那一面。在帝制時代比較注重國家機構或國家最高統治者的意見，在近代則比較強調有重大影響力的時代思想領袖的意見。

「理想上如何」是帝國的美好辭令，儘管實質上可能是殘忍、齷齪，充滿殺戮與欺騙。重點是他們選擇這些美好的辭令，當「假作真時」，不是如紅樓夢的「真亦假」，而是它也可以成為一套理想的、評價性的語言，帝國的自我形象往往是兩者合一。

我想先以英、法、日為例，說明國家自我形象的重要。十八世紀的英國人想像他們自己高於其他種族，有解救世界之責，這給了當時的英國人一張藍圖，一個努力的方向，一個轉轍器，從而大規模影響帝國的子民與政策。Braudel 在 *The Identity of France* 中說歐洲國家的自我形象多與宗教有關。法國是靠著虔誠信仰的優越感（superiority in piety）來定義自己，他們認為自己「由上帝所揀選，在諸多國家中以對教會虔信和忠誠而特著聲譽」（chosen by God and distinguished among the nations by the fame of their faith and devotion to the church）、「世上有許許多多的基督教國家，而法國排列第一」（There are many Christian nations, the first of them is France）。[4]但是，法國的自我形象後來轉變了，由宗教的變為較帶有政治的、皇權色彩的。如 Lina Greenfield 所說，法蘭克王朝稱自己為「最基督的國王」（The most Christian King），羅馬教皇亦承認「上帝從眾民中揀選法蘭克國王」（God chose the Kingdom of France among all other people）「上帝特別選擇法國人來執行他的命令」（the special people for the execution of God's commandants）。[5]英國人則認為自己是上帝所揀選的，是上帝的第一個兒子（God's firstborn），認為「神有國籍」（God had nationality）、「神是英國人」（God is English），英國人的光榮與強大即是上帝的利益。[6]又如日本，動輒在「國體」（Kokutai）中想像帝國的「自我形象」。

---

3 Charles Tayler，李尚遠譯，《現代性中的社會想像》（臺北：商周出版，2008），頁 48。

4 Fernand Braudel, *The Identity of France* (New York: Harper & Row Press, 1988-1990), p.93-94.

5 Liah Greenfield, *Nationalism and the Mind: Essays on Modern Cultture* (Oxford: Oneworld, 2006), pp.91, 93-94.

6 Liah Greenfield, *Nationalism and the Mind: Essays on Modern Cultture,* pp.60-61.

二、

再回到中國的例子，歷史上中國的「自我形象」是一個非常龐大、非常複雜的主題。就我所知，目前並沒有直接相關的探討，本文只是一個試探性的工作，而且主要是集中於宋以下的時代。至於宋以前的部分則只是一個引子，在這個引子中，我一方面是想要說明哪一類的文獻可以透漏出一個時代的「自我形象」，[7]並試著使用了「旗」、「圖騰」、「五德論」、「秦刻石」等作為例子來討論。我同時也想在這段引文中說明，一種帶有禮治、道德色彩的「自我形象」，很早就已經出現在中國歷史文化中。

中國古代的圖騰、族徽、旗等顯然是一種群體「自我形象」的表示。在這裡我要先講《周禮》中一段有關「旗」的深奧文字，解讀這段文字的現代意涵曾經費了古代學者一番周折。[8]

這一段有關「九旗」的文字中，對於建「旗」究竟有何意義，東漢以後的解釋變得含混不清。清末孫詒讓認為這段文字是說，古代王者建國，一定要樹立新的旗幟，建新的正朔、徽號、服色、器械，許多禮儀也要跟著變，以改變人民的觀感。不同的「旗」相應改變，表示不同王朝的不同取向。後來有上古史家認為，孫詒讓所解釋的「旗」其實是「圖騰」，就像是一些部族取鳥、熊、龜等動物做為圖騰一般。古人因為受道德禮法之拘束，而不能直接看出這一點。在我看來，「旗」或「圖騰」帶有理想上、大方向上的指示作用，其實即是古代國家的「自我形象」。[9]

過去我們似乎也忽略夏是「忠」、商是「質」、周是「文」的「三統說」，「五德終始說」亦是國家自我形象的改換。如秦始皇的衣服、旗幟皆為「黑」，數以「六」為記。

7　有關的材料非常多樣，譬如歷代《會要》中的許多門類，各代詔令等等，不一而足。

8　《周禮・春官・周伯》：「掌九旗之物名，各有屬，以待國事。日月為常，交龍為旂，通帛為旜，雜帛為物，熊虎為旗，鳥隼為旟，龜蛇為旐，全羽為旞，析羽為旌。及國之大閱，贊司馬頒旗物：王建大常，諸侯建旂，孤卿建旜，大夫、士建物，師都建旗，州里建旟，縣鄙建旐，道車載旞，斿車載旌。皆畫其象焉，官府各象其事，州里各象其名，家各象其號。凡祭祀，各建其旗，會同、賓客亦如之；置旌門。大喪，共銘旌，建廞車之旌；及葬亦如之。凡軍事，建旌旗；及致民，置旗弊之。甸亦如之。凡射，共獲旌。歲時，共更旌。」

9　孫詒讓，〈九旗古義述敘〉：「旗識古義，沈霾千載矣。」（見孫詒讓著，雪克點校，《籀廎述林》〔北京：中華書局，2010〕，頁 163）楊向奎認為九旗乃圖騰，見楊向奎，《清儒學案新編》（濟南：齊魯書社，1994），第五卷，頁 555。孫作雲有一篇文章〈釋姬——周先祖以熊為圖騰考〉（1945 年），1957 年重寫時改名〈周先祖以熊為圖騰考〉，收入《詩經研究》，《孫作雲文集》（開封：河南大學出版社，2002），第二卷，頁 87-104；〈鳥官考——中國古代鳥氏族諸酋長考補〉（1943 年）、〈殷民族以燕為圖騰考——由圖騰崇拜到求子禮俗〉（1943 年），收入《中國古代神話傳說研究》（下），《孫作雲文集》（開封：河南大學出版社，2003），第三卷，頁 482-515、852-870；〈后羿傳說叢考——夏初蛇、鳥、豬、鱉四部族之鬥爭〉（1944 年），收入《中國古代神話傳說研究》（上），《孫作雲文集》，第三卷，頁 241-298。此外，有多篇類似的文章討論古代國家圖騰的問題。

史書中說秦始皇「剛毅戾深，事皆決於法，刻削毋仁恩和義，然後合五德之數」，[10]即是一種理想上的自我形象。

先秦國家的自我形象未定，似受當時思潮之影響不淺。大抵而言，當時的治國理念分成兩組：「霸」、「富」的一組，「仁」、「禮」的一組。前者如《管子・明法解》所說的：「明主在上位，有必治之勢，則群臣不敢為非。是故朝臣之不敢欺主者，非愛主也，以畏主之威勢也。百姓之爭用，非以愛主也，以畏主之法令也。故明主操必勝之數，以治必用之民。處必尊之勢，以制必服之臣。故令行禁止，主尊而臣卑。」[11]管子、商鞅、韓非等講富強，講地大國富、人眾兵強，認為這是霸王之本。另一組則反覆強調儒家文化的四件事：「禮治」、「德治」、「王道」、「仁政」。「王道平平」、「王道正直」的描述正是經常出現的詞彙。又如在《論語・子路》中講到類似的議題時說：「上好禮，則民莫敢不敬；上好義，則民莫敢不服；上好信，則民莫敢不用情。夫如是，則四方之民襁負其子而至矣。」[12]認為一切要從「禮」出發，才能有往下走的基礎，達到《禮運》〈大同篇〉天下大同的境界。[13]

除了上述兩種「霸」、「富」與「仁」「義」的理想自我形象之分歧外，韋伯（Max Weber, 1864-1920）很敏感地察覺，中國古代似乎有一種變化，即關於武士的、戰爭的一切，包括理念、身分、禮儀、歌舞等，一步一步「文士化」，以至於到了周代，那種在西方或其他文明中至為常見的歌神、戰爭、勇士、侵奪的敘述不大出現，又如富貴、法律、壯麗、貴族氣派之類的，即使是真實的場景，但在理想上，並不常公開地突出表彰作為國家的理想的自我意象。[14]

再以秦代為例，一般的形象是誠如王充（27- 約 97）在《論衡》中所說的，秦有一種奇特曖昧的自我形象。秦明明是一個暴虐之國，可是刻石之中，卻每每表現堯舜之美的理想：「秦，無道之國，刻石文事。觀讀之者，見堯、舜之美。」[15]《文心雕龍》也指出這一點：「至於始皇勒岳，政暴而文澤，亦有疏通之美焉。」[16]錢穆依據秦的石刻史料主張，秦代政治後面實有一高遠理想，此理想淵源於戰國之學術。秦刻石傳者

---

10 見司馬遷撰，《史記》（北京：中華書局，1959），第 1 冊，卷六，〈秦始皇本紀〉，頁 238。

11 見黎翔鳳撰，梁運華整理，《管子校注》（北京：中華書局，2004），下冊，頁 1208。

12 見朱熹撰，《四書章句集注》（北京：中華書局，1983），頁 142。

13 錢穆（1895-1990）認為，先秦思想以「平等」、「仁愛」為中心的人道主義為主，如孔子之「孝弟」論、「忠恕」論，墨子之「兼愛」論，惠施之「萬物一體」論，莊周之「齊物」論，許行陳相之「並耕」論，孟子之「性善」論，荀子之「禮」論。

14 此段陳述是韋伯《中國宗教》（*The Religion of China: Confucianism and Taoism*）中的論點。

15 黃暉撰，《論衡校釋》（附劉盼遂集解）（北京：中華書局，1990），頁 855。

16 劉勰著，詹鍈義證，《文心雕龍義證》（上海：上海古籍出版社，1989），頁 401。

凡七，就各地風俗矯正之，如秦始皇的〈瑯琊台刻石〉即重視「尚孝」、「重農」。柯馬丁（Martin Kern）在《秦始皇石刻》一書中認為，秦始皇石刻的整組銘文有一個無所不在的主題，即社會秩序的觀念，強調人人各安其位，各盡其責，不踰矩，盡享安樂。在周代末期，不管是律法中心或禮儀中心，皆以「各安其宇」為關鍵。[17]柯馬丁認為秦代的石刻銘文還是遵循了周代政治表徵的傳統表達，證明了秦與東周禮儀傳統之間原則上的連貫性。[18]照錢穆的看法，秦的重農、尚孝等治國方向皆為漢代所因襲。[19]秦刻石中的這些特點，與現實上的秦朝顯然有出入，《文心雕龍》中說秦代「政暴而文澤」，「政」與「文」兩者的出入，其實表達了秦在「實際上」與「理想上」的自我想像的出入。

三、

以下要從宋講起，明代萬曆年間的陳邦瞻認為「宇宙風氣」有三個階段的變化：他說，從太古到戰國時代為一變，由漢到唐末五代為一變，由宋以下是第三變。他說今天，「國家之制，民間之俗，官司之所行，儒者之所守，有一不與宋近者乎」。[20]近人嚴復也認為：「中國所以成於今日現象者，為善為惡，姑不具論，而為宋人之所造就什八九，可斷言也。」[21]陳、嚴二人相隔數百年，卻都認為宋代是中國歷史上的一個關鍵時代，陳邦瞻尤其點出宋的「家法嚴」。換一個說法，「家法」其實就是國家所欲天下共知的自我形象。宋代所謂的「祖宗之法」是一動態累積形成的過程，主要奠基於太祖、太宗朝，內容不是以條目的方式出現，沒有明顯的範圍界定，卻仍限制了宗室、外戚、宦官權力的分立與制衡，還確立了與士大夫共治天下，不殺言事官僚，提倡忠義氣節，後宮皇族謹慎節約等原則。[22]

如何測知宋代的祖宗家法是否產生了實際影響？我想到一種可稱為「朝代間競賽」的文本，當人們稱說自己的朝代值得驕傲的地方時，背後有一個預設，即我們的理想國家形象是這樣的，這些誇耀性的文本折射了文人心中國家的理想形象。這類文本中

---

[17] Martin Kern, *The stele inscriptions of Ch'in Shih-huang: text and ritual in early Chinese imperial representation*, (New Haven, Conn.: American Oriental Society, 2000), p.166-167. 中譯參見劉倩譯，《秦始皇石刻：早期中國的文本與儀式》（上海：上海古籍出版社，2015），頁 153-154。

[18] Martin Kern, *The stele inscriptions of Ch'in Shih-huang : text and ritual in early Chinese imperial representation*, p.57. 中譯參見劉倩譯，《秦始皇石刻：早期中國的文本與儀式》，頁 49。

[19] 錢穆，《國史大綱》（臺北：臺灣商務印書館，1975），頁 91。

[20] 陳邦瞻，〈宋史紀事本末敘〉，《宋史紀事本末》（北京：中華書局，1977），第 3 冊，頁 1191-1192。

[21] 王栻主編，《嚴復集》（北京：中華書局，1986），第三冊，頁 668。

[22] 鄧小南，《祖宗之法：北宋前期政治述略（修訂版）》（北京：生活．讀書．新知三聯書店，2014），頁 9、10。

所舉的例子，有大有小，有的從現代人眼光看來只是細微末節，但是作者們卻夸夸而談。以宋代來說，時人認為宋代皇帝由內廷步行到外廷，是邁越前人的地方；又說自宋太祖以來「燕居必以禮」；又說宋代自負不殺大臣，犯再大的過錯，最多只是免職而已。因此，北宋大儒們認為宋是超越古人的聖政。

至於明代，野史中紀載很多有關明太祖為政刻忍、好殺，誅殺功臣，對貪官汙吏在「剝皮場」中剝皮的情事。有人認為是實情，有人認為是誤會，我則認為這是兩種明太祖畫像的翻版，「實際上」與「理想上」的。不管實際上的明太祖如何獰惡，在理想上明太祖都展現了出另一個自我形象。明代也有所謂的「祖宗之法」，即〈皇明祖訓〉、〈大誥〉之類的文字，它們多希望透過加強等級制，在以漢族農耕中心地域為主的社會中，重新建立儒家的社會秩序。

由上述的明初立下的祖宗之法可以看出，明代國家的自我形象是儒家的，與元代不同。明太祖洪武十五年，開始詔告天下通祀孔子，釋奠禮之隆重為歷代之冠。[23]這些政策、宣示要與前代有所比較才可以看出其宗旨的特色，如耶律楚材（1190-1244）〈中書令耶律公神道碑〉中說別迭曾建議忽必烈（1215-1294）以全中國為牧場。[24]如元世祖對儒教之輕視，如元太宗窩闊台五年（1233）所立的國子學，全由全真教道士主導，教學重視的是漢語不是儒學經典，兩者的政策和國家理想是大相逕庭的。

明太祖說：「孔子明道德以教後世，豈可以職位論哉」[25]。洪武元年，他與孔克堅第二次對話：「你祖宗留下三綱五常，垂憲萬世的好法度。」[26]洪武十四年九月《御製衍聖公文》說：

> 三綱五常之道，始上古，列聖相承，率修明以育生民。至於中古，將欲墜焉，非先師孔子，孰能修明之！今生民多福，惟三綱五常之道備耳。蓋世之大德者，天地不淪沒，人民無惡聲，所以為帝者師，血食千萬年不泯，子孫存焉。朕以爾孔希學繼世焚修，永張斯教，以顯爾祖。何其訃音一至，云及長往。[27]

---

[23] 朱鴻林，〈明太祖的孔子崇拜〉，《中央研究院歷史語言研究所集刊》第 70 本第 2 分（1999 年 6 月），頁 483-530。

[24] 幸得耶律楚材進諫才得以扭轉之，參見宋子貞，〈中書令耶律公神道碑〉：「別迭等僉言：『雖得漢人，亦無所用。不若盡去之，使草木暢茂，以為牧地』。公即前曰：『夫以天下之廣，四海之富，何求而不得，但不為耳，何名無用哉。』」（收入蘇天爵編，《元文類》〔《景印文淵閣四庫全書》，臺北：臺灣商務印書館，1983，第 1367 冊〕，卷 57，頁 14，總頁 753）

[25] 萬斯同撰，《明史》，卷一百七十二，收入《續修四庫全書》（上海：上海古籍出版社，1997），第 327 冊，頁 317。

[26] 見《曲阜孔府檔案史料選編》（濟南：齊魯書社，1980），第 2 編，《明代檔案史料》，頁 6。

[27] 朱元璋撰，胡士萼點校，《明太祖集》（合肥：黃山書社，1991），〈祭孔希學文〉，頁 429。

到了明英宗，我們只要看一段在《正統道藏》〈緣起〉中的話，即可知道帝國自我理想意象的梗概，它不是富有的、強大的，而是——「家和戶寧，衣食充足。禮讓興行，教化修明。風俗敦厚，刑罰不用」[28]，這幾乎就是當時國家理想上的「自我形象」了。

除卻帝王本身對國家自我形象的表示之外，中國古代的領導性士大夫的言論也是很重要的參考框架。相較於同時代的西方，中國的領導菁英對商業、城市等關鍵主題的態度是很不同的。以明末清初三大儒顧炎武、黃宗羲、王夫之為例。顧炎武反對過度富有而造成貧富不均，他認為這會造成民之不安。[29]他也反對城市，認為人聚於鄉，則和諧而有秩序，聚於城市則亂、則多犯罪、多訴訟。[30]當然，顧炎武還呼籲政府不能過度剝削富民，他說如果太過剝削他們，必然會逼使他們最後都成了窮人，而一個地方，如果只有窮人而沒有富民也是不行的。[31]

至於黃宗羲，他雖曾說過「工商皆本」，但是細究他的文字，他仍然認為農業才是優先，工商只是必要的而非優先的。[32]黃宗羲說：「後之聖王而欲天下安富，其必廢金銀乎」，[33]認為金銀為天下大害故應廢除，這與當時歐洲像英、法等國家的自我形象是有出入的。至於王夫之，反商揚農的思想更為明確。[34]當然，與他們同時代的還有像唐甄《潛書》中為「富」鼓吹的話，唐甄認為「立國之道無他，惟在於富。自古未有國貧而可以為國者。夫富在編戶，不在府庫。若編戶空虛，雖府庫之財積為丘山，實為貧國，不可以為國矣。」[35]但是這種張揚「富」道的言論，並不多見。

我倒不是認為清初三大儒這方面的思想必然與清代皇帝對帝國的自我形象有關，但是如果我們舉清代盛世時在位達六十年的統治者乾隆為例，便可以發現在前述幾個問題上，他的看法與三大儒何其相近。

---

28 陳國符，《道藏源流考》（北京：中華書局，1963），頁 188。

29 見顧炎武著，黃汝成集釋，欒保群等校點，《日知錄集釋》（上海：上海古籍出版社，2006），卷六〈庶民安故財用足〉：「民之所以不安，以其有貧有富」，頁 367。

30 同前註，卷十二〈人聚〉：「人聚於鄉而治，人聚於城而亂。……聚於城則謠役繁，獄訟多，欲民之有恒心，不可得也」，頁 721-722。

31 顧炎武，《菰中隨筆》（收入《四庫全書存目叢書》，子部第 98 冊）：「況今多事，皆倚辦富民，若不養其餘力，則富必難保，亦至於貧而後已。無富民則何以成邑」，頁 167。

32 黃宗羲，《明夷待訪錄》，〈財計三〉：「世儒不察，以工商為末，妄議抑之。夫工固聖王之所欲來，商又使其願出於途者，蓋皆本也」（收入《黃宗羲全集》〔杭州：浙江古籍出版社，1985〕，第 1 冊，頁 41）

33 同前註，頁 38、36。

34 參見巫寶三主編，《中國經濟思想史資料選輯》（明清部分）（北京：中國社會科學出版社，1990），頁 299-307。

35 唐甄著，吳澤民編校，《潛書》（北京：中華書局，1963 增訂二版），頁 114。

乾隆恐怕是古往今來最喜愛寫詩、寫文章的帝王，但其實他最好與文士爭勝。其實也是照著鏡子描述自己真正的意思，他在乎文士所擅長的一切，而且處處表示自己在這些方面並不遜色的意思。他在皇子時期的《樂善堂集》及身為帝王的《御製詩文集》，文字之多，難以形容。譬如他做了四萬多首詩，數目超過《全唐詩》，其中沒有喝酒及歌舞的場面。在考證學盛行的時代，他也作考證文章，並時時以這方面的專家學者或指導者自居，[36]這也折射出他自己的自我形象。

乾隆的自我形象，在相當程度上即是國家的自我形象。首先，乾隆的國家理想基本上是「迴向三代」式，[37]他主張要「君道」而兼「師道」（天子與學者爭教主），認為「君」「師」兩種身份應該合二為一。他未即位前的文集中說：「蓋我皇父重農之心，雖於燕閒遊觀之所，亦未嘗頃刻忘也。」[38]顯示他師法其父重農，同時他主張尚儉，要散財在民。[39]他又常說：「天地生財，祇有此數」，[40]並沒有無限向外擴充財富的想法，重要的是想要返樸還淳。

乾隆的繼位者嘉慶呢？他坦言要繼承其父的「全盛事已屬艱難，嘆守成不易，勉力遵守祖宗家法。嘉慶十六年，他在〈守成論〉中強調，除創業之君外，後世子孫只須恪遵祖法即可，亡國之君，每皆由於不願守成。他同樣崇儉去奢。天理教亂之後，反覆將政治事件個人道德化，或個人修身化，認為為今之計，只有「謹身修德，勤政愛民，自省己處」，方能回應上天示警。行刺案及逆倫案頻傳，他認為肇因於教化未淳，人心未淨。[41]

相較之下，十八世紀大英帝國的自我形象是很不一樣的。十八世紀的大英帝國宣稱他們是：「新教的」(Protestant)、「商業的」(commercial)、「海洋的」(maritime)、「自由的」(free)，[42]這四點不是任何人所能訂定，而是反映現實，在充滿偶然性下形成的。但是無論如何，帝國的自我形象大致是這個樣子。當時中國大部份的文化菁英正在鼓吹「農業的」、「反城市」、「反海洋」的思想，這些人的思想其實也代表著國家的理想

---

36 乾隆曾親製詩篇，題識《四庫全書》抄本《經義考》卷首，並下令浙江巡撫三寶尋訪《經義考》藏板之家，若願將詩篇冠於卷端，聽其刊刻，使士林知其崇尚經學之意。參看朱彝尊撰，林慶彰等主編，《經義考新校》（上海：上海古籍出版社，2012），（一），頁 10-11。

37 高王凌，《乾隆十三年》（北京：經濟科學出版社，2012）。

38 見清高宗，〈田字房記〉，《御製樂善堂全集定本》，卷八，收入《景印文淵閣四庫全書》，第 1300 冊，頁 342。

39 見清高宗，〈遊玉泉山見秋成誌喜〉，《御製樂善堂全集定本》，卷二十三，頁 474。

40 見清高宗，〈降旨普免天下正供詩以誌事〉，收入《清高宗御製詩文全集》（臺北：國立故宮博物院，1976），卷八十五，頁 4。

41 唐屹軒，〈嘉慶皇帝的國家治理及其自我論述〉，《東吳歷史學報》28 期（101 年 12 月），頁 120。

42 David Armitage, *The Ideological Origins of the British Empire* (Cambridge: Cambridge University Press, 2000).

上的自我形象。而且因為他們的勢力太大，使得商業、海洋活動雖然實際存在而且大為活躍，但是在「理想上」，人們仍認為不應該是這樣的。無怪乎一個多世紀後，杜亞泉在〈靜的文明與動的文明〉中說：「我國社會則往往視勝利為道德之障害，故道德上不但不崇拜勝利，而且有蔑視勝利之傾向」。[43]

在十八世紀的清朝，海洋與貿易活動都已大為開展，但是皇帝所認可的國家形象仍是與此相反的，領導的士大夫也是這樣想像的。除了相當少數的例外，帝國的領導層和子民往往也是採用類似的觀點。他們認為過度的商業化是有害的，錢是壞的、城市是壞的，流通是應該禁止的。皇帝與士人在某些重要議題的看法上高度的一致化，形成了帝國的自我理想形象。就如 Charles Tayler 所說的，這些理想的框架形成一個使人們把「理想上」與自己目前的狀況相比較，相校正的依據。

順著上面的討論下來，我們不能不談到彭慕蘭（Kenneth Pomeranz）《大分流》（*Great Divergence*）一書中的論點。這是一本重要的書，他在討論中西大分流這個課題時，主要是從社會、經濟、消費水準等方面作比較，得出一個結論，認為十八世紀前中、西方在許多方面其實沒有太大的差異，甚至中國在各方面可能都還要更高一等。可是十九世紀之後，雙方之間的距離逐漸拉大。對此，他提出了多種解釋，包括美洲殖民地為歐洲國家提供許多低廉的資源，並且解決了許多困擾的問題。我主要的意見是這本書沒有從思想方面進行討論，沒有對國家自我形象的討論——並未討論當時的中國認為自己是什麼樣的國家，以及「理想上」應該成為什麼樣的國家，應該是商業的、城市的、海洋的、追逐最大利益與財富的嗎？還是人民財產平均的農業社會？明清時代的皇帝和士大夫對帝國的自我形象是傾向於道德的、秩序的、綱常的，是農業的、穩定的、均平的，品味是正統的，一板一眼的。而且最重要的是，他們不贊成像同時代的西方一樣：商業的、城市的，追逐最大利益，這個「國是」決定了帝國的走向。

既然它不想像英國那樣是「新教的、商業的、海洋的、自由的」，則似乎不容易往那邊發展，而這是不是也是中西「大分流」的原因之一。如果一個人只想成為大學教授，那麼他極不可能會成為億萬富翁。所以東西的「大分流」，除了用糖、鐵、棉花等物質指標來解釋之外，似乎還應該從帝國的自我想像來解釋。如果帝國及其領導輿論是想成為一個農業的、陸地的、均平的，安定而少冒險的國家，那麼思考「大分流」的問題時，便應加入「自我形象」這一個面向。

---

[43] 杜亞泉，〈靜的文明與動的文明〉，收入許紀霖、田建業編著，《杜亞泉文存》（上海：上海教育出版社，2003），頁 339。

四、

從傳統到近代國家的自我形象的轉變過程中，經過一個「公理」、「公法」的階段。在這個階段中，人們認為當代西方所有的，中國古代也有，或不只中國古代才有，是中國一直都有的或未來一定會有的。在梁啟超的〈論中國人種之將來〉中，他說：「他日於二十世紀，我中國人必為世界上最有勢力之人種」，其原因是西方的特質「富於自治之力」亦中國數千年來之特質，[44]但這個時期很快就過去了。在「公理」、「公法」階段之後，儒家道德理想所影響下的歷代國家的自我理想形象發生了根本的動搖，產生重大的變化：到處挪借理想的國家形象作為自我的形象，譬如 1906 年（光緒 32 年）清廷宣布教育宗旨，曰「忠君」、「尊孔」、「尚武」、「尚公」、「尚實」。這五大宗旨，明顯帶有日本明治維新的色彩，其中除了「忠君」、「尊孔」外，其他都是過去所沒有的。

挪借的現象也表現為：第一、以外國人對中國的標籤作為自我的標籤。譬如說，中國古代的特質是「專制」，這個說法顯然是孟德斯鳩《法意》的觀點，從晚清留學日本的新知識份子傳回中國，逐漸的革命、立憲兩派都接受它，其影響一直延續至今。第二，形成一種新的線性演化的框架，在這個新的線性演化的框架之下，以前屬於古今的、中西的種種不同的特質，分別都有被收攝到這個線性進化的格局的趨勢。原來是各種不同「性質」分別平鋪的，像是一把打開的扇子各條扇骨是平擺著，現在被「歷程化」了，成為新的線性進化格局中「程度」之分。過去在不同性質平鋪其存的時代，不同性質的事物可以並存，不必然要施以劇烈改變，但在線性架構下，為了走向下一個「程度」，此時變成是一種非改變向上不可的情勢，「未到終點」則勢不應止，「未到終點」則是未盡自己作為國家的整體。譬如嚴復的《社會通詮》，以及其他形形色色帶有單線進化味道的「階段論」，都是在演示這樣一個架構。以《社會通詮》一書為例，該書將人類共同的發展階段分成圖騰社會→宗法社會→軍國社會三個階段，由上一個階段向下一個階段進展才是正辦。在中國古代，宗法社會不但具有正面價值，而且還是周代留下的永恆理想，但此時被並放在線性進化的格局中，成為不算太野蠻，又不太進步的一種中間狀態，此即當時中國的自我形象，及這個形象在世界諸國，諸文明狀態中的自我定位。這點等一下會再談到。第三種新現象是對所謂「中國性」（Chineseness）之尋找。從晚清以來，有一批以「國」為開頭的詞彙、觀念，不管是

[44] 梁啟超，〈論中國人種之將來〉，《飲冰室文集》（臺北：臺灣中華書局，1960），第三冊，頁 48。

「取」某些特質（「粹」、「學」）或「棄」某些特質（「故」、「渣」），都蘊含著探問「中國究竟是什麼」的意涵，故錢穆說「國學」是很不正常的提法。

此外，一本又一本的《中國文化史》或《中國文化要義》，一次又一次的論戰（如「中國社會性質論戰」），多少都與「我們國家是什麼」這個問題有關。表面看來是學術的，實則每每帶有宣言的意味，而且往往是以與西方的文化比較作為定義自己的開始。所以一開始便是拉康（Jacques-Marie-Émile Lacan，1901-1981）所說的「鏡像」關係：一個小孩在照鏡子時，才首次發現自己是誰。從這些文類的起伏中，可以看出隱藏性的、解答「自我形象」的渴求。一直到 1960 年代，中西文化、東西文化論戰，也都是含有這種追索的隱性表示，是這個問題的「弱表示」。

前面提到過，近代國家自我形象的塑造過程中有一些重要趨勢，即把單線進化的格局與中西文化不同比較的論述結合起來，使得原來可以像一個摺扇般鋪開並置的「性質」上各不相同的特質，變成是一種進化「程度」上的不同。由「性質」變「程度」，最為激烈的是新文化運動中，討論中西文化之根本差異的一批宣言性的文字。

1918 年，李大釗在一篇里程碑的文字〈東西文明根本之異點〉中宣示中國是「衰老之民族」、「老輩所有之中華」、「和解之文明也，與境遇和解，與時代和解，與經驗和解」。[45]他認為東西文明的根本差異在：「一為自然的，一為人為的；一為安息的，一為戰爭的；一為消極的，一為積極的；一為依賴的，一為獨立的；一為苟安的，一為突進的；一為因襲的，一為創造的；一為保守的，一為進步的；一為直覺的，一為理智的；一為空想的，一為體驗的；一為藝術的，一為科學的；一為精神的，一為物質的；一為靈的，一為肉的；一為向天的，一為立地的；一為自然支配人間的，一為人間征服自然的。」[46]又如陳獨秀則說東洋民族以安息為本位，以家族為本位，以感情為本位，以虛文為本位。[47]

這些文字重新定義了「我們這個國家是什麼」，它們甚至引出了一個相當奇特的文化現象，即當時所謂文化保守派的論證中，每每先隱藏性地挪借陳、李等人的上面論點，作為論證「中國（文化）是什麼」的出發點。

梁漱溟的兩本名著《東西文化及其哲學》和《中國文化的要義》都呈現此一特點。我們甚至有點懷疑，如果把陳獨秀、李大釗等的激烈論點扣掉，《東西文化及其哲學》

---

[45] 見李大釗，〈晨鐘之使命〉，收入中國李大釗研究會編注，《李大釗全集》（北京：人民出版社，1999），第一卷，頁 166、167。

[46] 見李大釗，〈東西文明根本之異點〉，收入中國李大釗研究會編注，《李大釗全集》，第二卷，頁 211-212。

[47] 陳獨秀，〈東西民族根本思想之差異〉，收入任建樹等編，《陳獨秀著作選》（上海：上海人民出版社，1993），第一卷，頁 165-169。

要如何開始他的論述。

在梁漱溟的《東西文化及其哲學》第一章〈緒論〉中，他首先表示陳獨秀、李大釗對中西文化的絕對差異性的比較論點是非常對的。同時，他的論點中每每設定了有所謂的「宇宙進化之理」，並認為中國處在「未進化」狀態。他說：「東方所有的政治制度是西方古代所有的制度，而西方卻早已改變了，至於家庭、社會，中國也的確是古代文化未進的樣子，比西洋少走了一步」，東方化與西方化「一是未進的，一是既進的」、「一古一今不能平等而觀，是作對的」，甚至覺得胡適將東方與西洋兩派哲學相提並論「太容易了」，這兩邊不可能調和融通，「只有近年新青年一班人才算主張西方化主張到家」，尤其佩服陳獨秀。[48]

我之所以不厭其煩地引用上述文字，是要說明一點，即一般人都知道梁漱溟在《東西文化及其哲學》中主張中國是停留在原地的文化，印度是回頭看的文化，西方是往前進的文化，但誤以為梁氏是主張三種「性質」平鋪，各安身於其文化特質的，忽略了他評判這三種文化的出發點是新文化運動的主將們的觀點。他把陳、胡等人對中國文化與西方文化的特質的「定性」作為天經地義的。而且他將上述三種文化特質擺在一條進化的軌道上作「程度」不同的討論，並宣稱在這個軌道上「東方化現在已經撞在牆上，無路可走。」[49]

正因為線性進化論格局下的「我們國家是什麼」，往往一方面貶低自己「原來是什麼」，並勾勒出走向頂峰的道路——「將來是什麼」的清楚藍圖。所以是否接受這種新格局，成為前進與保守之分。1916 年，杜亞泉在〈靜的文明與動的文明〉中，即說中、西是「性質」之異，不是「程度」之不同，他說：「蓋吾人意見，以為西洋文明與吾國固有之文明，乃性質之異，而非程度之差」，又說：「西洋人之觀念，以為社會之存在乃互相競爭之結果」、「西洋社會，一切皆注重其人為，我國則反之，而一切皆注重於自然。西洋人以自然為惡」。前面有一段引文提到過，杜亞泉認為中國傳統社會往往視勝利為道德之障害，故道德上不但不崇拜勝利，而且有蔑視勝利的傾向，他本人支持這一思想，故斷然表示：「故吾願吾人，對此類的社會與靜的文明無復厭棄，而一加咀嚼也。」[50]

錢穆的駁議具有另一種獨特性。錢穆在《國史大綱》中所強調的，當然近於「性質」派，但他與梁漱溟等人不同，他認為中國人並不輕視物質，且最重視科學。他說

---

[48] 梁漱溟，《東西文化及其哲學》，收入《民國叢書》第一編（上海：上海書店出版社，1989），第四冊，第一章〈緒論〉，頁 10、11、12、13、21-22。

[49] 梁漱溟，《東西文化及其哲學》，第一章〈緒論〉，頁 14。

[50] 杜亞泉，〈靜的文明與動的文明〉，頁 336、337、339、343。

中國思想之兩路的主要態度，即「主實驗與確認不可知，卻與西方現代科學精神甚接近」、「近人常說，西方是物質文明，東方是精神文明，此一分別，實不恰當。……中國古人常以衣冠文物，誇示其文化之優異，可見中國人一向亦以物質進展來代表文化進展者」。[51]

柳詒徵也是屬於「性質派」，在《國史要義》中有一段話形容「中國是什麼」：

> 食稻菽，衣絲麻，持箸而運筆，尚陶而飲茶。單音之語，遐邇皆通，形聲之文，流播至廣。建築合於衛生，醫藥多所全活。藝術有其特色，工作不憚勤劬。鄉黨尚齒，貿遷貴信。處事咸知講理，教子恆期成人。重貞淑而賤淫邪，守分際而恥攘竊。武術兼具剛柔，娛樂亦存風雅。設塾則敬禮文士，論治則崇尚清官。刑禁協於倫理，教宗未釀戰爭。方志綿延，木刻普徧。坊表碑碣，散見於僻壤遐陬；楣語楹聯，廣及於窮簷蓽屋。宗祠譜牒之聯繫，以氏族為里巷村莊。燕粵海隴之迢遙，雖疏逖若家庭兄弟。外史多具錄於吾籍，學人每卓著於異邦。[52]

重點不只是柳氏如此精當扼要地說出中國大致是什麼，同時他的口氣表示這是中國歷史化成的「性質」，既然是「性質」，則不是可以加以檢討或丟棄的屬於「程度」高低的東西。

結論

本文主要是討論各個時代國家的「自我形象」是什麼的問題。從前面的討論中可以看出，先秦之後對於「理想上」想要成為什麼樣的國家的內容及重點雖有所不同，但大體而言保持穩定性的時代居多，而且以十八世紀為例，它與西方國家的自我形象相當不同。

但近代中國的巨大變動中，國家的「自我形象」出現了關鍵性的變化。我認為近代中國涉及自我形象時，有一由「範疇性」轉向「歷程性」的變化。在這個時候分類的、範疇性的思維仍然存在，但一方面它逐漸轉為低音，一方面是出現了另一種方式，將「範疇」與「歷程」併合在一起，形成一種有特色的線性的論述，並產生了一個大

---

[51] 錢穆，〈中國文化與科學〉，《中國文化叢談》（臺北：三民書局，1986），頁 280、277。

[52] 柳詒徵，《國史要義》（臺北：臺灣中華書局，1984），〈史化第十〉，頁 215。

致的分野，即在宣示我們的自我形象是什麼時，保守派往往持「範疇性」思維，而新學派則持「歷程化」的思維。

我們動輒說「明」如何、「清」如何，但「明」是誰、「清」是誰，它們會開口宣稱它是誰嗎？國家的自我形象究竟是如何產生？是時代思潮、還是最高統治者所宣示的？「自我形象」是在與「他者」的映照下形成的，而「他者」也一直在變，是不是也影響到「我者」，使得「自我形象」不停地變，或根本不大產生影響的作用？自我形象是不是多元的？有無一個主幹？是不是有一個價值的層級，甚至是互相矛盾的？這些問題都值得進一步探討。

中國文化的第三週期*

張彬村

1940 年雷海宗發表《中國文化與中國的兵》一書，認為中國文化已經歷兩個週期，現在正進入第三週期。他說：

> 中國四千年來的歷史可分為兩大週期。第一週，由最初至西元 383 年的淝水之戰，大致是純粹的華夏民族創造文化的時期，外來的血統與文化沒有重要的地位。第一週的中國可稱為古典的中國。第二週，由西元 383 年至今日，是北方各種胡族屢次入侵，印度的佛教深刻影響中國文化的時期。無論在血統上或文化上，都起了大的變化。第二週的中國已不是當初純華夏族的古典中國，而是胡漢混合梵華同化的新中國，一個綜合的中國。雖然無論在民族血統上或文化意識上，都可說中國的個性並沒有喪失，外來的成分卻佔很重要的地位。[1]

淝水之戰確定中國南北朝長期分裂的局面，戰爭的結局是否對中國文化的走向起了關鍵性的作用，值得商榷。雷海宗以戰事發生的 383 年作為中國文化確定走入第二週期的起點，實在牽強。今天我們無法確說那一年佛教傳入中國，更無法確說那一年佛教開始盛行於中國。我們可以確定的是，佛教在魏晉時期已經廣泛傳開，南北朝時期大為盛行，隋唐以後更不用說，與儒學道教並立為我們熟知的三教。雷海宗以佛教這個外來文化的融入作為開啟新週期的中國文化的主要推動力量，這個觀點應該是無庸置疑的。佛教傳入中土後，不只是儒學道教受到深刻的影響；印度佛教也反過來受到儒學道教的影響而不斷地中國化，最終讓三教合一變成第二週期中國文化發展的主流趨勢。1933 年陳寅恪在〈馮友蘭中國哲學史下冊審查報告〉中說：

> 佛教經典言：「佛為一大事因緣出現於世。」中國自秦以後，迄於今日，其思想

---

* 發表於〈第七屆海峽兩岸國學論壇〉，廈門員簹書院，2015 年 11 月 20-22 日。

1 雷海宗，《中國文化與中國的兵》，臺北，里仁書局，1974，第五章，〈中國文化的兩週〉，頁 147。

之演變歷程，至繁至久。要之，只為一大事因緣，即新儒學之產生，及其傳衍而已……南北朝時，即有儒釋道三教之目，至李唐之世，遂成固定之制度。如國家有慶典，則召集三教之學士，講論於殿廷，是其一例。故自晉至今，言中國之思想，可以儒釋道三教代表之。此雖通俗之談，然稽之舊史之事實，驗以今世之人情，則三教之說，要為不易之論……凡新儒家之學說，幾無不有道教，或與道教有關之佛教為之先導……竊疑中國自今日以後，即使能忠實輸入北美或東歐之思想，其結局當亦等於玄奘唯識之學，在吾國思想史上，既不能居最高之地位，且亦終歸於歇絕者。其真能於思想上自成系統，有所創獲者，必須一方面吸收輸入外來之學說，一方面不忘本來民族之地位。此二種相反而適相成之態度，乃道教之真精神，新儒家之舊途徑，而二千年吾民族與他民族思想接觸史之所昭示者也。[2]

緣於對馮友蘭哲學史一書的審查，陳寅恪的論述針對中國的學術思想，理所當然。其實他的論述也適用於整個中國文化的流變。漢代獨尊儒學。隨著漢代的衰亡儒學失去其優勢，出現三教鼎立的局面。宋朝初期，或者說 11 世紀起，從佛、道吸取養料，成功地脫胎換骨的新儒學重新取得中國文化的主導地位，持續到清朝滅亡。可以說，整個帝制時代的後期，大約一千年的時間，這個融入佛、道精神的新儒學強烈塑造中國文化的內容和外表，直到 20 世紀在西洋文化的巨大衝擊之下才逐漸式微。同樣地，作為中國文化的另外兩種成分的道教與佛教也跟著式微。一句話，以三教為內容的傳統文化到了 20 世紀，整個走向衰頹不振。在衰頹中，陳寅恪和雷海宗都覘察到中國文化第三週期的來臨。雷海宗甚至預測這個新型文化，就像第二週期的表現一樣，將會是人類文明獨一無二的成就。

一個多世紀過去了，今天我們還是生活在第三週期的中國文化跟外來的最主要以歐美為代表的西洋文化的劇烈化合過程中，新的中國文化尚未穩定成型。但是比起二十世紀初的苦難華人，我們多少可以比較冷靜地推測它的走向。在討論未來走向之前，我們應該面對一個提問：文化是什麼？為了減少混淆與誤解，我們在這裡有必要做個簡明的界定：文化是集體偏好的生活方式，包括物質的與精神的生活。根據這個定義，傳統的中國文化指的是以農業生產為基礎，華人集體偏好的生活方式。雷海宗與陳寅恪的文化觀都從精神面來談；我也將遵循他們的思維，把討論限定在精神生活的集體偏好。從華夏民族有歷史文明以來，集體偏好的生活方式，即傳統文化，不斷地演變。

---

[2] 陳寅恪，《金明館叢稿二編》，臺北，里仁書局，1981，頁 250。

檢視演變的軌跡，我們發現兩個長期持續地塑造傳統文化的支配要素：宗法制度，與儒釋道三教。宗法制度是根據血緣紐帶劃分親疏遠近的人際關係，個人隨關係網界定的腳色履行其權利義務，互助合作的集體生活因而得以實現。用今天的賽局理論（game theory）來說，宗法制度是一種企圖建立合作賽局（cooperative game）的遊戲規則，其運作原則是依據帕雷托最適化（Pareto optimal），亦即每個人在不同的關係網中有其特定的最適當的腳色去扮演。[3]看待歷史的一個方法是：存在的就是合理的。在生產力不足，小聚落充斥的傳統農業社會，宗法制度有其合理性，不只是在中國，也見諸其他農業文明。把宗法制度無限上綱，宗法的家、宗法的族、宗法的國、宗法的天下，這樣的思維和實踐卻是傳統中國的獨創。說傳統文化就是宗法文化，似乎也不為過。

如果單看宗法制度，或者單舉儒家與道教，中國文化就只是一個同質演變的文化，沒有明顯的週期劃分。佛教的傳入給本土孳生的儒學道教帶來劇烈的化學變化，豐富和強化它們的內容。佛教本身在中國的傳播過程也不斷地中國化。佛教的傳入讓中國文化進入發展的第二個週期，三教合一成為這個新生文化發展的長期趨勢。

雷海宗與陳寅恪都認為，從二十世紀起，中國文化無可避免地開始進入一個巨變的時代。歐美發展出來的現代西洋文化傳佈全球的結果，也傳入中國。傳統文化與西洋文化接觸，發生劇烈的化學變化，跟著孕育出嶄新的第三個週期的中國文化，這樣的發展似乎是必然的結果。這個嶄新的中國文化會有怎樣的特質和面貌，非經相當長期的觀察，無法看清。目前我們看到的現狀還是一個正在起劇烈化學變化的狀態。如果佛教傳入中國需要經過三百多年的時間，也就是從東漢初期到南北朝時代，才讓雷海宗明確看出一個新週期的文化，第三週期的中國文化，大概要等到二十三、四世紀才能穩定成型。今天我們只能做一些比較合理的推測，推測它的未來走向。

相較於佛教的自然融入，西洋文化傳入中國帶有很大的強制性，中國文化的第三週期可能因此提早成熟。從鴉片戰爭到清朝滅亡，中國的統治者面對西洋列強，包括成功西化的日本，接踵而來的壓力，被迫做出調整回應。傳統的回應方式是向老祖宗的工具箱尋找解決問題的工具，也就是從儒家經典中尋找解答，對儒家經典（特別是公羊春秋）含糊簡略的片段記載給予新的解釋。這種經學家「托古改制」的誇誕做法，說穿了不外是新瓶裝舊酒，換湯不換藥的把戲，在傳說的遠古盛世的理想模型之下，任意做些應急的調整。在帝制時代治亂更迭但基層結構不變的前提下，老祖宗的工具

---

[3] 賽局理論（game theory）對於合作賽局有其嚴謹的界定，與本文所指涉的涵義有出入。本文指涉者係根據 Robert Axelrod 的論述，參看其著作：*The Evolution of Cooperation,* Basic Books, A Division of HarperCollins Publishers, 1984, pp.124-141。

箱好像有取之不盡的工具可以用來解決問題，雖然實際看到的是朝代治亂興亡的更迭歷史，而其真正運作的原理則不外是馬爾薩斯（Thomas Malthus）提出的經濟盈縮的週期循環而已。但近代西洋列強帶來的壓力是全面的，不單單是武力而已。高度發展的物質文明之外，西洋的精神文明在許多方面也表現出極其合理優越的一面。除了船堅礮利，在政經思維、宗教信仰、科學探索、人文藝術等等，西洋文化各方面都讓人乍看之下感到絢麗多彩。中國傳統文化面對排山倒海而來的西洋文化，幾乎全面崩潰，毫無招架之力。老祖宗的工具箱好像只堆放一些廢物。

果然毫無招架之力？二十世紀，或至少前半個世紀，中國長期處於內憂外患的局面，傳統文化好像在全面崩解中。但這個崩解，套用熊彼得（Joseph Schumpeter）的說法，也正是一個創造性的破壞（creative destruction），給嶄新的第三週期的中國文化帶來生機。就像經過文藝復興、宗教改革、科學革命和工業革命的洗禮而完成相變（phase change）的西洋文化，今天中國文化似乎正趨近於發生類似相變的臨界點，由激烈變化轉型成穩定發展的第三週期。讓我們在這裡觀察中國文化在第三週期可能發生的破壞與創造。

首先是宗法制度。作為傳統文化最大最持久的特色的宗法制度應該已經走完了它的歷史旅程。它是中國農業文明的產物，也曾配合農業生產的需要，發揮合作賽局的良好效果。1848-1851 年英國植物學家福鈞（Robert Fortune, 1812-1880）受東印度公司（East India Company）委託，到中國的華東和華南各地旅行考察，底下是他大概在武夷山一帶觀察茶農生產的一段記錄：

> 中國內地的農家採收茶葉，或者從事任何其他農作，世界上幾乎看不到如此令人賞心悅目的景象。一個可能是祖父或曾祖父的老人，看似家長，指揮他的兒孫們在田裡勞作。有許多人正年輕力壯，其他是孩童。他立於其間，年邁屈背。但榮耀歸於中華民族，他總是受到所有人的親切體面的尊敬……我的確相信世界上沒有一個國家，其農業人口的生活會比中國農民更好。對他們而言勞動是樂事，因為他們親嘗成果，而沒有感受到或知覺到壓迫者的棍棒。[4]

[4] 原文如下："There are few sights more pleasing than a Chinese family in the interior engaging the tea leaves or, indeed, in any of their agricultural pursuits. There is the old man〔who〕may be the grandfather or even the great grandfather, patriarch like, directing his descendants in the labours of the field. Many of them are in their young and prime while others are in their childhood. He stands in the midst of them, bowed down with age. But to the honour of the Chinese as a nation, he is always looked up to by all with pride and affection.... I really believe there is no country in the world where the agricultural population are better off than they are in the north of China. Labour with them is pleasure for its fruits are eaten by themselves and the rod of the oppressor is unfelt and unknown." Robert Fortune, *Three Years of Wanderings*, pp.190-

一個來自完成工業化國家的科學家，居然對甫經鴉片戰爭後的中國小農家庭的和樂生活如此著迷嚮往，實在令人詫異。福鈞大概沒有想到他把採集的中國茶種攜入印度去開發茶葉種植園，印度茶的大量產出帶來國際茶葉市場的激烈競爭，其結果導致他所描繪的中國茶農的詩歌般的田園生活難以為繼而終於消失。可以說，在整個人類的農業文明世界，除了古羅馬的盛世，承平時期傳統中國人民的生活幸福水平可能是首屈一指的，其原因不得不大大歸功於宗法制度的落實運作。但是隨著工業文明的到來，宗法制度失去它的運作基礎，也就是聚族而居的農業合作生產方式，因此它註定被淘汰。

其次是三教。三教是傳統文化的另一個主要內容，中國農業文明的精神產品，如今它正與孕育工業文明的西洋文化發生劇烈的化學作用。三教有可能成功地相變（phase change）成為第三週期中國文化的主要內容，並且裨益全人類的生活福祉。讓我們把三教的發展趨勢，分開來逐一討論。

儒學有一部分已經是糟粕，另外有一部份還是精華。只適合於農業文明的宗法制度方面的儒學，在工業社會顯然找不到施展的空間，也就沒有存在的機會。因為儒學包辦傳統中國典章制度的論述，帝制時代儒學的重要性和必要性特別顯著。如今工業文明取代農業文明，儒學有關這方面的論述跟著過時，失去傳統上的古為今用的參考價值，雖然仍不失其可資歷史研究的學術價值。儒學另外有關個人安身立命與群居待人處事的生活智慧，不只適用於傳統的農業文明，也一樣適用於今天的工業文明。這些古人給自己個人界定適當腳色的修身之道與工作倫理的論述，顯然具有跨越時空的普世價值。雖然其它文明的生活倫理也具有類似儒學的智慧，例如基督教、伊斯蘭教、印度教等等的倫理教誨，與儒學有殊途同歸之妙。但是儒學別有其更具說服性的優點：沒有神道色彩，完全是人道色彩。在講究科學與理性的現代工業文明，儒學務實而沒有神秘色彩的生活倫理容易被理解接受。從牛頓（Isaac Newton）的自然哲學（natural philosophy）、亞當斯密（Adam Smith）的自利（self-interest）學說，到達爾文（Charles Darwin）的生存競爭理論，歐美社會日益瀰漫不合作的個人主義精神。西洋文化極盡善用個人理性之能事，發展出燦爛的物質文明，但是沒有發展出等值的精神文明，日常生活很難擺脫這兩方面不平衡所造成的壓力：個人與其他個人之間無止境的競爭壓力。不合作賽局的負面效應充分顯現出來。儒學根據合作理性發展出來的倫理觀，在中國社會普遍接受西洋物質文明的第三週期，如果經得起考驗，可以幫助塑造一個穩

191, quoted from Hoh-cheung Mui and Loma H. Mui, *The management of Monopoly, A Study of the East India Company's Conduct of Its Tea Trade 1784-1833*, Vancouver, University of British Columbia Press, 1984, p.4.

定平衡的中國文化，說不定因此可以幫助建立一個趨近於《禮記》禮運篇大同章所描述的「大同世界」。我當然不是天真的樂觀主義者；我只是樂見在工業文明的基礎上加入合作賽局的個人逐漸增多，加入不合作賽局的個人逐漸減少，讓理性之光正確地引導大家的集體偏好，偏好一個物質面與精神面得到平衡的中道生活。儒學講究中庸之道，歷代儒者的許多生活智慧剛好可以提供我們參考取捨。

道教從實質內容來看可以分成丹鼎派與符籙派。[5]符籙派講求科儀、符籙、咒術等等的感應效果，具有高度的神秘色彩。在講究科學與理性的今天，符籙派大概沒有多少揮灑的空間，雖然我們還無法具體了解它在精神治療方面的效果。丹鼎派注重養生，講求丹功，也就是內丹與外丹功夫的淬鍊。透過丹功調整人的身心，身體可以保持健康，壽命可以延長。外丹功的淬鍊旨在維護身體的健康，淬鍊的兩種方法是服食與練氣，即服食丹藥與鍛鍊氣息。除了吃下自然的產品（藥草）與加工的產品（煉丹）之外，服食也包括飲食的調節與營養的攝取。鍊氣通常是藉著肢體的動作與對該動作的專注，類似今天的體操拳法，讓呼吸自然地在全身循環，保養身體這部機器可以穩定平衡地運作不息。內丹功完全是調心健身的技術，主要是透過心念的控制，使氣息轉變，由粗入細，所謂「長養聖胎」，讓「元氣」週遍全身，精（內分泌系統）、氣（呼吸循環系統）、神（神經系統）和諧運行，最後達到健康長壽的目標。丹鼎派的道教完全是談養生的道理與技巧，實踐的原則就是老生常談的一句話：鍊精化氣，鍊氣化神，鍊神還虛（心）。長期的實踐讓丹鼎派的道教摸索到一些裨益身心健康的藥方和技術，不只是傳統文化的重要資產，也是第三週期中國文化的重要資產。

佛教是唯一征服中國的外來文化。在征服的過程中，印度佛教也逐漸被征服，成為中國式的佛教。佛典的漢譯，佛理的探討，佛法的傳佈，佛教生活的實踐，隨著時間日益染上中土的色彩；同時印度佛教的文化內容，也逐漸被華人接受而習以為常，大大豐富了中國文化。在 11 世紀以後印度本地佛教式微幾近消失的狀態下，除了南傳與西藏兩個分枝之外，中國佛教承接擔負續佛慧命的主要任務。漢譯佛典也因為大量原文佛典的喪失，如今成為佛教文化最大的知識寶庫。中國佛教經歷魏晉南北朝到隋唐的百花齊放的時代，宋代以後凝聚成兩個主要的宗派，也就是傳承到今天的淨土宗與禪宗，而念佛與參禪就這樣成為今天我們體驗佛法的最常用的技巧。佛教給中國本土文化注入一種新鮮的精神元素，其核心內容是佛陀的教誨，聚焦於佛陀認知的人生現實與他一生努力奮鬥的目標，這兩個根本問題：苦與滅苦。[6]從生命開始那一刻起，

---

[5] 我這裡採取王沐的看法，參看（宋）張伯端撰，王沐淺解，《悟真篇淺解》，北京，中華書局，1990，〈序言〉，頁 10。

[6] 佛陀原本的教誨，可參看：Walpola Rahula，*What the Buddha Taught*，Oxford，Oneworld Publications，1974，中

個人必須承受生、老、病、死這些「定業」，用今天的話來說就是基因密碼（genetic codes）的設定。生老病死的無常變化，讓我們感到痛苦，這就是人生的現實。人生如果有意義，它就是痛苦的止息，熄滅痛苦以獲得解脫。如何解脫？佛陀說他經過努力奮鬥，已經達成解脫的目標，苦的止息，稱之為涅槃（nibbana）。他把自己的經驗提供給大家參考，希望大家試試他的生活方式，也許能跟他一樣解脫。佛陀的生活方式，或者說修行，歸納起來只有一個原則：還滅。一般世人所過的日常生活都在追求感官的滿足，感官的欲望無止境，追求也跟著無止境，一般世人就這樣走入被感官慾望綑綁的「流轉門」。佛陀說解脫道走的是「還滅門」，不是禁止感官的運作，而是覺知感官的運作但不被該運作牽著鼻子走的自在的生活。走還滅門者有機會體驗到涅槃，[7]生死無常不再是問題，其生命變現的意義已經圓滿，佛陀讚美他「此生已盡」。走還滅門的生活守則，簡單歸納起來就是：戒、定、慧。戒是清淨心，定是平等心，慧是靈知心（般若 paññа）。日常生活保持上述的心境，他就是一個解脫的覺者（佛）；如果沒有保持上述的心境，他就是一個綑綁的迷者（凡夫）。還滅門的生活實踐，完全看個人自己的選擇和嘗試，各人吃飯各人飽，各人業障各人了，一切都靠自己努力，別人無法代勞。對於一個解脫者而言，佛陀的教誨只是「剩語」，大藏經只是一堆廢紙。對於一個凡夫而言，它們就像畫好路徑的地圖一樣，提供很好的參考指南。[8]

佛教的傳入給中國文化開闢一個嶄新的精神天地，華人長期的佛教生活實踐累積了豐富的經驗和智慧，整個人類文明大概找不到如此優越的精神產品。中國文化的第三週期目前已看到物質生活的高產能，卻還沒看到精神生活產能的相應提升，傳統中國佛教的生活實踐無疑地是一個亟待開發的寶礦。在開發的同時，必須注意，中國佛教，就像道教一樣，糅雜大量的神祕內容，極盡玩弄世人的感官欲求，完全違背佛陀原本走還滅門的理性務實的生活實踐。這些內容，除了某些有待驗證的精神療效之外，

文譯本：顧法嚴，《佛陀的啟示》，臺北，慧炬出版社，1972。佛陀以及早期佛教比較謹守其教誨的研究，參看：木村泰賢著，歐陽瀚存譯，《原始佛教思想論》，臺北，臺灣商務印書館，1968。

7 涅槃大概是一種極度深入的禪定，名為「滅盡定」。禪定的狀態無法言說思議，所謂言語道斷，心行處滅。憨山德清法師（1546-1623）的一段經驗談稍微透露些許味道：「瞥然一念狂心歇／內外根塵俱洞徹／翻身觸破太虛空／萬象森羅從起滅」，〈憨山老人自序年譜實錄〉，萬曆三年乙亥，《憨山老人夢遊集》，卷 53，卍新纂續藏經，中華電子佛典學會 CBETA, 2007, vol.73, no.1456, p.602。

8 佛陀怎樣度過他的一生？我們必須回復到歷史人物的佛陀，而不是傳說神話的佛陀。可惜如今比較可靠記載歷史人物的佛陀，資料非常少，人物重建的工作也只能適可而止。重建佛陀的實際生活，我們可以歸結一句話：理性。原本佛陀與世人的結緣品，不是宗教，而是一種生活方式。 發展成一大宗教，可能是他始料未及的後果。關於佛陀的傳記，參看 Hermann Oldenberg, English translation from the German original by Hoey William, *Buddha: His Life, His Doctrine, His Order,* London, Williams and Norgate, 1882. Earl. R Brewster, *The Life of Gotama the Buddha,* London, Kegan Paul, 1926.

可以看做是第二週期中國文化中的負面成分，足以誤導世人的正常生活，在農業文明時代如此，在工業文明時代也如此。對待這些內容，我們最好還是遵循孔子的生活態度：不語怪力亂神，以及敬鬼神而遠之。

儒釋道三教合一是第二週期中國文化發展的主要趨勢，華人的生活實踐對它們兼容並蓄，沒有看到其他文化在宗教上表現強烈排他性的問題，這不能不說是中國文化的優秀特質。在三教合一的潮流中，許多生活實踐的智慧代代流傳，今天我們看起來仍然親切實用。《了凡四訓》、《菜根譚》和《格言聯璧》等書，以三教的精神注入修身齊家與待人接物的生活實踐中，不只是體現農業文明磨練出來的實踐理性，更是工業文明非常需要的實踐理性。[9]無可諱言，儒家所專長的經世致用的思維，今天已經過時，更不用說那一大堆典章制度的記載與論述。西洋近現代發展出來的政經理論與幾個世紀以來的實際運作，跟著工業文明的演進不斷地調整變化，其周延合理的程度表現在典章制度的設計上，遠非傳統儒學所能企及者。如何調整西洋的政經思維與制度設計，以及如何調整傳統三教的實踐理性，讓兩者相輔相成，締造第三週期的中國文化，雷海宗與陳寅恪都想像不到，我們也無法預測。一句話：跟著理性之光的指引，摸著石頭一步一步地過河。不要忘記，目標是要過河。

根據世界銀行（World Bank）的統計資料，以 2015 年的美元為單位，中國與美國在 1980 年與 2014 年的人均國民產值（GDP Per Capita）是：[10]

	1980	2014
China	193	7,593
USA	12,597	54,629

可以看出，中國的人均產值從 1980 年大約美國的 1/60，到 2014 年已經提升到大約美國的 1/7。同樣以 2015 年的美元為單位，2014 年實質購買力的人均所得（Purchase Power Parity, or PPP）分別是：中國 13,130，美國 55,880。1980 年沒有這類統計，無法比較。PPP 的計算更切合實際，因為它反映國民所得在各該國國內購買商品和勞務的價值。譬如，1 美元在中國可以買到一個麥當勞牛肉漢堡，在美國大概要 1.5 美元才買得到。這樣換算出來，中國的實質人均所得接近美國的 1/4。當前中國的國民經濟可以說已經達到物質上足以創造小康社會的水平，沒有問題。

---

[9] 我在這裡借用康德（Immanuel Kant, 1724-1804）的用語，把康德的純粹理性（pure reason）類比於禪宗的「解悟」，實踐理性（practical reason）類比於禪宗的「證悟」。

[10] World Bank national account data, and OECD account data files.

擺脫貧窮進入小康的經濟，雖然物質上會擺脫貧窮的困境，但是精神上會陷入跟著小康社會而來的困境。講白一點，就是擺脫農業社會的物質產能不足的問題，卻必須面對工業社會的精神產能不足的問題。並不是說農業社會的精神產能充足；應該說農業社會的物質與精神產能，兩者俱不足。當人們把整個體力和心力投入生產，農業社會的物質產出尚且難以飽足，人們已無多少餘力去關注精神生活，精神生活的需求相對低微，壓力不大。一旦工業化完成，基本的物質需求很容易解決，精神生活的需求大幅提高，馬上面臨產能不足的挑戰。工業文明給人類精神生活帶來的最大問題是馬克思在一個半世紀前指出來的疏離感（alienation），包括人與人之間的疏離，以及人與工作之間的疏離。馬克思認為這兩種疏離感完全是立基於市場經濟的資本主義社會的產物，是 19 世紀後期已經浮現於英國的社會問題，今天完成工業化的國家還是不能避免，中國也不例外。疏離感，用今天的話來說，就是現代生活常見的兩個現象：原子化（atomization）和機器人化（robotization）。舊的農業社會的人際關係被摧毀，新的工業社會的人際關係變得很淡薄，個人主義取代集體主義，每個人就像一個孤立的原子，缺少歸屬與寄託。舊的農業社會的生產方式被新的工業社會的生產方式取代，每個人的工作彷彿就是一個機器人的操作，呆板又枯燥。孤獨，無聊，不知怎麼辦，曝露在工業文明的精神生活問題，如今也逐漸在中國瀰漫起來。[11]但是人並不是原子化的機器人，而是身心合一的靈覺生命體。人也不像其他動物，只會盲目忠實地執行達爾文所指出的保存生命（preservation）與複製生命（reproduction）任務，也就是食與色的活動之外，別無其他生命意義。那麼，生為人，其生命有甚麼意義？宗法時代的中國，傳宗接代與光宗耀族是大家普遍認同的生命意義。隨著宗法時代的結束，該認同跟著消失。古希臘聖哲設定生命的意義是追求真善美，古中國聖哲設定的是追求立德立功立言三種不朽，這些設定對於一般人都是遙不可及，可遇而不可求。比較實際一點，而人人都可以嘗試的努力，還是儒釋道三教合一所走的方向：善護身心（道），敬業樂群（儒），隨緣自在（佛）地生活。人生苦短，不喝爛酒。豈止不喝爛酒，應該暢飲三教的法甘露，安住三教的寶蓮華。

2015 年 9 月

---

[11] "Young, single and what about it?," *The Economist,* August 29th, 2015.

儒家文化與近代中國企業管治

鄭潤培

一、前言

中國經濟發展日益向前，企業規模自然隨著擴大。現代企業發展的過程中，經營者愈來愈重視企業管治的方法，把管治方法視為企業成敗的關鍵。這樣一來，學者對企業管治的研究，相應增加很多，一些經營成功的企業，便成為了研究企業管治的學者所研究對象。其中，儒家的管理思想更成為學者探討企管精神的一個重要課題。不過，一般學者探討的，多是儒家思想中有關管理的問題，例如劉雲柏《中國儒家管理思想》（上海人民出版社，1990 年）、朱家楨《孔子思想與現化企業管理》（廣西人民出版社，1999 年）、成中英《C 理論中國管理哲學》（學林出版社，1999 年）或是儒家文化對現代經濟的發展影響，如張鴻翼《儒家經濟倫理及其時代命運》（北京大學出版，2010 年）、周桂細〈儒家管理思在 21 世紀的應用〉、鐃美姣〈東南亞華人企業成功之道〉[1]至於中國近代經濟發展中，經營者如何具體運用傳統的儒家思想作為管治上的依據，則較少學者討論。

晚清時期，西方列強向中國展開軍事及經濟侵略。為了抗拒西方的入侵，清政府進行一系列的自強政策，以求強求富的自強運動首先推行，新式機器及廠房先後在中國建立起來。隨著官辦企業的建立，民營企業亦繼之興起。由於官辦企業在經營上的局限與種種流弊，使經營日趨沒落，而民辦企業由於經營方式相對靈活，而且得到政府在背後的支持和鼓勵，規模日漸壯大。自清末至民國時期，民營企業在成長過程中，逐漸形成一些具有特色的企管文化。通過了解這些企管文化，可以明瞭中國近代企業的經營變化及成功的地方，更明白中國近代經濟發展情況。

在民辦企業文化形成之前，最初出現的企業文化，便是官辦企業的文化。這個之前，中國根本沒有西方企業的概念。在沒有先例之下，官辦企業的管理方式，只好依衙門的一套來處理。主事者只求一份差事糊口便算，不但缺乏對辦事機構的責任感，

[1] 見國際儒學聯合學術委員會編，《儒學與工商文明》（北京：首都師範大學出版社，1999 年）。

更缺乏對企業工作的基本認識，經常營私舞弊，安排親友在內，做事因循推諉。[2]例如張之洞籌建漢陽鐵廠時，曾明言「員司虛浮、匠役懶惰，為中國向有之積習」，知道廠內的情況是：「廠中所用以少報多，以劣充優，繁瑣難稽」、「廠中員司離工游蕩，匠役虛冒懶惰。百人得八十人之用，一日作半日之工。」[3]說出了官辦企業管理文化的重點。

官辦企業的成本高，效益低，使主持洋務的重要大臣有需要開拓其他經營模式的企業。官督商辦及官商合辦形式的企業出現時，企業的成敗與主持者的利害關係較為緊密，主持者對企業的經營運作較前留心，加上輕工業為主例如棉紡織業，無論在規模上、員工人數及生產設備上，都比不上官辦時期的重工業，管理方面較容易控制。在企業生產，社會發展需要的情況下，一套以儒家思想為核心的近代企業管理文化漸漸孕育出來。例如以經營棉紡織業著名的大生企業，當時已懂得運用孔子管理思想中的「井然有序」精神[4]，把紗廠的組織規條公開羅列出來。大生企業的管理成功，是運用傳統思想管理成功的例子。其後穆藕初經營德大紗廠，是標誌西方科學管理的成功案例，而規模大、延續性長的榮家企業，可說是揉合中國傳統與西方科學的管理成功例子，本文便試以此三個企業來探討儒家文化與中國近代企業管治的情況。

二、儒家思想與大生企業管理

自甲午戰後，外人取得在華設立工廠的權利。國人為求維護權益，亦紛紛創設民營企業。在眾多企業中，大生紗廠是當時經營成功典範者。創辦者張謇，不但把大生紗廠經營得有聲有色，而且更藉此建設了一系列包括墾牧、航運、鹽業、榨油等企業，形成大生企業集團，把紗廠所在地南通營造成一個現代化的都市。

大生企業的成功，與張謇建立以儒家思想為核心的企業文化有莫大關係。張謇以晚清狀元身分投身實業建設，創設紗廠，沒有營商背景的他，要處理企業文化精神，就只有把過往在書本學到的儒家思想活用在經營企業上，而他本人，亦是切實奉行這種儒家的價值觀。張謇創設大生紗廠，既不為名，也不為利。根據他自己說，辦廠是想通過實業發展教育，保障國家利權，使國家走向富強之路，是儒家重公益、重群體的表現，他曾說：「念書生之為世輕久矣，病在空言，在負氣，故世輕書生，書生亦輕

2　張國輝：《洋務運動與近代企業》（北京：中國社會科學，1984 年），頁 74-75。

3　《張文襄公全集》，收入《近代中國史料叢刊》，（臺北：文海出版社）。奏議卷 29，頁 20-26，〈勘定鍊鐵廠基籌辦廠工暨開採煤鐵事宜摺〉光緒 16 年 11 月初 6。卷 135，電牘 12，頁 3，〈致上海盛道台〉光緒 16 年 4 月初 8。

4　吳照雲編，《中國管理思想》（高等教育出版，2010 年），頁 67。

世。今求國之強，當先教育，先成養能通適當教育之才。」[5]「通州之設紗廠，為通州民生計，亦即為中國利源計……損我之產資人，人即用資於我之貨以售我，無異瀝血肥虎，而俎肉以繼之。利之不保，我民日貧，國於何賴？」[6]

他創業的精神，秉承著傳統儒家文化的義利觀。「先義後利，以義制利」是孔子的義利精神，所謂「義」就是指群體利益。[7]他本著以社會國家的大眾利益為先，以天下為己任的責任心，完全沒有考慮個人的利益來辦企業。雖然他沒有營商經驗，更缺乏領導新式工業的知識，但他就是憑著「先義後利」這種價值觀，使跟隨者信服，發揮出團隊精神的力量而取得成功。各董事對他的認同，或多或少也受張謇籌廠的思想抱負和實際行動所影響。例如光緒二十五年（1898）九月，紗廠成功建立時，張謇自言「先後五年生計，賴書院月俸百金，未支廠一錢」。[8]籌廠之旅費，全憑賣字維持，可見他刻苦情況。又當紗廠經營困難，計劃把廠出租時，對方提出把正價壓低，而「願別酬五千」，張謇斷言拒絕。只有像他這樣具氣節、理想的人，行事不計個人利益得失的態度，才可「每夕徘徊於大馬路泥城橋電光之下，仰天俛地，一籌莫展」[9]，仍然堅持下去。

他把儒家的義利觀落實，除了個人的信念外，環境配合亦是一個重要因素。張謇帶有狀元名銜，又得到張之洞與劉坤一的支持，任「通官商之郵」，對廠務方面，有一定幫助。如光緒二十一年（1895）十二月，他稟請張之洞核定籌廠辦法，奏咨立案，並奏准免釐，[10]亦有助於他建立企業文化的核心價值。因為當時興辦實業，少不免要跟官場打交道，否則辦起事來，處處困難，而為官者卻常常恃勢凌商，所以商人裹足不前。他居於官商之間，正好解除商人的困擾，減少官商之間的衝突，為廠方爭取良好的發展條件，被廠中各級人員認同。此外，一些官員希望籌辦實業來抵抗西方經濟侵略，但要找有抱負，不為私利的人極為困難。張謇完全以國家利益，保障地方利權為目標來辦實業的精神，與儒家經濟思想中的一些主張相同。儒家經濟思想，一方面承認有追求富利的欲望，另方面認為不是任何求利行為都是可取的，而且反對無限制追逐個人欲行，與張謇的主張相吻合[11]，例如大生的股票上都明文規定：「本公司股東以

[5] 《嗇翁自定年譜》光緒二十二年三月。

[6] 《實業錄》卷一〈廠約〉，收入張怡祖編《張季子九錄》《近代中國史料叢刊續輯》（臺北：文海出版社），頁 8。

[7] 朱家楨：《孔子思想與現化企業管理》（廣西人民出版，1999 年），頁 196-197。

[8] 《嗇翁自定年譜》光緒二十五年九月

[9] 曹文麟編，《張嗇菴實業文鈔》卷一〈大生分廠第一次股東會報告〉，頁 1。收入《近代中國史料叢刊續輯》（臺北：文海出版社）。

[10] 曹文麟編，《張嗇菴實業文鈔》卷一〈承辦通州紗廠節略〉，頁 16。

[11] 朱家楨：《孔子思想與現化企業管理》，頁 195。

本國人為限」、「此項股票不得售予及抵押於非中國人」。[12]這些無私的核心價值精神，無疑是令官方、令董事們認同與信服的因素。

近人研究企業文化，把文化的表現分為兩層，一是理念層，主要是領導者和核心成員共同相信的價值，另一是制度行為層，主要是指對組織及其成員的行為規範。[13]要有高尚的價值觀，企業文化才能建立和發展，但如果沒有良好制度的配合，價值理想亦不能落實，經營運作不能維持。以狀元身分投身於實業建設的張謇，便從儒家的「和諧圓通」「井然有序」精神中摸索出一套可行的管治模式。

所謂「和諧圓通」，就是在管理工作中，不僅要充分管理目標，完成規定任務，取得預期效果，還要使整個管理過程進行平穩、順暢，人際關係和諧。而「井然有序」就是如孔子在「為政」，中要做到「君君、臣臣、父父、子子」般恪守各自的職責範圍[14]。張謇對大生的組織管理，主要見於〈廠約〉[15]一文，文中有廠約十六條，清楚列出訂立廠約的理由和紗廠的組織情形。廠約實行的時間是由1896年張謇定約之時，至1906年改組為止，約中的內容，多採自上海各廠，再加斟酌，配合當地環境而成。這套制度，包括對管理層和工人方面的各種措施，就是把「和諧圓通」「井然有序」落實到日常整體運作。

例如：大生的股份中，雖有公款和以機器入股的「官股」，但實際負責廠務管理的人，都是商股的董事。初期，大生把董事分為六大部門，分別是出貨、進貨、廠工、雜務、銀錢、賬目。各部以董事為最高領導，其下設執事，負責日常事務。張謇只負責「通官商之郵」，作為官商之間的橋樑，並不參加實際廠務工作。後來，因應發展需要，把賬目與銀錢董事合併，成立會計部。把進貨與出貨董事合併，成立營業部。將廠工部轉為考工部，雜務部轉為庶務部，仍由董事統領。為了協調庶務、營業、考工、會計各部的運作及方針，各部之上設立總賬房，由各部董事及張謇任總經理組成。各部董事之下，分設執事，下有工頭，分別領導學徒及工人。[16]

在這多年來的實施過程中，〈廠約〉的內容因應情況而修改，例如：把董事制改為經理制；把銀錢、賬目董事二人合為一人；進貨、出貨董事合一；增設查賬員等。但總體來說，紗廠仍以〈廠約〉中的規定為原則來處理管理事務。

---

[12] 見大生第三紡織有限公司股票、大豐鹽墾公司股票。引自張壽彭〈論張謇創辦的大生紗廠的性質〉《蘭州大學學報》第四期，1983年。

[13] 張德主編，《企業文化建設》（北京：清華大學出版，2009年），頁2-3。

[14] 吳照雲編，《中國管理思想》（北京：高等教育出版，2010年），頁67。

[15] 見《實業錄》卷一。

[16] 《實業錄》卷一〈廠約〉，卷四〈大生紗廠股東會提議書〉，卷八〈大生紗廠股東會建議書〉。

大生紗廠的組織可說是採取一種功能型的組織方式（functional organization）。這類組織以設置功能部門作為組織原則，現代很多中小型也是採用這類組織型式，最大的優點是把專門人才集中於一個部門統籌，有效率且合乎經濟原則。[17]例如大生把賬目與銀錢兩類董事合併後，廠中的開支賬目便可更清晰及有系統，減省重複人員和開支運算。改組成會計部後，更有效率處及更準確計算廠中開支，可說是「井然有序」的具體表現。

張謇注意到，組織方式對企業發展固然重要，但組織內的協調也是不可忽視的，對企業的發展都有極大的影響。[18]大生紗廠在組織聯繫方面，也處理得很成功。廠方主要是採用公開行政的方式。大生的董事與各執事所訂之章程，規定「書揭於版，懸各處」。當時社會風氣，聘用員工多要保薦，容易產生偏私的情況。大生便規定「某人經辦某事，酌定後書於板，懸各處」，如果發生私弊虧空的事，保薦人要負責。各部門的開支，無論大小都要報告總賬房，而總賬房在每月和每年終結數時，把開支及盈虧，報告各董事及股東。張謇一方面負責溝通官商，另方面負責領導各部門董事，共同組成總賬房，控制大生的一切事務。[19]可說是「和諧圓通」的具體落實表現。

儒家管理思想中有「人性可塑」觀，以孟子的性善論與荀子的性惡論為中心，反映出人性是可改變，管理活動要以人性假設為前提。[20]簡單來說，他以恩威並濟的管理原，一方面嚴格管束工人，使工人不敢怠慢工作，另方面又表現出十分關心工人的生活，令工人安心為廠工作，有效地激勵員工，達到強化員工的工作行為，提高工作表現的目的。

管束工人方面，當時一般工廠多是利用薪金和體罰來約束工人，張謇自不例外，工作犯錯者，由工頭報告執事後，可用戒尺責手心二十。不聽調派或擅離職守者，初則罰款，二次倍罰，三次革換。輕微者則扣半天工資。工人上班時，必須報告司賬，查點人數才開車。在上班和下班時，派巡丁搜檢工人，查看有沒有私自帶走貨品，凡有違者，會受革退或罰款。[21]除了〈廠約〉規定外，全廠各車間、各部門都訂有詳細的具體管理章程，總有 195 條之多。不少條文更被一些學者視為具「封建壓迫性質」[22]，如廠方有權可以人身搜查工人，可以把偷竊的花紗掛在偷竊者身上游廠，還罰站在門

---

17 香港管理專業發展中心編，《管理學原理》（香港：中文大學出版社，1999 年），頁 112。

18 香港管理專業發展中心編，《管理學原理》，頁 126-128。

19 《實業錄》卷一〈廠約〉。

20 黎紅雷〈管理哲學：儒家思想的現代詮釋〉收入《儒學與工商文明》（北京：首都師範大學出版，1999 年），頁 388。

21 汪敬虞：《中國近代工業史資料》（科學出版社，1957 年），頁 1217、1238。

22 《大生系統企業史》（江蘇古籍出版社，1990 年），頁 34。

口示眾。

對職員表示關心方面。例如職工杜黻周六十歲生日，張謇親往祝壽，並撰寫祝賀對聯，隆重其事。杜黻死後，張謇在大生紗廠的公司廳內為杜舉行葬禮，親臨主祭。其他職工見到老同事受到的禮待，都深受感動，相互勉勵，忠於大生，希望獲得生榮死哀的對待，[23]具體表現出以人為核心的倫理管理，以孔子的「仁」學說，「仁者，愛人」[24]作為管理原則。

恩威並濟的管理原則亦用於生產上，大生一廠章程中規定：「凡十四號紗出至一百五十磅外者，工人有賞，不足一百四十磅者有罰。凡十二號紗出至一百八十磅外者，工人有賞，不足一百七十磅者有罰（皆一禮拜一考）」。又「每車三百錠，每班須做到十一點鐘，落紗十次（指十二支紗，紡十四支紗落紗八次）。每次除淨，十二支須得十九磅為合數。十四支須得十五磅半為合數。准此者平，過此者優，不及者劣。工價亦視此為則。」[25]

張謇是一個傳統的文人，考取功名不久便投身實業建設，沒有營商經驗，自然更談不上了解現代企業管理，但他考察上海企業的發展，參考同類工廠的管理手法，通過實踐來建立自己的企業文化模式。從上述分析中，可以看到他對大生的管理，很多地方是以儒家思想作管理原則和方向。大生企業的成功，與他建立合適的管理文化實有不可分割的關係。

三、引入科學管理文化與穆藕初

在科學管理介紹到中國之前，中國企業管理文化，沒有理論基礎，只是憑著經營者個別經驗來施行，隨著經驗的積累，一些較為成功的經營者如大生紗廠的張謇，採用以儒家思想為管理核心，使企業走向成功的一面。到了穆藕初在 1914 年春翻譯了泰羅寫的《科學管理原理》（*The principles of Scientific Management*），譯名《工廠適用的學理的管理法》，並以連載形式發表於中華書局發行的《中華實業界》1915 年 11 月第 2 卷 12 期至 1916 年 3 月第 3 卷 3 期，題為《工廠適用原理的管理法》，加上他運用這管理方法使上海大德紗廠成功獲利，很快就受到其他企業關注。

穆藕初創辦的企業文化核心價值，可以從他分析中國實業失敗之原因看出。他提

---

23 洪維清〈張謇辦實業概況〉《工商史料 2》（文史資料出版，1981 年 1 月）。

24 朱家楨：《孔子思想與現化企業管理》，頁 128。

25 《大生系統企業史》，頁 161。

出實業家最應注意的，便是管理方法。[26]他把國民生產力低落的原因，歸納出三個因素，一是無國民教育，二是無時間研究，三是無管理方法，認為如果不對全國各廠場的管理作出整頓，每年必定會引致大量的損失。[27]他肯定實業的重要性，認為優先發展工業，可以有促進農業和商業的作用，工業是「能增高農產之代價，助進商業之繁昌，實為惠農益商，裕民足國之樞紐」。[28]要發展工業，便需創設工廠，而組織工廠有九個要點，分別是：人才、母金、原料、機器、傭工、管理、交通、市場、金融。指出「苟主持得人，管理合法，公司之隆運可以立致」[29]，明確地突顯了管理的重要性。他把西方泰羅管理的原則，作為企業制度實施的依據和取向，成為企業管理的核心思想。

穆藕初處身的環境，正值第一次大戰，經營紗廠大有可為，他成功建立的德大紗廠，其生產設施配置，更成為業界的學習模範，出產的寶塔牌棉紗，在 1916 年北京商品陳列所舉辦的品質比賽中名列第一。他的成功，認為是運用科學管理，建立完善企業文化制度的成果。

穆藕初受到西式管理的影響，對傳統管理方式，特別是傳統的師徒關係十分不滿。當時，許多工廠在聘請員工時，不大理會應聘者的工作能力，而主要從員工之間的關係來做取捨標準，具有親屬、同鄉等關係的便優先考慮。他認為這種做法有礙工廠的生產和技術提升，於是便在創建德大紗廠時開始進行改革。他以經理兼工程師的身分，深入生產各環節中，直接了解生產情況，掌握工頭與工人在各生產部門的工作情形，與及了解工人所掌握的技術水平，進一步向他們提出技術水平的要求，從而提高生產質素。

當時，企業內的倫理關係特別複雜，亦很受重視。學徒與業師之間，一旦確立師徒關係，便產生從屬企業內部的家族關係，學徒受封建名教束縛，要行拜師禮，收授保証金，每年春節或壽誕要以晚輩名義道賀。[30]他對這種關係並不認同，覺得有礙之企業發展。他運用廠規、廠紀來改變工人對工頭的人身依附關係，一定程度沖淡企業的倫理色彩。[31]他親自修訂《德大厚生兩廠服務約則》，包括總則、廠約，以及廠員、告假、賬房、棧房、驗花、物料、車務稽查等約則，共 29 項之多。廠約五條為：「同事宜友愛。辦公宜謹慎。交際宜謙和。治躬宜儉樸。宜力戒喫煙酗酒賭博冶遊及一切不

[26] 趙靖主編，《穆藕初文集》〈中國實業失敗之原因及補救方法〉（北京：北京大學出版，1995 年），頁 144。
[27] 趙靖主編，《穆藕初文集》〈實業與教育之關係〉，頁 149。
[28] 趙靖主編，《穆藕初文集》〈振興實業之程序〉，頁 176。
[29] 趙靖主編，《穆藕初文集》〈振興實業之程序〉，頁 176。
[30] 沈祖煒編，《近代中國企業：制度和發展》，上海社會科學院，1999，頁 129-130。
[31] 趙靖編，《中國近代民族實業家的經營管理思想》（雲南人民出版社，1988 年），頁 144。

名譽之事」對於各車間每個崗位都定有詳細的要求和獎罰規定[32]。他對雇用工人作出了新的安排，雖然仍允許工頭或工人推薦自己的親友，但這些工人必須通過廠方的考核，合格者才可聘用。工頭解雇工人的權力亦受限制，不得任意解雇工人。這樣一來，能夠進入廠中當工人的，都有一定的技術水平，而真正有能力的工人，可以避免受到工頭的壓迫，工頭的管理權力受到抑制。

穆藕初認為工資的釐定一方面要配合社會生活水平，另方面要反映到工人的工作能力，他同意可以通過獎勵來增加工人的生產效率，他主張通過特別工資來提升工人的生產力，估計只要增加十分之五的工資，工人便可出力一倍，可以花最少的費用而得到最大的生產效益。他以一間廠六百工人來計算，一個月以工作二十五天計，如果工人生產力增加一倍，一月可多得 15,000 額外工作單位，一年便有 180,000 額外工作單位。[33]

他從科學管理的知識來分析紗廠工人的工作時間，說出紗廠工人以工作十二小時為最合適。他認為主張工作八小時的人，是不明白紗廠的運作。指出紗機開車之後，除落紗時要停機外，一般是日夜運轉不停，工人只是從旁監視，間中把斷紗接上，休息時間多，並非十二小時全數工作不停。如果限制工作時間，不但工人收入減少，整體棉紗的生產量減少，市場更易被英美等國的產品佔據。[34]!

穆藕初指出辦好工廠周邊事業如銀行、醫院對生產有幫助。衛生方面，他主張工廠要做到空氣流通，陽光充足，時常收拾潔淨，不讓塵垢堆積，而他的工廠亦能做到使參觀者對衛生情況滿意。醫藥方面，廠方能在每年夏秋時期向工人延醫給藥，並且聯絡同仁醫院，如工人患病，隨時送去診治，醫藥費由廠方提供。此外，廠方還有一些政策配合。例如：工人如有不測，廠方定下撫恤的方法，工人儲蓄獎勵、工人子女義務教育、工人勤務獎金等[35]。這些政策，增加了工人對廠方的歸屬感，使他們更投入工作。

就生產而言，穆藕初對紗廠管理上自有一套方法：一是力求減少廢花。他計算過，每擔花市值銀三十兩，而廢花每擔值錢四五兩，換言之，每出廢花一擔，則廠中損失銀二十五、六兩。一年來算，工作三百天，便損失七千八百兩之多。二是力求廠中各人都盡職。工廠生產是由很多環節聯繫起來，各環節都有各自的任務，管理者要悉心研討種種獎懲辦法，使每一環節的人都能盡職。三是力求全廠收拾潔淨，以免令人精

---

[32] 唐國良主編，《中國現代企業管理的先驅穆藕初》（上海：上海社會科學院出版，2006 年），頁 28。

[33] 趙靖主編，《穆藕初文集》〈實業與教育之關係〉，頁 150。

[34] 趙靖主編，《穆藕初文集》〈復討論厚生紗廠招募湖南女工問題諸君〉，頁 260。

[35] 趙靖主編，《穆藕初文集》〈復討論厚生紗廠招募湖南女工問題諸君〉，頁 262。

神廢弛。指出紡織廠中大小機器日夜開動，塵屑漫空，稍不注意便不可收拾。四是力求工人自覺愛護機器設備，不會損壞浪費。[36]

財務管理方面，當時的民族企業財務管理水平不高，有些企業幾乎沒有什麼會計帳目概念。資金運用上往往是家、廠不分，廠的盈利可隨意用作消費支出。廠與廠之間的資金也時常互相挪用，常將公積金當股息，紅利分光吃淨的現象。穆藕初在自己紗廠中進行財務管理的改革。一是引入西方的複式記帳方式，以糾正傳統單式記帳之弊。不過，考慮到傳統習慣，仍保留了單式記帳方式作為補充。二是建立健全財務統計系統，為會計核算提供可靠而充足的原始資料。考慮到工頭多為文盲，根本不會也沒有習慣對日常生產狀況進行分析，他親自設計了許多有關生產進度、原料消耗及產品數量等方面的統計表格，並教導工頭如何填寫，要求工頭逐日填報。[37]

穆藕初經營德大及厚生成功，成為當時同行的典範，標誌著引入西方科學管理之可取，而他亦明白發展工廠周邊事業以達到「安人」的效果，不過，他處理師徒關係、生產及財務的改革上，突顯他對與傳統管理存在的「倫理色彩」和「中和」觀念有矛盾之處。從 1923 年開始，他經營的幾家紗廠相繼陷入困境，1925 年，德大也因虧損，出售給申新公司。學者有認為這是第一次世界大戰結束中國紡織業步入困境的一種體現，有多方面的因素影響。這些因素中，除了經濟大環境轉變、國內經濟環境欠佳、棉花產量歉收等外在因素，穆藕初個人處事失策也有關係。[38]

企業文化的核心理念，是推動企業持續發展的動力。穆氏興辦實業的理念是不用置疑，問題是他忽略傳統管理思想與西方管理之間的矛盾和分岐。人是企業的根本，儒家哲學用於人事協調、溝通，人力資源的發揮及企業文化、團隊的建立有很大的作用，而穆氏過看重西式管理的成效，忽視傳統管治文化的功效，當企業一遇逆境，就很難維持。[39]他在 1916 年創辦厚生紗廠開始，六、七年間，接連創辦與參與創辦五家紡織廠，在短時間內籌建太多的工廠，雖然顯示出創業的魄力和才能，但也顯露了急於求成的缺點。急速擴張的結果，使穆氏感到精神困乏，難於照顧。[40]他亦承認「時間與精神，因一事業與他事業繁複關係上，逐日消耗者，亦不在小數。」[41]。最大的問題，是股東們對穆氏所做的並不理解，他們認為穆氏擔任過多的社會服務，跟業務並無直

[36] 趙靖主編，《穆藕初文集》〈紗廠組織法〉頁 86-87。

[37] 趙靖主編，《穆藕初文集》〈中國企業科學管理的先驅〉頁 6431-642。

[38] 高俊著：《穆藕初評傳》（上海：上海世紀出版集團，2007 年），頁 185-187。

[39] 成中英：《C 理論：中國管理哲學》（學林出版，1999 年），頁 118。

[40] 趙靖主編，《穆藕初文集》〈穆藕初與近代中國棉紡織業〉，頁 683。

[41] 趙靖主編，《穆藕初文集》〈藕初五十自述〉，頁 60。

接關係。前來厚生批發所找穆氏的人太多，有時廠內甚至出現吹笛拍曲的場面，感到穆氏不務正業[42]。在忽視溝通，缺乏團隊的支持下，企業的發展自會停滯，甚至經營失敗。

傳統人事管理雖有不少流弊，但亦有可取之處，亦為時人接受。穆藕初追求西方新式管理模式，改革傳統陋習，雖有一定成效，但忽略傳統人事管理問題，而當時社會上的主流管理意識，正是以人文為核心的儒家思想為主，帶有濃厚的倫理色彩，講究的是和諧人際關係[43]，他看輕了這方面的影響，最後引致失敗。他承認股東之間經常因為經濟問題、用人問題而發生衝突。例如：穆氏當時身為協理，股東江君與貝潤生君聘請李迪先君為協理取代他[44]，但事前並沒有通知他，亦沒有詢問他的意見，兩股東決定人選後才通知他。只因江君與貝潤生君兩股東合共已佔股份四分之三，穆氏無力反對，而且這位李迪先君更在不久之前被穆氏開除，現在股東卻重新聘用來取代穆氏職位。股東這種行為，沒有得到全體董事授權，也沒有得到穆氏的同意[45]，可知股東對穆氏的支持有限，與穆氏的關係並不十分和諧。

又如他指出李迪先君是由股東介紹來廠學習紡織，逐漸升至紗部主任，但對紡織工務「仍茫如也」。顯然他明知李迪先君的技術水平欠佳，只是為了股東情面，便讓李迪先君升至管理階層。此外，有些股東對李迪先君的工作不滿意，經常在穆氏面前批評，並要求開除李迪先君。穆氏卻不開除他，只把他的工作與布部主任對調。原意只是想保留李迪先君的工作，可是卻引起李迪先君的誤會，以為穆氏受了布部主任的挑撥所致，結果使兩部門意見不合。這顯然是穆氏犯了管理上溝通不足的毛病，才產生這種情況。而穆氏解決兩部門的紛爭，採用把兩人辭退的方法，但兩人既無工作上犯錯，只因意見之爭而被辭退，處理實有商榷之處。[46]科學管理的理論雖然合乎紗廠生產的安排，但除了機器生產外，人事的管理亦十分重要。由於中國傳統人際關係複雜，所以處理人事問題時，比較處理生產問題更需要技巧，忽視傳統管理文化，只會使出現人事紛爭時更難處理。

42　唐國良主編，《中國現代企業管理的先驅穆藕初》，頁 31。。

43　劉雲柏，《中國儒家管理思想》（上海：上海人民出版，1990 年），頁 9、頁 171。

44　原文用「季君」代替李迪先，用「蘇君」代替貝潤生，見穆家修、柳和城、穆偉傑編著：《穆藕初年譜》（上海：上海古籍出版，2006 年），頁 304。

45　趙靖主編，《穆藕初文集》〈藕初五十自述〉，頁 60-61。

46　趙靖主編，《穆藕初文集》〈藕初五十自述〉，頁 60-61。

四、儒家與西式結合的榮家管理文化

由張謇憑著傳統思想加上自身經驗而建立起一套企管文化，到穆藕初把美國科學管理引入中國，國人日漸認識現代管理的模式。不過，由於過份看重西式的管理文化，忽視傳統辦事人員的習性，結果企業經營出現問題。而榮德生在 1902 年至 1931 年間創設的麵粉事業及申新紗廠系列，取得「麵粉大王」及「棉紗大王」的稱號，建立了榮家企業系統。他把穆藕初引入的科學管理結合傳統的管理模式，以一套合適的企業文化而做出成功的效果，成為一所規模大，延續性長的企業。

榮家企業核心理念，仍然是儒家文化的義利觀，以「先義後利，以義制利」為主要辦實業為重心。與張謇及穆藕初不同的地方，是榮氏企業的理念較多傾向實用性、營利為主。這可說是受到無錫地域文化影響，對工商業而言，無錫文化具有開拓、創業精神，注重實用性和功能性。但在經營企業成功之餘，榮氏仍然保持一份對傳統的尊重，著重回饋社會，例如榮氏企業發展到相當規模時，他發表了《無錫之將來》小冊子，提出建設大無錫的構想。[47]

榮氏表現出把傳統與現代管理結合的特點，以一求生存，二求發展的風格運作，注重制度創新和實用性。他把傳統管理文化與科學管理方法結合來推動生產。西式的科學方法上，榮氏多用在提升生產效率方面，例如：

1. 推行「標準工作法」。工程技術人員按照泰羅制的原則，仿照日本紗廠操作法制定了一套清花——鋼絲——粗紗——細紗——絡搖全過程的「標準工作法」，強制工人實行。為此，總工程師汪孚禮還親自編寫小冊子，並授課講解，對工人操作技術進行指導。
2. 嚴格勞動管理。制定嚴格的《工務規則》，對工人實行嚴格的管理。新職員一旦發現工人在工作時間休息或不在崗位上，就跑上去打罵或罰扣工資。此外，還減少一些工種的人員定額，提高工人的生產定額。「工人停歇後，並不添補足額，故現時每一工人所作之事，常兼舊時兩人或三人之工作。」通過上述措施，大幅度提高工人的勞動強度。[48]

此外，榮氏也把會計制度改良，實行成本核算，天天結賬。具體內容包括：(1)

---

47 王賡唐、湯可可、錢江、蔣偉新著：《榮氏家族與經營文化》（上海：世界圖書出版社，1999 年），頁 10-11、183。

48 上海大學、江南大學樂農史料整理研究小組選編，《紀念榮德生誕辰一百三十周年學術論文集》（上海：上海古籍出版社，2005 年），頁 455。

實行成本核算，加強企業內部管理。推行榮德生發明的成本核算法，天天結賬。每日為日結，每星期為周結，每月為月結，如此一覽即知盈虧多少。（2）劃一記賬方法，採用劃一記賬方法記賬。會計科目絕對劃一。對於損益計算方式，亦劃一。將每期的銷貨、銷貨成本及毛利等數額，均在損益計算書內表現。傳票格式和付款單據的保存也實行劃一。廠中管理制度日臻完善，自經理、副經理、工程師、總管、副總管、雙領班、單領班，以至各車間分班人員，一切分工負責，均有系統，收支皆有手續，有專人負責，使無流弊[49]。

至於傳統管理方面，他運用儒家管理思想中的「修己以安百姓」、「義」、「實施仁政」[50]的一面，即重視溫情、精神管理，重視勞工福利，注意工人身心之安康，爭取人心。例如：對工人進行嚴格管理的同時，適當提高工人工資；為提高工人出勤率和勞動積極性，對請假少、勞動態度好的工人，給予一定的物質獎勵；每逢節假日，還給工人發放獎金、紅包；在通貨膨脹時，給工人加發米貼、布貼、膳貼等，用金錢補貼來支援工人。此外，還經常開展多種技術競賽，給優勝者以物質獎勵，最高為一只金戒指，以此鼓勵工人鑽研技術。

又如榮氏在 1932 年在申三首創的「勞工自治區」進一步擴大員工福利。申新三廠所有職工都住到工廠宿舍裡，宿舍分單身女工、單身男工、小家庭三區。8-12 人為一室，設室長；14 室為一村，設村長；三個分區設區長；最高為自治區區長。自治區內設有食堂、消費合作社、儲蓄所、浴室、醫院、圖書館、電影院，為職工生活提供方便。廠方組織職工飼養家畜、種植蔬菜、花果，從事副業生產，以補貼膳食；建立工人自治法庭，調解職工之間的糾紛。[51]「勞工自治區」的建立，一方面有利於加強對工人的管理和控制，同時也使工人生活比較安定，有效地緩解了勞資間的對立和矛盾，提高了工人的生產積極性和企業的勞動生產率，成為轟動一時新聞。

榮氏運用傳統忠義文化來強化勞資關係，減少相方矛盾。例如設立「尊賢堂」，陳列戚繼光、王其勤、岳飛等愛國英雄；設「功德祠」，祭祀「歷年因公殞命」的職工，把傳統忠君受國的精神轉移至對雇主、對企業的忠誠。推動傳統「義」的方面，如 1931 年，開辦申新日校，免費訓練本廠子弟；又設六年制申新小學校，收錄本廠 6 歲以上職工的子弟。1932 年開辦申新男女工晨夜校，以普及工人教育，增加工人知識；後又開設刺繡、縫紉、造花等傳習科，安排工人業餘時間學習。1932 年秋季創辦醫院，備

---

[49] 上海大學、江南大學樂農史料整理研究小組選編，《紀念榮德生誕辰一百三十周年學術論文集》頁 470-475。

[50] 吳照雲：《中國管理思想史》，頁 68-69、81。

[51] 上海大學、江南大學樂農史料整理研究小組選編，《紀念榮德生誕辰一百三十周年學術論文集》，頁 456

有當時罕見的 X 光鏡，治療室、診療室、手術室、驗血室等；病房分男女調養室、傳染病室、普通病室、外症室等，被稱為全國勞工界獨一無二之設備。醫治科目包括內科、外科、咽喉科、口腔及齒科、眼科、耳科、鼻科等，該廠職工就診免收藥費，職工家屬藥費減半收取。[52]成功有效地強化雇主與雇員關係。

榮氏在管理上最成功的地方，是處理工頭制的問題。他把舊的工頭制更新，雖然受到工頭反對，但他採用「和諧圓通」的方法，運用管理技巧，引入現代管理技術，解決了工頭的反對行動。

1924 年 1 月，榮宗敬聘請曾在日商紗廠工作的樓秋泉到申三任粗紗間領班。不久，杭州甲種工業學校紡織專科畢業生余鍾祥到廠擔任改良指導員。接著，又聘請留日歸國的原上海大中華紗廠技師汪孚禮任總工程師，著手進行企業管理制度的改革。然而，改革剛開始，便遭到了工頭的抵制和反對。為了減少阻力，榮德生把全廠 5 萬紗錠中的 2 萬舊式美機交給主張改革的新職員管理，3 萬英式新機交給工頭管理，一切行政、技術互不侵犯。新職員聘請了一批紡織和機械專科畢業生擔任技術和管理工作，成立了「保全部」、「考工部」、「試驗間」等部門，調整了設備布置，實行了較為科學而嚴格的管理制度，使車間面貌煥然一新，勞動生產率大大超過了工頭管理的英式新機。

這一結果，使榮氏兄弟大為振奮。他們決定在申三取消原先文場、武場的管理體制，全面推行科學管理，以工程師、技術人員管理（當時叫做「學生制」）代替過去的「工頭制」，原有的一些工頭實行辭、歇、降、調。同時，實行類似「泰羅制」的生產定員制、勞動定額制、論貨工資制、論工賞罰和標準工作法，重點整頓、改善車間一級的生產管理。[53]

這些改革措施大大觸動了工頭的既得利益，特別是調整勞動組合後，限制了他們剋扣工人工資、吃空額的特權，因此他們竭力反對。一部分工人，也因為管理力度的加強和勞動定額的提高而心懷不滿，曾釀成了轟動一時的「申三打人風潮」。[54]榮氏運用「和諧圓通」思想作對應的方法，放慢了改革步伐，措施為謹慎緩和矛盾，避免新的衝突。對於一些性格急躁的新職員，進行教育，勸其改進，或調離申三；對於那些工頭，盡量使他們安心，強調雇主與雇員間的仁義關係，保留其某些權益，將他們調離崗位，削減特權，以減低他們對改革的阻力，或給予津貼，勸其退職養老，逐步淘汰。直到 1927 年，老工頭基本上淘汰，生產管理權完全控制在新職員手裡，改革得以

[52] 上海大學、江南大學樂農史料整理研究小組選編，《紀念榮德生誕辰一百三十周年學術論文集》，頁 457。

[53] 上海大學、江南大學樂農史料整理研究小組選編，《紀念榮德生誕辰一百三十周年學術論文集》頁 449。

[54] 上海社會科學院經濟研究所編《榮家企業史料》上冊（上海：上海人民出版，1980 年），頁 162。

順利完成。[55]

榮氏確立了「以人為本，以德服人」的企業文化，基本管理思想是恩威並用，寬嚴適度。通過建立勞工自治區等一系列措施，關心職工（包括其子女）的生活和教育，注意理順企業和職工的關係，提高職工的積極性，打好成就事業基礎；同時，仿照西方新式管理方法，通過制定一系列的規章制度，使工作標準化，對員工進行考核做到有理有據，企業的管理模式成為當時其他各廠仿效的楷模，經營規模不斷擴大，產量和銷量不斷增長。

五、結語

興辦企業的成功，其背後必有一套理念制度來配合，這套理念制度，就是企業文化。近代中國企業發展，經歷困難重重，能夠維持一定規模，持續興旺一段時期的，其企業文化自有可貴之處，而其可貴之處，就是善用傳統的儒學精神作為管理思想。以大生企業而言，創辦者張謇以傳統儒學文化作底稿，再參考其他同行的實務手則，建立起一奪可行而有效的管理制度文化。穆藕初創辦的企業，代表著時代的變化，傳統的制度企業文化，並不能滿足發展需求。隨著時代發展，西方科學管理文化亦有須要引入，並且備受關注，日漸流行。不過，穆氏一時的經營成功，忽略傳統文化的特性，沒有建立起一套融合傳統與西方現代管理精神的企業文化，企業的運作終不能長久。到了榮氏企業，一切從實際出發，以企業營利行為大方向，講求經濟效益，營商成功之道。榮氏從實務中打發展出一套自己的制度理念。這套制度理念，一方面採用傳統儒家文化中可用之處，另方面引進西方新式科學管理文化。榮氏把兩者融合，建立起自己的企業文化，有力促使自身成為延續長久的大企業。其管理模式成為近代中國民族工業企業中最具有代表性的一種營理模式。在大力發展民營企業的今天，通過深入研究其經營管理理念，也可從中獲得非常有益的啟示。

---

55 上海大學、江南大學樂農史料整理研究小組選編，《紀念榮德生誕辰一百三十周年學術論文集》，頁 450。

危機管理和政體變革：晚清中國的「候補官」

梁元生

道士捐官[1]

1　李喬：《清代官場圖記》（北京，中華書局，1995 年），頁 23。

一、引言

在晚清的政治官僚體系中，有這樣一群特殊的社會群體，他們遍佈朝野，在帝國的版圖上，或長或短、或疏或密的參與分擔中央和地方的各類事務。然而，有別於一般意義上的「行政官員」（administrative officials），亦非使用非正式權力，控制地方事務的幕友或士紳等民間「行政專家」（administrative experts）。[2]他們是介於正規與非正規官僚系統（formal bureaucracy and informal bureaucracy）、正式與非正式權利（formal power and informal power）中的「之間人」。這個群體長期以來被中西方的清史學家所遺忘，他們就是候補官，又叫做候補人員。相對於實缺官而言，他們或賦閑，或等待，或差委，或署缺。而在等待的期間，他們既不能被視為朝廷正式的官員，也領不到任何形式的官俸。

晚清的中國，正處於劇烈的社會轉型與政治變革時期，國內叛亂、中外衝突以及近代化等問題也隨之而來。為了應對這些危機與挑戰，政府在一般官僚行政系統以外，增設了一批臨時性的組織——我們稱之為「局」（bureaus）。局中的委員大部分由候補官充任。其中，有不少的候補官因表現出色，撤局後補上實缺，在身份上實現了「受訓人」或「實習生」到「危機處理人」的轉變，在近代外交和現代化的新式事務中，發揮著重要的作用。

候補官的出現，並非晚清獨有的現象。他們在清初便已存在，主要分佈於中央與地方政府。然而，到十九世紀末期，他們更多地活躍於通商口岸以及其他經貿城市。在這裡，聚集了很多的現代企業（新型工業以及軍械工廠）及外商投資。本文之所以選擇晚清的候補官制度的發展為考察對象，是因為自咸同以來，作為「正官」與幕紳之間的「非常規官僚」，候補官在數量和職能上有了很大的改變。基於此，本文主要探討以下三個問題：一，解析清末候補官員數量的增長以及其職能擴張的現象及其成因。二，以上海為例，考察候補官和局之聯繫，並重點關注二者在危機管理及晚清近代化運動中的作用。三，分析候補官在地方行政及洋務中的正反兩方面作用。

2　參見 Ch'u T'ung-tsu, *Local Government in China under the Ch'ing (*Cambridge, MA: Harvard University Press, 1962); Kenneth Folsom, *Friends, Guest and Colleagues: The Mu-fu System in the Late Ch'ing Period* (Berkeley: University of California Press, 1968); Jonathan Porter, *Tseng Kuo-fan's Private Bureaucracy* (Berkeley: Center for Chinese Studies, University of California, 1972); Sybille Van der Sprenkel, *Legal Institutions in Manchu China* (London: Athlone Press, 1962); and John Watt, *The District Magistrate in Late Imperial China* (New York: Columbia University Press, 1982).

二、清末候補冗官的出現

清朝初期，候補官雖已存在，但在政府中作用甚微，其數量也相對較少。儘管每年有不少參加科舉考試的人，因成績優異在受到皇帝覲見之後而被授予官職，但是大多數通過考試的人，都被列於候補班的名單上，不久會被分派到中央或地方各部學習行走。這些被稱作「學習人員」的人，會在學習試用期間，接受上任前以獲取相關的行政經驗，並儘量讓自己融入當地的文化、語言和環境。[3]等待的時間因各人及地域的差異而有所不同，一般候補期為一到三年。按規定，候補官在等待期結束之後將被委以差位。[4]這種候補制度直至十八世紀末期都運行良好，因為其在數量以及職能方面都沒有很大的改變——依然是量少效微。

在各省，候補官包括候補道台，候補府，候補同知，候補通判及候補縣，還有許多其它更低的官職。中級的候補官，例如候補道台和候補府，在到省任職之前，都會由吏部傳召到北京，進行引見或驗看。低級的候補官員在接到委任之後，直接到所屬省報到。儘管這些候補官都與省內各級官員同朝共事，卻不屬於常規的行政官員。對於那些沒有獲得差委的候補官，他們通常會居住各省的省會，定期向當地督撫聽差。在這期間，他們就不能領取官俸，要以自己最大的努力供養全家。

至十九世紀初期，各省候補官數量已是原來的十倍。[5]太平軍興後，各省候補官的數量增勢更加迅猛，很多省份聲稱他們的數量已數以千計。儘管清政府沒有直接記錄候補官員群體的人數變化，但通過相關的新聞材料，我們可以清晰地看到，晚清時期候補官員人數的顯著增長。圖一顯示了 1878 年到 1880 年，在一些省份中常規和候補官員的數量。

表一

省份	年限	常規官員數量	候補官員人數
浙江	1878	305	1,380
江蘇	1880	321	2,680
廣東	1880		1,000+
廣西	1880	283	750
貴州	1880		1,152

資料來源：《申報》1878 年 10 月 31，1880 年 10 月 6 日，1880 年 2 月 29 日，1880 年 9 月 16 日，1880 年 11 月 5 日（臺北：學生書局，1975）。

---

3 Hsieh Pao-chao, *The Government of China, 1664-1911* (Baltimore: Johns Hopkins University Press, 1925), p.309。

4 葛士濬，《皇朝經世文續編》卷 2（臺北：國風書局），25：10。

5 《申報》，1874 年 10 月 20 日（臺北：學生書局，1975），10:6169-70。.

在此之前，中級的候補官（道台和知府）的數量通常都受到嚴格控制，因為他們身居要職並且要有一定的資歷。但十九世紀以來，道台數量急劇增長，其中包含了以捐例和保舉的方式而得到任命的候補道。[6]在清初，沒有人能夠以捐官的方式坐上中級官員的位置。然 1774 年之後，具備生員、監生或以上資歷的候選人可以用 16,400 兩銀子的價格買到道台的職位。1887 年，這一價格已經跌了一半，僅需 7,084 兩銀子；至 1889 年，5,901 兩銀子便可成交。[7]福建巡撫王開泰稱，如果進一步削減價格，道和知府的官位僅三四千兩銀子便可買到，佐雜更是一百兩銀子左右就可買到，縣官價格為約一千兩銀子。[8]太平軍興後，各地保舉之風更盛。各省督撫和軍中將領紛紛晉升下屬官員，以提升他們工作的積極性，並擴大自己的權力根基。儘管這些被保舉的人獲得更高級別的候補官位，但他們之中很少有人能真正出任實質性的差位。

與此同時，各省候補官員數量在太平天國運動之後也急劇增長。據表一中數據，浙江省 1880 年有 1,380 名候補官員，其中 80%為中級官員（20%為道台，60%為知府）。在十九世紀初期（at the art of the nineteenth century?），浙江省僅有極少量的候補官員[9]。1880 年，江蘇省候補道台和候補府的數量共計 120 人，而全省的候補官員共有 2,680 名。[10]

除卻數量上的膨脹，候補官在職能也發生了重大的轉變，在咸豐軍興後各地所爆發的臨時性危機中扮演了重要的角色，特別是在洋務領域。許多候補官員積極地參與對外事務，因此很多晚清的小說，例如《文明小史》（文明進化簡史），以及李伯元的《官場現形記》，都不約而同地把候補官員描繪成「洋務專家」。

三、實質性的官位與臨時性的差委

清朝初期，候補官制度是有組織的，目的在於通過試用、學習、差委、署缺等形式，使候補者獲得行政經驗，方便官員政事的養成。儘管候補官員沒有正式的行政職責，但是他們必須定期向中央或省級政府聽差。對於在省城聽差的候補官員，按照規定，要求在其上任後當月的第五日，在督撫衙門抽籤決定其在等待名單上的排位。一旦名單上的位置排定，他的命運也就註定了，今後必須擔任可能輪到的任何職

---

6 葛士濬，《皇朝經世文續編》卷 2（臺北：國風書局），10:7, 1:285, 1:324-6。

7 許大齡：《清代捐納制度》（北京：燕京書局，1950），頁 111。

8 葛士濬，《皇朝經世文續編》卷 2（臺北：國風書局），10:7-8, 1:285。

9 《申報》，1878 年 10 月 31 日（臺北：學生書局，1975）。

10 《申報》，1880 年 1 月 24 日（臺北：學生書局，1975）。

位。」[11]由於候補官的數量不斷增加，候補名單也越來越長，因此到十九世紀末期很多候補官員都沒有機會獲得政府的實質性差位。以抽籤獲取差委，主要取決於運氣，而非才幹與能力。[12]正如1879年《申報》所述：因為各省目前有太多的候補官員，他們【所有人】都獲得實質性官位是不可能的，也沒有足夠的差位來分配。[13]而清末候補冗官的出現，給地方的任命造成了極大的困擾。

兩個重要的問題也相應而生。為什麼得到實質官職的機會微乎其微，仍然有如此多的人想要成為候補官員？為什麼轉為正式官員的希望如此渺小，仍然有人願意花大價錢買得候補的官位？從某個角度來看，這與當時大量突發性、臨時性事件的出現有一定的關聯。

為方便起見，我們可以把清政府的職責分為兩部分：常規職責和非常規職責。一般來說，常規的職責包括刑名、錢糧、保甲，軍防，及教化等。非常規職責包括各種緊急突發情況，例如饑荒，洪災，火災，乾旱，與救濟和重新安置定居相關的問題，以及一些特殊的工程例如修築防護牆，修纂地方誌等。前者主要由正式官員負責，而後者的職責並沒有清晰的定義，它週期短，突發性強，通常需要在危機發生時迅速做出反應，因此通常由佐雜與候補官員處理。

當有新的挑戰或者危機發生時，通常清朝政府採取的措施是建立臨時性組織，我們習慣上稱之為局。在清初，這類組織管理人多由正規官員（常官）兼任，也就是說，在此之外他們還擔任了一些常規性的職責。到了清末，這類組織多以候補道／府為之。就常理而言，這些非常規性組織主要處理一些短期、臨時的事務，當危機過後，這類組織便會撤銷。但事實上，這類組織中有很多長期存在，有一部分成為了當地政府的永久機構，例如警察局。

「局」在城市發展與現代化進程中起著非常重要的作用，能夠應對各種各樣新的挑戰和緊急情況。海運局成立於1825年，其職能主要是幫助從官府江南徵收政府公糧之後運送到京都。善後局在太平天國運動之後建立，主要處理由於戰爭所導致的社會和經濟問題。保甲局的建立是為了組織協調當地民兵。釐金局則主要負責徵收附加通行稅。[14]另外還有很多其他的局：巡防局，修志局，清訟局，會防局，以及洋務局。

晚清的「局」，如雨後春筍，散落各地，尤其是在沿海地區。這些地區與西人交流頻繁，處理外交和近代化相關的責任和壓力日益增大。每個通商口岸和省會城市都設

[11] 葛士濬，《皇朝經世文續編》卷2（臺北：國風書局），17:5b, 1:396。

[12] 《申報》，1879年12月24日，28:18440。

[13] 《申報》，1879年1月27日，26:16451。

[14] 羅玉東：《中國釐金史》（上海，商務印書館，1936）。

立了外事局，雇傭了大量的人處理各種洋務。除了外事局，到十九世紀六十年代，在沿海省份和長江流域有約 3,000 個釐金局。

局的管理模式通稱之為「辦委」，「辦」包括督辦，總辦，會辦，幫辦。他們組成「局」的領導層。其他的人則被稱作「委員」或「局員」。例如坐落在上海的江蘇海運局，包括了三名總辦，兩名會辦，十名幫辦，以及十名差遣。[15]浙江省政府建立的海運局也坐落在上海，有八名總辦和幫辦。[16]成立於 1893 年的湖北蠶桑局，月工資如下：督辦 50 兩，總辦 40 兩，幫辦 16 串文，普通工作人員 6-12 串文。[17]

「局」中的職位，並不屬正式的官僚職位。人們稱其為「差位」，具有臨時的性質。因此「局差」在晚清時期成為了一個常用的官位說法。局的出現，為成千上萬的候補官員提供了工作和就業機會，例如，上海釐金局和蘇州釐金局就分別雇傭了 642 和 942 個員工，其中大多數為候補官員。[18]

幾乎所有晚清時期建立的現代企業都按照「局」的模式運營，「局」成為當時清政府管理洋務和近代化事務的最重要的組織機構。清政府認為，鴉片戰爭後西方帶給中國的與危機和挑戰相關的新事物都是「非正常的」，並帶有特殊的性質，因此應屬「局」的責任。清朝初期，非正常的情況通常由正式官員和鄉紳處理。但到了十九世紀末，隨著突發事件的增加，政府建立了越來越多的「局」以應對這些問題，相應地，對於全職政府官員和員工的需求量也越來越大。在這種環境下，候補官員逐漸受到關注，成為政府處理危機事件的重要人才基地。

四、候補官：「局」的管理者

在這節中，我們將以上海為例，分析晚清時期的「局」與候補官員之關係，及其在危機管理中的作用，以及晚清時期候補官員職能的延展。江南製造局是首個在上海同治縣誌——1872 年上海縣誌中出現的「局」，在同治上海縣誌中歸於「建制」目錄，同列於此目錄的還有一些由當地紳士出於慈善目的所建立的堂（halls）。這表明當時地方誌的編纂者對「局」沒有一個清晰的看法。他們雖然認為江南製造局應該作為一個重要機構而列入地方誌中，但他們並不知道製造局應歸屬於哪一類別。因此，把江南製造局與當地紳士資助建立的堂放在一起，說明在十九世紀七十年代，大家把「局」

---

15 *Ibid.*, 2:81-2.

16 《申報》，1883 年 12 月 21 日（臺北：學生書局，1975），40:27190。

17 彭澤益：《中國近代手工業史》卷 2（香港：三聯書局，1957）。

18 羅玉東：《中國釐金史》（上海，商務書館，1936），頁 81-82。

看作是官僚體制外的機構。

江南製造局並非唯一也非首個在上海建立的「局」。[19]根據民國初年編纂的《上海縣續志》，上海最早的「局」是 1825 年創立的海運局。但是正如前文所提到的，直至清代末年，「局」的數量才有所增長，並成為上海以至於全國各地的主要機構。民初地方誌的編纂者顯然意識到了這一點，並把「局」放到了專門的類別當中。表二列出了當時上海地區已經建立的局。

表二

名稱	創立年份
江蘇海運局	1825[1868]
硝磺局	1842[1861-1874]
船捐捕盜局	1858
義渡局	同治初年
清道局	同治初年
會捕局	同治初年
洋務局	1899
火藥局	道光年間
浙江海運局	1861-1874
糖捐局	1861
布捐局	1861
出口局	1864
江南製造局	1865
輪船招商局	1873
文報總局	1878
浦東保甲總巡局	1902
棉花驗水局	1902
閘北工程總局	1904
滬嘉鐵路總局	1905
工程局	1905
黃埔工程局	1905
浦東塘工善後局	1906
電報局	1906
郵政局	1906

資料來源：吳馨等修，姚文枬等纂：《上海縣續志》，卷 2，頁 22-23

由上文可知，十九世紀最後的二十五年間，上海的「局」已超過三十家。一些較大的局，例如釐金局，江南製造局，海運局，輪船招商局，雇傭了數以千計的工作人

19 《上海縣誌》（臺北：成文出版社，1975）。

員。比如，1882 年江蘇省的海運局由候補府姚丙吉領導，當時雇傭了二十五名經理和經理助手。[20]江南製造局當時也有幾十名管理者和一千多名工人。[21]一些規模較小的局，例如清道局，就只有一兩名管理人員。

十九世紀末，上海的「局」，大致可分為四類。第一類，處理洋務、外交及新興事業的局，如洋務局，江南製造局，會防局，輪船招商局，以及上海織布局。第二類，由協助市政的，如巡防局，善後局，河工局，工程局以及清道局。第三類是徵收稅款的，或者為近代化項目的建設籌款。例如釐金局，進口稅務局，出口稅務局，籌賑局。最後一類是咸同以前就存在，主要處理傳統事項，例如修志局、保甲局。

羅威廉（William Rowe）在他對 19 世紀 80 年代的漢口所作的研究中，指出了「局」在支持城市政府常規官僚體系中的重要作用。他認為，在太平天國後的幾十年，「局」是在城市管理的各個方面成為（除正規官僚體系之外）具有特定職能的機構。這些「局」都已經官方化或半官方化，可以在不同的地方監管特定的活動。[22]他還表示，在很多低於政府直接委派官員的城市中，局務通常由地方紳商主持參與管理。[23]

關於最後這一點，我認為還有待商榷。儘管在這些「局」中，很多鄉紳被委任為委員，但是絕大多數的職位並非由當地鄉紳擔任，而是由大量的候補官員出任。例如，在管理層的「辦」這一類中，這些候補官員主要來自於中級候補道台和中級候補府。據 1880 年《申報》報導：「杭垣官局不下二十餘處，其總辦委員皆以候補府道班任之。」[24]在上海，一些大型、重要的「局」的領導者通常是正式官員。例如，江南製造局，上海道台兼任製造局局長，[25]而其他的管理及工作人員都來自候補官群體；招商局的著名管理人員，如沈保靖、馮焌光、李興銳等都是候補道台[26]；與洋務和近代化相關的局，通常由總督或者巡撫委派的候補道台或者候補府管理。

---

20 《申報》，1882 年 12 月 25 日（臺北：學生書局，1975），37:24805。

21 Thomas Kennedy, *The Arms of Kiangnan: Modernization in the Chinese Ordnance Industry* (Boulder: Westview Press, 1978).

22 William Rowe, *Hankow: Commerce and Society in a Chinese City, 1796-1889* (Stanford: Stanford University Press, 1984), 35-6。

23 *Ibid.*,36。

24 《申報》，1880 年 3 月 8 日，29:18903。

25 Leung Yuen-sang, *The Shanghai Taotai: Linkage Man in a Changing Society 1843-90* (Honolulu: University of Hawaii Press, 1990), 93-98。

26 *Ibid.*, 90-91.

五、差委制的彈性及其內在的腐敗

根據表 2 中的數據，我們發現在《上海縣續志》中記載的三十多個局中，僅有三個繼續行使「傳統」職能。餘下大部分的局都在新的領域擔當政府職能。除洋務局和釐金局之外，大多數局也都與洋務或中國現代工商企業有關聯。儘管「局」可能是極少數的傳統機構或者大多數的現代企業，他們依舊是非正規官僚體系。

在傳統的局中，比如修志局，有很多官紳之間的合作。這些鄉紳大都來自當地的儒士和塾師，是傳統的社會精英。而在具有新職能和事物的局中，例如洋務局，江南製造局，以及輪船招商局，也不乏鄉紳的參與。但更多的職務都委派給了有商業背景的候補官員。他們在新的經濟環境中成為非傳統的精英分子。商人和買辦通過給自己或親屬買官位和頭銜，以候補官的身份擠入仕途。同時憑藉自身與外界的關係以及在現代企業中的經驗，使大部分人都被委派到局中擔任管理工作。

在清朝正式的官僚體制中，行政制度是非常嚴明。特別是迴避制度，即禁止官員在其家鄉地區任職。然而在正式行政體系之外的候補官員，其差委制則體現出較強的彈性或柔性。例如，委派到局裡的候補官員不需要經過吏部的銓選，縣級地方官員的任命也同樣如此。很多候補官都在家鄉本地的局裡任職。又如，省級政府可根據當地的需要向皇帝申請建局。總督和巡撫有權憑箚委指派局內的管理人員。[27]在一些規模較小的局裡，布政使或道台都有權行使任命權利。如上海警察局的管理人員就都是上海道台任命的。[28]

此外，「局」可以跨越多個行政區域。例如，李鴻章從江蘇搬往直隸後，在江蘇省不同的城市建立了很多企業，特別是在通商口岸上海。這些包括輪船招商局，江南製造局，以及電報局。李鴻章以創辦人的身份，仍然操持局務。[29]湖廣總督張之洞在上海也建立了一些局，為其在武昌和漢口的現代工業項目籌款。局務的負責人，分別代表了直隸和湖廣地區，不受江蘇官吏的直接管轄。然而，這些人實際上已經在直隸或者湖廣地區獲得候補官位的紳士。換句話說，這些地方精英以非地方官員的身份為其家鄉的企業工作，他們巧妙地躲過了律法上的迴避規則。例如，輪船招商局的朱其昂和上海電報局的盛宣懷都來自江蘇，他們卻作為李鴻章的下屬在家鄉主持局務。

---

27 劉廣京：〈從輪船招商局早期歷史看官督商辦的兩個形態〉，載張寄謙：《素馨集》（北京，北京大學出版社，1993），頁 258-289。

28 《申報》，1882 年 8 月 28 日，35: 23637。

29 Leung, "The Shanghai-Tientsin Connection," *op. cit.*, p.115。

可見，在臨時性或常設的局中，絕大多數是候補官員在實際管理和經營。造成這種現象的原因，主要在於清末大量臨時性事物的發生，需要及時處理。而候補官員適用的差委制，具有較強的彈性和補充性，可以有效的解決這一問題。其中，有不少的局發展成為永久性的機構，為二十世紀早期出現的地方自治運動奠定了基礎。

儘管清末的候補官與局在清朝行政體系內部顯現出了靈活性，但是候補官本身也存在一些問題。例如，常規官員的工作表現時刻都會受到監督，但是候補官員及其在「局」裡的工作則不能被仔細地監控，因為這些臨時的差委並不屬於正式的官僚機構；同時，很多「局」都是由官員在地方司法權管轄範圍外建立的。例如，輪船招商局的管理人員直接向直隸的李鴻章報告，而不需要與蘇州和南京的省級政府進行協商。儘管這一做法省去了很多繁雜的官樣文章，提高了管理效率，但同時由於缺乏有效的監管而滋生吏治的腐敗。

對於那些在局中得到任命的候補官員，他們中大多數人具有商業背景，是當時處理新式事物最合適的人選。候補官的柔性機制使他們通過捐官或保舉的方式進入官場。但這並不適用於所有的局。事實上，很多的候補官員獲得差委並非由於他們在相關領域的知識或是技能，而是通過個人的人脈或賄賂的方式。最後，很多近代化和洋務企業都聘用了不合適的候補官員，他們既無經驗，又缺乏競爭力。根據1888年《申報》的報導，杭州製造局沒有製造武器的專家，他們對製造武器全無興趣。在這種情況下，在杭州建立企業是沒有必要的。但是那些企業為什麼還是存在呢？原因之一，在於候補人員太多無從安插分委，而各局足以調劑冗員。[30]

數目龐大的候補官員，為晚清政治和地方社會帶來了許多的問題。最重要的問題是流通問題，更確切的說，是缺乏流通。在太平軍興後，派遣到各省的候補官員數量激增，但是得到實際官職的希望卻越來越渺茫。因此，「候補冗官」和「仕途堵塞」是晚清官場的一大弊病。[31]十九世紀之前，在等待名單上的候補官員人數還相對較少，得到實際官職的可能性還比較大。大多數的候補官員都能夠三年之內在北京或者一年之內在省級政府得到任命。[32]但到了清末，受捐納和保舉的影響，其得到實質任命的機會更加微乎其微，大多數的候補官員不得不在等待中度過了許多年。

在等待期間，他們領不到官俸，有時要遠居他鄉。這對於富有的紳商來說並不是問題，因為他們有堅強的經濟後盾。[33]但對於一般人來說，如此長期的無薪待命是異常

---

[30] 《申報》，1880年1月15日，29:18527。

[31] 同上。

[32] 《申報》，13 October 1814, 10:6193。

[33] 王文韶：《王文韶日記》卷2（北京：中華書局，1989年），1:17。

艱苦的，對其自身而言也是一個考驗。那些懂得交際或是明白如何生存的人能夠很容易地得到任命，獲取薪酬及一些牟利之機。但是大多數候補官員仍在家中待補，生存是第一要緊。有的為有錢人家做西賓補貼生計，有的充任正規官員的幕僚，也有一部分人變成了極其貧苦的人。[34]時人也意識到，過剩的候補官員已經成為朝廷所面臨的最嚴峻、最富挑戰性的問題。福建巡撫王開泰，江西巡撫譚中林（Tan Zhonglin），廣西巡撫慶裕，都曾表示省內候補官員數量過多，這個問題亟待解決。[35]其中一個解決辦法是廢除捐官制度；另外應該停止，至少減緩候補官員的分發，把候補官員的數量減少到可控制的水平。但是清朝末年，候補官員內部對差委的掠奪式競爭，對於晚清政制與地方社會仍然是一個很嚴峻的問題。

六、結論

前人對於清朝地方政府的研究主要分為兩個方向：由正式官員組成的正式官僚體系，以及由鄉紳和正式官員的私人助手組成的非正式官僚體系。前者著重強調縣官的作用。本文意在指出：在十九世紀的中國，正規與非正規官僚系統之間，存在著第三類人——候補官，並說明候補官在危機管理與政體變革中，尤其是處理突發性事件與新式事物中發揮著極其重要的作用。以清末上海為例，他們接受上級的差委，在局中扮演的是「危機處理者」和「洋務管理人」的角色，並親身參與了洋務運動和近代化進程。其獨特的差委制具有彈性的特點，而候補冗官的出現，在一定程度上加劇了晚清吏治的腐敗。本文對於候補官員制度的研究僅是蜻蜓點水，許多問題有待進一步的探討。

[34] 《申報》：1880 年 1 月 5 日，28:18472。

[35] 葛士濬，《皇朝經世文續編》卷 2（臺北：國風書局），10:7a；《申報》，1880 年 3 月 8 日，29:18904；1881 年 8 月 20 日，31:20375；and 1881 年 11 月 22 日，33:21247-8。

清代儒家禮教主義與「士商社會」的經世模式：論章學誠的宗族思想與活動

周啟榮

一、引言：學術經世、禮教主義與「士商公共文化」

1. 研究章學誠（1738-1801）思想的新角度

研究清代乾嘉時期思想史或儒學史的學者仍然聚焦於經學考證與漢學、宋學等議題。但是有關乾嘉時期重要思想家章學誠，不論從考證學或者漢學的角度來審視，他的思想與學術既非考證學也不是漢學。從經學考證的角度來看，章學誠的思想是乾嘉時期的一個異類，學者只能環繞他的史學理論、方志學、校讎學等問題來進行討論。[1]余英時別開蹊徑，從儒學史發展的內部取向來分析章學誠的思想，深刻地分析了由戴震代表的考證經學對於章氏思想發展的重大衝擊。[2]但清代思想史與儒學史長期在考證學陰影的籠罩下，清代社會發展所產生的許多重要新問題、新動向都隱而不現。有關章學誠思想折射出當代社會的一些大趨勢的重要性，目前的研究仍然沒有充分發掘與討論。除了儒學史與史學思想的角度外，研究章學誠在清代思想史的意義最少可以從三個方面來審視：1.經世思想、2.儒家禮教主義（Confucian Ritualism）、與 3.公共文化（public culture）。本論文的主要目的便是要從清代「儒家禮教主義」與「士商公共文化」兩個概念與兩組問題來分析章學誠的經世思想。

---

1 David Nivison, *The Life and Thought of Chang Hsueh-ch'eng*（1738-1801）, Stanford: Stanford University Press, 1966; 法國戴密微（P. Demiéville）, "Chang Hsüeh-ch'eng and His Historiography," W. G. Beasley & E. G.Pulleyblank, eds., *Historians of China and Japan*, London: Oxford University Press, 1961. 在華文學術界對於章學誠思想的研究，自從胡適等推介以來，可以說是汗牛充棟，詳盡的綜合介紹與分析自 1920 年代至 1980 年代的著述，可以參看黃兆強，《章學誠研究述評》，台北：學生書局，2015 年版。

2 余英時，《論戴震與章學誠：清代中期學術思想史研究》，台北：華世出版社，1977 年。

2. 章學誠的經世思想

1983 年台灣中央研究院近代史研究所舉辦了一個「近世中國思想研討會」，會中有兩篇討論章學誠的經世思想。一篇是繆全吉的〈章學誠議立志（乘）科的經世思想探索〉，另一篇是我與劉師廣京聯名發表的〈學術經世：章學誠之文史論與經世思想〉。繆氏的論文集中在討論章學誠史學經世思想中的一個小部分，那就是地方誌作為歷史著作所發揮的經世作用。[3]我的論文第一次深入分析了章學誠的經世思想的整個架構。[4]那篇論文只集中從章學誠的《文史通義》中各篇分析，理清了三個與經世思想相關的觀念：「學術經世」、「史學經世」與「文章經世」，深入分析了「文」與「史」如何透過「明道」、「救偏」和「扶持名教」來達到經世的目的。但是這篇論文沒有分析章氏思想與當時強大的禮教主義思潮的關係，也沒有從清代社會文化史的角度來探討章學誠經世思想形成的歷史意義。這篇論文也忽略了章學誠參與宗族活動與改革討論的經世模式與當時正在蓬勃發展的公共文化的關係。本論文的主要目的是要揭示章氏經世思想與「儒家禮教主義」思潮及清代「士商社會」與「公共文化」的複雜關係與時代意義。

3. 儒家禮教主義思潮與章學誠

早在上世紀九十年代在美國與台灣先後有學者指出儒家禮教思想與禮學思潮的重要性，學者開始重視清代禮學的研究。[5]然而研究章學誠的學者並沒有從儒家禮學的角度來審視他的思想與生活。[6]章學誠生當儒家禮學大盛的清代，他無法逃避這個強大思潮與文化改革運動的衝擊。[7]章學誠的史學思想與清代禮教思想有什麼關係是研究清代

[3] 繆全吉，〈章學誠議立志（乘）科的經世思想探索〉，《近世中國經世思想研究研討會論文集》，台北：中央研究院近代史研究所編，1984 年，第 157-175 頁。

[4] 這篇論文是以周啟榮與劉師廣京名義在會議中宣讀的。原因是會議規定每個與會者只能發表一篇論文，我有另外一篇〈從狂言到微言：論龔自珍的經世思想與經今文學〉。一個學者不能發表兩篇論文，但是如果與他人聯名發表另一篇則不受限制。所以，論文雖然是我個人的著作，卻以合作的方式發表。參見周啟榮與劉廣京，〈學術經世：章學誠之文史論與經世思想〉，《近世中國經世思想研究研討會論文集》。

[5] Kai-wing Chow, *The Rise of Confucian Ritualism: Ethics, Classics, and Lineage Discourse*, Stanford: Stanford University Press, 1994。是書已經翻譯為中文，參看周啟榮著，毛立坤譯，《清代儒家禮教主義的興起：從倫理道德、儒家經典、與宗族為切入點》，天津：天津人民出版社，2017 年；張壽安，《以禮代理：淩廷堪與清中葉儒學思想的轉變》，台北：中央研究院近代史研究所，1994 年。

[6] 儒家「禮教」的道德規範在內容上就是儒家的「正統」（orthodoxy）。參看 Kwang-ching Liu, ed., "Introduction," *Orthodoxy in Late Imperial China*, Berkeley: University of California Press, 1990.

[7] 參看周啟榮，《清代儒家禮教主義的興起》。

思想史的一個非常重要的問題。孕育於晚明而在清初爆發為一股洪流的儒家禮教思潮發展到了乾嘉時期仍然強勁，只是已經從以各種與禮制改革問題的爭論與對《朱子家禮》、《儀禮經傳通解》的研究轉入以《周禮》、《儀禮》與《禮記》三部禮經為主的音韻、訓詁的禮經學註疏研究；同時由不分漢、宋的禮學考證，轉入以東漢禮學為權威的古禮制的訓詁考證學。[8]乾嘉時期的領軍學者都是為了釐清三代禮制而研究儒家經籍中的上古歷史與古代聲韻。章學誠雖然並不潛心於禮經的訓詁考證，他對於乾嘉時期的經學集中在古禮這種現象卻有精到的觀察。他說：「近人致功於禮經，約有五端：溯源流也、明類例也、考同異也、搜遺逸也、綜名數也。」[9]雖然他批評當時的經學家過於狹隘，詬病他們「然依此為極則，而不求古人之大體以自廣其心，此宋人所譏為玩物喪志，不得謂宋人之苛也。」[10]章學誠所批評的重點在於他認為當時的學者只著眼於禮制的餖飣考證，而忽略了禮制後面的重大意義。然而，與他同時代絕大部分的士人一樣，章學誠同樣受到當時強大的儒家禮教主義思潮的衝擊。雖然在學術的具體研究上他並不集中在經學訓詁與古禮，而是致力於史學理論與三代以後的制度史及其書寫的方法與體制的研究，但他所專注的政治、社會組織和文化秩序的研究就是廣義的禮制史研究。章學誠同時也積極參與了自己宗族禮制的改革討論與修譜和祭祀的活動。

4. 章學誠的經世思想與清代「士商社會」的「公共文化」

儒家經國濟民的志業與價值的實踐方式隨社會環境與儒者自身的情況不同而改變。明清時期的中國社會在科舉限額與官僚制度規模基本不變的情況下，絕大部分讀書求仕的士人最終都只能是「剩餘」的士人，無官無權，經世的才能、抱負無所施展，經世的志業成為不相干的憧憬而已。然而自從晚明開始，棄儒從商，亦士亦商，士商合流的現象變得越來越普遍，剩士在官場之外從事各種與施政沒有直接關係的工、商、文、教服務職業。這些為了工作而頻密流動的「士商」（mercantile literati）催生了大量自發建立的互助組織——同業、同鄉、同姓、同志等「會館」、「公所」。這些組織所產生的相關文化形成了一種與唐宋時期不同的「公共文化」。章學誠的經世思想與活動不能離開明清「士商社會」與公共文化來瞭解。

---

8 有關清代儒家禮教主義思潮的興起及其在康熙、乾隆初期，與乾嘉時期的不同階段的發展，參看周啟榮，《清代儒家禮教主義的興起》。

9 章學誠，〈易教上〉，《文史通義》，香港：太平書局，1973 年，第 25 頁。

10 章學誠，〈易教上〉，《文史通義》，第 25 頁。

二、清代「士商社會」的「公共文化」

儒家禮教主義在清代的興起與清代社會的發展有著密切的關係。明清時期，中國社會已經進入由「士商」(mercantile literati or literati-merchant) 階層統治定型的歷史階段。中央政府與地方政府的實際控制掌握在「士商」階層手上。雖然清代是異族入主,以建立在軍事控制上的「異族主權」(ethnic sovereignty) 統治漢人，但是這個新的政治變數並沒有改變自明以來「士商社會」結構的發展軌跡。[11]滿清政權沒有改變在中國社會裡由科舉制度支配的政治權力、文化資本、經濟資源的分配模式。沒有一個家族能夠在科舉中不間斷地一代接一代的取得進士資格，進入帝國政府統治階層的核心。如果沒有政治權力的庇蔭，沒有富商、富農能夠確家族能夠保持續獲取與累積經濟資源與文化資本。出生在嘉慶初的沈垚 (1798-1840) 對於商業財富與科舉入仕的關係有扼要而精到的觀察。他指出士階層從唐以後如何慢慢地失去經濟基礎的保障：

> (宋以前) 仕者祿秩既厚，有功者又有封邑之租以遺子孫，故可不與小民爭利。唐時封邑始計戶給絹而無實土。宋太祖乃盡收天下之利權歸於官，於是士大夫始乃兼農桑之業，方得贍家，一切與古異矣！仕者既與小民爭利，未仕者又必先有農桑之業，方得給朝夕，以專事進取。於是貨殖之事益急，商賈之勢益重。非父兄先營事業於前，子弟無由讀書，以致身通顯。是故古者四民分，近世四民不分。古者士之子恒為士，後世商之子方能為士，此宋元明以來變遷之大較也。……元明【脫以字】來士之能致通顯者，大概藉資于祖父而立言者或略之則祖父治生之瘁與為善之效皆不可得見。[12]

沈垚這篇〈費席山先生七十雙壽序〉是他為同年費選泉的父親寫的祝壽文。費選泉能夠長期參加科舉終於中式舉人是離不開父親經商累積的資財的支持。沈垚對於費氏家族的記錄也完全適用於他自己。沈垚生於南潯鎮，祖父與父親都是縣學生，沈垚自己十試不第，其經驗與章學誠相似，是個「服務士商」，為人校書捉刀！[13]他的話其

[11] 美國「新清史」的代表人之一 Mark Elliot 提出"ethnic sovereignty"的概念，雖然可翻譯成「族群主權」，實際上就是一個「異族主權」，Mark Elliot, *The Manchu Way: The Eight Banners and Ethnic Identity in Late Imperial China*, Stanford: Stanford University Press, 2001.

[12] 沈垚，〈費席山先生七十雙壽序〉，《落帆樓文集》卷二十四，嘉業堂，第十一至十二頁。

[13] 沈垚，〈沈子敦哀辭〉，《落帆樓文集》《補遺》，嘉業堂，第一至三頁。

實就是自傳式地陳述江南士商家族的普遍現象。明清以來最具代表性的徽州大族採取的雙軌治家策略，分配子孫進入「士」與「商」兩類職業的模式是所有其他各地家族共同採用的策略。這不是偶然的發展，而是明清「士商社會」的政治、文化、經濟資源的社會分配結構所使然。

1. 士、商合流與作為分析觀念的「士商」

明代開國時期雖然繼承了元朝的世襲戶籍制度，但是無論哪類戶籍，只要是納稅糧的良民，都可以參加科舉考試。明代到了十六世紀，社會階層受到商業蓬勃發展與海外貿易的衝擊而發生巨大的鬆動，萬曆以後的朝廷黨爭導致仕途的危險與暫短，大量士紳以至官員在政府以外謀求發展與財富，加速擴大了士人從事各種與政府、當官沒有直接關係的職業的範圍，進一步在個人、家族、宗族各層面加劇了士和商職業的混融。明清時期，亦士亦商，棄儒從商情況的普遍出現已是學者的共識。[14]

「士」可以從兩個層次來理解：1.作為一個主觀的身份認同，但現實上可以從事任何職業。2.作為一個具有客觀可以確認的身份，由皇帝授予的功名或者身份。有志讀書參加科舉考試的都可以自認為「士」，而社會上也承認屬於有別於其他三大類職業「農、工、商」的「士」。但是正式擁有政府承認，具有法律意義上的身份則需要取得進入政府學校的生員或擁有監生以上的科舉功名。明清只要取得最低的生員或監生身份的人都認同於「士」，無論在社會意識裡或者職業種類的排名裡，「士」都是最顯要的身份。因此，即使在現實上一生絕大部分的時間都從事工商或者提供藝文服務的「士」，都不願意自稱或者被人稱為商賈。這種對於「士」的價值傾斜在明清傳記中表現為刻意「遺忘」個人曾經在工商行業活動的記錄，卻保留並致力塑造拼湊一幅具有「士人」形象與士人所應有的活動履歷。[15]

「商」泛指與從事商業、製造業、與商業掛鉤的漁農業如藥物業、蠶桑業、蔬果業、林木業等職業。「商」也包括提供服藝文或知識服務的各類職業。館師、出版家、

---

[14] 有關士、商階層在明清時期的混融目前在學術界已經是共識，無須多徵引。只提幾個比較開風氣的研究。張海鵬、唐力行，〈論徽商「賈而好儒」的特色〉，《中國史研究》第 4 期（1984 年）；余英時，《儒家倫理與商人精神》，《余英時先生文集》第三卷，廣西師範大學出版社，2004 年，第 166 頁；Cynthia Brokaw, *The Ledgers of Merit and Demerits*, Princeton: Princeton University Press, 1991, 5-6; Timothy Brook, *Confusion of Pleasure: Commerce and Culture in Ming China*, Berkeley, University of California Press, 1999, 139-151, 210-215；Kai-wing Chow, "The Merging of Shi and Shang in Travel: The Production of Knowledge for Travel in Late Ming Book," *Frontiers of History in China*, 62 （2011）, 163-182；Kai-wing Chow 周啟榮, *Publishing, Culture, and Power in Early Modern China*, Stanford: Stanford University Press, 2004（周啟榮著，張志強等翻譯，《中國近代早期的出版、文化與權力》，出版中）。

[15] 參看周啟榮，《中國近代早期的出版、文化與權力》（出版中），第 3 章。

專業文人、畫師、訟師、醫士、掌櫃、經理等職業都可列入「商」的範疇。所有這些職業在結構上與當官沒有直接接軌。所有「商」的職業的軌跡終點都不在帝國官僚機構中的職位，而「士」的職業軌跡終點是帝國政府的核心統治階層：中央政府與地方政府的官員。[16]明末「士商」專業文人如八股文選手，科舉用書如四書五經注釋家、史論、詩文選輯和小說、戲曲作家與點評家、通俗、專門的藝文出版家大量出現。八股文選手如徐奮鵬、艾南英、陳際泰、陳子龍、張溥；小說戲曲家如張鳳翼、呂天成、屠隆、凌濛初；出版家如毛晉、凌濛初、馮夢龍、陳仁錫、陳大來等與專業捉刀的山人如陳繼儒、王稚登等大量藝文專業工作者。[17]從個人的職業生涯來看，這些都是亦士亦商或棄儒從商，棄官從商比較突出的士商例子。

我們需要對「士商」這個分析概念稍作說明。「士商」不是一個曾經實際存在於明清時代的歷史性身份，更不是一個具有法律意義的地位概念。有人自認為「士」也有人自認為「商」，但沒有自認為「士商」，或被指涉為「士商」的個人。與法國的「資產階級」（bourgeoisie）不同，「士商」不是一個個人社會身份或者法律地位的概念。「士商」只是一個分析概念，用來指涉一個具有社會學意義上共同特點的人群、階層。一個相當於韋伯說的「觀念類型」（ideal type），在現實世界並不存在自認為士商的個人或被指為士商的群體。但是「士商」與 18-19 世紀英國的所謂「中層階級」（middling sort 與後來的 middle class）相類似，它不是一種現實身份或者法律地位，而是因需要將不同的社會人群分別而提出的以職業分類而創造的分析概念。[18]「士商」就像一個重量計儀，一頭是「士」而另一頭是「商」，中間有許多無數的職業。有些職業靠近「士」的從政當官目標，如幕友、胥吏、教師、職業文人、出版商、書商、訟師等，這些職業

---

16 余英時，《儒家倫理與商人精神》，《余英時先生文集》，第 166 頁；Cynthia Brokaw, *The Ledgers of Merit and Demerits*, 5-6; Timothy Brook, *Confusion of Pleasure: Commerce and Culture in Ming China*, 139-151, 210-215; Kai-wing Chow, "The Merging of Shi and Shang in Travel," 163-182.

17 參看周啟榮著，《中國近代早期的出版、文化與權力》；Cynthia Brokaw and Kai-wing Chow（周啟榮）, edited, *Printing and Book Culture and Late Imperial China*, Berkeley: University of California Press, 2004；有關科舉書籍的商業印刷研究，參看沈俊平，《舉業津梁：明中葉以後坊刻制舉用書的生產與流通》，台北：學生書局，2009 年；Robert Hegel E., R*eading Illustrated Fiction in Late Imperial China*, Stanford: Stanford University Press, 1998; Ellen Widmer, "The Huanduzhai of Hangzhou and Suzhou: A Study in Seventeenth-Century Publishing," *Harvard Journal of Asiatic Studies*, Vol. 56, no. 1, （June 1996）, 77-122; 程國賦，《明代書坊與小說研究》，北京：中華書局，2008 年；龔敏，〈明代出版楊爾曾編撰刊刻考〉，《文學新鑰》第 10 期，2009 年 12 月，第 195-230 頁；賈晉珠，〈吳勉學與明朝的刻書世界〉，《徽州：書業與地域文化》第十三輯，北京：中華書局，2008 年，第 20-49 頁；Yuming He, *Home and the World: Editing the "Glorious Ming" in Woodblock-Printed Books of the Sixteenth and Seventeenth Centuries*, Stanford: Stanford University Press, 2013.

18 英文的"middle class"（中間階層）最早出現在 1913 的 Registrar-General 的 Report 裡，用來指涉夾在上層（upper class）與工人階級（working class）之間從事各種職業的人。

主要提供藝文服務，可以稱為「服務士商」。那些遠離仕途這個目標而往純工、商行業傾斜的職業，如徽州、揚州鹽商、山西票商、松江布商、佛山鐵商、藥商等，這些商人同時具有生員或者監生身份的也可以稱為「經營士商」。[19]因此明清時期從個人的角度來看，「士商」可以有許多不同的社會「實存形態」，從事各種不同職業。「士商」可以是一個擁有生員或者監生身份但不再參加科舉考試的實業商人，如明清文集中無數稱作「處士」的商人；「士商」也可以是沒有完全放棄科考而一面從事工商各種行業，一邊繼續參加考試的「士人」。不同類型的「工商」行業與「士」的職業軌跡有不同的距離。有些「商」的職業的工作由於在內容上與考試內容差距不大，希望繼續努力通過考試終於進入帝國政府的士人，多選擇教師、幕友、訟師、職業文人或與書籍生產有關的編寫、評點、出版、販書等工作。如果選擇與科考內容與政府工作關係較遠的工作如畫師、醫士、掌櫃、經理、商賈等，士人想繼續參加科舉考試而成功的機會便會大大的降低。

明清「士商社會」裡，「士」階層與「商」階層在江南、徽州、沿海省份以及位於商貿地域網絡上的城鎮多已經在三個層面上融為一體。1.個人層面，一個人可以亦士亦商或前士後商。2.家族層面，一家三代、四代之中可能有紳衿（生員、監生、舉人、進士、任官）和商人、職業文人、各類出賣藝文、知識服務的教師、胥吏、醫士、訟師、幕友、相師等。3.宗族層面：聚居與跨地域宗族中，支派中有士有商，有當官的，宗族的領導層群都努力生產「士紳」、「官」與利用農、商、製造業財富來支援及擴大家族的生存能力及其在地方上的競爭力與影響力。[20]

2.「士商社會」與「公共文化」

明清「士商社會」的一個重要特點是士、商職業軌跡的交叉與士商因為職業的需要而大量地與頻密地流動。在地域流動頻密的清代，士商為了在本鄉與客地更有效地提供幫助、保護與獲取更多的資源，大力創建各類互助的公共組織如會館、公所、賓興會、義學、義塚、善堂等，而其中一類普及的公共組織是「士商」形態的宗族組織。[21]

---

[19] 擁有「生員」或監生的商人的情況明清江南地區非常普遍。生員、監生階層不斷膨脹。「棄儒服賈」的現象晚明以來已經所在皆有。陳偉明，〈論明清廣州商人的賈而好儒〉，《廣東史志》1998 年第 4 期；劉鳳雲，〈清代北京會館的政治屬性與士商交融〉，《中國人民大學學報》2005 年，第 2 期，第 122-128 頁；宋長琨，《家庭背景與明代徽州雙籍進士的地位升遷》，中國人民大學 2008 年博士論文）。

[20] 關於「士商社會」 的觀念與清代已經進入「士商社會」的定型階段的討論，可以參看周啟榮，〈清代士商社會的公共文化與慈善醫療服務〉，《新史學》第 9 期，北京：中華書局，2017 年，第 3-37 頁。

[21] 「宗族」或「家族」作為一種主要基於血緣關係的制度或組織在人類社會都以不同的形態而存在。但商、周時期的宗族與漢、魏、晉、唐、宋、明、清時期的宗族名似同而在實際的組織、規模運作與社會功能各方面都有很大

這些公共組織或公眾組織及其衍生的制度、活動便構成了士商的「公共文化」（public culture）。[22]清代無論在城市或者鄉村，士商形態的公共文化在互動、合作、競爭、爭鬥等集體活動各方面都呈現更多的組織化、跨地域、集體資助與集體管理的傾向，而積極參與主導與管理這些公共組織的階層主要是士商。

清代是宗族的大量建設與改革時期，章學誠作為一個士商不但積極地參與宗族的活動，同時參與討論改革祠堂祭祀、族譜體制與族人文獻的撰寫與編纂。這些活動充分的地顯示了章學誠作為一個士商如何透過參與公共組織如宗族的活動而實現他的經世理想。但是對於章學誠來說，這些活動是否具有經世作用是一個非常重要的問題，同時在當時也不是一個不言而喻的一個常識，需要反復申論。

三、文史經世：「士商社會」裡一個儒者的經世方式

1.「士商社會」中「剩士」的經世困境與焦慮

在清代思想家中，章學誠是少數具有系統性，邏輯性特別強的學者之一。他思想中有一個非常重要的議題與焦慮：在沒有直接參與政府施政的情況下如何實現儒家的「經世」責任與理想？這個問題從歷史長時段的角度來看，對於一些個別的儒者來說，不是一個嶄新的問題。孔子「邦有道，穀；邦無道，穀，恥也」；孟子「窮則獨善其身，達則兼善天下」的言論都是從不同的角度回應這一個問題。但隨著政治制度與社會結構的變化，能夠實現「兼善天下」，成為「民之父母」的士人遭遇不同的入仕機遇與障礙。宋儒稍有名氣的都是當官的。宋代的冗官問題多少反映當時入仕的情況比明清時期為相對容易。但是到了明清兩代，絕大部分的儒生沒有機會進入政府當官，實施他們的經國濟民、「為生民立命」的抱負。明代十六世紀以來隨著人口的激增與官僚的固定數額，能夠最終進入帝國當官的只佔參加科舉人口的極少數。儒者經國濟民的志業在明清時期已成為遙遠不可及的理想。士人過剩，科舉競爭激烈的情況到了清代越來越嚴重。[23]中進士的平均年齡是 40 歲，那些幸運能中進士，進入政府的只是讀書人口的極少數。數量龐大的「剩餘」儒生只能從事各種與參政沒有直接關係的職業。剩餘的士人（可以簡稱「剩士」）對於經國濟民的宏願只能放棄了。如果仍然不忘要實施

的差異。明清時期由於已經進入士商社會，所以宗族的形態也呈現士商社會獨有的宗族組織特徵。下面討論章學誠的宗族活動時會對這個問題展開討論。

[22] 有關「公共文化」概念的討論，參看周啟榮，〈清代士商社會的公共文化與慈善醫療服務〉。

[23] 參看 Ping-ti Ho, *Studies on the Population of China, 1368-1953*, Cambridge: Harvard University Press, 1959, 269-70.

「經國濟民」的抱負的剩士便只能另闢蹊徑了。

儒家經世思想隨著明清時期士商社會的定型、工商業的發達與人口膨脹、流動的頻密與集中城市而產生價值系統與社會角色的錯位，這種情況在一些儒者的思想中產生了焦慮。當然，儒者在士商社會中對於儒家的各種價值的執著的程度視乎個別儒者的特殊情況，不能一概而論。但是章學誠可能是在清代士商社會裡，對於自己的職業不能實現傳統的經世志業所產生的焦慮，以及為了解釋和證明自己如何透過文史研究也可以同樣實現「儒家經世」理想所作的努力，可以說是獨一無二的。在他相關的文章與史學論著中，他有系統地提出「學術經世」的概念。目前學術界對於清代由社會層級結構（social stratification）改變而產生的儒家價值錯位感與焦慮尚沒有給予充分的注意與探討，儒學與「士商社會」價值之間的緊張關係有待深入研究。章學誠的經世思想以及他參與其宗族禮制改革與集體活動充分體現了儒學中的經世思想在士商社會進入定型階段後的一種發展，非常鮮明地折射出清代士商社會中正在蓬勃發展的「公共文化」。

2. 「文史經世」：士商經世方式的提出

章學誠一直被無官位而不能履行儒者經世的責任而困惑與焦慮。他這個焦慮經過不斷對古代學術發展史的思考，終於大約在 1789 年提出了一個觀點與歷史解說。在《文史通義》中大量的文章裡，他從不同的角度、語言、方式來反復論述「學術經世」、「文、史經世」的論點。他認為自從三代政、教分離的局面出現之後，學術研究已經成為儒者經世的一個重要方式。因此在他的時代，從事文史的研究便是經世的一種重要手段。縱觀他的思想，「學術經世」乃是他的思想中「支撐全局的棟樑命題。」[24]這個命題之下又可分為幾個子命題：第一，各時代有不同的經世方式；第二，三代以後政教分離；第三，學術所以經世或者史學所以經世，而經世可以透過三個方式進行：明道、挽救學術風氣之偏、與扶持名教。[25]第四，在達到經世目的兩個手段中，事功（政）與學術（教）無分優劣。

第一個命題：章學誠的歷史觀特別強調客觀社會條件的決定作用。他認為人類社會一切都不斷地在變化。他說：「不特三王不相襲，三皇五帝亦不相沿矣！」[26]儒者如何實現經世理想的方式自然也不例外，隨時代的變動而不得不改變。

---

[24] 周啟榮、劉廣京，〈學術經世：章學誠之文史論與經世思想〉，第 123 頁。

[25] 有關章學誠「明道」的分析，參看周啟榮、劉廣京，〈學術經世：章學誠之文史論與經世思想〉，第 127 頁。

[26] 章學誠，〈易教上〉，《文史通義》，第 1 頁。

第二個命題是「三代以後政教分離」。他認為「三代之盛，法具於書，書守之官，天下之衡業者皆出於官師之掌故，道藝於此焉齊，德行於此焉通，天下所以同文為治。」[27]三代以後由於統治者「官」不再是具有德行的聖人，而有德行有道的「師」卻沒有統治權。所以他說：「三代之衰，治教既分」[28]而「官師既分，處士橫議，諸子紛紛著書立說，而文字始有私家之言，不盡出於典章政教也。」[29]政、教分離就是學術經世的歷史前提。

第三個命題是「學術經世」。在1789年寫的〈說林〉篇裡，章學誠說：「學問所以經世，文章期於明道……學術固期於明道」。[30]在章學誠的思想之中，「學術經世」有另外一個不同的表述：「史學經世」。因為他視所有的著述都是史學，所以，「史學經世」就是「學術經世」。在前一年寫給孫星衍的信裡，他說「盈天地間，凡涉著作之林，皆史學也。」[31]「史學」與「學術」在章學誠的思想中基本上是同義詞。由於章學誠認為自己「吾於史學蓋有天授」，所以他的經世模式就是透過對於歷史書寫的思考與實踐。他在〈浙東學術〉裡說：「史學所以經世，固非空言著述也。」[32]章學誠學誠以「史學經世」為浙東學派的特徵，也是用來標榜自己所認同隸屬的學術宗派。[33]

第四個命題：事功（政）與學術（教）無分優劣；章學誠強調由於時代的歷史環境不同，聖人、儒者只能採用不同的方式經世。儒者雖然沒有官位仍然可以用學術來經世，而不同的經世方式沒有價值高低的差異。這觀點特別重要而最不為人所瞭解。所以章學誠在他的著作裡致意再三。他從歷史中尋找證據去證明他的論點。他比較周公、孔子，以至後來的儒者的不同的「經世」方式。在〈原道上〉，他比較周公與孔子的功業，反對學者尊周公而抑孔子，認為：

> 蓋周公集成之功在前王，而夫子明教之功在萬世也，若歧視周、孔而優劣之，則妄矣！故欲知道者，在知周孔之所以為周、孔。[34]

---

27 章學誠，《和州志藝文書序例》。

28 章學誠，〈經解上〉，《文史通義》，第28頁。

29 章學誠，〈經解上〉，《文史通義》，第28頁。

30 章學誠，《文史通義》，第122頁。

31 章學誠，〈報孫淵如書〉，《文史通義》。

32 章學誠，〈浙東學術〉，《文史通義》，第53頁。

33 章學誠寫〈浙東學術〉的一個目的其實是要說明清朝開國儒者有浙東黃宗羲與浙西顧炎武，而「浙東、浙西道並行不悖也。浙東貴專家，浙西尚博雅，各因其習而習也」，《文史通義》，第52頁。

34 《章學誠遺書》卷二，第11頁。

章學誠在對於古代學術與政治的分離的梳理，得出一個結論：時勢隨歷史而改變，不同時代的人便只能用不同的方式來實現對人類、社會做出貢獻的經世的理想。他對孔子的親身經歷做了一個新的闡釋。他將孔子從儒者分別開來。他說：

> 三代以上治教無二，官師合一。豈有空言以存其私說哉？儒家者流尊奉孔子，若將私為儒者之宗師，則亦不知孔子矣！孔子立人道之極，未可以謂立儒道之極也。儒也者，賢士不遇明良之盛，不得位而大行，於是守先王之道以待後之學者，出於勢之無可如何爾。人道所當為者，廣矣大矣！豈當身皆無所遇，而必出於守先待後，不復涉於人世哉？學《易》原於羲畫，不必同其卉服野處也；觀《書》始與《虞典》，不必同其呼號。

為了加強證明這個論點，他徵引孟子與朱熹的話來支持他的看法。「故孟子曰：周公仲尼之道，一也。……曰：朱子之言盡之矣！『語聖則不異，事功則有異也。』」[35] 章學誠純粹從歷史的角度來說明社會的客觀環境決定儒者的經世方式。這不是人力可以改變的。因此，那些輕視學術，以為不足以經世的人是錯誤的。1789 年他為《文史通義》寫序的時候，特別提出這個問題。「前人詆文史之儒不足與議於道矣！余僅能議文史耳，非知道也。然議文史而自拒文史於道外，則文史以不成其為文史，儒者自誤以謂有道在文史外矣！」[36]

在〈天喻〉篇裡，章學誠進一步指出歷史上不同時代的聖人、儒者通過明道、明教的努力來經國濟民。他解釋道：

> 學業將以經世也。……周公承文武之後而身為塚宰，故制禮作樂，為一代成憲；孔子生於衰世，有德無位，故述而不作以明先王之大道；孟子當處士橫議之時，故力距楊墨以尊孔子之傳述；韓子當佛老熾盛之時，故推明聖道以正天下學術；程朱當末學忘本之會，故辨明性理以挽流俗之人心；其事與功皆不相襲，而皆以言乎經世也。故學業者，所以關風氣也。風氣未開，學業有以開之，風氣既弊，學業有以挽之；人心風俗不能力久而無弊……因其弊而施補救，猶歷家之因其差而議更改也。[37]

---

[35] 《章學誠遺書》卷二，第 11 頁。

[36] 引於胡適著，姚名達訂補，《章實齋年譜》，臺北：臺灣商務印書館，1973 年，第 68 頁。

[37] 《章學誠遺書》卷六，第 51 頁。

章學誠認為孔子「明先王大道」、孟子「距楊墨」、韓愈「正天下學術」、程朱「辨明性理」，雖然，「其事與功皆不相襲，而皆以言乎經世也」。從孔子、孟子、韓愈、朱熹的身上，他看到了儒者的學術如何發揮經世的作用。

研究文史學術，也是為了明道，救偏，維持世教。章學誠為孔子辯護，也是為自己辯護。他為孔子有德無位申辯，只能修六經明道，明教，也同時是為自己不當官而從事文史研究的工作而申辯。到了 1800 年，在為自己學術源流定位的一篇文章〈浙東學術〉裡，他不厭其煩地自問自答：「或曰：事功、氣節、果可與著述相提並論乎？曰：史學所以經世，固非空言著述也。」[38]可見這個「學術經世」、「史學經世」的論點到了他死之前一年還耿耿於懷。

他努力透過「學術經世」的觀念來闡釋孔子在歷史上的作用，說明在不同的環境下儒者是可以利用學術來實現經世的理想。歷史決定了儒者不同的「經世模式」。分析了「學術經世」是章學誠文史思想的「棟樑命題」之後，他的其他活動便可以更容易與他的學術經世論點關聯起來了。章學誠的禮學思想與他參與自己宗族的活動，宗祠改革，以及他為朋友、宗人撰寫的碑文、傳記、宗譜編纂的思想與活動及士商公共文化的關係在這個「學術經世」的解釋架構下將會清楚地彰顯。

四、禮教經世：章學誠「六經皆禮」的思想

1.「六經皆史」與「六經皆禮」

章學誠的經世思想除了「六經皆史」最為學者熟悉之外，與此相關的另一個觀點「六經皆禮」卻鮮有學者提出討論。章學誠對於上古學術政治的發展歷史有一套相當嚴密而且能言之成理，持之有故的理論。他認為三代之前官師合一，政教不分，所以六經紀載的就是三代的史。若從史皆先王的典章政教來說，六經都是周禮。所以「六經皆史」的另一個提法是「六經皆禮」。雖然章學誠沒有直接用「六經皆禮」的表述，但是從他對於「六經」與禮的議論，實可以推論出他的思想中實存在「六經皆禮」的命題。

章學誠在〈易教上〉篇裡提出並論證三個重要並相關的觀點：1.六經皆史；2.六經皆周代政典；3.包括《易》經在內的六經都是周禮。他說：

---

[38] 《章學誠遺書》卷二，第 15 頁。

> 六經皆史也……六經皆先王之政典也。……或曰：是《詩》、《書》、《禮》、《樂》、《春秋》，則既聞命矣。《易》以道陰陽，願聞所以為政典而與史料同科之義。……韓宣子之聘魯也，觀書與太史氏，得見《易象》、《春秋》，以為周禮在魯。夫《春秋》乃周公之舊典，謂周禮之在魯可也。《易象》亦稱周禮，其為政教典章，切於民用而非一己空言，自垂昭代而非相沿舊制則又明矣。[39]

章學誠在〈經解上〉再進一步解釋為什麼六經中的《易》、《書》、《詩》都是禮。他說：

> 《易》為周禮，見於太卜之官，《三易》之名，八卦之數，占揲之法，見於《周禮》，所謂人官之綱領也。……《書》亦周禮也，見於外史之官，三皇五帝之名，見於周官，所謂人官綱領也。……《詩》亦周禮也，見於太史之官，風雅頌之為經，賦興比之為緯，見於周官，所謂人官之綱領也。[40]

章學誠反復的論證六經的每一部都可以視為周代的典章。他連表面上最不可能的《易》也從制度上說明占卜記錄的《易經》同樣是周代的禮制。由於在常識上與傳統上《易經》都與禮沒有直接關聯的經籍，可以想像當時他這個觀點受到很多學者的質疑與反對。從他反復從種種不同的角度來論證這個說法的努力中可以看到當時的一些消息。例如他認為孔子五十學《易》也可以理解為五十學周禮。他在〈易教中〉說：

> 子曰：「假我數年，五十而學易，可矣無大過矣。」又曰：「吾學周禮，今用之，吾從周。」學《易》者，所以學周禮也。韓宣子見《易象》、《春秋》，以為周禮在魯。夫子學《易》而志《春秋》，所謂學周禮也。[41]

「六經皆禮」的觀點能夠成立的基礎是「禮」必須指廣義的禮，即典章制度，而不是狹義的禮儀、禮數。

---

[39] 章學誠，〈原道下〉，《文史通義》，第 2 頁。

[40] 章學誠，〈經解上〉，《文史通義》，第 28 頁。

[41] 章學誠，〈易教中〉，《文史通義》，第 4 頁。

2. 典章制度皆禮

章學誠為了要論證「六經」皆禮的觀點，他需要申明他指的「禮」是什麼。他對於「禮」的認識具有廣、狹兩義兩個用法。在〈禮教〉篇裡他假設一個問題來申論什麼是「禮」的問題，藉以說明他所謂六經皆周禮指的是廣義的禮。他說：

> 或問天下之書皆官禮，則經分為六，略分為七，子別為九流，術標七種，何不悉統於官禮乎？史家書志，但合職官禮儀為一志可矣，何必更分天文、地理、禮樂、兵刑諸篇目？答曰：類別區分，正所謂禮也。[42]

對章學誠來說，「類別區分，正所謂禮也。」在〈禮教〉篇裡，他再申明：「禮之所包廣矣」，又說：「夫制度屬官容儀屬曲，皆禮也。」[43]從廣義來界定禮，一切組織與管理人類社會行為的制度、規範、儀則都屬於禮的範疇。

3. 乾嘉考證學與古禮研究

章學誠將六經都歸類為禮的觀點在當時經學考證大盛的乾隆時期是一個別開生面的說法，但也是清代儒家禮教思想興起的持續發展的一種表現。當然，乾嘉的學者研究經學的重點其實就是研究古代，尤其是周代的禮制。[44]雖然乾嘉學者研究《三禮》以外的經籍如《春秋》、《易》、《詩》、《書》都是側重研究其中有關古代禮制的資訊，但是學者並沒有將這些《三禮》以外的經書都直接視為「禮」。章學誠將全部六經直接都理解為「禮」的說法在當時的學術氛圍下是一個奇怪的論點。他非常清楚，他的觀點與當時乾嘉經學考證古禮差異所在。他對於乾嘉時期的考證學的重點在於考究古禮都是非常清楚的。他批評當時的學者的禮學研究：「近人致功於三禮，曰約有無端：溯源流也、明類例也、綜名數也、考同異也、搜遺逸也。此皆學者應有之事，不可廢也。然以此為極則，而不求古人之大體以自廣其心，此宋人所譏為玩物喪志，不得謂宋人之苛也。」章學誠並不反對當時的經學家對於名物訓詁的古禮研究，只是反對他們局限與禮數儀節的瑣碎問題而忽略了更重要的問題。

由於章學誠認為他對於「禮」的看法與當時的學者有很大的差異，所以他在《文

---

42 章學誠，〈禮教〉，《文史通義》，第 27 頁。

43 章學誠，〈禮教〉，《文史通義》，第 24，26 頁。

44 參看周啟榮，《清代儒家禮教主義的興起》。

史通義》第一篇的〈易教〉篇裡便不厭其煩地翻覆申論證明他的這個新奇的說法。他之所以這樣做，顯然是因為當他向其他學者提出這個論點的時候，學者都不能理解，或者甚至反對他的論點。

我們如果瞭解章學誠對於「禮」的看法，六經都是禮的這種提法是合理，合邏輯的。他說：「禮之所包廣矣，官典其大綱也。」[45]「禮」在廣義上包括一切規範人類社會行為的制度、儀則，而政府頒發的典章制度是「禮」的主要內容。「禮」一方面包括狹義的「禮」如冠、婚、喪、葬、祭等禮數、禮儀，但也包括廣義的「禮」，就是一切行為規範，社會制度諸如封建、宗法、冊命、朝覲、巡守、立嗣、學校等制度。章學誠對於古代學術史的一個核心論點「是六經皆先王之政典」。[46]三代的政典自然屬於「官典」即「禮」。在〈經解上〉，他說：「古之所謂經者，乃三代盛時典章法度見於政教行事之實，而非聖人有意作為文字以傳後世也。」[47]因此，「六經皆史」的說法是要把「六經」從神聖的地位拉下來，從新確認它們原來三代施政的記錄，即是「六藝」。從文學體裁的角度來論「六經」，它們是上古政典的記錄，所以是「六經皆史」，而「六經皆禮」則是從作為典章制度的文獻記錄的角度來立論。因此，章學誠的「六經皆史」說也可以換成「六經皆禮」的表述。如果「六經皆禮」，那麼孔子所傳授的不能不都是禮。所以章學誠說：「孔子之大，學周禮，一言可以蔽其全體。」[48]

章學誠認為《六經》就是古「禮」的記錄的看法。一方面是受到清代儒家禮教主義思潮的衝擊，另一方面，他不同意當時乾隆朝學者對於「禮」只從狹義的禮數、禮儀來瞭解。[49]他在〈禮教〉篇裡特別指出乾嘉時期經學家所重視的禮只是狹義的禮儀，而忽略了禮廣義的典章制度。他說：

> 禮家講求與纂輯比類，大抵與六典五儀之原多未詳析，總緣誤釋以儀為禮耳！夫制度屬官而容儀屬曲皆禮也。夫制度屬官而容儀屬曲，皆禮也。然容儀自是專門，而制度兼該萬有，舍六典而拘五儀，恐五儀之難包括也。雖六典所包甚廣，不妨闕所不知，而五儀終不可以為禮經之全，綜典之書，自宜識體要也。[50]

---

45 章學誠，〈禮教〉，《文史通義》，第 24 頁。

46 章學誠，〈易教上〉，《文史通義》，第 1 頁。

47 章學誠，〈經解上〉，《文史通義》，第 29 頁。

48 章學誠，〈原道下〉，《文史通義》，第 44 頁。

49 有關清代儒家禮教主義興起的歷史背景以及其變化，參看周啟榮，《清代儒家禮教主義的興起》。

50 章學誠，〈禮教〉，《文史通義》，第 26 頁。

章學誠對禮的解說其實更符合清代儒家禮教主義的精神。乾嘉經學的核心所在就是廣義的古代禮制，所以漢學家惠棟研究禘、祫、廟制，戴震研究明堂，各種與禮制有關的名物考證，不僅僅是淩廷堪所專門研究禮儀的例則。然而，無論是廣義的禮如典章制度或者是狹義的儀文禮數，章學誠與乾嘉的經學家所致力的都是環繞儒家的古禮研究或者用以維持社會風教的禮制。因此，在章學誠的經世思想中，有「學術經世」、「史學經世」也有「禮教經世」的觀點。論證了章學誠經世思想中含有「禮教經世」的觀點可以進一步幫助瞭解他參與宗族活動與改革就是一種經世模式，是清代士商的一種經世方式。

五、「儒士」與章學誠的士商生涯

1.「儒士」與「業士」

對於士商社會裡的士人來說，讀書的目的無非是為了中舉當官，至於儒家的「經國濟民」理想與價值，不是人人都認真視為事業的最高目標。「經世」對於過剩的士人來說，只是一種知識而不是一種價值追求。「士」是一種職業，一種以當官為終極目標的職業。這些「職業士」，簡稱「業士」不一定是認真希望實現經國濟民的理想的「儒士」。對於絕大部分的讀書考科舉的士子來說，他們憂慮的是不中式，入不了官場，而不是不能「學以致用」。然而，四書五經的內容及其所倡導的價值畢竟圍繞「為生民立命，為往世繼絕學，為萬世開太平」的經國濟民的理想。《大學》裡的「明德」、「新／親民」的價值與理想都離不開經國濟民的志業。科舉教育多年的培育仍然會孕育出如章學誠、汪輝祖、魏源、龔自珍等仍認真努力，希望能能學有所用，實踐儒家經世理想的儒士。章學誠在這方面也不例外，而且具有相當代表性。然而章學誠不同於當代其他的儒者是：雖然面對無法實現經世抱負的困擾，他卻努力建立了一套有系統的理論來證明儒者在不同是歷史環境之下需要用不同的方式來達到經世的目的，而不同的經世方式之間並沒有價值上的差異。在清代，像他那樣沒有當官的儒者，經世的模式是透過從事文史，就是學術的研究來明道與維持禮教，而維持世道人心就是經世的一個重要方式。

2. 章學誠的士商職業生涯

明清士商社會裡的士人從決志讀書入仕，即使那些少數最後中進士的幸運兒也需經過二、三十年不斷失敗的考驗，同時在取得最後功名之前從事各種與政府管治沒有直接關係的工作如館師、幕友、醫士、掌櫃、以至各種生產藝文作品、工、商等行業。即使中了進士，仍然要經過長時間的候選，任職後又可能因過失而失去官職。章學誠家族的職業生涯充分彰顯清代士商社會中儒者尋找從政以外的其他經世方式的現實。

士商社會裡的一個重要特徵是人口的大量而頻密的流動。由於士商專業文人很多是依靠成為官員的屬員從事行政、文書、與書籍、藝文編纂的工作，他們經常需要跟隨官員的調職而流徙播遷。那些從事幕友、館師、訟師、醫士的士商更需要經常長途跋涉，尋覓工作機會。自明末以來浙江紹興已經成為一個向外輸出「服務士商」的一個重要地區。明末王世鐸說：「紹興、金華二都，人多壯遊在外，如山陰、會稽、餘姚生齒繁多，本處市廬田土，半不足供，其儇巧敏捷者，入都為胥辦……次者興販為商賈」。[51]這種情況在清代仍然沒有改變，紹興從明代開始已經成為輸出幕友與胥吏的地方。從事專業的刑名或錢谷的士人四出遊幕。[52]學誠的一個族人便是「既不以儒學顯，則讀律令，治名法家言，佐幕府縣，咸能不負所學，為長吏所禮重。」[53]章學誠的父親與兒子祖孫三代的職業生涯都屬於提供藝文生產的「服務士商」。

章學誠的父親中進士之前是館師，乾隆元年中舉人，雖然早在 1742 年成進士，但是要等到 1751 年，近 10 年才被任為應城知縣。中間 9 年仍然在家鄉當館師。[54]然而當官不到 5 年，在 1756 年因為判案失誤，罷官，困頓不堪。1759 年後先後在湖北天門書院教授，並受聘纂修《天門縣志》，[55]1768 年死於應城。[56]

章學誠一生的職業軌跡跟他父親的很相似，主要屬於出賣藝文勞動，從事編纂地方誌、宗譜、教學於家塾或者書院、替官員代寫官方文章、報告或者私人應酬文章。從事這些賣文的工作往往需要隨著地方官的遷調而遊走。章學誠常年在羈旅之中，自謂「久役於外四十餘年」。[57]

1788 年章學誠在寫給宗人討論撰寫傳記中說自己：「三十年來，苦飢謀食，輒藉筆墨營生，往往為人撰述傳、誌、譜、牒。」[58]章學誠對於編修方志特別有興趣，早在 1764 年隨父在湖北天門縣，父親受聘纂修《天門縣志》，他也參與了該縣志的纂修。1767 年

---

[51] 王士性，〈江南諸省〉，《廣志繹》卷四，第 263 頁。

[52] 參看 James H. Coles, *Shao-hsing: Competition and Cooperation in Nineteenth-Century China*, Tucson: Arizona University Press, 1986, 第 5、6 章。

[53] 章學誠，〈十叔父八十序〉，《章學誠遺書》卷二十三，第 231 頁。

[54] 胡適著，姚名達訂補，《章實齋年譜》，第 4 頁。

[55] 胡適著，姚名達訂補，《章實齋年譜》，第 8-10、12 頁。

[56] 胡適著，姚名達訂補，《章實齋年譜》，第 21 頁。

[57] 章學誠，〈十叔父八十序〉，《章學誠遺書》卷二十三，第 231 頁。

[58] 章學誠，〈與宗族論撰節愍公家傳〉，《章學誠遺書》卷二十九，第 337 頁。

在國子監主修《國子監志》，1771 年朱筠為安徽學政，他受聘批改士子的課業。1773 至 1774 年為和州知州劉長城編修《和州志》，1777 至 1779 年為永清知縣周震榮纂修《永清縣志》。

章學誠 1777 年中舉人，明年 40 歲成進士。他中進士的年齡比清代進士平均年齡較早 5 年。然而中舉後仍然需要等候官職。章學誠的生活極為困苦。與父親的經歷一樣，章學誠中進士後等了 10 年才有機會申請補官。在這期間，他的生活主要是依靠授課，受聘編修方志來維持。1778-1779 年之間他編修了《永清縣志》，1779 年得到張維祺的幫助，取得在清漳書院的教席。明年主講永平敬勝書院，後轉入保定蓮池書院任教直到 1786 年。次年入河南依畢沅。[59]

1787 年冬他向吏部投牒，雖然知縣的職位批了，但章學誠決定放棄接受官職。其中一個重要原因可能是赴任仍需一筆鉅款，「丁未又困京洛塵，選部有官不敢徇」。[60] 他決定往河南入畢沅幕。在畢沅幕內，他的工作基本上與行政沒有關係，只是從事方志、書籍的編纂。1788 年在畢沅支持下，開局編《史籍考》，與洪亮吉、武億、邵晉涵等共同編輯。至歸德主講文正書院。秋，畢沅升任湖廣總督，章學誠失去歸德的館席，冬往武昌投畢沅。跟隨畢沅的時間，他負責編修《湖北通志》。[61]

章學誠的職業生涯在乾嘉時期非常有代表性。與他認識而有文名的如汪輝祖，或在畢沅幕內共同參與文獻編纂的如洪亮吉、任大椿、淩廷堪、武億等的經歷都差不多。這些都是沒有得到「經世」的官位的「剩士」。這一類的士商主要是為地方官或者富商提供各類的藝文服務。章學誠的四個兒子不是館師便是書吏，職業生涯主要是以提供藝文勞動服務。[62]章氏一家三代的經驗偏向選擇藝文服務的職業屬於「服務士商」。「服務士商」是清代士商社會裡的一個龐大群體，而這個群體所提供的藝文服務也是清代公共文化發展的一個重要的社會基礎。

六、士商「公共文化」與章氏宗族建設

研究章學誠思想的學者絕大部分都集中在他的史學、方志學、校讎學等方面，而對於他的禮學思想與它參與自己宗族的活動，宗祠改革，以至他為其他朋友、宗人撰寫的宗族禮制、宗譜編纂的思想與活動，很少留意。其實章學誠跟他同時代絕大部分

---

[59] 胡適著，姚名達訂補，《章實齋年譜》，第 67 頁。

[60] 胡適著，姚名達訂補，《章實齋年譜》，第 61 頁。

[61] 《章氏遺書》中有不少是為官僚如畢沅代筆的文字。參看《章學誠遺書》卷十六、卷二十八。

[62] 胡適著，姚名達訂補，《章實齋年譜》，第 147-148 頁。

的士人一樣，受到當時強大的儒家禮教主義思潮與的衝擊，極為注重並直接參與了章氏宗族祠堂體制與祭祀禮制的研究與改革。

1. 偁山章氏宗族

章學誠所屬宗族是在浙江會稽，自宋元以來聚居繁衍的一個章姓大宗族。他說：「余章姓天下無二宗者，聚族之盛，今推會稽。」[63]章學誠的一支在紹興城外的偁山道墟聚居，到了乾隆中已過萬人。[64]章學誠所屬的支派一直住在道墟，但他父親章鑣在章學誠出生前便已遷居紹興府城。[65]學誠在紹興城長大，道墟只是偶爾返回的故鄉。1750年，他十三歲時父親回道墟省墓，他才跟族人相見。所以章學誠並不認識偁山的宗人。他追憶說：「學誠自童幼時隨父兄省墓墟中，輒主族伯父允吉公家。」章學誠成年後不但常年離開紹興，因為工作的關係遊走於各個城鎮，只是偶爾順道回到道墟省墓才會與宗人相見與參與宗族的集體祭禮。稍為比較多返回道墟的時間只是乾隆三十七至三十九年三年之間。[66]偁山章氏族人中，像章學誠與宗族維持一種跨地域關係是十分普遍的，因為大部分都為了經商、當館師、遊幕與當書吏而離開偁山與紹興府城。[67]章學誠與紹興城外山的章氏族人其實接觸不多，而經常有機會見到的族人反而是在北京當官、任胥吏、幕友、或經商的族人。

2. 章氏宗族建設與士商財富

紹興偁山章氏保護家業的策略與所有士商家族無異，都致力於從事商業與培養科舉、官員。從商的往往將資財轉化為文化資本，培育有藝文能力的俊彥。章學誠在道墟的宗族也是依靠士商的財富維持的。章學誠在道墟的族人「以農賈為生」。[68]族中以商賈起家的章效川開始也是抱有入仕當官的志願，但「屢試弗售，遂絕意進取……家素封。顧律身儉約，急於公義。從子貧不能婚，君為出貲完之。親屬待以舉火，恃君為豐年者比然。」[69]章效川也是士商，他捐了個監生。明末章尚絅武舉人捐資拓修祠堂，

---

[63] 章學誠，〈宜興陳氏宗譜書後〉，《章學誠遺書》卷十三。

[64] 章學誠，〈允文公像記〉，《章學誠遺書》卷二十八，第 310 頁。

[65] 胡適著，姚名達訂補，《章實齋年譜》，第 2 頁。

[66] 章學誠，〈允文公像記〉，《章學誠遺書》卷二十八，第 311 頁。

[67] 尤其是幕友在雍正時開始將避籍的法規從官員應用到幕友的聘用上面。地方官「督撫一下州縣以上，凡有刑名關係者」，不但要造冊記錄幕友「履歷姓名具題報部」，同時不能聘用本省人。梁懋修（純夫）輯，《定例續編》十二卷，乾隆十年冬（1745）北京琉璃廠榮錦堂印（北京國家圖書館藏）。

[68] 章學誠，〈家效川八十序〉，《章學誠遺書》卷二十三，第 231 頁。

[69] 章學誠，〈家效川八十序〉，《章學誠遺書》卷二十三，第 231 頁。

賑助族中貧窮。章學誠為他撰寫〈節滑公家傳〉，稱其「公居家孝友，贍養族戚……著其大節垂家乘云。」另一個族人，章學誠的族伯父允文公的兒子章克毅又是棄儒從商的一個士商例子。由於「家貧親老，棄其儒業，力田服賈，不二十年二大起其家。」[70]章學誠有一族兄孟青有四子，「分治農賈以起其家。其季元麟儒而能文，嘗述其曾、祖、考三世行略請學誠為撰記。」[71]章氏宗族中從事商業的經營士商仰賴藝文專業的「服務士商」如章學誠等為他們的父、祖輩撰寫像記、碑銘與祭文等文獻。

3. 士商「跨地域宗族」與章氏族人的流動

大量士商的流移寓居客地的情況在明清時期推動了各類公共組織的出現。同業、同宗／姓、同鄉的公共組織有稱「會館」的，有名「公所」的，有直接只稱「堂」或「宮」的。[72]宗族組織也是一種重要的公共組織，因為明清士商社會的血緣社群與同業、同鄉的群體也呈現普遍的組織化與常態化，即具有血緣關係的族人從散漫、非定期性、缺乏強制性的聚會群體轉變為定期而帶強制性的組織，建有墳塋以外的祭祀祠堂，置有公共財產如墳地、耕地、店鋪，而這些宗族組織的領袖一般都是來自士商家族。然而這些具有組織的血緣群體卻不全是固定不流動的「地本宗族」（localized lineage）。由於士商各業需要外出尋找工作或者經商的機會，這些族群中的許多成員會在兩個甚至多個工作城鎮站點（以下簡稱「站點」）之間來回「流移」。一個族群裡越多「流移族人」，它的「跨地」（translocal）特性便更強。這些「跨地」族人的生活是在多個城鎮或站點裡進行的。一個族群的族眾流移越多，這個宗族「跨地」的性質越強。具有「跨地」強度的宗族可以稱之為「跨地域宗族」（translocal lineage）。許多徽州的宗族、江南地區的宗族都有很強的「跨地性」。[73]

4. 章氏宗人的流動與京師會館

像許多徽州宗族一樣，偁山章氏是一個典型的「跨地域宗族」，大量宗人是流移於

---

[70] 《章學誠遺書》卷二十八，第 310 頁。

[71] 章學誠，〈仲賢公三世像記〉，《章學誠遺書》卷二十八，第 310 頁。

[72] 有關各類公共組織的討論，可以參看唐力行的研究。但是，他似乎系統地用「會館」與「公所」的名稱來區分地緣組織與行業組織。唐力行，《商人與中國近世社會》，北京：商務印書館，2003 年，第 90-106 頁。其實清代「會館」與「公所」在用法上沒有嚴格區分。同一個組織可以稱「會館」，但在文獻上又會自稱「公所」。由於大多數的公所、會館都有同鄉的神祈和同業的神祇，有些公所或者會館直接稱「廟、殿、宮、會」等。例如上海廣東木業工匠公所名為「公勝堂」，彭澤益，《中國工商行會史料集》，北京：中華書局，1995，第 17 頁。

[73] 有關「跨地性」（translocality）與「跨地宗族」（translocal lineage）的討論，可以參看 Yongtao Du, *Translocal Practices of the Huizhou Merchants in Late Imperial* China, Leiden: Brill, 2015, 5-6, 134-160.

多個站點的「跨地」士商。章學誠經常旅居的城市包括北京，而他來自偁山的族人與章氏宗人在北京經商與當官，任職政府各級的人相當多。乾隆二十五年他第一次到北京應鄉試時得知「章氏宗人居京師不下百家」。[74]他追述隨父親在北京的時候「士商至京師者必訪奠故。」[75]傳統的「士、農、工、商」四民，章學誠只舉了士、商」兩類職業的宗人，可見經常跨地流動的四民之中，「士」與「商」是最為多數的。偁山章氏的族人旅居或定居與北京的士商，大有其人。

康熙、雍正時期從偁山到北京當官、貿易與遊幕，當書吏的章氏族人為數甚多。章學誠記述當年的盛況：

> 往時章族居京師者物力豐饒，春秋歲祀，牲幣隆盛，禮物詳備，軒綺庭燎，優伶樂部，祭畢獻酬，長幼尊卑盡歡竟日乃散，至今長老猶侈言之。可謂盛矣！[76]

但是族群的組織性並非自然生成，自然持續的。後來，章氏族人在北京不再有經常性的集體活動。究其原因就是沒有建立好制度保證經費的穩定性。章學誠解釋說：「第僑居宦邸，聚散不常，經費所出，取給一時，劇貲之聚，而有力者總其成焉。法制不定，雖盛不可為繼，中間輟而不舉四十年許矣。」[77]雖然由於制度不完善而導致聚會的廢弛，章學誠與在北京的族人仍然瞭解需要加強族人在北京的互動，而祭祀祖先便是唯一合法合理的理由。

1781 年章學誠與族兄章麟在北京倡議恢復在北京的章氏族人的定期祭祀。章麟家遷居北京，「寄籍京師」已經四世，家貧娶山西富商女荀氏。雖然「兄家又貧，孺人安之」。其妻荀氏對來往的族人照顧有加，「緦功族屬來輦下，多依兄以居。遠客饑寒，兄輒為指畫，孺人與宗族之誼尤加意焉！」章學誠與章氏族人到北京經常寄住在他家。[78]章學誠與章麟就是有鑒於章氏宗族中的士與商在北京流寓或定居往往需要互相幫助。他解釋為何重新修復章氏在北京的會館：

> 章氏族黨既繁，宦游四方，所在輒成聚落，而京師都會之地，萃處尤眾，祠墓既遠，祀事不及躬親，昭穆宗支，弗以時敘，他所相遇，不復識為同姓，展問

---

[74] 章學誠，〈童孺人家傳〉，《章學誠遺書》卷二十，第 199 頁。

[75] 章學誠為父親撰寫的《行述》，見引於阮元《兩浙輶軒錄》第二十二卷，52b（浙江圖書館藏）。

[76] 章學誠，〈偁山章氏京師會館會薄序〉，《章學誠遺書》卷二十一，第 208 頁。

[77] 章學誠，〈偁山章氏京師會館會薄序〉，《章學誠遺書》卷二十一，第 208 頁。

[78] 章學誠，〈從嫂荀孺人行實〉，《章學誠遺書》卷二十，第 202 頁。

宗族，辨詰支系，乃始相訝，蓋往往有之。此京師會館所由立也。[79]

為了確保這些禮教活動能夠定期舉行，不再廢弛，提出建立完善的管理制度。雖然，「今宗人居京師者，聲勢財貨遠不如前人矣！其願為尊祖敬先，敦誼睦族，則猶是也。」章氏偁山會館的廢弛主要是因為經費與管理的問題，而建立記錄制度便是將捐款與會館的財務公示化與透明化。這次設立「簿」的目的很清楚是為了避免依賴三、兩個少數族人的財力，而是由所有在北京的族人共同出資以維持會館的經費。章學誠指出同族人在異地建立「會館」是沒有先例的：

> 公會者，會章氏之族人也。章氏自太傅公著望南唐八百年來，族人徧天下矣！獨以偁山族會何也？遠者難稽，而偁山聚處，特較他族為盛。祠墓不遠，春秋歲事，昭穆宗親，聯聚有時，而一時遊宦京師又多偁山之族，故以偁山族人會也。公會于古無所昉也，而禮以義起，則又不可廢焉！[80]

這段話有兩點需要注意：第一，這個章氏會館只是偁山章氏族人，並不是凡是章性都可以參加的。第二，章學誠這裡提到「公會于古無所昉也」清楚說明他深知北京的偁山章氏會館是由來自不同居地的偁山族人建立的公共組織是近世的現象。「公會」或稱「會館」，由於當官、遊幕、經商、與參加科舉考試的原因，聚集在北京的人數眾多。基於同鄉與同族兩種紐帶集合資源建立的互助、聯誼與歲時祭祖的一個公共組織。

章學誠參與北京偁山章氏會館的重建工作是他的禮教經世方式的一個表現。恢復族人在北京聯繫宗族的祭祀禮儀對他來說是經世一種方式。他在〈禮教〉篇說：

> 推其所治之禮，而折中後世之制度，斷以今之所宜，則經濟人倫，皆從此出，其為知來，功莫大也。[81]

祭祀祖先，宗族聯誼組織都是維持人倫的重要禮制，自然是有助於經國濟民，而「禮」在章學誠的經世思想中與「史」或「學術」是密切相關的，三者其實都集中在對於人間秩序的三個不同面向的表述。「禮」指典章制度，「史」指典章制度變遷的記錄，「學

---

79 《偁山章氏京師會館會薄序》，《章學誠遺書》卷二十一，第 208 頁。

80 《偁山章氏京師會館會薄序》，《章學誠遺書》卷二十一，第 208 頁。

81 章學誠，〈禮教〉，《文史通義》。

術」指對於典章制度（禮）的歷史的記錄與方法與研究。分析章學誠「禮教經世」的觀點可以進一步幫助瞭解他認為自己參與宗族活動與改革就是一種經世模式。同時他是作為一個「服務士商」來參與清代公共文化的建設，包括宗族組織與祭祀的改革，宗族文獻的生產與編纂。

七、儒家禮教主義與章學誠的跨地域宗族參與及其宗祠改革思想

從儒家經世的角度來審視，章學誠認為宗族與國家治亂興衰有密切關係的觀點無疑與清代儒家主流「以禮經世」的思想是合轍的。清初許多儒者在反思為什麼明朝會被滿洲覆滅的原因時都認為權力過於集中在中央。滿洲入關之前，明朝其實已經土崩瓦解，當中央政府處於失控狀態時，地方上根本沒有任何具有組織的力量來維持秩序。清初的顧炎武、陸世儀、張履祥等對於宗族在地方社會上能夠提供有組織的保安與防衛力量大力提倡。[82]顧炎武便構想了以強大宗族來維持與保障地方的秩序與安全，從而為國家在地方上提供一個強大的制度屏障。「自治道越下而國無強宗；無強宗，是以無立國；無立國，是以內潰外叛而卒至於亡。然則，宗法之存，非所以扶人紀而張國勢者乎？」[83]章學誠對於宗族在地方上的作用與顧炎武的觀點基本上是一致的。他在〈湖北通志族望表敘例〉裡說：「夫以司府領州縣，以州縣領世族，以世族率齊民，天下大計可以指掌言也。」[84]

1. 撰寫宗族傳、記、祭文

章學誠參與宗族活動的模式是許多士商，尤其是居住在城鎮的士紳、商人的普遍現象。章學誠參與章氏宗族建設與集體活動的方式包括撰寫祭文、碑銘、傳記、壽序、紀事文章、參與討論改革祠堂的祭禮、神位擁擠的解決方案等。[85]

具有進士、舉人功名的士人為人撰寫傳記、碑傳在明清時期是最尋常不過的事。但不是每一個士人都對自己的文學活動都有一套認知理論，更不必與儒家經世的志業聯繫起來。章學誠卻是一個少有的特例。他希望透過撰寫方志、族譜，尤其是自己宗族的族譜，實現他的經世理想。

---

[82] 參看周啟榮，《清代儒家禮教主義的興起》，第三章。

[83] 顧炎武，《顧亭林文集》，北京：中華書局，1983 年，頁 100-102。

[84] 章學誠，〈湖北通志族望表敘例〉，《章學誠遺書》卷二十四。

[85] 除了收載與《章氏遺書》中的文章，在宗譜裡也有。章貽賢輯撰，《章氏會譜德慶四編》卷八，記（十卷，民國八年鉛印本）。

章學誠為章氏宗族寫了幾篇宗人的傳記如〈樂野先生家傳〉、〈載璜公家傳〉、〈節湣公家傳〉等。[86]章學誠除了為宗人立傳外，也為族人的妻女撰寫傳記。[87]這些文獻都是為了將來纂修族譜準備的。由於章學誠是進士，而且是有名的學者，所以，族中領導宗長遇到要為族中有功名、官位與對章族有貢獻的士商宗人立傳的時候，經常請他執筆。例如族中的宗長與耆老曾經委任他撰寫章尚絅〈節湣公家傳〉。由於郵寄失誤，他並沒有收到委任他的信件。他後來回信並接受任務：

> 學誠頓首，宗長暨諸父兄及宗縉紳諸君足下：學誠少小遊學於外，先疇舊德，蓋僅聞之庭訓而未詳也。……嘗欲自輯墟裡遺聞，逸獻，勒為一書，以備遺忘。……今夏星槎八弟來書，謂宗人欲為立傳（節湣公）且鈔史閣部傳與本家行述寄下，隨取明史考之，不得其事，搜閱家譜，亦止得崇正元年趙府長史誥命而已，其世系亦不可詳。……今於十月初旬接一存大兄來札，則知前歲宗人曾有公書見委，學誠奔走無暇，此則不知。前次所寄傳述，並未接到。且公書亦未寓目，並不知有此事也。……今知南北書問艱難，恐帶回八弟轉呈之稿又有遺失，特再鈔一本，從新平南貨號中寄回。[88]

在同一封信裡，他說：「三十年來，苦飢謀食，輒藉筆墨營生，往往為人撰述傳誌、譜牒。嘆寒女代人作嫁衣裳而己身不獲一試！」[89]章學誠非常希望能為章氏族譜撰寫重要的文獻，以備將來編纂族譜之用。除了個人碑傳之外，在重要的祭祀儀式中用到的祭文，章學誠也經常被邀請撰寫。他寫了不少與禮儀直接有關的文章，如祭文：〈宗人公祭繼輝就窆文〉、〈宗人公祭家瑞岐先生文〉、〈宗人公祭靜涯處士文〉、〈祭族子婦李孺人文〉與〈宗人公祭楊孺人文〉等。[90]

2. 儒家禮教主義與宗祠體制、神主牌位的改革

江南的宗族由於多有讀書參加科舉，具有功名的士紳和官宦，宗族的領導權多掌握在具有士紳地位的族人手上。[91]會稽偁山章族也不例外。章學誠說：「宗人有事，縉

[86] 章學誠，《章學誠遺書》卷十七，第 171-73 頁。

[87] 章學誠，〈童孺人家傳〉、〈章氏二女小傳〉、《章學誠遺書》。

[88] 章學誠，〈與宗族輪撰節愍公家傳書〉，《章學誠遺書》卷二十八，第 312、316 頁。

[89] 章學誠，〈與宗族輪撰節愍公家傳書〉，《章學誠遺書》卷二十八，第 312、316 頁。

[90] 章學誠，《章學誠遺書》卷二十九，第 337 頁。

[91] 清初曾經有些儒者如陳確遵依古禮，恢復支子不祭，由宗子主祭的原則，但士紳絕多數都主張由有德有位的族人當族長或宗老，領導族人。有關這方面的爭論，參看周啟榮，《清代儒家禮教主義的興起》。

紳與宗子議其平，而告于宗老，總老頷之而已。」[92]祠堂祭祀的改革自然是由具有縉紳身份的族人主持。上面已經提到，章學誠向宗族的領導人寫信也是以宗老、縉紳為對象。縉紳在士商社會裡是藝文文化生產的主要人員。他們對於當時的學術風向都是時刻關注的，因為這與科試的成功有直接關係。清初蜂起的儒家禮教主義及其在經學、古禮研究與宗族改革所帶動的變革對於清代的士紳來說都是非常熟悉的。

清初伴隨儒家禮教主義興起的是一股儒家淨教思潮（Confucian purism），目的是要辨認、攻擊與剔除已經進入儒家典籍、禮儀的異端思想與儀節。[93]這兩個思潮推動了清代士紳的一個廣泛的禮制改革運動，這個運動的一個重點是宗族祭祀禮制的改革。清初的劉宗周、陳確、陸世儀、毛奇齡、以至稍後的萬斯大、萬斯同兄弟、陸隴其、顏元、李塨、汪琬等學者都積極的參與了宗族祠堂、祭祀等禮制改革與討論。學者針對祠堂的建立，形制與相關的家族制度如立嗣、喪服制度、宗法、宗子制度都激烈地辯論，對於朱子的《朱子家禮》與《儀禮經傳通解》、《周禮》、《禮記》、《儀禮》以至其他儒家經籍中所有提到相關的禮制進行全面的研究。[94]由現實的禮制改革而推動對於六經中有關古禮研究最特出的表現就是乾隆初成立的三禮館。[95]

《朱子家禮》中的祠堂體制屬於「小宗法」的系統，宗子只能祭祀四代祖先。明清政府採用的家廟制度也是按照《朱子家禮》的祠堂體制，因此，「祭四世」的「小宗法」模型的家廟同時具有官階級別的要求。沒有官職的人不能建立家廟。由於科舉不能保證一個家族每一代都出一個高官，江南大族普遍採用「始祖型」祭祀無限世代的祠堂，因而可以避免因為缺乏當官的族人便需要拆除家廟的麻煩。根據章學誠的觀察：「江浙鉅族，多因宋室南遷，即已聚族至今五、六百年。祠墓具存，傳世者多至三、二十世，少者亦十有餘世。」[96]由於祭祀始祖，有類於「大宗法」廟中可以祭祀始祖，所以，清初儒者爭論要恢復宗法制時，往往牽扯周代的封建宗法制度與廟制。堅守儒家經籍中的古禮為標準的學者要求恢復宗子法，建立「祭四世」的「小宗法」祠堂，反對祭祀始祖的「大宗法」模型的宗族。江南、廣東大族的祠堂基本上是「始祖型」的「大宗祠」，祭祀祖先無限世數，一般無祧廟撤主的處理，神主有入無出。歷年經久必然出現祠內無法容納新神主的問題。偁山章氏面對的一個急迫需要解決的問題是所

92 章學誠，〈仲賢公三世像記〉，《章學誠遺書》卷二十八，第 311 頁。

93 參看周啟榮，《清代儒家禮教主義的興起》。

94 參看周啟榮，《清代儒家禮教主義的興起》，第二、第三章。

95 查看周啟榮，〈清代禮教思潮與考證學：從三禮館看乾隆前期的經學考證學兼論漢學興起的問題〉，收入勞悅強、梁秉賦主編，《經學的多元脈絡——文獻、動機、義理、社群》，台北：學生書局，2008 年，第 49-82 頁。

96 章學誠，〈家譜雜議〉，《章學誠遺書》卷二十三，第 237-238 頁。

有江南擁有「始祖型」祠堂的大族的共同問題，就是祠堂內的空間已經不能容納不斷納入的新神主牌。

章學誠對於這些宗族祭祀禮制問題自然非常熟悉。章學誠在這方面充分體現他的文化歷史觀。他認為禮制不必泥古。因為「夫三王不襲禮，五帝不沿樂，不知禮時為大而動言好古，必非真知古制者也。」[97]首先，他肯定「始祖型」祠堂的現實合理性。曾經向偁山的章族紳耆、宗老提出改革與整理祠堂內日日增多的神主牌。他認可當時士紳普遍接受的那種不受世數限制的「始祖型」的祠堂體制。

章學誠建議整理宗祠內的木主，其中牽涉「祧主」、無「祔祭」等具體禮制。他首先確立章氏族人的祠堂不是私人的祠堂，而是屬於族人公眾的，因此，整理與組織神主的原則必須將神主的稱謂全部改為集體統一的輩分排行。他指出：

> 合族公祠於古無考，於今實不可無，禮之以義起者也。題主用譜牒例，於古無考，於今實不可易也。蓋既為合族公祠，即堂從公著例，不得仍以各門子孫自稱其私親也。……是以約定書法，凡入公祠神堂位，槩用行輩字號為主，而不書祖考、顯考之私稱。[98]

章氏宗祠對於神主牌的形制、格式顯然沒有一個嚴格的系統，各家按照自己與祖先的關係而書寫牌面，並沒有標出該祖先在整個宗族關係網中所在的世數位置與輩分。章學誠批評當時宗祠內的神主稱謂，書法全無法度，雜亂無章，他倡議由宗族劃一規定神主的書寫格式與體制：

> 近世多出子孫自製，僅照木主粉面，書其官階奉祀而略與世數行輩故一堂之中，神位林立，上云一世、二世，下云顯考、祖考，紛然雜亂，中間年代久遠，昭穆時期失次，子孫故絕，上無世數可推，下無後裔可訪，則遂不知為何如人矣！今提款不合於法而至於宗祠神主不知為何人，可謂事不成之甚者矣！能不急定章程為後法歟？

章學誠除了指出偁山的祠堂裡木主的書寫格式紊亂，全無劃一體制的問題外，又提出需要清理無嗣木主的問題：

---

[97] 章學誠，〈史釋〉，章學誠，《文史通義》，第 149 頁。

[98] 章學誠，〈與宗族輪撰節愍公家傳書〉，《章學誠遺書》卷二十三。

> 絕嗣無後之主夾雜其間，無所升降，不特義無分別，抑且勢益難容，是不可不熟議也。吾鄉大族宗祠亦有別擇之法，或藏主於夾室，惟清明與中之歲暮得祀，而分至令節無與。或別為旁親祠而減其品物儀文，蓋推一本之誼而不忍竟棄置也。但此時宗祠無夾室及他隙地可祀旁親，擬各房所制龕內多分出一架格，姑以無祀之主另置一格，以他日有展拓處再議何如？……其無祀之主自可擇昭穆相當，支系相屬，詳其系派所出，便於登譜，繕錄多位，合為一牌，似亦清理龕座之一端也。

章學誠提出解決這個問題的辦法主要包括兩方面：1.合牌，將無嗣的神主按昭穆合為一牌；2.將屬於不同房支的無祀之主撤出，在各該房的龕內另置一架以安放之。在清理與整理無祀之主的建議中，章學誠提出幾個具體的撤主原則。在這個祠堂體制改革的方案裡，可以看到章學誠所推崇的三種價值：義、德、爵。他建議：

> 子孫故絕之主，如有遺產，曾經捐入宗祠或捐入各房小宗值祭，至今有人承祀者，是雖絕嗣，未至失祀，未便遽將其主別出，應令承祀小宗開明捐產，緣由，及承祀房分，詳書粉面，無論有無專祠，宗祠之中不得議撤其主，以崇德也。清班至翰林，京官至四品，外官至三品，武職至二品，皆實授者，旁支貤封及空捐職銜者不算。雖無後人亦不撤位，以尊爵也。[99]

他指出在撤除祠堂中無後的神主如果滿足三個條件便可以保留在祠堂內，繼續接受族人的祭祀：1.對宗族捐贈財產的祖先，2.忠孝楷模與貞烈婦女，[100] 3.曾經當過高官的祖先。向宗族捐贈財產就是「義」，忠、孝、節、烈便是德，高官就是爵。這些價值就是章學誠明道，扶持世教的價值內容。透過確立無嗣木主能夠接受族人祭祀的標準為忠、孝、節、義與功名仕宦，章學誠就是維持儒家核心價值，明人倫，維世教。章學誠的宗族改革議論就是他在〈禮教〉篇裡說的：「折中後世之制度，斷以今之所宜，則經濟人倫，皆從此出，其為知來，功莫大也。」[101]這是他以禮經世思想的具體表現。

---

[99] 章學誠，〈神堂神主議〉，《章學誠遺書》卷二十一，第215頁。

[100] 章學誠對於婦女的意見很多屬於保守的。但是在其他方面，他對於婦女的重視卻又非常值得重視。在祭祀方面，他認為人倫比等級重要。他有一篇〈家太詹庶母不入祠堂辨書後〉討論祠堂內祭祀婦女的問題，《章學誠遺書》卷二十一，第215頁。

[101] 章學誠，〈禮教〉，《文史通義》，第26頁。

3. 宗譜的編纂與地方史

章學誠反覆論證的「文史經世」的模式，除了表現在他的方志著作與理論之外，還彰顯於他對於編纂族譜的方法與體例的文章與活動。他將族譜編寫的重要性與史學緊密地聯繫起來，說：「譜乃一家之史」[102]。一個家族、宗族的譜乘就是一家一族的歷史記錄。他認為族譜與方志同為國史的基礎，撰寫必須講求體例周密，編纂不能苟且。所以作為一個史學理論家自傲的章學誠，他對於譜例深有研究。他不滿當時修譜的種種「惡習」，認為古代纂修譜牒的方法已經遺失。他指出「夫史學失傳已久，家譜之類，人自為書，家自為說。其難言者多矣！」[103]當時江南的士商都熱衷於聯宗收族，興建同姓宗祠，與纂修通譜。這種現象清初顧炎武已經發聲批評了。然而，

> 今大江以南，人文稱盛，習尚或近浮華，私門譜牒往往附會明賢，奢陳德業，其失則誣。大河以北，風俗簡樸，其人率多椎魯無文，譜牒之學，缺然不備，往往子孫不誌高曾名字，閒有所錄，荒略難稽，其失也陋。夫何地無人？何人無祖？而偏誣偏陋，流弊至於如是之甚者，譜牒不掌於官，而史權無統之故也。[104]

章學誠特別提到「史權無統」的問題，凸出了宗譜纂修不再是政府關注與管理的問題，純屬家族的私事。由於族譜的編纂純屬於家族之內的事，相對於方志與國史，個人的參與機會比較大。事實上，章學誠除了受聘編輯異姓宗族的族譜，亦希望為偁山的章族纂修族譜。他「嘗欲自輯墟裡遺聞逸獻，勒為一書，以備遺忘。竊與守一尚木言之，而皆困於勢不遑，且力不逮也。」[105]無論為人修譜或對於修譜方法的討論，都是章學誠實踐「史學經世」的具體表現。

章學誠對於當時修譜的無義例、無章法十分不滿。他認為族譜與地方誌和其他的史學著作同樣需要嚴謹的編寫方法，因為宗族是地方史的一個重要記錄內容，所以「譜牒為專門之學。」[106]有關族譜與地方誌的關係，他曾經與跟他一起編撰《湖北通志》

---

[102] 章學誠，〈與馮秋山論修譜書〉，《章學誠遺書》卷十三，第 119 頁。

[103] 章學誠，〈與馮秋山論修譜書〉，《章學誠遺書》卷十三，第 119 頁。

[104] 《永清縣志》，《士族表第三》，《章學誠遺書》外篇，第 429 頁。

[105] 章學誠，〈與宗族論撰節愍公家傳書〉，《章學誠遺書》卷二十九，第 337 頁。

[106] 章學誠，〈湖北通志凡例〉，《章學誠遺書》卷二十四，第 244 頁。

的學者發生嚴重的分歧。他的編修同事反對在方志中設立《族望表》。[107]但章學誠繼承了劉知幾與鄭樵的論點，主張士族的歷史記錄應該是正史的一部分。他說：

> 唐劉知幾討論史志，謂族譜之書允宜入史。……至鄭樵《通志》首著氏族之略，其敘例之文，發明譜學所繫。[108]

章學誠對於族譜的纂修的方法非常重視。他曾經與馮秋山討論過編修族譜的方法問題。馮秋山修纂族譜的主張是以簡為貴。他的主要理由是「修譜貴簡，庶幾子孫他日遷移便於攜挈。」[109]章學誠反對馮秋山修譜的義例，認為：「譜例眉目不清，款列混淆，難以稽檢」。章學誠的理由是基於他對於族譜與地方史的關係。他說：「有一代之史，有一國之史，有一家之史，有一人之史。」[110]族譜或宗譜就是「一家之史」。既然族譜就是一家之史，簡繁也需要根據具體不同的考慮。所以他說：「夫譜乃一家之史，史文宜簡宜繁，各有攸當，豈得偏主簡之一說以概其凡。」章學誠譏諷馮秋山不明白族譜也是一種歷史著作，「經生帖括之才，其於史學本無所解，不足為怪也。」。[111]然而，由於章學誠認為族譜應該是地方史編纂的基礎，所以原則上族譜傳記的寫作應該盡量詳細。「夫家傳備史傳取裁，例視史傳加寬，寬乃可以備約取爾，然例寬而辭無假借。」[112]章學誠的批評是合理的，同時充分顯示他對於修譜義例的主張懷有的信心與視族譜作為一門史學分支的意見的堅持。但有一點值得注意，就是馮秋山主張修撰族譜以簡為貴的理由是為了族人遷移時方便攜帶！章學誠只反對馮秋山修譜一概從簡，不分輕重，漠視不同的記錄詳略需要差別的處理。但他沒有反對馮秋山提出因為族人經常遷移的理由的說法。就是說，章學誠也同意馮秋山有關族人經常遷移的現實的觀察。章學誠自己不就是為了糊口，替人修譜、修方志、教授、賣文，跟隨地方官的身後，連年遷移嗎？兩人有關修譜這一小細節的爭論卻深刻的反映了清中葉士商社會的情況，正當宗族組織蓬勃發展的時候，宗族的士商成員卻需要經常遷移，離開原來聚居一起的族人。

章學誠對於族譜的纂修方法與與組織結構的議論備見於〈高郵沈氏家譜敘例〉。他

---

[107] 章學誠在〈湖北通志辨例〉裡反駁這種意見，《章學誠遺書》卷二十七，第 300 頁。

[108] 《和州志》《表第三氏族》，《章學誠遺書》卷二十四，第 553 頁。

[109] 章學誠，〈與馮秋山論修譜書〉，《章學誠遺書》卷十三，第 119 頁。

[110] 章學誠，〈說林〉，《文史通義》，第 52 頁。

[111] 章學誠，〈與馮秋山論修譜書〉，《章學誠遺書》卷十三，第 119 頁。

[112] 章學誠，〈高郵沈氏家譜序〉，《章學誠遺書》卷十三，第 118 頁。

把一部族譜的文獻資料分別收錄在十二類／篇之中：誥敕第一、世系源流圖第二、支系表第三、世牒第四、列傳第五、內傳第六、外傳第七、影圖第八、塋域圖第九、文徵內篇第十、文徵外篇第十一、舊譜敘例第十二。[113]章學誠特別強調如實編纂族譜的重要，因為族譜是編纂地方誌所所必須的基礎文獻資料。

由於章學誠認為族譜就是一家一族的歷史，所以在文獻的搜羅方面，按照歷史著作對於客觀事實的要求來對待所收集的文獻。他深知有許多傳記、碑文、壽序都是誇飾其詞，所以不能無分別地收輯並列。他批評《宜興陳氏宗譜》的編纂者將所有有關族人的文獻，不論虛實、可信全收錄入譜：

> 取他人所作傳誌記序，一時求給投贈之篇，彙而次之，以謂可以見其先人言行，不知他人所作，雜出不倫，工拙互見，勢不能與全書一律，姑無論矣！且應求酬答之作，豈無過情之譽，偏主之詞？別為一類，以備參考可也。即以此為紀載之實，則譜乃一家史也。史文豈如是之漫無抉擇乎？[114]

章學誠主張一家之史是編纂方志的文獻基礎。因此，族譜必須如正史一樣可信，文獻可靠有據。根據翔實的族譜而編寫的地方誌可以發揮經世的作用。他說：

> 州縣之志，盡勒譜牒矣。官人取士之祖貫可稽檢也。爭為人後之獄訟可平反也，私門不經之紀載可勘正也。官府譜牒之訛誤可借讎也。清濁流品可分也，婣穆孝友可勸也，凡所以助化理而惠士民者，於此可得其要略焉。[115]

章學誠認為宗族譜牒不但可以記錄一個宗族與地方的歷史，而且能夠防止與解決民間經常發生的糾紛，如因立後繼承牽涉的財產糾紛所引起的訴訟。族譜裡的彰顯的忠、孝、節、烈的模範起到教化的作用，而宗譜裡個人的資料對於管治人民如任官與科舉取士牽涉的籍貫等問題都有參考認證的價值。

章學誠史學思想中有一個重要論點一直被學者忽略了。雖然他對歷史書寫的思考是非常全面的，從國家編寫的正史到地方誌、族譜、個人歷史的文集都包括了，但是，他起點是從民間開始，而不是從政治中心的皇朝政府開始。他的史學思想是從下往上

---

[113] 章學誠，〈高郵沈氏家譜敘例〉，《章學誠遺書》卷十三，第 118-119 頁。

[114] 章學誠，〈宜興陳氏宗譜書後〉，《章學誠遺書》卷十三,第 120 頁。

[115] 《永清縣志》，《士族表第三》，《章學誠遺書》外篇，第 430 頁。

一層一層的疊上去。所以他對於方志、族譜、文集編撰之間的關係特別重視。在族譜與地方誌的編寫理論裡，章學誠充分顯示了一個屬於士商階層的史學家如何從人民而不是官方史家的立場來思考地方家族與地方歷史的關係。這個論點從他批評歐陽修的《新唐書》在處理地方家族的歷史不當的議論中可以窺見一斑。他說：

> 蓋族望入於史表，原本《史記》三代世表、《漢書》古今人表之遺，最為典要。……余意譜牒之學，自有專書，其采錄入史，則當簡約其法，慎取一朝世族大家之尤著者，且必與國家興廢盛衰終始可考見者，裁節為族望表，轉不必限以宰相標題。[116]

章學誠反對歐陽修《新唐書》的族望表選取過於狹窄，只收錄地方出過宰相的家族。當然唐代的統治階層仍然是武族世襲的社會，北宋初這種思想仍然普遍流行於統治階層。歐陽修的編纂法如實地反映了當時世族對於文化生產控制的事實。但是到了士商社會的清代，作為一個「服務士商」，章學誠自然不能接受這種選取標準。所以他說：

> 有官宰相而其族不可譜者，亦有無宰相而其族不可不譜者。歐陽氏以宰相標題而宰相之族實有未全，且有寥寥無甚知名耳強列與譜者。[117]

在省試、會試中式機會日益渺茫的清代，一個大宗族能出進士已經不是容易的事，出一個當過宰相的宗族更是鳳毛麟角。會稽章氏明清時期也出了不少進士，但是宰相則付闕如。從地方史的角度來考慮選取收錄地方家族的歷史，士商社會的史家自然不能採用歐陽修的標準。

章學誠對於族譜編纂方法的意見再次證明儒者在不同的社會結構中需要思考與調適如何實現經國濟民的基本價值與實現方式。他反對歐陽修《新唐書》收錄宗族的標準的理由充分反映清代統治階層與唐代社會的巨大差異。清代士商社會裡能進入官僚機構，管理百姓的階層不再是為數極少的世族，而是來自廣大的士商階層裡的極少數；同時在清代士商社會裡絕大部分的儒者都很難透過仕宦的途徑來實現經世的理想與價值。

---

[116] 章學誠，〈丙辰札記〉，《章學誠遺書》外篇三。

[117] 章學誠，〈丙辰札記〉，《章學誠遺書》外篇三。

八、結語

學者研究章學誠思想在清代思想史中的重要性一直只是側重他的史學理論、方志學、文獻校讎學方面的貢獻。但是，他的思想更大的意義在於反映儒家思想在新的社會環境——士商社會——的轉變與發展。章學誠「學術經世」的思想代表一個「服務士商」對於儒者在士商社會裡如何面對與消除難以實現經世志業的焦慮。章學誠的「學術經世」理論對儒家的「道」、「聖人」、「禮」提出了新的闡釋。

章學誠的「道」不是自然界神秘的，不可見的超驗力量，也不是陰陽五行的天道，而是「人道」。雖然他引用《漢書》董仲舒傳的話：「道之大原出於天」，但是，他接著說：「天地之前，則吾不得而知也；天地生人，斯有道矣，而未形也；三人居室而道形矣。……部別班分而道著矣。」[118]可見，對章學誠來說，他所關心的「道」是社會、文化的人道而不是天道。人的「道」亦可以從兩個方面來瞭解：1.「道」的理。事物的存在與變化的理由。〈原道上〉說：「道者，萬事萬物之所以然，而非萬事萬物之當然也。人可得而見者，則其當然而已矣。」[119]因此「道」就相當於萬事萬物的「理由」，是不可以見的。2.人「道」的第二個方面是透過象而現形的「跡」，指歷史中人類社會的組織與秩序。他說：「求道必於一陰一陽之跡也。」[120]自然界陰陽之跡是無從尋求的，他所謂「跡」其實是指人類社會變遷遺留的痕跡。所以他說：「聖人求道，道無可見，即眾人之不知其然而然，聖人藉以見道者也。」[121]「道」不可見，只能從人類社會生活變化的軌跡觀察得到。章學誠說：「夫道自形於三人居室而大備於周公、孔子。」[122]因此「道」對章學誠來說就是眾人生活秩序的歷史（跡）與理由（所以然）。

社會組織與生活秩序自然就是「禮」。章學誠說：「類別區分，正所謂禮也。」。所以「道」的歷史就是典章制度——禮——的歷史。這個意義的「道」自然不能求之於心，必須求之於史。換言之，「道」是人類的文化史及其所蘊含的產生與變化的理由。這個意義的「道」因此具有三種性質：社會性（三人居室）、經驗性（跡）與可以透過觀察與反思而獲得的可知性（所以然）。在章學誠的思想中，「道」已經完全脫離先驗的、形而上的猜想而成為人間的文化歷史考察的對象。章學誠這種對「道」的闡釋自

[118] 章學誠，〈原道上〉，《文史通義》，第 34 頁。

[119] 章學誠，〈原道上〉，《文史通義》，第 34-5 頁。

[120] 章學誠，〈原道上〉，《文史通義》，第 35 頁。

[121] 章學誠，〈原道上〉，《文史通義》，第 34 頁。

[122] 章學誠，〈原道中〉，《文史通義》，第 34 頁。

然導致了對聖人的作用與價值的瞭解發生了變化。

章學誠思想中的「聖人」不是一個道德典範，而是一個觀察社會人群的學者。他說：「學於聖人，斯為賢人，學於賢人，斯為君子，學於眾人，斯為聖人。」[123]不是眾人向聖人學習，而是聖人觀察眾人的群居生活，然後反思而得出「三人居室」的「道」。章學誠說：「聖人有所見而不得不言。」[124]章學誠的聖人不是宋明儒者所膜拜的靜坐冥想「道心、人心」的聖人，而是一個史學家、禮學家。章學誠的「道」與「聖人」都強調智慧，而略道德。雖然道德也包括在內，但道德只是「社會秩序」即是他所謂「部別班分，而道著矣」的禮。[125]可以說，呈現在章學誠著作中的聖人是一個儒者在士商社會裡通過史學、禮學而明道、教化與維繫風俗——即以「學術經世」——的聖人，而不是朱熹、王陽明的《大學》模式裡的聖人。

章學誠不但提出「學術經世」的觀念，同時也透過參與宗祠的禮制改革與撰寫傳記以激勵忠、孝、節、義的行為而實現「以禮經世」的目的。章學誠參與宗族祭祀的改革，與撰寫族人傳記、祭文的活動一方面折射了章學誠受到儒家禮教主義思潮的衝擊，而另一方面反映了清代儒者積極地參與了不斷擴大的公共文化的創造。章學誠在北京協同族人恢復了偁山章氏會館的宗族活動，與他受委任撰寫族人傳記、祭文的經驗如實地反映了清代士商流動頻繁的事實與宗族的跨地域形態。

清代儒家禮教主義的興起引起了儒者對荀子的重新發現。[126]清代儒家強調以禮為教，以禮為學，以禮經世的思想充分反映了儒者在道德方面由強調內在的潛修轉而重視外在道德規範對行為的型塑。荀子的道德、社會思想強調透過禮來改變人的粗「惡」質樸的性，而荀子的禮就是廣義的禮制，即章學誠所理解的典章制度。章學誠從典章制度的角度來瞭解「禮」更切合清代儒家禮教思潮的精神。清代儒家道德思想的主流是荀子所代表的「禮法」儒家道德觀，與孟子代表的「心性」儒家道德觀不同。章學誠的史學思想理解「道」為「三人居室」所產生的「部別班分」的社會規範與制度。這與荀子的道德、社會思想凸出「禮法」的理論基本上是一致的。章學誠的思想比乾嘉時期的經學家更清楚地折射與體現了儒學，尤其是關乎道德與社會的思想在清代轉型的方向。

---

[123] 章學誠，〈原道上〉，《文史通義》，第 35 頁。

[124] 章學誠，〈原道上〉，《文史通義》，第 35 頁。

[125] 章學誠，〈原道上〉，《文史通義》，第 34 頁。

[126] 周啟榮，《清代儒家禮教主義的興起》，第 7 章。

後記

劉師廣京晚年研究的重點問題包括經世思想與探討儒家的「正統」、「異端」觀念與禮教的關係。1984 年當我構想章學誠「學術經世」理論的時候並沒有從儒家禮教主義的角度來思考。三十多年後本論文回到章學誠的研究，從兩個不同的視角——清代儒家禮教主義的興起與清代「士商公共文化」——重新對章氏的經世思想及其與乾嘉時期禮學研究的關係進行了綜合的分析，論證了章學誠豐富而極富有創造性的思想及其如何多方面反映了清代儒家思想、經學、宗族建設與公共文化各重大歷史發展的關係。章學誠有關儒家經世與禮教問題的思想可以視為劉師作為一個史學家對這兩個問題在中國史研究中重要性的敏銳洞見！用這篇論文來紀念劉師的史學成就，真是最合適不過了！

地域與經世思想的發展：近代廣東學風

陳明銶、區志堅

一、引言

近日中國中央及香港特別行政區政府積極推動「大灣區」合作及融合研究計劃，推出廣東地域「九+二」(九個區域是廣州、深圳、東莞、珠海、佛山、中山、惠州、江門、肇慶，另外加上香港、澳門兩區域)，[1]經濟區域與社會民生發展甚有關係。[2]然而，此課題早見於2004年廣東省、福建省、江西省、湖南省、廣西壯族自治區、海南省、四川省、貴州省、雲南省的人民政府代表，加上香港特區、澳門特區在廣州簽署〈泛珠三角區域合作框架協議〉，已注意推動廣東域區的發展，2009年澳門及香港參與珠三角融合依據的文件，就是中國國務院的國家發展改革委員會於2009年公佈的〈珠三角改革發展規劃綱要〉及於2010年在北京簽署的〈粵港合作框架協議〉，並於2011年1月，香港、澳門及廣東三地政府在2011年1月14日至2月在二地同步展開〈環珠江口宜居灣區建設重點行動計劃〉，[3]其實21世紀初提出廣東地域發展的概念，早見於近現代國人提出的嶺南、廣東及華南地區發展的概念，[4]而廣東地域內廣州、澳門及香港，這些在近代中國歷史上較早開設的對外通商口岸，既成為中外文化交流的橋樑，更影響了近代中國歷史發展。[5]而明代中葉，澳門先為近世中國吸收西學的先

---

1 見（中國）國家發展改革委員會、廣東省人民政府、香港特別行政區政府、澳門特別行政區政府：〈深化粵港澳合作，推進大灣區建設框架協議〉(原刊2017年7月1日)，載廣東省社會科學院編、王珺、袁俊主編：《粵港澳大灣區建設報告》(北京：社會科學文獻出版社，2018)，頁449-450；參馬化騰：〈序言〉，載馬化騰等著：《粵港澳大灣區》(北京：中信出版集團股份有限公司，2018)，頁61-64；張光南等：《粵港澳大灣區可持續發展指數報告》(北京：中國社會科學出版社，2018)，頁32-36。

2 冀朝鼎〔朱詩鼇譯〕:《中國歷史上的基本經濟區》(北京：商務印書館，2014)，頁10-17。

3 盧兆興：〈珠三角地區政經社會文化融合——矛盾與前瞻〉，載梁潔芬、盧兆興編著：《珠江三角洲發展與港澳之融合》(香港：香港城市大學出版社，2014)，頁316-324。

4 方書生：《中國近代經濟地理　第五卷華南經濟地理》(上海：華東師範大學出版社，2015)，頁26-44。

5 吳松弟主編：《中國百年經濟拼圖：港口城市及其腹地與中國現代化》(濟南：山東畫報出版社，2006)，頁67-102；程美寶：《地域文化與國家認同：晚清以來「廣東文化」觀的形成》(香港：三聯，2018)，頁183-190；〈導言：從「省港澳」到「粵港澳」——歷史失憶與現實定位〉，載程美寶、黃素娟主編：《省港澳大眾文化與都市變

軀，[6]此書於 1979 年已由中文大學出版社出版第一版。至鴉片戰爭前後，香港及廣州均成為整個中國吸收新學的最前線及近代歷史上早期門戶洞開的重要城市，香港、澳門為近代基督教向珠三角傳播最早的城市，晚清廣東學者及改革家梁啟超更言：「廣東言西學最早，其民習于西人遊戲，故不惡之，亦不畏之」、「廣東人旅居外國者最多，皆習見他邦國勢之強，政治之美，相形見絀義憤自生」，所以「欲驗中國人之果有愛國之心與否，當于廣東人之驗也」，[7]廣東一地發展與近代中國經世思想的發展，甚有關係，所謂「地靈人傑」，昔日從學案的研究方法，多從地域人物學術思想傳承的角度，研究地域與形成一代學風之關係，[8]乃至近代知識走向學院化及課程化的發展，由是學者也從學校、學制與學風形成的關係，進行研究；[9]然而，宏觀地從政治、社會及經濟發展的角度，研究一代學風形成的關係，尚有待開拓，[10]故本文以廣東一地的歷史文化，尤以澳門及香港的歷史，表述廣東一地知識份子思想與廣東地域的關係，尤注意澳門一地在中外文化交流上扮演的角色。

二、「經世」意涵

「經世」一詞早見於《莊子・齊物論》「春秋經世先王之志，聖人議而不辯」，依清人王先謙所說：「春秋經世，謂有年時以經緯世事，非孔子所作春秋也」，近人陳鼓應認為「經緯世事」即「經世」具有「先王治世」的意思，「經世」即治世的策略。劉廣京也認為：「『經世』一詞大家常常聽到，在十九世紀中國歷史上應如何解釋？經世有時可以說是做官。但中國傳統中的『經世』一詞，涵意的要點不是做官，而是做事，要真正負責做有裨於國家人民的事」，「經世」具有「理想主義的成分」要求知識份子

遷》（北京：社會科學文獻出版社，2017），頁 1-21；Y. M. Yeung, "Introduction,"(coll.) in Y. M. Yeung and David K. Y. Chu(ed.), *Guangdong: Survey of a Province Undergoing Rapid Chang* (Hong Kong: The Chinese University Press, 1998), pp.1-22.

6 郭廷以：《近代中國史綱》（香港：中文大學出版社，2008），上冊。

7 梁啟超一文，未見原文，轉引自司徒尚紀：《珠江傳》（河北：河北大學出版社，2009），頁 305。

8 陳祖武：《中國學案史》（臺北：文津出版社，1994），頁 305。

9 汪榮祖：〈五四與民國史學之發展〉，載氏編：《五四運動研究論文集》（臺北：聯經出版事業公司，1985），頁 221-223；參劉龍心：《學術與制度：學科體制與現代中國史學的建立》（臺北：遠流出版事業有限公司，2002）一書；麥哲維〔沈正邦譯〕：《學海堂與晚清嶺南學術文化》（廣州：廣東人民出版社，2018），頁 29-68 。

10 許桂靈已注意宏觀研究廣東地理與學風的關係，但尚未多注意澳門和香港的角色，見氏著：《中國泛珠三角區域的歷史地理回歸》（北京：科學出版社，2006）一書；黃明同：《嶺南心學：從陳獻章到湛若水》（上海：上海辭書出版社，2015），頁 12-40；劉聖宜、宋德華：《嶺南近代對外文化流史》（廣州：廣東人民出版社，2018），頁 21-32。

所思所想應對社會實際的事務有貢獻，更為政府提出一系列政策，使政府走向富強，而「富強應與仁政同時實現」，「經世」一詞主要是知識份子表達一套治世的思想及抱負。依王爾敏、張灝等學者指出「經世」是一種中國傳統知識份子的治國安邦的手段及思想，美國學者狄百端（William Theodore de Bary）以「practical learning」指稱「經世」，魏以德（Frederic Wakeman）因「practical learning」未能全面解釋「經世」之義，故以普通話拼音指稱「『經世』為『ching -shih』」，意指「經世」是「社會秩序」，也是「ordering of the world」，劉廣京也曾用「statecraft」指稱普通拼音的「ching-shih chih hsueh」，「ching-shih chih hsueh」就是「經世之學」，「statecraft」也是「經世之學」。以上中外學者雖對「經世」意義，有不同的觀點，總之，多指稱「經世」就是士子就實際行政，如農田水利、練兵邊防、政治制度及救濟天災等安民治世的事務之思想和言論。[11]正如李鴻章曾言自 1842 年鴉片戰爭之後，中國「自二千年來未有大變局」，若以近代中外文化交流為「大變局」呈現的特色，則此「變局」不應只啟自 1842 年鴉片戰爭後的中國局勢，更可上溯自明代中葉，以澳門為中心的葡中文化交流，而自澳門被葡人強佔後，西方文化也輸入中國廣東地域，甚至擴展至中國內地，而知識份子面對此變局也提出一套治世方略，由是應多思考近世的澳門，乃至廣東在近代中國歷史上扮演的角色，此地域與近代經世思想的發展。

三、廣東與中國現代化的關係

我們先看廣東的文化地域指涉範圍，依張其昀的《本國地理》一書，把位於南方的珠江三角洲及嶺南地域概括今天廣東省區的地理範圍，並認為此地為中南部，水利交流之地，「為中西海上交通必經之地，廣州通商最早」，「廣州為南海第一大都會，粵漢鐵道之終點，佛山為著名工業地，香港雖淪於英國仍為我國南方對外貿易之門戶」，而嶺南山地為「廣東北部，廣西全省，產米糖木材，雞豚及茴香桂油等，大庾嶺產稀有金屬如鎢錳等」，[12]廣東一地在整個近代中國歷史地理環境而言，是最早的通商地域，而張氏表述的廣東「為中西海上交通必經之地，廣州通商最早」，主要是與十九世紀以

---

[11] 有關中外學者對「經世」意義及「經世文編」的研究，見黃克武：〈經世文編與中國近代經世思想研究〉，《近代中國史研究通訊》，2 期（1986），頁 83-96；〈鴉片戰爭前夕經世思想中的槓桿觀念——以《皇朝經世文編》學術、治體部分為例之分析〉，《亞洲文化》，9 期（1987），頁 152-166；〈明清經世思想與歷史觀〉，收入中興大學歷史系編：《第二屆中西史學史研討究會論文集》（臺北：中興大學歷史系，1986），頁 223-271；解揚：〈近三十年來有關中國近世「經世思想」研究述評〉，《新史學》，19 卷 4 期（2008），頁 121-149；劉俊裕：《再東方化：文化政策與文化治理的東亞取經》（臺北：巨流圖書股份有限公司，2018），頁 21-37。

[12] 張其昀：《本國地理》（上海：商務印書館，1930），頁 80-81。

來的西方外力。吳群繼主編《廣東概況》的地域表述得更清楚，廣東於春秋戰國時為百粵的管轄範圍，秦始皇建立政權後，廣東屬南海郡、象郡，部分為桂林郡，漢武帝平南越後，廣東地屬揚州，三國至隋，先後屬於廣州、交州、荊州，唐代先置嶺南道，宋朝為廣南東路及廣南西路，元代分屬江西行中書省和湖廣行中書省，明朝置廣東布政使司，下轄十府，基本上確立了廣東行政區劃分的格局，清朝設廣東省轄區範圍，相沿至今，省下轄有廣州、潮州、惠州、韶州、肇慶、高州、雷州、瓊州；1911 年辛亥革命後，廣東分設粵海、潮循、欽廉、高雷、珠崖、嶺南，國民政府把廣東分設十一個行政區。1949 年中華人民共和國成立，廣東省行政區確立，其地域範圍有：廣州市、深圳市、珠海市、汕頭市、韶關市、河源市、梅州市、惠州市、汕尾市、東莞市、中山市、江門市、佛山市、陽江市、湛江市、茂名市、肇慶市、清遠市。1997 年後香港及澳門相繼回歸中國，先後成立中國特別行政區。然而，港、澳在 1997 年之前，學者多從文化、經濟互動關係，及粵港澳區域的居民多以同持一種粵語之角度而言，把香港、澳門及廣東視為同一個廣東領域，[13]故本文也以廣東及嶺南的概念，包括吳群繼在《廣東概況》一書中所列廣東省範圍內的各個市縣外，也包括香港及澳門。

至於整個中國的水系發展，主要是黃河流域，長江流域及珠江流域，珠江流域的範圍就是影響廣東自然地理的範圍。廣東自然地理環境為北依五嶺，南臨南海，地勢北高南低，東西各向腹地，境內山地、平原，南部沿海有珠江三角洲，韓江三角洲及小塊谷地平原，珠江水系集西江、北江及東江三大江流，匯合於廣州市附近，珠三角洲為平原地方，廣東一地的海岸線長，海洋活動便利，為熱帶農業海洋文化地帶的區域之一，又與內陸的水系交接，上游有深遠的腹地，與長江相連，下游合匯於廣州，有八個出海口直通南海，形成內陸與海洋經濟文化輻射地方，由是形成經濟發展以海外貿易為主，[14]廣東也是一個民族南移的地域，除漢民族外，也有黎、瑤、苗等，也是一個華僑組成的省份，不少居廣東的民族，多是中原南下逃避戰爭的族群；日後，居廣東的族群又多向海外移民，而祖籍潮州的，不少移居泰國，馬來西亞等地，而梅縣及惠州的客家人，多聚居在印度尼西亞、新加坡、泰國等地，今天往美國，加拿大和澳大利亞的移民，也多是四邑人及中山人，其中四邑人就是居廣東的台山、開平、恩平、新會的人士。[15]

李時岳等在《嶺南文化》一書，表述了嶺南文化自上古至今的發展，自上古至周

---

13 陳明銶：〈20 世紀初年廣東在近代中國轉化之歷史角色〉，《嶺南近代史論》（香港：商務印書館，2010），頁 1-4。

14 黃偉宗、司徒尚紀：《中國珠江文化史》（廣東：廣東教育出版社，1992），頁 3-12。

15 吳群繼主編：《廣東概況》（香港：香港大道文化有限公司，1988），頁 37-41。

代為越文化獨立發展期，春秋時楚國，吳越兩國文化發展，代表了嶺南一地受越文化的影響；自秦收復嶺南至漢武帝平定嶺南，為嶺南文化的漢越文化確立期；兩漢至明末，因為漢民族自中原移入嶺南一地，帶動中原以漢人代表的文化傳入嶺南至有「建立以漢文化為主體的嶺南文化」的階段。明中葉前期，正德九年葡萄牙人首先往中國，1577 年租佔其時明朝管轄的領土之澳門；其後，西班牙、荷蘭、英國，以武力為後盾，強行入侵，並輸入西方文化，故明中葉至今，為「嶺南文化的中西文化碰撞期」，其下細分為從康熙設四口通商至鴉片戰爭為「嶺南文化的中西文化碰撞期」的初期，從鴉片戰爭至辛亥革命前為「嶺南文化的中西文化碰撞期」中期，自辛亥革命至 20 世紀中葉為「嶺南文化的中西文化碰撞期」後期，李氏更指出「從清中葉至 20 世紀中葉，中西文化的碰撞一方面使中國傳統文化的優秀部份受到衝擊，另一方面又使嶺南文化得以在兩個世紀的短短時間內，吸收了西方文化大量精華並將其糅合在自己多元文化格局中」。[16]另外，羅香林在〈世界史上廣東學術源流與發展〉一文，把由漢至二十世紀廣東學術文化發展，分為自兩漢至南北朝為廣東學術思想第一時期，由隋唐至宋代為廣東學術思想第二時期，自明至光緒中葉為廣東學術思想第三時期，甚至認為「嶺學的系統，也是到了這時期才完成的」，此時也為「中西文化交流的關係」；自光緒末葉至二十世紀為廣東學術思想第四時期，羅氏更認為廣東學術的特色，是：「一方面植基於民族本身之優秀與努力，一方面植基於中外學術交流之綜匯與激揚」，表述了廣東歷史文化既是上承中國傳統文化，也吸收西學。[17]

又依蔣祖緣、方志欽主編《簡明廣東史》一書，把秦至南北朝劃為廣東「封建經濟文化的逐步發展」期，隋唐五代為「粵北粵西的開發和廣州貿易」期，宋元為「廣東封建統治的加強和經濟文化的發展」期，明代為「廣東布政使司的設置和社會經濟的迅猛發展」期，清代鴉片戰爭前為「廣東社會和資本主義萌芽的緩慢發展」期，鴉片戰爭為「廣東半殖民半封建的開始和人民的抗爭」期，書中表述了「廣東在中國近代史上，對於中外文化交流，特別是在引進西方資本主義的科學、文化、政治觀念等等方面，發揮了非常重要的作用」，又說「廣東在反帝反封鬥爭和資本主義革命的歷史階段革命運動中，一直站在全國的最前列」。[18]李錦全、吳熙釗、馮達文編著的《嶺南思想史》一書，表述了自先秦至鴉片戰爭前為嶺南思想發展的「古代部份」，自鴉片戰爭至孫中山於 1925 年逝世前後的二、三十年代為嶺南思想發展的「近代部份」，

---

[16] 李時岳、李明華、韓強主編：《嶺南文化》（廣東：廣東人民出版社，2010），頁 85-113。

[17] 蔣祖緣、方志欽主編：《簡明廣東史》（廣東：廣東人民出版社，2006），頁 20-23。

[18] 《嶺南文化》，頁 85-113。

又認為「嶺南近代思想主要研究從鴉片戰爭至『五四』新文化運動這一段時期內嶺南地區思想演進的歷史，以揭示嶺南思想的形成，特點以及在全國的歷史地位和作用」。[19]

暫不討論蔣、方、李、吳、馮等學者以馬列史觀分析廣東歷史發展是否恰當，但可知他們視「鴉片戰爭」為廣東歷史文化的「古」、「近」歷史的分水嶺，並認為鴉片戰爭後的廣東歷史文化對整個中國發展影響甚大，而鴉片戰爭前後為嶺南歷史文化發展之分水嶺的原因，就是他們從中外文化交流的衝突及碰擊中，肯定廣東歷史文化之地位，也就是肯定廣東或嶺南的歷史文化之特色是中西文化交流下，對整個中國歷史文化發生的影響，既然相信中西文化交流為近代中國文化的特色，也間接地確認構成近代中國文化組成的元素，就是廣東文化的特色；我們也相信「近代」中國歷史的出現，也是中外歷史文化等各方面交流下的產物，[20]故我們要先注意在中國內陸尚未與近代西方文化交流時，這塊早與西方文化交流的廣東地區，與中國走向現代化的路向之關係何在？

早前談及中國現代化的道路為自是器物技能層次（technical level）的現代化，這樣不能不注意廣東地域內澳門歷史文化的發展。澳門與西方文化的交往，也可謂整個中國走向與現代國家文化交流的預幕。十八世紀，葡人及西班牙人，以其航海技術及火炮術的發展，遠渡重陽，葡人更把力量延伸至亞洲，葡人於嘉靖十四年，以納賄指揮明官員黃慶，並每年輸銀兩萬兩，得移居濠鏡（澳門），為貿易期間的棲泊所；嘉靖三十六年，又以賄海道副使汪柏，遂獲定居，至萬曆末，葡人來華日多，「有夷人之糧米牲菜等物盡仰于廣州，則不特官澳之運濟，而私澳之販米于夷者更多焉。……夷人忘我興市之恩，多方于抗衡自固之求。我設官澳以濟彼饔飧，彼設小艇于澳門海口，護我私濟之船以入澳，其不受官兵之盤詰若此」；同時，明萬曆已派員往澳門募購葡兵及西炮，運往遼東，以防滿人入侵，甚至袁崇煥所使用傷努爾哈赤的大炮，也是使用澳用提供的「西洋大炮」，這些「西洋大炮」是澳人從呂宋（西班牙人）引進的，然後進獻給明朝，輸入內陸，故明人也稱「香山澳夷所傳西洋大銃為猛烈神器」，「香山澳夷」一語就是指居澳門夷人。[21]

---

[19] 李錦全、吳熙釗、馮達文編著：《嶺南思想史》（廣東：廣東人民出版社，1993），頁 241。

[20] 有關中國學者表述鴉片戰爭為「近代」中國歷史的開端，見梁景和：《中國近代史基本線索的論辯》（南昌：百花洲文藝出版社，2004），頁 70-85。

[21] 有不少學者爭論努爾哈赤是否為紅夷炮或呂宋炮所傷，見金國平、吳志良：〈努爾哈赤死因真相新證〉，頁 420-425；參歐陽琛、方志遠：〈明末購募西炮葡兵考〉，載趙春晨等編：《中西文化交流與嶺南社會變遷》（北京：中國社會科學出版社，2004），頁 59-82。

談及西洋武器的傳入，也可以注意整個嶺南地區的援引西洋科技知識的情況。1839年林則徐給道光的奏折，已說：「夫震于英吉利之名者，以其船堅炮利而稱其強」，及至鴉片戰爭後，更說在清軍與英人交戰中，感到：「彼之大大炮，遠至十里內外，其接仗相隔遠甚，況其放炮之法，與內地排槍同一接連不斷，我僅小炮，既不能及彼，且放一炮後，須費多少輾轉，然後再放」，早於開戰前，林氏已在廣州購西洋各國炮二百餘，增排虎門兩岸，並派十三行商人潘仕成、潘世榮、梁漢鵬在廣州陶鑄西洋槍炮，及以西洋方法設計一些活動炮架。其後，1842 年有兩艘美國兵船來到廣州黃埔，廣東水師提督吳建勛與南贛鎮總兵馬殿甲登船參觀，決定仿其樣式「製造船樣一隻」，至1842 年底已有十三行商伍秉鑒、潘正煒「捐買米利堅，呂宋夷船各一隻」，又在 1843年欽差大臣耆英來粵，多次購「洋槍」及「洋火藥」，也有廣州調任的閩浙總督鄧廷楨也建議在沿海各省大造船鑄炮。其後，雖然未能全面學習西方炮術的科技，也因軍費未足，未能充裕海防，但已開啟清朝官員注意改良中國傳統炮術，為日後自強運動提供了輸入西方科技知識，定了初步基礎，在魏源的《海國圖志》中，也曾多次談及林則徐在廣東購炮的事情，故有學者指出「鴉片戰爭期間以嶺南為中心的構置、仿置西洋式武器的活動，許多都是由於技術上的障礙而未能獲得成功，因此它使一些有心人開始感悟到中西之間技術上差異，激發起他們對西洋科技的興趣」。[22]

談及西方科學知識，不可不注意西洋醫術南來，也是以廣東為中心，於明代隆慶三年，已有耶穌會士葡人卡內羅（Melchior Carneriro）主教在澳門建立聖拉斐爾醫院（Hospital De S. Rafael），因位於澳門白馬行路，此院便名為白馬行院。而在《澳門紀略》一書稱此醫院為「醫人廟」，此醫院開辦內外科，其後，又有西教士鄧玉函（Jean Terrenz）於 1621 年在澳門傳教，及編《泰西人身概說》，介紹人體骨骼、血液、筋脈、耳、鼻、喉等器官，又於 1642 年與來澳的羅雅谷（Jacques Rho）等人編《人身圖說》，為人體解剖學的專書。1806 年英國東印度公司醫生皮爾遜（Alexander Pearson）在澳門及廣州開展牛痘接種，並編印介紹種牛痘的書籍，如《牛痘奇法》，於 1815 年廣東成立種官辦牛痘機構，而於 1928 年廣東香山縣曾卓如太史從廣州把牛痘苗送往北京，開局設京都種牛痘局，傳播牛痘術，因此牛痘術由廣東傳往中國各地。1820 年馬禮遜與東印度公司在澳門設藥房兼診所，1827 年東印度公司的英國醫生在澳門設眼科醫院及養病院，1835 年美國傳教士伯駕（Peter Paker）在廣州設立眼科醫院，1895 年改名為博濟醫院，英國傳教士兼醫生合信（Benjamin Hobson）在 1843 年在香港設立香港醫

22　見趙春晨：〈論鴉片戰爭期間以嶺南為中心「借取」西洋式武器浪潮〉，《嶺南近代史事與文化》（北京：中國社會科學出版社，2003），頁 5-16。

院，又在1848年在廣州開設金利埠醫院。1865年美國傳教士醫師嘉約翰（John Glagnow Ken）在廣州創辦博濟醫院附屬學校，並於1879年招收女生，是中國最早招收女生的學校，1877年何啟在香港創辦有系統傳播西醫知識的香港西醫書院，孫中山也是入讀此校。1899年美國醫生富馬利在廣州創辦廣東女醫院護士學校，只招女生，這些西醫學校既培養了很少西醫人才，甚至有學者認為「這批西醫學校培養了中國第一代西醫醫師」。[23]

談及西方科學知識的傳入，也不可不注意在澳門建立的聖保祿堂及聖保祿公學。公學創於1565年，自1574年葡人國王從馬公甲的稅收中抽出1000克資助公學辦學，1578年葡商每年從獲中國的1600石生絲中，分於50石給傳教士販運日本取金錢為辦學費用，公學為在澳門及中國內地的西方傳教士教導漢語、科學、文化及「神修課程」，也為日本、中國、韓國的教士教導以上知識，教學內容以西方古典知識為主，以神學為要點，以拉丁文為基礎，也開辦數學、天文曆法學、物理學、醫藥學、哲學、神學、漢語、拉丁語、音樂、修辭學等十多門課程，漢語及漢文為西教士及學生必要學習的課程，以便傳教。[24]

清帝康熙因耶穌會士懂漢語，自然科學知識甚佳，由是規定：凡要求入華傳教的新來會士，不懂中文及漢語的，均要「教他在澳門學中國話語」；乾隆時，耶穌會也規定：入華教士必須「剃髮易服，赴廣東澳門天主堂，居二年餘，……習知中國言語」。日後，凡耶穌會士、方濟各會、多明我會等西教士要往中國內地傳教的人士，均要在公學修讀漢語。其中一位耶穌會教士為早於明萬曆初年，已來華的羅明堅（Michel Ruggieri）更為耶穌會獲准在中國內地傳教的第一位人士，他提倡來華的西教士要學習中國語言文字，更用三年時間，編寫《天主聖教實錄》，並在他所寫了一些中文詩歌上，運用了他鑄造的中文教會及教義的辭彙；羅明堅也把今天《聖經》所見「聖母童身生」、「天主子降生」的故事，呈現在中文書寫的詩歌內容上，如其中一句為「人心生一念，天主悉皆知，善惡若無報，至尊必有私」，也是呈現天主的全知及公義的意思；[25]他又在澳門成立傳道所，命名為「經言學校」，以中文向居於澳門的中國人宣講

---

23 盛永華、孫關龍：〈嶺南——西醫東漸的中心〉，《中西文化交流與嶺南社會變遷》，頁152-163。

24 有關聖保祿學院在澳門的發展，見李向玉：《漢學家的搖籃：澳門聖保祿學院研究》（北京：中華書局，2011）一書。

25 有關羅明堅寫中文詩的內容，轉引自古偉瀛：〈啼聲初試——重讀羅明堅的教會辭彙〉（未刊稿），2013年2月28日，澳門特別行政區政府文化局主辦「羅明堅中國地圖集學術研討會」〔宣讀論文〕。有關研究羅明堅的《中華圖誌》之內容及其影響，見金國平：〈關於羅明堅《中華圖誌》的底本〉（未刊稿）；徐光台：〈羅明堅、利瑪竇和范禮安與一幅未署名明末耶穌會中國區地圖〉（未刊稿），Antonio Vasconcelos de Saldanha, “A Man For Two Seasons After China: Michelle Ruggieri in Europe” (Unpublished paper)，以上論文發表於2013年2月28日，澳門特別行政

天主教教義，為「中國第一個用漢語傳教的機構，同時，也是當時中國第一所外國人學習漢語的學校」。[26]後來，也由羅明堅引薦利瑪竇來華傳教並因此傳入西方天文地理的知識，又因留在廣東肇慶，更在此地教導「地圓說」及天體學的知識，又把中國經典如：《三字經》、《千字文》等中國童蒙典籍譯成拉丁文，傳往歐洲，更有學者指出羅明堅生前已編，但未出版《中華圖誌》，日後此書傳返歐洲，其對歐洲及中國二地學者的繪地圖法，也有影響。此外，西教士如郭居靜、艾儒略、龐迪我、畢方濟、鄧玉函、湯若望、南懷仁等，均先後在公學教學或受學，才往中國內地傳教，公學也招收一批在澳門入教或由內地來澳門入教的中國天主教信徒，他們畢業後也派往內地參與教會的活動，如原籍陝西的李安德，原籍廣東澳門的游明輝、黃明沙、費藏玉等，也有原籍江蘇的陸希言及吳歷。[27]由此可見，若以中國走向科技及科學知識現代化及思想層面的現代化發展而言，廣東的澳門是扮演了整個中國與西方科學及西方宗教知識的首先交流的地方，天主教也是先在澳門，後傳至廣東，終至北京。

當然，談及中國走向現代化的階段，也要注意廣東十三行的成立，此為間接促成鴉片戰爭的原因，若鴉片戰爭為中國近代史及中國走向現代化的序幕，則必要注意中國走向現代發展的獨口通商的地方，這就是廣東十三行。明萬曆已有三十六行主理外舶海市，明末清初三十行只存十三行，康熙二十四年粵海關成立前後，亦稱十三行，在 1760 至 1842 年為十三行對外貿易專利時期，清代特於廣州新城外西南地方，面臨珠江北岸，設十三行，由十三行華人行商驗貨納稅的地方，朱希祖更說：「十三行在中國近代史中，關係最鉅，以政治而言，行商有秉命封艙停市約束外人之行政權，又常為政府官吏之代表，外人一切請求陳述，均須有彼輩轉達，是又有惟一之外交權；以經濟而言，行商為對外貿易之獨佔者，外人不得與中國其他商人宜接貿易。此等特殊制度，無論中國外國，皆蒙不利，鴉片戰爭，即為擊破此種外交制度及通商制度而來，自此一戰，中國一蹶不振，外交經濟，皆為不平等條約所束縛，百年以來，皆受十三行所貽禍」，[28]只有十三行成為中外商貿交往的機構，導致部份中方商人藉與西方英商的交往中，出現貪汙及濫收稅項，使得很多外商不滿，其後派英國商務大臣來華，與中方交涉；最後，義律因知中方處事不公及因悉中方的科技不如英人，由是建議對華

區政府文化局主辦「羅明堅中國地圖集學術研討會」〔宣讀論文〕。

[26] 關漢華：〈十六世紀後期中西文化交流的一次開拓性實踐——羅明堅華南行跡考述〉，《中西文化交流與嶺南社會變遷》，頁 636-648。

[27] 參黃啟臣：《澳門通史》（廣東：廣東教育出版社，1999），頁 121-130。

[28] 朱希祖：〈序〉，梁嘉彬：《廣東十三行考：鴉片戰前廣東國際貿易交通史考》（臺中：私立東海大學，1960），卷首，缺頁。研究十三行的發展，多參梁嘉彬一書。

用兵。

而廣州十三行的成立，促使區內有廣東腔的英語（Pidgin English），[29]如「My chin chin you」，即在粵語「請請」之上，加上你、我，這種語言日後傳往上海，成為上海人與外人溝通的另一種「洋涇濱英語」，為了通商也培訓不少翻譯人才，如鴉片戰爭時，十三行商人伍崇曜、吳天顯往江浙助耆英交涉英軍侵略江浙沿海事宜；鴉片戰後，英人入城，有賴十三行商的商人與英人交涉而得暫時的安寢。當然，十三行也帶動西方醫術及科學知識傳入中國，如嘉慶年間，十三行商人之一會隆行商人鄭崇謙知天花絕症可由西方「種牛痘」的醫術得治療，遂請西醫皮爾遜自澳門至廣州地設牛痘局，更把種牛痘的治療法傳於番禺人梁輝上，香山張堯，南海邱熺等。道光八年，行商潘仕成推廣此術往北京，並於北京宣武門外南海邑公館設立種痘局。

至於近代東來的基督教教士以馬禮遜（Robert Morrison）為第一人，馬氏為英國倫敦傳道會華的教士，於 1807 年 9 月抵澳門，9 月 7 日往廣州，暫居十三行商館區內，日後聘為東印度公司廣州商館中文翻譯（Chinese Interpreter and Chinese Translator），及後倫敦傳道會派米鄰牧師助馬禮遜傳教，其後也有裨治文牧師、衛三畏牧師等多住在十三行區，馬氏更於 1810 年譯成中文版的《新約．使徒行傳》，至 1818 年更譯成《新約》，更譯《舊約》三十九卷，其後，教士郭士立（Karl F. A.Gutzalff）更把麥都思（W.H. Medhust）的聖經中文本，改名《救世主耶穌新遺詔書》，後為太平天國所用《聖經》內容的依據，馬氏又把中國經籍譯成英文，傳往歐洲。[30]於此可見廣東十三行及居行商地區的教士，成為推動基督教來華的重要力量，也帶動把西方知識傳入廣東，由廣東輻射往中國內地。

談及影響中外的歷史，不可不談及鴉片戰爭，此戰爭就是在廣東海域發生。道光年間，鴉片大量輸入中國，道光帝派林則徐南下廣東禁煙，曾斷絕廣州洋商與十三行商人貿易，終致虎門銷煙。1839 年 7 月 7 日，英國水手在九龍尖沙咀村行凶，把村民林維喜打死，英國駐華商務專員義律拒交殺人的英人，林則徐遂令澳門澳葡國政府驅逐英商，迫使英商退往尖沙咀貨船，英軍曾多次挑釁，發生了九龍之戰、穿鼻之戰、六戰官涌山，英軍艦均被擊退；及後，英軍攻定海及大沽口，迫清廷簽《穿鼻條約》及《廣州和約》，其後英軍派戰艦往虎門，虎門炮台多不敵英炮火，又發生居廣州三元里居民抗英事件。最後，英人迫使清政府在南京簽了《江寧條約》（世稱《南京條約》）

[29] 吳義雄：〈「廣州英語」與十九世紀中葉以前的中西交往〉，《近代史研究》，3 期（2001），頁 172-202

[30] 趙維本：《譯經溯源；現代五大中文聖經翻譯史》（香港：中國神學研究院，1993），頁 11-15；參馬楚堅、賴志成：《廣東十三行與中西文化發展史之關係》（香港：香港大學饒宗頤學術館，2013），頁 62-75。

把原屬清政府管治的香港島，正式「長久」割讓給英國，為英國管治的殖民地，《南京條約》便成為近代中國的第一條不平等條約，條約也規訂包括廣州在內的全國五個沿海口岸被開放為對外商埠、外國人在華享有協定關稅、領事裁判權、片面的最惠國待遇等，由此廣東地區經濟，政治及文化也發生了重要變化。[31]

1849 年葡人駐澳門總督亞馬勱封閉澳門的海關行台，拆毀香山縣衙署，驅逐清朝駐澳的官員。咸豐年間，葡人強佔澳門南面的潭仔島（氹仔島）；1863 年，把三巴門至水坑尾一帶的圍牆拆毀，又於 1887 年，迫清廷簽《中葡和好通商條約》，取得了「永居管理」澳門的特權，自此香港及澳門均為外人管治下的一個以港澳華人居住為主的地方，西方文化也由港、澳二地，影響至整個廣東區域，由是形成廣東地域與中國內地文化也有不同的地方。

1856 至 1860 年，為第二次鴉片戰爭，廣東再次受到西方國家的入侵，廣州入城事件導致廣州再次被英法聯軍佔領，其時長達三年之久，至《中英北京條約》及《中法北京條約》簽訂後，英軍才撤走，而英人更把香港島對外的九龍半島，成為英人的租借地，而九龍半島與中國內地相連，也由此可以前往廣州，再由廣東省往中國內陸，可知香港島雖可視為遠離清朝管治範圍的外島，但九龍半島則直接與清朝的管治範圍相連，也就可以說英人的管治直接影響到清室在南方的管治範圍。其後，英人力量擴張至新界，今天香港的領地範圍，也由此受到英人直接管治，南方社會文化，特別是香港也發生變動。若以組成「現代化」的其中一個部份為新文化，則英人管治下的香港，葡人管治下的澳門，均成為一個援引新學入廣東，再由廣東輔射全國的重要地方。

因條約之便，准許洋商在廣東一帶享有特權，控制海關，販賣華工等，洋商經營的土產轉口貿易，使廣東的帆船貿易受到打擊，又在洋商的影響下，廣東的商業較昔日只重視漁農業，也發生了變化，甚至不少華商也日漸成立商辦企業，如 1845 年英商在廣州黃埔建立了柯拜船塢，至 1860 年代外資也在廣州黃埔設立修船的旗紀鐵廠，福格森船廠。1894 年外商也在汕頭開辦火油廠。因為買辦成為外商經營財務，運輸貨物及保管文件等服務人員，昔日要由廣州政府特許才可以營運，但鴉片戰爭後，公行制度取消，外商可以自由與華商貿易，買辦成為由外商直振聘用，也為外商推銷貨物，收買絲茶，故廣東早在鴉片之爭前，已有對外貿易的經驗，廣東商人也日漸掌握對外商貿發展的重要訊息，造就廣州及廣州以外的各通商口岸之第一批買辦，多是廣東人，

[31] 本文有關 1842 年後，廣東地域的發展，多參閱蔣祖緣、方志欽：《簡明廣東史》；黃偉宗、司徒尚紀：《中國珠江文化史》二書，及趙春晨：〈略論嶺南近現代歷史特徵與文化精神〉，《嶺南近代史事與文化》（北京：中國社會科學出版社，2003），頁 187-198；陳明銶：〈20 世紀初年廣東在近代中國轉化之歷史角色〉，頁 1-31。

廣東商人也多推薦同鄉往其他通商口岸成為買辦，故全國各通商口岸，於 1860 年代多為廣東人。及後，廣東的旗昌、怡和洋行也在上海、天津、漢口等口岸開辦商業機構，這二間公司的買辦共 55 人，其中原籍廣東者就有 26 人，不少在廣東的買辦，尤多是居香港者，買辦更成為引介新文化的力量，如富商何啟，就是一例。而在洋商的影響下，華商也日漸發展自己工商貿易，如 1872 年在廣東南海成立的繼昌隆繅絲廠，1876 年在廣州開辦的陳聯泰機器廠。清政府也於 1874 年有廣州機器局，1887 年成立石井兵工廠。乃至二十世紀初，珠江三角洲有發電廠。

當然，廣東也是全中國最早推動自強運動的地方，於 1846 年在廣州大北門內朝天街，成立廣州同文館，第一任英語教習為艾國人譚訓（Thoes Sampson），日後在此校更擴至教導法、德、俄語。又可以注意廣東人積極敷設鐵路，1903 年原籍梅縣南洋商人張榕軒成立潮汕鐵路股份公司，為中國第一條華人資本創辨的鐵路；又於 1906 年建成先潮汕鐵路起自汕頭，北達潮州，曾聘詹天佑為工程師。日後，又有新寧旅美華僑陳宜禧於 1904 年成立新寧鐵路有限公司，由中國人承建，旋於 1904 年動工至 1911 年竣工。

十九世紀，攝影技術在 1846 年傳入香港，現存最早一張有關中國的照片是 1850 至 1855 年拍攝的廣州五層塔。有些學者認為此照片是印度軍隊駐澳門醫院醫生馬可許（John Mccosh）於 1851 年在廣州拍攝的。當然，於鴉片戰後，洋人多居廣東，待安頓後，再遷往中國內地其他省份，由此也把西方的史地知識傳入廣東，1820 年已有廣東嘉應人謝清高口述，楊炳南筆錄，在澳門撰成《海錄》，為中國早期的介紹世界地理概況的著作。1851 年由廣東翻譯員梁進德把英人慕瑞編的《世界地理大全》譯成《四洲志》，林則徐就是託友人魏源在《四洲志》基礎上，增補外國人所寫的材料。

還有，近代中國出現的第一份報刊，就是英人傳教士馬禮遜主持的《察世俗每月統計傳》（*Chinese Monthly Magazine*），此刊物於 1815 年 8 月 5 日在馬來西亞的馬六界出版，免費在南洋主要是廣東華僑中派發；及後，馬禮遜最先來到廣州，便把《察世俗每月統計傳》帶往廣州，及把其他宗教書送給縣試，府試及鄉試的知識份子，擔任刊物刻印，發行工作及寫稿的中國人是梁發，梁氏為廣東高明人，為第一位被按立為華人基督教牧師。及後，侵略清室二十省，延續十五年，幾乎傾覆滿清皇朝的太平天國運動，是由廣東人洪秀全倡導的，而他是在廣州受到英教士馬禮遜早期信徒之一梁發，為傳福音所寫《勸世良言》的啟迪。

第一位在中國境內出版的近代中文報刊，為德國傳教士郭士立（Gutzlaff）在 1833 年於廣州，創辦《東西洋考每月統記傳》。同時，外文報刊也在廣東出現，如 1822 年於澳門的葡文《蜜蜂華報》，於 1827 年於廣州的英文出版的《廣州紀錄報》，1858 年

《中外日報》創刊於香港，其內容有「羊城新聞」及「中外新聞」等欄目，每日一小張，兩面印刷，首創報紙從書本形式中分開的形式，論者謂《中外日報》「是中國人自己主辦的第一份近代化日報」。[32]外國教會人士在中國創辦報刊，除了宣揚教義外，也傳播西方的醫學、史地學及其他科學知識。

二次鴉片戰後，廣東也出現了辦報的高峰時期，如 1864 年《華字日報》創刊於香港，1872 年也有《羊城采新實錄》創刊於廣州，尤以 1874 年在香港創刊的《循環日報》，主筆者為王韜，此刊物介紹西方天文地理，聲光化電，引介西學，西方思想及制度，如曾刊出有關英國的新式水雷、火器、製造炮台技術，而早期引介西方制度的鄭觀應選入《盛世危言》的政論文章，最早是在《循環日報》上刊行。《循環日報》也是在「國內各省會市鎮及別府州縣並外國諸埠，凡華人駐足之處，皆有專人代理銷售業務」，銷售地方，包括：廣州、澳門、佛山、東莞、福州、寧波、天津、漢口，日本京都、神戶，安南，新加坡，美國舊金山等地，中國內地的消息也傳於海外華人社會。

若組成中華現代化的力量之一是器物的現代化，不可不注意廣東引介西方的製船、航運、武器等重要科技知識，也不可不注意傳播現代知識的重要媒體——報業在廣東一地的興起。

談及構成中國「現代化」進程的另外兩個發展，就是制度現代化及思想現代化，故不可不注意居廣東一帶的人物在此兩方面扮演了極重要的角色。

廣東有不少回國海外留學生、歸鄉華僑、新式學堂或教會學校的畢業生，不少中國早期外交人員都是粵籍，同時很多初期教會人士如容閎，社會活動家如鄭觀應，藝術家冼星海，在實業方面也有重要的貢獻人物如詹天佑等，也是廣東人士；也因為港澳為洋人殖民地，不受清室的直接管轄，風氣開放，新式報刊引入外洋潮流及新觀念，推動當地知識份子鼓吹改革救亡思想，由此也證明廣東人進取、創新、冒險精神。[33]

鴉片戰爭前後，廣東已有反抗英人入侵的民眾抗爭行動，尤以廣州三元里抗英的行動，更被中國大陸的學者奉為「近代中國民眾自發反抗鬥爭的序幕」。[34]鴉片戰爭後，廣東花縣人洪秀全於 1843 年科考失敗，研讀了在廣東傳教的基督教梁發編譯《勸世良言》，假「皇上帝」的天命下凡，創立拜上帝會，並於 1844 年，正值廣東天災，在廣

32　黃偉宗、司徒尚紀：《中國珠江文化史》，下冊，頁 1493；參韓琦：〈從澳門、香港到上海——19 世紀中葉西方活字印刷技術在中國的傳播〉，載香港城市大學中國文化中心編：《出版文化的新世界——香港與上海》（上海：上海人民出版社，2011），頁 141-151。

33　陳明銶：〈20 世紀初年廣東在近代中國轉化之歷史角色〉，頁 1-31。

34　趙春晨：〈略論嶺南近現代歷史特徵與文化精神〉，頁 186；參〈洋務運動在廣東〉，《嶺南近代史事與文化》，頁 24-29。

東一地的順德、番禺、增城、從化、陽山等地廣為傳播，更與馮雲山把拜上帝會的活動，擴至廣西，而太平天國的理論基礎在於「均平」、「帝妖對立」、「天國在人間」、「反滿革命」，曾攻下長江，破南京，而從太平天國成員的知識資源而言，就是源自西方宗教、傳統漢民族的排滿種族思想，雖然太平天國終被清軍所滅。然而，高舉男女平等、均富、排滿革命及禁鴉片的思想和政策，均對日後孫中山領導革命的思想甚有影響，中山更認為太平天國的活動「為吾國民族大革命之輝煌史」。

洪秀全族弟洪仁玕撰寫《資政新編》，主張的興車馬及舟楫之利，均是「效法西方」，書中也建議要興銀行，興市鎮公司，興士民公會及郵亭，立郵政網絡，要求道德革新，將「兵強國富」及「俗厚風淳」為重大國政。更重要的是，洪氏已說「儒教貴執，罔知人力之難」，批判傳統儒家思想。而奉為中國第一位留英學生的容閎，也是廣東香山縣人，先入讀廣東的馬禮遜學校，轉學香港，於 1847 年往美國，容閎於 1855 年回國，雖未為重用，但他入曾國藩幕府，籌辦中國最先進的江南機器製造局，並促成清政府於 1872 年派詹天佑等 30 名兒童赴美留學，容閎由此被譽為「中國留學生之父」。其後，又有廣東南海人何啟及廣東三水人胡禮垣，更是推動西學及西制知識傳入中國的重要人物。何氏早年畢業於香港中央書院，後留學英國，鼓吹新政；胡氏自小生活在香港入讀皇仁書院，為駐日本外交人員，他們二人合編《新政真詮》，批駁自強運動的「官辦」、「官督商辦」、「官商合辦」的不當，認為要「富民」，必要「便民」，而其時只是「官有權而民無權，官有勢而民無勢，以無權者與有權者競，則有權者勝，無權者負矣」，故要倡民權，因為「天下之權，惟民是主，……事既屬於民，則君則於民，……天下有無君之國，不聞有無民之國，民權在則其國在，民權亡則國亡」，又大力推倡西學。另一位倡改革者為廣東香山的鄭觀應，他撰成《救時揭要》、《易言》及《盛世危言》，鄭氏家鄉近澳門，目西方文化的特點，他倡言議院制，仿泰西良法，體察民情，博採眾長，仿西方行君主立憲制，並希望興立學校，以實學代替「帖括」之學，又要求立大學院、船政院、武學院、音樂院及通商院，又提倡重視商戰，也要「變器衛道」，求引進西方器物文明，接受西方政治制度，求道器並重，在《盛世危言・學校篇》中附有英、法、俄、美等國的學校規則作參考。

談及推動國人的思想現代化，不得不注意廣東人康有為、梁啟超及孫中山。廣東南海人康有為生活在廣東，拜師南海朱次琦為師，接受傳統訓練，乃至 1879 年往香港考察，接受西學，1884 年的《實理公法全書》依洋人歐幾里德的《幾何原本》的「實測之學」推斷人類發展的公理，於 1891 年及 1897 年撰成的《新學偽經考》、《孔子改制考》把達爾文進化論與中國傳統公羊三世說相融，又於 1884 年成《大同書》，為孔子的大同學說與西方民約論、空想主義等思想結合，更創辦草木草堂，學生除了梁啟超以外，其他學生，如韓文舉、盧湘父、陳千秋、徐勤、麥孟華等均為日後推動粵港澳孔教、孔學及傳統學問，引介西學及在海外鼓吹變法的重要人物；康有為更在 1888 年，目中法戰爭失敗，便以布衣身分，上書光緒帝，要求變法，而 1895 年，赴京考試，正值中日甲午戰爭，北洋海軍覆沒，李鴻章到日本準備簽《馬關條約》，便發動在北京應試的全國 18 省舉人 1300 多名士子，聯名〈公車上書〉(〈上清帝第二書〉)，提出「遷都、拒和、變法」，並於 1898 年 6 月 11 日至 1898 年 9 月 21 日，推行了 103 天的「戊戌變法」(「百日維新」)。戊戌變法雖然失敗，但其中建議廣開新式學堂，教導算學、英語、格致、地理等課程，均為日後不少地方書院所採用，又在籌辦《時務報》，以新媒體倡言變法，更在國內傳播「改國憲以變根本」及行政、立法及施法的「三官立而政體立，三官不相侵而政事舉」，「三官之中，立法最要」的君主立憲思想，也為日後清季官方推動立憲運動所傳承。

梁啟超為廣東新會人，17 歲在廣東中舉，1898 年，參加康有為的「公車上書」，列名首位，故有「康梁」並稱。梁氏主張變法，要求除去專制統治，實行君主憲制，開辦新式學堂，設報館開言路，希望政府推動言論自由，又要求士子及清政府推動自然科學的研究及教學，更言「專制政治之進化，其精巧完備，舉天下萬國，未有吾中國若者也。萬事之進，而惟於專制政治進焉，國民之程度可想也」，「專制政體也，實數千年來破家亡國之總根源也」，希望改變政體，行君主立憲，他一再認為「倡民權，始終指定此義，獨一無二之宗旨。……百變而不離其宗，海可枯，石可爛，此義不普及我國，吾覺拂措也」，又說：「國民者，以國為人民公產之稱也，國者積民而成，捨民之外，則無有國，以一國公民，治一國之事，定一國之法，謀一國之利，捍一國之患，其民不可得而侮，其國不可得而亡，是之謂國民」。梁氏除了辦報，在報刊上申闡述「國民」觀念，又藉辦學，使「國民」觀念廣傳於中國國內。他又在〈論自由〉一文中，指出「自由者，天下之公理也，人生之要具，無往而不適也」，自由不獨是人們心靈的自由，也要求中華民族的自由，人貴自由，國貴自由，「團體之自由，個人自由之積也，不能不離團體而生自存，團體不保其自由為界」，更倡導「群」學，提倡群眾教育的重要，尤是推動男女平等，政府開女學，使更多女子接受教育。

孫中山為廣東香山人，曾在美國檀香山求學，日後就學於香港中央書院及西醫學院，吸收西學及新學知識，更在香港的公理堂接受基督教的洗禮，成為基督徒，又因就學香港，得以結交師好，建立革命團隊的人脈，他在香港受學期間，感受到英式教育的開明地方，反觀清政府管治下的廣東省地方官貪污嚴重，民生疲弊，曾於 1894 年〈上李鴻章書〉，要求社會改革，但未為接納；及後，1895 年以孫中山、楊衢雲等為首在香港成立興中會總部，並以港澳為購買及輸入軍火，吸納同志，發動組織，籌集資金，擬定革命方略，創辦革命報刊《中國日報》，廣為宣傳排滿革命的訊息，更潛入內地，策動邊區如鎮南關等地的武裝革命，終歷十次運動成功推翻滿清，而孫中山也在澳門行醫，而葡人飛南第及賭商盧九、怡若父子也支持革命，四大寇的楊鶴齡也曾寄居此地；日後澳門同盟會分支機關的成立，且參與廣東的光復行動，也由孫中山引介排滿革命的思想，澳門也因此於近代中國革命史上佔一個很重要的地位。孫中山提出三民主義，倡導民權，「發起革命的時候，便主張民權主義，決心建立一個共和國，共和國建立後，是用誰來做皇帝呢？是用人民來做皇帝，用四萬萬人來做皇帝，照這樣的辦法，便免得大家相爭，便可以減少中國的戰禍」，推翻專制的帝制，借鑑共和政體，推動中國政治現代化的改革方向，又建議在中國實行「權能區分」的政治體制，政治包括「政權」及「治權」，把西方流行的「三權分立」體制，發展成為「五權分立」體制。[35]

同時，也可以注意香港因為在英國殖民地管治之下，也建立一套與清朝管治下的廣東及晚清的中國，有不同的政治體制，依 *The History of The Laws and Courts of Hong Kong* 一書所載，義律於 1841 年 2 月 1 日及 2 日公告〈致香港中國居民的公告〉（To the Chinese Inhabitiants of Hongkong Proclamation）告知香港島居民，以中國及英國內閣高級官員之間明令此島為英國女王的領土，而居住在此的本地人，也是英國女王的臣民，並依中國的法律、習慣法及慣例，在英國裁判官的控制下，由鄉村長老管理，規定主治臣民，除不得拷訊研鞠外，其餘無所改變，凡有長老治理鄉里者，仍聽如舊，惟須稟明英官治理可也。此一方面既上承中國傳統，香港人利用鄉約自我管理的特色，一方面為表示英國統治權，把「鄉村長老管理」，應在一個英官治理之下（subject to the control of a British magistrate），又聲明「各種拷打除外」（subject description of torture excepted），顯示了英國的法治理念。及後，又在香港建立裁判法庭，又於 1843 年頒佈〈香港殖民地憲章〉，宣佈香港（其時為香港島）作為一個「單獨的殖民地」（a separate Colony）具有依法律建立的法院及完全的立法權，授權並責成總督在殖民地建立一個立法會（a Legislative Council），也要由總督任命法官，在必要的情況下，任命聽審並判決專員（Commissioner of Oyer and Terminer）、治安法官（Justices of the peace,太平紳士），以及其他必要的官員，以建立正當和公正的司法機構，於 1844 年 5 月 7 日香港最高法院首席法登陸香港，同年 10 月 1 日，香港最高法院正式開庭，並公佈〈建立香港最高法院條例〉，建立法定司法管轄權（Legal），衡平法的管轄權（Equitable），海事

[35] 陳明銶：〈香港與孫中山革命運動之多元關係〉，載麥勁生、李金強主編：《共和維新：辛亥革命百年紀念論文集》（香港：香港城市大學出版社，2013），頁 235-258。

司法管轄權，宗教司法管轄權，地域司法管轄權，又列明：任何人對該最高法院的裁判（judgment）、判決（decree）、決議（order）、宣判（sentence）可以通過英國樞密院向女王陛下或其繼任者提起上訴。縱使在法律執行上，遇到不少問題，但已建立香港殖民地具裁判法庭及最高法院兩種司法機構，並為香港法律制度建立規模。這樣特別的地方，就是在一塊以華人為主要成員，又最近中國大陸的邊緣地域，而此地域內的九龍及新界又為英國租借地，只有地域內的香港島為永久割讓給洋人的地方，在這樣的香港區域，卻建立了一套與清朝不同的法律制度，因清政府對外連戰皆敗，西方視為「文明」的代表，香港又是受英方管治下，建立「文明」的地方，由是吸收不少清朝官員南下，而孫中山更言受到香港法治及條理井然的制度所影響。[36]

談及西方文化的傳入，也要注意廣東一帶的天主教及基督教辦學的情況。1823 年英教士馬禮遜在廣州及澳門傳教，並在廣州出版 6 卷本《華英字典》，為近代中國英漢字典的重要參考；〈南京條約〉後，使西方宗教大量在廣東流佈，甚至有記載「禮拜之期，附近南（南海）、番（番禺）、東（東莞）、順（順德）、新（新會）、香（香山）各縣赴拜者接踵而至，間有外省之人，唯順德縣紫泥人最多」，又有記載為「廣州三角洲地帶人口眾多、村落稠密之地區，宣教事業蒸蒸日上，幾乎每鎮都有教堂，並以教堂為中心向附近鄉村派中國布道員，積極宣傳福音，甚至不少地區基督教之勢力及思想影響幾乎達至無處不在之地步」，如 1867 年教徒在廣東清遠設總堂，1885 年惠州設總堂，1903 年教徒也在韶州設總堂，期間更有不少教徒由廣東往廣西，廣泛傳播基督教。天主教傳入早於明萬曆二年的聖誕節，耶穌會士羅明堅先到肇慶，見明朝官員，鴉片戰爭後，天主教大規模傳入廣東地區，並從廣東經粵西進入北部灣沿海地域，又由肇慶溯江入梧州。

不少學者注意五四運動推動白話文及通俗文學運動，但不可不注意白話文早為居香港的傳教士所運用。[37]在香港的宣教士，早於道光年間，以童蒙的三字經體裁，以粵語撰寫傳教的三字經，使廣東婦孺能解基督教的經義，以便傳教，如西教士《新增三字經》，其內容為：「化天地，造萬有，及造人，真神主，無不在，無不知，無不能，無不理。……信福音，凡信者，全無疑，可得救，不須懼，神之子，至可憐，凡悔者，得其恩，……因耶穌，代求稟，我知身，無功勞，故自義，不可靠，惟耶穌，功勞大，祈

---

[36] 詳見尤韶華：《香港司法體制沿革》（香港：商務印書館，2012），頁 30-73。有關晚清官員南下香港，瞭解香港受英國管治下，建構了「文明」社會的情況，見周佳榮：〈黃遵憲的香港感懷〉，〈康有為從香港得到啟示〉，《歷史絮語》（香港：香港牛津大學出版社，2004），頁 167-169；頁 170-173。

[37] 有關研究近代白話文運動的發展，不少學者多認為是啟自 1919 年五四運動，其實不獨可以上溯自晚清，更應上溯自清中葉的西教士，見胡全章：《清末民初白話報刊研究》（北京：中國社會科學出版社，2011），頁 365-386。

神時，盡可賴」。署名馬典娘娘著的《訓女三字經》，也記述：「凡小女，入學堂，每日讀，就有用，女不學，非所宜，幼不學，老何為，玉不琢，不成器，人不學，不知理，……免卻穌，無別名，能救拔，人靈魂，我勸爾，懇求神，今後世，福無盡」；[38]又有傳教士德人黎力基（Roudolph Leechler）及瑞士人韓山明（Theodore Hamburg）以客語為底本，翻譯聖經，初成馬太福音，以羅馬字拼音本，於 1860 年在柏林出版，此為首次以客家方言譯《聖經》，文中一句：「汝等祈禱，就愛咁樣話：『我等個亞爸，在天上個。願人尊重爾名係聖。爾國愛來，爾主意受得成就，在地下同天上一樣』」以地方的土語書寫基督教義，開啟導了白話文書寫的活動。[39]當然，也可以注意梁啟超與嚴復、夏曾佑在天津《國聞報》發表〈本館附印說部緣起〉一文，正式提出「小說革命」口號，成為近代廣東文學的新潮流之一，在廣東佛山人吳趼人，著《二十年目睹之怪現狀》、《九命奇冤》及《瞎騙奇聞》等，藉小說以批評時政，當然也有黃世仲以傳統章回小說，撰寫《洪秀全演義》等故事，藉洪秀全排滿的言論及行為，歌頌「為種族死，為國民爭」，梁啟超的《新中國未來記》，為一本政治性質小說，表述維新學人對中國前途的種種辯論。

至辛亥革命前夕，1910 年 2 月革命黨人在穗發動的新軍起義及 1911 年 3 月爆發的黃花崗起義，雖告失敗，但已沉重打擊清室的威信，為辛亥革命的前奏，隨武昌起義成功，廣州亦在 1911 年 11 月 9 日為革命黨人光復，次日廣東省軍政府宣佈成立，以胡漢民為都督。廣東為僑鄉也是革命的發源地，早期國民黨領導層包括孫中山，多為粵人。1917 至 27 年，孫中山和國民黨三次在廣東建立政權推動護法運動及國民革命，此時段被學者視為「廣州十年」（Canton Decade），孫中山也以國民黨在廣東的力量對抗北洋政府，尤以 1924 至 26 年國民黨和中國共產黨合作之統一戰線的國民革命大本營在廣州。黃埔軍校創建於廣州東郊，北伐由廣東出發，終直掃兩湖，攻佔寧滬，建都南京，藉北伐的成功，名義上統一全國。孫中山立足廣東，志在全國，藉國民革命統一全國，建樹新的政治秩序。除了 1925 至 26 年的國民政府偏處南粵和 1931 年底孫科短期組閣外，1941 至 45 年汪精衛、陳公博的南京政權及 1949 年李宗仁代總統最後遷都廣州。期間，以廣州為總部的國民黨政權，因地利之便，吸納了粵籍黨員，且因 1924 至 27 年間與中國共產黨的結盟，推動反帝反軍閥的國民革命來統一全國，國共兩黨的非粵籍人士亦匯居廣州，故 1920 年代的廣州，為全國較激進的革命性城市，

---

[38] 《新增三字經》（廣東：缺出版資料），筆者按：封面有道光拾一年（1831），頁 1-8；《訓女三字經》》（廣東：缺出版資料），筆者按：封面有道光拾貳年（1832），頁 1-9。

[39] 羅香林：《香港與中西文化之交流》（香港：中國學社，1961），頁 179-182。

不少日後國共兩黨最高領袖初度嘗試參與政府運作或掌握軍權，也是以他們在粵的革命動員經驗為始。蔣介石則藉出掌廣州的黃埔軍校而掌兵權，終於以北伐成為而成全國領袖，故廣東實為國共兩黨當權人物的初試學習運用權力的地方。

中共的早年也有一個特別的「廣東時期」，如中共首任總書記陳獨秀，在 1920 年被時任廣東省長陳炯明邀請來廣東出掌廣東教育會，掌握全省行政，主持廣東教育改革。陳氏又動員北大知識分子及群眾，在廣州成立早期共產黨的小團體，出版報刊傳播共產思想，而中共農民運動創始者彭湃，也在廣州組織人力車伕工會及農會；而且，中共首次武裝力量，擁有軍權的起源，也是依周恩來等人在廣州黃埔軍校中培植的共產思想。1925 年底粵軍東征戰勝陳炯明，清理潮汕地區，周氏擔任粵東地區的軍事民政的主管，故中共初期的政權、軍權可以說都是源自廣東。1927 年國共分裂後中共走武裝革命的路線，第一個在中國成立的蘇維埃政權是在廣東的海陸豐，而第一個中共在城市發動的起義，就是廣州公社起義，後來中共軍方的重要領袖葉挺及葉劍英均是粵人，並在廣州時期開始擔當重要角色，乃至 1928 年後，中共的農村革命，農民動員的策略，其最初的歷史是以彭湃在廣東成立農會，推動農民運動中取得的經驗為基礎，彭湃當年的助手毛澤東，也是在廣東獲得早期的鬥爭經驗，毛澤東初任政府公職是在 1925 年國民黨的廣東政權擔當黨務、農運工作，而毛氏本人較為有系統的農運指導思想及理論，也是在廣東代理彭湃擔任農民講習所第三期時建立的，中共早期在廣東的發展，與廣東的地理環境及其歷史地位甚有關係。

此外，要注意二十年代，廣東成為全民動員的重心。1924 年國共合作，較昔日更系統地動員群眾。1924 年廣州的商團事變，孫中山利用黃埔軍校師生及工人鎮壓商人的武裝力量，為中國近代革命史第一次明顯的黨軍民聯手的階級武裝鬥爭。1925 年 6 月至 27 年 10 月的省港大罷工，更是全面由左派領導的勞工動員，是一種新式的全民革命，省港罷工的 16 個月；同時，彭湃在海陸豐的農民動員也聲勢大起，這次反帝反殖民反軍閥的運動，也提升國民黨及共黨的力量。1925 年中華全國總工會在廣州成立，全國勞動大會，第一至第三屆（1922、1925、1926）均在廣州舉行，若以國民革命的角度而言，不能單是以軍事，也要靠社會動員的配合，廣東成為動員群眾的實驗室，也是「反帝反殖意義的大規模群眾運動的發源地」。[40]

---

[40] 有關中國共產黨在廣東的活動，參見 Ming K Chan（陳明銶）, “A Tale of Two Cities: Canton & Hong Kong,” Dilip Basu. (ed.) *The Growth and Development of Colonial Port Cities in Asia* (Berkeley: University of California, Center for South & South Asian Studies,1978/reissue,1985); “A Turning Point in the Modern Chinese Revolution: Historical Significance of the Canton Decard,1917-1927,” Emily Honig (ed.) *Remapping China* (Stanford: Stanford University Press, 1996); “Canton avant le Communisme: Influence estangere mobilization populaire et changemet social (1912-

還有，廣東地域為受到華僑文化影響的地方。古代已有廣東人移居海外，在明清之交更有不少廣東人移居中國以外的地方，甚至有學者認為鴉片戰爭後，「近代嶺南地區出國華僑人數居全國之冠」。[41]廣東一地從 1845 至 1873 年間，從香港及澳門遷移歐美的僑民人數就達 32 萬人，至 1940 年，廣東僑民在海外的人數有 600 萬，這些僑區海外華人多是從商或是從事苦力勞動之華工，他們一方面熱愛家鄉，一方面也隨他們歸回中國，把在海外的資本拿來支持中國現代化的發展，又把他們在海外學習的新知識傳返中國。晚清時，海外華僑既以人力及錢力資助康、梁維新運動，及國內外的孔教活動；也資助孫中山領導的排滿革命活動，不少華僑更直接參與興中會、同盟會等組織，在廣州黃花崗起義，就有不少華僑參加。並且，華僑也積極在廣東投資企業，在廣州、梅州、佛山、台山、梅縣、汕頭、香港、澳門也是由華僑資助在當地發展交通業，工廠及金融業等，不少華僑也在當地從事教育事業，廣東地區的梅縣東山中學、潮安智勇高等小學、揭陽南僑中學、普寧興文中學、香港的旅港開平中學等，均是當地著名的中小學，廣州的中山大學，及未移居香港的嶺南大學，均有不少華僑資助。

若以「現代化」為代表從傳統文化、社會經濟發展至新文化的過程的話，則廣東因地理環境及為近世「歐洲勢力進入亞洲」，為最早與海外列國交流的地域，地域中的香港、澳門及廣州的珠江三角地區，更是自明末以來，中國自是先與海外列強交往的地方。鴉片戰爭之後，中國先有器物現代化，廣東扮演了輸入中國之西方「船堅炮利」，天文地理知識的橋頭堡；自戊戌變法至辛亥革命前後，廣東的何啟、容閎、康有為、梁啟超、孫中山等均提倡制度及思想的改革，追求中國制度現代化的目標，尤以孫中山更注意推動中國思想現代化的發展方向，由此可見，廣東自明末以來的發展，均配合中國走向現代化的發展方向。

另一方面，談及「現代化」的過程，也要注意前文談及「另類現代化」，這樣的現代化就是在現代化的過程中，也保存了自己歷史文化的特色，使中國已有傳統文化，與新文化並立，若說現代化不應是一個西方式的「現代化」，應可以容許不同於西方式現代化設計模式的話，則保存傳統文化與吸收西方式現代化，二者也應是並列的，保存已有傳統也是組成現代化的因素之一，廣東的特色就是使西方式的現代化，與保存

1938)," Christian Henriot (ed.), *Les Metropoles Chinoises au XXe Siecle* (Paris: Editions Arguments, 1995); "Hong Kong in Sino-British Conflict: Mass Mobilization and the Crisis of Legitimacy, "Ming K. Chan (ed.), *Precarious Balance: Hong Kong between China and Britian, 1842-1992* (Armonk: Sharp, 1994); "The Realpolitik and Legacy of Labor Activism and Popular Mobilization in 1920s Greater Canton," Luthner M. et al,ed. *The Chinese Revolution in the 1920s: Between Triumph and Disaster* (London: Curzon 2003).

[41] 趙春晨：〈略論嶺南近現代歷史特徵與文化精神〉，頁 191。

中國中原南下的傳統文化並存，相信這也是在西方式現代化以外之「中國式的現代化」之特色。

廣東的地理環境，既可以說是遠離中原文化，又可以說是與中原文化相近，這也成就了廣東較其他省份吸收西方式的新文化，更為容易之處。廣東位於整個中國的南方「邊緣」，屬於中華文化的「邊陲」地域，在政治管理上，昔日自然遠離北方及黃河流域的政權的直接控制，這就是廣東人曾說「山高皇帝遠」；同時，又因為處於「邊緣」，雖受中原文化影響，但又能保持一點距離，又因位於南方，與中原文化相較，至晚清仍被視為「南蠻」或「蠻煙蛋雨」，這樣可見廣東既有受傳統文化影響的一面，但這些傳統文化，只隨士人南下，才帶中原文化往南方，由此可見廣東地域因受傳統文化影響，但當北方或中原文化興起時，卻影響未深，故傳統包袱未多，吸收新學或西學較其他省份為靈活，西方文化對廣東地區的影響也較大，當北方或中原文化隨移民南下，使廣東人在吸收中國現代化知識之餘，又能因中原文化南下，促使新文化及現代化的知識，也能與傳統文化知識，相為融合，傳統與現代化知識及生活並存，中國傳統與現代化知識並存，二者看似矛盾，實是共融，這也是多元共生的現代化現象，既是廣東現代化的特色，相信此也是中國現代化的特色。

我們可見在近現代中國出現的反傳統文化氛圍之下，廣東的多元並存之文化包容特色，便出現了。在近代現代化知識未傳入中國之前，廣東已在明末，已開始吸收科技現代化及西方宗教文化知識，及至晚清西方式的現代化知識氣圍影響上海、北京、江浙，遠至四川也受新文化的影響，但南方的廣東雖很早已受西方文化的影響，卻同時又成為保存中國傳統文化的地方。1915 年已有廣東人撰寫《粵東白話兩論淺解》、《白話四書圖注》、《四書白話旁訓》，以廣東話注釋經典，使傳統的儒家文化流傳於民間。

五四運動後，新文化運動影響中國，但其時的香港雖是英國的殖民地，不少華商仍提倡及支持有關中國文化教育的活動。自戊戌政變失敗之後，康、梁逃亡離開中國大陸，但康氏的學生積極在香港及澳門推動孔教活動，論者有謂香港的尊孔活動是：「即以彈丸之地的香港來說，就已擁有四個堂堂正正的孔教團體，莫不各盡所能，去宣揚孔教的真理，或宣講，或辦學，或辦報，或印書，盡量以口頭和文字去宣傳，出錢出力，期達目的，這群從事尊孔運動的人，可謂已經無忝厥職」，[42]所謂「四個堂堂

[42] 見吳霸陵：〈港澳尊孔運動全貌序言〉，載盧湘父編：《港澳尊孔運動全貌》（香港：中國文化學院，1955），頁 1；參林廣志：《盧九家族研究》（北京：社會科學文獻出版社，2013），頁 162-169。本文有關研究康有為思想，主要參閱蕭公權〔汪榮祖譯〕：《康有為思想研究》（臺北：聯經，1988），頁 363-366；參 Chen His yuan（陳熙遠），*The Formation of Religious Discourse and the Confucian Movement in Modern China* (Cambridge: Harvard University

正正的孔教團體」，就是在港、澳成立孔教學院、孔聖會、孔聖堂及中華聖教總會，香港雖未必如前人許超然所云：「香港為尊孔策源地」，[43]但二十年代的香港中上環華商慶祝孔誕及孔聖堂辦學的盛況，均是「八月文咸西約的孔子誕，『日搭牌樓夜唱書』，是何等盛事」，[44]五十多年來，它（筆者按：銅鑼灣孔聖堂中學旁的木棉樹）伴著孔聖堂，聽過無數作家的聲音！可以這樣說：孔聖堂，是香港的文化殿堂」，孔教組織把儒學傳於南方和普及中國傳統學問的要地。孔聖會創辦自晚清宣統元年，倡辦者為華商劉鑄伯、楊碧池、李葆葵、李樂余、黎晴軒等，平日每星期均在灣仔官立書院，研究孔學，宣講四書，互相討論，並辦《祖國文明報》，及派員往輪船宣講，華商劉鑄伯更邀請李樂余、楊碧池等創設「孔聖會」，孔聖學會改名為「孔聖會」，會址設在香港島中區荷李活道一二四號，初時，為東華三院的產業，借與孔聖會為辦公之用，劉氏主持孔教會會務；及後，華商李葆葵、李亦梅、陳鑑波、李幼泉、陳蘭芳、劉毓芸，張瀾洲、楊永康、何理甫、盧國棉等相繼為正副會長，楊會長及陳蘭芳，曾先後捐巨款，發展及推動會務，並立宗旨為宣傳聖道，救濟人群，會中設辦學塾，又可借閱圖書，定期籌辦中樂及西樂的演奏，也有舉辦桌球、技擊、救傷等體育活動及公益活動，和舉值理，分任各項活動的主持，也曾出版《旬刊》及《會報》，又在中環文武廟及西營盤，辦巡迴演講，藉以正人心而厚風俗，更為中環及大坑為年幼學童籌辦義學，收容貧寒子弟，在晚清時，辦學多至三十餘所孔學講習所，由早期孔聖會舉辦的活動所見，其宣教方式既傳承宋明以來的私人講習所，在舉辦的活動上也有如桌球等西式玩意，這既具香港文藝活動所見「一個新舊過度的混亂」之特色，也有保存中國傳統學問的特點。[45]香江孔教團體以孔聖會為最先，時人賴連三也認為：「孔教方面，以孔聖會名者，有中學，並孔聖各義學等」，[46]足見其時晚清香江一地以孔聖會弘揚孔為盛。[47]

但自百日維新失敗，康有為逃亡海外後，香港的孔教活動均是上承康氏思想的發展路向，其表現為：一、繼續在海外從事變法，其中以學生梁啟超可謂朝著這方面的

PhD. Thesis [Unpublished]), pp.105-123.

[43] 見許超然：〈百年香港與南洋華僑尊孔護道一頁史〉，載盧湘父編：《港澳尊孔運動全貌》，頁 17。

[44] 見盧瑋鑾：〈半世紀前的南北行〉，《華僑日報》，1964 年 6 月 5 日，頁 5。

[45] 吳霸陵：〈香港的文藝〉（原刊《墨花》1928 年 10 月），載盧瑋鑾編：《香港的憂鬱》（香港：華風書局，1983），頁 27。

[46] 見賴連三著〔李龍潛點校〕：《香港紀略 〔外二種〕》（廣州：暨南大學出版社，1997），頁 34。

[47] 盧湘父：〈香港孔教學院述略〉，頁 7；參區志堅：〈闡揚聖道，息邪距詖：香港尊孔活動初探（1909-今）〉，載湯恩佳編：《儒教、儒學、儒商對人類的貢獻》（香港：香港孔教學院，2006），頁 537-554；〈怎樣教導婦孺知識？盧湘父編撰的早期澳門啟蒙教材〉，載澳門理工學院編輯委員會編：《辛亥百年與澳門國際學術研討會論文集》（澳門：澳門理工大學出版社，2012），頁 407-426。

發展；二、上承康有為尊孔立教的美意，在海內外，弘揚孔教，以弟子陳煥章及盧湘父為代表。湘父在師事康有為萬木草堂時，甚為推崇陳煥章，以為陳氏「獨專力於孔教，尤為特出」，並認為「其後在香港創孔教學院，余與共事多年，志同道合」，[48]可見「尊孔立教」為湘父及陳煥章的辦學要旨。盧氏因百日維新後，在香港創辦湘父學塾，每年孔聖誕例行祝聖，堅持行古禮，守夏曆，力重以童蒙教學，訓以孔孟傳統禮教，未往香港之前，湘父早於 1898 年就學日本，開祝聖大會於日本橫濱中華會館。1900 年返國，在澳門創辦湘父學塾，歷年祝聖典禮，於鏡湖醫院復聯合學界開祝聖大會，1913 年湘父遷校於香港。另一方面，民初陳煥章得到袁世凱的協助，欲把孔教立為國教，多次失敗後，30 年代來港創辦孔教學院。

其實二十年代末，隨袁世凱等復辟運動失敗，五四運動之風日熾，孔子視為「建立君父夫三權一體的禮教，這一價值，在二千年後的今天固然一文不值，並且在歷史上造過無窮的罪惡」，以為孔子思想與專制政權結合，為導致中國落後的主因；[49]加上，國民政府下令禁祀孔子，由是導致崇尚孔子的知識份子南下僻居香江；另外，也有一些不滿辛亥革命的士子，他們多為前清遺老，為了表示對滿清皇朝的忠貞，寧願來港；[50]而三十年代的香港，政治較中國大陸為安定，文化界也相對於北京而言，較為「保守」，商紳如馮平山及周壽臣更認為港英政府應以振興儒家重視道德教化的學說，並以樹立儒家學說，以抗國內興起的共產思想，[51]尤以 1925 年省港大罷工後，華商多支持這種振興傳統孔孟學說，以抗共產思想的觀念，這些因素均有利在香港尊孔活動的發展；況且，晚清至民初，富貴人家往往邀請國內清代名師執教其家中子弟，學童

---

48 盧湘父：《萬木草堂憶舊》（香港：香港文化服務社有限公司，缺出版年份），頁 19-20。

49 見陳獨秀：〈孔子與中國〉（原刊《東方雜誌》1937 年 10 月），載《五四以來反動派、地主資產階級學者尊孔復古言論輯錄》（北京：人民出版社，1974），頁 18-19；反孔子的言論主要有陳獨秀、李大釗、吳虞的言論，見林毓生：〈五四式反傳統思想與中國意識的危機——兼論五四精神、五四目標與五四思想〉，《思想與人物》（臺北：聯經，1993），頁 121-138 及 *The Crisis of Chinese Consciousness-Radical Anti-Traditional is in the May Fourth Era* (Madison Wisconsin: The University of Wisconsin Press,1979)一書；Chow Tse-tsung（周策縱）, *The May Fourth Movement* 一書；陳美錦：〈反孔廢經運動之興起（1894-1937）〉（國立臺灣大學歷史研究所碩士論文，1991〔未刊稿〕），第三章 反孔之形成，頁 160-200。

50 見王齊樂：《香港中文教育發展史》（香港：三聯書店，1996），頁 254。

51 見 *The Memorandum* by R.H. Kotewall on the 1925 Strike and Boycott, dated 24 October 1925, and published along with a Report by Sir Reginals Studds in a Colonial Office paper, February 1926, CO129/489, pp..423-426. 此報告得知華商周壽臣及馮平山等人建議重振孔孟為首的儒學，以抗「共產思想」的觀點。有關二十年代末，省港大罷工後，港華政府接納商華振興中國傳統文化的要求，見區志堅：〈香港高等院校推動中國文化教育的發孕（1920-1927）〉，4 期（2007），《香港中國近代史學會學報》，頁 29-59；〈保全國粹、宏揚文化：香港學海書樓八十年簡介〉，載學海書樓編：《學海書樓八十周年紀念集》（香港：學海書樓，2003），頁 13-25 ；〈學海書樓推動中國文化教育的貢獻〉，廣東省政協文化和文史資料委員會編：《香海傳薪錄》（北京：中國文史出版社，2008），頁 79-125。

開學禮也是在孔聖像前，燃點香火，老師也先拜孔聖像，學童跪拜聖像，再拜蒙師；墊師又教學童以紅筆圈上數句，握學童手寫「上大人孔乙已化三千七十士」，既為學童祝福的「描紅」，又課以《三字經》及述「揚名聲，顯父母，光於前，垂於後」，全以孔門教學的要旨為依歸，由此可見在二十年代初，香港孔道之風日漸濃厚。[52]

二十年代末，尤在中國文化素仰甚深的港督金文泰（Sir Cecil Clementi）的管治下，香江雖未至「凡事拘守舊章，執行成法，立異趨奇之主張，或革命維新之學說，皆所厭惡」，但明顯地是「前清遺老遺少，有翰林，舉人，秀才等功名者，在國內已成落伍，到香港走其紅運，大顯神通」，[53]弘揚中國傳統經學知識的學海書及香港大學中文學院，先後在二十年代末及三十年代初成立，可見香江社會文化界受中國傳統文化薰陶甚深，營造了以傳播及弘揚孔教發展的「有利的文化生態環境」。其時，如中華孔聖教總會、孔聖堂、孔教學院先後於此階段成立，中華聖教會創辦人為馮其焯、梁樹棠、莫達煊、何華堂、周雨亭、陳碧泉等，於 1920 年捐集數萬，又得星加坡商會會長康研秋捐款，梁樹棠捐鋪一間及運用租款籌辦五間義學，並出版《行樂天報》，置講堂及習所，及後又得華商郭春秧及劉鑄伯捐助，劉鑄伯也是會長，並派講員於來往船中宣講，又在新界進行露天演講，又在香港著名的公園舉行講座，「衢歌巷舞，全港臚歡」，會址設於灣仔杜老誌道九號至十一號。[54]

談及中國傳統學問南移香港，不可不注意在香港成立的學海書樓。1912 年清亡國，很多前清遺老雖曾希望復辟，多支持張勳及日本政府扶植清帝的復辟活動，隨著多次復辟的失敗，[55]及北方在五四運動中，打倒孔家店、尚新文化的氣氛下，這群書樓的董事及主講，學術上既尚經學及孔子的教學理念，又曾支持立憲，故不容於其時北方的學術及政治環境，他們的選擇：一為再隨東北的清朝溥儀的政權，遷居東北，二為流居廣東、澳門及香港一帶。前一因素十分明顯不用多述，而廣東一帶成為遺老聚集講學地方，主要是啟導自康有為。

廣東一帶雖早在明末清初，學風已開；乾嘉時的阮元、陳澧相繼帶動廣東學風，乃至清末朱次琦、康有為、梁啟超等執教廣東，使萬木草堂的學風之影響下，康氏在港、澳及東南亞各地鼓吹君主立憲，倡反對革命的言論。在此風氣之下，廣東、香港、澳門一帶，尚讀經及孔教的言論尤盛，如陳漢章於 1912 年在上海成立孔教總會，及後又在香港及東南亞成立分會，至 1930 年又成立孔教學院。隨立憲言論、讀學經風及尚

52　見《香中文教育發展史》，頁 178。

53　友生：〈香港小記〉，（原刊《前途》2 卷 5 號（1934）），載《香港的憂鬱》，頁 51。

54　見《港澳尊孔運動全貌》，頁 2。

55　見胡平生：《民國初期的復辟派》（臺北：學生書局，1985），頁 14；頁 16。

孔教盛行廣東及香港，[56]已促使一群前清遺老，寄寓香江，其中前清翰林，在香港社會早負盛名的學者賴際熙就是一例。

革命後，民國建元，終致清帝退位，1920 年前清遺老賴際熙等人南下，因感「邪說愈張，正學愈晦」，便在香港中環半山堅道二十七號樓下，聘請廣東儒者何藻翔開始講學，每周二次，主要以闡明孔道及經籍，至 1923 年賴氏本著「宏振斯文，宜聚書講學」之志，欲達到「存古」、「衛道」、「順人心」、「拯世道」的宏願，得何東、利希慎、郭春秧、梁寶三、李海東等華商的資助，「仿廣州學海堂之例，創立學海書樓」，求「徵存載籍」，聘請名儒「相與討論講習於其間」，希望能夠把「官禮」存於「域外」，把「鄒魯」存於「海濱」。[57]若再深入探究書樓的特色，就先看書樓的前身——崇聖書堂建立的目的。因為學海書樓固然上承學海堂辦學之美旨，也有結合崇聖書堂的美意。先看崇聖書堂創立的目的：

一書堂建設以尊崇孔聖羽翼經訓為主，故耾名崇聖藉標宗旨；

> 一書中國書籍浩為淵海四部，燦深陳百家主雜出，無論專門之學，叢考之編，凡足以羽翼聖訓，即所以維持世教，力所能致，皆當遍采，蓋讀書雖貴專精而藏書則務求完備，殆以中外古今通例也，更仿廣雅藏書之例，其正經正史，通常必習之書，而又非寒士力所致者，每種必多備數本以免閱者向隅。[58]

書堂成立的要旨，就是「尊崇孔聖，羽翼經訓」，標舉孔子的思想，宣揚儒家學說，維護教化，為求傳播教化，並似廣雅書院設立藏書樓的特色，方便公眾借閱書籍，又把此堂設在香港大學堂附近，上層為藏書，下層講習，以便大學師生及其他公眾人仕隨時觀書，並聘請「通儒」學長駐堂，又設名宿分期講課，方便學員問學，又仿廣東學海堂例，分專課及隨時講課。另外，這些前清遺老更為於 1927 年成立的港大中文學院籌辦課程，編寫《香港大學文科華文部規劃書》，多次向東南亞華僑籌款，並任教其中，太史賴際熙成為港大中文學院第一任講師，他及其他主講所教的就是經史子集的中國傳統知識，這樣使中國傳統學問在受激烈批判傳統文化影響下，中國傳統學問得以保

[56] 有關孔教的發展，見陳漢章：《孔教論》（香港：孔教學院，1940），頁 1-28；〈陳煥章博士事略〉〔原刊 1933 年《北風報》〕，載鄧浩然手選：《孔教叢錄選粹》（香港：遠大棉叢有限公司，1968），頁 30-33；參蘇雲峰：〈康有為主持下的萬木草堂〉，《中央研究院近代史研究所集刊》，3 期，下冊（1972），頁 442-444。

[57] 有關學海書樓的發展，見鄧又同：〈香港學海書樓之沿革〉，載氏編：《香港學海書樓講學錄選集 1965 年—1989 年》（香港：成記印刷廠，1990）頁 2。

[58] 〈崇聖書堂源起〉，承賴恬昌教授贈閱。

存在香港，並在香港流播往東南亞。

此外，三十年代初，陳濟棠掌握了廣東政局，大力鼓勵讀經，規定「中等學校各級每周講讀經訓兩小時」，高級小學以孝經及經訓讀本為教材，中等學校以四書為課本，這種崇儒尊孔的風氣，使南來講學的新文化運動大旗手胡適在官辦中山大學講演被迫取消，只能在較為洋化的私立基督教嶺南大學講演。陳氏又在廣東恢復了對孔子、關羽、岳飛的祭典。[59]

而在民間生活上，廣東保存了中國傳統刺繡藝術，「廣繡」與「蘇繡」、「蜀繡」、「湘繡」，合稱中國「四大名繡」，廣州陶瓷，如石灣陶瓷藝行及牙玉雕刻，均保存中國藝術的特色。而廣東的南音及粵劇，又具廣東傳統文化的特色，南音在清中葉流行至今，本是與廣東日盛的妓艇文化有關，歌唱文字通俗化，偏重抒情，而具有廣東文化的地方民歌《粵謳》也是在清中葉流行，並盛行於妓艇。粵劇以純白話，早於南北朝時，隨中原歌舞伎藝南傳至廣東，至晚清革命黨更運用粵劇宣傳排滿革命思想，革命黨能把廣東流行普及文化為媒介，以宣傳「新」思潮。

論及人們思想的現代化，不可不注意宗教的流播。除了上文所言，明末清初澳門已建有天主教教堂，馬禮遜也在廣州傳播基督教。另外，廣東人士仍多崇尚中國傳統宗教，最早與天主教交往的澳門，至今雖有不少澳門居民信天主教，但更有很多居民是崇信佛教，1632 年建造普濟禪院（觀音堂），蓮峰廟也有三百多年歷史，至於民間宗教方面，澳門居民也信仰道教，民間記載明憲宗成化年間，已有福建商人在澳門興建媽祖廟，又有包公廟等；香港雖建有西方基督教代表的聖約翰座堂，但也有傳統民間宗教的文武廟、關帝廟及侯王廟等。唐代的廣州已建有光孝寺，至今此寺廟也設六祖殿，另一著名的廣東寺廟為位於曲江曹溪之南華寺，寺內仍供奉禪宗六祖慧能的真身，今天仍有不少廣東人往這兩間寺廟參拜；[60]廣州民間也多信奉金花夫人，立金花廟，視為生育神等民間宗教。廣東也廣建觀音堂及天后廟（或稱媽祖廟），而香港民眾崇信的地方神靈黃大仙，近年再傳返中國內地；更有特別者，對香港歷史文化甚有貢獻，推動議會制度發展的何東，他的夫人何張蓮覺女士，就是被譽為「民國以來，中國佛教界裡卻出生了佛法宏化上有關係的三個特殊人物，一個，是上海哈同夫人羅迦陵女士，一個，是呂碧城女士，一個是香港香港何東爵士夫人何張蓮覺居士」。[61]張女士既是廣東寶安人，為普陀山禪宗耆宿月池它人的弟子，又在香港推動佛學，在港、澳設立寶

---

59 見蕭自力：《陳濟棠》（廣州：廣東人民出版社，2002），頁 366-386。

60 羅香林：《唐代廣州光孝寺與中印交通之關係》（香港：中國學社，1960）一書。

61 樂觀：〈我所認識的一位女菩薩——為何張蓮覺居士八秩明壽寫〉，缺作者：《何母張太夫人八秩冥壽紀念集》（缺出版資料），頁 12。

覺義學及佛學圖書館，成為香港信佛華僑女子的唯一學府，這就顯示吸收現代化知識的何東及其夫人，仍尊重及護持中國傳統佛教文化，使中國傳統信仰文化與現代化知識並重；由此也見，近現代的廣東，除了物質文明較繁富外，也保存精神文明，可謂具有道器共存的特色。當然，尤以今天，港、澳仍有宗教團體合法地籌辦高等院校及中、小學，但中國內地往往未能合法地批准宗教團體辦學，尤以西方宗教團體，如天主教及基督教的團體，相信未來有關在中國內地傳播的西方宗教信仰及藉辦學以傳播宗教思想，仍然有賴港、澳二地的西方宗教辦學團體，把西方宗教團體的辦學思想傳返中國內地，使中國內地，得以進一步推動中國傳統宗教與西方宗教並重的多元宗教信仰之特色。[62]

由此可見，廣東歷史文化在近現代中國走向現代化的過程中，扮演了重要角色，成為明末以來，中外文化交流的重要橋樑，不少廣東一地的文化，也輻射周邊地區，澳門已在明末為葡人所據，香港在鴉片戰爭後為英人所佔，於回歸中國管治之前，港、澳二地建立了一套不盡同於中國內地政治、經濟、歷史文化的地區，而不少現代化的原素也從港、澳二地，傳往整個廣東，現代化的成果不盡同於西方式現代化動力，西方式的現代化動力多是傳統與現代相對的發展過程，但中國現代化的情況，往往是一種不同於西方的「另類現代化」過程，中國現代化是傳統與現代化並進的，多元文化共生的現代化，矛盾與發展並存，精神文明與物質文明共進的現代化，而廣東歷史文化的特色，正好展示未來中國走向現代化或現代性發展的特色。

廣東的地理位處遠離中原，尤以清代定都北京，故廣東也遠離政治重心的北方，及遠離中原文化淵首之江浙，只好因北方政治重心的動亂，中原文化受到衝擊及破壞，便隨移民自中原南下廣東，帶了中原文化往昔日視為「南蠻」之地的廣東，由是使偏遠之地的廣東，才受中原文化的影響，故居廣東的居民因傳統包袱較北方及中原為少，故也較北方及中原，容易吸收外來文化，由是導致南方的廣東一方面受傳統文化影響，一方面又受西方文化的啟迪，這種看似矛盾，實是並存的現象；也因廣州有過千年的遠洋通商，珠三角及潮汕地區大規模海外移民，形成了廣東地區多為外向發展與多與國際交流的機會。澳門成為葡人所佔，香港成為英國殖民地，這二地域為外國管理後，由是大增整個廣東的國際化程度，港、澳二地的位置介乎於來自北方的權力與來自海洋的影響之間，具有獨特的社會組織及結構，也成為學習及吸收西方式現代化知識的

---

[62] 近年也有不少宗教團體，多注意 2000 年後，中國已進入新的發展方向，香港的宗教團體是否可以加強在中國內地的傳教事業，見 Stuart Wolfendale, *Imperial to International A History of St. John's Cathedral, Hong Kong* (Hong Kong: Hong Kong University Press, 2013), pp.281-282.

橋頭堡，[63]由是可以了解廣東產生了不少洋務人才，新辦的企業，新式的書刊報紙，較早運用白話文的地區，也有不少回流的海外留學生及歸鄉華僑，影響了粵港澳受教育的學生及中國內地的改革思想，也因廣東成為南下移民保存傳統文化的地方，尤以港、澳二地成為一個較受西方文化及經濟力量等各方面均有影響的地方，由是當北方政權及文化變動，二地因受洋人力量保護下，自成體系，形成一個遠離中原文化影響的地方，當北方尚反傳統文化，廣東反過來成為一個保存中國傳統文化的地方，這樣再進一步鞏固廣東成為保存中國傳統文化，與西方現代化相互並進的地方。

歸納以上的近代廣東與中國現代化的關係，可知廣東歷史文化的發展及其特色，正好展示中國未來走向現代化或現代性發展的特色。廣東的特色就是：1.廣東文化是一種開放文化，多吸收外來知識；2.融合中國內地的移民文化，廣東文化就是包涵廣府文化，潮汕文化及客家文化，並在已有中國傳統文化的基礎上，吸收外洋的文化，從而達到中國傳統文化與新文化、西方式的現代文化並存及共生；3.廣東文化也是一種重商文化，具求實用及變通的特色；4.中外、傳統及現代化並進；5.兼容及多元文化的特色；6.雅俗文化並存；7.精神文明與物質文明並重。其中，兼容並包及具多元文化的特色，甚為重要，廣東文化中有漢族三大民系文化：廣府文化、潮汕文化及客家文化，[64]隨中原移民往廣東，把中原文化南下廣東，及至明末清初天主教教士來華，把天主教教義及科學、西學的知識傳於廣東，當然影響較深的地區為澳門，乃至 1842 年鴉片戰爭之後，香港成為英國殖民地，把英國重視法律及西醫學等各方面的現代化知識及因素傳於香港，又因為廣東地域內的廣州及東莞等地，與香港關係密切，使西方（主要是英國）式的現代化知識傳於廣東，在中國現代社會和經濟改革開放的歷史研究，香港的特殊典範應佔重要位，在另一層面來看，香港可被視為一個出色大廣東範圍內或粵語系統的「經濟特區」，而廣東蘊藏傳統中國文化，如佛道二教及「滿天神佛」的民間宗教思想，尤以禪宗南派盛行於廣東；[65]中國傳統重視道德倫理教化及宗祠文化，也深植在廣東，由是在明清之後，在廣東蘊藏的傳統文化與西方式的現代化知識交流及並進，與中原地域相較，一方面導致廣東文化更有創造力，這樣更能適合全世界人類共進的特色，一方面也因中外關係密切，既有和諧共進，也有激起廣東地域民眾反抗洋人的

---

[63] 濱下武志：〈網絡城市香港之歷史作用〉，《港澳與近代中國學術研討會論文集》，頁 260-272。此文只言香港，筆者以此擴充為港澳地域的網絡地域發展。

[64] 陳澤泓：〈廣府文化的定位與走向〉，載林有能、江佐中編：《廣府文化與改革開放》（香港：香港出版社，2010），頁 1-18。

[65] 劉志偉：〈滿天神佛：華南的神祇與俗世社會走向〉，載香港城市大學中國文化中心編：《嶺南歷史與社會》（香港：香港城市大學出版社，2003），頁 109-126。

情緒，乃至太平天國興起，不滿洋人情緒又與漢民族排滿情緒合流，故從明末漢民族排滿及廣東族群尚反抗的觀點而言，孫中山領導下的排滿革命，自然是根植傳統的中華文明。[66]

談及中外文化在廣東匯聚的特色，也可以注廣東「騎樓」的建築特色，自宋代已有商業功能與居住功能合為一體的建築類型，乃至近代海外文化傳入廣東，帶來了西方券廊式建築形式與混凝土等新材料技術，推動前鋪店宅的形式當地發展，並把券廊式與廣東地區傳統的竹筒式屋等形式相融合，由是形成上樓下廊的騎樓建築，騎樓在樓房前跨行人道上興築，在街道邊相貫通，形成了步行長廊，人們在廊下進行貿易；至於廣東一帶流行防御式住宅的碉樓，雖在古代已有，但廣東僑鄉的碉樓多是近代興築，主要是清中葉以後，海外僑民返回廣東，帶回西方及東南亞的建築技術及資金，由是大量興築；加之，民國初年戰亂，洪水為禍，故推動在廣東廣泛興築碉樓。依日本學者藤森照信考證，騎樓建築形態是源自「殖民地外廊樣式」，是由英國殖民地者模仿印度 Bungal 地方土著建築四面廊道，建造了具有外廊的建築，英人稱為「廊房」，英人日後進一步依「廊房」的形式，建為一種外廊通透式建築，形成半開敞半封閉，半室內半室內的建築特色，日後英人也把此建築特色推廣至東南亞及其後的廣東，廣東的教會學校也有這類外廊樣式建築，到了廣東後的「外廊式」的建築，又與中國的「檐廊式」店鋪建築，及「杆欄式」的居住建築特色結合，由是成為粵港澳地域建築的典型。[67]這種騎樓式建築文化及碉樓的建築特色，也是結合中國傳統建築文化及西方建築文化。

由此可見，若從中國現代化的發展來看，中國明顯地要走向不只是一種西方設計的「現代化」模式，而是走向一種具有中國特色的現代化模式，這種現代化是在中國傳統文化的根本下，求中西並重，兼容並包，既不可只是「重西輕中」或「重新輕舊」的中華文化特色；也不可只求中華文化的特色，而輕視西方文化或西方式現代化的意義，只要科技及精神文明並進，中國傳統文化與新文化並舉的情況下，才可以進行中國式現代化之道路，似乎廣東文化及這種求開放兼容不同文化的特色，甚可協助中國走向現代化的道路。

---

[66] 錢穆也認為孫中山領導的革命是上承傳統的民族革命，見氏著：《國史大綱〔修訂本〕》（原刊 1939）（香港：商務印書館，1994），下冊，頁 911-912；《中國歷代政治得失》（臺北：三民書局，1974）。同樣論點，見蕭一山及羅香林。

[67] 參林琳：《港澳與珠江三角洲地域建築——廣東騎樓》（北京：科學出版社，2006），頁 33-39。

四、小結

一切文化發展，就是現代的文化，不少人們以為過去的文化才是文化，不知文化是有現代性，過去文化須經現實生命重新創造，把過去文化湧現在生命之中，而後才有存在的價值及意義，早在上世紀三十年代初，學者朱謙之在〈南方文化運動〉一文中，認為北方黃河流域可代表解脫的知識，中部揚子江流域可代表教養的知識，南方珠江流域代表實用的知識，即為科學文化的分佈區，北方文化太老了，揚子江文化求「適應」環境，不能創造，只有南方文化傳統包袱未深，變動較其他省份容易，由是可與西方傳入新知識及新文化相交往，故朱氏結論是「北方在政治上表現保守的文化，其特質為服從而非抵抗；中部表現進步的文化，其特質是反抗強權，現在中國所需要的正是反抗強權之革命的文化」；朱氏又在〈南方文化之創造〉一文中，說「可愛的廣東青年！我們現在已經自覺有創造新文化的必要」，[68]廣東自始即融合傳統及新文化，不同北方崇尚傳統文化較多，也沒有長江文化重與環境協和，廣東富有抗爭精神，求富強，求變及富有活力的特色，此成為未來中國發展的重要力量，朱氏更認為「中國唯一的希望，只有南方，只在南方」；羅香林在〈世界史上廣東學術源流與發展〉一文中，也認為：「兩漢以後，廣東的學術思想，所以能有很大的開展與影響，一方植基於民族本身之優秀與努力，一方植基於中外學術文化之綜匯與激揚。有了優秀與努力的民族，又有因地理條件的優越而引起的中外學術文化交流的綜匯與激揚，他自然能依時代的演進而不斷的發生新的作用，與新的開創。由新的開創與新的作用，逐發生新的影響；由新的開創，遂構成廣東學術思想的特質。這種新的開創與新的作用，其影響多循交通要道，向廣東以外的各地放射」，[69]在中原立場來說，廣東地處邊緣，遠離中原，中央鞭長莫及，全國政權對邊緣區域的管治能力有限，廣東相對中原管治而言，有自由及獨立的特色，也因此在明末中原以儒家文化為正統，廣東已享有較自由政治空間，在中原文化漸漸根植了的基礎下，廣東只隨移民自中原南下，才把中原代表的文化知識傳於南下，也因此在中原文化知識未到時，可以有較大空間學習及培養自己的文化，待中原文化南下，又可以吸收中原文化，更在當中原政亂時，又成為保存中原文化的要地；然而，自明末以來，門戶洞開，經濟貿易進一步自內地的重農，轉向

[68] 朱謙之：〈南方文化運動〉（1932）；〈南方文化之創造〉（1932），《文化哲學》，《朱謙之文集》，6 卷，頁 392；頁 394。

[69] 羅香林：〈世界史上廣東學術源流與發展〉，頁 9。

重視對海外商貿，以其時的情況來說，現代文化來源之一是來自海上力量之葡人及其後的英人，廣東地處珠江三角洲，早已為對外商貿交往的要地，隨海上力量日漸強大，廣東港口體系也漸構建，改變華南地域經貿及發展，確立廣東「為南中國的經濟貿易中心與財富的淵藪」，[70]社會發展不獨是經貿模式的改變，也帶動文化變更，故廣東不獨是中國對外經貿發展的重要中心地域，也成為接觸吸收新學或西方模式「現代化」知識的首先到達的地方。

這樣南方的廣東雖學習中原文化，但其受中原文化較其江浙一帶為慢，由是與中原文化保持若即若離，有較靈活的思想及文化領域學習來自西方的現代文明，這樣成就了南方既在中國傳統發展及思想文化上，再學習西方式的現代化知識，並形成廣東有一種中外並舉，兼容並包的文化特色，又因其受傳統文化影響未如北方及江浙之深，由是更靈活吸收海外新文化，有時甚至是當北方或正統皇朝出現變動或更替時，廣東及港澳又成為一塊保存中原傳統文化的地域；[71]同時，羅香林又曾言：「以香港以基址，以促進中西文化之交流，其結果必使世界文化，亦有其更大發展，蓋以英國人士，較重由經驗出發，善能於諸事紛紜，意見複雜之際，而為折衷群言，適當解決，與沉殿因應弘毅持久，此種精神，傳之香港，遂使此蒼翠海島，蔚然成為繁華勝地，此與中國儒家『允執厥中』，力行無倦之精神，原本相通，而別國學術文化，則較鮮此類精神」，[72]今天香港回歸中國，又早已為廣東文化組成的一部份，受到由廣東傳入的中原文化所影響，並在此基礎上，學習西方文化，促成「香港是中國近代科學和思想的開路先鋒」之成果。[73]

---

70 吳松弟主編：《中國百年經濟拼圖：港口城市及其腹地與中國現代》（濟南：山東畫報出版社，2006），頁 95；參許桂靈：《中國泛珠三角區域的歷史地理回歸》（北京：科學出版社，2006），頁 105-110；司徒尚紀：《廣東文化地理》（廣州：廣東人民出版社，1993），頁 61-72。

71 如當五四運動盛行於北方時，廣東、香港、澳門成為保存中國傳統文化的地域，尤以被葡人管治的澳門，英人管治的香港，更成為保存儒學的地方，如二地華商多崇信孔教及孔學的活動；同時，於 1949 年後，中國大陸政權改易，香港更成為保存及宏揚中國傳統文化的地方，如錢穆就是在香港成立新亞書院，日後新儒家學者努力把新亞書院成為宏揚港臺新儒家學說的要地。有關研究香港的孔教的活動及儒學南移在香港的觀點，見區志堅：〈怎樣教導婦孺知識？盧湘父編撰的早期澳門啟蒙教材〉，頁 407-426；有關新亞書院的發展，參區志堅：〈以人文主義之教育為宗旨，溝通世界中西文化：錢穆先生籌辦新亞教育事業的宏願及實踐〉，載香港中文大學文學院編：《傳承與創新——香港中文大學文學院四十五周年校慶論文集》（香港：香港中文大學出版社，2009），頁 90-114；〈「香港是我家」——近二十年中華書局香港分局綜合性及多元化的發展〉，載香港中華書局主編：《百年中華紀念論文集》（香港：中華書局，2012），頁 30-46。

72 羅香林：〈中西文化之交流與香港學術研究之發展議〉，《乙堂文存續編》（香港：中國學社，1977），頁 36。

73 羅香林：〈香港在中國歷史上的地位〉，載羅香林著〔馬楚堅編校導讀，賴志成參校〕：《中國民族史》〔增訂本〕（香港：中華書局，2010），頁 324。

這些香港文化及歷史地位的特色，也成為現代化的廣東特色之組成部份，論者已謂：「這種中國史和香港史／本土地方歷史的有機性同軌合流均應加入『廣東因素』，既可充實中國近代史的對外關係、現代化、城市發展、海外移民、中外文化思想交流等課題的內涵，更可把香港與廣東及中國內地關係作具體有力的融合」。[74]若「現代化」不是一個單一的概念，而是多元的「現代化」，或是可以出現一種不同於西方模式之「現代化」發展的話，明顯地廣東因中央政治干預較少，享有較自由的政治文化空間，得以融通中外文化，傳統與現代化共生，創新求變與保存傳統並重的發展模式，將會是「另類現代化」的表現，此既具有全球現代化或現代性的「共相」，也必然具有廣東特殊的文化身分之認同及歷史進程的特色，此廣東特殊歷史及文化，也成為中國走向現代化的重要借鑒，更可視為二十一世紀，一個全球多元現代化或多元現代性的表現。[75]

---

[74] 陳明銶：〈20 世紀初年廣東在近代中國轉化之歷史角色〉，頁 17；有關中國內地學者發表香港、澳門在回歸中國後，此二地對內地發展價值的言論，見李容根：〈借鑒香港經驗發展寶安外向經濟〉，載華南師範大學政法系編：《借鑒香港經驗發展深圳經濟論文集》（蕉嶺：海天出版社，1989），頁 1-10；參鄧開頌、陸曉敏主編：《粵港澳近代關係史》（廣州：廣東人民出版社，1996），頁 2；參「粵澳關係研討會」組委會：〈粵澳攜手合作邁向 21 世紀〉，載梁渭雄、李蒲彌主編：《粵澳關係與澳門發展研究》（廣州：廣東高等出版社，1999），頁 6-7。

[75] 中國官方也認為：「廣東是中國改革開放的前沿陣地，通過 20 多年的開拓發展，已經成為中國的經濟大省和強省。……廣東如何發發展經濟，如何全面建設小康社會，對全國改革開放的深入發展乃至世界的發展，都具有不可忽視的影響」，但官方多肯定廣東的「先進文化」，對廣東保存傳統文化的特色，使傳統與現代文明並進及並存的情況，尚未多加注意，見廣東省精神文明學會課題組：〈適應全面建設小康社會的要求，開創廣東先進文化建設新局面〉，載范英主編：《廣東先進文化發展論》（廣州：廣東人民出版社，2003），頁 35；有關「多元現代化」及「多元現代性」的研究，參金耀基：〈現代化、現代性與中國的發展〉，頁 75。

康有為之經世思想*

陸寶千

一、序論

莊子〈齊物論〉曰：「春秋經世，先王之志，聖人議而不辯。」古者織絲為帛，其絲之縱者為經，橫者為緯。後轉為動詞，「經」、「緯」二字有「整理」、「治理」之義。古人以三十年為一世，其後衍為「當代」義。「經世」者，處理當代事務之謂也。鴉片戰爭以後，士大夫凜於世變，知八股考據之外，另有「治國利民」之學在。魏源輯《皇朝經世文編》，首開其風，該書大致按禮、戶、吏、兵、刑、工六部分類，蒐集清代學者對政治、社會諸方面之研究文章，俾供世用。是後對國事有所見者，各鳴其說，馮桂芬、郭嵩燾、王韜、鄭觀應等，其著者也。坐而言者既眾，遂有求起而行者矣。

清光緒十四年，廣東南海蔭生康有為黜於鄉試，北遊京師。謁明陵，登長城。以夙嘗考求中外之學，至是，不勝山河人民之慼。念清廷自馬江敗後，國勢日蹙，若及時變法，猶可支持，過此不治，將無及矣。乃發憤草萬言書，懇祭酒盛昱上之，不果。而朝士大夫噪攻之，有為由是名動京師。十九年，登賢書榜，不奉房官為師，士論異之。中日甲午之戰，清廷海軍盡熸。倭方逼簽合約，有為適應禮部試，糾舉子千餘人，兩次上書，請拒城下之辱，變法自強。事雖未成，而清德宗因翁同龢之荐，知有為名。翌年四月召見之，問對大喜，命於總理衙門章京上行走。從有為言，下詔變法。三月之內，新政之詔迭下，朝廷氣象茁然矣。守舊大臣嗾那拉太后阻遏之。軍機章京譚嗣同等六人被殺。有為亡命海外，組保皇會，謂非聖主當陽，變法不為功。拳亂以後，華僑有欲效華盛頓革命者，有為阻之。以為窮歐美治法，不過立憲法，定君民之權而止，革命必起內亂。三十二年九月，通告明年易該會為國民憲政會，宣稱欲定良法以保久長，非改為立憲民權不為治，甚聳華僑之聽。當中日戰事之未啟也，香山孫文亦入京，上書李鴻章陳大計。鴻章甫焦思三韓事，置不答。孫文嗒然去夏威夷，甫至而

* 本文撰寫時，取資於康有為所著《官制議》；該書收於蔣貴麟所輯《康南海先生遺著彙刊》（臺北：宏業書局影行）。本文引用該書之頁次，即據書頁下方之阿剌伯數碼。

北洋海軍挫敗之訊騰揚矣。孫文遂聚同志組興中會，以振興中華為號召。明年，設總會於香港。誓詞曰：「驅逐韃虜，恢復中華，創立合眾政府」。九月，起事於廣州，敗，陸皓東殉焉。孫文流亡美國、英倫。三十一年，與華興會、光復會等於日本東京合組為同盟會，被推為總理。宣統三年，同盟會人起義於武昌，不數月，清社竟屋。孫文任臨時大總統。民國二年冬，有為始由日本經香港再踐故土，與孫文相較，遠為不侔矣。革命初起，朝廷騷然，久而未靖。有為深感德宗之恩、睠念前朝，無時或釋，遂倡虛君共和之論。民國五年，策張勳擁溥儀復辟、因備受眾毀。十七年，溥儀以匾額「嶽峙淵清」及玉如意賜有為七十壽。有為稱臣具摺恭謝天恩。不數月卒。《清史稿》以有為傳殿後，可謂知其志矣。

有為與孫文之從事政治活動也，發足時近，而取逕不同，成就亦異。今之談有為者，輒視之為遺老，詆之為頑固，此以成敗論人也。有為少時遊於大儒朱九江次琦之門。九江之學，根柢於宋明而以經世致用為主，故有為能博覽經史，異於呫嗶帖括者流。初見德宗，即面陳：「所謂變法者，須自制度、法律先為改訂，乃謂之變法。今所言變法，是變事耳」。其後出亡海外，歷日本、南洋、印度，識異域之士，見殊語之書，學問大進。光緒二十七年，著《春秋筆削大義考》及《中庸注》。明年，成《論語注》、《大學注》、《孟子微》。又明年，著《官制議》。諸書皆公羊家言，獨《官制議》言改制。

二、康有為經世思想之一：統治機構之更新

有為好深湛之思，善推衍之術。能以文字結構空中樓閣，莊嚴華麗，令人讚嘆。然以今視之，《大同書》、《諸天講》等可入小說家而不能入九流。惟《官制議》乃其政治理想之表現，認為他日確可實行者，其書立論謹嚴，有言曰：

> 夫國之所以為國者，合多民數積結而成一體。雖非有約，而不能無政治以維持之，振興之。分以保民生，合以強國體。任此政法，是為官司。[1]
>
> 國以民為本，則以治民事為先。民事之先，莫若民身。民身之事，一曰戶籍，二曰衛生，三曰救有。戶籍者，凡民之生，皆察焉。既有生矣，則當保衛。不能自養者，則救有之，此國家之責任也。
>
> 民身既保，則當育民德而教民智。既使人能成才自立，亦使國得人才以自立。

[1] 《官制議》，頁 7，〈官制原理〉。

各國則有文部、教部、美術部立焉。

民身既保，則民生當厚。民生之業曰農、工、商、礦，及一切生財、分財諸業也。務阜其生財之源，而去其分財之事，則農工商礦部立焉。

民身既成，當保護之。凡民之身、命財產權利，皆公立之國所當力為保護，勿使喪失者也。保護之官有二：一曰司法以防奸宄，一曰警察以防盜賊。

多民既結合為國矣，夫行一國之政，有事必須財，于是有府藏度支之官。有地當設防，于是有陸軍、海軍之職。足食足兵，國政之大，故財、兵二司，立國所重，古今中外各國所必不可乏者也。

既有己國，又有人國，兩國相際，則有交涉之事，於是有外務部焉。

又有下之便民之交通，上之便民之呼吸，可以便民興利，可以為國殖財者，則郵政、鐵路、電信、銀行是也，總謂之交通部。生民、教民、阜民、保民、財部、兵部、外交、交通八職，皆立國長民之政，其職不可缺，其序不可紊者也。[2]

以上為行政機關，有為復曰：

行政之本，必先資議論而後能討定。蓋有知而後有行，有虛論而後有實事，有立法而後有行政，乃理之自然也。且出自眾議，則公而可久大。出自獨斷，則私而難周詳……百數十年來，立憲法大行，各國皆有上下議院，於是遂為立法之司，一國政事之本焉。[3]

以上為立法機關，有為又曰：

政則自國張，治則從民起。故內設群司，以總大綱，外有疆吏，以振樞紐。皆為國必然之理也。[4]

此謂地方政府之作用，又曰：

---

[2] 同 1，頁 7-9。

[3] 同 1，頁 9-10。

[4] 同 1，頁 12。

總行政之權，立最高之位，則君主亦官也。……各共和國之大總統實總萬機，為官之一。[5]

上所節引者，有為稱之曰「官制原理」。原理之後隱蘊一前提：

政治之原起於民，綱紀之設成于國，設官分職以任庶事。[6]

由此前提推衍以成此，「政府組織論」，可謂有倫有脊矣。於是執此論以鑑歷代官制之弊曰：

夫一統之世不憂虞外患，不與人競爭。但統大綱，以清靜治之。一切聽民之自由而無擾之。雖不期治，而期于不亂。此中國秦漢二千年來之政術也。其政術如此，自蕭何立法，曹參隨之。曹參者，奉老子學者也。老子之治術口：「為者敗之」。曰：「以無事治天下」。故曰：「聞在宥天下，未聞治天下也」。在宥之說，在一切民之自由勿干涉之。……故二千年民頗得自由之樂，而百事叢脞，疏闊粗略，苟且簡陋，愚冥喬野，而但求不亂而不求治之效，自致此矣。[7]

此謂自漢以來，皆奉「清靜無為」之旨治天下，未能積極厚民之生。又特指清代曰：

至國朝則盡收列朝之弊政，如六卿分聯之疎，督撫專省之大，司、道、府層累冗隔之侈，鄉官裁撤之害，資格、年勞、抽簽之滯，捐納雜途之眾，科舉空疏之甚，兼有而病更甚焉。[8]

又指清廷組織之簡陋曰：

政府百司之設，其為國民之職者，僅戶、刑二部。握樞密之任者，惟軍機數人。外此則諸部只見紙冊，千官皆同閒人。疆吏則督撫專轄數千里，有同一國。州縣獨斷數百里，無一佐司。民無自治之權，則不能纖悉皆舉。政無中央之運，

[5] 同 1，頁 12。

[6] 《官制議》序，頁 1。

[7] 同 1 書，《官制議》序。

[8] 《官制議》，頁 88。

則不能操縱合宜。[9]

又指出官吏權限之不明白：

中國未立憲法，未定（官吏）權限，大官必侵下權，屬吏罕能行志。故設一總督，則巡撫無權，不論司道。而全省之人才，同歸於一督之意見而已。設一管部，則尚書無權，何論侍郎。而全部之人才，同歸於一管部之意見而已。[10]

又指出清季中央政府之無能，曰：

故中國雖有百司千官，不過軍機數人，督府二十餘人而已。……而其為軍機督府二十餘人，久歷大位，而不暇問學，不知中國之舊學，更不識歐美之新法。

加以累資乃至，耄老而荒。而以叢雜之大政，乘疲弊之精神，故望案牘而心驚，見陳書而生畏。望才士而先謝，聞立事而先疑。安於叢脞，而畏於率作。實不得已也。而國家兼差任之，以一七八十老人而柄國家大政之數職，內政、外交、理財、整兵，皆歸其手，日不暇給，神不及經，即使忠賢，亦為糊塗誤敗覆餗而已。[11]

又指地方督撫之尾大不掉曰：

夫立國之道，兵食為先，而財政兵政，皆散在各省。如何籌餉，如何練兵，如何開製造局，如何開軍械局，如何開銀行，如何鑄錢幣，一皆聽各省督撫之各自為謀。為者聽之，不為者亦聽之。……故其籌餉也，廣東自行臺炮經費，各行釐捐，而他省不與焉。江、楚、浙、粵自行房捐，而他省不與焉。湖北、廣東自行賭稅，而各省不與焉。湖北自開鐵冶、織布，而各省不與焉。直隸、山東、廈門、江西自開銀行，而各省不與焉。其他江楚、山東興學，而各省坐視焉。凡此者皆視其督撫之好尚。一國中政體，各省皆互異同。政府如教皇然，但高

---

[9] 同1書，頁88。

[10] 同1書，頁89

[11] 同1書，頁89-90。

高在上，一聽各國之自為政。求不悖吾名分，若不悖教而已。夫方今歐美各國，無論強、弱、大、小、治、亂，而無不中央集權，舉兵財二者統之於政府矣。而吾國分張、散漫、失紀如此，其何以立於競爭之世哉。[12]

清政府之內外組織，積弊之深如此，非更張不可矣，有為曰：

民貧日甚，國病日深，不亟改革，病將難救。而變政之事，下手必從官制始。

官制有三：一曰為民，一曰為國，一曰國與民之交關。[13]

為國而制者，應中央集權，多設分職。按有為所述「官制原理」八職中之民生一職，中央應設九部，以管全國各省各藩。九部者，先虛劃全國行政區域為九部：直隸、山東、山西、陝西四省為北部。江蘇、安徽、浙江、江西為東部。河南、湖南、湖北為中部。廣東、廣西、福建為南部。甘肅、四川、雲南、貴州為西部。東三省為遼部，內外蒙古為蒙部，新疆為回部，西藏為藏部。[14]

中央乃相應於京師各設「管理大臣」及會辦、幫辦大臣以處理該部之事。管理大臣可出為總督，總督亦可入為該部大臣。九部大臣之上，亦可攝以二相：一管內五部，一管外四部，如古二伯之制。[15]

按官制原理中「財部」一職，有為謂中央應設度支部，部設管部大臣。其職掌為：

掌凡國之運用、出納、預算、會計。國庫之出納、計算。國債之募集、償還及利息。金銀銅幣及紙幣與償借契券。官俸、兵糧之支給。備荒儲畜之資。監督金銀庫，及銀行，各地方財務公債。凡財政各司，若：金部、錢幣、銀行、海關、鹽政、國債諸司，皆歸節制。[16]

度支部大臣所管，除本部曹司外，復對外總理二十二省布政使以行其財政焉。[17]

---

[12] 同1書，頁90-93。

[13] 同1書，頁88。

[14] 同1書，頁185。

[15] 同1書，頁185,187

[16] 同1書，頁189。

[17] 同1書，頁193。

度支大臣以外，別設審計院，掌審查度支部及庶司百職會計之事。此院亦在其他各大臣之外，獨立存在。[18]

按官制原理中「阜民」一職，有為謂應設農、工、商、虞、礦五部：

農部：掌農事：果、穀、茶、絲、煙草、畜牧、水產、狩獵及家畜衛生之事。[19]
工部：專營國民工事。[20]
商部：掌阜貨、互市之事。[21]
虞部：掌經費營公私山林之事。[22]
礦部：掌全國礦產之地而管其開闢之事。[23]

按官制原理「交通」一職，有為謂宜設二部：

郵部：掌驛遞通訊之事。一曰文字之遞寄，一曰電線之遞寄，一曰電話之通問，一曰金錢貨物之遞寄，皆掌焉。海港、燈、船舶，凡通運之事皆主之。[24]
鐵路部：掌全國鐵路之事。[25]

按官制原理「教民」一職，有為以為應有：

文部：掌全國學校教藝之事。[26]
教部：掌布宣國教之事，實舊制之禮部也。[27]
美術部：或名樂部。其屬分音樂、圖畫、織繡、雕刻、建築五司。[28]

---

[18] 同1書，頁243。
[19] 同1書，頁198
[20] 同1書，頁203。
[21] 同1書，頁206。
[22] 同1書，頁207。
[23] 同1書，頁208。
[24] 同1書，頁212。
[25] 同1書，頁213。
[26] 同1書，頁214。
[27] 同1書，頁216。
[28] 同1書，頁218。

按官制原理「保民」一職，有為謂應有：

理部：掌法律刑名之判事，即刑部也。[29]
軍機處：掌國防。贊帷幄之樞機計劃，而統其屬。[30]
陸軍部：掌陸軍一切兵政，及統督兵官而監督進退之。[31]
海軍部：掌海軍軍政，而統屬將卒。[32]
總諸部行政之權，燭照全國而運籌之，則宰相是已。或一相執政，或數相秉鈞。[33]

前所述者，有為所稱「為國」之官制也。指中央政府而言。至其所述「為民」之官則指「社會之組織」，有為名之曰「鄉民之自治」或曰「公民自治」。其述公民之義曰：

公民者，擔荷一國之責任，共其利害，謀其公益，任其國稅之事，以共維持其國者也。[34]

夫今歐美各國法至美密，而勢至富強者，何哉？皆以民為國也。人人有議政之權，人人有憂國之責，故命之曰公民。人人皆親其國為己之家，其得失肥瘠皆有關焉。[35]

並舉國有公民之益，曰：

凡既為公民，有四益：一、愛國之心日熱。一、恤貧之舉交勉。一、行己之事知恥。一、國家之學開智。加以報館之終日激揚，大眾之相互鼓勵，日進而愈上。行己知恥，則風俗日美，而犯罪者少。恤貧交勉，則仁心日長，而貧民有託。愛國熱心，則公益日進，而國事有賴。學識開進，則才能日練，而人、地升進。是以舉國之民而進化之，而後能以舉國之政事風俗而進化之。[36]

---

[29] 同1書，頁217。
[30] 同1書，頁220。
[31] 同1書，頁221。
[32] 同1書，頁235。
[33] 參考註15。
[34] 同1書，頁106。
[35] 同1書，頁104。
[36] 同1書，頁107。

歐美各國之公民，必須具備若干條件。有為列舉其例曰：

> 美國則男子年二十，無過犯，人人得為之。德則有租三千，納稅十二馬克。英則納四十喜杯。奧則百金。其法、意、瑞、荷蓮、挪各國皆數十金不等。日本則納六元者得為之。皆取有名譽，無過犯，許為公民。[37]

有為指人民一旦進而為公民，必能為國效力：

> 夫歐美日本各國之立公民也，使人人視國為己，而人人公講其利害而公議之。
>
> 故上之，有國會之議院。下之，有州縣市鄉之議會。故其愛國之心獨切，親上之心甚至。昔法之償德兵費也十五萬萬，限期三年。法人年半而償之，此非公民而能得是哉！……故今之變法，第一當立公民矣。[38]

有為又曰，公民之義，吾固早有類之者：

> 孔子之經義曰：「天視，自我民視，天聽，自我民聽」。又曰：「靈承于旅」。又曰：「謀及庶人」。又曰：「媚于庶人」。孟子曰：「國人皆曰賢然後用，國人皆曰可殺然後殺」。此不易之經也。[39]

又謂地方自治，吾固亦有類似者：

> 今各省、府、州、縣常有公局，有神士聚而議之。又有大事，則開明倫堂而公議。有司亦常委人焉。是議會，中國固行之矣。吾粵尤久行之，特制未明宣，法未詳密，任數神士之盤據爭傾，而未嘗有國法以為之監定，故未見其大益。
>
> 而所以助有司之治而通小民之情，為功已大矣。[40]

---

[37] 同書 1，頁 106。

[38] 同書 1，頁 104-105。

[39] 同書 1，頁 104。

[40] 同書 1，頁 105。

故關務署長周德偉，湖南善化人也，記其故鄉曰：「縣署僅官員數人，即縣令一人、縣丞一人、典史一人或二人，縣尉二人、教諭一人、訓導一人，餘皆吏員，無固定職掌。縣尉只領士兵廿人至五十人，只能維持縣城之治安。各鎮業務均由鎮長（都總）領導自理。都總均地方有名望、有財力之士紳，無薪俸，辦理地方事業均由自己倡導出資，常須擔承賠累。故非巨室不敢為。高度之地方自治也。都總世居鄉里，不能在鄉為惡，恐殃及子孫。亦可抗衡州縣官吏，使不得為虐政」云云。故有為述清季述廣東鄉村自治之情形不誣也。依是，有為擬其齊民、公民之別曰：[41]

> 凡住居經年，年二十以上，家世清白，身無犯罪，能施貧民，能納十元之公民稅者，可許為公民矣。凡為公民者，一切得署銜曰「公民」。一切得與齊民異，如秦漢之爵級然矣。既為公民，得舉其鄉縣之議員，得充其鄉縣府省之議員，得舉為其鄉市縣府之官。不為公民者，不得舉其鄉之議員，不得舉充鄉縣府省之議員，不得舉充鄉市縣府之官。一切權利不得與公民等。如此則榮辱殊絕矣。
>
> 民將皆發憤為公民，民將皆自愛而期為公民，民將皆務施捨而為公民，民將皆以清白貽子孫而為公民，民將皆勉輸十元而為公民，民將皆好學而期為議員、為鄉官之公民。其未能為公民者，將皆有進憤愧恥之心。其已為公民者，皆將有愛國、施捨、自重、好學之心。[42]

既有公民，則國有基礎，議員鄉官皆由此出矣。

有為所稱屬於「國與民之交關」者，乃「疆吏之政」也。彼以為清代地方政府之行政區域，外廓大而內層多：

> 一省千餘里之大地，數千萬之人民，僅有一督撫握政權以通上達下，而餘官皆束閣廢棄，聾啞跛躃也。此猶一夫授田萬頃，必不耕矣。
>
> 分區等太多而皆不逮下，徒增阻礙。有縣以為一區，復有府一區，道一區，省一區，凡四區而反無鄉邑之小區焉。縣上有府，府上有道，道上有司，司上有督，凡五等而無鄉官之等焉。牆高峻天，而無分寸之基，其安能堅立而不顛墜隕隳哉！

---

[41] 周德偉，《落筆驚風雨》（臺北：遠流出版社，2000），頁 71。

[42] 同書 1，頁 109。

> 縣令取之太輕，待之太賤，責之太重，養之太薄，而又少佐官、屬吏，是猶蚊負山也。[43]

總之，「凡治地，地太廣，則疏闊而治難及。官不上達，則權輕而政不行。層級之冗官太多，則增阻遏之害。逮下之事官太少，則不能周利害之微」。改之之道，則在「析疆增吏」。「析疆」者，有為建議廢省、府二級：

> 以道為第一大區，立一督辦民政大臣以治之。權同巡撫，上達於國。以縣為第二中區，設民政長官以治之。升位同今知府。下逮于民，以鄉為第三小區，則為民政地方自治矣。[44]

「增吏」者，有為建議於第一大區「道」中置吏如下：

> 於直省各道設督辦民政大臣，其民政略分十四局：曰外務局、曰縣治局、曰警保局、曰營造局、曰衛生局、曰理財局、曰稅務局、曰法務局、曰學務局、曰郵政局、曰農務局、曰商務局、曰查地局、曰山林局。
>
> 其他有鐵路者設鐵道局，有造幣鑄銀錢者設造幣局，有專買如鹽及鴉片者設專買局，有礦者設礦務局，有製造者設製造局，有稅關者設稅關局，有水產者設水產局，有鐵者設製鐵局，有船者設船政局，近海者設海事局，有港者設港務局，有燈臺者設燈臺所，其有水者則有航路局，多廟寺者設廟寺局，其土產大宗如絲茶馬皆可設絲茶馬牧局。而此十二局者，各有大小，因地所有而設官，餘不皆設者也。[45]
>
> 所謂民政十四局者，乃指「道政府」之組織言，其他十二局，則分設各處者也。
>
> 各道皆設按察司，設按察一人，副按察數人，評事數人。按察為司法之官，當獨立，直隸法部，不隸於督撫大臣。[46]
>
> 各道設軍務司，設參謀長領之。下有參謀數人。[47]

---

[43] 同 1 書，頁 131-132。

[44] 同書 1，頁 145。

[45] 同 1 書，頁 149-150。

[46] 同 1 書，頁 154，155。

[47] 同書 1，頁 155。

按：司法與軍事，其長官皆直屬中央，不隸於道。

道設議事會，合群長官議之，而大臣為之長決焉。[48]

按：此議事會乃道政府內部職員之會議。

道設民議會，每歲各縣公民所舉之代議士合集公議，舍少從眾，而大臣為之長決焉。凡在國律之內，一道中之政例、賦稅、學會，皆由眾議決定，各局官乃施行。[49]

按：此民議會乃民意機關也。

有為於第二中區（縣）內建議置吏如下：

縣設縣領事，分四曹：曰民局、曰稅局、曰警局、曰學局。如古侯國之五官。[50]

設法院已判民訟，隸於按察司，立通判官一人。[51]

設議事會，凡縣之政事，皆與群長官公議之。民局、稅局、警局、學局、法院諸長官皆預焉。縣領事（長）為議長而決之。[52]

按：以縣領事為議長，即任當然主席也。

設民議會。每歲鄉公民所舉之代議士合眾公議。舍少從眾，而縣領事為之長決焉。

議會，秋八月開會議，十一月閉會。皆聽領事主之。凡在國律之內，縣中之賦稅、土木、衛生、道路、橋梁、市場、農、商、學校之案，皆由眾議決定，

---

[48] 同 1 書，頁 156。

[49] 同 1 書，頁 156。

[50] 同 1 書，頁 160。

[51] 同 1 書，頁 162。

[52] 同 1 書，頁 163。

局官乃施行。[53]

有為所謂第三小區者，「鄉」也，實行地方自治。建議曰：

以萬人以上，地方十里者為一「局」。設局長一人，總任局事，兼理學校。判官一人，審訟獄。警察官一人，巡捕奸宄盜賊。非常稅官一人，收賦稅，管戶籍。郵官一人，主通訊，兼印花。皆由議員中公舉。五官支薪，其下職員不支薪。

設議事會，五官共之，而局長為議長決焉。

設議例會，眾議員聚議，決一鄉之政，制賦稅大事。議員由公民公舉之。視地之大小，民之眾寡，以三、四百人舉一人。[54]

有為執一己之「官制原理」，斧削當時之政府組織。分之、合之、條之、貫之，自中樞至畿服，由政府至社會，纂組圖案，燦然美備。光緒三十二年，清廷下詔預備立憲，尋釐定官制。職別立名，蓋有有為之書影焉。民國初年各省軍人擁兵自嬉，政府命令不出都門，有為發表廢省論。其主旨仍出於「官制議」一書，唯省廓過大之弊，遼蒙回藏脫輻之危，言之更為痛切耳。

民國二年，有為以革命已成，國步仍艱，政府施政南鍼，僅恃臨時「約法」，構木為巢，不足禦疾風勁雨。乃擬中華民國憲法草案。大致取法英國。重要條文，如：

第　二　條　主權在國，其行用主權，由憲法分委之於行政、立法、司法三者。

第　三　條　大總統總行政之權，由國務員代負責任而輔弼之。[55]

第 十九 條　國務員之任免，由大總統為之。大總統簡任國務院總揆一人，由總揆選同志充國務員，請大總統簡放。國務員不得兼職。[56]

第二十一條　國務會議，各國務員與大總統集合會議之。[57]

第　三十　條　中華民國之立法權付于國會，以參議院及眾議院構成國會而行之。[58]

---

[53] 同1書，頁163。

[54] 同書1，頁124。

[55] 康有為，《萬木草堂遺稿外編（上）》，〈擬中華民國憲法草案〉，頁356。

[56] 同55書，頁368。

[57] 同55書，頁370。

[58] 同55書，頁377。

第六十二條　中華民國之司法權，以法院行之。與國務院、國會鼎峙。[59]

第六十三條　司法長官有正、副總裁。正總裁以副總統領之。不列國務院而獨立。[60]

有為所擬於參、眾兩院議員之產生，由於選舉。惟措辭不甚顯豁。另有兩「機關」似為英國所無：

第五十七條　國民大議會為最高權，以全國各縣舉一人，或即在縣議會舉之。與國會兩院議員合而構成之。國有至大之事，而立法、司法、行政不能及者，則屬於最高權。開全國人民大會以決之。(修正憲法、選舉總統、割讓國境)[61]

第五十九條　設國詢會，以通政府與國會之意。國會閉會時，以議大政。對政府以備顧問。由國會舉十人，參議院、眾議院各舉五人，總統舉五人充之。[62]

第六十一條　凡司法部、都察、審計諸長官，由國詢院公舉，以多數決之。[63]

復別設三機關亦在國務院、法院及國會之外：

第七十四條　設都察院以司行政之訟治。凡人民受官吏之違法抑害，與官吏互訟者，別以法律定之。[64]

第八十四條　設審計院。審查國家歲入、歲出之決算案。院長之任命，由國詢院公推，得參政院同意。[65]

第八十五條　設學士院。以待碩學而屬通才，不設額。大學校長及總教授，由此院舉之。史館隸之。(或仍舊名翰林院)[66]

---

[59] 同書 55，頁 402。
[60] 同上。
[61] 同 55 書，頁 398。
[62] 同 55 書，頁 400。
[63] 同 55 書，頁 401。
[64] 同 55 書，頁 405。
[65] 同 55 書，頁 410。
[66] 同上。

以上諸條文，屬中央政府之架構，地方政府之等級，說明列於第一百零四條：

凡各地方以道、府、州為上級行政區。其下級以縣、市、邑、鄉為政區。其職權及議會，以法律隨時定之。[67]

次固「官制議」中舊義也。

民國五年袁世凱敗，五月，有為作「中國善後議」，篇末曰：

請於國會而外，立元老院為最高機關。凡廿二行省及內外蒙古、西藏、青海，各公舉一人入充元老。其有大功德、大文學，雖其省額滿，亦可由元老公請入院。額數以廿八人為度，輪選七人為常駐辦事員。分五司焉。一曰外交，凡有外交結約之大事者斷焉。一曰兵，凡開戰議和及參謀部、元帥府隸焉。一曰法律，凡大審判決焉。一曰平政，凡政之訟決焉。一曰教，凡國教任焉。凡不隸於內閣之大政隸之。更公舉一議長、一副議長。其議長之制度如瑞士。其議長以病或事缺席，則副議長代之。尚慮如法總統之爭攬總理之權而排內閣也，議長不可如瑞士之久任經年也。或每月舉議長、副議長一次。常駐員最長之任期，不得過三月。其對外則以元老院名行之。其接外使，則仍以議長充焉。非限定列舉之大政，則元老院不得干預內閣之事。若行此乎，則政不握於一人，權不操於久遠，自不能有專制之患。既無總統之尊榮，又無數年之久任，則自無力爭之烈禍。既非美洲全國之選舉，則無兵力之害。又非法、葡之國會選舉，則不隸政黨之爭。能行此乎，盡防諸弊，或者其有濟乎。[68]

此有為於「統治機構」之最後建議也。

三、康有為經世思想之二：五族共軌

光緒庚子拳亂，致八國聯軍陷京師。戰後，海內外人士歸咎於滿州貴族之無知肇禍，革命排滿之聲噌吰震耳。保皇黨人有同情革命排滿者，有為馳書美洲阻之，中有言曰：

---

[67] 同書 55，頁 419。

[68] 《萬木草堂遺稿》，卷一（康文佩編，臺北成文出版社，1978），頁 140。

談革命者，開口必攻滿州，此為大怪不可解之事。夫以開闢蒙古、新疆、西藏、東三省之大，中國二百年一體相安之政府，無端妄引法、美以生內訌，發攘夷別種之論，以創大難。是豈不可已乎。……孔子之所謂中國夷狄之別，猶今所謂文明野蠻耳。故「中國」、「夷狄」無常辭，從變而移。當其有德，則夷狄謂之中國。當其無道，則中國亦謂夷狄。將謂進化計，非為人種計也。楚先稱荊而後稱楚。定哀之世，吳子爵而不殊。蓋據亂之世，內其國而外諸夏。升平之世，內諸夏而外夷狄。至於太平之世，內外大小若一。故曰王者愛及四夷。

又曰王者無外。又曰遠方之夷，內而不外也。國朝入關二百餘年，合為一國，團為一體。除榮祿、剛毅挑出此義，已相忘久矣。所謂滿漢者，不過如土籍、客籍籍貫之異耳。其教化文義，皆從周公孔子。其禮樂典章，皆用漢唐宋明。

與元時不用中國之教化文字迥異。蓋化為一國，無復有幾微之別久矣。……然則國朝之開滿州、回疆、蒙古、青海、藏衛萬里之地，乃中國擴大之圖，以逾漢唐而軼宋明。教化既益廣被，種族更增雄厚。俄羅斯所以為大國者，豈不以旁納諸種之故。然則滿州之合於漢者，乃大有益於中國者也。……昔戊戌在京時，有問政體者。吾輒以八字言之，曰「滿漢不分，君民同體。」皇上甚韙之。……吾今論政體，亦是「滿漢不分，君民同體」八字而已。[69]

有為所說，大旨有三。其一，滿州人在文化上已經漢化，與漢人無別。其二，政治上滿人居高位者，已居少數。其三，若排滿成功，則遼蒙回藏必致分裂，從而引起外患。故反對排滿而唱「五族共軌」。最早提出反滿之說者為孫文，所謂「驅逐韃虜，恢復中華」是也。平心而論，當時實較保皇會之言論動人。章炳麟之文在知識界影響尤大。然民國建立，以五色族為國旗。有為民族融合之見，終為國人所接受。

四、康有為經世思想之三：君主政體

宣統三年九月，同盟會人起義武昌。旬月之內，各省獨立紛紜。駐灤州新軍統制張紹曾電奏清廷，求實行立憲。清廷恐近畿有變，即命資政院起草憲法。十三日，該

[69] 〈答南北美洲諸華僑，論中國只可行立憲不可行革命書〉（《遺著彙刊》十六冊，《不幸而言中不聽則國亡》，頁83）。

院議定憲法內重大信條十九則，請宣示天下。略謂：大清帝國皇統萬世不絕。皇帝神聖不可侵犯。皇帝之權以憲法所規定者為限。憲法由資政院起草議決，由皇帝頒布之。總理大臣由國會公舉，皇帝任命。其他國務大臣並各省行政長官由總理大臣推舉，皇帝任命。其時各地議論國體者龐雜，有為亦言曰：

> 頃者中朝允開國會，並許資政院定憲法矣。夫憲法既為資政院眾議員所定，出於諸將兵力所迫，則舊政府不能不從者矣。若是乎眾大臣為總理大臣所用，而總理大臣由國會所舉，甚至上議院員皆不能選，是君主雖欲用一微員而不可得也。不已等於平民乎，軍隊雖統於君主，而須聽國會之命，不已等於將官乎。
>
> 若夫國會提議案，國會改正法，君主皆不能參預，不能否決，惟有受命畫諾而已。不類於一留聲機乎。凡此政權一切皆奪，不獨立憲君主之所無，即共和國總統之權，過之遠甚。雖有君主，不過虛位虛名而已，實則共和矣。可名曰虛君共和國。虛君者，無可為比，只能比於冷廟之土偶而已。名之曰皇帝，不過尊土木偶為神而已。為神而不為人，故與人世無預。故不負責任，不為惡也。
>
> 今虛立帝號乎，則主祭守府，拱手畫諾而已，所為無為之治也。[70]

蓋有為執「共和之制，以國為公有，全國之民和平共議」為基本概念，推論共和政體有十二種。其在古代，遠古人皇氏九頭紀，為大地共和之先。次為周召共和，希臘雅典之賢人議會，斯巴達之二王並立，羅馬之三頭之治，及世襲總統。其在今世，有瑞士之議長共和國，有美洲之國民公舉總統共和國，有法國之「上下國會合選總統，以代表國王之共和國，有葡萄牙之上下國會合選總統而不代表王之共和國，有加拿大、澳洲之虛屬共和國，有英國所創之君主共和國」。此十二型中，有為取英制為清廷效法。凡此所述，不必為歷史之事實，然「立一主旨而推衍之」則猶是撰寫「官制議」之術也。

蓋有為於英制之來源甚悉，其言曰：

> 今國會憲法之大義，自英之約翰二世始也。其大憲章之所自出，與請願書之實行，不國其諸候大夫與其國王爭權利耳。然聚其眾多貴族之分，合為國會，遂

[70] 《不幸而言中不聽則國亡》，〈共和政體論〉，頁237。

> 能與國王抗勢，而憲法得以維持焉。國王乃引平民以敵貴族，繼乃平民與貴族合而敵國王。積勢歷久，乃以國會盡奪國王之權，而國會為公有矣。於是始則立責任內閣以代君主，而國會監督之。久則奪政府而內閣與國會合，於是國會萬能矣。英憲法無成文，而民權極盛，遂產二子：一則遠殖於美，一則近革命於法，皆為民主國焉。英以國民為主權，雖留君主之尊，如天神，如木偶，如大世爵，而實伴食不任政。故曰君主無責任，君主不為惡，以無政權故也。[71]

有為亦復深知英政之善，闡之曰：

> 立虛君者，不必其有才也，不欲其有黨也。然後（冢）宰總百官以行政，乃得專行其志，而無掣肘之患，一也。夫立憲之法，必以國會主之，以政黨爭之。若無虛君立總統，則兩黨爭總統時，其無極尊重之人以鎮國人，則限於無政府之禍，危恐孰甚。故虛君之為用，必以世襲，乃為久確而堅固。又必禁由於公選，乃無大黨，而不必有才，乃不與宰相爭權。而後內閣乃得行政，而後國乃可強。歐洲數百年歷試而得之。故明知君主之無用無才，而必立之者，賴其無才無用以為用也。[72]

有為乃明指以清帝為「虛君」，其言曰：

> 夫今欲立此木偶之虛君，舉國四萬萬之人誰其宜者，誰其服者。……惟須有超絕四萬萬人之資格、地位，無一人可與比者，然後有定分而不爭焉。則舉國之中……以仍舊貫言之，至順而無爭，一和而即安，則聽舊朝舊君之仍擁虛位也。[73]

或有人因厭滿族而棄溥儀，有為復獻議以孔子之後人衍聖公為「虛君」。其言曰：

> 以超絕四萬萬人之地位而民族同服者言之，則只有先聖之後，孔子之世襲衍聖公也，夫衍聖公乎，真所謂先王之後，存三恪者也。以為聖者之後，故其恪久

---

[71] 〈共和政體論〉，頁 278-279。

[72] 〈共和政體論〉，頁 173-174。

[73] 〈共和政體論〉，頁 183-184。

> 存而不絕，其公爵世家歷二千四百餘年，合大地萬國而論之，一姓傳系，只有日本天皇年歷與之同，其無事權而極尊榮亦略同。又皆出於東亞國也。……然且衍聖公為先聖之後，人心共戴，其為中國萬世一系，比日本天皇尤為堅固矣。[74]

由此可證有為之主張君主政體，以君主為國家元首，其位置可以世襲，苟能不具權力，則絕他人問鼎之念，可以穩定政局，避免內戰。非必一定以愛新覺羅氏為帝室也。民國十五年八月，有為以南北兵氛未已，致書全國父老兄弟，先舉英國憲政之美，乃問十五年來之政安民福，與辛亥以前相較何若。由此以求真民意，或中國有望焉。明年二月，有為卒。蓋君主立憲之念，終身未嘗去懷也。

五、康有為經世思想之四：金甌永固

庚子之秋，梁啟超自日本至檳榔嶼，語其師：「中國太大，宜每省自立，分為十八國，乃易治。」有為語之曰：「英之滅緬甸，五日而舉之。日滅高麗在一檄。此何以故？為其小耳。吾國所以未亡者，為其國土廣大之故。若分為十八國，則高麗緬甸之比，滅之至易。」啟超乃服。明年，日人井上雅二見有為。謂：「伊藤博文欲割分中國，則便宜歐人。大隈欲助中國，則中國強，亦何利焉。吾欲分中國十八省為十八國，而與日本為聯邦，舉日本為普魯士耳。」有為視此為併吞中國之妙策，於日本為大利，而於中國為大害。乃嘆邪說離奇，竟為中國政客日為傳播。乃自述其志曰：

> 今地球競爭，為何時乎？自我身所見，弱小之邦，歲月被滅，不可勝數。若琉球之滅於日本，若安南、突尼斯、馬達加斯加之滅於法。若緬甸、波亞之滅於英。若阿霸、科爾、土爾尼特之滅於俄。若古巴、檀香山、小呂宋之併於美。
>
> 皆近二十年間事。非洲既全分矣。二十年中變滅之跡如此。自爾之後，霸國之義大倡，日人稱為帝國主義者也。小國必為大國所併，殆於必然。……弱肉強食，鯨之吞鯢，乃理勢之自然也。
>
> 我中國人民之眾，居地球三分之一，土地等於歐洲，物產豐於全美，民智等於白種。蓋具地球第一等大國資格，可以稱雄於大地，可以自保其種者也。

74 〈共和政體論〉，頁 184。

> 吾同胞何幸生於此文明之大國，當如何自喜、自奮、自合、自保，以不至儕於高麗、暹羅之列，而為印尼、安南、緬甸之續乎。凡物合則大，分則小，合則強，分則弱，物之理也。……以僕之愚，竊愛大中國，愛一統。[75]

吾人於此，可以瞭然有為之基本觀念矣。何以不反滿人？曰：滿人失其統治權，則遼蒙回藏脫輻矣。何以主虛君共和制？曰：虛君則君位非政爭之鵠，各省永遠在御，而不至分裂也。辛亥革命之初，有人欲效美國而行聯邦制者。其後軍閥割據，聯邦之說復響，湖南省且已制定「省憲」。有為斥之曰：

> 今之新說最洋溢於國人耳目而力圖實行者，莫若聯省自治矣。談者幾若一行聯省自治，則仙方神藥，盲者能明，聾者能通，跛者能行，大病立瘳。幾有若今之天經地義，不可易之策矣。然吾今但以一言問主是者，試問今各省擁兵之將帥，能俯首帖耳服從數書生之議憲否乎？彼各藩既擁強兵，則必口思啟土，滇之必攻川，桂粵之必互攻，勢也。雖堯聖文王之聖，亦伐扈、伐苗、伐崇、伐密，然後大邦畏力，小邦懷德。古今中外未能免此者也。即如湖南已定憲法矣，而今茲則糜爛其民以攻鄂。湘敗矣，川又以聯省故，竭兵力以救湘。豈有他哉，利鄂之行勢可綰天下，又利其鐵路兵工廠耳。然則聯省自治，不能弭兵，只足以增兵禍至明矣。[76]

繼承固守清朝所遺之疆域而絕不可分裂以召列強瓜分之禍。

六、康有為經世思想之五：保存文化積澱

中華民國元年二月，臨時大總統孫文通令革除前清官廳「大人」、「老爺」等稱呼。嗣後官廳人員以官職相稱，民間以「先生」、「君」相稱。三月，通令男子剪辮，女禁纏足。解放蛋戶、墮民、丐戶，政黨一律享有公權、私權。教育總長蔡元培令學校廢止讀經。四月，令內務、司法兩部不准刑訊。及袁世凱繼孫文為總統，參議院議決國民男、女禮服式樣。尋廢祀孔子。蓋革命之事已成，革故之風四起，遂多越於法理之外者矣。有為舉粵省城為例：有藉口破神權之故，破壞城隍廟，毀黃大仙祠，禁神誕，

---

[75] 同 69 書，頁 76-78。梁啟超之言見《萬木草堂遺稿》，頁 381。

[76] 《萬木草堂遺稿》，頁 366（復吳子玉、蕭耀南等書，頁 364）。

禁打醮、捉喃巫者。有藉口行新曆故，禁廢新年，禁歲時饋贈，禁端午放假者。有藉改良風俗而鎗斃犯賭者，禁妓館而充公妓屋者，捉富家之婢入教養院者。藉口於平民主義而拆奉旨牌坊、樂善好施匾額、文魁、進士、狀元各匾，及斫折旗杆者。波及各鄉之祠堂，各縉紳之第宅。又謂若山東則禁有辮者不許選舉，湖南亦禁城隍神廟，我意各省之犯是者，殆無量數也。又指棄舊法而借西律之弊狀曰：

> 若夫民國之始，盡掃中國五千年之典章禮律而棄之，真無法律，同於野蠻之國矣。然國不可無法也，則聽各法官各就其游學之國，借用數萬里以外，風俗歷史絕異之律，以施行於中國，其為宜否，豈待問哉。遂有非本夫不得告姦之律。於是遂有家姑坐視其子婦引姦夫入室，控之而敗者，遂氣極而死，至其叔妹剚刃死者一家焉。遂有一夫一妻之律。中國富貴人家，率有妾也，於是有十餘年之妾，子女多人，通姦另嫁，索夫多金。而夫畏律，俛首聽命，致怒而死，子女隨死者焉。其他導姦淫，教不孝之新法，不勝縷數矣。故夫檮杌、窮奇，奸回貪亂，無良無恥。國人以為放殛誅流者，則顯庸之。其節義廉恥，正直高介，忠孝貞節之良，國人以為宜表揚尊崇者，則重罰殄棄之。此民國新律，激清揚濁，顛倒是非之大典也歟。大概新律所以導民者，子弟悖其父兄，妻妾叛其夫，弟背其師，民犯其長，而長上欺制其民而賣之，以相與亂中國，則其成效也。宜孔子之不見容矣。[77]

於是有為質當時之國會議員曰：

> 夫數千年之經典法章，非清物也。其因革損益，乃自漢唐宋明而上承唐虞三代者也。今以革清命之故，乃盡將中國數千年之典章文物而盡革之。違國民之性，悖國俗之宜。似此繁重深長之文物，又萬不能一時能補及者也。夫以周公之聖，吐哺握髮，以集天下之才賢，制禮作樂，尤須七年。而諸公雖賢，未及周公，群才雖多，不及周室。議院之日至短，不及七年，其能補議妥備乎。想諸公亦必自以為不及也。夫既必不及古人，而盡掃棄數千年之典章文物，辛亥以還之失，未有甚於此者也。[78]

---

[77] 《共和評議》，卷二，頁 89。

[78] 《萬木草堂遺稿外編（下）》，頁 618。

乃於所擬憲法草案之最後一條，書曰：

> 凡中華民國舊傳經義典章律例法規者，未經中華民國議院特議刪改，及核與民主政體不相違背者，一概照行。[79]

有為自謂此係採自葡萄牙憲法，乃新舊變易，青黃不接之時，最要之義。吾人以為彼所珍視之「數千年所遺經義典章法度」，乃民族文化之積澱，有為大呼疾聲而保存之，即公羊「通三統」之義也。固當日「革命偉人」之不見不聞也。

七、康有為經世思想之六：民主政治之心理基礎

民主政府所行之政策，來自各級議會。議會由議員組成。議員來自公民之選舉。選舉行為由投票之選舉人及競選之候選人共同完成。當選者是否才德兼具，則視乎公民之素質決定。公民之素質良否，則逸出於政治機構之外矣。

有為自云自戊戌奔亡後，居印度者年半。考印度之所以致亡，由於革蒙古帝之命，而各省分立互攻，導致英國之蠶食至盡。後兩入南美墨西哥，見其總統爹亞士，服其雄才，美其政治。而該國忽起革命，爹亞士一夕而敗。墨西哥遂致長期混亂。該國既有人才而亦釀亂，乃知國家治亂之本，不在其制度，而在國民之道德。乃暢其言曰：

> 孟德斯鳩謂專制之國尚威力，立憲國尚名譽，共和國尚道德。英人勃拉斯（著美國平民政治者）曰：美人之能運其民主之制也，以有恭敬、愛法、守法之念也。蓋道德與物質之發明過于政治，而後能成此大業也。無道德則法律能為。
>
> 今觀國者視政治之結構過重，然政治機制之真價，不在其別有巧妙也，在宜於其民之風氣事勢，養其性情，形以治律，與其利害之勢而已。若他種人薄於愛法、守法之精神者，則多于美國政府之機制，未必能運轉之也。旨哉其言乎。
>
> 夫共和政治者，民自為治也。人能自治者，必其道德心盛，自行未修，蠢迪檢押。夫若是，則何待人治之？故自治可也。[80]

乃謂中國久沐孔子之教，社會風俗甚美：

---

[79] 《萬木草堂遺稿外編（上）》，頁 422。

[80] 《中華救國論》，頁 50。

昔吾中國尊行孔教，士夫多厲志高行，為聖賢者矣。其力不逮者，亦多束修自好者矣。上者冀兩廡之特豚，中者海望名宦鄉賢之俎豆，下焉者，亦復珍重毛羽，矜式鄉閭。為名之是好，為不朽之思存。其門下或浴義而成風，其鄉里或薰德而良善。父勸兄誘，師行弟隨，故能蒸成大和，釀為良化。賊避名賢之鄉邑，盜畏善人之知名。賣豬而告之病，刈禾而夜助以耕。若此俗猶存，而進以共和，則中國可超美軼法，直至瑞士之域矣。[81]

中華民國元年，政府通令學校不讀經，社會風氣大變，有為追述之云：

昔者清末士夫好利，好古則以為迂，篤修則笑為愚，守禮則非其拘。然舊德遺風，尚有一二之存。今則五尺之童，並教祖之孔子而先攻之，刮其根，絕其株。於是舉中國人無可羨慕，士不悅學，俗不知恥。孝悌貞廉，幾為蝨矣。[82]

今吾國道德之不修，風俗之墮壞，廉恥之衰腐，教化之陵夷，五千年未之有也。凡昔者遺風餘俗，稍有留存，則必斬刈斲削之，務使蕩棄絕盡，無有少留貽焉。以如此之俗，且使昔所有之德教法律而破壞之，其能奉德法律以自治乎？必無有也。[83]

尋，上海成立孔教會，以張孔教。其章程出有為手。會務由友人沈曾植，弟子孟華等主持之。張勳復辟，有為代溥儀擬尊孔教為國教，詔曰：

孔子道兼天人，而于經緯人道，纖悉尤備。故其普遍及人也，有治身之言，有治一家之言，治一國之言，治天下之言。其隨時變通也。有據亂世之道，有升平世之道，有太平世之道，乃至鬼神昆蟲草木，六通四闢，本末精粗，無乎不在。故重夫婦則父子親，殊族姓則生育繁。於是人口甲大地。凡人自靈魂立德一身之云為，應接一家之親疏，結合一國之行政，立教天下之統一持久，皆有中和之良法，範圍曲成。從之則治，不從則亂。中國數千年，人人信受奉行孔教。……自民國來，革皇清之命，乃至革中國數千年禮樂典章風化之命。日

81 《不幸而言中不聽則國亡》，頁 315，〈中國不能逃中南美之形勢〉。

82 同上書，頁 316。

83 同上 81，頁 316。

以攻孔，乃至廢讀經，輟祭祀，禁拜跪，倚上帝之祀。是併欲革上帝孔子之命。

慢神廢教，古今天下之不道，未有甚於斯時者也。……今妄人舍棄舊有之德禮，而高談法治，則法出而奸生，令下而詐起。今四萬萬人親疏接構，日以奸詐相鬥，何以治之。故民國之風俗敗壞，人心險詐，禮義廉恥，掃地以盡，皆由數妄人尊法治而排孔為之，其成效可睹矣。……其自今尊奉孔子為國教，悉查舊章奉行。[84]

先是民國二年十二月，孔教會由教育部批准立案。袁世凱之謀帝制也，借祀孔子為塗飾之具。至是有為參與復辟，孔教會頗受崇洋之士所疵議。兼之五四運動起，非聖之聲再起，有為所倡「國所與立，民生所依，必有大教為之楨幹，化為民俗，入於人心，奉以行止，死生以之，民乃可治」之深旨，終不能為人所解也。

八、結論

吾人於此，可據康有為之所言者，構一規模矣：

1. 繼承滿清所遺廣大而完整之領土。
2. 於此領土上，合漢、滿、蒙、回、藏五族共建國家。
3. 此國家繼承五千年來之典章文物。
4. 此國家為君主共和政體。君主可以世襲，然御而不治。
5. 此國家之政府組織為行政、立法、司法三權鼎立制。
6. 此國家之社會，受孔子思想之教化。
7. 此國家之歷史進程為「昇平世」繼續向「太平世」演進。

吾人可一言以明之：「使滿清帝國脫胎換骨成『嶄新之強國』，有此有為之經世思想也。」嗚呼！可謂宏偉傑構矣。有為對當時之現實問題，亦有多種建議。如「物質救國論」、「理財救國論」、「金主幣救國論」等，乃屬於「政策」而非「建國」。茲略而不論。

當是時，孫文亦以「三民主義」、「五權憲法」等曉喻國人。兩人相較，有為乃以「公羊之學攝西學」，孫文則以「西學而擷中學」。有為自戊戌以後，流亡海外十六年，三周大地，歷三十餘國。所至考察其政治、風俗、歷史變遷。其姬人為美國華僑，女公子皆通英文，故所知絕不淺陋。唯偶有疏漏，如主張議員開會而以行政長官為主席，

---

[84] 〈丁巳要件手稿釋文〉，頁 6-8，《遺著彙刊》十三冊。

能知「理」「法」之別，而未能闡「理」之高於「法」，以防西方文化之弊。又書中絕少心性修養之論，重外王而輕內聖，亦未能得孔學之全也。孫文則少受西方教育，迨入世執業，始由理雅格之譯本而通四書。演講三民主義時，以西人之衣履整潔，鬚面必剃為「修身」。有人規之曰：中國人之修身在品行，先生之所言乃「衛生」也。孫文悟而易稿焉。然納中國之「考試」、「監察」於五權之中，確於固有文化有得焉。

昔年就讀省立臺灣師範學院，嘗侍棲霞牟宗三先生於東坡山莊。某日語及孫文。牟師曰：「熊先生當年絕不喜此人，政權何等大事，安可輕棄。」復問「歷史之重心在民生」義。曰：「此民生二字，在邏輯上屬於空項，以其內含無確義也。」尋，牟師曰：「當年康梁若能成功，豈不尤為健康乎。」余誌之，不復請。有為每言中國不可革命，法國大革命，戰亂八十七年而後定，足以為鑒。自辛亥武昌起義師，至今民國已百有三年矣，午夜夢迴，猶是擄亂之世也。因感而草是文，以紀此一代畸儒。

張之洞的經世與實業思想

黎志剛

「經世」源於「通經致用」，[1]經世思想的核心是更好的治理王朝的知識。陳子龍編的《皇明經世文編》和魏源和賀長齡編撰的《皇朝經世文編》(1826)是這學統的代表。在晚清更有不少的經世文新編，對治國理念有一定的思路。[2]以《皇朝經世文編》為例，由三部分組成：(1)學術(2)治體和(3)六部的理論(吏政、戶政、禮政、兵政、刑政、工政)。這種安排清晰地顯示出經世思想的邏輯是由經世思想來指導政府治理，而政府治理原則指導六部事物(包括政治、經濟、文化、軍事、刑事、工程等等)。晚清官員和思想家廣泛使用「經世」或「經濟」一詞，當今的學者也仍舊討論其含義。[3]因為「經世」或「經濟」一詞，在不同人對「經」的理解不同而呈現出不同的意義。我們認為晚清的經世思想特別注重經濟問題從傳統走向現代化[4]的思想。中國為求生存，必

---

1 「經世」，即「經世致用」。「經世」有時寫作「經濟」，即「經國濟世」，意義相同。「經世」是指稱儒家學者關心社會、參與政治，以祈求達到天下治平的一種觀念。看王爾敏〈經世思想之義界問題〉，《近代史研究所集刊》第13期，頁35。

2 看劉廣京，〈經世思想與新興企業〉，台北：聯經出版事業公司，1990；《近世中國經世思想研討會論文集》，台北：中央研究院近代史研究所，1984；Stephen R. Halsey 著，趙瑩(譯)，《追尋富強：中國現代國家的建構，1850-1949》，北京：中信出版社，2018。

3 劉廣京、周啟榮，〈皇朝經世文編關於經世之學的理論〉，《近代史研究所集刊》第15期，頁33。看王爾敏〈經世思想之義界問題〉，頁31。

4 現代化(modernization)是當代一個很流行的字眼，在這裡我把它界定為一個不斷追求進步和革新，促使國家富強的思潮。布萊克(C.E. Black)指出：「自工業革命以來，由於科技的高速發展，使人類知識不斷增進，傳統社會的逐漸演化，以適應現代功能，並加強其對環境控制的一種變遷過程。……這不但在其變動的特性，而更在於其對全人類的衝擊。」(C. E. Black, *The Dynamics of Modernization*, Harper, New York, 1975, p. 7)。這一運動瓦解了傳統經濟，促使了生產方式、意識型態、社會結構、政治制度和人類生活方式等面向(aspects)的急劇轉變。另一位研究現代化問題的專家艾深塔博士(S. N. Eisenstadt)指出：「現代化以及追求現代性的熱望，可以說是當代最為普遍的特色，大多數國家均陷在這個蛛絲網之中，成為現代化的國家。……就歷史觀點而言，現代化是朝向某一類型的社會、經濟及政治制度的演變歷程。這一現代化運動是在十七至十九世紀傳入南美洲和非洲。(S. N. Eisenstadt, *Modernization: Protest and Change,* Prentice Hall, New Delhi, 1969, p. 1)。中國的現代化運動是始於給西方帝國主義打敗後，國人為求雪恥圖強，而作出一系列富國強兵的改革。當代史家已經公認同治初年的「自強運動」是中國近代化的第一步。Anne Reinhardt 的 *Navigating Semi-Colonialim: Shipping, Sovereignty, and Nation-Building in China, 1860-1937*, Cambridge, MA: Harvard University Asia Center, 2018 也討論過了航運對現代化、全球化的作用。

須走「富強」的現代化之路，洋務運動遂應運而生，主持人物包括在朝的奕訢、文祥和在地方的湘淮將領曾國藩、李鴻章、左宗棠、丁日昌、沈葆楨和張之洞等。本文以張之洞為例看經世和實業救國如何結合在一起。張之洞曾說過「通經為世用」，甚至決定用這幾個字為子孫後代取名。[5]

張之洞 1837 年出生於貴州興義。其祖籍是直隸南皮的一個文人官僚家庭。他的表兄張之萬是 1847 年的殿試狀元，在翰林院和中央、地方當官多年，鎮壓過捻軍，入軍機十一年（1884-1894），在兵部，刑部和戶部都供職過。[6]張之洞早年在興義府生活，其父親為興義知府。1849 年張之洞十三歲，按照清朝的規定回祖籍南皮參加童試，並在南皮縣學讀書。1852 年，他會試中舉第一名解元。[7]

1853 年張之洞回到了興義。同年，太平軍建都南京。在其十八、十九歲的年紀，張之洞都在和父親一起行軍打仗，鎮壓貴州的苗民叛亂。1854 年，興義府城差點失守，是他的父親率領他的哥哥們以及姐夫鹿傳霖，登上城樓苦戰三天三夜才守下來。1855 年，張之洞與十三歲拜在韓超門下。韓超與胡林翼相交，胡林翼在貴州多年（1846-1854），是張之洞父親的同級或間接上司，此時剛剛將武昌從太平軍中奪回並成為了湖北巡撫。[8]1855 年下半年，張之洞與其父親及姐夫鹿傳霖在貴州東部的都勻鎮壓苗民。十一月和十二月時，他父親遣他去北京準備下一場考試。不幸的是第二年，其父親帶病打仗幾個月後病逝。死後第七天，都勻城破，張之洞第一任夫人的哥哥和鹿傳霖的父母都死在了都勻。[9]張之洞早年的這些戰爭經歷以及他與韓超和胡林翼的聯繫都對其經世思想的形成有影響。

張之洞父親去世後，從 1857 到 1862 年，其都在閱讀兵書和組織團練。這些年也是晚清動盪不安的幾年。1857 年，第二次鴉片戰爭爆發，英法聯軍佔領廣州。1858 年簽訂天津條約。1860 年，英法聯軍佔領北京，火燒圓明園，簽訂北京條約。[10]在二十幾歲最好的年紀，張之洞夜觀星象，熟讀兵書，困擾於當前的政治形勢，擔憂著整個王

---

[5] 許同莘，《張文襄公年譜》，1939 年鉛印本，頁 11；吳劍杰，《張之洞年譜長編》，上海：上海交通大學出版社，2009；陳鋒、張篤勤，《張之洞與武漢早期現代化》，北京：中國社會科學出版社，2003。

[6] 許同莘，《張文襄公年譜》，頁 6；《清史稿》列傳 225，閻敬銘、張之萬、鹿傳霖等傳，頁 12385-12387。

[7] 許同莘，《張文襄公年譜》，頁 1-4。

[8] 梅英傑，《胡文忠公年譜》，《湖南人物年譜》，長沙：湖南人民出版社，2013，第 3 冊，頁 42-50；許同莘，《張文襄公年譜》，頁 3-5。《清史稿》列傳 207，韓超等，頁 12139-12142。

[9] 許同莘，《張文襄公年譜》，頁 5-8；「清代傳記叢刊」201，綜錄類，大清畿輔先哲傳（四），〈張鍈傳〉，頁 45-46；《清史稿》列傳 225，閻敬銘、張之萬、鹿傳霖等傳，頁 12387。

[10] 許同莘，《張文襄公年譜》，頁 5-8；吳劍杰，《張之洞年譜長編》，頁 20-25。

朝的命運。[11]

張之洞的政治生涯開始於 1863 年，這一年，他殿試高中探花，年僅二十七歲就成為了翰林院的一員。1863 年殿試，皇帝問了四組問題：(1)「典學傳心之要」、(2)「求賢佐治之方」、(3)「去奢崇儉之規」、(4)「查吏安民之術」。[12]與狀元和榜眼的回答相比，張之洞的回答很不尋常。他當然按照常規引用了儒家經典和遵循殿試策問的回答規範，但是其回答中的很大一部分都在講清朝面臨的各種問題，導致這些問題的原因和解決這些問題的方法，這種著重談論問題的答法在另外兩人的回答中幾乎看不到。[13]

在他的回答中，張之洞認為清朝的主要問題在缺乏人才。儒家經典「深切居要，則陳頤多親賢士大夫一語盡之矣」。[14]然而，「今日人才之乏，資格太拘，科目太隘致之也」。張之洞建議皇帝擴大人才選拔的途徑，不要擔心選到不循規蹈矩的人才，因為只通過文采來選拔人才「治平且不可，況多事乎」。[15]張之洞在殿試中提到清朝處於多事之秋以及科舉的問題對其政治前途是一個巨大的冒險。不出意料，他的試卷引起了爭議，若是兩宮，特別是慈禧沒有看到他的試卷並改變他的名次，他會是殿試的最後幾名，也不會有在翰林院歷練的經歷。[16]慈禧與張之洞的緊密聯繫也從此時開始。早年在貴州的戰爭經歷，與韓超和胡林翼的關係，以及第二次鴉片戰爭顯然對張之洞的影響很大。在其政治生涯的開端，他就有一種危機感並強烈的感到需要更多的人才來化解危機。

張之洞認為清朝的另外一個大問題是財政問題：「今天下大患在於貧。吏貧則黷，民貧則為盜，軍貧則無以戰，而起原自不儉始」。在回答「去奢崇儉之規」時，他高度讚揚皇帝對這個問題的認識，並提議皇帝應該「躬為宣導」節儉。而最好的「查吏安民之術」，其認為是「責以大吏」，通過「富疆」來「養其廉」。他批評「今世士人殫精畢世，但攻時文，一旦釋褐從政，律令且不曉，何論致治戡亂之略哉」，並不能成為真正意義上「宗法聖賢，博通今古」的儒者。[17]

所以對張之洞來說，這兩個問題是緊密聯繫的。解決這些問題的關鍵是選拔真正的人才，那些務實的，懂得如何理財，養廉（防止腐敗），養民，養軍的儒者。這還是

---

[11] 許同莘，《張文襄公年譜》，頁 7。

[12] 《清實錄》第 46 冊，同治二年，頁 283。

[13] 《歷代金殿殿試鼎甲硃卷》，石家莊：花山文藝出版社，1995，下，頁 887-902。

[14] 〈殿試對策〉，趙德馨（主編），《張之洞全集》，武漢：武漢出版社，2008，第 12 冊，頁 373；以下引用簡稱為武漢版《張之洞全集》。

[15] 〈殿試對策〉，武漢版《張之洞全集》第 12 冊，頁 374。

[16] 〈抱冰堂弟子記〉，武漢版《張之洞全集》第 12 冊，頁 507。《張文襄公年譜》，頁 8-9。

[17] 〈殿試對策〉，武漢版《張之洞全集》第 12 冊，頁 374-375。

儒家人治的範疇。皇帝應該擴大人才選擇的範圍，「拔十得五，猶獲其半」。並且重視在實踐中考驗人次：「欲綜核名實，則何不試其言之效不效，以為用不用之權衡哉」。[18]張之洞這種在實踐中檢驗的思想與魏源的很相似。[19]魏源也位列其所寫的《書目答問》（1874）經濟家最後一名（離張之洞的時代最近）。[20]在張之洞的《輶軒語》（1875）中，他也提到知和行的重要性。他呼籲所有的儒生講求經濟：「國家養士，豈僅望其能作文字乎。通曉經術，明於大義，博考史傳，周悉利病，此為根柢。尤宜討論本朝掌故，明悉當時事勢，方為切實經濟。蓋不讀書者為俗吏，見近不見遠；不知時務者為陋儒，可言不可行。」所以，對張之洞來說，其經世思想所指向的一套知識，不僅包括傳統的經史學問，也包括「本朝掌故」和「當時事勢」。[21]在《書目答問》中，張之洞認為讀書的目的就是為了應用。這也是為什麼他將經濟家列為《書目答問》中的最後一門學者。張之洞認為經濟可以從書本中學，也可以從名臣的言行中學到。所以在《書目答問》中列出經濟學者後，他也列出了一些名臣，最後三名（離張之洞的時代最近）分別是林則徐、胡林翼和曾國藩。[22]值得一提的是，其列出的這三名大臣都是在戰火和危機中成為名臣的。

以上的討論可以看出，張之洞的經世思想圍繞著三點：（1）對當前問題，特別是經濟和軍事問題的敏感，（2）對應對危機的人才的渴求，（3）對知與行的同樣重視。這三點始終貫穿其政治生涯。

張之洞一開始在翰林院，後來外放，做過浙江、四川和湖北的學政，主管科舉。1869 年，在湖北學政任內，他在湖北武昌開辦了經心書院。[23]1875 年，他為四川學政時創建了尊經書院。《書目答問》和《輶軒語》就是寫於此時。尊經書院的科目眾多，包括經、史、小學、輿地、推步、算術、經濟、詩和古文辭。張之洞認為學術應該博采眾家之長，但學術也有門徑，所有的學問都是基於儒家經典，而理解儒家經典又需要小學基礎。其還是沿著漢學這一清代學術傳統而來。其在《書目答問》中寫道：

> 由小學入經學者，其經學可信。
> 由經學入史學者，其史學可信。

---

[18] 〈殿試對策〉，武漢版《張之洞全集》第 12 冊，頁 374。

[19] 劉廣京，〈魏源之哲學與經世思想〉，《近世中國經世思想研討會論文集》，頁 359-392。

[20] 〈書目答問〉，武漢版《張之洞全集》第 12 冊，頁 303。

[21] 〈輶軒語〉，武漢版《張之洞全集》第 12 冊，頁 196。

[22] 〈書目答問〉，武漢版《張之洞全集》第 12 冊，頁 303。

[23] 許同莘，《張文襄公年譜》，頁 14。

由經學、史學入理學者，其理學可信。

以經學、史學兼詞章學者，其詞章有用。

以經學、史學兼經濟者，其經濟成就遠大。[24]

1876 年，張之洞從四川學政的位置上回到北京。1879 年，伊犁危機爆發，張之洞上奏提出三點建議來解決這個危機：(1) 練兵 (2) 籌餉 (3) 用人。他認為不一定要和俄國開戰，但是備戰並顯示清朝強大的軍事力量卻是必要的。這樣即使和議也會處於有利的地位：「總而論之，備為主，講為輔，操縱為變化」。最重要的仍舊是選拔人才和籌集軍餉。他建議皇帝不拘一格選人才：「勿計年資，勿泥成例。奇杰之才，不拘文武，艱巨之任，不限疏戚。……即塞外番僧，泰西智巧，駕馭有方，皆可供我策遣」。人才即使小有瑕疵，也瑕不掩瑜：「邊才每多偏駁，健將每涉不羈，……或取其技能，或采其議論」。張之洞再一次強調「行」的重要：「每辦一次軍務，即出一次人才」。[25]

與大多數的清朝官員一樣，張之洞批評崇厚所簽訂的伊犁合約（1879），並不承認其有效性。他建議清朝與俄國重新定約。在所有的合約條款中，他認為關於商務的第十四條害處最大。此條允許俄國商人不僅通過東路從天津到漢口，而且也開放西路，允許俄國商人過嘉峪關穿行西部數個省份到漢口從商。張之洞清醒地認識到此條攸關中國茶葉的出口。要是俄國商人可以過嘉峪關到漢口，由於嘉峪關更加靠近俄國在歐洲的商業中心，那麼他們販賣中國茶葉的成本將會大大降低。俄國商人已經控制了東路茶葉貿易，要是他們也控制西路，中國商人將會無以為生。允許俄國商人穿行西部幾個省份到漢口隱患也很大。張之洞贊同左宗棠的建議，開辦中國運茶公司將茶葉從漢口運到嘉峪關，只允許俄國商人在嘉峪關買茶葉。他同時還提議給中國運茶公司外商的稅務優惠以提高其競爭力。張之洞和左宗棠的建議被清廷採用。在 1881 年簽署的伊犁新約中，第十四條只允許俄國商人從東路天津口岸進入漢口。[26]

1882 年，清廷任命張之洞為山西巡撫，張之洞開始了其封疆大吏的生涯。其到山西的第一件事就是官場大換血：在僅僅四個月的時間中，彈劾了山西九名官員。第二年，他再次彈劾了九名山西官員。在其兩年三個月的任期內，張之洞總共以貪腐或無

---

[24] 吳劍杰，《張之洞年譜長編》，頁 46。〈創建尊經書院記〉，武漢版《張之洞全集》第 12 冊，頁 368-372。詳〈書目答問〉，武漢版《張之洞全集》第 12 冊，頁 298。

[25] 詳〈籌邊計折〉，武漢版《張之洞全集》第 1 冊，頁 23-27；〈謹陳海防事宜折〉，武漢版《張之洞全集》第 1 冊，頁 31-33。

[26] 關於漢口，參考 William T. Rowe, *Hankow: Commerce and Society in a Chinese City, 1796-1889*, Stanford, CA: Stanford University Press, 1984、William T. Rowe, *Hankow: Conflict and Community in a Chinese City, 1796-1895*, Stanford, CA: Stanford University Press, 1989；張之洞的觀點，見：武漢版《張之洞全集》第 1 冊，頁 33-34、39-41。

能為由彈劾了二十五名山西官員。接著，他取締了很多政府開銷和捐納，並且成立了全部由其親信領導的清源局來清查政府債務。清源局後來併入了很多與財政相關的局，山西財政幾乎由其控制。[27]通過重組政府財政機構和設立清源局，張之洞牢牢地將財政大權掌握在手中。

有了錢，張之洞就可以將其經世思想付諸實踐。他開始勸課農桑，開墾荒地，修建學校，並改革訓練軍隊。[28]仍舊圍繞著理財和軍事問題努力。張之洞寫道：「從來治國之道，理財、治兵，兩義互相維繫。非阜財不能養兵，非安邊不能足食」。[29]對張之洞來說，富強就是其治理王朝的目標，而且「富」不僅僅指政府富裕，也指百姓富裕，因為國富和民富緊密關聯。

早在 1881 年，張之洞就非常關注自強運動，並且期望在山西複製李鴻章的天津模式。[30]其經世思想所定義的一套知識此時已經擴大到各種西學。1882 年，張之洞寫道：

> 蓋聞經國以自強為本，自強以儲才為先。……洋務最為當務之急。……中外交涉事宜，以商務為體，以兵戰為用，以條約為章程，以周知各國物產、商情、疆域、政令、學術、兵械、公法律例為根柢，以通曉各國語言文字為入門。[31]

以上內容顯示，張之洞經世思想的終極關懷仍舊是更好地治理王朝，但是此時，更好的治理王朝已經與自強緊密結合。人才、理財和軍事仍舊是其經世思想的核心關注點，仍舊被其視為更好的治理王朝——即自強的關鍵。但是其經世思想所定義的知識已含西學——包括西方各國語言和學術、地理學、經濟學、政治學、法律、軍事組織和技術，以及國際法。在山西，張之洞以優厚的待遇招聘各種西學人才，並計畫開採煤礦鐵礦，冶煉鋼鐵，鑄造銅錢，訓練士兵使用西式武器，並成立洋務局。[32]

張之洞在山西的這些計畫在其 1884 年中法戰爭期間升任兩廣總督時被迫中斷。[33]一到廣東，他就開始積極組織對法國的防線。1884 年 8 月 5 日，法國軍艦攻擊臺灣基

---

[27] 陳存恭，〈張之洞在山西，1882-1884〉，《近代史研究所集刊》，期 17（下），頁 8-14；武漢版《張之洞全集》第 5 冊，頁 27-34。

[28] 陳存恭，〈張之洞在山西，1882-1884〉，頁 15-24。

[29] 武漢版《張之洞全集》第 1 冊，頁 145。

[30] 書札，武漢版《張之洞全集》第 12 冊，頁 20、第 5 冊，頁 20。

[31] 武漢版《張之洞全集》第 5 冊，頁 20。

[32] 陳存恭，〈張之洞在山西，1882-1884〉，頁 18-19，37-30；許同莘，《張文襄公年譜》，頁 38-41；武漢版《張之洞全集》第 5 冊，頁 20。.

[33] 許同莘，《張文襄公年譜》，頁 38-41。

隆，不久基隆淪陷，法國對臺灣實行軍事封鎖。23 日，法國軍艦襲擊福建造船廠，摧毀了清朝的整個南洋海軍及其基地。[34]張之洞派唐景崧與在越南對抗法軍的黑旗軍頭領劉永福聯繫，並對劉的黑旗軍給予糧餉、人員和武器的支持。根據清廷的指示，張之洞也大力援助了清朝在越南和臺灣的軍隊。[35]同時，其舉薦馮子材帶領十營從廣西進入越南與法交戰。1885 年 3 月 24 日，馮子材的軍隊取得鎮南關大捷，將法國的軍隊擋在了清朝國門外，並進入越南反擊，迫使法軍退出涼山，導致了 30 日茹費理內閣的倒臺，中法開啟談判，戰爭於四月初結束。[36]

然而，中法戰爭後，張之洞對於和談的結果並不滿意，其處境也不盡如意。此次合約是由總稅務司赫德居中斡旋，中法於 1885 年 4 月 4 日簽署。與張之洞的期望相反，合約規定所有清朝軍隊必須退出越南以交換法軍退出臺灣。馮子材反擊所佔領的越南土地被拱手讓給法國。[37]清廷簽署這一對法國有利的合約估計也是迫於無奈：日本在朝鮮頻頻活動，清廷擔心法日同盟，所以希望儘快結束南方的戰爭以一心應對北方。[38]在張之洞與法國周旋了大半年後，清朝的朝貢國越南仍舊被法國所奪。張之洞對合約中的中法劃界問題和商務問題也有諸多不滿，無奈上奏的抗議也被一一駁回。[39]

同時，由於支持劉永福馮子材以及其他在越南和臺灣的清軍，張之洞深深的感到錢不夠用。他需要錢維持軍隊，購買新式武器，可是廣東政府的財政收入和積存根本遠遠不夠。為了解決這個問題，張之洞提出借洋款。清廷批准了他的要求，包括前任兩廣總督借的二百萬兩，張之洞總共借了九百萬兩銀子。在這九百萬兩銀子中，商定五百萬兩由廣東還，四百萬兩由所有省份分攤。[40]然而在 1886 年 5 月，其驚駭的發現戶部要求由廣東來償還所有的借款。[41]而廣東政府的財政赤字已經大於三百萬兩。即使

---

[34] Lloyd E. Eastman, *Throne and Mandarins: China's Search for a Policy during the Sino-French Controversy, 1880-1885*, Cambridge, MA: Harvard University Press, 1967, pp. 145-158.

[35] 〈抱冰堂弟子記〉，武漢版《張之洞全集》第 12 冊，頁 508-509、第 7 冊，電牘，頁 273-305、第 4 冊，頁 247-367。

[36] Lloyd E. Eastman, *Throne and Mandarins*, pp. 171-189; 武漢版《張之洞全集》第 7 冊，頁 284；〈抱冰堂弟子記〉，武漢版《張之洞全集》第 12 冊，頁 508-509、〈致馮萃亭八首〉，武漢版《張之洞全集》第 12 冊，頁 36-39。

[37] 武漢版《張之洞全集》第 4 冊，頁 367-369、第 7 冊，頁 305-308、313、317；赫德的角色，參看 Hans van de Ven, *Breaking with the Past: The Maritime Customs Service and the Global Origins of Modernity in China*, New York: Columbia University Press, 2014, pp. 112-116.

[38] Lloyd E. Eastman, *Throne and Mandarins*, pp. 198-200.

[39] 武漢版《張之洞全集》第 7 冊，頁 319、第 4 冊，頁 370-380。

[40] 〈抱冰堂弟子記〉，武漢版《張之洞全集》第 12 冊，頁 508；武漢版《張之洞全集》第 7 冊，頁 327、第 1 冊，頁 324-325。

[41] 武漢版《張之洞全集》第 12 冊，頁 31。

想盡辦法削減開支，仍舊有一百萬兩的赤字。[42]

更糟的是海關還將替代清朝督撫衙門來收洋藥釐金，即進口鴉片釐金。赫德和金登幹在中法戰爭期間促成了此事，於 1887 年生效。清廷批准了這一建議，估計是因為海關洋藥稅釐並收可以對洋藥釐金更好的監控，並且赫德還保證清廷可以每年多收七百萬到八百萬兩銀子。由於這一改動，張之洞不得不將在廣東與澳門和香港交界處收取洋藥釐金的權利交給海關。赫德後來甚至要求其將收取百貨釐金的權利也交給海關。[43]對張之洞來說，這觸犯了他的根本利益，其向總理衙門和李鴻章抱怨：「干預稅釐內政，明係攬奪中國利權」。[44]

「利權」這一概念此時已經成為了張之洞經世思想的核心。前文已經充分論證了張之洞對財政的敏感和他對「富」與「強」之間聯繫的深刻理解。他在中法戰爭之間和之後的經歷，他所面臨的時時缺錢的問題，無疑只會促使他想盡一切辦法來增加其政府的收入。這使得其與海關在利益上發生衝突，而他將這種衝突看成中國和外國對利權的爭奪。張之洞用「中國」這一詞語，顯示出他所理解的利權並不僅僅是清王朝的利權，而是中國的利權，中國在這兒不光包括清朝中央政府，也包括地方督撫，地方州縣以及中國商人和百姓。這兒的利權代表著一種在中國土地上只能由中國人來獲取財富的排他的主權。中國人在這兒泛指所有清王朝的子民。在伊犁危機和山西巡撫任上，張之洞已經意識到與外國人之間的商務競爭。他建議只允許俄國商人走東路以保存中國商人的生計。他也建議允許山西的鐵像洋鐵一樣通過海路出口，並計畫在山西開辦鋼鐵冶煉的工廠以與市面上的洋鐵競爭。[45]在廣東，他這種與外國人商務競爭的意識進一步發展成為一種保護中國利權免遭外國侵蝕的思想。

「利權」這一概念可以上溯到《左傳》。《左傳》襄公二十三年：「子在位，其利多矣。既有利權，又執民柄。」[46]黃宗羲和顧炎武用「利權」這一概念來批評皇帝對財政的集權。黃宗羲認為不是皇帝，而是天下應該享有「利權」，而顧炎武認為郡縣應該享有「利權」。[47]黃宗羲和顧炎武是張之洞《書目答問》中頭兩位的經濟家，他們主要的

---

42 武漢版《張之洞全集》第 1 冊，頁 407-411、469-470。

43 *Documents Illustrative of the Origin, Development, and Activities of the Chinese Customs Service*, Volume 1, Inspector General's Circulars 1861 to 1892, Circular No. 352, 356, 358, pp. 512-527; 武漢版《張之洞全集》第 4 冊，頁 397-398、第 7 冊，頁 391-392、第 12 冊，頁 60-62。

44 武漢版《張之洞全集》第 4 冊，頁 397。

45 吳劍杰，《張之洞年譜長編》，頁 100、109、112。

46 阮元校刻，《十三經注疏》，北京：中華書局，1980 年，頁 1976。

47 黃宗羲「後之為人君者不然。以為天下利害之權皆出於我，我以天下之利盡歸於己，以天下之害盡歸於人，亦無不可。」〈原君〉，《明夷待訪錄》，《黃宗羲全集》，杭州：浙江古籍出版社，2005，第 1 冊，頁 2；顧炎武《日知

經世著作，黃的《明夷待訪錄》和顧的《日知錄》也列在《書目答問》中。[48]顯然，張之洞瞭解儒家學術中對利權的討論，瞭解皇權和天下（或是郡縣）對利權的角逐。在第一次鴉片戰爭後，外國也加入了這種對利權的角逐。同樣列於《書目答問》中魏源的《海國圖志》提到英帝國得到印度：「小西洋即印度海利權，歸掌握者八九矣。」[49]

隨著 1860 年代萬國公法的翻譯和自強運動的興起，「利權」這一中國自有的概念與「主權」這一泊來的概念被聯繫在一起，「利權」這一話語逐漸在清外交中佔據重要地位。張之洞寄給張佩綸的信件顯示，最晚從 1881 年始，張之洞就非常關注自強運動，渴望讀到天津的書籍。[50]薛福成 1879 年出版的籌洋芻議有四個章節都命名為「利權」。[51]清朝官員，包括張之洞，開始閱讀《申報》(1872 年建刊）和《萬國公報》(1868 年建刊)。這些報紙為其打開了認識西方的大門。[52]在《申報》中，與西方有過直接接觸的人，例如鄭觀應和王韜也開始使用「利權」這一話語談論西方對中國利益的損害。[53]中法戰爭中，鄭觀應管過錢糧，給張之洞上過幾次書討論當前形勢。[54]鄭後來出版了基於其 1880 年《易言》的《盛世危言》(1893)，其中明確的提出了商戰的概念。[55]所有這些影響以及張之洞長期對財政的關注使其決意保護中國利權免受外國侵蝕，並認為此攸關國家安全。

1885 年，在中法戰爭結束兩個月後，張之洞提交了一份討論海防的長奏摺。此奏摺的第一句話就是：「自強之本，以操權在我為先，以取用不窮為貴」。然後他列舉了達到自強要做的三件事(1)儲人才，特別是會使用西方先進武器，駕馭船艦的人才(2)

錄》卷九「守令」條：「是以言蒞事，而事權不在於郡縣；言興利，而利權不在於郡縣；言治兵，而兵權不在於郡縣，尚何以復論其富國裕民之道哉！必也，復四者之權一歸於郡縣，則守令必稱其職，國可富，民可裕，而兵、農各得其業矣。」天下（tianxia）概念，看 Ban Wang, editor. *Chinese Visions of World Order: Tianxia, Culture, and World Politics* Durham: Duke University Press, 2017; Wang Mingming, "All under Heaven (tianxia): Cosmological Perspectives and Political Ontologies in Pre-Modern China," *HAU: Journal of Ethnographic Theory,* vol. 2, no. 1, 2012, pp. 337-383.

48 〈書目答問〉，武漢版《張之洞全集》第 12 冊，頁 264, 266, 303。

49 〈書目答問〉，武漢版《張之洞全集》第 12 冊，頁 255；《魏源全集》，長沙：嶽麓書社，2004，第 6 冊，頁 1424。

50 武漢版《張之洞全集》第 12 冊，頁 20.

51 薛福成，〈籌洋芻議〉，《薛福成集》，合肥：安徽教育出版社，2014。

52 潘光哲，《晚清士人的西學閱讀史 1833-1898》，臺北：中央研究院近代史研究所，2014，頁 71-72。王維江，〈「清流」與《申報》〉，《近代史研究》，2007 年第 6 期，頁 73。

53 易惠莉，《鄭觀應評傳》，南京：南京大學出版社，1998，頁 102-201；張海林，《王韜評傳（附容閎評傳）》，南京：南京大學出版社，1993，頁 369-376。關於王韜，看 Paul A. Cohen, *Between Tradition and Modernity: Wang Tao and Reform in Late Ch'ing China*, Cambridge, MA: Harvard University Press, 1974.

54 易惠莉，《鄭觀應評傳》，頁 330-340；夏東元編，《鄭觀應集》(下)，上海：上海人民出版社，1982，頁 493,580。

55 易惠莉，《鄭觀應評傳》頁 102-201。劉廣京、黎志剛，〈鄭觀應《易言》—光緒初年之變法思想〉，《經世思想與新興企業》，頁 419-521。

製器械（3）開地利，即開採煤礦、鐵礦，冶煉鋼鐵。張之洞認為要保有利權必須做這三件事，並且這三件事「相濟為用」:「有人才而後器械精，有煤鐵而後器械足，有煤鐵、器械而後人才得以盡其用」。這件奏摺的突出點是其提供的大量細節。不僅要訓練工程、軍事人才，也需要翻譯、算學、測繪、電學、化學、重學、氣學、光學等人才，還要製造火藥、電線、強水、紅毛泥的人才。對各種武器彈藥的討論不光包括各種型號的槍炮，也包括各種水雷、軍艦、火藥和炸藥，以及使用這些武器彈藥的作戰策略。開礦煉鐵的討論涉及到整個生產流程，從「搜求得地」，到「考化分」，到煉鐵煉鋼的各種高爐，連中國鐵質多夾磷硫都提到了。[56]這些細節顯示出其在寫這份奏摺前做了大量的諮詢和考察。

張之洞是從哪兒獲取到這麼專業的知識呢？這份奏摺顯示他有時候會電報詢問清朝在各個國家的外交官員。[57]在山西任上，他已經提出了優渥的條件招聘西學人才，逐漸的，在廣東，其周圍聚集了一批西學人才。1886 年 6 月，張之洞設立洋務局，辦公位置就在其官邸的旁邊，並且要求所有局內工作人員都要閱讀西學書籍，例如中外條約，中國和外國的地圖，海關報告，清外交官員的日記，《萬國公報》等等。洋務局的坐辦，即主要負責人是蔡錫勇。辜鴻銘為德文翻譯，廣其照為英文翻譯，張懋德為法文翻譯。[58]蔡錫勇在京師同文館學習過，並作為翻譯在清朝駐美國使館待過三年。[59]辜鴻銘出生於馬來西亞的一個華人家庭，從十三歲起就在歐洲求學，會流利的英文、法文、德文以及拉丁語和希臘語，並於 1877 年獲得愛丁堡大學的碩士學位。[60]鄺其照在香港讀中學，隨清朝留美幼童遠赴美國並擔任英文翻譯。[61]1887 年，梁敦彥也加入了洋務局。梁早年在香港讀書，是第一批清朝留美幼童。在美國哈特福德初級文法學校讀了一年書，後進入哈特福德高級中學讀了三年，於 1878 年考入耶魯大學文科學士專

[56] 武漢版《張之洞全集》第 1 冊，頁 295-298。

[57] 武漢版《張之洞全集》第 1 冊，頁 298。

[58] 武漢版《張之洞全集》第 5 冊，頁 112-113。

[59] 武漢版《張之洞全集》第 1 冊，頁 265。

[60] 黃興濤編，《辜鴻銘文集》，海口：海南出版社，1996，頁 1；黃興濤，《文化怪傑辜鴻銘》，北京：中華書局，1995；孔慶茂，《辜鴻銘評傳》，南昌：百花洲文藝出版社，1996。

[61] 關於鄺其照，看 Edward J. M. Rhoads, *Stepping Forth into the World the Chinese Educational Mission to the United States, 1872-81*, Hong Kong: Hong Kong University Press, 2011, pp. 35, 40, 80-86; Kwang Ki-Chaou, “The Chinese in America.”, Transcript of an interview at the Bancroft Library, 9 January 1883, by H. H. Bancroft. BANC MSS P-N 2, Bancroft Library, University of California, Berkeley, Calif. Available from the Online Archive of California at http://www.oac.cdlib.org/ark:/13030/hb9h4nb3bg/?order=11&brand=oac4 (last accessed 23 March 2018); 徐潤，《徐愚齋自敘年譜》，《近代中國史料叢刊二輯》，臺北：文海出版社，1978，冊 491，頁 46；“The CEM Staff: Three Notable Figures”, http://www.cemconnections.org/index.php?option=com_content&task=view&id=183&Itemid=61&limit=1&limitstart=1.

業。1881 年隨著所有幼童被迫中斷學業回國。[62]這些人都精通英文和中文甚至法文、德文。他們可以很容易的學習各種西方科學技術並與張之洞交流溝通。在廣東，張之洞也聘用了一些外國專家。[63]洋務局的人與外國專家多有交流，可以學到各種知識。

從 1885 年到 1889 年，外國專家和洋務局的人員，特別是蔡錫勇，協助張之洞開始籌建很多自強的實業和新式學校，比如鋼鐵廠、兵工廠、官銀錢局、織布廠、魚雷學校、電報學校、水師學堂、西藝學校。[64]可以看出，著重點依舊是人才、財政和軍事。前面已經討論過張之洞要煉鋼煉鐵的原因。設立織布廠的原因也是為了和洋布競爭，奪回利權。[65]其設立官銀錢局也是為了和廣東市面上大量流通的外洋銀元競爭。[66]

1889 年，由於清廷調任張之洞為湖廣總督，張之洞在廣東在這些自強實業被迫中斷。這次調任很有可能是因為張之洞提議修建盧漢鐵路，一條橫貫中國南北連接盧溝橋（近北京）和漢口的鐵路幹線。[67]張之洞提議修建盧漢鐵路，也是為了方便土貨的行銷以與洋貨競爭，使得清朝可以收回利權。他注意到近年來清朝進口比出口的逆差為二千多萬兩白銀，而唯一能消除逆差的方法就是促進土貨的銷售——「此乃工道養民立國之本源，並非西商爭利會計之小數」。[68]張之洞並且主張不用洋錢洋軌以保中國利權，所以修建鐵路的第一步是自己開採煤礦，冶煉鋼鐵，造鐵軌。[69]

1889 年，張之洞將在廣東計畫籌建的鋼鐵廠、織布廠、兵工廠都搬到了湖北。[70]在他去湖北的路上，五個人和他同行，其中四個人是蔡錫勇、辜鴻銘、梁敦彥和趙鳳昌。[71]這些人後來成為了張之洞的核心幕僚。到湖北的頭幾年，張之洞就創建了很多實業和新式學校，其在湖北頭幾年的政府組織如表一所示：

---

[62] 裴燕生，〈清外務部尚書梁敦彥的幕友生涯及《梁敦彥履歷》勘誤〉；裴燕生，〈從《順德梁崧生尚書生平事蹟草稿》（手抄本）看清外務部尚書梁敦彥早年事蹟〉；"Liang Tun Yen", Chinese Educational Mission Connections 中國留美幼童聯絡網 http://www.cemconnections.org/index.php?option=com_content&task=view&id=101.

[63] 黎仁凱，《張之洞幕府》，北京：中國廣播電視出版社，2005，頁 30；〈雇募德弁片〉，武漢版《張之洞全集》第 1 冊，頁 299。

[64] William Ayers, *Chang Chih-tung and Educational Reform in China*, Cambridge, MA: Harvard University Press, 1971, pp. 104-106；籌設煉鐵廠折，武漢版《張之洞全集》第 2 冊，頁 262-263；籌建槍炮廠折，武漢版《張之洞全集》第 2 冊，頁 214-215；擬設織布局折，武漢版《張之洞全集》第 2 冊，頁 224-225。1

[65] 武漢版《張之洞全集》第 2 冊，頁 224-225。

[66] 武漢版《張之洞全集》第 2 冊，頁 220-224。

[67] 武漢版《張之洞全集》第 2 冊，頁 183-186、261、267-278；武漢版《張之洞全集》第 8 冊，頁 16、27、29-30。

[68] 武漢版《張之洞全集》第 2 冊，頁 183。

[69] 武漢版《張之洞全集》第 2 冊，頁 267-268、332-334；武漢版《張之洞全集》第 8 冊，頁 27、29-30。

[70] 武漢版《張之洞全集》第 8 冊，頁 35-38、第 2 冊，頁 409-410。

[71] 另一人是淩福彭，見惜陰（趙鳳昌），〈國學辜湯生傳〉，《人文月刊》，第 2 卷第 4 期，1931 年 5 月，頁 4。

表一　張之洞在湖北頭幾年的政府組織（1889-1893）

湖廣總督張之洞，湖北巡撫[72]		
二級行政機構[73]	藩司（湖北布政使）：總管民政	
	臬司（湖北按察使）：總管刑事	
	漢黃德道（江漢關監督）	漢陽知府 黃州知府 德安知府
	安襄鄖荊道	安陸知府 襄陽知府 鄖陽知府 荊門同知（直隸州）
	荊宜施道（宜昌關監督）	荊州知府 宜昌知府 施南知府
	鹽法武昌道	武昌知府
	督糧道	
各種局	善後局[74]	
	牙釐局	
	保甲局	
	順直賑捐局（1890）[75]	
	督銷淮鹽總局（在漢口）[76]	湖北各地淮鹽局，卡
	川鹽總局（在宜昌）[77]	湖北各地川鹽局，卡
	土藥稅務專局[78] 主要負責人：羅縉紳	湖北各地土藥稅務局，卡
	輿圖局（1890）[79] 主要負責人：蔡錫勇，鄒代鈞	

---

[72] 蘇雲峰，《中國現代化的區域研究：湖北省（1860-1916）》，臺北：中央研究院近代史研究所，1981，頁 12-13。

[73] 《欽定大清會典》第 4 冊；《欽定大清會典事例》第 24-26 冊。

[74] 善後局，牙釐局，保甲局甚為重要，故未裁之，武漢版《張之洞全集》第 2 冊，頁 347-348。

[75] 武漢版《張之洞全集》第 5 冊，頁 179。

[76] 武漢版《張之洞全集》第 5 冊，頁 180。

[77] 武漢版《張之洞全集》第 5 冊，頁 180、第 2 冊，頁 395。

[78] 武漢版《張之洞全集》第 5 冊，頁 168-169、186、203-204、245、317、349-351。

[79] 武漢版《張之洞全集》第 5 冊，頁 192-193、第 2 冊，頁 511-512。

	鐵政局（1890）[80]： 主要負責人：蔡錫勇	內含礦物，化學學堂 算學，格致，方言，商務學堂（1891，1892）[81]
	槍炮局（1890）[82] 主要負責人：蔡錫勇	
各種局	軍械局（1892）[83]	
	防緝經費局（1892）[84]	
	織布局（1892，並宣導種美國棉種以供佈局之用）[85] 主要負責人：蔡錫勇	紡紗廠，繅絲廠（1893）[86]
	轉運局（1893，設在湖南，運湘煤煉鐵）[87]	
	銀元局（1893）[88] 主要負責人：蔡錫勇	
文教	兩湖書院（1891）[89]	
	湖北書局[90]	
幕府		
軍事		
綠營 湖北提督總領	湖北督標（200 名緝私）[91]、撫標、提標，鄖陽鎮、宜昌鎮、漢陽、黃州、竹山、施南各協，武昌、荊州、襄陽、鄖陽各城守，興國、德安、均光、荊門、遠安、衛昌、蘄州、安陸、宜都、荊州堤防二十三標鎮協營[92]，後經過歷年裁兵，到 1893 年實存營兵 15,676(馬戰兵 1,487，步兵 4,298，守兵 9,642，馬步額外外委 249）。[93]	

[80] 武漢版《張之洞全集》第 2 冊，頁 386-388、526-528、第 5 冊，頁 175-176。

[81] 武漢版《張之洞全集》第 5 冊，頁 289、363。

[82] 武漢版《張之洞全集》第 2 冊，頁 409-410、413；武漢版《張之洞全集》第 5 冊，頁 313。

[83] 武漢版《張之洞全集》第 5 冊，頁 335-336。

[84] 武漢版《張之洞全集》第 5 冊，頁 349。

[85] 武漢版《張之洞全集》第 8 冊，頁 35-38；武漢版《張之洞全集》第 5 冊，頁 347-348、357-358、378、381、402-404、448。

[86] 武漢版《張之洞全集》第 5 冊，頁 443-445。

[87] 武漢版《張之洞全集》第 5 冊，頁 438-439。

[88] 武漢版《張之洞全集》第 5 冊，頁 443。

[89] 武漢版《張之洞全集》第 5 冊，頁 169、225-226、238。

[90] 武漢版《張之洞全集》第 5 冊，頁 319。

[91] 武漢版《張之洞全集》第 5 冊，頁 379。

[92] 武漢版《張之洞全集》第 2 冊，頁 314。

[93] 武漢版《張之洞全集》第 3 冊，頁 157-158。

勇營	鴻字中左右三營（其中三哨緝私）[94] 升字中左二營 鳳字馬隊中左右三營（緝私）[95] 鼎字正營（緝私）[96] 武防營（駐武昌）	很少有洋槍，多用舊式土槍[97] 後練習後膛洋槍，並購買前膛洋槍一萬枝裝備（1893）[98]
勇營	襄河水師五營及炮船一隊（駐安襄鄖荊河道）[99] 鐵字營三營（1891 成立，熊鐵生帶領，水陸兼習，並造炮船）[100]	
兵輪	測海兵輪（1891 年由南洋裁，湖北留用）[101] 金甌兵輪（1891 年由南洋裁，湖北留用）[102] 楚材兵輪（1891 年從廣東廣昌輪船撥歸湖北，改名楚材）[103]	

上表的資訊來源於兩處：《欽定大清會典》和《張之洞文集》，特別是其中的奏摺和督楚公牘。督楚公牘中張之洞與下屬的交流顯示出其主要依靠局和勇營來處理各種事物。局和勇營都是在太平天國後出現在督撫衙門新的政府組織。局直接向總督或巡撫報告，勇營的統領也由總督或巡撫直接指定。一名統領可以帶幾個營，每營大概 500 名士兵，由統領招募並全權負責。一名統領帶的營數很少會超過十二營（6,000 名士兵）。在張之洞這兒，統領一般帶三營（1,500 名士兵）。除了新招的鐵字營有常規的軍事訓練以外，其他勇營都忙於緝私或剿匪。張之洞將緝私的勇營從一營加到了三營多，可見其打擊走私增加政府稅收的決心。其也注意加強軍事力量，於 1891 年創建鐵字三營，水陸兼習，建造炮船，並從南洋和廣東搜羅兵輪，供湖北使用，購買洋槍裝備軍隊，讓兵勇練習後膛洋槍，槍法好的給予獎勵。

上表的機構中，負責徵收各種田賦、稅收、釐金等能產生收入的機構如表二所示，這些機構是張之洞湖北政府的收入來源。

[94] 武漢版《張之洞全集》第 5 冊，頁 323,331-333。

[95] 武漢版《張之洞全集》第 2 冊，頁 185；武漢版《張之洞全集》第 5 冊，頁 323、331-333。

[96] 武漢版《張之洞全集》第 5 冊，頁 323、31-333。

[97] 武漢版《張之洞全集》第 5 冊，頁 53。

[98] 武漢版《張之洞全集》第 5 冊，頁 435-436、442。

[99] 武漢版《張之洞全集》第 2 冊，頁 317、458、498-499。

[100] 武漢版《張之洞全集》第 2 冊，頁 478、512-514；武漢版《張之洞全集》第 5 冊，頁 289,321。

[101] 武漢版《張之洞全集》第 5 冊，頁 333-334、378。

[102] 武漢版《張之洞全集》第 5 冊，頁 333-334、378。

[103] 武漢版《張之洞全集》第 5 冊，頁 378；武漢版《張之洞全集》第 2 冊，頁 389。

表二　張之洞湖北政府收入來源

收入項	負責機構
地丁（包括蘆課水腳和各種田賦附加稅）	藩司（布政使），道，州，府，縣
漕糧（包括雜款）	藩司（布政使），糧儲道
關稅：江漢關	漢黃德道（江漢關監督）
關稅：宜昌關	荊宜施道（宜昌關監督）
鹽釐：川鹽	宜昌川鹽總局　鹽法武昌道
鹽釐：淮鹽鄂釐	督銷淮鹽總局　鹽法武昌道
鹽課：應城竹山二縣鹽課	鹽法武昌道
土藥稅	土藥稅務專局
牙貼釐金（包括百貨釐金，牙釐及藥土坐票捐）	牙釐局
各種雜稅、捐、雜款	各種局、道、州、府、縣

在這些收入中，即使經過了張之洞對土藥稅、鹽課釐金的整頓，其能夠支配的錢仍舊很少，主要以解存在善後局的收入和各種雜稅、捐、雜款為主。以 1893 年為例。地丁除了解京的京餉，存留於州府縣的存留，用於日常辦公的耗羨，並不會剩下多少，而且存在藩庫由布政使保管。漕糧是要全部解京的，剩下的一些雜款也用於甘肅新餉，就算還有剩下的也存糧道庫由糧儲道保管。關稅也全部用於京餉，支傾鎔折耗銀，稅務司經費，關用經費，東北邊防經費，籌備餉（由西征軍餉改），關東鐵路經費，淮餉，滇餉，本省兵餉銀，還神機營洋款，嘉峪關經費，出使各國經費，放俸餉銀（1889 年由西征洋款改），海軍衙門經費，內務府經費，教案撫恤銀等等。這些費用除了本省兵餉銀是解存到善後局外，其他都是解京或解其他省份。開除這些費用後，江漢關的收入甚至是負數。宜昌關就算有盈餘，也只能留大概一萬三千兩銀以備額支不敷，剩下的六萬多兩要存在藩庫由布政使保管同京餉解京。鹽釐鹽課有一部分是解京的京餉，有一部分用於辦公經費，剩下的才解存善後局充本省兵餉銀。土藥稅有二十萬兩通過張之洞請求朝廷批准用於槍炮局經費（1893 年只有十七多萬兩），少部分用於本省辦公經費。牙貼釐金有一部分也是解京的京餉，還有一部分解鹽法道轉長江水師，剩下的才解存善後局。[104]以 1893 年善後局的帳目來看，除了支付本省兵餉外，實存只有 37,145.322 兩銀。就算各種雜稅、捐、雜款有十幾萬兩，除了槍炮局有土藥稅所帶來的固定經費，要支持鐵政局、織布局、銀元局、兩湖書院、湖北書局這些機構的運營，顯然是不可能的。特別是鐵政局的經費，張之洞估計每年可是要二百多萬兩。

[104] 武漢版《張之洞全集》，第 2 冊，頁 427-429。

下面將重點討論鐵政局這個機構及其經費的來源，因為對照前面對張之洞經世思想的分析，鐵政局這個機構是張之洞經世思想的具體體現。1890 年，張之洞在湖北省城武昌創建鐵政局，湖北布政使王之春，按察使陳寶箴，督糧道岑春蓂，鹽法武昌道瞿廷昭以及蔡錫勇為總辦，其中蔡錫勇為駐局總辦，會同籌辦一切，為具體的執行人。經費由戶部每年撥兩百萬兩。[105]而除了湖北巡撫譚繼洵，湖北的政治大員，特別是與財政有關的布政使，糧鹽二道，都掛名為鐵政局的總辦。張之洞顯然考慮讓湖北的政治大員都承擔鐵政局的責任，同時也方便於鐵政局經費的劃撥。鐵政局下設煉鐵廠，初定於武昌武勝門近江處所，並在湖北大冶挖掘鐵礦，興修大冶鐵山運道，限一年內造成鐵廠，開爐煉鐵造軌。[106]張之洞的估計過於樂觀，到了 1890 年底，開工廠過程中遇到的困難使他意識到至少需要兩三年，初始經費也需要至少二百四十餘兩。湖北大冶鐵礦鐵質好，取用不竭，距離江邊也近，便於運輸。但是大冶附近並沒有產煤多、煤質好的煤礦。張之洞派出了多批人馬到湖北及周邊省份尋找合適的煤礦，查得的適合煉鐵的煤都需要轉運。鐵廠廠址的選定也頗費了一番周折，本來大冶附近黃石港是最適合的廠址，但是張之洞派洋匠和道員徐建寅率領測繪員生查看後，發現該地高地太窄，平地太低窪易被水淹，需要將山頭開低，將平地填高，花費大量的人力、物力、金錢，才能建廠。而且山上還有數十家墓地，不好施工。周歷武昌南北兩岸上下數百里後，只勘得漢陽縣大別山下有一片民田很寬闊，南枕大別山，東臨大江，與省城武昌相對，北濱漢水，與漢口相對，比較適合建廠，只需要將外沿漢水舊堤加高培厚，防止水淹。於是廠址才最終定在漢陽。原來估計開工廠的費用只是購買高爐的費用，開採鐵礦、煤礦，修道運煤、運鐵，築江堤，設化學礦物學堂，添加修理機器廠等費用都沒有估計，加上這些費用至少要二百四十餘兩的啟動資金。[107]

關於鐵廠廠址的選擇，歷來學者有很多討論，以前一般認為張之洞盲目地將廠址選擇在漢陽，一不靠近煤礦，一不靠近鐵礦，增加運輸成本，導致了後來漢陽鐵廠的困境。近來的研究顯示，廠址選擇在漢陽，張之洞是經過了實地調研和深思熟慮的，是當時歷史條件限制下的較好選擇。[108]正如張之洞在奏摺中所說，沿江上下數百里，確實找不到一片平整開闊也不低窪易被水淹的地方。建廠不光要考慮運輸的問題，還

---

[105] 湖北省檔案館編，《漢冶萍公司檔案史料選》，北京：中國社會科學出版社，1992，上，頁 74。

[106] 《漢冶萍檔案史料選編》，上，頁 74。

[107] 武漢版《張之洞全集》第 2 冊，頁 386-388。

[108] 張實，《蒼涼的背影：張之洞與中國鋼鐵工業》，北京：商務印書館，2010，頁 272-304、張後銓，《漢冶萍公司史》，北京：社會科學文獻出版社，2014，頁 34-36、代魯，〈對張之洞辦鐵廠幾條指摘的辨析〉，馮天瑜、陳鋒主編，《張之洞與中國近代化》，北京：中國社會科學出版社，2010，頁 266-269。

要考慮其奏摺中提到的地勢、監督、人員活動、廢料處理、民情（關於墓地的處理）等問題，以及奏摺中不能提的政治上面的考慮。[109]鐵政局不光負責採煤、煉鐵、建廠，下面還設有化學礦物學堂，再次體現出張之洞經世思想中對人才的重視。整個鐵政局的設立，完全是按著其中法戰爭後所上的那道奏摺中，儲人才、製器械、開地利的構想來實施操權在我，取用不窮的經世目標的。

無奈在十九世紀末，要想辦成自煉鋼鐵、自造鐵軌這樣的工業，無不需要舉國之力，[110]但是張之洞卻沒有清廷的全力支持。前面已經提到湖北的財政幾乎全部用於解京，解其他省份和本省兵餉公費，張之洞能支配的錢很少。鐵廠的經費也來源於戶部應承每年撥的兩百萬兩。可這每年兩百萬兩，到了 1890 年初，就變成了一次性撥款。由於東北邊疆形勢緊張，清廷決定先讓李鴻章修關東鐵路，後修盧漢鐵路，煉鐵仍舊要張之洞負責，經費除了戶部撥的兩百萬兩，讓張之洞自己想辦法。張之洞與李鴻章商量，想讓李鴻章先付一部分定金，由鐵廠負責關東鐵路的鐵軌供應。不管李鴻章是出於不想看到其勢力變大，還是不相信其能造出合乎品質的鐵軌，李最後都拒絕付定金給鐵廠承包關東鐵路的鐵軌供應，只答應等張之洞把鐵軌造出來以後看品質如何再考慮是否使用，而關東鐵路急辦，還是先用洋軌。[111]就算是戶部的一次性兩百萬兩撥款，到 1890 年底，也只落實了一百萬兩，其中 5 萬兩是湖北自認的鐵路籌款，95 萬兩從湖北本年解京餉內截留抵用（地丁京餉 36 萬，釐金京餉 8 萬，鹽釐京餉 6 萬，加放俸餉（西征洋款改）20 萬，釐金東北邊防餉銀 8 萬，旗兵加餉 7 萬）。[112]到了 1891 年初，海署才答應從湖北本年解海署的海防經費中准留 24 萬兩，從江西欠海署的經費中提撥 6 萬兩，並讓張之洞去海署領銀 45 萬兩，去戶部領銀 25 萬兩，湊齊剩下的一百萬兩。張之洞要求仍舊像上年一樣從應解京的款項中截留。戶部直到六月份才通知張之洞，准留地丁 30 萬，釐金 12 萬，鹽釐 10 萬，釐金邊防 8 萬等，兩百萬兩才最終落實。戶部也向張之洞關了門。[113]至 1896 年截止，鐵廠（含大冶鐵礦）用款 5,586,415 兩，來源見表三所示：

[109] 武漢版《張之洞全集》第 2 冊，頁 386-388、張實，《蒼涼的背影：張之洞與中國鋼鐵工業》，頁 294-304。

[110] Elisabeth Köll, *Railroads and the Transformation of China*, Cambridge, MA: Harvard University Press, 2019 考察鐵路對中國經濟、文化和社會的影響。

[111] 張實，《蒼涼的背影：張之洞與中國鋼鐵工業》，頁 310-313。

[112] 武漢版《張之洞全集》第 2 冊，頁 388、393。

[113] 張實，《蒼涼的背影：張之洞與中國鋼鐵工業》，頁 314-315。

表三　張之洞奏報漢陽鐵廠開工廠經費一覽[114]

單位：兩（庫平銀）

項目	金額
戶部撥款	2,000,000
奏撥鹽釐銀	300,000
借撥糧道銀	400,000
借用新海防捐	28,552
撥用槍炮廠經費	1,564,622
借用織布局股本	278,762
鐵廠出售鋼鐵收入	24,825
借撥江南籌防局款	500,000
兩淮鹽商捐款	500,000
合計	5,596,761

除了戶部撥款，最大的一筆款項來源是撥用的槍炮局經費。而槍炮局經費，據張之洞上奏，從 1889 年到 1896 年，為歷年宜昌土藥稅二十萬兩，川淮鹽江防加價十萬兩兩項專款共三十萬兩，以及陸續籌捐、籌借、墊撥等項，共實收庫平銀 3,673,668.4 兩。撥給鐵政局 1,564,622.6 兩，槍炮局實收 2,109,055 兩，全部用於槍炮廠各項事宜。從槍炮廠的帳目來看，1889 年到 1896 年，每年專款三十萬兩，八年也只有 2,400,000 兩。何況前面提到 1893 年的土藥稅還沒有收足二十萬兩。實收卻是 3,673,668.4 兩，可見籌捐、籌借、墊撥等項高達一百多萬兩。鐵政局的經費估計也有很大一部分來自這些籌捐、籌借、墊撥等款項。[115]借撥江南籌防局和兩淮鹽商捐款是張之洞於甲午戰爭期間調任兩江總督的時候籌來的。[116]在甲午戰爭用款緊張的時候，張之洞仍舊從兩江撥了一百萬兩辦鐵廠，可見在其心中，鐵廠至少和甲午戰爭的軍餉同等重要。剩下的款項主要來自鹽釐、借撥糧道銀和織布局的官本。槍炮廠的常年經費中也有川淮鹽加價。鹽釐、土藥稅以及說不清道不明的籌捐、籌借、墊撥等款項看來是張之洞辦實業的主要財源。而鐵廠出售鋼鐵收入只有 24,825 兩，不到鐵廠經費的 0.5%。從 1889 年到 1896 年，鐵廠花了五百五十九萬餘兩，幾乎沒有任何收入。

[114] 表來自張後銓，《漢冶萍公司史》，頁 28。其資料來源為《漢冶萍檔案史料選編》，上，頁 138；武漢版《張之洞全集》第 3 冊，頁 478-479。

[115] 武漢版《張之洞全集》第 3 冊，頁 479、第 2 冊，頁 427-429。

[116] 見中國科學院經濟研究所主編，《中國近代工業史資料》，北京：科學出版社，1957，第 1 輯，頁 885-887 列的漢陽鐵廠經費來源，看全漢昇，〈漢冶萍公司史略〉，香港：中文大學出版社，1972；方一兵，《漢冶萍公司與中國近代鋼鐵技術移植》，北京：科學出版社，2011。

以前的學者討論漢陽鐵廠的這段官辦歷史，多詬病張之洞花費巨大，毫無建樹。這種評價從張之洞開始辦鐵廠的時候就沒有斷過，1893 年初，張之洞被徐志祥彈劾「乞留鉅款，輕信人言，浪擲正供，又復多方搜索」，連帶劾布政使王之春「掊克聚斂」，趙鳳昌「身名甚穢」。[117]清廷派兩江總督劉坤一和兩廣總督李瀚章調查張之洞，劉坤一和李瀚章並沒有查出什麼，最後為了平息風波，只把趙鳳昌推了出去，以「不恤人言，罔顧自愛」的罪名革職勒令回籍。[118]雖然這是一份不實的彈劾奏摺，考慮到鐵廠和槍炮廠經費中那些不明的籌捐、籌借、墊撥等款項，說張之洞「多方搜索」，布政使王之春「掊克聚斂」，只是太過，並不是完全不實。但鋼鐵廠是一個先期資金投入很大的實業，在沒有戶部撥款，堅持不用洋錢以保利權的情況下，張之洞也只能「多方搜索」了。

另外一個對張之洞的指責是說其選錯了爐型。指責其自大不化驗，不取樣分析，導致買錯了高爐，煉出的鐵含磷太高，品質太差，所以沒有銷路。近來研究顯示張之洞對取樣化驗分析的重要性有充分的認識，對其的指責完全是 1905 年李維格任鐵廠總辦後的一種宣傳策略和後人的以訛傳訛。[119]很難想像在鐵政局中設立化學礦物學堂的張之洞會不重視取樣分析。而從張之洞文集和湖北出版的漢冶萍檔案中可以看到，張之洞電報清廷駐外使節劉瑞芳、洪鈞、薛福成訂購鐵廠機器時，細緻討論了化驗、取樣和爐型。

1893 年底，鐵廠完工，內含煉生鐵、煉熟鐵、煉貝色麻鋼、煉西門士（即馬丁）鋼、造鋼軌、造鐵貨六大廠，機器、鑄鐵、打鐵、造魚片鉤釘（鐵軌用的）四小廠，以及煙囪、鐵路、碼頭、機器房等配套設施。廠區面積 28 萬至 36 萬平方米，職工 3000 餘人。此時配套的煤礦並沒有完全建設起來，而且為了試驗新爐，只能先用優質的外

---

117 轉引自張實，《蒼涼的背影：張之洞與中國鋼鐵工業》，頁 327。

118 張實，《蒼涼的背影：張之洞與中國鋼鐵工業》，頁 326-341。

119 張實，《蒼涼的背影：張之洞與中國鋼鐵工業》，頁 229-249。張後銓，《漢冶萍公司史》，頁 30-32。代魯，〈對張之洞辦鐵廠幾條指摘的辨析〉，頁 269-272。看陳旭麓、顧廷龍、汪熙主編，《漢冶萍公司（一）盛宣懷檔案資料選輯之四》，上海：上海人民出版社，1984；陳旭麓、顧廷龍、汪熙主編，《漢冶萍公司（二）盛宣懷檔案資料選輯之四》，上海：上海人民出版社，1986；陳旭麓、顧廷龍、汪熙主編，《漢冶萍公司（三）盛宣懷檔案資料選輯之四》，上海：上海人出版社，2004；武漢大學經濟學系主編，李家壽編，《舊中國漢冶萍公司與日本關係史料選輯》，上海：上海人民出版社，1985；湖北省檔案館編，《漢冶萍公司　檔案史料選編，上冊，1889-1915》，北京：中國社會科學出版社，1992；湖北省檔案館編，《漢冶萍公司　檔案史料選編，下冊，1916-1948》，北京：中國社會科學出版社，1992。劉明漢主編），《漢冶萍公司誌》，武漢：華中理工大學出版社，1990；林援森，《中國近代企業史研究：漢冶萍公司個案分析》，香港：中國經濟史研究會、書識會社有限公司，2003；代魯，《漢冶萍公司史研究》，武漢：武漢大學出版社，2013；李玉勤，《晚清漢冶萍公司體制變遷研究》，北京：中國社會科學出版社，2009；張後銓，《招商局與漢冶萍》，北京：社會科學文獻版社，2012。

洋焦炭，然後再購買湖南的煤炭。煤炭供給的問題仍舊在困擾著張之洞，他估計開一個煤礦至少需要一百萬兩銀子，而他現在已經捉襟見肘。鐵廠 1 號高爐最終於 1894 年 6 月 30 日正式出鐵，日出鐵 50 餘噸。鐵廠建成先於日本八幡製鐵所七年，是亞洲第一家鋼鐵煤炭聯合企業。[120]從 1890 年到 1894 年，張之洞歷時三年多，在戶部只支持了二百萬兩的情況下，終於建成漢陽鐵廠。這個建設速度與當時的國際水準並無區別，誠如張之洞所說，外洋也需三年才成。[121]

此時的鐵廠只開了一座煉鐵爐，只能煉生鐵，而且由於買的數十座洋式焦炭爐的爐磚（耐火磚）破碎，需要重新購買，目前仍舊依賴外洋焦炭供給，而不能使用湖南的煤炭自煉焦炭。[122]不懂鋼鐵冶煉的人可能覺得耐火磚是個小問題，但其實耐火磚的問題一直困擾著中國的鋼鐵工業，直到二十世紀七十年代初期，經過華中鋼鐵公司（大冶鋼廠）十幾年努力才基本解決。[123]除了耐火磚帶來的焦炭供給問題，鐵廠的經費也到了山窮水盡的地步。張之洞雖然不敢再向戶部要錢，但是仍舊不得不上奏，詳細說明鐵廠開辦初期，需要添購機爐工料，添募開煉洋匠，添補不全機器，頻繁發外洋電報，買外洋焦炭，以及外洋金鎊價值漸漲加至過半等等問題，處處都需要用錢。請求戶部允許於本省釐金、鹽釐兩項下每年撥十萬兩濟用。[124]1894 年 10 月 30 日，甚至上奏請求向廣東借款五十萬兩。[125]

此時，甲午戰爭早已開始，11 月 2 日張之洞調任兩江總督。清廷的精力財力都放在與日本的對戰中。張之洞也忙於在兩江籌集武器軍餉，調遣部隊，佈置江防。可是即使在甲午戰爭期間，不管有多麼不合時宜，其仍舊把鐵廠和槍炮廠攬在了自己的名下，甚至用江南籌防局的錢去接濟鐵廠的經營。1895 年，馬關條約簽訂後，巨額的戰爭賠款轉嫁到各省，鐵廠的經費更加沒有著落，經營陷入了完全的困境。[126]到 1896 年核算的時候，鐵廠花了五百五十九萬餘兩，幾乎沒有任何收入，是當時的歷史時期各個因素綜合導致的，僅僅指責張之洞花費巨大、毫無建樹有失偏頗。

張之洞的一生正好經歷了「三千年來未有的大變局」。由於他勤於讀經觀史和對西方富強之原有深入的瞭解，他從根本上保存中國利權，實現鋼鐵、煤炭的自我供給，從而可以自己製造鐵軌、開鐵路、製鐵艦，製造槍炮、軍械、機器，以達到自強的經

[120] 張後銓，《漢冶萍公司史》，頁 47-48。武漢版《張之洞全集》第 3 冊，頁 133-134。
[121] 武漢版《張之洞全集》第 2 冊，頁 387。
[122] 武漢版《張之洞全集》第 3 冊，頁 188-190。
[123] 張實，《蒼涼的背影：張之洞與中國鋼鐵工業》，頁 359-363。
[124] 武漢版《張之洞全集》第 3 冊，頁 190-191。
[125] 武漢版《張之洞全集》第 3 冊，頁 200-202。
[126] 張實，《蒼涼的背影：張之洞與中國鋼鐵工業》，頁 363-396。

世目標，[127]張之洞盡了他最大的努力。他秉著知行合一的思想，在實際辦鐵廠的過程中摸索著前行，培養人才、試驗技術，雖然由於各種因素沒有成功，畢竟在從源頭上保存中國利權、實業救國的道路上邁出了艱難的第一步。

[127] 武漢版《張之洞全集》第 3 冊，頁 201。

經世與郅治：《皇朝經世文編》「吏政」部分之分析——以地方行政為中心

潘光哲

一、緒說

《皇朝經世文編》（以下簡稱《文編》）[1]一書，係晚清道光年間由兩江總督賀長齡延請魏源編輯的一部象徵「經世之學」的大書。全書一百二十卷，收文二千二百餘篇，分成八個部分：首為「學術」六卷，為全書之綱領；次為「治體」八卷，說明政治之基本原則；以下一百零六卷，依六部順序分為「吏政」、「戶政」、「禮政」、「兵政」、「刑政」、「工政」，討論具體的行政技術。全書條理清晰，籠罩層面完備，出版後廣受歡迎，影響之大，從此後陸續以「經世文編」為名出版的各類叢書，即可見其一斑[2]。《文編》一書，做為中國十九世紀初葉「經世思想」文獻集成，即表達「經世之學」這一具體歷史現象的著作，其本身即甚具做為一研究主題的意義[3]。

《文編》全帙，內容浩繁，意欲對全書做全面性的探究與攷查，實為一艱鉅的學術工程。現有研究成果，大多集中在做為《文編》總基礎的第一、二部份：「學術」、「治體」，研究重點在於闡釋其學術、政治基本立場之意義[4]；就篇幅比重言，做為《文編》之重點的六部政務及相關具體問題，即所謂「內治」之學的六個部份（起自卷十

---

1 本文引徵的版本是：《皇朝經世文編》（臺北：世界書局，1964）。

2 黃克武，〈經世文編與中國近代經世思想研究〉，《近代中國史研究通訊》，期 2（臺北：1986 年 9 月），頁 85-87；沈豔，〈近代「經世文編」賡續潮流述論〉，《史學月刊》，2004 年期 3（開封：2004 年 3 月），頁 108-115；類似文獻尚眾，不詳一一徵引。

3 劉廣京、周啟榮，〈皇朝經世文編關於「經世之學」的理論〉，《中央研究院近代史研究所集刊》，期 15 上冊（臺北：1986 年 6 月），頁 33-34；本文面世後，相關檢討回顧論著，最稱精審者，可以參考：丘為君、張運宗，〈戰後臺灣學界對經世問題的探討與反省〉，《新史學》，卷 7 期 2（臺北：1996 年 6 月），頁 181-231、解揚，〈近三十年來有關中國近世「經世思想」研究述評〉，《新史學》，卷 19 期 4（臺北：2008 年 12 月），頁 121-151、韓承樺，〈評介兩岸學界近十年有關《經世文編》的研究概況〉，《史原》，復刊期 2（臺北：2011 年 9 月），頁 205-238；其餘文獻，多乏善可陳，不詳一一徵引。

4 參考：黃克武，《皇朝經世文編學術、治體部份思想之分析》（臺北：國立臺灣師範大學歷史研究所碩士論文，1985 年 6 月，未出版）。

五，至卷一百二十止），比例達全帙95%以上[5]，相關的研究成果，目前猶難稱繁眾[6]。況且，《文編》「學術」、「治體」部分做為「經世之學」的「理論」，如謂為「廣義的『經世之學』」，是「經世之學」之本原；那麼，接踵其後的六部政務及相關之具體問題，則可謂為「狹義的『經世之學』」，是其榪櫫之理論／原則之檢驗，並提倡進一步以實效衡量既定的政策[7]；那麼，學術思想和行政技術之間的關聯，實有詳為考察之必要[8]。

當然，《文編》承載了各式言說與文字，如何將之視為「經世思想」的有機組成部分，以開展研析工作，自是題中應有之義。論者或強調，應該從「意見的光譜」角度理解《文編》收錄的相關技術層次的文獻[9]；或是指陳，應該注意《文編》的「編纂者意識」[10]。筆者認為，《文編》顯現的「經世之學」，固有其不可逾越之原則[11]；就當時倡言／關心「經世之學」的士人而言，涉獵《文編》，猶如參與了建構一脈好似得以貫通古今的「經世傳統」的事業，足可激發推動現實改革的政治視野（vision）的想像[12]；

---

5 劉廣京、周啟榮，〈皇朝經世文編關於「經世之學」的理論〉，頁33-34。

6 舉其精要而言，陸寶千就《文編》「禮政」收錄諸文，探討在宗法制度已顯現崩解之兆的時代，有心之士仍欲藉改革宗法體制以處理社會危機的場景，見：陸寶千，〈皇朝經世文編中有關討論之研究——鴉片戰爭前之社會改革方案〉，《近代初期歷史研討會論文集》（臺北：中央研究院近代史研究所，1989），頁661-674；林滿紅以《文編》為史料來源之一，疏理嘉道年間討論貨幣危機的經世學者對於社會自我與歷史進程的看法，見：林滿紅，〈嘉道年間貨幣危機爭議中的社會理論〉，《中央研究院近代史研究所集刊》，期23上冊（臺北：1994年6月），頁163-202；孔德維則指出，《文編》與「西學」及基督教相涉之文章雖僅有六篇（收錄於禮政部分），卻象徵當時主流精英對西方知識的理解，他們不是以武斷和非理性的態度批判排斥「西學」及基督教，而是自有理路，見：孔德維，"Marginalized Christianity and Western Learning in Early 19th Century: Confucians' Understanding of Western Knowledge in Huangchao Jingshi Wenbian,"《漢語基督教學術論評》，期23（臺北：2017年6月），頁41-79。至於其他一般泛泛之論，不一一詳註。

7 劉廣京、周啟榮，〈皇朝經世文編關於「經世之學」的理論〉，頁85。

8 或如解揚之論述，如何就史料文獻記錄的「經世思想」被提出並見於事功業績的當時社會之中，體會儒學經世在中國近世社會的價值與思想史的意義，為界定「經世思想」的可能取向，參考：解揚，〈近三十年來有關中國近世「經世思想」研究述評〉，頁148-149；或如韓承樺之論說，《文編》的學術與政治基本立場，如做為治體（治道）層面，其後「六部」部分收錄之文獻，如可歸為「治法」層面，「治體」是否真能指導「治法」，即相互參照學術思想和行政技術之間的關聯所在，為研究《文編》有待開發之面向，參考：韓承樺，〈評介兩岸學界近十年有關《經世文編》的研究概況〉，頁232。

9 黃克武，〈經世文編與中國近代經世思想研究〉，頁94。

10 韓承樺指出，要用整體的眼光看待任何一部《經世文編》，就應該清理「編纂者意識」，審慎考察編者意識的動機與標準、選擇與放棄，下一步才能取對照、歸納等手法來清理其思想傾向，見：韓承樺，〈評介兩岸學界近十年有關《經世文編》的研究概況〉，頁211-212。

11 即如劉廣京與周啟榮研究《文編》「學術」、「治體」部分之結論，指陳《文編》倡論的「經世之學」的原則為：須以能致用為目的、須以政府施政為立場及其威權為泉源，並專取以民為本之經世觀，見：劉廣京、周啟榮，〈皇朝經世文編關於「經世之學」的理論〉，頁84-85。

12 筆者的認識，承襲自美國政治哲學家沃爾林（Sheldon S. Wolin, 1922-2015），他指出政治思想裡想像成分（imaginative element）的重要性，既是政治理論家表達基本價值的媒介，也是他們尋求超越歷史的工具。政治

可以說，《文編》涵括的多重「經世」義蘊，正是晚清士人得以同潤共享的知識基底（knowledge infrastructures）[13]。

事實上，《文編》本即晚清士人群體的共同讀物之一。即如曾國藩在 1841 年 9 月開始閱讀《文編》[14]，爾後復將《會典》與《文編》二書做為自己從事「經濟之學」的根本[15]。又如李慈銘於 1863 年閱讀《文編》，既贊譽是書「其志甚大，用亦甚要」，也批評其間有些文章「濫登簡牘」；至 1886 年，他依舊取閱是著，還是稱許是著「體例揚榷，頗為盡善」，惟多選錄「愚誣之論，而於諸經儒論學問升降、辨名物得失、極有關世道人心者，皆之不采」[16]，甚稱憾焉。至如譚獻於 1866 年閱讀諸種《經世文編》，也有心得[17]。乃至如梁啟超在 1895 年致函夏曾佑及汪康年，言及計劃編輯《經世文新

理論家建構出來的延續不斷的政治思想傳統，對於政治思想家和政治行動家來說，都展現了諸多利基（many advantages）。它讓他們意識到自己就像是周遊熟悉的世界，那裡的地景都被勘探過，即使沒有，他們也能夠找到抉擇路向（alternative routes）的種種建議。它也讓同代人可以基於共同語言進行溝通……共享社會經驗，增強社會凝聚……還能有助於讓既存格局適應簇新的政治經驗。可以說，「某一政治思想傳統是一條連接過去和現在的紐帶」，見：Sheldon S. Wolin, *Politics and Vision: Continuity and Innovation in Western Political Thought* (Princeton, NJ: Princeton University Press, 2004 [expanded edition]), pp. 19-23；當然，沃爾林的論說，既與美國政治學界營構西方政治思想可以視為綿延不絕的「傳統」的「迷思」（the"myth of tradition"），密切相關（John G. Gunnell, *Between Philosophy and Politics: the Alienation of Political Theory*, Amherst, MA: University of Massachusetts Press, 1986, pp. 116-133），沃爾林的 *Politics and Vision* 是著的用心，也是對以行為主義（behavioralism）之取向研究政治的批判回應（John G. Gunnell, *The Descent of Political Theory: The Genealogy of an American Vocation,* Chicago, IL: University of Chicago Press, 1993, pp. 253-255）；其間細節，不擬詳究。

13 知識基底（knowledge infrastructures）意指「健全的人際網絡或是人為的與制度的網絡，它們都足以創造、分享與維持特定的關於人與自然世界的知識」，參照：Paul N. Edwards, et al., *Knowledge Infrastructures: Intellectual Frameworks and Research Challenges* (Ann Arbor, MI: Deep Blue, 2013), p. 5【讀取自：http://hdl.handle.net/2027.42/97552/時間：2018/06/30】。

14 曾國藩，《曾國藩全集．日記（一）》（長沙：嶽麓書社，1987），頁 93-94。

15 這是「辛亥年七月」（1851 年 8 月）的紀錄，見：曾國藩，《求闕齋日記類鈔》，頁 8B（《曾文正公（國藩）全集》，《近代中國史料叢刊續輯》，輯 1〔臺北：文海出版社，1974〕，總頁 17964）；當然，曾國藩的讀書為學之路，頗為曲折，參考：余英時，〈曾國藩與「士大夫之學」〉，氏著，《歷史人物與文化危機》（臺北：東大圖書股份有限公司，1995），頁 1-31。

16 李慈銘（著），由雲龍（輯），《越縵堂讀書記》（上海：上海書店，2000），頁 1205-1207。

17 譚獻閱讀《文編》，批評說「禮政」部分選錄之文「往往信宋人疑漢儒，又或信注疑經、信史疑經，皆所謂因陋就簡耳」；至於「戶政」部分，則紀錄道「言漕運、言鹽法、言錢幣，群議蜂起，莫能別白」，頗有去取定奪之難；他對《文編》選錄之「兵政」部分，則贊譽批評皆而有之：「揭子宣〈兵法百言〉可博笑粲，所謂紙上談兵也。李穆堂言陣法，可見施行；魏氏言城守，亦詳盡……儲大文之《籌南議》，可謂陽羨一鳳。海防至今日，情事大異，諸所陳說，皆成芻狗。」此後，譚獻仍然閱讀諸種《經世文編》，如 1890 年閱饒玉成編輯的《經世文編續集》、1895 年致函友人借閱《經世文續編》（范旭侖、牟曉朋〔整理〕，《譚獻日記》，《中國近代人物日記叢書》〔北京：中華書局，2013〕，頁 34、281、318）。因是，無論贊賞批評或是「莫能別白」，閱讀各種《文編》，在譚獻的讀書生活裡，實居一席之地。

編》，用心在於希望「以新法新義移易舊重心」、「變易中國守舊之重心」[18]，儼然欲將「經世之學」與「維新」串聯一氣[19]。

凡是諸例，正可想見，在後繼者的思想世界裡，藉由閱覽《文編》，體會「經世之學」的義旨與內容，實若覓尋拓展政治視野的想像泉源，更可與時俱進，別開新局[20]。即便《文編》的言說與文字，出自立場關懷各有所異的諸子百家；經編者（魏源）分門別類，竟爾建構為整體，正是日後懷持「經世」之志的士人可資繼承的思想傳統。是以，《文編》收錄六部政務及相關具體問題的文獻，當可視為晚清士人瞭解認知「狹義的『經世之學』」的知識／思想根底；解析論述其間之內容要旨與意義，既可顯示晚清「經世之學」的豐富內容，也能有助於掌握晚清士人承續的「經世」思想傳統。張之洞在他那部影響深遠的《書目答問》裡稱譽《文編》「最切用」[21]，良有以也。本乎斯意，本文立基於既有的研究成果，選擇《文編》「吏政」部分收錄的二百一十三篇文章，就與地方行政相涉者為主題，分疏要旨，論析義蘊，顯示《文編》「內治」之學的內容。

蓋大清帝國版圖遼闊，體國經野，分民而治；然權集中央，自省以下之地方政府，無論經費之來源，官員之任用，政務之推動監督，中央政府率皆掌控其權；地方行政之規則，一致無二，不分地域，未可據地方特性變通調整[22]。就地方行政區域之劃分言，以省為單位，省以下分成道、府、州及縣三級（另有直隸廳及散廳）。就地方行政區域之官長言，設總督，管理一省或數省的軍事民政；省設巡撫，其下有布政使、按察使及提督學政等官。道設道員，或以地區設或因事務而設。府有知府，「掌一府之政，教養百姓，為州縣表率」。州之長官為知州，「掌一州之政，與知縣同為親民之官」；縣設知縣，「掌一縣之政，親理民務，其責任與知州同」[23]。在這一套地方行政系統裡，正職，舉縣為例，縣署中佐貳雜職及教職員額，全國 18 行省共 1511 人，吏 14369 人

---

[18] 丁文江、趙豐田（編），《梁啟超年譜長編》（上海：上海人民出版社，1983），頁 48-49。

[19] 晚清士人閱讀涉獵《文編》的例證，必然所在多有；本文不擬一一詳為考索。

[20] 墨子刻（Thomas A. Metzger）就認為，「經世」足以促使士人的關懷，從例行日常行政領域轉移到改革方面，見：Thomas A. Metzger, *The Internal Organization of Ch'ing Bureaucracy: Legal, Normative, and Communication Aspects*, *Harvard Studies in East Asian Law,* Cambridge, MA: Harvard University Press, 1973, pp. 26-27。

[21] 張之洞（著），朱維錚、陳居淵（編），《書目答問二種》（北京：生活．讀書．新知三聯書店，1998），頁 110；張之洞在 1876 年四川學政任上編撰刊刻《書目答問》，影響深遠，揆諸本意，既寓以學政之職改變衡文校士與教士方式的用心，更在勸勉士紳刊刻書籍，以文治潤色「中興」，見：安東強，〈張之洞《書目答問》本意解析〉，《史學月刊》，2010 年期 12（開封：2010 年 12 月），頁 50-56。

[22] T'ung-tsu Ch'ü（瞿同祖）, *Local Government in China under the Ch'ing* (Cambridge, MA: Harvard University Press, 1962), p. 1、p. 192。

[23] 陶希聖、沈任遠，《明清政治制度》（臺北：臺灣商務印書館，1967），頁 87-101。

（實又不止此額）；知縣亦延用幕賓若干人[24]；若再併入縣級以上地方行政單位的官吏計算，則其數目更為龐大驚人[25]。大清帝國的運轉，正仰仗著這個龐大的官僚體系（bureaucracy）[26]；自然，這一官僚體系的設立和運作，皆有明文之規範，以維其不墜；也存在著使之運行不息的經濟條件。凡此種種，實可視為層級井然，上下有序的政治體系（political system）[27]。

置身其境的清代官僚士人，親歷目睹體系內外的運作實態，深窺其間竅竅，善弊所在，多有感懷，各出針砭；《文編》「吏政」收錄者，不過一粟。然而，細繹其構成，編者慧思，明白可見。「吏政」全宗，分列八題十一卷，依次為「吏論」、「詮選」、「官制」、「考察」、「大吏」、「守令」、「吏胥」及「幕友」，各佔一到三卷不等。顯然，編者的思考路徑，是從對整個官僚體系的理論之一般論述（吏論）為起點；及於應如何拔擢適當人選成為官吏的思攷（詮選），以下則分別討論官僚體制之內部分工（官制），如何考核官吏（考察），對於做為地方行政首長：督撫之職權的論議（大吏），對於親民之官：縣令的討論（守令），以至於官僚體制最底層的人物：吏胥及幕賓的意見（吏胥及幕友）；篇幅尤以「大吏」（一卷）及「守令」（三卷）二題為重，收文計九十三篇。因是，《文編》「吏政」主題所繫，一言以蔽之，即是大清帝國官僚體制的理論與實際，特別著重地方行政之論說；諸番議論，對妨礙地方政治體系正常運作的弊病或是限制等問題，看重至極。

本文以《文編》「大吏」、「守令」四卷收羅的九十三篇文章為基礎，綜合歸納，述論其間對於地方行政相關主題的基本思想、立場及其意義；綜合各節所論，勾勒《文編》描摹的地方行政之運作的理想圖像；從而對晚清士人傳承「經世」的思想傳統，提供另一角度的觀察。

---

24 徐炳憲，《清代知縣職掌之研究》（臺北：私立東吳大學中國學術著作獎助委員會，1974），頁 43、67-69。

25 繆全吉指出，清代外吏可多至 23,734 人，見：繆全吉，〈清代胥吏研究計劃〉，氏著，《明代胥吏》，《嘉新水泥公司文化基金會研究論文》（臺北：中國人事行政月刊社，1969），頁 279；周保明指出，據光緒朝《大清會典事例》，僅以地方衙門的書吏、典吏和攢吏（而不包括其他書吏、書辦或散書等）而言，在省以下經制吏額為 31,276 人；他再以四川巴縣情況為例指陳，光緒朝經制吏額為 22，實際人數遠超過此額，最多可達 272 人（光緒廿一年），最少亦有 87 人（光緒四年），況究實際，往往「一吏為二人分頂」，「一差而數人共當」，意欲確切統計，基本是不可能的事，見：周保明，《清代地方吏役制度研究》（上海：上海書店，2009），頁 201-204。

26 相關研究述說，不可勝數，如：郭潤濤，〈帝國終結時期的官僚政治與運作系統：清〉，吳宗國（主編），《中國古代官僚政治制度研究》（北京：北京大學出版社，2004），頁 443-544；不詳舉引。

27 參考：Shmiel N. Eisenstadt, *The Political Systems of Empires* (New York: Free Press, 1963)；當然，Eisenstadt 關於中國之解釋，難稱允恰，參考：黃俊傑，〈埃森西塔對帝國的政治系統之研究及其對中國歷史之解釋〉，《思與言》，卷 14 期 6（臺北：1977 年 3 月），頁 24-33。

二、地方行政體系成立的意義

整體而言，地方行政體系的成立，和整個國家行政體系的成立，在理論基礎上是很難切割的。正如楊慶堃指出，在中國官僚構造裡，規範系統的形式面已然發展到相當高的程度，用來保證全國官吏行動的劃一性和協調。精細的法典和《大清律例》、《會典》，與冊數眾多的「六部規則」乃至於《荒政全書》、《糧政全書》等等，提供了便於一致性，協調以及官吏行為的可測性的形式架構。雖然，這些形式規則系統未必能夠完全清除私人意志，「治人」與「治法」這個古老的問題依然存在；官吏個人的道德操守則可以補其不足，並能靈活運用法律，以面對廣大帝國內部雜糅並呈的地方狀況[28]。

本文無意踵步楊慶堃的觀點，卻深受其啟發。畢竟，無論是帝國的整個的官僚體系或是地方行政體系，都在同樣的運作架構下開展，以符合其一致及可協調的性格；對於體系裡的個人，要求的素質（尤其是道德上的）也沒有差別。展現為具體規範的律令規章，也只有那麼一套。可以說，檢討地方行政體系成立的意義，其實也涵括對整體行政體系之成立的思考。畢竟，二者實甚難分涇渭也。

1. 地方行政長官的意義

像中國這樣一個廣土眾民的國家，設官分職，本是理論和實際上自然的發展。自秦統一天下，確立了中國官僚體制的基本架構，做為地方基本行政單位的縣制亦經確立[29]，沿至《文編》成書的晚清道光年間，幾近二千年矣。「經世之學」對這一主題的表達與訴求，意義所在，究竟如何？《文編》收錄諸文的意旨，是否可以構成一套堅實的理論，而為「經世」之資？在在足資探究。

首先，《文編》諸文基本上都論述做為地方行政體系的首長，不論是督撫、知州或知縣，他們的設置，都是為了要適合人民的需要，是為了人民而存在的。

---

28 C. K. Yang,"Some Characteristics of Chinese Bureaucratic Behavior,"David S. Nivison and Arthur F. Wright, edited, *Confucianism in Action, Stanford Studies in the Civilizations of Eastern Asia* (Stanford, CA: Stanford University Press, 1959), pp. 146-156；參考：楊慶堃，〈中國官僚行為的一些特色〉，尼微遜（等著），孫隆基（譯），《儒家思想的實踐》（臺北：臺灣商務印書館，1980），頁 189-201。

29 郡縣制脈絡下的縣，起源所在，猶未為定論，如美國學者 Herrlee G. Creel（顧立雅）稱縣之起源可上溯至春秋時代之楚國（見：黃俊傑，《春秋戰國時代尚賢政治的理論與實際》，臺北：問學出版社，1977，頁 8）；周振鶴區分為縣鄙之縣、縣邑之縣與郡縣之縣，意義不同；他認為，未必可以將楚國在春秋時期的縣與在戰國時期的縣銜接起來，而就晉國觀之，在春秋時代後期則可見縣邑之縣與郡縣之縣的轉化過程（見：周振鶴，《長治與久安》，《三聯人文書系》，香港：三聯書店，2016，頁 43-63）；本文不擬涉入相關問題的具體討論。

如盧錫晉〈吏議〉（15：2A）[30]認為，

> 民者，君之所以立國也。……是故聖王重民。然民之散處於天下者，一人不能獨理也，則為之設官分職，以任其事。內而宰相部寺臺垣百司；外而督撫藩臺臬司太守，而後及於州縣之有司，

官職有別，州縣之有司雖卑，惟其「朝夕撫摩吾民如家人父子，近處一室者」，因此：

> 是故聖王重吏。吏得其職，則民安；不得其職，則民不安。……天下之安危係乎民，民之休戚係乎吏。故曰親民之官，莫如縣令。

因此，盧氏強調必須重視造成親民之官四項困擾的問題，主張嚴加改正（後詳），而使之能盡其職，循良之效乃可睹。

張望〈讀史縣令箋〉（21：1A）主張「為宰相必自縣令起」，因為縣令如民之父母，蓋「夫上所與共天下者民而已」，天下之興亡必自於縣令，其因在此。

張惠言〈吏難〉有兩篇（21：1A；21：2A），詳盡論述地方官吏對於人民的積極責任；他強調，所謂「賢吏」若只是「寬傜役，謹賦稅，去其盜賊而理其獄訟，則民安而治得，是則然矣。而其所及者，樂業之民也。若其失業者，雖有寬傜恤役之令，而被無與也。飢寒之不恤，則所謂盜賊者皆此人矣。更見其盜賊也，而以為不足惜。嗚呼！孰知其始之本非盜賊耶！況有不肯為盜賊而死者耶！」亦即，他更強調地方官吏對飢寒失業之民的責任。因此，張惠言主張取法《管子》「聖王定民之居，成民之事。四民者必使雜處，故教有恒而事有攷」的方式，處理人民之職業分工；如是，才算盡了地方首長（張氏謂之曰「主伯」）之責，天子（張氏謂之曰「方伯」）乃得其家。

楊名時〈為宰議〉（22：12B-13A）的基本觀點、立場及作法，有類於張惠言〈吏難〉，詳述之處，猶而過之，同歸其本原於「民之待命於宰者切乎」的道理。

沈起元〈循吏約〉（21：9A-10A）認為，「分疆守土之官，未有若州縣之於民，至親而至切者也。故易於見功，莫如州縣；難於稱職，亦莫如州縣。上之為民求良有司，不啻為嬰兒求乳母」，於億兆芸生之中能居官者，不過千百之一二人，此皆上天所厚者也，故謂：「天心愛民而付之君，以治斯民；又以不能獨治而分任之百職」，一旦怠惰

---

[30] 本文引用《文編》之文章者，除開列作者、篇名外，其後附以阿拉伯數字表示出處。如（15：2A）表示本文出自卷 15，頁 2 上（A、B 表示上、下）。

放縱，即非君上命其之意，即非上天生我之意。因此，他主張，為縣令者應秉實心、虛心，扛負責任。能有實心，則不致敷衍塞責，能敬於事，「苟事不宜民，雖上臺訶譴不懼也」；能虛心，則不計祿位得失，俗情毀譽，則事之是非，民之情偽自無遁形矣。

乾隆時代的名臣陳宏謀，《文編》收錄其論著甚眾[31]，他的〈申飭官箴檄〉（21：13A-15A）則云：

> 朝廷設官，原以為民。官必愛民，乃為盡職。故府州縣官，皆以知為名，又名之曰地方官，謂地方之事，府州縣當無所不知也。百姓稱官曰父母，自稱曰子民。謂民間苦樂，府州縣當無不關切如一家也。

本乎此意，他主張地方官應能遍歷鄉村、週知民事，更提出了幾項立論：地方之官應能耐煩勞，「耐一時之煩勞而百姓受無窮之福澤」；能「戒揣摩」，不迎合上司，否則將「至是非混淆，輕重倒置，何以彰法紀而服人心」；要禁擾累，若因公下鄉巡歷，此係親民之時非立威之時，更不宜重視「儀從供張之可觀」，須時存死擾民累民之心；要絕回護，若「小事回護，必至釀成大案；小過不改，必至積為大惡。往往有破百姓之身家性命，供為官一時之遷就。種種罪惡，無不因回護而起」；要能息忿怒，倘逞一時之怒，「小民抱終身之冤，官亦造無邊之孽矣」。陳宏謀的這些意見，牽涉到實際的政務處理問題，其基本用心，顯然則在以人民福祉為攷慮點，對為地方父母官的個人修養，期許甚高。

佐幕多年，頗富佳名的汪輝祖[32]，他的〈論恤民〉（22：8B-9A）暢論體恤人民的意義。在他看來，體恤人民，不僅有利於民，亦有利於地方官。如藏富於民，「非專為民計也。水旱戎役，非財不可。長民者保富有素，遇需財之時，懇惻勸諭，雖郗者亦感奮急公，而事無不濟矣」。他站在人民的立場，為人民著想的感情，亦呼之欲出，如彼暢言，不可單責於民不畏法，當為民惜力等等，皆有此意。雖然，他強調應嚴治莠民，破其膽，鍛其翼，其意僅在防止他們「殃民罹辟」；而且，設若莠民「有勇幹之才偶爾錯路者」，他也主張，亦當「懾之以威，懷之以德，使其就我範圍，設遇緩急，未始不

---

[31] 關於陳宏謨的研究，參考：William T. Rowe, *Saving the World: Chen Hongmou and Elite Consciousness in Eighteenth-Century China* (Stanford, CA: Stanford University Press, 2001)；不過，William T. Rowe 之見解，或有獨到之處，亦不乏可再商榷者，如他認為，「經世」譯為"statecraft"並不恰當，因為中國人沒有西方"state"的觀念，不如譯為"social management"，更佳的翻譯則是"ordering the world"（p. 2）；Rowe 復強調，陳宏謀承接晚明泰州學派的思想傳統，深具「早期現代意識」（early modern consciousness），即便稱他為「個人主義者」（individualist），亦無不可（p. 323）。凡此諸端，本文無意詳論。

[32] 關於汪輝祖的研究，參考：鮑永軍，《紹興師爺汪輝祖研究》（北京：人民出版社，2006）。

可收驅策之功」，更可見其愛護人民，照顧人民的基本立場了。

陳慶門〈仕學一貫錄〉（22：13B-15A）則以「天心不遠，以民為心者也。撫民即所以奉天也」為本原，論述地方行政乃至於官場禮儀諸事。論說雖廣，其理皆歸其本原。如他以為，用刑不可以意過苛；牢獄之苦，雜穢疫痢，凡此諸病宜當革之。凡其種種主張，實皆以為人民著想為立論基礎。

稍略歸納，《文編》論說之要旨，楬櫫的核心觀點是：地方行政長官的意義，乃是為人民之需要，為人民而存在。所以，以這等基本立場做對比，即可看出許多的弊病、問題，從而籌思其改良之道。也只有以此等的核心觀點出發，才有可能就此引申出其他的觀點。張惠言〈吏難〉、楊名時〈為宰議〉強調地方官吏的積極責任及作法；陳宏謀〈申飭官箴檄〉積極要求及期望於地方官的幾個原則；乃至於袁枚的〈與湖北巡撫莊公書〉視巡撫立功垂名為次要者，皆為其例，意在提醒地方官長不應僅僅消極地完成本份工作，更宜本其職權，推動更多有利於人民的事業。可以說，「經世之學」意欲宏揚的，正是這等期望仕宦士人能夠以民為本並有所作為的積極性格。

2. 設官分職的內與外：地方行政脈絡下的親民之官

在中國歷史的整體脈絡裡，中央和地方的關係，「剪不斷，理還亂」，逮及大清帝國時期，運用多種制度設計，以求化解之道，如道一級，扮演了由府申省之文書務須經其轉呈的角色，等於多了一級地方政府，卻收中樞控制之便[33]。即便如此，帝國行政體系仍須權分中央與地方；《文編》收錄的論說，都肯定了這一點，並對地方州縣做為親民之官，申述甚眾。

誠如趙吉士的〈大法小廉論〉（15：1B-2A）之指陳：

> 夫立乎朝廷之上，為天子，立綱紀，董百官，均四海。外則為牧伯屏翰以倡其下者，為大臣；其下庶司百執事，以逮郡縣之吏，趨走而承事者，為小臣。無大臣則，事權無所歸；無小臣，則無以承流而逮下。是故大小相維，內外相輔，以佐天子，以養萬民，誠並重也。

而其相維相輔之道，實為「大臣法而小臣廉」之意也。在此，他對官僚體系的分工與應守的法度，提出了相當明確的意見，一為決策者，一為執行者，各有所司，各盡其職，二者地位實無軒輊，皆為佐天子養萬民而存在也。

---

[33] 周振鶴，《長治與久安》，頁 31。

然而，在大清帝國的整體國家行政體系裡，中央及地方之官僚，實際卻儼然有尊卑之別。若盧錫晉〈正體論〉（15：3B）指出，朝中大臣常對地方官吏施以無理的侮辱，就二者地位與存在的理由言之，「吏職雖卑，其實與大吏同為天子所命吏。故吏尊大吏，供揖受拘束可也，狼藉無狀聽其參處可也。度朝廷設官而令其大小相屬，不過如是而止」，若使之「望塵長跪」乃至大吏之「僕隸賤人，皆得肆其叱辱，以飽其欲」，則實在不能「養士氣而厲廉恥也」。因此，他以為，大臣首實應正其體，而正吏體。凡其立言，清楚表達出中央政府中的大臣與地方官員地位平等的看法。

《文編》的論說，既肯定任職中央或地方之官長，地位實際高下無別；對於地方州縣之長做為大清帝國政治體系裡的下屬層級，述論亦稱繁多。

周鎬〈上制軍條陳利弊書〉（16：6A-7B）指出，州縣為親民之官，「位雖卑而所係（繫）甚重，百姓之休戚，天下之治亂，恒必由之」，故選用應精，以英才任之。他以為，今之州縣雖得其人，然仍未得其治，主因在於「法太密，則顧忌不得不多，信不行，則勸戒無以為據」，所以，他提出了下列的改進之道：一曰「資格宜破」，地方州縣之官不應依資格任用，「量才授缺，人地皆宜」，並應信任督撫補用縣令之權；二曰「處分宜寬」，因地方事務眾多，不免失察，往往以小過而受懲。州縣之長若畏細節之故而逕受處分，時隱匿其事乃至化大為小，避重就輕。因是，他主張，對於查辦出弊失所在者，當概免處分；三為「事權宜假」，因「民情土俗，隨處異宜，全在地方官因時調劑，審其輕重，視其緩急，而次第有之」，故「事權宜假」，俾得從容展布；四為「宜裁捐款」，要將「前虧之捐款，概予豁銷；嗣後永不捐派。並其各房之規費而痛革之。庶幾州縣之力少甦，而倉庫亦可漸圖稱補矣」；五為「名實宜覈」，當取能愛民心之愛戴，不問可否與大員之心相順適者，六為「賞罰宜信」。如是，「破資格則收器使之功；寬處分則開自贖之路；假事權則賢才得以行其志；裁捐款則簠簋得以勵其廉；覈名實則巧偽不能相蒙；信賞罰則惡有所懲而善有所勸」，這樣才能確立職責，否則「無事，則與州縣爭名；有事，則與州縣諉過」。顯然，周氏重視的是，州縣地方如何能不受到來自上司之牽掣的種種實際做法，然其本意，實當歸於「百姓之休戚，天下之治亂，恒必由之，惟其甚重也」，因而十分重視對於如何減少其遭遇之諸問題的做法，實亦正為「惟其位卑也，故體恤不可不至」之意。

陳宏謀〈與各屬論治〉（16：12A）則坦率指陳，種種良法美意，往往只成具文，「每奉部文，層層轉行，上下衙門，案將成帙，似乎已經奉行，而士民則尚不得知，地方何從受益，總由上司以轉行為了事，州縣以發房為了事」，士民既難知之，官亦全不照應，及至有所違犯，不曰事不可行，曰而民不肯行。他認為，「地方官果肯事事從民生起見，每奉行一事，體察民情，逐處計畫：利在何處，害在何處，惟求有利於民，並防有累於民」。那種公文往來式的官僚作風，實皆害於民，而有違立法之美意，此亦實使「天下人皆趨于苟安自便之一途」矣。

陶正靖〈吏治因地制宜三事疏〉（17：10B-11B）論說，守令身為親民之官，秩雖卑而責至重，「勸課之方，必須曲盡其宜，未可以苟且概施」。因此，對於當時的實際狀況，他認為當有所更張：一為耗羡多為督撫認為別儲之項，以多留為功，應當「通盤合算」，裒多益寡，其或不敷凡諸雜稅，似可撥支，務使經費粗足」，使足其則用，乃可杜其侵漁，畢竟「兩司以上之養廉，不無稍厚；而州縣以下，未免猶薄……養廉者其名；養不廉者其實也」；二為優縣守之遷擢，鼓其志氣，他並提出具體方法：「就所為衝繁疲難，兼四兼三者，約分年限，年滿無過，並准行取」；此外，即是不使縣官遠離家鄉，「唐制所云，毋過三十驛者，所當酌從」。陶氏所論，不外地方官能夠在私人方面順利執行其職之意；而其牽涉於公者，殆為大端，如耗羡之問題，清代之迴避本籍等問題[34]，允為地方行政之重大困境所在，列於「詮選」這一子目之下，涵義甚為深遠，更透露出「經世之學」對於改革當前問題面向的重大訊息。

林起龍〈嚴飭官箴疏〉（19：7B-8A）述說考察地方官吏之標準所在，亦規劃對守令應為之的工作內容，意見涉及者，涵括項目多達十五項：招徠流亡、開墾荒蕪、巡行阡陌、教民樹藝、稽覈戶口、均平賦稅、輕省徭役、驅逐盜賊、抑制豪強、禁戢衙蠹、賑恤災患、救濟孤寡、條濬城池、平治橋樑、興舉學校等等。然其以為，此數十項內容能皆行之者甚少，故他主張，應申明守令職事，嚴行撫按，急加督課，以令之能實心任事；並應訂立標準，分訂高下，能全行者考核為上，行一半者為次，少者為下。

汪輝祖〈稱職在勤〉（22：4B-6B）是立基於實際工作經驗的文章。他指出，地方官吏倘欲稱職，當以勤為本，方能勝任實際行政工作，並真能造福於民：

> 州縣一官作孽易，造福亦易。天下治權，督撫而下，莫重於牧令。雖藩臬道府，皆弗若也。何者？其權專也。專則一，一則事事身親。身親則見之真，知之確，而勢之緩急，情之重輕，皆思慮可以必周，力行可以不惑。求治之上官，非惟不撓其權，亦且重予以權。牧令之所是，上官不能意為非；牧令之所非，上官不能意為是。果盡心奉職，昭昭然造福於民，即冥冥中受福於天。

[34] 凡此問題，研究甚眾，例如：陳鋒，〈論耗羨歸公〉，《清華大學學報（哲學社會科學版）》，2009 年期 3（北京：2009 年 5 月），頁 17-38、魏秀梅，《清代之迴避制度》，《中央研究院近代史研究所專刊》（臺北：中央研究院近代史研究所，1992）。

既然「官之一身，實叢百務」，故汪氏提出了許多實際可行之法，以求有效得行。他以為，「若曰行常件，宜各立一簿，法最可行」，由他所提出的各種記事之簿中，我們可以知道，州縣之官的工作是繁重而皆中央諸官所不可為者。如記「獄囚簿」、「查管押簿」、「憲批簿」、「理訟簿」等，凡此係涉及於刑名司法者；於地方人事，則當備「客言簿」，蓋「好問察邇，是為政第一要義」；並應備「堂籤簿」，以防「蠹役地棍詐偽指撞之弊」；於財政支入部份，則應有「正入簿」、「正出簿」、「雜入簿」、「雜出簿」；他並諄諄囑咐，退堂時切不可草率，尤當細心，防止日後猾吏從中舞弊；並應備「堂事簿」，即「值堂書登記所理之事也。凡讞斷顛末，及論辦公務，勺攝保羈，如不逐日摘敘，一有遺忘，則吏役朦混，百弊叢生」矣。《文編》還收入來自汪氏著作《學治臆說》、《佐治續言》的〈論親民〉、〈論省事〉、〈論卹民〉、〈論治訟〉及〈用吏設〉（22：7B-12A）諸文，涉及面向繁多，要言之，州縣之長，其職涉及「吏戶禮兵刑工」六項，而其親民尤甚於他官。汪氏諸文，以其實際經驗論述切實可行之法，亦為「經世之學」講求實用之精神的表達。

黃六鴻〈審興革〉（23：1A-1B）指出，凡欲有所興革「必絜一事之始終久近，而深思遠慮，罔弗攸宜，又必訪求最確，合紳衿百姓之議，而眾見僉同，然後為興為革」。否則「自衿己能，喜出獨見，未暇詳求，輕舉妄動，及其事已更張，扞格難行，然後悔之靡及，不徒滋擾怨乎」。他以自己往昔治郯的經驗來證驗這一說法，認為「故審于吏事者，微獨關于地方之事，未可輕易興革；而官長平昔養廉之具，亦未宜一概蠲除也」。要言之，實係「害去其太甚，利求為可久而已」。黃氏之論，肯定了在既成的政治架構下，實踐州縣之長本身應盡之責，所以應該講求更張、興革，亦可見其論述，追求的是有俾於切實可用的效果。

凌如煥〈敬陳風化之要疏〉（23：5A-6B）以為，意欲以教化諸民為治，其法有三，在民者一，在官者二。在民者厥為整理「州縣游惰之民」，州縣之長應負此責；在官者一為「有司奉行教民，宜務其實，不當飭其文也」，其意旨正與前引陳宏謀〈與各屬論治〉指出之問題相當，而做法似較實際，他主張恢復雍正時所行之法，「添設約正、值月等」，擇生員以充任講解上諭之職，使「一鄉一邑中，司教多人，皆可為有司之助」；二為「督撫之舉劾群吏，考課宜在平時，而報最宜求實效也。」即教民化俗之事亦列入考核，並將每年之考核結果彙編，「迨至大計屆期，彙在三年之內功過，大小多寡，為舉核之實符」。諸般問題及做法，歸結於「事有殊科，理惟一貫。督撫之董率有方，則州縣之舉行必力；州縣之奉行有法，小民之游惰潛消，教化翔洽，刑獄減省」，亦即主張各有所司，各盡其職，使地方政府部門的教化工作，得以順利推展。

再舉《文編》收錄關於特殊地域情況的論說為例，尤可顯示「經世之學」肯定的做為，乃是不受成規所限，以求實際者。

即如任啟運〈與胡邑侯書〉（23：7B-9B）以宜興斯域為例，分題列述相關民事問題的解決方案。他以為，「蓋聞聖賢之為政也，莫大於興民之利，去民之害，視風俗之所極弊而先救之。」他指出，宜興當地有賭博、賊盜、戲會、賦稅逋逃乃至於溺女之俗等弊病，實皆為有害於民之所在。意欲有所革除，除行保甲立鄉約外，亦當歸之於「實心行實政」，蓋「天下有治人，無治法。賭博、盜賊、溺女諸禁，可責之保甲，而保甲之嚴，不在保甲也；演戲出會，刁訟遊女，可申之鄉約，而鄉約之明，不在鄉約也。古之言曰，表正者影直，源潔者流清。必至誠至公，使民情無不達於左右，則吏胥姦欺、紳衿關說之弊，不得至乎其前，又何害之不戢，何利之不興哉，此又愚所謂實心行實政之說也」。引申其義，可見地方首長於教化、政務所應注意事項之多端，更可知何以地方政事之處理應「因地制宜」，中央不宜劃一而致有所掣肘之意所在。

再舉汪志伊〈敬陳治化漳泉風俗疏〉、鄭振圖〈治械鬪議〉及程含章〈論息鬪書〉（23：15A-19B）等文為例，彼等皆就閩省漳泉及粵東地方的特殊狀況立論，提出應因地制宜推行政務教化的看法。他們的論述，以如何平息閩省漳泉及粵東械鬥之風俗為重點，而其根本之理，即如程含章所云：

> 天下無難為之事，惟在得人；天下亦無易為之事，惟在實心。果以精心果力行之，未有不底于者（23：19A）。

其法則在於治理地方當能察其地之弊，而有所制宜。

汪志伊認為，即使治理其地有所失，亦不當頻頻更調，或為降革之處分，而應從寬留任，「俾官與民習，默化潛移，以收實效」。至於他省乃至閩省各府則不可援此為例。沈寓〈治蘇〉及〈治崇〉二文（23：21A-23B）的議論，分別就姑蘇與崇明島為例，暢言因地制宜，有所變通之道，「一如治病，竭吾之心思眼力，視民之肥瘠，以劑投之」，必有「受治」的可能。

要言之，《文編》收錄關於地方行政體系的論說，率皆以民為本，對於帝國行政體系裡的地方州縣首長，做為親民之官，申述甚眾，具體顯示，州縣之官扮演的好似瞿同祖所稱的「一人政府」（a one-man government）[35]：他們應該處理之事既繁且眾，惟

---

[35] T'ung-tsu Ch'ü, *Local Government*, p. 13；山本英史承續瞿同祖「一人政府」之論說，仔細析論知縣走馬上任至卸其仔肩的前後歷程裡，必須身處和因應的「人間環境」（如既存的衙役諸人、既有的地方勢力等等），見：山本英史，《赴任する知県—清代の地方行政官とその人間環境》（東京：研文出版，2016）。

其「事權宜假」，「須曲盡其宜，未可以苟且概施」，自當有所制宜；對於職權範圍的政務／事務，則應躬身為之，隨時留心在意（即是汪輝祖申論應備之諸記事簿之理由）；若欲有所興革，亦當審慎為之。其間提供的具體意見，可資參照借鑒，對仕宦於地方者應當有所作為的積極性格，實寓鼓舞宏揚之意。

三、地方行政體系之難題及其解決之道

就外在形式言之，地方行政體系之難題及其解決之道，或與「治法」息息相關。即如張灝指出，《文編》的編者，對「治法」之內容，和許多宋明儒者一樣，認為大部份是有關官僚制度的業務性和技術性問題，如詮選、賦役、鹽務等等。《文編》在這方面反映了儒家傳統含有的功效理性。所謂功效理性，是指處理專門業務的態度，這種態度講究經驗觀察及教訓，同時並多多少少以成本功效或成本利潤之計算，做為處理業務的原則[36]。《文編》「吏政」諸文，當然都充分表現了這個旨趣。不論是收錄在「吏論」這個比較具有理論傾向之子題的文章，亦或是比較從現實出發的「大吏」、「守令」等子題裡的諸番論說，都以既存的基本立場，就經驗事實出發，認為某一政令、某一作法有何等具體問題，提出議論，闡述難題所在，而思有所改進解決之道。然而，如何實踐「治法」，則非易易。

1. 不利於民者

《文編》收錄諸文在在強調，地方行政體系之成立，乃係為人民之需要，為人民而存在的，因是，對種種防礙人民生計的問題，自然是應革應除的首要目標。

袁枚本即強調督撫這級地方長官的重要，他的〈與湖北巡撫莊公書〉（20：2B-3A），即指出「巡撫之所當為，莫如察吏以安民。而立功垂名不與焉……吏果察則功自立矣」；另一篇〈覆兩江制府策公問興革事書〉（20：3A-5B）則是一篇大文字，提出他觀察到的弊病及其解決之道。首論蠲租賜復，雖為恩典，然於應徵應不徵者，都一例徵之，究其實「與甚寬百萬應納之稅，以恩富民，孰若免錙銖不應納之稅以恩貧民」；次論常平之法，主張應使「錢穀流通，而政體亦得」；三論社倉之弊，以為「社倉於貧民無角尖之益，而於富民有邱山之累」；四論訪漕之事，認為「察漕者宜察之於民間，而不必專察之於倉內」，否則「好除弊而不善除弊之效，乃至此乎」！五論捕蝗之事，以為「宜

---

[36] 張灝，〈宋明以來儒家經世思想試釋〉，《近世中國經世思想研討會論文集》（臺北：中央研究院近代史研究所，1984），頁 17。

專責有司，不必多差官」；六論屢頒文檄，「好立規條教令」之弊；七論扈從剝削地方；八論省會之官不應每日謁督撫，蓋若如此則無能盡心於民事；九論如何切實責成捕役除盜之法；十論州縣不親選士之弊，並及武學之設應省。凡其所論，率皆以為，諸事大害於民，應革應廢之理，應除應清之法，縷述詳論，所望於督撫者改正之意，躍然紙上。

張鵬展〈清釐吏治五事疏〉（20：9B-12A）申述釐清吏治，以免有害於民的可行之道。他認為，地方長官首應「嚴幕友以肅吏治」，蓋督撫用屬員為幕友，往往藉朝廷名器，提拔陞擢，以代替給幕友的束脩之費；督撫薦幕友於屬員，而使所薦幕友往往因此而狐假虎威，導致「州縣之畏幕友，更甚於畏上司」；而幕友互相鉤連，以取重價，於是州縣「不得不朘削民間」。次則以為當專倉庫以重帑項，不使州縣奢靡縱侈，藉公帑包苴以邀功名；三則主張「寬童試考額以絕苞苴」，他說，州縣之淘汰童生，往往以利數視之，藉而索賄，對於人才之害甚大；四則以為「嚴禁濫役以奠邊民」；五為「嚴採買以安民心」，因「民間之不便，莫甚於採買」；而地方官之欲借以網利者，亦莫易於採買」，當嚴禁之。張氏所論，固係針對督撫而發，然其所論諸項弊端，禍害人民之烈，務須革除，亦可覘知，督撫做為方面大員，承負責任，重大之至。

趙申喬〈禁絕火耗私派以甦民困示〉（20：19B-20B）以一己官居湖南巡撫之職而發令，要求所屬「自今以後，務須力洗陋弊，易轍改絃」，於加耗私派諸事當痛加禁止，「一意以潔己愛民為主」。蓋以「無事不私派民間，無項不苛斂里甲，而且用一派十，用十派千，以飽贓官婪蠹之貪腹。嗟嗟！小民膏血有幾，而能滿此漏卮巨壑哉！」他的看法，亦顯示出督撫自身在職權範圍內所能革除之弊病，而所以重民生之故也。

趙衍虞〈革火耗〉（23：4A）強調，「有關萬民，人人可沾實惠者，莫如錢糧一事」，其意與趙申喬〈禁絕火耗私派以甦民困示〉正同，言說所涉者，殆為強調守令自身之主動性，毋須上司之指示：「廉吏到任務須痛革火耗。前官之重者，我不敢重其所重；即前官之輕者，我更要輕其所輕」。

汪琬〈論作縣數則〉（22：1A-2B）分別列舉身為地方父母官者應當注意之諸事。他認為，「敬為居官之本，而恤刑之道，無出於此也」。首先，他指出如何處理訟事，不可云「息訟安民，於是不准訟詞為得計」。蓋如是，勢使含冤負屈者，不得申理；並以為理訟之際，當應用技巧，使一時之氣而引起的爭訟能有所化解；催科則當知所時宜，「若徒指二八月開徵之例，不問民之有所入與否，而勒限追比，悍吏下鄉，豈復顧人死活」；在人際交往方面，他認為，州縣之事上，應如父兄；待同官須如兄弟；撫百姓則須如子弟，如此，「上下交孚，然後可以有為」；此外，胥吏為民之大蠹，不可不時加約束，「一寬縱則無所不為，而民受其害，官聲亦從此壞矣」；並應以大度視人民向上官控訴自身之舉；對自己要求亦應嚴，能使「仕學相資」，蓋「學得一分，便有一分受用，而民亦受一分之賜也」。汪氏此文針對專令之大職而發，述論所涉，皆為不可不隨時注意之處，皆為所以可能致弊之源由。

凡是可見，大清帝國的內部，疵政竄端，所在多有，率皆有害於民，違背地方行政體系（乃至於整個國家行政體系）之成立初衷者。督撫州縣之長，做為「治人」主體，面對諸多需革應改之道，自有權柄，足供施展。然而，官僚體制自身，絕非自臻理想之境，毫無問題；其自身的諸多瑕疵所在，往往不僅有違意旨，對於它的運作也帶來困難。

2. 地方行政體系內部的問題

大清帝國官僚體制自身的弊端，實與「治人」息息相關。正如盧錫晉〈吏議〉（15：2A-3A）一文的觀察，「州縣吏惠愛其下者甚少」，因為州縣之長對吏屬「責之太煩、設之太賤、處之太褻、澄之太清」，「凡吏職之所欲盡而不得者皆坐此四者之故也」，遂至疵政畢生。

盧氏認為，所謂「責之太煩」以分其心，意謂「出宰一邑，百務革之，彼誠竭力於錢穀刑名教養撫字，亦可謂能矣」，不幸境內發生盜賊，「雖其治於夜不閉戶，道不拾遺」，來自數百里外之盜賊適發於其地，其治績亦「無救於參罰降革矣」。因是，盧氏以為，防守者不能盡職，但分其罪於吏，「為吏方役役於風影之不可知，當何暇於民之疾苦？」此實「責之太煩，以分其心」者也。

至若所謂「設之太賤」，則以郵驛之事並於州縣，「若一當衝繁孔道，則皇華往返，日無甯晷；而索詐怒詈，使人忿恨於心而無可奈何」。既以「驛務程其優劣，既已果頓而揉靡之，而又貽以賠累應付之苦，欲其不扣刻芻牧而橫斂於民，以救其急，其勢固有所不能也」，故云「設之太賤，以沮其氣」。大官行縣，往往視縣官為奴，「道路郵亭，眾目觀望之地，直聽其朝服膝行，踞不為讓。甚至大官之人僕隸，亦厲聲斥罵之。嗚呼！亦褻甚矣。為吏者始猶怒於心，久則相與安之。又久則相與賂之。夫如是而向之恥心既已喪失無餘，於是並其所不屑為者，或不幸為之，尚欲求其廉，不可得也；且奴顏婢膝之人，何以居民上哉！此所謂處之太褻以變其守者也」。

所謂「澄之太清」，則指朝廷欲使為官者俛仰無憂，乃以奉祿與之。然而，「相傳為大吏者，因其庫有缺額，故累年檄令捐補。有自除授主陞黜，未得蒙升斗者」，況且大吏竟「至較【縣令——引者按】所治之大小，分定數目，以獻於一歲之節辰者五，謂之曰規禮；大數之外，小數與其【大吏——引者按】親幸之僕人，謂之曰門包；小數之外，又與其傳稟之蠹設，謂之曰茶儀。自太守以上皆取之州縣，以轉相饋送。至於州縣之官，復有何項可取，若是而尚能毫髮不累其民……其勢不能也」。凡此一切，亦責於多為無賴之徒的吏胥，民則安得不窮。故謂「澄之太清，以甚其貪」。

盧氏諸番論議，皆本於重民而設官分職，尤其特別重視親民之官的意旨，確與地方行政體系成立之基本理論，若合符節。這四個難題，也普遍表現在《文編》諸文，實可做為以下探究之綱領。

（1）責之太煩

州縣長官承司地方事務，既繁且重，「責之太煩」之例證，所在多有。即如訥親〈請考覈州縣實政疏〉（20：9A-9B），全文要旨在強調考核之重要，內容涉及者，方方面面，正足為例。在他看來，州縣長官所掌之事「有實力奉行即可收實效者，如興學校、端士習、振民風及農桑樹畜、河渠水利」等，即應盡力推動：而於「造麴燒鍋、賭博健訟刁悍諸事，定例綦嚴，皆所應禁」，惟應該「因地制宜，從容觀效，未可以期之旦夕也」。至於「盜竊打降及崇尚邪教等事，關係於民生風俗，不可不為急除；果能力為整頓，固可施至而立效也」。但是，目前州縣惟以簿書錢穀為事，他事不加經心，故他主張，各省督撫應「酌量各州縣地方之大小事務之繁簡，定以一年半年之限，令該州縣官編歷境內鄉村，逐一體訪確寔」，各就地方應興應革之事陳報，而為考核之資，如此，「為州縣者，知上司之考核，以實不以文，則凡職分所當為，考成之所係，自必奉力實行不敢虛應」，而且，一旦發生事故，自能在確實了解地方的情況下，措置得宜，「事事皆為實政，於吏治民生，不無裨益」。

又如徐越〈省科條以培治本疏〉（15：9A-9B）指出，自考成、緝逃、諱盜、緝盜諸法嚴，「遂不惜苛擾地方，以圖免過。總之，上惟以法令繩有司，而欲有司以教化興起百姓，必不得之數也」；督撫為朝廷之封疆大臣，「正己率屬，察吏安民，是其職掌」，而其將「任重責大之精神材智，盡耗於苛細之中，終日頭緒紛紜料理部件之指摘而不暇已，何暇講求民間利害之源流，審察官吏才品之優劣」。因是，他主張「以愛養百姓，使邑中無荒殘流離者為上考，其餘科條，槩從輕省，俾使其游刃有餘，多方以行其教化」。

王安國〈清省簿書以課農桑疏〉（15：9B-10B）的主張，亦同於徐越，議論更集中在「中外簿書太繁，州縣官疲於查照，無暇課及農桑」這一項上。蓋「簿書太繁者，乃用法之流弊，非立法之本意也。夫立法之本意，所以課功核實而防姦偽也。但用之不善，則本以課功，或因瑣細而轉至羈遲；本以核實，或以不勝煩數而應以具文；本以防奸，乃本病未去而他病叢生」。他以為，因此所轉生之流弊，竟終成為「椽吏有權可操，因而肆為威福，州縣功名念切，敢不應其取求」。所以，他認為此種情況必當予改善，務使「國家科條法則，不至為舞文作奸者所矯託；官司之精神血脈，不至為貪胥猾吏所驅使。上下衙門明白相承，盡化其疑阻留難之跡，而專心於國計民生。」

正是在這等脈絡之下，佐理官長處理政務的幕友、吏胥諸色職人之必要，理有必至[37]。《文編》第二十四卷以「吏胥」為題，或痛陳地方吏胥之訾政，或論在京各衙門吏書之作弊壞法，並敘述各種改革之道；第二十五卷以「幕友」為題，收錄四篇文章，除韓振〈幕友論〉之外，餘皆選錄佐幕經歷豐富的汪輝祖的作品。蓋如韓振〈幕友論〉（25：1A-1B）之申論，「外掌守令司道督撫之事，以代十七省出治者，幕友也」；陳宏謀〈分發在官法戒錄檄〉（25：8A）亦言，「有官則必有吏，有官則必有役……官之賴於吏者不少」。惟則，幕賓反客為主，吏胥竊長官之權，橫行地方，「城社狐鼠，郊原虎狼」[38]，實因導源於「責之太煩」之病；「經世之學」於此等面向，無疑正提供借鑒。

（2）設之太賤、處之太褻

《文編》的論說，本就認定帝國各級官長，無中央或地方之別，地位平等；然究其實際，理想現實之間，扞格多矣。即如趙吉士〈大法小廉論〉（15：1B-2A）及盧錫晉〈正體論〉（15：3B-4A）皆指出，國家設官分職之本原，上下亦復平等；然而，大吏對州縣之官「往往倨侮於其上，暴慢恣睢」，一旦「有事行縣，吏朝服待境上，望塵長跪，而大吏不少假以辭色禮貌；甚至僕隸賤人，皆得肆其叱辱，以飽其欲」。靳輔〈專差宜減疏〉（15：11A-11B）也坦誠指出，朝廷遣派中央諸臣外訪察隱探冤，本為美事，偏偏「天使之車塵馬跡，一經絡繹於道途，則閭閻之蒼首黔黎，未免嗟咨於草野」，蓋耗費小民膏血多矣。況乎地方官吏「一聞欽差將至，惟恐有所駁詰，莫不力圖要結以悅之」。因此，他主張，若干戔戔之事，責之督撫即可矣。此正可說明地方官之見輕之故也；雖天使之出，為軫念民瘼之意，究其實際，反因供應天使之所需，而致有擾民生也。

王杰〈請覈實虧空變通驛站疏〉（16：2A-3A）主要論述二事，一為「虧空宜覈」，一為「驛站宜變通」；皆述州縣於其職權範圍，內受上司之箝制，以致大弊叢生。王氏

---

[37] 關於胥吏、幕友之研究，不可勝數，舉其要者，除前引繆全吉，《明代胥吏》、周保明，《清代地方吏役制度研究》之外，如：趙世瑜，《吏與中國傳統社會》，《中國社會史叢書》（杭州：浙江人民出版社，1994）、郭潤濤，《官府、幕友與書生：「紹興師爺」研究》，《東方歷史學術文庫》（北京：中國社會科學出版社，1996）、高沅月，《清代刑名幕友研究》，《薊門法苑》（北京：中國政法大學出版社，2000〔207頁〕）、Kenneth E. Folsom, *Friends, Guests, and Colleagues: The Mu-Fu System of the Late Ch'ing Period* (Berkeley, CA: University of California Press, 1968)；新近學人則注意及於清代幕府與學術的關係，如：林存陽，《乾嘉四大幕府研究》，《中國社會科學院文庫》（北京：中國社會科學出版社，2016）、尚小明，《學人遊幕與清代學術（增訂本）》（北京：東方出版社，2018）。

[38] 侯方域〈額吏胥〉形容吏胥橫行之語（卷 24，頁 2A）。

之意，本在謂對民造成之困擾，有礙生民，實亦可見州縣所受督撫、天使之凌辱。

徐文弼〈論驛傳之害〉（20：16A-16B）對於此一主題，論之亦詳。他以督撫巡視州縣為例指出，「其供張之盛，儀衛之隆，姑不具論；此外幕客內司，與夫書門承舍皁隸輿臺之屬，無不有餽。苟或少疏，則媒蘗有司之短長，播弄屬役之過失，功名身命，屬在須臾，豈不發速而禍大乎。若夫督撫值班之書役，司府公務之差承……狐假虎威，需索凌虐，甚于過差；附帶親朋，互為羽翼，黨惡橫行，恬之不怪。」直使「賢牧令覽此，未有不寒心酸鼻者」。凡此諸惡，皆源於督撫未可體恤州縣可否承擔，甚且視之如僕奴，而使其於職責事權外，被迫加諸多負擔。至若柯聳〈清釐吏治三事疏〉（20：8A）中所指出的，屬官拜認督撫為門生，假之為獻媚之梯，「曠廢職業，專務逢迎，餽節賀壽，百計結歡」，實亦上下相褻，不重官守一定之名分所致。凡此皆是對地方官員「設之太賤」復「處之太褻」處，而為地方行政體系內不得不正視的問題。

（3）澄之太清

所謂「澄之太清」，自與地方上的稅賦收支問題相關；就「吏政」部分言之，則與地方官長操守廉潔，不可或分。

曾鏞〈答汪方伯書〉（16：7B-9A）指出，平常時期由於「國家理財，持宏綱大體以提防」諸等朘民之事。殆乎變異突生，則「迫以勢之無可奈何，予以事之得所藉口，明目張膽，何所不為。竊恐在虧空之日，則相習為盜臣；在彌補之時，且相習為聚斂」。故今「無甯渙其大號，破格施恩，俾天下一空從前之累，而徵輸得其舊章。除見在州縣，本任虧數，立限追捕外，甚確為前任之所虧者，一并棄去，於是肅清本源，更遵成法，按屆輸將，庶幾積弊一袪，可圖再造」，蓋雖國家因此而虧半歲之費，但「與其病民，無甯病國」，「國可貧，民必不可使窮」；且「即州縣亦不可太窮。民窮則覓；官窮則貪。窮固亂之由也」。

任源祥〈制祿議〉（18：1A）及黃晉良〈論官錄〉（18：2A-2B）二文，皆認為地方諸官在實際上屢行剝削諸事，卻飾之以薄祿，以博儉名，均為上下相欺而大害於民之事，亦實非國家長治久安之道。

謝振定〈察吏八則〉（20：15B-16A）則指出，「州縣宜節其用，除署中條膳日用應酬之外，本道本府有規禮，有攤捐項，有幫貼項，有一切解費冊費考棚費，多者萬餘金，少者不減五六千金。州縣養廉俸銀，不過千餘金，而費用如許，是從何來？上司能設法籌畫，為之省去費用，庶責其廉而罪其貪」。而「州縣穀倉勿輕准借糶」，否則「直是官吏家人，藉此分肥，毫無實惠及民」。其論述本意，無寧在於如何莫使貪瀆所由生之道。

汪輝祖〈論用財〉（21：17B-19A）指陳，士既服官，己身要能節儉，否則必貪，「或被下人牽鼻，或受上官掣肘」；一切賓友僚屬之酬贈賑貸慶弔，尤應酌情量力，須令其人實受其益。汪氏論者凡十三，總之在於州縣自身可否自潔，不與同流合污，而盡其職。

《文編》除了收錄大清帝國時政議論之外，討論往昔史事者亦多。特別是收錄顧炎武《日知錄》之文，尤為《文編》「吏政」部份之冠（計十九篇），如其論〈京債〉（17：6A-6B）一文討論往昔歷史上赴銓守候，至久京債的問題；〈俸祿〉（18：1A-2A）則以史為例，釋論「今日貪取之風，所以膠固於人心而不可去者，以俸給之薄而無以瞻其家也」這一觀點；〈懲貪〉（19：3B-4A）亦從歷史觀點論述歷代如何懲貪。凡此諸篇，未必皆契合於時政，針砭所及，恰可顯示「經世之學」包括以史為鑒的面向。

3. 用人

《文編》收錄諸文指陳大清帝國的地方行政體制之內，問題叢生，不假辭色；其可貴者，厥為各方論者非僅坐而論道，大致也提出了解決之策。汪輝祖的文字，就是很好的代表。他敘述的許多規範，可以說都是告訴人怎麼從事地方行政事務之工作[39]。顯然，「經世之學」重視的是承乏「經世」之業的具體個人；那麼，如何拔擢合適人選，進入帝國政治體系任官為宦，不容輕忽。

關於這一方面，《文編》第十七卷收有四篇文章：許惟模〈清復進士觀政之例疏〉、訥親〈清舉人分部學習疏〉、徐旭齡〈實試觀政疏〉及鄂爾泰〈議新進士分省學習疏〉（17：12A-14A）。四文之主旨，皆認為經過科舉攷試拔擢之人才，應分發主部或各省藩臬衙門學習處理地方政務。蓋「凡預進士之選者，不患文義不嫻，患未能通知世務，經濟優長耳」。訥親亦謂，其奉差外出，經過州縣，詢之以地方事務，竟有茫然不曉者，問其出身，多係遠科舉人。既有此弊端，自當革除。這等做法，即是徐旭齡所謂「為圖政務求實效用，人貴儲真才」之意；蘊涵之所謂功效理性的意義，甚為重大，亦可證實「經世之學」求實效之面向。這一點，正是解決地方行政體系之難題應當追求的基本改良之道。

諷刺的是，人才拔擢既不遺餘力，意欲使之發揮其長亦深受肯定；然而，所謂「清官」即使清廉自持，戮力本務，卻不全然受肯定。

---

[39] 楊慶堃指出，汪輝祖的《佐治藥言》、《學治臆說》及陳宏謀的《從政遺規》，流通廣泛，說明了甚至在滿清統治的最後世紀，有關實際行政事務的有用教科書，實甚缺乏，見：C. K. Yang, "Some Characteristics of Chinese Bureaucratic Behavior," p. 144。

試看唐甄〈為政〉（15：4A-5B）之論：「廉而不能養民，其去貪吏幾何！為其才乎？才而不能養民，其去酷吏幾何！……若廉止於潔身，才止於決事；顯名厚實歸於己，幽憂隱痛伏於民。在堯舜之世，議功論罪，當受殃民之誅者也，安得罔上而受賞哉」。鄂爾泰〈論人才疏〉（15：6B）亦說：「不以民事為事，不以民心為心，固未有能奏效者，恐廉吏與貪吏罪相等」；偏偏「貪官壞事，人皆怨恨，樂於改正。清官誤事，人猶信重，礙即更張也」。顯然，父母之官係因養民、符合人民需要而設立，不能符合這等標尺的「清官」，亦不足取。

4. 以「治人」為優位

《文編》收錄的論說，對帝國地方行政體制的問題，指證歷歷，其間所涉，雖然由於法令規章等「制度」上的問題而導致之困難，亟需改革，正與「治法」息息相關。不過，負責推動改革的，還是必須仰賴於有此這等認識的具體「個人」。相較而言，在《文編》的論說裡，無論是那些應革應除對足以妨礙人民生計的問題，或是地方長官身受「責之太煩」、「役之太賤」、「處之太褻」、「澄之太清」諸項之荼毒，乃至拔擢人才的議論，具可顯現，地方行政體系之難題及其解決之道，都是屬於「人」的問題。誠如《文編》之〈敘〉（賀長齡署名）所論：

> 公卿士庶人推本前世道器之污隆所由然，以自治，以外治，知從違，知伍參變化之為學；學為師長，學為臣，學為士庶者也。格其心、身、家、國、天下之物，知奚以正，奚以修、奚以齊以治平者也。

有賴於知曉這等道理的「人」，地方行政體系裡的難題與解決方案，始可落實。可以說，《文編》收錄的論說，顯現的思想基底，以「治人」為優位，做為制度的「治法」，有賴於前者。

四、結論

綜合論之，《文編》揭示以民為本是地方行政體系之基本立場，聲言它的存在是為了人民，為了養民的。不依循這一立場，既無法映照出各種問題之所在，也不能提出切實可行解決問題的方案；凡此諸端，正顯示「經世之學」是儒家以民為本而又講求施政功效的思想[40]。諸若如何促使地方官之「事權宜假」，「審事之輕重緩急」，不可苟且概全，主張「因地制宜」，不宜過於畫一形式，致使遭受掣肘而久治無功等等議論，都是「經世之學」肯定的要素。

即使帝國地方社會的具體環境，錯綜複雜，《文編》收錄文獻涉及的論說，未必枘鑿盡合[41]；過往循吏有所作為的表現及其歷史經驗[42]，亦未可確能合轍如意；然而，假借《文編》的論著，可以勾勒出編者心目中的理想「郅治圖」：地方父母之官，一心以養民為本，清廉自持，與民為善，嚴督幕賓吏胥，不使之擾民，勸農課桑，興教化俗；遇訟則平心靜氣，以和為尚。職掌雖多，皆能因地因時制宜，非惟能起民於溝壑，亦使之卓然成立。百姓藉州縣政府之力，各安其命，各得其所，務農課桑。雖須盡賦役之責，卻不致因一時之不能負擔遂至亡命；即有訟事，亦可平和解決，不虞冤錯。

《文編》收錄諸文，懷持以「治人」為優位的思想立場。對於晚清士人而言，在進入官僚體系之前與開展仕宦之路的時候，閱覽披涉《文編》收錄的文獻，應該可以做為激發他們履踐「經世之志」的知識基底，堅立自我懷持以民為本的信念，篤定一己潔身自好的志向，培養熟嫻於實際事務的能力，等於是「經世傳統」事業的參與者。對晚清士人來說，「經世之學」以《文編》為起點，足可承繼發揚，轉衍而為講求經濟、變法各種學術，政治運動之先驅[43]；「經世之學」的多重義蘊，對士人政治視野的擴張，深有啟發。即如梁啟超於 1897 年任教湖南時務學堂，為立〈學約〉十條，其一便以「經世」為目，範圍就大有拓展：

> ……必深通六經制作之精意，證以周秦諸子及西人公理公法之書以為之經，以求治天下之理；必博觀歷朝掌故沿革得失，證以泰西希臘、羅馬諸古史以為之緯，以求古人治天下之法；必細察今日天下郡國利病，知其積弱之由，及其可以圖強之道，證以西國近史憲法章程之書，及各國報章以為之用，以求治之日之天下所當有事，夫然後可以言經世。而遊歷、講論二者，又其莞鑰也。……[44]

---

[40] 劉廣京、周啟榮，〈皇朝經世文編關於「經世之學」的理論〉，頁 83-84。

[41] 例如，《文編》收錄涉及解決閩粵械鬪議題的文章，議論固眾，儼然成理；其實不能否認，在大清帝國的體制之下，即便廉吏、能吏也未必可以制止鄉族械鬪，蓋其起源於基層社會的內部矛盾，自然能正本清源，見：鄭振滿，〈清代閩南鄉族械鬥的演變〉，《中國社會經濟史研究》，1998 年期 1（廈門：1998 年 2 月），頁 16-23。

[42] 參考：余英時，〈漢代循吏與文化傳播〉，《中國思想傳統的現代詮釋》（臺北：聯經出版事業公司，1987），頁 167-258。

[43] 劉廣京、周啟榮，〈皇朝經世文編關於「經世之學」的理論〉，頁 86-87。

[44] 梁啟超，〈湖南時務學堂學約〉，《飲冰室文集》之二，臺北：臺灣中華書局，1978（臺 2 版），頁 28。

梁啟超期待就讀時務學堂的新生世代得以掌握的「經世之學」，已與前此《文編》顯現的內容，南轅北轍，卻展現「經世之學」足可與時俱進的實用面向；彼此懷持「經世」以發動現實改革的理想，更並無二致。可以說，「經世之學」確是引領近現代中國歷史變遷的思想動力；「經世」更是晚清士人（與日後的中國知識人群體）的共同志向與永恒理想[45]。

後記

本文初稿為筆者在 1988 年修習呂實強教授《中國近代史研究》課程的學期報告，當時即承實強教授剴切指教。1992 年，筆者修習劉廣京教授《晚清史研究》，除以〈胡適與羅爾綱〉為學期報告之外，另繳呈本文，勞請廣京教授指正。〈胡適與羅爾綱〉文稿，經廣京教授與張忠棟教授詳為批閱，已然刊布（《文史哲學報》，期 42，1995 年 3 月）；本文則以自覺未臻成熟，始終置於篋中，不敢問世。廣京教授為學界研究「經世思想」開疆拓土，導路之功，史冊永著；實強教授亦撰有名篇〈儒家傳統與維新〉，享譽學林。為紀念銘謝廣京、實強教授引領個人問學研史之師教厚恩，筆者再賈餘勇，修改本文，就正方家，敬此永懷師恩。

---

[45] 如臺灣在第二次世界大戰之後的經濟發展，與財經官僚密切相關，其實可以將他們視為依復懷持「經世之志」的一群「以實業救國的儒官」，見：瞿宛文，《臺灣戰後經濟發展的源起：後進發展的為何與如何》，《中央研究院叢書》，臺北：中央研究院、聯經出版，2016。

第二部

近代中國的經濟脈動與實業創建

清末通貨膨脹再探討

科大衛

通貨膨脹是近代經濟重要的課題，也是經濟制度史一個需要面對的課題。尤其是在劉廣京先生畢生對晚清的經濟研究，更不能避免。第一方面，清末的通脹（編案：即通膨）是當時的「經世」問題，也可能是「經世」裡，時人比較難以掌握的問題。要瞭解通貨膨脹，需要接受市場有其本身的規律，不一定受政府的直接影響。第二方面，清末的通脹是中外合璧引發的危機。銀行是清末經濟最弱的一環，而沒有強勢的銀行，政府沒有影響貨幣的管道。通脹是時人感覺到但是不明瞭的現象。清末通脹，以致延伸到 1950 年代初，後果深遠。

清末的通貨膨脹，何漢威先生早在 1993 年已經發文介紹。[1]本文只是在何先生的研究基礎上，略加一點對貨幣與銀行制度發展的討論。我相信近代史學者，尤其是在討論辛亥革命的背景，還沒有正視新政、新軍、廣泛的民間騷亂等事情，與當代通貨膨脹的關係。其中一個理由，是十九世紀末到二十世紀初，經濟學還沒有產生很明確的理論連貫物價與政府開支的關係，所以，即使當代輿論有注意鑄幣對物價的影響，也沒有更廣泛地把問題連上到政府在貨幣與銀行改革所面臨的限度。通貨膨脹增加了政府無能的感受，影響到當時緊張的氣氛，但是貨幣與銀行的種種複雜關係，也不能以清政府「腐敗」兩字涵蓋而了之。

一、通貨膨脹

通貨膨脹的影響，首當其衝，當然是物價的上漲。需要強調，清末幾年的物價上漲，是比較突然：1870 到 1895，物價平穩，1895 到 1905 上漲開始，1906-1911 突然加烈。清末通貨膨脹是在一個平穩物價的環境，沒有預料之下產生的。這個情況的一

[1] 有關貨幣氾濫問題，可參看何漢威，〈從銀賤錢荒到銅元氾濫——清末新貨幣的發行及其影響〉，《中央研究院歷史語言研究所集刊》62:3，1993，頁 389-494。有關討論也可以參考彭信威《中國貨幣史》上海：上海人民出版社，1958，頁 566-627；楊端六《清代貨幣金融史稿》，北京：三聯，1962。

班，可以參看圖表 1 到圖表 3。

圖表 1 進出口物價最受國際白銀價格的影響，大致 1871 到 1895 物價平穩，1895 到 1911 物價上揚。圖表 2 為米、麥價，顯示 1900 後物價騰升。米、麥為民間日用食量，其物價的變動對民生有直接的影響。圖表 3 探討通脹在各地的廣泛程度。可見是次通脹在直隸（河北）、山西、四川、安徽等省，及北京和上海兩個大城市都有顯著的影響。尤其值得注意的是，圖表 2 的武進白米價格和表 3 的北京批發物價都來自帳本的資料，相當能代表市場賣給消費者的價格。三個圖表所顯示的物價趨勢非常吻合：1895 年的物價上漲發生於二十多年的平穩價格之後，而 1895 年後，從圖表 3 看，以白銀算的價格上漲，出現於 1890 年代，以銅錢算的價格，出現稍遲，但是到 1900 後，也非常明顯。

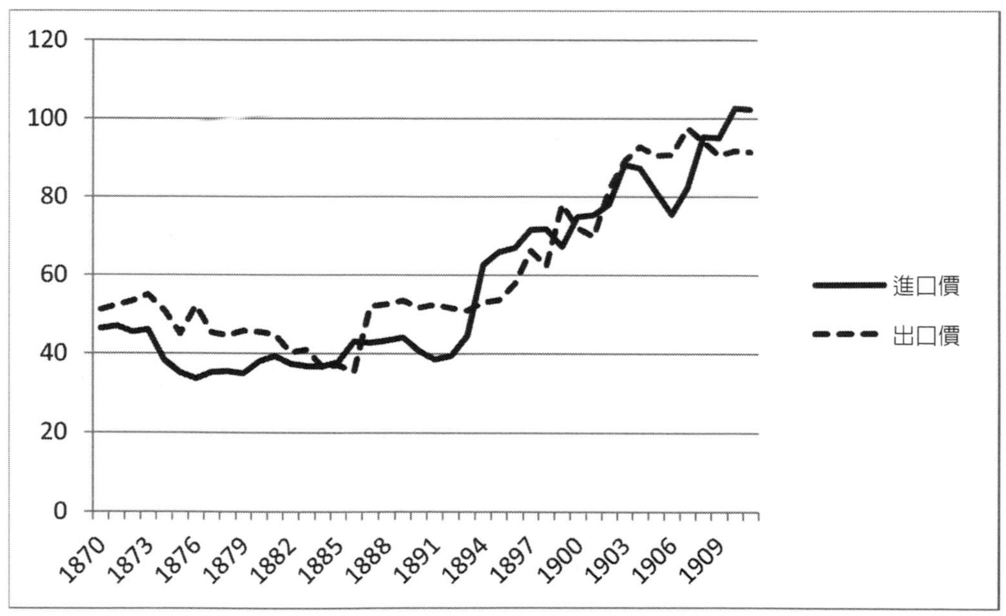

圖表 1　1870-1911 進出口物價指數（銀算）

資料來源：Franklin L. Ho, "Index numbers of the quantities and prices of imports and exports and of the barter terms of trade in China, 1867-1928," *Chinese Economic Journal,* 1930, 7: 1040-1041.

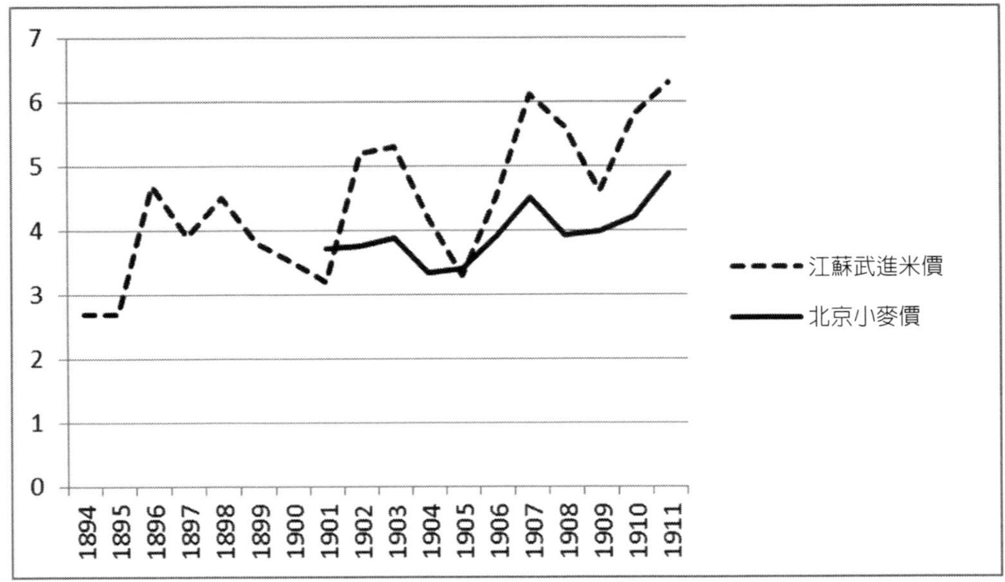

圖表 2　1894-1911 江蘇武進白米、北京附近小麥價

資料來源：張履鸞，〈江蘇武進物價之研究〉《金陵學報》3:1: 213-214; Meng T'ien-p'ei and Sidney D. Gamble, "Prices, wages and the standard of living in Peking, 1900-1924," *Special Supplement to the Chinese Social and Political Science Review*, 1926, 28.

	北京批發物價指數	上海米價	山西某鎮物價指數	河北鹽山縣小麥價指數	四川合江縣米價	河北景縣小麥價	安徽新安縣小麥價
同治初							600
1870-1879	107	3.13	111	33	46		
1880-1889	97	3.07	50	35	48	1200	
1890-1899	109	4.01	60	45	70	1300	
1900-1909	162	5.80	124	85	70	1700	
1910-1919		7.12	136	100	240	2400	1800
	銀算	規元／石	銅錢算	銅錢算	錢／市升	錢／斗	錢／斗

圖表 3　各地區物價演變

資料來源：Sidney D. Gamble, "Daily wages of unskilled Chinese laborers, 1807-1902," *Far Eastern Quarterly*, 1943: 72; 鄒大凡、吳智偉、徐雯惠，〈近百年來舊中國糧食價格的變動趨勢〉，《學術月刊》，1965: 9，頁 54-55；J. Lossing Buck, "Price changes in China, the effect of famines and the recent rise in prices," *Journal of the American Statistical Association*, 1925, pp.239-240; 全漢昇，〈近代四川合江縣物價與工資變動的趨勢〉（與王業鍵合著），見全漢昇《中國經濟史論叢》，香港：新亞研究所，1972，頁 768；《景縣志》1931: 6/4a; 《新安縣志》1938: 7/16a.。

通貨膨脹不是滿清政府的政策，面對通貨膨脹它也沒有什麼策略。要瞭解通貨膨脹對清末的影響，我們需要從它開始的時候談起。

二、通貨膨脹的成因

正如何漢威文指出，通脹的主要理由，是國際白銀價格的長期下跌。但是，細觀圖表 4，這個長期趨勢，可以分為三個時期。

圖表 4 比較 1870 到 1911 國際銀價與華北銅錢兌換白銀價。國際銀價參考倫敦每盎司白銀的英鎊價（即白銀兌黃金價）；銅錢對白銀價得於定縣衙門的會計記錄。[2]從 1870 到 1890 年可以算第一期。在這個時期，國際銀價明顯下跌，但是定縣的銅錢兌白銀價大致平穩。從 1891 到 1905 是第二期。在這個時期國際銀價與定縣的銅錢兌白銀價同樣下跌。從 1906 到 1911 是第三期。在這個時期，國際銀價持續下跌，但是銅錢兌白銀價則反跌為升。這三個時期的變化，與圖表 1 到 3 所見物價的變動也吻合。

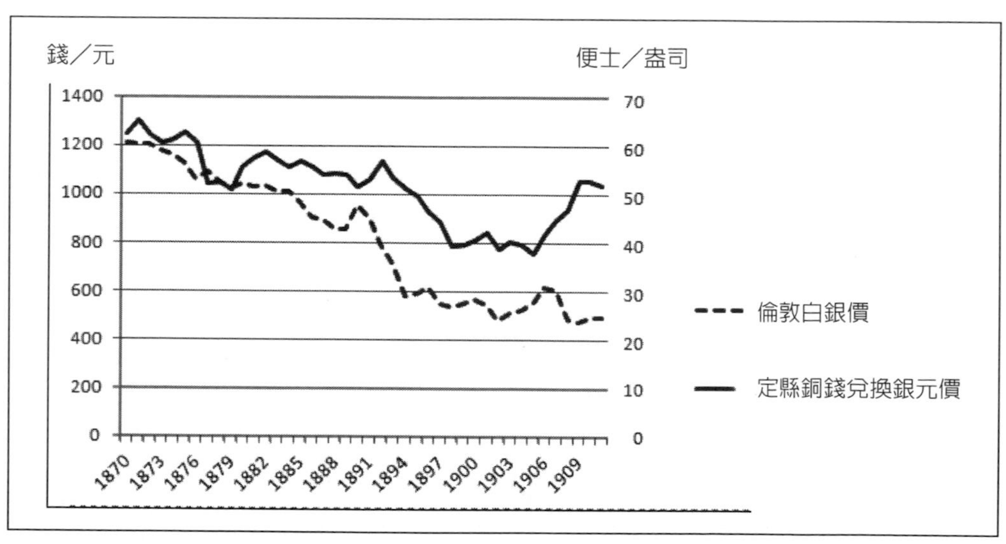

圖表 4　1870-1911 白銀－英鎊、白銀－銅錢兌換率

資料來源：實業部銀價物價討論委員會，《中國銀價物價問題》，上海：商務印書館，1936，頁 4-5；Sidney D. Gamble, *Ting Hsien, a North China Rural Community*, New York: Institute of Pacific Relations, 1954, p.272.

---

2 彭凱翔，〈近代北京價格與工資的變遷：19 世紀初至 20 世紀初〉，《河北大學學報》，2013，38：2：21，結合數種其它資料所編制的銀錢比價趨勢，與定縣的資料大致相同。

何漢威先生也指出，通貨膨脹也與清末大員鑄造貨幣很有關係。最先鑄造的是銀幣，從1890年廣東造幣廠的生產開始，到1895年，湖北、江蘇各省相繼成立造幣廠。1906年後通貨膨脹轉烈，源於銅錢鑄造的氾濫。造幣廠以西方的機器，大量生產，不可以與傳統的手工造幣同日而語。所以，貨幣的鑄造，引致通貨膨脹可以追究於兩個原因：其一，貨幣量的增加；其二，貨幣本身的含銀或銅量的減少，亦即是貨幣貶值。

但是，影響清末的貨幣流通，還有一個理由，源於太平天國後，各地督撫再沒有把稅收白銀直接輸運到北京，而是通過票號以銀票的形式匯到北京，在北京購買白銀轉交給戶部。這一個轉變，令到戶部吸納北京及其附近省份流通的白銀，從而銀根收縮。咸豐年間一度以發「大錢」應付，到光緒年間，已經演變為地方錢莊濫發錢票。光緒9年（1883）御史陳啟泰的奏摺，光緒15年（1889）吉林將軍長順和吉林副都統恩澤的合奏說得很清楚。

陳啟泰的奏摺把貨幣問題追溯到咸豐年代。他說：

> 自鈔票當五百、當百之法，時行時止，民多擾累，不得已而改當十大錢。抵值既多，私造越眾。加以奸牙狡儈，賣空買空，市價徒漲徒落，不獨官錢周轉不及，即借私錢補救亦有時而俱窮。於是以銀易錢者，往往空持片紙。錢商所入實銀，所出空票，貪饕既饜，動輒關閉。數千百萬之楮幣立即滯行，數千百萬之民家頃刻凍餒。京師根本之地，小民困憊如此，可為寒心。伏查各省批解銀數，歲計不下千餘萬，官俸兵餉均發庫銀，散放之後，一歸奸商席捲而空。京師流行既無可繼之錢，徒用萬不可持之票。虛偽為市，僥倖目前，人心岌岌，常有不能終日之勢。若非急圖變計，殊不足以靖闤門而恤閭閻。[3]

長順和恩澤生動地描述了票據對吉林的影響：

> 吉林省城一隅……獨使抹兌錢帖……查抹兌所由起，因街門往來過撥，取便一時，浸假至於今日。散佈既多，奸商視為利藪，憑空攢取。一人作俑，人人效尤。不問資本多寡，皆可以發出抹兌。坐賈以空紙買銀買貨，可獲無本之利，悉將現銀運而他往。因此，城中現銀異常支絀，物價異常騰貴，而兵民交困。無如吉林官兵俸餉，向就本地徵款查抵，春秋以八成折于照章已不能滿結。今

[3] 中國人民銀行總行參事室金融史料組編，《中國近代貨幣史資料，第一輯，清政府統治時期（1840-1911）》（以下：《中國近代貨幣史資料》），北京：中華書局，1964，頁632。

> 所徵燒鍋票七釐捐，均係抹兑。其價中錢四千數百文易銀一兩以上。搭放兵餉，僅照部章程以中錢三千計算作銀一兩，以折耗一千數百文之多。各城向不使用省城抹兑，只得照市價易銀攜回。及回城後，再以銀易錢，其銀價低於省城又多一層耗折。輾轉賠貼，悉歸商人中飽。又，鄉民駝運糧米入城，非換抹兑，竟無售處。換後攜帖回鄉，又無用處。及至百計兑活，賠折已多。最苦貧民攜薪販草，入城求售，遠來腹餒，欲覓數十文買餅充飢，亦不可得。抹兑之弊，現已出示嚴禁。[4]

查光緒 27 年（1901）順天府尹徐會澧等奏，義和團事件前，京城內外「官准開設錢鋪」有 511 家，另有「私開」錢鋪，「擅出錢帖，銀價降落由其自便，及其虧空，則閉門逃走，無從究詰。」八國聯軍入京後，四恒銀號被搶劫，「寶銀無從周轉，錢店紛紛歇業。」又徐會澧等奏，單四恒內的泰元，被搶後需要抵還的票據就有三十六萬兩。由此可見北京銀錢業的規模和相互影響。[5]

黃鑒輝先生根據檔案奏摺，詳列了 1862 到 1893 每年的官款匯兌，其中除了數年因為禁匯，少者每年一、兩百萬兩，多者五、六百萬兩，加起來共八千一百多萬兩。[6] 需要指出的是，在北方吸納的白銀，雖然有部分在華北消費，但是也有相當大的部分通過薪俸、軍餉和宮廷開支，流到南方去。長期以來，北方是生產不敷的地區，依賴漕運、稅銀的輸送，解決開支的不平衡。南方各省，以匯兌繳納官款，再通過朝廷開支把北方吸納的銀兩發放南方，是清初以來到太平軍年代的反局。北方銀根從此收縮是必然的結果。

與北方缺銀的同時，因為墨西哥發現銀礦的原因，白銀在國際市場的價錢下跌，相對之下，銅價上升（1870 年金銀比價為 1：16；1910 年為 1:39；1870 年紫銅進口價每石 15 規元，1910 是 30 規元）。清政府的稅收以銀定位，可想而知，即使沒有戰敗賠款，政府財政已經受到嚴重的壓縮。加上賠款、新政的開支（包括軍費），財政的壓力是難以擔當的。[7]

金銀比價的變動，是國際性金銀供求的結果。大概來說，十九世紀世界白銀產量大增，加上 1870 年後各國放棄銀幣，白銀一方面受到供應量增，另方面受到需求量減

---

[4] 朱壽朋編，《光緒朝東華錄》（以下：《光緒朝東華錄》），北京：中華書局，1958，頁 2559-2560。也可以比較任玉雪、武洋〈論清代奉天地區的市錢〉，《清史研究》，2014，4：13-27。

[5] 《中國近代貨幣史資料》，頁 1024-1026；《光緒朝東華錄》，頁 4520。

[6] 黃鑒輝《山西票號史》，太原：山西經濟出版社，2002，頁 234。

[7] 參見何漢威前引文，頁 397-400。

的壓力。面對這個國際趨勢，歐洲諸國發行金本位紙幣。英國在印度殖民地也在 1893 年停鑄銀幣以求提高銀幣對英鎊的匯價。這些貨幣政策與滿清政府在光緒 20 年後大鑄銀、銅幣，剛成對比。當然，甲午前的中國與歐洲及印度都很不一樣。歐洲國家發行紙幣，有中央政府支持下的銀行作為依據。經歷過十九世紀的市場擴展，歐洲的銀行所能調動金融的能力，遠遠超過多年來沒有改進的山西票號。而且，歐洲，甚至印度，市面上使用的白銀，已經是政府發行的銀幣，而中國市面應用的白銀，主要還是銀兩和外國發行的銀元。其實清政府在甲午前後所需要面對的，是一個難以應付的財政和經濟問題；清政府在這個處境下對國際貨幣趨勢與銀行在發行紙幣的作用不明瞭，是貨幣改革的一個大障礙。

三、滿清政府於 1895 年前後的貨幣政策

時人以「錢荒」描述當時銀、銅短缺引起的恐慌。光緒 12、13 年多篇奏摺提倡開鑄制錢，光緒 13 年，天津機器局訂購英國機器鑄造，一年之內，李鴻章奏工本過鉅，無法繼續。(「每造制錢一千，約需工本制錢二千二百三十七文七毫，虧折未免過鉅。」)[8] 張之洞先在廣東，後在湖北鑄造銀元，與「錢荒」的恐懼有很大的關係。可以說，通貨膨脹在這個情況下，完全不在考慮之列。

張之洞奏議在廣東開鑄銀元，亦在光緒 13 年。光緒 15 年，張調任湖廣，李瀚章繼之為兩廣總督。光緒 16 年，廣東開爐試鑄，所發行的銀幣，除一圓外，還有五角、二角、一角和半形。一圓，以九成銀鑄造；五角，以八六成足銀；其他，以八二成足銀。至於重量，一圓重七錢二分，其他，與面額成正比例。故此，一圓銀幣不遜於墨西哥銀元。[9]光緒 19 年，張之洞奏准在湖北鑄造銀幣，成色、重量俱與廣東所鑄的相同。至甲午年，中國絕大多數自鑄的銀幣，都出於廣東和湖北兩處造幣廠。[10]

至於張之洞對於自鑄銀幣的構想，他在光緒 21 年 11 月 17 日（1895）的奏摺有以下片段：

> 蓋洋銀輕重有準，取攜便易，商民樂於行用。故所值雖稍浮於實有之成色，而人不以為過。且行銷日廣，來者日多。洋銀之利不過如此，非謂九成之洋銀即

[8] 《中國近代貨幣史資料》，頁 568。

[9] 同上書 679。

[10] 同上書 680-681。

> 可抵十足之紋銀以為用也。自鑄銀元之利亦復如此，能與洋銀同價即有利。至內地素無行市，必至任意扣折。若強其行用，恐實有之成色且不敷，工火更何由出。是以行用必聽其自然，不得絲毫勉強。[11]

這一段話說明了保持銀幣之成色和任由市場採納應用之重要。甲午前後，自鑄銀元之流通大致依照這個準則。但是，同段亦指出，「值浮於實」就是鑄幣之利源。其實，廣東及湖北造幣廠址利潤，並不是來自一元銀幣，而是來自如五角、二角等小銀幣。張之洞另摺：

> 粵省錢局以鼓鑄九成大元並無餘利，數年來皆鑄小銀元，多至千餘萬兩，盈餘頗豐。[12]

從這段話可見造幣廠利潤之所由。

雖然張之洞的奏摺顯示他對貨幣流通的理解，當湖北造幣廠所鑄的銀幣發行時，銀幣在市場上的價值下跌。這個發展不能歸咎他的鑄幣政策，而是出於其他原因，例如，甲午戰爭對物價產生不少影響，光緒 20 年前後白銀在國際市場上亦經歷相當的變化（參見圖表 4）。但是，亦不能否定張之洞之銀元鑄造政策其實也包含了貶值的成分。《北華捷報》1895 年 12 月 20 日的報導把這個成分很清楚地指出：

> 南京訊：這幾周來，總督自漢口介紹來的新貨幣大大增加了南京的白銀供應。這個一元是個很精緻的貨幣，很值得用以取締粗糙的墨西哥銀元。新貨幣導致的結果之一，就是令到日本、香港及海峽（按：即馬來亞）的一角和二角跌價。現在一元已跌至 950 銅錢，是八至十年來的最低率。[13]

貶值的意義有兩方面：一方面就是把貨幣所含的貴重金屬成分降低，而另方面就是把供應量提高。似乎廣東和湖北的鑄幣最直接做到的就是提高了銀幣的供應。

從其他資料，我們可以看到廣東和湖北銀幣影響最廣泛的地區，是長江流域。銀元貶值，亦就是銀元兌換銅錢的比率下降，做成了各地「制錢短缺」的現象。[14]在兩江，

---

[11] 同上書 828。原文誤刊光緒 20 年，應為光緒 21 年。

[12] 同上書 829。

[13] *North China Herald and Supreme Court and Consular Gazette* (以下 *NCH*)，1895 年 12 月 20 日，1016.

[14] 《北華捷報》對廣東和湖北銀幣在江蘇地區的影響，可參見 David Faure, "The rural economy of Kiangsu Province,

「制錢短缺」馬上成為了自鑄銀元的理由，由兩江總督劉坤一在光緒 22 年（1896）提出。[15]同年，四川發行官票以濟錢荒。[16]又同年，張之洞在湖北也發行官票，並另擬籌購機器鑄造銅錢。[17]在光緒 22 至 25 年之間，購置機器鑄造銀元的省份計有：直隸、山東、奉天、吉林、安徽、浙江、福建、湖南、四川、陝西及江蘇。[18]鑄造廠廣泛成立，銀元的產量大量增加，銀幣的成色越難控制，銀元的市價繼續下跌。再為挽救銀元，各省大規模鑄造銅幣。銅錢的氾濫直接影響市面最底層交易，在甲午到辛丑（光緒 20 到 27）短短數年，貨幣貶值到了不可收拾的地步。[19]

但是，鑄幣增加如此迅速，與地方財政也有莫大關係。其關係，在前引張之洞光緒 21 年 11 月 17 日的奏議，已經露出主要的線索：

> 查部議謂湖北試鑄銀元，原因鄂省制錢缺少，是以議准開鑄現在湖北銀元局，雖歸南洋經理，但買機造局經費，俱係湖北籌備，局設鄂省，現鑄銀元亦係湖北省造字樣，所有配成餘利與局中，一切繳納支發等款，並此後局費及修補添設機器各費，自應統歸湖北專司其事，以符奏案。至鑄本二十萬兩，係江南支應局借撥，即由湖北按照銀元易銀市價如數抵還江南。嗣後或仍由江南循環借撥，或逕由湖北自籌間款，或陸續由餘利項下歸還，由臣等妥商辦理等語……
>
> 湖北一省惟漢口銷用（按：銷用銀元）較暢，究屬一隅之地，為數不能甚多……臣等籌之已熟，是以於正月初四日合銜電奏，湖北銀元局開辦尚須籌款，銀元銷路以江南、安徽等處為多。查鄂省創設各廠，前奉旨仍令臣之洞督飭經理，且江南去年曾經議設銀元局，尚未舉辦，若鄂省歸南洋經理，可免江南另設一局，以致相妨。將來如有盈餘可酌量津貼鄂省，奉旨允准在案。此次臣之洞所奏，將湖北籌成銀元撥解江寧，飭發江蘇、安徽、江西三省行銷之議，係查照奏案辦理。蓋三省通商口岸較多，貿易較大，行用銀元亦較暢，故奏請將鄂局歸南洋經理。上一年春間，本任江督臣劉坤一，本擬在金陵設銀元局，購

1870-1911," *Journal of the Institute of Chinese Studies of the Chinese University of Hong Kong,* 9:2, 1979, 434-435；上海英國皇家亞洲學會為此事向其會員作了通訊調查，其報告見 F.E. Taylor，"Memorandum on the scarcity of copper cash and the rise in prices," *Journal of the North China Branch of the Royal Asiatic Society,* 1896-1897, 31:377-384.

15 《中國近代貨幣史資料》，690-691。

16 《德宗景皇帝實錄》，403/5a-b。

17 同上書，401/2a-b。

18 《中國近代貨幣史資料》，823-824。

19 參閱楊端六前引書頁 292；何漢威前引文 400-411，418-423。

機度地已有成議。今鄂局行銷既須仰給江南，則此後江南不另設局，以免相妨。籌款行銷，南洋任之，如有盈餘，酌量津貼鄂省。本擬江鄂各半均分，蓋必多鑄多銷方有盈餘。原欲同力合作，兼為江、鄂計也。今部議鑄本由江南借撥，行銷由湖北專司，其餘利及籌款統歸湖北，似未深悉外間籌辦籌銷之用意。臣之洞當電經商臣繼洵，隨接電復稱，以武漢等處向來行用銀元不多，此後能否暢行尚無把握，遠不如江、皖等省銷路之廣。此局月鑄三、四十萬兩，鄂省司局款絀，挪借亦難，儻滯銷壓本，勢難周轉。若少鑄則所如利微，不免虛糜局用，不如仍照原議，籌款行銷南洋任之，餘利江、鄂各半，最為妥協等語。是此時臣等意見仍係相同，合無仰懇天恩，俯准仍照臣之洞原議辦法，以暢行銷而收利權。[20]

以上是一篇很有意思的奏摺。光緒 19 年，已有人建議各省鑄造銀元。[21]光緒 20 年 6 月，軍機處命令南北洋大臣李鴻章與劉坤一為此事具奏。[22]張之洞的奏摺說：「上一年春間，本任江督臣劉坤一，本擬在金陵設銀元局，購機度地已有成議。」所以，與此同時，劉坤一已經準備在兩江建鑄幣局。但是，再過幾個月，甲午戰爭爆發，朝廷委任劉坤一為欽差大臣，統領關內外防剿，張之洞調為署兩江總督。他趁在署兩江任內，提出「今鄂省行銷既須仰給江南，則此後江南不另設局，以免相妨。」他提出的協議，是：「籌款行銷，南洋任之，如有盈餘，酌量津貼鄂省。本擬江鄂各半均分，蓋必多鑄多銷方有盈餘。原欲同力合作，兼為江、鄂計也。」軍機處大概沒有接受他的提議，所以他去電代替他的署湖廣總督原湖北巡撫譚繼洵，得到他的同意。光緒 21 年底，劉坤一回任兩江總督，張之洞也調回湖廣總督，到 22 年 9 月，劉坤一奏請在江南建造幣局自鑄銀元，張之洞的構想失敗。[23]

張之洞的提議很明顯表現鑄幣局的財政。督撫可以各自建造造幣廠，但是銀元的行銷必須有賴商業興盛的地區。但是，光緒 21 年，李鴻章在直隸失勢，馬上出現通過京師來協調各省造幣的管道。其中最大野心，也最有眼光的提議，是光緒 22 年 9 月 26 日盛宣懷的奏議，「在京師特設銀元總局，以廣東、湖北、天津、上海為分局，開鑄銀幣，**每元重京平九成銀一兩**，再酌鑄金錢及小銀錢，使子母相權而行。」同摺還提議「凡出款俱用官鑄銀幣，各省關收納地丁、錢糧、鹽課、關稅、釐金俱收官鑄銀幣，

[20] 《中國近代貨幣史資料》，頁 827-828。

[21] 同上書，頁 634-635。

[22] 同上書，頁 683。

[23] 同上書，頁 690-691。

元寶、小錠概不准用。惟收款仍照庫平十成銀計算，庫平較京平定以每百兩加平六兩，十成銀較九成銀每百兩應加色十兩……」[24]這個很聰明的奏議基本上以一個名為「銀元總局」機構所鑄造的銀元代替銀兩，以稅收只接納這種銀元作為其流通的基礎。但是，這個意見沒有被清廷接納。

要瞭解盛宣懷這個奏議，首先要注意光緒 21 年已經有好幾篇提出建立直轄的中央銀行的奏摺。光緒 21 年閏 5 月順天府尹胡燏芬提出了「於京城設立官家銀行歸戶部督理，省會分行歸藩司經理，通商碼頭則歸關道總核」的建議，並提議這家銀行發行鈔票。[25]這個意見與當時的思路分歧很大，相信胡燏芬也預知不會被接受。又，同年，御史陳其璋於 11 越日，提出相反的意見，請飭各省廣鑄銀元。[26]這個意見被朝廷接納，結果成為了劉坤一在江南開鑄銀元的依據。[27]又，同年 12 月 1 日，御史張仲炘請發鈔票、鑄銀元、設銀行，大意與胡燏芬之議相同。惟除了發行鈔票外，加了「鑄用銀錢，各省恐難劃一，應並歸銀行鑄造」一議。[28]光緒 22 年 1 月 11 日，恭親王奕訢及戶部尚書敬信以「立意什善，擔荷不輕」答張仲炘摺。他們並沒有否定建設銀行的建議，不過以為「如蒙特簡大臣承辦，則當於承辦之先，博考西俗銀行之例……擬定中國銀行辦法，諮合籌商妥定，即由戶部指撥專款，請旨開辦。」[29]所以，到此步，朝廷表示謹慎的興趣。但是，設立銀行的討論，暫時沒有繼續發展，而光緒 22 年，直隸、四川、江蘇、奉天、江寧先後奏議自鑄銀元。盛宣懷的奏摺出自這個背景。

盛宣懷奏議建立銀元總局的同時，亦另奏設立銀行。其理由為，「舉辦鐵路，造端宏大，非急設中國銀行，無以同華商之氣脈，杜洋商之挾持。」銀行計畫集資五百萬兩，發行銀本位鈔票。「嗣後，京外撥解之款，可交匯以省解費，公中備用之款，可暫存以取子息。官造銀元尚不能通行盡利者，可由銀行轉輸上下，官得坐收平色之利。」[30]以當時的情況來解析，更考慮設立銀元總局與銀行的相互關係，盛宣懷的兩篇精明的奏摺非常有彈性，進可以統籌全國貨幣，退可以獨佔政府出入款項存匯之利潤。關鍵在銀行專責存匯官款及轉輸各地自鑄的銀元，但是銀元總局鑄造一兩重符合稅務交收的銀幣，銀行與銀元總局於是成立兩層的關係，地方與中央在這個架構下，可以產生互惠的作用。但是，事實上，清廷並沒有全盤信任盛宣懷。光緒 22 年 11 月恭親王及

---

[24] 同上書，691-692。

[25] 同上書，637。

[26] 同上書，639-640。

[27] 同上書，690-691。

[28] 同上書，640-641。

[29] 同上書，641-642。

[30] 同上書，642-643。

總理各國事務衙門奏，只「准其附鑄一兩重銀元，以十萬為率，先在南省試行。」[31]中國通商銀行於光緒 22 年成立，一兩重銀元始終仍然是個爭辯的問題，而沒有大量鑄造，通商銀行也沒有變成政府的存匯銀行。但是，至此階段，已經很清楚可以看到清末的貨幣改革中包含了中央和三股勢力，即張之洞、劉坤一及盛宣懷的關係。

四、對地方社會的影響

民國時期地方志有不少關於新鑄貨幣氾濫對地方通行貨幣之影響的紀錄。大抵清末的新幣，還在民國時的記憶中。例如民 21 年河北《南皮縣志》：

> 清光緒甲午以前，通用銅錢，以清代所鑄制錢居多，唐、宋、元、明之制錢亦時見於市……清季銀價每兩值錢兩吊三四百文（南皮 1 吊以 480 枚銅錢為準）。光緒三十年間，每兩漲至三吊二三百文。甲午以後，始行銀幣。有站人銀元、北洋龍元、機器銀元。至宣統間，又有造幣廠銀元……商民交易，暨民間買賣地畝，仍以制錢為本位。地契均書九八清京錢字樣。光緒季年始行當十銅幣，民初以為不便，市面按八折行使，日久則以其輕而易攜，照幣面行使。[32]

又民 21 年《徐水縣新志》：

> 光緒二十八九年，有驢販到縣買驢，所給驢價，多係銀元。因之，銀元流入農家，是為本縣暢行銀元之始。當時，每元可換制錢一千四五百文，銀兩銀元尚可一併行使。至宣統年間，銀兩交易，即無形停止。是時銅元亦即流入本縣。每當十銅元四十八枚，合兑制錢一吊。但被時商民因銅元實質本輕，故每四十八枚只合制錢七百五十。是後逐漸通行，折合制錢數目亦隨之日有增加。[33]

從這兩段資料所見，即使在這些並非商業繁重的地方，市面上流通的貨幣，從甲午到辛亥的十幾年，由制錢轉到銀元和銅元。地方上，制錢依舊是記帳單位，但是市面所用，已經由銀元和銅元代替。

---

[31] 《光緒朝東華錄》，頁 3908。

[32] 《南皮縣志》，1932，頁 6/53a-b。

[33] 《徐水縣新志》，1932，頁 5/26b。

在沒有周詳計畫的十幾年之內改變地方上的貨幣制度，是個極之危險的演變。民22 年《昌黎縣志》有如下記載：

> 清光緒 30 年冬，銅元入我昌黎，遂為市面通用品。每銅元一枚為東錢六成二釐五（即 10 制錢），銅元二枚為東錢一百二成五（即 20 制錢），銅元十六枚為東錢一吊（即 160 制錢）。而附近豐潤、玉田等縣，有以銅元一枚，僅當制錢八文者，故昌黎市面制錢，日見短少，殆經濟學之所謂劣貨幣驅逐優貨幣也。[34]

這個見解並不完全對。昌黎縣 1 銅元可兌 10 制錢，豐潤 8 制錢，代表昌黎比豐潤更吸引銅元（可能因為貿易關係）。亦即是日後銅元貶值影響昌黎比豐潤更嚴重。《北華捷報》1910 年有一段關於江蘇徐州的報告，可顯示這些發展的後果。因為「銅錢（即制錢）短缺」，徐州附近各個縣的「銀行」都被逼關閉。為避免同樣的遭遇，徐州城的銀行，在官方領導下，沒有關門，而是組織了相互核算（clearing）的辦法。所有以票換錢的活動，都在這個核算銀行處理。核算銀行每天只容許每人以票兌換一吊制錢。[35]如此一來，店戶再不兌換錢票，也不接受票據付款。到了這個地步，市面蕭條是不可避免的後果。

所謂「錢荒」的背後，有貿易增加引致貨幣流通量也需要相應地增加的要求，也有因為白銀兌銅錢價下降，所以銅錢退出市場的理由（例如，在錢貴的時候，人們會發現值得把銅錢鎔化作為其它用途。）無論如何，「錢荒」增加了票據的使用。票據的使用需要有足夠的條件，例如發票機構的相互核算制度。在完全沒有保障的條件下，票據的增加，只有增加貿易的風險。黃永豪對湖南在清末票據的出現與應用，有很詳盡的介紹，值得參考。[36]

物價上漲有得益者也有受害者。簡單來說，商品生產者可以承受物價上漲的利益，收受工資的勞動者，比較承受壓力。具體的情況需要通過物價、工資與租稅的比較來考證。武進的調查，從 1908 年後的農工工資報告，由 1908 年每年 30 元增加到 1909 到 1911 每年 35 元。[37]《北華捷報》1909 年 12 月 4 日有關徐州的報告，注意到「五年前」木匠和泥水匠每天的工資是 140 文，到現在，它是 160 文（石匠拿到 180 文）。同時，作者說，1 元兌銅錢的比例已經從 840 文提升到 1,420 文。所以，他說他們的損失

34　《昌黎縣志》1933，頁 5/18a-b。

35　*NCH* 1910 6 月 24 日，頁 733。

36　黃永豪《米穀貿易與貨幣體制：20 世紀初年湖南的經濟衰退》，桂林：廣西師範大學出版社，2012，頁 30-146　。

37　張履鸞，〈江蘇武進物價之研究〉，《金陵學報》3:1，頁 214。

很大。地方誌間有物價與工資的材料。[38]民 21 年河北《景縣誌》回顧五十年的價格與工資的比較，麥子從 1880 年代的每斗 1,200 文增加到 1900 年代的 1,700 文。木匠、泥瓦匠、油漆匠的工資由 200 文一天增加到 250 文；石匠由 150 文到 200 文；鐵匠由 120 文到 200 文；農工由 150 文到 300 文。[39]最近，顏色以海關人事資料檔案的調查，也認為從 1879 到 1890 實際工資水準穩定；從 1891 到 1911，工資下降，尤其是非技術人員（包括木匠）下降最多，從 120 點到 90 點；高技術人員最少，從 126 點到 116 點。[40]因為工資跟不上糧米價錢的增長，所以受工資的人的收入，比不上有農產品出賣的人的收入。放到地域社會，大概反映農村與市鎮的分歧。

同樣地，清末的捐稅增加也需要分別城、鄉在通貨膨脹下的不同經驗。清末的地方政府，在城鎮比在鄉下有實力，所以加在城鎮人口的稅收也比農村嚴厲。上海附近的青浦縣，由光緒 22 年開始徵收煙酒坐賈捐、房捐、膏（鴉片）捐、米捐（由糶戶認）和茶捐（「城區茶坊每茶一碗按日捐錢一文」）。[41]1926 年《丹陽縣續志》解析，「光緒 28 年戶部奏准徵收商民房捐，藉以抵還庚子賠款，遵章按照租金數目抽捐一成五釐，業戶、租戶各半，以其專捐商鋪，故亦名鋪捐。」膏捐「亦由戶部奏准抵還庚子賠款」。煙酒坐賈捐則由釐局責成，所以大概源於釐金。[42]這幾項稅目主要在城鎮徵收。

相比之下，王業鍵先生有關清末的田地稅收的論點可以旁證地稅增加比較緩慢。總的來說，王業鍵認為從道光年間開始，物價上升的時候，地稅的壓力相對地下降，物價下降的時候，地稅的壓力反而相對地上升。有關晚清的情況，王業鍵引述五個實例，包括江蘇川沙、蘇州、浙江湯溪、江西南昌和直隸定州的資料。川沙縣的經驗就是很好的例子。從 1879 到 1897 年，川沙的稅收主要來自地丁與漕糧。地丁的收入大部分時間以 1 兩折 2,200 文算，漕糧的收入不過每石 4,000 文。總收入，除 1892、1894、1895 年約 5.5、5.6 百萬錢外，1897 到 1911 年，地丁慢慢升到每兩 2,400 文，漕糧折價至 1905 年為每石 5,000 文以下，1906 年為 5,500 文，1907 和 1908 年為 6,000 文，1909 和 1910 年為 7,500 文。至於總收入，至 1905 年大概為 6.2 千萬錢，1907 年為 7.2 千萬錢，1910 年為 1.03 億萬錢。[43]王業鍵比較了川沙廳稅收的丁漕折價和 1932 編的

---

38 *NCH* ，1910 12 月 4 日，頁 525。

39 《景縣誌》，1932，頁 6/4b-6a。

40 Se Yan, "Real wages and skill premia in China, 1858-1936," (March 14, 2011). Available at SSRN: http://ssrn.com/abstract=1785230 or http://dx.doi.org/10.2139/ssrn.1785230. 要注意，顏色所謂非技術與技術的分別，在於學校教育程度。這個概念與歷史學者對技術的定義不相同。

41 《青浦縣續志》，1934，頁 7/8a-9b。

42 《丹陽縣續志》，1926，頁 6/6a-b。

43 Yeh-chien Wang, *Land Taxation in Imperial China, 1750-1911,* Camb. Mass.: Harvard University Press, 1973, 115-128.

南開物價指數（見圖表 5，物價指數資料來源不詳，最可能是根據海關進出口物價所編），發現地丁折錢沒有追上物價的上漲，漕糧折價與米價的上漲差不多。圖表 6 顯示折租價僅跟隨漕米折價，但是，在辛亥革命前，折租還主要集中在蘇州附近，辛亥以後才有擴展到其他地區的跡象。

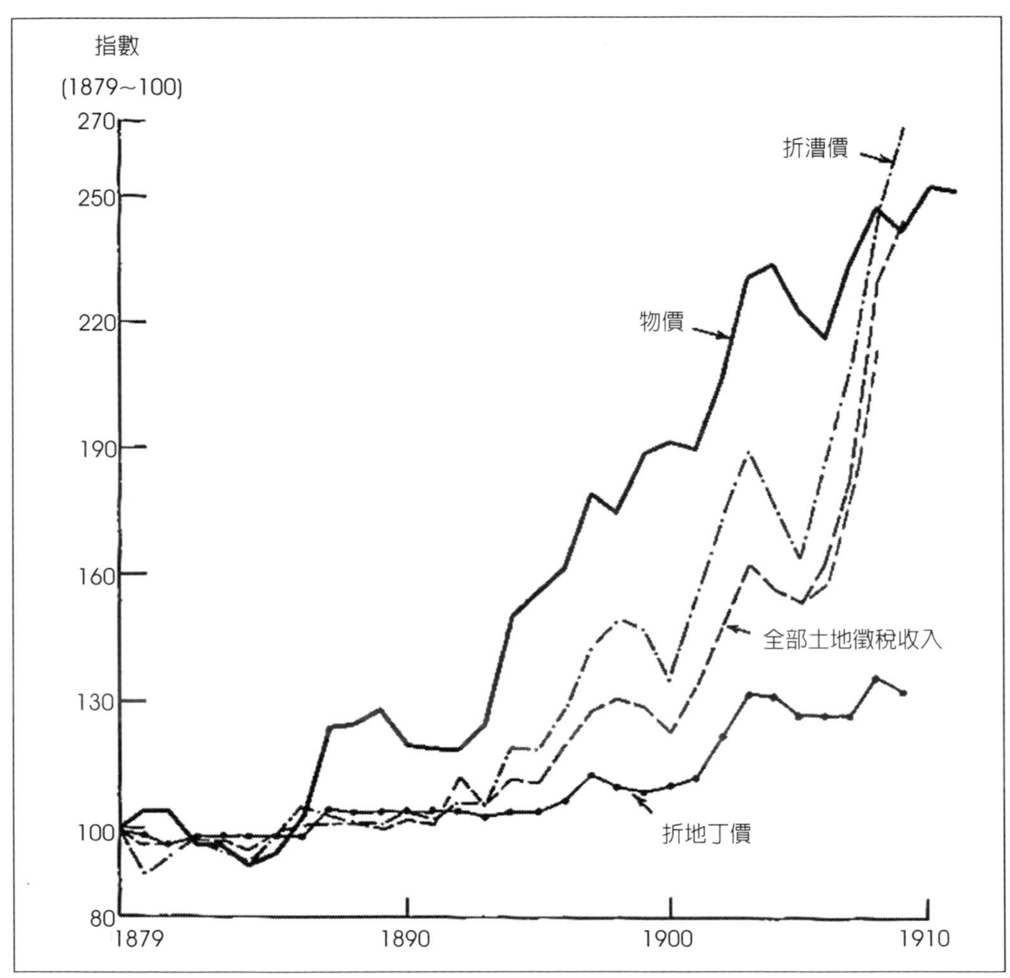

圖表 5　川沙廳稅收率與物價比較

引自 Yeh-chien Wang, *Land Taxation in Imperial China, 1750-1911*, Camb. Mass.: Harvard University Press, 1973, 頁 129.

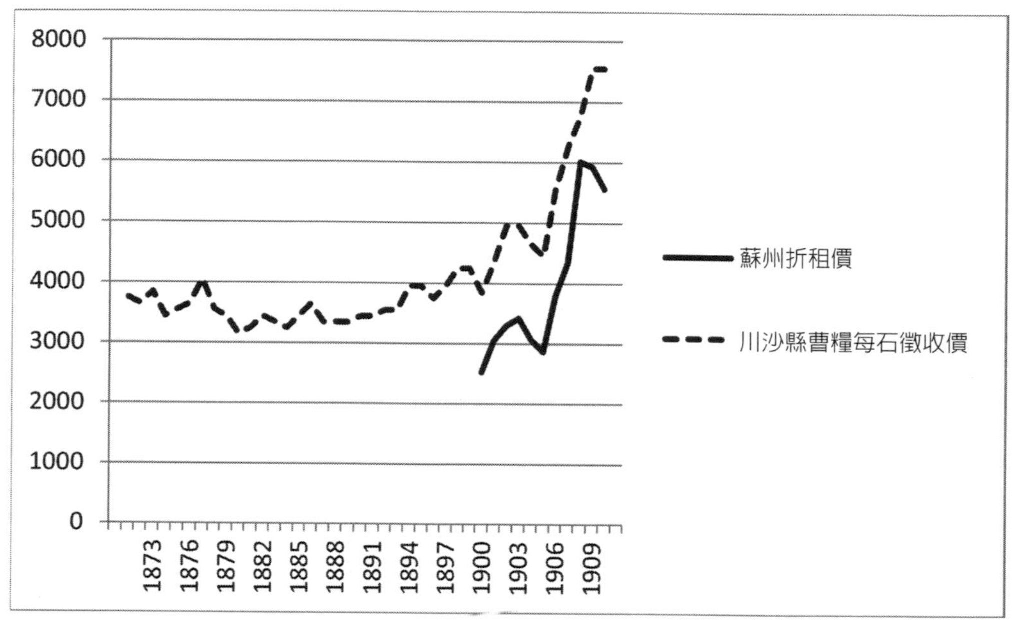

圖表 6 田租、漕糧徵收價

資料來源：村松祐次《近代江南の租棧——中國地主制度の研究》，東京：東京大學出版會，1972，頁 726；《上海縣續志》，1918，6/20b-21a；《川沙縣誌》，1936，頁 8/23a-b。

清末的奏摺屢見討論以鑄銀幣和銅幣來緩衝新政及新軍所需要的經費。光緒 31 年 6 月 12 日兩江總督周馥歸納這個過程如下：

> 竊惟各省鑄造銅元，本為補救錢荒，非為圖謀餘利。開辦之初，銅賤錢貴，獲利頗鉅，於是各省添機加鑄日出日多。舉凡一切新政之無款舉行者，皆指此餘利以為之款。即練兵處攤提兵餉，亦竟指此為大宗。如果行之無弊，以之撥充軍需，舉行新政，豈不什善？無如出錢日夥，錢價日低……各疆臣非不知之，徒以新政要需，練兵鉅款，束手無策，不能不為權宜之計以顧目前。近來又因銅貴錢賤，餘利驟減，不計市面贏絀，一意擴充銷路，紛紛外運，互相擠跌。而於各本省之窮鄉僻壤，尚未徧行。揆諸補救錢荒之初意，大相剌謬，並於商務之轉輸，實多暗損。是僻遠之區未受銅元之益，繁盛之地先受銅元之害。即以江蘇一省而論，金陵、蘇州、清江三處已各設機廠者，出銅元足敷本省之用，而廣東、湖北、浙江、福建，或委員設局運售，或給照招商販賣，皆聚於上海、鎮江等處，以致錢價大跌……餘利既減，新政之需，練兵之費，勢將無出，官

> 商而困，患在目前。江南財賦以丁漕、鹽貨、釐金為大宗，向皆收錢易銀解庫。錢價既落，折耗什鉅。應提盈餘、應交課稅，損失實多。賠款、軍餉難忘足數，商販暗虧更難枚舉。[44]

在清代的雙貨幣制度下，以銅錢為準的物價增長和以白銀為準的增長並不一樣。但是，稅收的單位，維持在白銀。銀賤銅貴是後來濫發貨幣的原因之一。加上賠款、新政的開支（包括軍費），財政的壓力是難以擔當的。機鑄銀元，維持了政府實力一段時間，各省也依賴鑄幣增加收入。貨幣敗壞在於 1906 年前後銅元的氾濫。

歷史學者需要接受及明瞭周馥所說的「商戶……暗損」。凡市面的慣行、合約無不假定貨幣的趨勢。尤其是在清代的雙貨幣環境下，銀兌銅、貨幣兌物價，包含既定的關係。突然而來的通貨膨脹必然引致無數的錢債糾紛，也影響到商業的往來。在通貨膨脹之下，任何合約的所有既得利益者，借方、欠方、地主、佃戶、賣方、買方都會感覺突如其來價錢變動的威脅。許文濬，一個江蘇省的縣官，以下的公文，很清楚表達這些感受：

> 申各憲：竊照近數年來，銅元之局制日增，銀幣之市價日漲，因之贖產完債之爭訟亦日多。緣光緒三十年以前，銀幣一元合錢九百文上下。自銅元入市，銀幣漸漲，至每元一千二百二三十文。此後越漲越高，兑價恐不止此數。社會間此等交涉，券中必載明洋照市價。洋者，銀元之習慣語也。銅元與制錢之重量迴殊，而當五、當十為法定，是銅元即制錢也。凡原以錢文入券者，今得以銀元作銅元，則完出之銀元少，而收入之銀元多。反以銀元入券者，今須以銅元換銀元，則完出之錢數多，而收入之錢數少。畸輕畸重，什非情理之平宜其爭也。今為折中，定擬凡光緒三十年以前所立券據，無論贖產、完債，一概銀錢對半清算。此後抵借交易，各於券內訂明完贖時銀幣、銅元個半字樣，以昭公允。業經出示通告遵辦，以期永杜紛爭。除外，理合備由，具申；伏乞俯賜立案，實為公便。[45]

由其而見，貨幣通脹的其中一個重要的影響，就是引致對已經成立的契約紊亂。以上的公文，主要針對債務契約，但是折租、稅收、買賣亦會面對同樣的困難。

---

[44] 《中國近代貨幣史資料》，頁 945-946。

[45] 許文濬，《塔景亭案牘》，出版地不詳：1924，頁 1/6b-7a。

清末的搶米、新政風潮需要放到這個背景。隨手翻閱光緒 32（1906）到宣統 2 年（1910）的多種動亂記錄，物價的變化與官員需要從城鎮抽捐，無處不見。光緒 32 年江西都昌縣鄉民，「乘米糧昂貴人心思逞之際，即糾夥散賣票布，誘人入會。」[46]光緒 33 年廣東欽州鄉民抗捐，因「三那墟產蔗糖，各墟民因糖捐繁重，遂於三月中旬聚眾抗捐。」[47]宣統 1 年台州民變肇事之原因對於物價的爭議更有生動的描述：

> 此案始于米坑張某。查張家甚貧，肩販度日，典衣物得洋一元，到朱溪鹽號販買。適店夥碰和，久待莫理。張以路遠為請，該夥以為拂意，故短斤兩與之。向每元 30 斤，時僅與 19 斤。張請益，不與。互爭辯，鹽夥怒，喝巡丁吊打，傾其鹽，沒其洋，逐張出門，張迫於勢，哭泣而歸。於是，張的堂伯、祖長，先後出面交涉，繼而鳴鑼聚眾，搗毀鹽店。[48]

同年江蘇清江鄉民行劫大豐麵廠也有類似要求「正價」的舉動：

> 先時，清江城內外，遍貼匿名揭帖，略言江北迭被災荒，貧民度日如年，積穀雖多，莫及大豐麵廠……至初八日早七句鐘，果有清河南北鄉一帶饑民四百餘人，蜂擁而至。每人手持小口袋並銅元十數枚，咸稱赴大豐廠購麵度日。相率拋擊磚石，碰毀門窗，等等。[49]

同年湖南長沙搶米、焚毀巡撫衙門、教堂、學堂也出於同類起因。《東方雜誌》載：

> 至初四日（宣統 2 年 3 月初 4），省城南門外，忽有多人滋鬧。其緣因說者不一，而以米價驟增，群向米肆詰問，勒令減價，米肆堅執不從，即時聚集多人，強搶米肆之說為近是。[50]

宣統 2 年 2 月 17 日王先謙等十餘人致岑春煊公函說明了背景：

---

46 中國史學會主編，《辛亥革命》第三冊（以下《辛亥革命 3》），上海：上海人民出版社，1957，頁 413。

47 同上書，頁 367。

48 同上書，頁 443-444。

49 同上書，391-392。

50 饒懷民、藤谷浩悅編，《長沙搶米風潮資料彙編》，長沙：嶽麓書社，2001，頁 227。

湘省從來米價每石恒二三千文上下，光緒三十二年水災，亦不過四千餘文。今尚未播種，價已七千以外，實為百數年所未見。初以為囤戶居奇也，連日考查城鄉情形實則缺乏，無奇可居。[51]

諸類記述，不勝枚數。民間的思路，把新政聯繫到物價與稅收的變動。這些動亂的目標，往往是稅收或新政機構，例如學堂、自治局、巡警局，和戶口調查人員。河南葉縣一篇把新政設施和加稅連起來的講辭把當時的民情說得最清楚：

自治乃害百姓之舉。從前不辦新政，百姓尚可安身。今辦自治，巡警、學堂、無一不在百姓身上設法。從前車馬差使，連正項，每畝錢百三十文，今則每畝加至三百三十文。現在又要百姓花錢。花錢事小，將來自治辦好，國家洋債，無一不在百姓身上歸還。此時萬不可答應官紳串通來逼民反，云云。[52]

當然，這類言論代表比較膚淺的看法。通貨膨脹實在來自濫發貨幣，濫發貨幣來自地方與中央的財政的拮据，白銀國際價下降、稅收白銀停運到北京等原因，但是對普通老百姓來說，直接感受到的只是物價上漲與眼見的新政設施。

財政的拮据，直接反映到軍費的減縮。武昌新軍深受革命黨影響，當然毫無疑問。但是，軍費減縮對士氣不無影響。這個可能是辛亥革命研究最難處理的問題，馮兆基（Edmund S.K. Fung）與周錫瑞（Joseph W. Esherick）都已經注意。[53]以湖北新軍為例，張之洞光緒 30 年 7 月 18 日奏：

湖北則餉源枯窘，須待自籌，止能照足數編制，冀餉項稍從撙節，事非得已。[54]

至光緒 31 年 11 月 11 日，張之洞在以「酌量暫從撙節」的奏摺內，說：

合計全數之兩鎮，每年需餉甚巨，新增雜項、委員、人夫及車輛、驢馬甚多。

---

[51] 前引書，頁 9。

[52] 中國史學會主編《辛亥革命》第三冊，頁 435。上海：上海人民出版社，1957。

[53] Edmund S.K. Fung, *The Military Dimension of the Chinese Revolution,* Vancouver: University of British Columbia Press, 1980, pp.142-144; Joseph W. Esherick, *Reform and Revolution in China, the 1911 Revolution in Hunan and Hubei,* Berkeley: University of California Pres, 1976, pp. 162-163.

[54] 武漢大學歷史系中國近代史教研室編，《辛亥革命在湖北史料選輯》，武漢：湖北人民出版社，1981，頁 330。

> 除正兵及將校弁目悉照定章，一無增收外，凡有可極力設法撙節者，分為緩設、兼充、酌裁、減人、減餉、減馬、減乾七項……其兼充者，將才猝難多得，故第一鎮以統制兼攝兩協，第二鎮一協統兼護統制。所有第一鎮之兩協，自統領官起及所用之參軍、官弁、護兵、火夫、騎馬十二項全行緩設。第二鎮以協統兼護本鎮統制，其統制所屬人員，除正參謀等必不可缺者，共計十四員，各詳具清單外，其餘一均暫緩……其減人者，查炮隊、輜重等營之馬夫目、馬夫、掌匠及輜重營之查馬長，此時因驢馬未全，一併酌擬減用……其減餉者，查統制官處之正均需……並炮隊營之查馬長等，擬照原薪，數目酌減……又查新章各營隊之正兵目月餉五兩一錢，副兵目四兩八錢，正兵四兩五錢，副兵四兩二錢，蓋北洋食物昂貴，兵餉必須加增。而湖北則與之稍異，擬於副兵目、正兵三項，月各暫減銀三錢，仍照向章支給。[55]

按新章計，湖北新軍每年需要九十二萬六千多兩銀。張之洞的省費減去了三十萬三千多兩。[56]

光緒 34 年，湖北報部收入共銀四百七十萬兩，錢三百七十萬串。以清代稅收起運、存留慣例，相信湖廣總督可以控制的數目沒有此數。光緒 34 年，銅元已經停鑄，但是還有餘利一百萬兩，唯獨有三十一萬需要上繳給中央。這些是張之洞自報之數，實數可能不止。所以銅元停鑄對省財政甚至湖北軍費，有密切的關係。至光緒 33 年，還要節省七萬七千兩。到宣統 3 年，全部綠營裁撤。軍隊內部的革命意識，同盟會的精心組織，當然是辛亥革命成功的因素，但是，在革命爆發之時，駐守武昌的軍隊，正在面臨裁員減餉，也不可以弗視。

五、結論

歷史學者可以歸咎清廷對通脹毫無準備於其無能。但是，需要知道，清末賠款、財政、銀行和貨幣的發展，甚至金本位已經在國際金融上占了主位，都是相關的問題。承接自明中期的白銀輸入，亦即是出超的國際貿易，康雍乾時代的國家經濟日益強盛。反過來，鴉片戰爭以後，隨著入超的國際貿易，甲午戰爭以後的種種賠款，加上太平軍後南方省份不把實銀交到北京，晚清政府的經濟實力日趨軟弱。正在面臨這個非常

---

[55] 同上書，頁 333-334。

[56] 同上書，頁 335。

難以平衡的局面，清政府也沒有掌握貿易、稅收、通貨、銀行的種種複雜關係。更之，晚清政府不能信任漢族官僚（「東南互保」以後尤甚），政治因素可能比經濟的考慮還重要。剛毅、鐵良是在光緒 25 和 30 年分別被遣派至南方為新軍籌款的要員，兩個都是滿人。[57]鐵良在光緒 30 年更查奏江寧造銀銅元局指積弊（其時劉坤一已經去世，張之洞曾調署兩江總督，亦以另調入京）。同年，財政處奕劻奏請試辦戶部銀行，戶部尚書鹿傳霖擬試辦銀行章程。章程第八條：「以後銀元據鑄造銀元各幣，均應交本行承領，與商號直接往來，以便流通市面。」第廿二條：「戶部出入款項，均可由本行辦理，凡有可用票幣收發者，均須用本行紙幣，其他商號之票不得攙用。」這兩條都是盛宣懷於光緒 22 年開設中國通商銀行的建議。可見清廷的用心是要直接控制中央成立的銀行，而不是以委託的行社讓地方勢力來組織以前屬於中央的銀行。

清廷試圖統一財政的策略，是與統一鑄幣的策略相輔而行的。統一鑄幣的策略，可見於光緒 25 年 4 月 24 日廷寄：「各省設局太多，分兩、成色難免參查，不便民用，且徒糜經費。湖北、廣東兩省鑄造銀元設局在先，各省如有需用銀元之處，均著歸併該兩省代為鑄造應用，毋庸另籌設局，以節糜費。該兩省所鑄銀元成色、分兩，不得稍減，務歸劃一。」[58]其時為百日維新之後大概三個月，此段的內容則其實恢復了張之洞在光緒 20 年的建議，想必有內裡原因。惟各省督撫（連劉坤一在內，劉當時仍任兩江總督）馬上反對，停鑄之令無法施行。其後，到光緒 31 年才由認真統籌貨幣之議，以統籌銅元為主要發展。但是，至此時，清廷的實力已經大減，而濫發的貨幣已為害多年了。清末銀行與貨幣，始終不能配合，財政不能調整，所以沒有反轉貨幣貶值的餘地。在出口貿易興盛的省份，經濟是繁榮的。但是全國其他地區，尤其是華北，是長期衰退的現象。辛亥革命爆發在經濟繁榮但是軍費被壓縮的地區，需要在通貨膨脹的大脈絡下瞭解。

---

[57] 參看何漢威，〈從清末剛毅、鐵良南巡看中央和地方的財政關係〉，《中央研究院歷史語言研究所集刊》68：1，1996，頁 55-115；Edward J.M. Rhoads, *Manchus and Han, Ethnic Relations and Political Power in Late Qing and Early Republican China, 1861-1929*, Seattle: University of Washington Press, 2000, pp.150-154。

[58] 《中國近代貨幣史資料》，頁 798。

倉儲與漕務：道咸之際江蘇的漕糧海運

周　健

一、引言

自明永樂間遷都北京，漕運成為延續明清兩代的王朝定制。清代每歲將山東、河南、安徽、江蘇、浙江、江西、湖北、湖南八省的米、麥、豆 400 餘萬石運至北京、通州，以供八旗兵丁口糧、官員俸米及皇室食用，是為漕糧。州縣徵收漕糧後，運至水次的漕船交兌，由旗丁（衛所的世襲屯戶）經運河挽運至通州，是為漕運。為此，清朝維持著龐大的漕運官僚系統，贍養了數以萬計的衛所丁弁，而每歲消耗的耗米、運費額數亦以百萬計。儘管該制度的運行成本極高，但在時人看來，漕運事關天庾，為國脈所繫，不可輕議更張。

然至 19 世紀前半期的道光、咸豐年間（1821-1861），漕運制度開始發生根本性的轉變：在額漕最重的江蘇、浙江二省，海運逐漸取代河運，成為此後之常態。至遲在 19 世紀初，海運在技術層面已無障礙。江南與山東、天津、奉天間的北洋貿易航線十分成熟，上海、崇明、南通等地的商人駕駛被稱為沙船的木帆船，裝運棉布等南貨北上，販運豆貨南還，每歲可行數次。所謂漕糧海運，即是利用此種商運替代官運。道光、咸豐年間，政府以給發匾額、職銜，載貨免稅等方式招募商船，於上海裝載漕米後放洋，運抵天津，再駁運通州。與河運相比，海運的優勢在於便捷、省費，也帶來了失業水手安置、列強干涉等安全隱憂。

關於漕糧海運，已有建立在清代檔案基礎上、堅實的先行研究。李文治、江太新在《清代漕運》一書中將道光以降的「招商海運」定位為晚清漕運的改制政策，分別討論了海運出臺的背景、兌運規則及成效。[1] Jane Kate Leonard 高度評價了道光六年清代的首次海運，將之視為 1824-1826 年間運河危機的有效應對，認為這顯示在 19 世紀早期清朝中央政府在行政策略上的調整與創造能力。[2]倪玉平的專著《清代漕糧海運與

---

[1] 李文治、江太新《清代漕運》，北京，中華書局，1995 年，頁 430-480。

[2] Jane Kate Leonard, *Controlling From Afar: the Daoguang Emperor's Management of the Grand Crisis, 1824-1826*, Ann

社會變遷》詳細論述了道光朝至清末漕糧海運之沿革。除制度描述外，該書重在由海運觀察晚清的社會變遷，舉凡交通近代化、商品經濟之發展、中央－地方關係之變動，乃至政治變革、中外關係、社會問題等，均有關注。[3]此外，戴鞍鋼、周育民也分別在關於晚清漕運、財政制度變遷的研究中，論及道咸之際的漕糧海運。[4]

以上李、江與倪二著對海運的基本面已做了堅實的論述，惟其重點在「運」——運道、運輸方式及其轉變，而對於「漕」——漕糧作為賦稅、財政制度的一面，儘管也有涉及，但顯有未盡之處。道光年間，對海運認識頗深並促成其事的魏源曾強調，海運的意義不僅在於「運道」，更在於「漕事」，後者不僅關涉國計，更為東南民生、吏治所繫。[5]所謂漕事即漕糧徵解，其主要環節：如各省起運交倉額數、相關運費的承擔，乃至州縣漕務收支、民眾漕糧負擔等，在在與海運政策的形成直接相關，也在河運轉向海運的過程中發生了相應的變化。且正如魏源所言，漕務因關涉之事甚多且積弊重重，成為當日重要的經世議題，而海運則被視作祛弊之良法。[6]因此，對於海運之研究，實不應忽視「漕」（漕務、漕糧）這一層面。

由此，本文將從財政、稅收的角度，重新探討道咸之際的漕糧海運，著重回答以下問題：海運政策是在何種背景下出臺的？歷屆籌辦與起運情況如何？海運制度下地方政府的漕務管理與民眾的漕糧負擔經歷了怎樣的變革？通過此期海運利弊得失的分析，筆者試圖討論 19 世紀中期中央與地方、地方各級政府間的財政關係，以及政府財政與民眾稅負之聯繫等問題，加深對該時期的政治、財政與社會及其連動關係的認識。本文涉及的區域，主要是最先試行海運且具示範意義的江蘇省（蘇屬）。[7]處理的時段，則大致為海運再啟的道光二十七年（1847），至因蘇州、常州落陷而停運的咸豐十一年（1861）。[8]

Arbor: Center for Chinese Studies The University of Michigan, 1996, pp.227-246.

3 倪玉平《清代漕糧海運與社會變遷》，上海書店出版社，2005 年。

4 戴鞍鋼〈清代後期漕運初探〉，《清史研究集》（5），北京：光明日報出版社，1986 年，頁 194-229；周育民《晚清財政與社會變遷》，上海人民出版社，2000 年，頁 207-212。

5 魏源〈海運全案跋〉、〈復蔣中堂論南漕書〉，《古微堂外集》卷七，《續修四庫全書》，1522 冊，上海古籍出版社，2002 年，頁 425 下，429 上，下。

6 如道光二十七年，包世臣稱言：「江浙收漕及海運二事，國脈攸繫，無有重於此急於此者。」可代表當日經世士人對此的關注。包世臣〈復陳樞密書〉，《包世臣全集・齊民四術》，合肥：黃山書社，1997 年，頁 242。

7 本文所謂「江蘇」，不同於今日的行政區劃，是指清代蘇松糧道或江蘇（蘇州）布政使所轄的蘇州、松江、常州、鎮江、太倉四府一州，又稱「蘇屬」。與之相對的是江寧布政使或江安糧道所轄的江北各府州，稱「江北」、「寧屬」。

8 漕運的年代標注較為複雜，時人在使用中便不乏混亂之處。蓋漕糧於冬季徵收，至次年春夏間起運，故每屆漕運從州縣徵收到運抵通倉是跨年的。以道光二十七年海運為例，準確的表述是：道光二十八年江蘇起運二十七年份漕糧，時人稱此為道光二十七年海運（以漕糧的年份為準）或道光二十八年海運（以起運時間為準）。本文統

二、道光末年的河海並運

1. 減費裕漕：道光二十七年蘇松太的海運

清代的首次漕糧海運發生在道光五年（1825）。此前一年，黃水驟漲，清江浦高家堰大堤潰決，致高郵、寶應至清江浦運道淺阻，漕船挽運維艱。在戶部尚書英和及江蘇督撫琦善、陶澍的推動下，江蘇道光五年分漕糧 151 萬餘石於六年海運抵津。此次海運只是針對運道梗阻的應急之策，運河疏浚後便告中止，僅行一年。既有研究已指出：道光七年，旻寧親自諭止海運，而至道光二十六年，他的獨斷又開啟了清代的第二次漕糧海運。但道光帝何以做出這一決定，即重啟海運的決策是在何種背景與契機下出臺的，我們仍不清楚。[9]此次海運源於道光二十六年十一月二十五日（1847 年 1 月 11 日）的上諭，而該上諭的由來，則是同日戶部有關漕糧緩缺情況及籌補措施的奏報。[10]

是日，管理戶部事務大學士潘世恩等奏稱，南漕歲額 460 餘萬石，除旗丁耗米外，交倉應在 400 萬石以上，每年支放 330-340 萬石，本屬有贏無絀。但近年交倉額數「歲短百萬及數十萬不等」，以致兵米、俸米不得不改折，或減成支放。儘管上年豁免道光二十年前緩徵之漕糧 400 餘萬石，但本年漕糧不但毫無加增，反較上年又短 20 餘萬石，較全漕短至 100 萬石。該摺附有此前十年間有漕八省的起運額數清單，筆者整理如下表：

表 1　道光十七年至二十六年間（1837-1846）蘇松等四省漕糧起運額統計

單位：石

年份	蘇松	指數	江安	指數	浙江	指數	江西	指數
額徵	1,641,150	100.00	518,270	100.00	956,620	100.00	768,990	100.00
道光十七年	1,614,080	98.35	442,700	85.42	956,620	100.00	718,580	93.44
十八年	1,527,270	93.06	436,660	84.25	956,620	100.00	763,476	99.28
十九年	1,270,880	77.44	447,540	86.35	956,620	100.00	738,420	96.02
二十年	1,114,080	67.88	254,120	49.03	852,930	89.16	692,290	90.03

一以漕糧的年份來標注，蓋主要的運輸過程雖發生於次年，但海運的重要環節（如擬定章程、雇覓商船、州縣兌交漕糧）均在當年展開。

[9] 倪玉平《清代漕糧海運與社會變遷》，頁 44-81，84。他指出，重議海運「最直接的原因是河漕已無法令各方滿意」，似顯含糊。

[10] 潘世恩等摺、清單，道光二十六年十一月二十五日，軍機處錄副奏摺（下簡稱「錄副」）03-3146-014、03-3146-015、03-3146-016，北京：中國第一歷史檔案館藏，以下兩段均據此。本文利用的軍機處錄副奏摺，均藏該館。

年份	蘇松	指數	江安	指數	浙江	指數	江西	指數
二十一年	1,006,790	61.35	258,040	49.79	940,130	98.28	751,610	97.74
二十二年	937,470	57.12	217,490	41.96	452,040	47.25	726,950	94.53
二十三年	852,100	51.92	307,880	59.41	737,820	77.12	751,240	97.69
二十四年	949,650	57.86	389,550	75.16	799,360	83.56	768,990	100.00
二十五年	1,127,320	68.69	401,000	77.37	839,560	87.76	683,390	88.87
二十六年	994,640	60.60	240,170	46.34	800,990	83.73	768,990	100.00
十年平均	1,139,428	69.43	339,515	65.51	829,269	86.69	736,394	95.76

說明：起運額數包括交倉漕白糧正耗米、旗丁耗米等，下二表同。

表 2　道光十七年至二十六年間（1837-1846）山東等四省漕糧起運額統計

單位：石

年份	山東	指數	河南	指數	湖北	指數	湖南	指數
額徵	344,980	100.00	212,480	100.00	131,930	100.00	133,560	100.00
道光十七年	343,180	99.48	206,150	97.02	117,740	89.24	133,560	100.00
十八年	326,630	94.68	191,360	90.06	122,516	92.84	133,170	99.71
十九年	339,360	98.45	205,130	96.54	122,130	92.57	133,220	99.75
二十年	340,370	98.67	205,710	96.81	97,200	73.68	132,660	99.33
二十一年	303,560	87.99	204,790	96.38	96,200	72.92	133,014	99.59
二十二年	343,690	99.63	168,420	79.26	79,460	60.23	132,090	98.90
二十三年	338,860	98.23	163,010	76.72	101,170	76.68	132,840	99.46
二十四年	339,620	98.45	162,620	76.53	114,570	86.84	133,300	99.81
二十五年	337,830	97.93	164,750	77.54	93,960	71.22	132,210	98.99
二十六年	309,110	89.60	138,470	65.17	114,780	87.00	133,210	99.74
十年平均	332,221	96.30	181,041	85.20	105,973	80.33	132,927	99.53

表 3　道光十七年至二十六年（1837-1846）有漕八省漕糧起運額統計

單位：石

年代	額數	指數	年代	額數	指數
額徵	4,707,980	100.00	二十二年	3,057,610	64.95
道光十七年	4,532,610	96.28	二十三年	3,384,920	71.90
十八年	4,457,702	94.68	二十四年	3,657,660	77.69
十九年	4,213,300	89.49	二十五年	3,780,020	80.29
二十年	3,689,360	78.36	二十六年	3,500,360	74.34
二十一年	3,694,134	78.47			

由表 1、2 可見，以上十年間，蘇松、江安二糧道的起運額數在有漕八省中降幅最大，十年的平均起運額約為全漕的 69.43%、65.51%。[11]尤其是道光二十六年，僅起運額漕的 60.6%、46.34%，確如戶部所奏，蘇松「尚不敷額徵十分之六」、江安「尚不敷額徵十分之五」。此外，浙江、河南、湖北三省起運額數也有明顯下降，十年的平均值較額漕短少 13-20%不等。由於蘇松、江安、浙江三省漕額較重（分別占全漕的 34.86%、11.01%和 20.32%），其大幅虧短直接反映於交倉總額。道光二十年以降，歷年的起運額數始終虧短 100 萬石以上（其中二十二年受鴉片戰爭影響，為此期最低），僅為額漕的七八成。這直接導致了是年京師倉儲告急：各倉現存糧數僅可支撐至明年新漕抵通之時，而來年至少需有漕米三百七、八十萬石進倉，方可資周轉。

有鑑於此，戶部請行三年比較之法：各省在漕糧徵齊後，將本年起運額數造冊報部，若較此前三年均有減少，應設法補足交倉。此外，戶部還籌畫了更為直接的籌補方策——海運。潘世恩等指出，本年江南州縣秋成豐稔，然江蘇反稱被災，奏請蠲緩五十六州縣之錢漕。故江蘇之虧缺漕額，非盡由於災歉，亦由浮費繁重所致。道光中後期，江南的漕務浮費大幅擴張：一方面，挽運漕糧的旗丁於兌運時向州縣需索幫費，以供衛所及沿途倉、漕等衙門規費，並挽運之需；另一方面，州縣不得不通過漕糧的浮收勒折來應對，這些浮勒又不均衡地分攤至各糧戶：紳衿大戶可憑藉其身分包攬短交，需索漕規，小戶則需承受日重一日的漕糧負擔。隨著兩級分化進程的持續演進，小戶多依附於大戶，州縣稅基日益萎縮，惟有揑報災歉（意味著漕糧的大幅緩徵），以為出路。也就是說，漕務浮費的空前膨脹，極大地提高了河運成本，以致江蘇州縣常年藉揑災虧空漕糧正項，造成南漕歲歲缺額，天庾不敷支放。[12]

由計臣們的表述來看，他們對此有較為清晰的認識，其對策是曾於道光六年試行的海運：

> 道光六年……試行海運，彼時辦理頗著成效。現當整頓漕務、清釐幫費之時，可否請旨敕下兩江總督、江蘇巡撫通盤籌畫，於漕務、倉儲必期兩有裨益。如可仿照前屆章程，確有把握，統核漕糧實數，每歲酌分幾成，改由海運，既於漕務繁費大有節省，該州縣等亦不致藉此揑報災荒，致虧倉儲。

---

[11] 江安糧道屬地跨兩省，包括寧屬（江北）的江甯、淮安、揚州、徐州、海州、通州，以及安徽省的安慶、甯國、池州、太平、廬州、鳳陽、潁州、六安、廣德、泗州，共十六府州。

[12] 詳拙文〈嘉道年間江南的漕弊〉，《中華文史論叢》2011 年第 1 期，頁 282-299；何漢威：〈讀《李星沅日記》——兼論李星沅其人〉，《嚴耕望先生紀念論文集》，臺北：稻禾出版社，1998 年，頁 305-314。

戶部的基本思路是「減費裕漕」，蓋將江蘇額漕酌分數成海運，則河運幫費大可節省，州縣負擔由此減輕，無需捏報災荒，京師倉儲便可期籌補。[13]海運的思路既與中樞正在推行的清釐幫費政策相匹配，也為當日有志於改革江蘇漕務的經世士人所分享。[14]而且，從乾隆後期起，由於河工失效以致運河運力不足，且沿途常關稅額相對較重，越來越多原由運河北上的南方商貨開始改由上海出口，由海道北上。[15]海運已經成為許多商船的優先選擇。

同日，道光帝便有廷寄兩江總督壁昌、江蘇巡程矞采之上諭，措辭較為嚴厲：

> （江安、蘇松兩糧道歲運額漕）似此有減無增，年復一年，伊于胡底。且以京師官兵俸餉立等發給之款，儻因漕糧缺額，以致發領不能足數，尚復成何事體，祖宗舊制，朕何顏對之！

他完全採納了計臣的籌補之策，諭令江蘇督撫仿照成案，每歲酌分漕糧數成，改由海運，並規定自下屆漕運（即道光二十八年起運二十七年份漕糧）為始。[16]

道光二十七年（1847）九月新漕開徵之前，兩江總督李星沅、江蘇巡撫陸建瀛遵旨籌議河海並運。據奏，近年銀價增昂，漕務浮費加增，又值災歉頻仍，故蘇屬漕糧「無歲不緩，無縣不緩，以致京倉支絀」。本屆若仍行河運，可較前稍有加增，但總難全額起運。他們建議本年江蘇漕糧河海並運，江安糧道江寧、徐州、淮安、揚州四府及蘇松糧道常州、鎮江二府，賦額較輕，仍行河運。蘇州、松江、太倉二府一州漕白糧改由海運，以節省幫費籌補，可加增米 30 餘萬石。另一方案是，江蘇漕糧仍全數河運，僅將白糧改由海運。[17]事實上，李星沅對海運持相當的保留態度，[18]實際籌議者主

---

13 值得注意的是，領銜的軍機大臣、管理戶部事務大學士潘世恩籍隸江蘇吳縣，潘氏為蘇州之大族。可以想見，他對於本地的事務更為瞭解。更重要的是，當日由本籍京官在京城發聲、推動有利於地方的財賦改革，是較為常見的現象，尤其是科舉最為發達的江南。

14 魏源，〈上江蘇巡撫陸公論海漕書〉，《古微堂外集》卷七，頁 429 下-431 上；包世臣〈覆桂蘇州第二書〉，《包世臣全集・中衢一勺》，合肥：黃山書社，1993 年，頁 199。

15 許檀：〈乾隆——道光年間的北洋貿易與上海的崛起〉，《學術月刊》，2011 年第 11 期，頁 151-152；范金民：〈清代中期上海成為航運業中心之原因探討〉，《安徽史學》，2013 年第 1 期，頁 30-33。

16 《嘉慶道光兩朝上諭檔》（51），道光二十六年十一月二十五日，桂林，廣西師範大學出版社，2000 年，頁 411 下-412 上。

17 〈籌議江蘇漕務河海並運摺〉（道光二十七年九月二十四日奉硃批），陸建瀛《陸文節公奏議》卷二，1926 年刻本，葉 21A-23A。江蘇蘇、松、常、太三府一州、浙江嘉、湖二府漕糧內，專設白糧一項，係徵糯米或白粳，專供宮廷食用，是漕糧中最重要的一部分。

18 袁英光、童浩整理《李星沅日記》下冊，北京，中華書局，1987 年，頁 712，722，726；〈與陸立夫中丞書〉，道光二十七年十一月，張劍輯校《翁心存詩文集》下冊，南京，鳳凰出版社，2013 年，頁 978。

要是陸建瀛，但其方案也明顯較道光五年成案保守。該摺交戶部議覆後獲准，計臣特別強調，蘇松太三屬漕糧「既經改用沙船，無需幫費，自應將額徵、帶徵之米全數起運」，不可再有虧缺。[19]

然是年十一月，漕運總督楊殿邦卻具摺反對，奏請緩議河海並運。漕督認為，江蘇漕糧虧短，未必皆因幫費過重，海運也未必省於河運。更重要的是，如遽改海運，漕船大幅歇減，失業水手人等難以安置，勢必成為不安定因素。此外，當日洋面不靖，內海之劫盜、外洋之夷氛，隨時可能威脅海運。[20]楊殿邦對於安全的顧慮並非無因，然其言論也代表河運利益集團的反對聲，也可見海運「減費裕漕」帶來的利益轉移。

戶部在議覆時反駁，蘇松太幫費甚重，每歲至少需銀八、九十萬兩，豈能於漕務絕無妨礙。至體恤減船丁舵，加強海洋巡哨等事，該省督撫將妥為籌辦。儘管漕督的反對並未阻止當年的海運，但此事（特別是楊強調的「漕船未便連年減歇」這一點）直接影響了戶部的態度。最明顯的表現是，議覆摺及上諭中的措辭，已由「每歲酌分數成，改由海運」改為「暫由海運」。且稱海運一事「可暫而不可常，宜少而不宜多」，來年應「妥籌減費裕漕良策，以期全漕足額，仍歸河運舊章」。儘管戶部此前便認為，海運不過因時變通之道，河運方屬正途。然經楊殿邦事件之後，海運更降格為當年的應急方案，決策者似不打算將其延續，故仍需另籌良策。[21]

道光二十七年的海運章程，是根據道光五年的成案擬定的。[22]從漕糧制度的角度來看，其中最關鍵的內容，是漕額的籌補與海運經費的籌措。戶部籌議海運的初衷，是以節省的河運銀米與幫費，補足緩缺之漕額。按蘇松太三屬額定起運交倉漕糧正耗米1,023,532石，河運制度下的運費主要有兩項：一是給丁耗米122,013石，用作旗丁長途挽運的折耗與食用；二是漕項銀米（「漕贈」），按漕糧每百石貼銀10兩、米5石給發，用作運輸經費。此外，三屬另有起運交倉白糧正耗米52,611石，及給丁餘耗米13,019石。道光二十七年蘇屬秋歉，漕糧大量緩徵，實徵漕白糧正耗米802,358石零，短缺米273,785石零。為符海運足額交倉之例，蘇屬動用節省河運銀米籌補：除動支漕糧給丁耗米89,440石、白糧給丁耗米13,019石、漕白糧贈五盤耗米57,711石外，另撥給丁

---

19 《嘉慶道光兩朝上諭檔》（52），道光二十七年十月十三日，頁377下-381上。

20 楊殿邦奏，道光二十七年十一月二十日，宮中硃批奏摺（下簡稱「硃批」）04-01-35-0279-062、04-01-35-0279-063，北京：中國第一歷史檔案館藏。本文利用的宮中硃批奏摺均藏該館。

21 《嘉慶道光兩朝上諭檔》（52），道光二十七年十二月初七日，頁495上；〈戶部片奏議覆籌補緩缺米數不應動用正款、糧船水手亟宜安頓〉（道光二十七年十二月二十二日），王毓藻輯《重訂江蘇海運全案・原編》（以下簡稱《海運全案》）卷一，光緒十一年刻本，葉64。

22 本段及下段據〈蘇松太三屬漕米全由海運酌定辦理章程摺〉，道光二十七年十一月二十六日奉硃批、〈查明蘇松太三屬海運米數及續議章程〉，道光二十七年十二月十二日奉硃批，陸建瀛《陸文節公奏議》卷二，葉24A-31B。

漕贈銀 150,000 餘兩採買補足。

與之相關的問題是，原有河運經費用於籌補，海運經費又從何而出？漕糧海運的主要支項，包括：(1) 沙船水腳、耗米；(2) 天津、通倉剝船雇價、食米，經紀耗米；(3) 各州縣運糧赴滬水腳、南北設局公費等。在咸豐四年以前，江蘇海運經費支銷的基本原則是不動正帑，「由外籌辦」，即各州縣「捐解」幫費，名曰「海運津貼」。

毫無疑問，該經費只能出自漕糧之浮勒。道光二十七年籌議之時，蘇州知府桂超萬便極言其不可，蓋「其隱有加賦之實，不特後援為例，貽害無窮，即目前民力亦艱難也」。[23]魏源也向陸建瀛強調，海運經費「但用漕項銀米即敷辦漕，毋庸再提幫費，以滋流弊也」。[24]然在督撫的考慮中，海運僅一時試辦，漕糧終將復歸河運，故幫費不宜遽行裁革，仍按額解充海運經費，而本應用於海運開銷的河運節省銀米，則移作彌補倉儲、庫項之需。此為籌議海運時的權宜之策，然江蘇如是因循辦理者十餘年。[25]

如果從籌補倉儲這一點來看，道光二十七年海運確有立竿見影之效。道光二十八年三月，蘇松太三屬漕白糧正耗米 1,083,115 石足額兌竣，放洋北上。[26]七月，戶部右侍郎朱鳳標在津驗收完竣後，對本次海運做了極高的評價：

> 江蘇省蘇州、松江、常州、鎮江、太倉五府州屬十餘年來，未經報有全漕。本年蘇州、松江、太倉三屬改由海運，不獨該三屬漕額無虧，即河運之常州、鎮江兩屬漕糧，內有丹徒等縣緩缺交倉米石，亦經該省督撫於海運節省項下籌補足額，由海搭運。計共籌補米將及三十萬石，較之上年河運，計今屆交倉多運米五十一萬一千三百餘石，查驗米色始終一律乾潔。[27]

是年海運不僅補足蘇松太三屬災缺米 273,785 石，即河運之常、鎮二府災缺米 6,970 餘石亦於節省項內補足，再加上隨正交倉之經紀耗米 13,300 餘石，共計籌補米 294,055 石。[28]由此，蘇屬河海並運共計起運交倉米 1,448,330 石，較此前三屆河運分別多運

---

23 桂超萬，〈覆包慎伯明府書〉，《惇裕堂文集》卷二，《續修四庫全書》，1510 冊，頁 128 上。

24 魏源，〈上江蘇巡撫陸公論海漕書〉，《古微堂外集》卷七，頁 431 上，430 上。

25 馮桂芬，〈江蘇減賦記〉，《顯志堂稿》卷四，《續修四庫全書》，1535 冊，頁 546 上；殷兆鏞奏，同治四年五月初二日，錄副 03-4863-030。

26 〈奏報海運漕糧全數兌竣一律放洋摺〉，道光二十八年三月初十日奉硃批，陸建瀛《陸文節公奏議》卷三，葉 4A-B。

27 朱鳳標奏，道光二十八年七月初三日，硃批 04-01-35-016-2167。

28 陸建瀛奏，咸豐元年十一月十八日，宮中檔 406001548，臺北故宮博物院藏。本文利用的「宮中檔」均藏該館。

433,371、546,203、511,321石不等，一改十餘年來額漕持續虧短之局面。[29]而且，從此後的歷史來看，蘇屬的起運交倉額數也再未達到這一高度。

與道光五年不同的是，道光二十七年之海運並非起因於河道梗阻，財政層面的考慮纔是此次重議海運的動因所在。如楊殿邦奏稱：「近年來河流順軌，運道暢行，乃論者因災減過多，諉諸幫費，將蘇松太三屬漕糧改由海運。」[30]翁心存也認為，海運之行，昔則「借省轉般遞運之勞」，今則「以津貼日增，別籌足國恤民之策」。[31]戶部更明確指出，道光五年「偶因黃河漫口，試行海運」，道光二十七年「又一試行」，則意在「節省幫費，籌補倉儲」。[32]可見，計臣的關注的是倉儲，即通過分成海運減省幫費，以實現全漕起運。然而，海運對於革新漕務之意義，籌議之初便不為計臣所重。至道光二十八年蘇屬全漕抵通、京師倉儲度過難關之後，這一點更是被中樞所忽視。

另一方面，在海運過程中，幫船停歇、水手失業所引發的不安定因素則被放大。道光二十八年（1848）二月，失業水手與英國傳教士在青浦發生衝突，導致中外局勢緊張。青浦教案的深刻刺激，使得道光帝不再考慮繼續推行海運。[33]是年夏，李星沅便已得悉中樞之態度：「明年新漕自難海運」。[34]至冬間籌辦新漕之際，他奏稱：「漕糧本以河運為正途，至道光六年因黃河阻塞，本年因籌裕京倉，先後試行海運，均屬一時權宜之計」，本年蘇松太三屬漕白糧仍歸河運。此前，道光帝也有諭：「海運豈能恃為長策？」[35]於是，道光二十八年起，蘇屬漕糧重歸河運之舊途。在維持定制的考慮下，漕務的種種積弊均被擱置一旁，視而不見。

2. 籌補兵糈：道光三十年蘇屬的白糧海運

兩年後，江蘇進行了道光年間的第三次海運。但此次海運規模較小，僅限蘇屬之白糧，此為道光二十七年籌議河海並運之舊案。道光三十年十一月，兩江總督陸建瀛主動奏請海運白糧，其背景卻與前案不同。陸氏指出：「上屆漕白糧海運，係為籌裕京

[29] 清單，道光二十八年正月二十六日，軍機處檔摺件 080757，臺北故宮博物院藏。本文利用的「軍機處檔」均藏該館。

[30] 楊殿邦奏，道光二十七年十一月二十日，硃批 04-01-35-0279-062。

[31] 〈與陸立夫中丞書〉，道光二十七年十一月，《翁心存詩文集》下冊，頁 978。

[32] 戶部奏，同治八年八月，中國水利水電科學研究院水利史研究室編校，《再續行水金鑒・運河卷》第 3 冊，武漢，湖北人民出版社，2004 年，頁 1048。

[33] 倪玉平《清代漕糧海運與社會變遷》，頁 90-100。

[34] 《李星沅日記》下冊，頁 749。

[35] 李星沅、陸建瀛奏，道光二十八年十一月初三日奉硃批，錄副 03-3149-003；《嘉慶道光兩朝上諭檔》（53），道光二十八年十一月初三日，頁 373 上。

倉；今屆海運白糧，本為籌補兵糈，事屬判然兩途。」緣道光二十九年江南大水，蘇屬漕糧大幅欠緩，司庫不得不墊款支放本省兵行局恤等米，計銀 158,900 餘兩。道光三十年又遭災歉，仍需籌補本地兵糈 42,600 餘石。然司道兩庫「幾無款可撥」，遂以海運白糧為籌款之策。這一方面是由於白糧幫費較重，倍於漕糧，故海運節省之款亦鉅。另一方面，蘇屬白糧不過 72,000 餘石，為數無多，海運風險較小。

咸豐元年（1851），蘇屬道光三十年分白糧正耗米 72,006 石由海運交倉。至於本屆節省銀米，儘管戶部要求參照前案，籌補京倉。但江蘇方面強調，該項已奏准抵支災缺兵米，難以買米籌補：節省給丁盤耗米 42,900 餘石抵放來年災缺兵糈；漕項銀 35,400 餘兩、幫費 22,500 兩，則用於歸補司庫墊款。[36]大災之後，陸建瀛重議海運，其動機仍在財政層面：籌補災緩兵糈。但與上屆不同的是，是年節省銀米盡數留於本地支用，全未起運。

三、咸豐年間漕糧海運的再啟與中止

1. 咸豐元年、二年的漕糧海運

道光末年，河運仍是絕對的主流，海運不過偶爾為之，但其省費、便捷卻給時人留下深刻的印象。咸豐元年（1851）以降，江蘇的漕糧海運迅速取代河運，成為此後之常態。是年八月，黃河在江蘇豐縣北岸決口，黃水入運，次年河運能否如期進行，成為疑問。更重要的是，當日清廷正於兩廣用兵，籌備軍需已屬不易，此時又添河工經費 450 萬兩。道光三十年、咸豐元年兩年之內，各省因此加增的例外撥款多達 2,258 萬兩，相當於常年歲出的 63%。[37]當日清朝的財政管理以收支相對固定為基本原則，應付臨時性開支本是其短板。如此巨額支項的驟然加增，勢必使清廷陷入前所未有的窘迫。是年秋間，南漕海運之議再起，興議者便是職司度支的計臣。

九月二十四日，戶部尚書孫瑞珍奏請漕糧河海並運，以裕庫儲，而資周轉。據稱，道光後期以來，歲入各款因銀貴常年短缺，而軍需、河工等支項日繁，部庫萬分支絀。當日戶部甫撥銀 450 萬兩，以濟豐工要需，所撥之款「皆係明年京支所必需，屆期籌措無資，恐致束手」。孫氏想到了三年前的海運成案，蓋此事可「以節省為增加」，辦

---

[36] 陸建瀛等奏，道光三十年十一月二十五日，硃批 04-01-35-0285-021；陸建瀛等奏，咸豐元年二月十一日，宮中檔 406000166。

[37] 何烈《清咸、同時期的財政》，臺北，國立編譯館中華叢書編審委員會，1981 年，頁 175-178。

理「著有成效」，是可靠的籌款之策。他奏請本年參照道光二十七年成案，海運蘇松太三屬漕糧：

> 擬請將來歲蘇松太三屬新漕照案改由海運。計多得之米仍可有三十餘萬石，即以此米糶出換銀，可得銀六十餘萬兩。又，三屬幫船既不出運，行糧耗米等項皆歸節省，計通共可得銀八、九十萬兩，於常年交倉米數仍無減損，而多得之銀，計明歲春間即可聽候部撥，於庫儲不無少補。[38]

與前案不同的是，當日「倉儲尚非甚缺」，而「部庫則支絀萬狀」，故孫氏改變海運的籌補方式，將節省之項由漕米轉化為銀兩，以濟急需。這一變通的意義在於，海運自此成為重要的籌款方策。

幾乎是在同時，江南道監察御史張祥晉也呈遞了主旨相同的奏疏，請將海運推廣至江浙二省，這對海運再啟產生了直接的影響。張祥晉指出，當日豐工甫興，次年河運恐難如期抵通，須事先籌畫，且河工需費浩繁，尤應亟籌經費。海運則「既免運道淤塞之虞，又濟南河要工之需」。江蘇前屆海運僅限蘇松太三屬，節省之銀已不下七、八十萬兩，若令常州、鎮江二府，及浙江杭嘉湖三府一體遵辦，節省之項當在二百萬兩以上，即可撥解河工，以濟急需。[39]

儘管豐北決口、漕行堪憂確是此事的重要背景，但驟然而至的豐工巨費，纔是計臣、言官再議海運的直接動因（是年除江蘇外，各省漕糧仍由河運）。也就是說，咸豐元年江蘇重啟海運的首要考慮，仍在度支層面。然其意義，已由前案的籌補京倉（緩缺之額漕），轉變為籌備庫儲（河工之要需）。值得注意的是，孫、張二人關注的只是可節省多少浮費以濟要需。至於這些幫費出自何途，由誰負擔，完全不在他們的考慮之內。

九月二十五日，咸豐帝將孫、張二人之議寄予江浙督撫，令其體察地方情形，就海運可否普行妥議具奏。[40]從未辦過海運的浙江對此表示反對，巡撫常大淳提出種種理由，稱海運窒礙難行：如浙江幫費較少，海運經費不敷；江浙同時海運，沙船難以雇覓；本省出海口不理想，須至上海放洋等等。[41]已有過三次海運經驗的江蘇則遵旨將本屆蘇、松、常、鎮、太五府州漕白糧一律改由海運，並抵補足額，酌籌節省銀款。在

38 孫瑞珍奏，咸豐元年九月二十四日，錄副 03-4362-034、03-4362-035。

39 張祥晉奏，咸豐元年九月二十五日，錄副 03-4362-037。

40 《咸豐同治兩朝上諭檔》（1），桂林：廣西師範大學出版社，1998 年，咸豐元年九月二十五日，頁 387 上。

41 常大淳奏，咸豐元年十一月二十八日，軍機處檔摺件 082477。

疆吏的表述中，除樞臣強調的庫儲之外，漕務也是海運的考量。陸建瀛等奏稱：江蘇漕糧收兌兩難，官民交困，「若欲力籌補救，捨海運誠無良策」，目下軍務、河工撥餉浩繁，度支孔亟，「欲於裕漕之中籌節省之計，亦非海運不可」。[42]

咸豐元年江蘇的海運，在籌補額漕、籌措海運經費等關鍵問題上延續了上屆的原則。關於前者，是年蘇屬實應徵交倉漕白糧米 1,046,255 石零，災歉緩缺米 398,652 石，例應籌補足額。但與上屆籌補米石不同，本年因部庫支絀，改為籌補銀款。是年蘇屬共籌補銀 66 萬兩，包括：（1）節省給丁耗米 213,995 石零，一律按 1 兩／石糶變，計銀 213,995 兩；（2）各屬節省幫費 258,364 兩；（3）節省給丁漕贈銀 187,639 兩。以上三款分別提解司庫，抵充南河工需。故是年籌補銀款，除補足緩缺交倉米 398,652 石外，尚餘銀 261,348 兩，較道光五年、二十七年兩屆海運，均屬有盈無絀。本屆海運經費約需銀 100 萬兩，仍出自州縣節省幫費等款。

咸豐二年（1852），豐工堵築不力，黃水灌入致運道被淹，江廣（江西、湖南、湖北三省）、浙江等省漕行大幅衍期，咸豐元年分漕糧至二年秋間仍未抵通。河運危機與財政壓力依舊，海運的延續成為十分自然之事。[43]是年蘇屬實徵漕白糧交倉米 1,042,474 石，籌補緩缺米 405,220 石零。正如陸建瀛所稱，籌補「名為裕倉，實則籌餉」，故仍折為銀款，共計 60 萬兩。其來源依舊是節省給丁銀米與幫費，包括：（1）給丁漕贈、餘耗等米 213,340 石，按 9 錢／石糶變，合銀 192,006 兩；（2）幫費 261,717 兩；（3）給丁漕贈銀 146,276 兩。本屆銀款較上年短少 6 萬餘兩，其原因在於：第一，漕贈項下曬揚米價一款因道庫支絀，未能列入；第二，糶變米價由上年的每石 1 兩減為 9 錢。

然而，太平天國勢力的迅猛發展，給是年的海運帶來極大的影響。咸豐三年正月，太平軍由兩湖進兵江南。二月，先後攻克江寧、鎮江、揚州三城，切斷了清朝的漕糧運道。由於戰事在江南的展開，以及江蘇布政使倪良耀的瀆職，二年分漕糧的海運相當遲緩。更要命的是，蘇屬開始擅自截留漕糧。是年因運道梗阻，咸豐帝諭令江寧布政使所屬及安徽、江西應運咸豐二年分漕糧酌量截留，以充本省軍食兵餉。江蘇方面以部撥經費緩不濟急為由，擅行援例截留漕糧 218,500 餘石。儘管清廷嚴諭所截漕米

---

[42] 本段與下兩段據陸建瀛、楊文定奏，咸豐元年十一月十八日，宮中檔 406001548；陸建瀛、楊文定奏，咸豐元年十二月二十四日，宮中檔 406001760；《咸豐元年江蘇海運說帖》（咸豐元年），《吳煦檔案選編》（6），南京：江蘇人民出版社，1983 年，頁 118-120。

[43] 本段據陸建瀛、楊文定奏，咸豐二年十二月初六日，宮中檔 406003000；陸建瀛奏，咸豐三年正月初九日，宮中檔 406003231。

全數克期運津，又將楊文定、倪良耀二人降四級調用，但此項仍為蘇屬截留。[44]故咸豐二年分江蘇漕糧的實際起運額數，較原計劃的 1,042,474 石大為減少，僅有 823,961 石。[45]至 60 萬兩籌補銀款，原議歸還復堵豐工案內墊款。然至咸豐三年正月，因軍需緊急，戶部奏准該款內 50 萬兩撥解向榮江南大營，其餘 10 萬兩解往江寧，以為防堵之用。[46]然是年「粵匪東竄，民情渙散」，漕糧、地丁大量欠解，該款終無從徵解，難以撥用。[47]自咸豐三年起，隨著太平天國戰爭延及江南，江蘇的漕糧海運逐漸失去了道咸之交籌補倉儲、庫款之功效，相反，以軍需為由截留漕糧與節省銀米，成為此後數年之積習。

2. 咸豐三年漕糧之改折與截留

咸豐三年（1853）以降，南方各省的漕運方式為之一變，基本奠定了此後五十年間清朝的漕運格局。首先，浙江在是年加入海運的行列。咸豐二年，因山東運河水勢驟漲，浙省漕船北上嚴重遲緩，來年無船可用。九月，巡撫黃宗漢力排眾議，奏准本年漕糧試辦海運。咸豐三年，浙省二年分漕白糧 589,374 石由滬運津。[48]

另一方面，咸豐三年太平軍攻占鎮江、揚州，運道梗阻，江廣等省漕糧難以運京。七月，戶部奏准江西、湖南、湖北等省漕糧折銀解京：花戶仍照舊完納本色，由官將所徵漕糧變價解部，稉米每石折銀 1.3 兩，粳米每石 1.4 兩。[49]十月，江安糧道所屬也奏准照江廣之例，將漕糧折銀解部。[50]同年，河南泄水阻擋太平軍北伐，導致運河淤墊，所徵粟米、麥豆奏准變價解京，每石折銀 1.25 兩。[51]咸豐七年起，該省固定地辦理折漕。[52]

由此，太平天國戰爭期間，仍以本色起解漕糧的省份，只有仍行河運的山東，及改行海運的江蘇、浙江，其中後者的海漕對於京精支放意義尤大。然咸豐三年八月，

---

44 倪良耀奏，咸豐三年三月二十三日奉硃批，錄副 03-4363-037；戶部奏，咸豐三年三月廿五日，錄副 03-4363-039；《咸豐同治兩朝上諭檔》(3)，咸豐三年三月二十五日，頁 128 下；柏葰等奏，咸豐三年四月初二日，錄副 03-4363-043。

45 倪良耀奏，咸豐三年七月初五日，錄副 03-4363-010；孫瑞珍奏，咸豐三年八月十一日，錄副 03-4364-016。

46 〈戶部議奏覆海運章程〉，咸豐三年二月初一日，《海運全案・原編》卷二，葉 61-62。

47 何桂清、徐有壬奏，咸豐十年三月十二日，錄副 03-4373-035。

48 桂良奏，咸豐四年二月二十二日，錄副 03-4365-033。

49 〈戶部議令江廣等省籌辦折漕摺〉，咸豐三年七月初六日，王慶雲，《王文勤公奏稿》卷四，1942 年鉛印本，頁 81-83；《咸豐同治兩朝上諭檔》(3)，咸豐三年七月十四日，頁 262 下-263 上。

50 〈戶部議覆安徽、湖北折漕摺〉，咸豐三年十月十八日，《王文勤公奏稿》卷四，頁 98-99。

51 英桂奏，咸豐四年二月二十三日，硃批 04-01-35-0285-057；邵燦奏，咸豐四年，硃批 04-01-35-0286-030。

52 《河南全省財政說明書・歲入部・田賦》，北京：經濟學會，1914 年，頁 59-60。

上海被小刀會占領，至歲末仍未收復，江浙兩省失去了原有的出海口。十一月，戶部奏請飭令江蘇預籌新漕海運之事。計臣們建議，或將出海口移至浙江乍浦，或參照江廣將漕糧、漕項由官折銀解京。但考慮到京倉支放，他們強調，折銀為「萬不得已之計」，非「救時善策」也。[53]十二月，江浙兩省均奏稱，太倉州之瀏河口可作為新出海口。浙江據此擬定了海運章程，而江蘇則奏請新漕變通辦理，照部議改徵折色，解京採買。[54]

道光末年以來，漕糧改折與海運同為改革漕務之方策，數次為戶部及江蘇地方官員所提議，但均未見施行。在咸豐三年這一非常時刻，漕糧改折再次被提上議事日程。[55]清代江南的土地利用形式以租佃為主，佃戶交租於業戶，業戶以所收租米完納漕糧。道光末年以來，「銀價日昂，浮費日增」，州縣不斷提高錢漕徵價，業戶則將負擔轉嫁於佃戶，「以致官民交怨，業佃相仇，抗糧抗租、拒捕毆差之案，層見疊出」。咸豐三年初，太平軍進入江南，地方更不安定。八月，青浦周立春因徵漕起事，小刀會與之呼應，一度占領上海、嘉定等六州縣。冬間，揚州太平軍一二千船齊聚瓜洲，試圖歸併鎮江，南下蘇杭，蘇、常各屬佃戶鳴鑼聚眾，抗不還租。危機之下，蘇州府長洲等九縣知縣會同紳士籌議，為避免開倉時滋生事端，漕糧請照部議每石 1.4 兩之數，無分紳民，改收折色，不准絲毫浮勒。

儘管在總督怡良的表述中，折漕是出於社會安定的考慮，但更重要的動機顯然在於籌餉。咸豐三年海運二年分漕糧 82 餘萬石，蘇屬借領、欠解司庫銀 50 餘萬兩，復挪移地丁、漕項，始得起運。又因戰事的影響，咸豐二年及三年上忙地丁屢催不完，不得不奏請緩徵，司庫因此有出無入，悉索一空。更要命的是，此時江南大營缺餉嚴重，恐有嘩變之虞。當日立於金陵城外、由欽差大臣向榮主持的江南大營是清朝對抗太平天國的支柱，其餉需主要來自江蘇、浙江、江西等省。咸豐三年初太平軍攻陷三城後，江蘇各項收入均受影響，僅江海關關稅一項為大營提供著穩定的餉源。然八月小刀會起事，一方面江蘇地方軍費大增，更重要的是，英美領事趁機代管江海關，江蘇失去大宗的關稅收入近一年之久。故在咸豐三年、四年之交，江蘇陷入極度的財政

---

53 祁寯藻奏，咸豐三年十一月二十四日，錄副 03-4364-042。

54 〈怡良等奏報籌備劉河口設局委員辦理海運事宜摺〉、〈怡良等奏陳江蘇蘇常等屬本年新漕變通辦理情形片〉，咸豐三年十二月十五日，《清政府鎮壓太平天國檔案史料》(11)，北京，社會科學文獻出版社，1994 年，頁 556-558；黃宗漢奏，咸豐三年十二月二十七日，錄副 03-4365-002。

55 本段及下段，除特別注明外均據〈怡良等奏陳江蘇蘇常等屬本年新漕變通辦理情形片〉，咸豐三年十二月十五日，《清政府鎮壓太平天國檔案史料》(11)，頁 557-558；怡良、許乃釗奏，咸豐四年二月二十二日，錄副 03-4365-033。

困境，江南大營兵勇也因此「缺餉鼓噪」。[56]

受地方軍事、財政的聯動影響，江蘇不欲再將是年漕糧照常徵解。怡良先是借稱地方不靖，奏請漕糧改折，解京採買，如此可省去海運經費近百萬兩，且每石解銀 1.4 兩，遠低於採買所需，其餘 0.6 兩（是年蘇屬漕糧每石徵銀 2 兩）更成為州縣盈餘，這對本省極為有利。後怡良又以救急為由，擅行「借撥」所徵漕折銀兩，以濟餉需。也就是說，蘇屬並不打算將漕折銀解部。折漕的初衷，是將漕米轉化為本省急需的銀兩，以便截留濟餉。

這些財政上的考量，戶部看得十分清楚。經蘇屬一再奏請，他們最終同意是年漕糧可因時變通，改徵折色，但仍須在當地採買粳米，由海運津。[57]是年，蘇屬漕白糧因被兵、拋荒蠲緩，僅徵 586,551 石。據稱除金山徵收本色 14,386 石，其餘全部按每石 1.4 兩折徵。經過一番討價還價，蘇屬仍以本地乏米，且沙船難以雇覓為由，僅將本年應徵白糧 55,326 石由本地買米，照舊海運交倉。而大宗的漕糧 531,225 石應折之銀 723,575 兩（實際徵收 569,000 餘兩），則藉口江南大營軍餉萬分急迫，全數截留。[58]

3. 咸豐四年的轉折

蘇屬咸豐三年分漕糧因兵事改折，幾無起運，這在有清一代江南的漕運史上，是從無先例的。當日江南「逆氛未靖」,「三城未復」，民心不定，籌辦次年新漕仍無把握。咸豐四年（1854）四月，戶部始議改弦更張，輕減蘇屬的海運負擔，保證天庾正供的起解。一是奏請是年秋成啟徵後，漕運總督由淮安移駐蘇州，督辦漕務，以代替因軍務駐防常州、難以兼顧的江蘇督撫。更重要的變化，則是在恢復本色徵解的同時，奏准江蘇參照浙江海運章程，將河運經費用於海運開銷，裁去上兩屆之節省銀 60 餘萬兩。[59]

咸豐二年，浙江在黃宗漢主導下實現了漕糧海運，其中的關鍵環節是解決經費問題。蓋當日海運，「必須將河運用項一概節省歸公」，海運所需只能出自節省幫費。浙省幫費遠少於江蘇，不敷海運之需，故此事屢議屢止。而黃宗漢的突破在於，奏准「將辦理河運一切作正開銷之費，並歸辦理海運之需」。[60]事實上，江蘇督撫在海運咸豐三

---

[56] 龍盛運，《向榮時期江南大營研究》，北京：社會科學文獻出版社，2011 年，頁 142-145。

[57] 祁寯藻等奏，咸豐四年正月十一日，硃批 04-01-35-0285-053；祁寯藻等奏，咸豐四年三月十一日，錄副 03-4365-034。

[58] 〈怡良等奏覆采買漕糧及借撥軍餉設法歸補情形摺〉，咸豐四年四月十一日，《清政府鎮壓太平天國檔案史料》（13），頁 607-609；怡良、許乃釗奏，咸豐四年四月二十三日，錄副 03-4365-061。

[59] 祁寯藻奏，咸豐四年八月二十九日，硃批 04-01-35-0286-008。

[60] 黃宗漢奏，咸豐二年九月二十五日，軍機處檔摺件 086679。

年分白糧之時，便開始參照浙江章程。是年起運白糧 55,326 石，計有節省盤耗等米 32,962 石零，照例應糶變解部，海運經費另以津貼取諸州縣。然當日的實際情況是：各屬因漕糧減價改折徵收，盈餘大減，海運津貼屢提未解，不得不由司庫墊交；而州縣則借津貼之名「加取於民」，以致「浮收日甚，激成變端」。由此，蘇屬奏請節省餘耗等米無需糶變提補，直接用於海運開銷。[61]

在小刀會變亂之餘，督撫們多強調，海運的籌補原則與變亂之間存在直接聯繫。如漕運總督邵燦奏稱，道光二十七年、咸豐元年、二年三屆成案，「或補足災缺漕額，或另籌節省銀款，動至六十餘萬兩之多，因而州縣藉此名目，得遂其恣意浮勒之計，以致刁民抗納成風，釀成青浦周逆巨案」。[62]按照這一思路，以河運經費作為海運開銷，使州縣從容辦理，不致浮勒病民，便成為「弭變清源」、「釜底抽薪」之策，很快得到中樞允准。

自咸豐四年海運起，「交倉漕米就數起運，毋庸籌補足額」成為章程中的固定條款：

> 此次辦理海運，因逆氛未靖，又當改折徵收以後，與各上屆情形不同。經戶部議准，改照浙江章程，以河運錢糧作為海運開銷，自應就數起運，毋庸計及籌補。[63]

原用於籌補的河運銀米既作為海運開銷，道光末年以來海運籌補足額的原則便無法再維持。這意味著，蘇屬只需將當年所徵漕米就數起運，不必再負擔此前每歲 60 餘萬兩的節省銀款。至此，海運完全失去了道光末年興議時籌補額漕的本意。該案為此後歷屆所繼承，除咸豐五年起運節省米 43,000 餘石外，江蘇在咸同年間再未解交節省銀米。[64]這極大地改變了戶部與江蘇在漕糧分配上的利益格局，天平開始明顯傾向後者。蓋當日戶部「止圖正供無誤，不遑兼籌節省」。[65]

此後數年，江蘇的海運交倉額數較咸豐初年直線下降（參見表 4）。咸豐四年分實徵漕白糧 800,398 石，雖較上年大有改善，但仍遠低於元、二兩年。不僅如此，咸豐二年以來，以餉需為名，擅行動支本應全數起運的漕糧，成為江蘇之積習。四年，怡良

---

[61] 怡良、許乃釗奏，咸豐四年二月二十二日，錄副 03-4365-030、03-4365-031；怡良、許乃釗奏，咸豐四年四月二十三日，錄副 03-4365-061。

[62] 邵燦奏，咸豐四年十一月二十五日，硃批 04-01-35-0286-018。

[63] 怡良等奏，咸豐四年十二月二十日，硃批 04-01-35-0286-025。

[64] 《欽定戶部漕運全書》卷九二，光緒二年刻本，《續修四庫全書》，838 冊，頁 129 下-130 上。

[65] 何桂清、徐有壬奏，咸豐十年三月十二日，錄副 03-4373-035。

奏准截留 30 萬石充餉，實際僅起運 500,398 石。咸豐五、六兩年，江蘇又分別截留漕糧 20、25 萬石，使得抵通漕額大幅減少。

表 4　道咸年間江蘇海運交倉漕白糧正耗米數統計

單位：石

年份	實徵額數	籌補、節省或搭運額數	截留額數	起運交倉漕白糧額數
道光二十七年	802,358	籌補缺額米 273,700 石	無	1,076,058
三十年	72,006	搭運道光二十九年分緩徵米 4,699 石	無	76,705（僅白糧）
咸豐元年	1,046,255	節省銀 66 萬兩，除籌補緩缺米 398,652 石、餘銀 261,348 兩	無	1,046,255（加籌補米為 1,444,907）
二年	1,042,473	原報節省銀 60 萬兩，實際提銀 271,000 餘兩	218,500 石	823,961
三年	586,551	無	531,225 石（折銀 723,575 兩）	55,326（僅白糧）
四年	800,398	無	300,000 石	500,398
五年	912,000	支剩給丁餘耗 43,000 石	200,000 石	755,000
六年	366,202	無	250,000 石	116,202
七年	912,291	無	無	912,291
八年	993,000	無	無	993,000
九年	987,350	提前商運米 230,000 餘石	204,341 石	1,013,009
十年	32,870	無	無	32,870
咸豐年間平均	767,939			664,696

資料來源：除本文各處相關引文外，另參考《海運全案‧原編》卷六，〈原額漕白及各年實運交倉米數〉，葉 63-66。

其中最典型的當屬咸豐六年，是年夏秋之際，蘇屬遭受數十年一遇的旱、蝗重災。常鎮二府漕糧全行蠲免，蘇屬實徵漕白糧僅 366,202 石。此時不僅有大量災民需要救濟，但更嚴重的問題在於餉需。是年江南大營為太平軍所破，江蘇清軍因此增加了人員、軍械開支，每月需銀 40 萬兩以上。然據怡良奏稱，本省餉源搜括已盡，各省協餉又欠解累累，以致各路兵餉欠發二至五個月不等。在「民食、兵糈在在可慮」之際，蘇屬打起了漕糧的主意。怡良原擬仿照咸豐三年，將漕糧全數截留，僅起運白糧，然終不得不兼顧天庾，奏請截留 25 萬石：

> 此項新漕，即使全數起運，尚不及上屆之半，而地方存米益空，兵民恐有絕糧之厄，關係實非淺鮮，即全數截留，亦不敷浙江一年協餉之數。惟天庾正供，究不容不兼權並計。溯查咸豐五年截留二十萬石，四年截留三十萬石，三年本折兼收五十餘萬充餉。本年秋收既遠遜於三、四、五等年，籌餉之難、需餉之急，則更百倍於當年。與其多運少截，仍無濟益，何若損上益下，以期保全……俯准將交倉漕糧項下截留二十五萬石，抵充軍需，則兵餉藉以支持，民食尚可假借，用費亦稍節省，實屬一舉而三善。[66]

在怡良看來，截留與否、截留額數完全以咸豐三、四、五年的情況為參照，足見截漕已成該省慣習。其次，當日京倉支放全賴江浙海漕，又值江南漕糧因災大幅減徵，但本省軍需顯然是督撫的首要考慮，而京師倉儲不過處於「兼權並計」的地位。所謂「一舉而三善」，甚至未將天庾考慮在內。

如江蘇於所徵漕白糧 36 萬石內截留 25 萬石，起運之數便遠少於截留，故此議為戶部所駁。然而，對於最關鍵的軍餉問題，計臣也拿不出有效的解決方案。[67]咸豐七年正月，蘇屬以軍餉萬分支絀為由，再請截漕。據稱所徵新漕內，本色已動支 3 萬石，折色亦動用數萬兩，實係萬不得已，否則有「餉絀兵嘩」、「全局瓦解」之虞。[68]收到該摺之日，咸豐帝諭准江蘇照數截漕濟餉。[69]

咸豐二年至六年間（1852-1856），蘇屬平均每歲起運交倉漕白糧 450,177 石，截留 299,945 石。這意味著，每歲所徵漕糧之四成為本省截留。如此大規模的截漕，很大程度上是出於「人」的因素。緣怡良治下的江蘇官場吏治窳敗，因循敷衍成風，籌餉嚴重不力。據時人觀察，蘇省官員籌餉，「兩隻眼睛，專在天倉漕米上注力」。咸豐七年初，蘇省「藩庫已不名一錢」，蓋所截漕米用盡，地方官員便「袖手置之，不聞不問」。[70]

---

[66] 怡良等奏，咸豐六年十二月初一日，硃批 04-01-35-0286-041；〈薛煥致吳煦函〉，咸豐六年十一月十五日，《吳煦檔案選編》（6），頁 206。

[67] 柏葰等奏，咸豐六年十二月十五日，硃批 04-01-35-0286-046。

[68] 怡良等奏，咸豐七年正月十八日，硃批 04-01-35-0862-037。

[69] 《咸豐同治兩朝上諭檔》（7），咸豐七年正月二十七日，頁 38 下。

[70] 〈何桂清致自娛室主人〉，咸豐七年，《何桂清等書劄》，南京：江蘇人民出版社，1981 年，頁 52。該資料集收錄的何桂清、黃宗漢等人信劄中透露出許多江浙海運之內情，頗具價值。管見所及，倪玉平最早在相關研究中系統利用了該資料。

4. 何桂清的整頓：咸豐七年至十年的海運

此種局面因新任兩江總督何桂清的到來而大有改觀。咸豐七年（1857）六月何桂清赴任後，在人事、制度等方面多有整頓，以挽頹風，除積弊。其中最關鍵的，是重用其親信王有齡，委以籌餉理財之任。[71]王有齡素稱善於理財，七年五月，赴上海清理關稅，及沙船、絲茶、洋貨三項釐捐，關稅則加增額外盈餘，釐捐則提高勸捐標準，剔除中飽。不過半月，稅額便有大幅提升。此後僅上海一地，每歲關稅、釐捐便可得銀四百四五十萬兩，由此保證了江南大營的支應。[72]此外，海運的管理也得到加強。此前歷屆海運，均於蘇州府設局，由知府會督府州正雜各員辦理，然事多散漫，催徵不前。何桂清則於省城設立海運總局，改由藩臬兩司、糧道督辦，力除積弊，「米則不准顆粒截留，銀則必令絲絲入扣」。[73]

經何桂清、王有齡等在籌餉、吏治方面的籌畫、整頓，江南大營不再有缺餉之虞，截漕積習也因之廓清。與怡良不同的是，漕糧設法多籌、絕不輕議截留成為何桂清辦理海運的基本理念。[74]這一轉變直接地體現在起運額數上，大災後的咸豐七年，江蘇實徵漕白糧交倉米 912,291 石，全數由海運津。[75]該年的起運額達到咸豐元年以來的最高值，較上年的 116,202 石有天壤之別。咸豐八年，起運交倉額數又有加增，達到 993,000 餘石。[76]後何桂清曾做以下統計：咸豐四、五、六三年除截留外，共起運交倉 1,371,000 餘石，而他到任後的七、八兩年共起運 1,906,000 餘石，兩年較三屆尚多 535,000 餘石，足見其整頓確有立竿見影之效。[77]

另一方面，自咸豐七年海運起，戶部也開始向江蘇施壓，要求恢復籌補節省銀米之舊例。計臣指出，自咸豐四年蘇省恢復本色海運，奏准免提節省銀兩，「海運又經行之三年，各州縣徵收錢漕亦應悉復舊章，本屆新漕似應查照咸豐二、三兩年成案，以

---

[71] 王有齡，福建侯官人，咸豐六年，以署理浙江按察使擢雲南糧儲道，為巡撫奏留浙江，辦理防堵。七年五月，何桂清赴兩江總督任，將王氏調往江蘇，清理財政。七年六月，升任江蘇按察使，旋署布政使，八年二月，升江蘇布政使。

[72] 何桂清奏，咸豐七年六月初六日、六月初七日、七月十九日，硃批 04-01-01-0862-049、04-01-01-0862-104、04-01-12-0488-107、04-01-14-0067-022。

[73] 何桂清、徐有壬奏，咸豐十年三月十二日，錄副 03-4373-035。

[74] 〈何桂清致自娛室主人〉，咸豐七年六月廿八日、八月三十日，咸豐八年七月初六日，《何桂清等書箚》，頁 53.56.73。

[75] 何桂清等奏，咸豐七年十一月十九日，硃批 04-01-35-0287-019；何桂清等奏，咸豐八年三月二十七日，硃批 04-01-35-0287-044。

[76] 何桂清等奏，咸豐八年十一月十九日，宮中檔 406009576。

[77] 何桂清等奏，咸豐十年三月十二日，錄副 03-4373-035。

節省銀米報部酌撥」。[78]但江蘇方面對此未加理睬，咸豐七、八兩年之節省銀米，除支銷海運經費外，分別餘剩 172,700 兩、156,800 兩，均湊撥本省軍餉。[79]

咸豐九年（1859），漕糧海運受到第二次鴉片戰爭的嚴重影響。戰爭期間，外夷對於海運的威脅始終牽動著中樞與江南督撫們的神經。為保證天庾正供的安全，他們不得不另籌變通之道。戶部建議本年南漕不必起運，由部庫墊款於北省採買米石，俟江浙收漕後，折價解京歸款。[80]何桂清則奏請以商運米石預抵漕糧，據稱可勸諭滬商先行墊資採購米四、五十萬石，趕於未經冰凍前運津交兌。如此則「明春不受人之挾制」，京倉亦無匱乏之虞，可俟夷務大局定後再辦海運。[81]然而情況不如何氏預期的樂觀，十一月間，突傳英夷將由印度調兵前來，停泊各口，商船因此畏縮不前，僅運米 23 萬餘石。

儘管夷氛未靖，海道有險，是年十一月，江蘇各屬仍照舊開倉徵漕。何桂清奏稱，本屆可起運交倉漕白正耗米 987,350 餘石，除歸還商運米 23 萬餘石，其餘全數起運。[82]但戶部則認為，商運米 23 萬石應作另案辦理，來年仍將新漕全數起解。也就是說，戶部並不認可商運米石抵充漕糧，他們希圖藉此向江蘇施壓，增加起運額數。繼咸豐七年後，計臣再次提出，應恢復節省銀米報部撥用之舊章，商運米價即於咸豐九年及歷年節省銀米內歸還。[83]儘管何桂清一再強調難籌鉅款，請於新漕內預抵，仍不得不覆奏，遵旨起運全漕。[84]

戰爭的陰雲使得本年的海運較往年提前，至咸豐十年（1860）二月初，漕糧已放洋大半。[85]然此期忽探聞有英船四隻北駛，意在攔阻海運，故二月六日咸豐帝有諭：「除業已放洋者外，其餘漕船暫緩放洋，以防疏失。」[86]但英艦並未攔阻漕船，江蘇也按計劃繼續海運，據稱奉到該諭之時，前四批共計起運交倉米 783,009 石零，僅末批 204,000 餘石遵旨暫緩放洋。三月，為破江南大營，李秀成奇襲杭、湖，浙江軍情緊急，

---

[78] 〈戶部奏議覆海運章程〉，咸豐七年十二月初九日，《海運全案・原編》卷四，葉 13-14。

[79] 何桂清等奏，咸豐十年三月十二日，錄副 03-4373-035。

[80] 彭蘊章等奏，咸豐九年八月初三日，宮中檔 406010994。

[81] 何桂清奏，咸豐九年八月二十五日，錄副 03-4372-063；〈何桂清致自娛室主人〉，咸豐九年八月十二日，《何桂清等書箚》，頁 75-76。

[82] 〈蘇藩司稟陳辦理海運為難情形〉，咸豐九年十一月十六日，《海運全案・原編》卷四，葉 70-71；何桂清奏，咸豐九年十一月二十七日，錄副 03-4372-092。

[83] 〈戶部奏議覆滬商運米預抵新漕章程〉，咸豐九年九月十二日，《海運全案・原編》卷四，葉 55-56。

[84] 何桂清等奏，咸豐九年十月十七日、十一月初十日，錄副 03-4372-087、03-4372-088；〈督撫奏遵旨全漕起運、前辦商運米石作為另案〉，咸豐十年二月初四日，《海運全案・原編》卷四，葉 86。

[85] 何桂清等奏，咸豐十年二月初四日，錄副 03-4373-018。

[86] 《咸豐同治兩朝上諭檔》（10），咸豐十年二月初六日，頁 49。

蘇屬全行戒嚴。何桂清又稱，浙省商賈不通，米價增昂，各項捐稅徵解不前，奏准將緩運漕米 204,000 餘石先行撥濟兵糧，藉補軍餉之不足。[87]

但實際情形似非如此，二月廿七日何桂清書札稱，「海運分六批，每批十四萬數千石」，「三月中必完」。可知江蘇原擬起運漕白糧 87 萬石左右（而非奏報的 109 萬餘石），將於三月內全數放洋。[88]據驗收漕糧的戶部尚書陳孚恩奏稱，是年江蘇共計起運米 868,193 石零（其中交倉米 783,009 石），恰與此數相符。[89]這意味著，江蘇已將咸豐九年分漕糧全數起運，所謂留南濟餉的末批漕米 204,000 石很可能並不存在。是年，布政使王有齡曾在私下指出，歷屆海運多有「虛報」，並非「實兌實開」，便是有力的證據。[90]更值得注意的是，這一數字又與此前的商運米 23 萬石大致吻合。也就是說，儘管何桂清表面承諾商運米作為另案，但在實際操作中，仍以婉轉曲折的方式將其抵充漕糧。同時，他又以恐滋民變為由，拒絕了戶部提解節省銀米的要求。[91]通過這些細節，我們可以窺見疆吏與樞臣、地方與中央在海運利益分配中的複雜博弈。

在戰爭的陰影下，江蘇分兩次起運咸豐九年漕糧，共計交倉米 1,013,009 石。這一數值較七、八兩年又有所增長，為咸豐年間十屆海運中僅次於咸豐元年者。同治初年，馮桂芬與李鴻章籌畫江蘇減賦，便力主將王有齡所辦三年的漕糧起運額視作兵燹之餘可能辦理之上限，並據此議定減賦之標準。足見咸豐七年至九年間確為軍興後江蘇漕務最為高效的時期。[92]

然而好景不長，咸豐十年四月，省城蘇州為太平軍攻克，其餘各州縣亦漸次失陷，幾無完善之區。是年漕糧僅松江府屬川沙、奉賢、南匯三廳縣徵得 32,884 石零，次年由海運津。[93]如此微量的起運額，意味著咸豐十年的海運近乎有名無實。而咸豐年間江蘇的漕糧海運也就此收場，此後的咸豐十一年、同治元年，因各屬尚未收復，該省漕糧全行蠲免停運。[94]

---

87 何桂清等奏，咸豐十年三月二十七日、三十日，錄副 03-4373-036、03-4373-031；〈戶部奏議覆海運末批米石撥濟兵糧〉，咸豐十年閏三月初九日，《海運全案・原編》卷四，葉 91-92。

88 〈致自娛室主人〉，咸豐十年二月廿七日，《何桂清等書箚》，頁 83。87 萬石、109 萬石內，除交倉漕白正耗米外，還包含沙船耗米、經紀剝船食耗米等。

89 陳孚恩等奏，咸豐十年四月二十三日，宮中檔 406012350。

90 〈王有齡致吳煦函〉，咸豐九年十一月二十二日，《吳煦檔案選編》（6），頁 359。

91 何桂清等奏，咸豐十年三月十二日，錄副 03-4373-035。

92 馮桂芬：〈啟李宮保論減賦〉、〈再啟李宮保〉，《顯志堂稿》卷五，頁 563 下-564 上，565 上。

93 薛煥奏，咸豐十一年正月十三日，宮中檔 406013872；薛煥奏，咸豐十一年四月二十四日，錄副 03-4374-013。

94 〈原額漕白及各年實運交倉米數〉，《海運全案・原編》卷六，葉 66。

四、漕糧海運下的督撫、州縣與民眾

以上兩節中，筆者的目光聚焦於京師、上海、天津等處的相關衙門，以及大洋之上的沙船，主要討論了道咸之際歷屆海運的出臺、籌備及起運交倉情況，涉及的層面是戶部與江蘇之間，即中央與外省的財政關係。然而，由河運到海運的運輸方式的轉變，究竟在漕糧制度與財政管理方面帶來了怎樣的變革，這是既有研究未曾關注的問題。對此問題的回答，需將目光移至省以下的州縣政府與地方民眾，漕糧制度最基本的徵解環節發生在這一層面。由此，本節主要考察以下兩個問題：（一）海運制度下省與州縣的財政關係；（二）海運制度下民眾的漕糧負擔。

1. 省與州縣之間

咸豐年間起運交倉額數的起伏，特別是截漕的頻繁出現，似乎給人這樣的印象：戶部的管控力大不如前，督撫之財權漸重。然而仔細觀察漕糧制度在省以下的運作，卻可發現實際情況並非如此簡單。一個不容忽視的事實是，在漕務管理的關鍵環節，督撫多受制於基層的州縣官吏。

咸豐四年（1854）秋，漕運總督邵燦奉命移駐蘇州，協助江蘇督撫督辦漕務，革除積弊。[95]此時上海尚為小刀會所占，且是年繼三年改折截留後恢復本色海運，辦理倍形棘手。當日蘇屬各州縣「紛紛報歉，自二分至三四分不等」，邵氏「明知其不實」，亦只去其弊之太甚，將災分略加剔除。蓋自道光中期以來，因漕務浮費加增，蘇屬州縣無論收成豐歉，歷年報災，以冀緩徵漕糧，虧缺正供。「捏災」成為蘇屬漕務之積習，「雖在豐收年分，亦必斟酌時宜，奏辦歉緩一二分，以為體恤官民地步」。[96]

至咸豐五年，上海收復，蘇屬秋收豐稔，邵漕督竭力催辦，飭令各屬少報災分，增加起運米數。但「各州縣遷延觀望，總以難辦為辭」，仍思浮開歉分，援照上年起運額數。雖經嚴加申飭，依然置若罔聞，一意藐抗。對此，邵燦的解釋是：

> 奏報歉分向由巡撫主政，一經詳定，即升合無可再加。刻下撫臣遠駐大營，軍書旁午，所有各屬詳報歉分，自無暇按畝而稽。加以查歉委員與各屬通同一氣，不難一詳而定，雖漕臣亦無如之何。是以堅持錮習，牢不可破。

---

[95] 本段及以下兩段據邵燦奏，咸豐五年十月十七日，宮中檔 406006934。

[96] 關於「捏災」，詳拙文〈嘉道年間江南的漕弊〉，頁 282-286。

辦理漕務以核定當年應徵額數為先，其數又取決於災歉分數。凡遇災歉，各州縣先行詳報，督撫委員查勘，核定應徵應緩確數，由巡撫主政，會同總督、漕督奏明辦理。當日江蘇巡撫忙於防剿，遠駐大營，各屬歉分「自無暇按畝而稽」。「加以查歉委員與各屬通同一氣」，所謂「查勘」，不過虛應故事。

無奈之下，邵燦奏請親赴蘇、松、常、太四屬，擇要抽查各州縣報歉分數，稱如此辦理，可較上年多辦十餘萬石。咸豐帝諭稱，抽查歉分「勢有難行」，蓋「三府一州之地，非該漕督一人旬日之間所能遍歷」。但他的解決方案，也不過是令督撫司道再行嚴飭各屬。[97]由該例可見，稽核歉分、確定漕額這一基礎環節名為巡撫主政，然因查勘難有成效，州縣實握有不小的主動權，幾可「一詳而定」，捏災痼習遂牢不可破。

咸豐七年（1857），何桂清就任兩江總督，發現此前該省並不盡力籌餉，專靠截漕吃飯。他致信京中密友稱：

> 斷斷不忍截漕，況本來不用截，其截者實係為官不為國，為私不為公，此邦文官良心都在瘠〔脊〕背上，良可歎也。兩月以來（屢次嚴箚通飭，近已化枉為直）讀弟之文者，不知有何面目見我君父，對我軍民耶？……
>
> 此間上下相蒙，已成積習，牢不可破。凡事為私不為公，為官不為國。即如截漕一事，辦得無人有臉敢見我。

可見，截漕並非盡因財源匱乏，相當程度上是由州縣圖謀私利、辜恩溺職而起。總督怡良等亦姑息遷就，見好屬員，以致上下相蒙，牢不可破。經何桂清「嚴箚通飭」，奏劾劣員，並於關稅、釐捐等款另闢餉源，終於破除截漕之積習。[98]從何氏整頓漕務之事，我們似可觀察到一個代表「君父」、「軍民」的疆吏與只圖私利的地方官在漕糧分配中的衝突與對立。

這一點在咸豐三年浙江的海運中也表現得相當明顯。當日，巡撫黃宗漢觀察到：

> 通省民情，實無一人不完錢漕。無如蘇省敗壞至此，浙之州縣從而效尤，恨不得漢忽有暴病死了，全漕可以不去，官吏及吃漕規者得以分肥。……
>
> 至於人事，則沒良喪心之州縣、漕書、迨〔包〕攬劣衿、頑梗匪輩，生怕漕務辦成，米俱出去，銀須起解，多方阻撓，日日盼望賊來，可以不起解矣。[99]

---

97 《咸豐同治兩朝上諭檔》（5），咸豐五年十一月初二日，頁416。

98 〈何桂清致自娛主人〉，咸豐七年六年廿八日、八月三十日，《何桂清等書箚》頁52-54.56。

99 〈黃宗漢致自娛主人〉，咸豐四年四月二十六日，《何桂清等書箚》，頁131。

黃氏對於州縣官吏、紳衿心態的描繪可謂入木：咸豐三年，太平軍進入江南，江蘇漕糧全數截留，浙漕徵收未受太大影響，然州縣亦圖效尤，擬趁亂截漕，分肥中飽。可以注意的是，巡撫與州縣在此事中處於相當對立的狀態：巡撫須對京倉負責，保證漕糧的起解，而州縣官吏則更多地考慮漕務中的私利。最直接的表現是，州縣官吏「多方阻撓」海運，「日日盼望賊來」，甚至恨不得全力辦漕的黃宗漢「忽有暴病死了」。

在省以下的漕糧管理中，一方面是州縣以捏災、中飽等各種方式侵蝕正項，遂其私利；但另一方面，由河運到海運，省級衙門對於州縣的漕糧管理也在加強。江蘇每屆海運，例於本省蘇、滬兩地設局（咸豐七年於蘇州改設總局），由司道等員督辦，管理海運相關事宜。由此，州縣交兌漕糧及相關經費的對象，也由河運制度下本屬水次的旗丁、幫船，轉變為上海的海運局與沙船。州縣除按額兌交漕白糧米之外，另需提解海運津貼與節省銀兩。

海運津貼（經費），顧名思義是為籌措海運相關費用而向州縣攤派之銀米。當日江蘇海運的基本程序是：每年十二月至正月間，各州縣將所徵漕糧運至上海，兌交海運局雇覓的沙船，於二月至四月間分批放洋北上。漕糧抵津後，坐糧廳派員率同經紀前往驗收，交兌剝船，運至通州。以上各環節中的開支，主要包括以下款目：

（1）　沙船水腳、耗米（上海至天津）：

（a）　沙船水腳（即雇價），每石銀 0.4 兩；

（b）　耗米（途中損耗、食用），漕糧每石 0.08 石，白糧每石 0.1 石；

（c）　沙船神福及正副耆舵、水手、犒賞、墊艙、蘆席、至津挖泥、縴夫七款，每石計銀 0.0281 兩；

（2）　天津至通倉經費：

（d）　天津剝船食米（船戶飯米），漕白糧每石 0.0115 石；通倉經紀耗米（赴通折耗），漕糧每石 0.015 石，白糧每石 0.018 石；

（e）　天津剝船水腳及經雜各費（包括苫蓋剝船席片、溜米席筒、民船守候口糧、押運員弁兵役薪水飯食、迎護導引哨船弁兵口糧），合計每石約需銀 0.1 兩；

（3）　各州縣運糧赴滬水腳、南北設局公費；

（f）　各州縣水次駁至上海，每石約需銀 0.07 兩；

（g）　省局經費約銀 2,000 兩，滬局經費 8,000 兩，津局經費 10,000 兩。[100]

可見，海運經費主要包括各環節中的漕糧運費（赴滬水腳、沙船水腳、天津剝船水腳

[100] 見江蘇歷年海運章程，及〈飭議浙漕海運河運章程（咸豐二年）〉，《吳煦檔案選編》（6），頁 138-139。

等）、食耗米（沙船耗米、天津剝船食米、通倉經紀耗米等），以及南北各處設局費用，其中以（1）、（2）兩款為大宗。

自道光五年（1825）首次辦理海運，江蘇的海運經費便以由外籌款、不動正帑為基本原則。也就是說，海運各款除津通經費於河運節省項下開銷，其餘部分則在州縣幫費內支用。[101]至道光二十七年（1847），與五年起運全漕不同，額漕的大幅虧缺成為常態。是年的海運章程確立了道咸之際的基本原則：河運節省銀米移作補足額漕之用，海運經費悉於幫費內籌解，州縣的海運負擔因此大為加重。[102]

在這一原則下，除自行支用的赴滬水腳（f）外，所有海運經費均由州縣按漕糧額數解交滬局，其形式有二。一是隨漕耗米、水腳等：包括（a）沙船水腳、（b）耗米、（c）神福、犒賞等七款、（d）剝船、通倉經紀食耗米，例於漕糧交兌沙船時捐備帶交。州縣每兌漕 1 石，應帶交水腳等銀 0.4281 兩，食耗等米 0.1065 石（白糧每石 0.1295 石）。二是另行提解之幫費，主要用於津通各款（e、g 兩項），應於當年十二月底前分批解清（實則多有延欠），以便委員先行帶津支用。道光二十七年籌辦海運之初，藩司即飭各府調查州縣歷年賬簿，據實開報幫費額數，將其「照舊提解，抵作海運經費，及籌補米石之用」。[103]咸豐二年，蘇屬議定各州縣幫費提解之額數，成為此後之基準：

蘇州府及太倉州太倉、鎮洋兩縣，白糧每石提銀 1 兩，漕糧每石 0.36 兩，其中長洲、元和、吳縣三縣因公捐蘇州海運局經費，漕糧每石 0.32 兩；

松江府華亭、婁縣、金山、川沙四廳縣，白糧每石 1.2 兩，漕糧每石 0.4 兩，上海、南匯、青浦、奉賢四縣，白糧每石 1.3 兩，漕糧每石 0.5 兩；

常州府白糧每石 0.5 兩，漕糧每石 0.09 兩；

鎮江府免提津貼；

太倉州嘉定、寶山二縣，白糧每石 1.2 兩，漕糧每石 0.6 兩。[104]

各州縣按河運幫費之輕重，以定提解之多寡，故解數參差不齊：不僅白糧遠重於漕糧，蘇、松、太三屬也明顯高於常、鎮二府。

在咸豐元、二兩年，除海運經費外，州縣還須負擔節省（籌補）銀款。咸豐元年，江蘇共籌措節省銀 66 萬兩。其來源是：（1）給丁餘耗等米糶價 213,995 兩；（2）幫費

[101] 陶澍〈議覆海運事宜摺子〉，道光七年十月初七日，《陶雲汀先生奏疏》卷二〇，《續修四庫全書》499 冊，頁 81 下。

[102] 〈司道詳覆籌補漕額不敷米石及津通經費動款〉，道光二十七年十一月十一日，《海運全案・原編》卷一，葉 19-20；〈蘇松太三屬漕米全由海運酌定辦理章程摺〉，道光二十年十一月二十六日奉硃批，《陸文節公奏議》卷二，葉 26A，27A-B。

[103] 〈司道會詳海運章程〉，道光二十七年十一月初八日，《海運全案・原編》卷一，葉 18。

[104] 〈司道詳海運外辦章程〉，咸豐二年十二月二十四日，《海運全案・原編》卷二，葉 72-73。

258,364 兩；(3) 漕贈銀 187,639 兩零。其中 (2) 為額外負擔，而 (1)、(3) 兩項則屬正款。但在 (1) 的提解中，1 兩／石的糶價已高於當年米價，州縣照糶仍須賠貼。且蘇省議定，該項米價每石另須帶解幫費 1 兩、6 錢不等，即每石連幫費共解銀 2 兩（蘇松太）、1.6 兩（常鎮）不等。可見，在節省銀兩的籌措中，幫費也占相當的比重。咸豐二年，江蘇報撥節省銀 60 萬兩，其中幫費 261,717 兩，糶變米價仍照前帶解幫費。按該項米價係解交折色，無需起運，帶解幫費實為省級衙門之盤剝。是年金壇知縣吳煦便稱，鎮江府各屬幫費已按漕額悉數提解，「若再每石加提銀六錢，洵係重複之款」，本縣實無力負擔。[105]

關於海運津貼及節省銀兩的總體規模，以咸豐元年為例，江蘇海運漕糧 1,046,255 石，各州縣負擔海運經費 100 萬兩、節省銀 258,364 兩，核計每石費銀 1.2 兩。[106]同年，浙江布政使也估計，江蘇海運每石需銀 1.1-1.2 兩不等，較之河運每石 1.4 兩略有節省。[107]

就兩款的提解情況來看，咸豐元年各州縣大致照數解清。然咸豐二年海運之時，太平軍進入江南，錢漕徵解維艱，不僅漕糧截留 218,500 石，海運津貼、節省銀兩也大量欠解，僅提銀 271,000 餘兩，另由司庫墊解 50 餘萬兩，始得勉強起運。咸豐三年秋，面對小刀會起義與太平軍南下的危機，江蘇漕糧全行改折充餉，僅起運白糧 55,326 石。是年，怡良反思到，咸豐初年以來，海運經費、節省銀兩名由州縣捐備，實則取自民間，以致「浮收日甚，激成變端」。後何桂清也指出：「元、二兩年徒有節省銀一百二十萬兩之名，而所失何止數倍，實屬不值。」故是年海運經費未由州縣籌措，轉於河運銀米內作正支銷，節省一款亦未提解。[108]

迨咸豐四年，戶部根據江蘇之請求，正式修改了海運經費的支銷原則：以節省河運經費用於海運開銷，無需籌補節省銀米。此後，在海運各款中，沙船、剝船、經紀食耗等米（b、d 兩項）全數改在節省給丁耗米內動支；剝船水腳及津通經雜各費（e 及部分 g 項）在於節省漕贈銀內盡數動支，不敷部分另於幫費內湊足；而沙船水腳（a）、神福、犒賞等七款（c）、運滬水腳（f）等款，仍「循照舊章，由屬於節省幫費內抵支」。[109]可見，各類食耗米已全於正項內支銷，而南北經費仍部分由州縣籌解。緣太平軍興後，江

[105]〈司道詳海運外辦章程〉，咸豐二年十二月二十四日，《海運全案・原編》卷二，葉 72-73；〈丹陽金壇溧陽三縣請核減漕務經費會稟（底稿）（咸豐二年）〉，《吳煦檔案選編》(6)，頁 143-145。

[106]〈咸豐元年江蘇海運說帖（咸豐元年）〉，《吳煦檔案選編》(6)，頁 118-119。

[107]〈浙江推行漕糧海運之難呈摺（咸豐元年十月八日）〉，《吳煦檔案選編》(6)，頁 115。

[108]何桂清等奏，咸豐十年三月十二日，錄副 03-4373-035；怡良等奏，咸豐四年二月二十二日，錄副 03-4365-030、03-4365-031；何桂清等奏，咸豐九年十一月初十日，錄副 03-4372-088。

[109]怡良等奏，咸豐四年十二月二十日，硃批 04-01-35-0286-025。

蘇將部分河運銀米移濟本省餉需，並未盡數動支海運，故「不敷甚鉅」。[110]故咸豐四年起，儘管海運負擔已有輕減，但州縣仍有幫費之提解。是年，江蘇將咸豐二年的幫費標準核減三成，一律按七成提解，直至同治四年（1865）裁革海運津貼。[111]

2. 民眾的漕糧負擔

道光年間，河運幫費的普遍存在使得州縣的漕糧浮收成為「合理」之事。改行海運後，相關經費仍多出自幫費，浮收的結構性成因依然存在。咸豐元年，御史肇麟便奏稱：海運費用繁多，且皆在幫費項下籌措，故州縣「仍照舊徵收，照常費用，不過改易名目而已」。所謂「改易名目」，即「幫費」變身「海運津貼」，而州縣仍同前浮收。故其質疑，海運既不能「省小民例外之輸將」，「又與河運有何區別」？[112]這一觀察可謂相當犀利，由河運到海運，蘇屬民眾的漕糧負擔有何變化？19 世紀常熟鄉民柯悟遲留有筆記《漏網喁魚集》一部，內中記錄道咸間常熟、昭文之漕弊甚詳，本節將依據該筆記及其他幾種常熟士人日記探討這一問題。

嘉道以來，江南州縣的漕糧浮收不斷升級，這些額外的負擔又不平均地分攤至各戶，漕糧徵價以貴賤強弱為多寡，彼此有數十等之差，此為大、小戶現象。道光後期，漕糧負擔不均日趨嚴重：大戶既享受較低的「短價」，又可在注荒中多獲災分（意味著漕糧的蠲緩）；小戶則不得不負擔較高的「長價」，又難以獲得災分。[113]以上情況在道光二十五年（1845）前後達到極端：小戶長價至每石 8 元，同期米價大幅下落，小戶完漕一石，需付近六石之代價。而在注荒中，儘管此期常熟捏災常至四分以上，但小戶漕糧卻「仔粒未注」。柯悟遲感慨，同為一畝之漕，大戶之負擔不過 40-50 文，而小戶則必要 1000 文以上，「此中甘苦，迥乎天壤也」。[114]

在極端的大小戶狀態下，小戶多附入大戶，數量驟減，州縣之稅基日益萎縮。大戶攬納小戶漕糧，但不向州縣輸納，部分衿監還需索漕規，這對州縣的漕糧收支影響極大。道光二十五年冬，常熟知縣以漕務「直欲賠累」，停止徵漕，辭官上省面稟。這引發了該縣二十六年的「均漕」，即劃一大、小戶徵價，折色每石徵洋銀 3.5 元，本色每石收米 2.5 石，各戶一律注荒二分。同年，鄰邑昭文爆發了大規模的抗糧抗租事件，引起中

[110] 殷兆鏞奏，同治四年五月初二日，錄副 03-4863-030。

[111] 〈司道詳海運外辦章程〉，咸豐四年十二月十五日，《海運全案．原編》卷三，葉 52-53。

[112] 肇麟奏，咸豐元年九月初三日，錄副 03-4362-029。

[113] 關於大小戶問題，詳拙文〈嘉道年間江南的漕弊〉，頁 250-269。

[114] 柯悟遲《漏網喁魚集》，北京，中華書局，1959 年，頁 5。

樞重視，旨在革除大小戶名目的「均漕」不僅延及該縣，並推廣至蘇屬各府州。[115]

道光二十六年（1846）改革是對十九世紀前半期江南漕賦不均狀況的一種糾正，它確實在均平漕價、輕減小戶負擔方面產生了短期的效果。是年初，常熟大戶翁心存按折色每石 3.5 元、本色每石 2.5 石的新章，完納名下常熟之漕，但其在昭文之漕，仍注荒六分有餘，遠超新章規定的二分。[116]另一位籍隸常熟的紳士龔又村也稱，當日「大小戶歸一律辦糧」，「民困稍蘇」。[117]道光二十六年冬，柯悟遲記錄小戶漕價，本色每石約二石六、七斗，折色每石三元七、八角。然在注荒中，各戶仍有參差，小戶雖較均賦前的「仔粒未注」有所改善，可「注緩一分」，然大戶仍有「注緩七、八分」者。是年，在蘇屬各府州中，太倉州大致實現了紳民同價，其餘多數州縣也「於大小戶折價量行增減」，儘管「未能畫一」。[118]

道光二十七年，均漕仍繼續推行。是年，柯悟遲記錄的本色漕價與上年相當，折色則略有提升，每石為四元一、二角。龔又村的觀察與柯悟遲基本相符：

> 糧戶完漕，每石仍須二石五斗，折價每石仍須四洋五分，小戶向以四石完一石者，至此稍蘇。而大戶每石向加數升，多至二三斗，至此益其一倍，甚難支持，幸歷年緩徵，不至稱貸云。[119]

作為大戶，龔氏深切地感受到因均賦而加重的負擔：此前每石至多加二三斗，至此需加一倍，每石完納二石五斗。惟大戶漕糧仍可照災分緩徵數成，尚不致無法承擔。

在改行海運的同時，江蘇的漕糧徵價較此前的長短懸殊狀況有所改善，但這主要是由於官方推行的均賦，似與海運並無直接聯繫。以道光二十六年改章為轉折，小戶漕價由此前的近六石折納一石，下降至每石完納二石五斗，折洋 4 元左右。此後直至咸豐九年，小戶徵價基本維持在這一水準，即每石折徵洋銀 4-4.5 元，或制錢 6500 文左右。[120]此期徵價的一個例外的低點出現在咸豐三年，漕糧每石僅折錢 4000 文，為當年蘇屬「均賦」之成果。

---

[115] 《漏網喁魚集》，頁 6-10。

[116] 張劍整理《翁心存日記》(2)，北京，中華書局，2011 年，頁 604-605。

[117] 龔又村《自怡日記》卷五，國家圖書館藏鈔本，無頁碼。

[118] 曹楙堅奏，道光二十七年八月十七日，軍機處摺件 078428。

[119] 龔又村《自怡日記》卷六。

[120] 需要注意的是徵價的通貨單位，道光末至咸豐初年，銀貴錢賤之趨勢達到頂峰，紋銀每兩折錢超過 2300 文，故此期漕價以（洋銀）元為單位。咸豐五年、六年起，銀價逐漸下落，漕價的單位也改為（制錢）文。可見州縣官吏可根據銀錢比價隨時調整徵價的核算方式，以保證徵收中的有利地位。

咸豐三年，受太平軍、小刀會之影響，江南民心浮動，抗糧抗租事件達到前所未有的高峰。[121]州縣官面臨著「若仍照舊開倉，不浮收不能起運，而一經浮收，必滋事端」的兩難境地。當此危急之刻，地方官紳不得不議改弦更張，其中的核心人物是吳縣紳士馮桂芬。馮氏認為，江蘇州縣「歲入仰給於漕」，故浮收不可盡除，救弊之法惟有「紳民均賦」。鑑於本折兼徵是引起負擔不均的制度背景，而以本色開倉，鄉民聚集，易激成事端，故他建議漕糧一律改徵折色。又因當日銀貴，徵價宜以錢計。在巡撫許乃釗支持下，馮桂芬與蘇州知府喬松年議定，咸豐三年分蘇州府徵漕，無分大、小戶，每石一律 4,000 文，另免徵額賦四成。[122]

是年冬間，柯悟遲記：「十二月中出示：本年漕米，無分大、小戶，奉憲折色每石四千，除恩減三分，荒緩一分七釐。」[123]龔又村也記：「（漕糧）所蠲三分而外，復准緩一分八釐……每石定折錢四千，九縣一律。」[124]身分迥異的柯、龔二人記錄的徵價、荒額幾乎一致，足見是年均賦政策確實得到落實。然而，經徵官吏因利益受損，百方計議，思以撓之，為首者是布政使陳啟邁及長洲知縣向柏齡。另一方面，支持改革的巡撫許乃釗也因事於次年去職，故均賦僅止維持一年，次年「漕務一切復故」。[125]咸豐三年（1853）距道光二十六年（1846）不過七年，蘇屬便又一次推行內容大致相同的「均賦」。三年後的咸豐六年（1856），馮桂芬再上「請均賦牒」，稟請疆吏「蠲除大小戶名目」。[126]十年之間，均賦之議被反覆提出，可見漕賦不均纔是當日江蘇之常態。

蓋各戶徵價雖在道光二十六年以降漸趨劃一，但這並不意味著漕糧負擔的均平。在揑荒普遍存在的道咸之際，荒額較徵價更具實際意義，因其直接決定了各戶應完漕賦的折扣率。據前文翁心存、龔又村等人記述，即便在道光二十六年、咸豐三年等特殊年分，大、小戶在荒額分配上也存在差異，而在其餘年份，二者的注荒分數始終較為懸殊。均賦後兩年的道光二十八年，柯悟遲觀察到，小戶雖可注荒二分，而大戶仍可藉控漕「設法彌縫」，「長短之弊，於茲又起矣」。咸豐元年，常、昭荒緩四分六、七，大戶可照額緩徵，而小戶僅緩一分。咸豐四年，與上年均賦一律荒緩一分七釐不同，是年「荒緩大戶二分，小戶僅一分」，於是柯氏感嘆：「弊竇似又起矣。」至遭旱蝗重

---

[121] 〔美〕白凱著，林楓譯《長江下游地區的地租、賦稅與農民的反抗鬥爭：1840-1950》，上海書店出版社，2005 年，頁 63-118。

[122] 馮桂芬〈癸丑均賦記〉，《顯志堂稿外集》卷二，復旦大學圖書館藏鈔本，葉 1-2；馮桂芬〈與許撫部書〉、〈與趙撫部書〉、〈均賦議〉，《顯志堂稿》卷五，頁 578 下-579 上，581 下-582 上，卷十，頁 1 上-3 下。

[123] 柯悟遲，《漏網喁魚集》，頁 21。

[124] 龔又村，《自怡日記》，卷十二。

[125] 馮桂芬，〈癸丑均賦記〉，《顯志堂稿外集》卷二，葉 3-4。

[126] 馮桂芬，〈請均賦牒〉，《顯志堂稿》卷九，頁 671 上下。

災的咸豐六年，常、昭漕糧「恩減」(即蠲免)二分、荒緩二分，然「小戶亦難如數，後更甚」，而大戶「荒可注五、六成」，差距再次被拉大。七年，開倉時小戶荒緩五釐，大戶則緩至三分，其中「頑劣」者可緩至五分。八年，開倉時小戶漕糧恩減一分，大戶恩減外，「尚緩三、四分，極劣者置之膜外」。九年，小戶僅恩減一分，大戶則「分優劣，定短長」，即根據「優劣」獲得不同的荒額。所謂「劣」者，即不獨不納漕糧，益且詐索漕規之紳衿，可憑藉其「劣」獲得更多的荒額。是年，柯悟遲感嘆道：「大、小戶之甘苦，不啻霄壤也」，[127]而同樣的用語也出現在其道光二十四年的記述中。可見在咸豐十年海運停運前，蘇屬漕糧負擔之不均，與道光二十六年改章前幾無二致。

且在咸豐軍興後，無論大戶、小戶，其實際負擔均因催科升級而加重。緣太平軍進入江南後，蘇屬錢漕事關兵糈軍餉之籌措，故此期催徵顯較道光年間嚴酷。咸豐三年正月，布政使倪良耀出示，「軍需緊迫，上冬漕尾徹底清催」，七月，「各州縣漕尾及上忙嚴催勒比，常、昭軍需局董沿鄉勒捐」。漕尾即漕糧尾欠，係州縣為保證漕糧按時、足額起運而墊解之民欠，其續徵通常不了了之，故清催漕尾實為催科升級的信號。除漕糧、地丁外，針對各行各戶的勒捐、抽釐也達到空前的程度。四年，各戶完漕竭蹶，「而徵愈緊，以濟燃眉軍餉」。柯氏觀察到：「各州縣漕務，嚴催酷勒，大戶尤甚。」五年，常、昭歲豐，稻棉收成較佳，然鄉民仍感窘迫，蓋「賦稅繁重故也」。柯悟遲記：「如是浮收，嚴催酷勒，真民不聊生矣。」[128]

六年，江蘇遭旱蝗重災，大幅緩徵、截留漕糧，抵充大營軍餉，起運額不足常年之二成。然在徵收方面，因軍情緊急，其酷烈程度更甚往年，錢漕「終年催比，無日休息，藉提軍餉緊急，愈為酷暴」。是冬，昭文縣向各戶分發催糧啟紙，其內云：

> 開倉以來，熟田漕未〔米〕完者甚屬寥寥，設有貽誤，本縣之考成固不足惜，而軍營糧米不繼，餉絀兵譁，蘇郡生靈，何堪設想？深恐各糧戶未知底細，視同往年漕米，因循坐觀，致誤大局。合亟飛佈，務望將應完熟田漕糧，不論本折，於五日內掃數清完，以濟軍需而安生業。

地方官以「餉絀兵譁」、蘇郡不保為由，勒令各戶於五日內完清漕糧，這確實不同於往年(亦可見往年催科並不如此嚴苛)。柯氏見此，「不禁哈哈大笑，潸然下淚」，慨嘆：「試問國體何在，官氣何有哉？真一大奇文、大奇事。」自該紙發下後，「風行雷

[127] 《漏網喁魚集》，頁 11.22.28.31.34.36。

[128] 《漏網喁魚集》，頁 18-19.21.23。

厲，嚴提血比，各糧戶逐漸輸納」。七年，常昭漕糧仍「雷催電比，不容稍緩」，以致「小戶業田，竟要賠累」。[129]「賠累」即田地產出不敷完漕之用，足見嚴酷催科下漕賦之重。

關於當日蘇屬民眾漕賦之重，除了小戶柯悟遲，關注漕務的士人也多有類似的觀察。如孫鼎臣在咸豐年間指出：

> 漕運之法變，運軍之費去，橫徵之弊可絕，而民困其自是蘇乎？未也。橫徵與否，不系兑費之有無也。[130]

咸豐六年，多次身與改革之事的馮桂芬也觀察到州縣漕務收支與民眾負擔在改行海運後的變與不變：

> 今者幫費去而浮數如故，節省免而浮數又如故，海運經費遞減，甚至動支漕項，不惜減損帑藏，體恤州縣，而浮數汔如故。州縣出數年少一年，州縣入數年多一年，財盡民窮，依於何底。[131]

蘇漕改行海運後，幫費僅在名義上革除，實則照額轉化為海運津貼。咸豐四年以降，江蘇以漕項銀米用於海運開銷，又免提節省銀兩，州縣的海運負擔（「出數」）總體呈輕減之勢。而州縣「入數」雖未必「年多一年」，但橫徵之弊未絕，民困依舊，卻是不爭的事實。蓋其仍「以起運津貼為說」，浮收漕糧如故。既有研究主要依據海運籌畫者的言論，認為改行海運使幫費等開支大為節省，糧戶負擔因此減輕，有力完納全漕。[132]但從時人的觀感與漕糧制度的運作來看，民眾的漕糧負擔——無論是浮收勒折的程度，抑或負擔不均的程度——在改行海運前後未有實質性的變化。

五、結論

關於道咸之際江蘇漕糧改行海運之成因，既有研究多從「運」的角度考慮，強調自然條件與戰爭的阻力：嘉慶以降運河通行能力的降低、咸豐初年黃河的決口，以及

---

[129]《漏網喁魚集》，頁 28-29.31。

[130]孫鼎臣，〈論漕三〉，《畚塘芻論》卷一，咸豐十年刻本，葉 47A。

[131]馮桂芬，〈與趙撫部書〉，《顯志堂稿》卷五，頁 582 下。

[132]李文治、江太新，《清代漕運》，頁 456-465。

太平天國對於運河沿線城市的占領。但我們應當注意：道光二十七年至咸豐二年間，江蘇進行了三次規模各異的海運，同期其餘七省漕糧（占清朝額漕的 65%以上）則仍行河運，可見自然條件並非決定因素。且在咸豐三年太平天國切斷運河之前，不僅是江蘇，即浙江也已加入漕糧海運的行列，則軍興梗阻運道亦不具備完全的解釋力。但以上兩點卻是制度變革的重要背景，且對咸豐四年以降海運的延續產生了直接的影響。然而，海運何以在 19 世紀中期重啟，並取代河運成為此後之常態，仍須在漕糧制度的內在脈絡中進行分析。[133]

通過歷屆決策、籌辦過程的梳理，筆者認為：財政上的困境纔是海運更直接的促成因素。該時期最關鍵的道光二十七年、咸豐元年兩屆海運，均源自戶部在度支告急之際的提議。前者的背景是道光末年漕糧交倉額數持續下滑，京倉不敷支放；而後者則是為了填補因豐工經費、粵西軍需而驟增的開支缺口。此外，道光三十年江蘇督撫推動白糧海運，其意也在籌補災緩之兵糈。可見，海運在道咸之際被司農、督撫重提，首先在於它是一種有效的籌款方策。故當日海運政策自上而下出臺，實為財政壓力之下的被動之舉。事實上，自 19 世紀中期起，中央、省級政府的財政緊張，屢屢成為晚清漕運制度變革的直接因素。而在此前，這些變革絕非清政府敢於輕易嘗試者。

漕糧海運之所以被視作籌款方策，在於它的經濟、省費。道咸之交，計臣們試圖通過海運，將流入漕運官僚系統的河運浮費轉化為天庾中的漕米，或戶部控制下的正帑。在咸豐二年以前，這一目標基本得到了實現：江蘇的海運漕額較此前有實質性的增長，由此轉化而來的節省銀兩也及時地堵上了豐工經費的缺口。然而太平天國進入江南迅速改變了這一局面，咸豐三年以降，中央政府很少再能分享到海運的紅利。為保證戰爭狀態下江南的漕米能照常解京，戶部放棄了海運須足額起運的原則，免除了江蘇節省銀兩之負擔。不僅如此，交倉漕額還因常態化的截漕充餉進一步降低。自咸豐三年起，海運已基本喪失籌補倉儲、庫儲之機能，節省銀米多留於江蘇本地支用。同治二年（1863），李鴻章籌議江蘇減漕時統計，道光十一年以降的三個十年（1831-1860）中，該省起運漕額節節下滑，咸豐元年至十年間（1851-1860），平均每歲起運約 70 萬石，僅得正額之四成。[134]也就是說，道光後期以來中央政府漕糧收入持續虧短的趨勢未因改行海運得到扭轉，咸同以降的海運交倉額數甚至落後於河運時代。[135]

---

[133] 光緒十一年（1885）至二十一年間（1895），江蘇一度恢復河海並運的狀態，每歲劃撥少量漕糧（5 萬、10 萬石不等）河運。這主要是出於中法戰爭後對於海運安全的顧慮，以及維持河運經制不廢的考慮。

[134] 〈裁減蘇松太糧賦浮額摺〉，同治二年五月十一日，《李鴻章全集・奏議一》，合肥，安徽教育出版社，2008 年，頁 297。

[135] 以上現象反映出太平軍興後戶部控制力的下降，但這未必可以解讀為地方財權的擴大，乃至「督撫專權」的形

除中樞最為關注的倉儲、庫儲之外，海運在財政層面的意義更在於漕務。如道光二十七年魏源致信陸建瀛所言：「江蘇漕弊，非海運不能除；京倉缺額，非海運不能補。」[136]在許多經世官紳眼中，海運是釐清漕務的治本之策：一行海運，旗丁幫費可除，州縣負擔大為輕減，漕糧可減價、均平徵納，由此官民交困、收兌兩難的局面可期改觀。這一層意義，儘管計臣、督撫在相關論述中亦有提及，但在實踐層面，它毫無疑問是被忽視了。

道咸之交，戶部要求江蘇以「不動正帑」為原則，保證足額起運漕糧或籌措節省銀兩，這實質上是中央對於省級財政的壓迫。江蘇督撫遂將壓力轉嫁至州縣，令其照額解交幫費，充作海運津貼與節省銀兩。咸豐四年以降，江蘇的海運負擔有所減輕，但州縣仍須提解原有幫費之七成。也就是說，州縣的支出結構在改行海運後未有大的變化，浮收的結構性成因始終存在。與此同時，州縣仍以海運津貼為護符，持續漕糧的浮收勒折。儘管此期曾兩度推行均賦，但未改變漕糧徵價制度，難以產生持續的效果。另一方面，州縣以捏災虧短漕糧之弊，不但未因海運而廓清，反在太平天國戰中及戰後有所放大。從河運到海運，漕務最基本的環節——州縣一級的收支並未得到釐清與規範，革除漕弊之目標也自然無法實現。

漕糧海運常被視作道光年間經世之政的典範，時人寄予「足國恤民」之期待，後世研究者也多依據魏源等籌議者之設想，對其做較高評價。但就制度的實際運作來看，海運之實效並不十分理想。本文認為，道咸之際漕糧改行海運，無論在倉儲層面，抑或漕務層面，均未產生實質性影響。如咸豐九年，柯悟遲沉痛地反思：無論道咸之交兩議均賦、改行海運，還是咸豐四年邵燦、八年何桂清兩次整頓漕務，終無實效，漕弊「堅不可破」，以致「小民膏血澌盡，京儲仍覺空虛」。[137]同治四年，李鴻章奏請裁除蘇屬漕糧浮收，稱言：「迨道光末年改行海運，幫丁之積弊雖除，而浮者仍浮，短者愈短，以盈補絀，虧累滋多。」[138]可見，與道光後期的漕務圖景相對照，除了旗丁不再

成。首先，交倉漕額的下滑也是地方財力匱乏的表現。咸豐軍興後，戶部無法為作戰各省提供足夠的餉需，「就地籌餉」成為當日的一般原則。在此背景下，江蘇不得已通過改行海運、截留漕糧來籌餉，以應付龐大的軍需開支。因此，這可以理解為地方以「國家之款」（漕糧）辦「國家之事」（軍務）。其次，儘管中央與省級政府在漕糧收入分配中存在利益衝突，但保證漕糧的起運額數仍是督撫的重要職責。不僅中樞可通過人事的升降賞罰來防止疆吏瀆職，官僚的個人責任心也促使其整頓積弊，以對天庾負責。關於此點，怡良與何桂清之例可謂典型。再次，督撫亦未能專擅一省之財權，他們對於州縣一級的相關情況瞭解有限，其集中財權的努力也在相當程度上受制於基層的官紳吏役。以上觀點受到何漢威先生〈清季中央與各省財政關係的反思〉（《中央研究院歷史語言研究所集刊》第 72 本第 3 分，2001 年 9 月）一文的啟發，特此注明。

136 魏源，〈上江蘇巡撫陸公論海漕書〉，《古微堂外集》卷七，頁 429 下。

137 柯悟遲《漏網喁魚集》，頁 34.36。

138 〈查明蘇松等屬裁除浮收實數並本年徵收錢漕情形摺〉，同治四年十二月十八日，《李鴻章全集・奏議二》，頁

參與運糧、勒索幫費，其餘州縣浮收勒折、大小戶負擔兩歧以及漕糧正項虧缺等積弊基本未見改觀。這是由於，戶部、督撫關注的只是短期內中央與省級政府間漕糧收入的分配格局，他們無意從最基礎的州縣一級收支入手，改革漕糧制度，尤其忽視恤民之意，而後者（漕務）纔是前者（倉儲、庫儲）之基礎。故戶部藉海運集中財權的努力，儘管一度頗具成效，終因太平天國戰爭的影響及基層州縣官吏的制約而告失敗。

※本文曾在 2015 年中央研究院明清研究國際學術研討會、華東師範大學歷史系第一屆青年教師學術論壇報告，得到黎志剛、何漢威、劉昶等教授指點，謹致謝忱！

382。

建設廣東：從孫中山《實業計劃》到陳濟棠《三年施政計劃》

張偉保

一、引言

近代中國經歷無數苦難，內憂外患接踵而來，加上政局動蕩，軍閥混戰不斷，人民生活極其艱苦。廣東雖為革命策源地，但在民國初年經歷了龍濟光、陸榮廷、莫新榮、陳炯明、楊希閔、劉震寰、沈鴻英等軍閥的腐敗統治，社會經濟殘破、治安惡劣、民生衰敗。[1]為了全面振興中國的社會經濟，孫中山在第一次世界戰爭結束之際，撰寫為中國未來工業發展的《實業計劃》。這個規模宏大的發展計劃，是從全局著眼的。然而，《實業計劃》涉及廣東省的發展，較之其他省份，明顯地著墨較多，且具有有很大的可行性。原因之一，是孫中山先生出生於廣東香山，所謂生於斯，長於斯，對家鄉具有深厚的感情。加上廣東為革命的策源地，他對本省的認識自然較為確切。至於孫中生先生的忠實追隨者，同樣是生於廣東（防城縣）的陳濟棠，自少從軍，並且在 1920 年後已屢獲升遷，到 1929 年初繼李濟琛主管廣東軍政。其後兩年間，他在兩次粵桂戰爭中打敗與南京政權抗衡的桂系軍閥，逐步主宰粵省的軍政大權。[2]陳氏認為改善治安、改善民生，是革命政權的重要任務。因此，在 1932 年秋，他參照孫中山先生的構想，擬定了《廣東省三年施政計劃》建議書，提出建設新廣東的重大戰略任務。

孫中山對廣東經濟發展的構想，雖然從屬於全國，但如加以較細緻的分析，可見其規劃的都相當具可操作性。作為孫先生的追隨者，陳濟棠在治粵後，針對當時廣東的政府財政赤字嚴峻、工商業的長期衰敗，人民生活的困頓、社會治安的不良，廣東真可謂百廢待興，亟待救濟。鑒於廣東民眾已飽嘗革命的破壞，故當時陳濟棠開始以恢復民生經濟為目的，對全省的治安、吏治加以整治，並對工商業加以保護。經過多年的努力，終於使廣東暫離戰火，重新走上建設的道路。

1　關於民國時期廣東軍閥，可參看余炎光、陳福霖《南粵割據——從龍濟光到陳濟棠》，廣東人民出版社，1989。

2　方志欽、蔣祖緣主編《廣東通史》，現代上冊，廣東高等教育出版社，2014，頁 715-716。

不幸的，是陳濟棠被大部分學者視為新軍閥，建立了割據政權，被稱為「南天王」。然而，按其一生的行事來觀察，陳濟棠是一個十分有建樹的現代軍人，他曾為廣東作出重大的貢獻，包括結束自民國以來的軍閥混戰，為建設新廣東有進行一系列的政治、經濟、社會、教育等方面的改革。他對廣東的貢獻，絕非如段祺瑞、馮國璋、張作霖、曹琨、閻錫山、馮玉祥、李宗仁等眾多民國軍閥，終日以爭奪地盤而殘民自肥。

本文第一節為引言，第二節為孫中山《實業計劃》與廣東經濟發展，第三節為陳濟棠主粵前期的治理情況，第四節為陳濟棠的《廣東三年施政計劃》與建設新廣東，第五節為結論。

二、孫中山《實業計劃》與廣東經濟發展

《實業計劃》是孫中山在第一次世界大戰結束時，進行「研究國際共同發展中國實業」[3]的重大構想。其所涉及的範圍遍及全國，並深具前瞻性。然而，孫氏亦了解相關研究因「材料單薄，不足為具體之根據，不過就鄙見所及，貢其粗疏之大略而已；增損而變更之，非待專門家加以科學之考察與實測，不可遽臻實用也。」[4]在整個計劃中，孫中山先生認為要「分三步進行：第一，投資之各政府，務須共同行動，統一政策。組成一國際團，用其戰時任組織、管理等人材及種種熟練之技師，令其設計有統系，用物之準度，以免浪費，以便工作。第二，必須設法得中國人民之信仰，使其熱心匡助此舉……第三步，即為與中國政府開正式會議，以議此計劃之最後契約。而此種契約，吾以為應取法於曩者吾與倫敦波令公司所立建築廣州重慶鐵路合同。」[5]

《實業計劃》包括六大計劃。其中，第三計劃與廣東關係最大，包括：

（一）改良廣州為一世界港。包括整治珠江河道，擴大廣州至佛山的商業及工廠地段，多設碼頭、倉庫，通過填塞土地以供市街之用。在廣州建一宜人居住的花園城市。[6]

（二）改良廣州水路系統。主要是防止水災、改善航道和填築新地。其中，包括北江、西江、東江河道的全面整治、廣州與江門之間修建運河、廣州河口及澳門至銅鼓洲的填築。[7]

---

3 孫中山，《孫中山全集》，中華書局，1985，第六卷，頁 247。

4 孫中山，《孫中山全集》，中華書局，1985，第六卷，頁 248。

5 孫中山，《孫中山全集》，中華書局，1985，第六卷，頁 253。

6 孫中山，《孫中山全集》，中華書局，1985，第六卷，頁 302-310。

7 孫中山，《孫中山全集》，中華書局，1985，第六卷，頁 310-318。

（三）建設中國西南鐵路系統。構築以廣州為中心的西南七路，以開拓湖南、廣西、貴州、雲南的礦產、商貿。[8]

（四）建設沿海商埠及漁業。與廣東相關的港口的整治，包括：汕頭、電白、海口等港口及汕尾、西江口（位於橫琴島北側）、海安、榆林港等漁業港。[9]

（五）創立造船廠。在合適的地點設立造船廠。

此外，第五計劃主要涉及糧食、衣服、居室、行動、印刷等工業。與廣東最有關係的是蠶絲、麻、綿、皮革等衣料工業；建材如磚、瓦、水坭；家具製造及印刷等行業。[10]

此外，《實業計劃》沒有討論水力發電，他在 1924 年 1 月起演講《三民主義》時，在〈民生主義〉第三講中做了較詳細的補充。在提及製造化肥時，他說：「近來外國利用瀑布的和河灘的水力來運動發電機，發生很大的電力……這種瀑布和河灘在中國是很多的，像……廣東北部的滃江」，都可以利用。[11]

在《實業計劃》的〈結論〉中，孫中山特別提出「人類進化之主動力，在於互助，不在於競爭」，期望利用國際合作以增進人類的進步，且開發中國豐富的資源。孫先生特別警惕日本的野心。他說：「今則日本之軍國政策，又欲以獨力併吞中國。……彼日本之武力派，尚以戰爭為民族進取之利器，彼參謀本部當時計劃十年作一戰爭。」[12]又說：「中國人經受數世紀之壓迫，現已醒覺……日本即欲實行其侵略政策，中國人亦必出而拒絕之。」[13]如果日本能改弦易轍，參加列強成立的新銀團，參加和平建設，中國當誠意表示歡迎。[14]由此可見，孫中山先生宏大的建設計劃，也可能與日本積極的侵華政策，有相當緊密的關係。

三、陳濟棠主粵前期的治理情況

民國成立以後，廣東政局動蕩，匪患頻仍，經濟蕭條，民生困乏[15]。當陳濟棠掌粵

---

[8] 孫中山，《孫中山全集》，中華書局，1985，第六卷，頁 318-324。

[9] 孫中山，《孫中山全集》，中華書局，1985，第六卷，頁 331-334。

[10] 孫中山，《孫中山全集》，中華書局，1985，第六卷，頁 382-389。

[11] 《三民主義》（中國國民黨黨史委員會版本），臺北：中央文物供應社，1988，頁 380-381。

[12] 孫中山，《孫中山全集》，中華書局，1985，第六卷，頁 395。

[13] 孫中山，《孫中山全集》，中華書局，1985，第六卷，頁 395-396。

[14] 孫中山，《孫中山全集》，中華書局，1985，第六卷，頁 396。

[15] 丁身尊主編《廣東民國史》，廣東人民出版社，2004，下冊，頁 735。

（1929）後，遂遵照總理遺教，實施地方自治，興辦學校，改良監獄。其中，尤以廣州的治理為中心。其後，全省逐漸統一。1930 年，陳濟棠同意派兵北上，協助蔣介石討伐馮玉祥、閻錫山，終底於成。其後，蔣介石派古應芬來粵，勸陳濟棠兼任廣東省主席，遭陳濟棠以主張「軍民分治」拒絕了。[16]

為解決廣東的軍事、財政、經濟、民生等問題，以建設新廣東，陳濟棠首先以改善吏治、整頓交通、鞏固治安[17]為基礎。早在陳濟棠聯合陳銘樞、黃紹竑、錢大鈞在 1927 年底回師廣州、平定葉劍英等策動的「廣州暴動」後，獲李濟琛派任為「第四軍軍長兼西區綏靖委員」[18]。陳氏負責西區約十個月，到任初始即以廣州的治理為中心開展工作。陳氏首先努力肅清土匪，全力改善惡劣的治安，並任親信歐芳浦為政務處長，「施政每三個月為一期」，並「遵照總理遺教，實施地方自治，興辦學校……改良監獄，開闢各縣公路」，對地方治安、教育大力整頓。例如，在期內「興辦小學八百餘間」，整建「全廣州市下水道」，「分期修建各街道、興辦醫院」，「取消年達百餘萬元之生果捐」等[19]。在 1933 年底，陳氏回憶說：「兄弟任西區善後委員的時候，辦理交通及其他建設事業，所需要的款項，年達六七百萬元」。[20]

在連續兩年的粵桂戰爭和中原大戰後，廣東暫時無法進行建設事業，加上軍隊增編和改善軍備的需要，廣東財政日漸困難，每月赤字增至 70 萬元之巨。廣東社會經濟積弱不振。[21]然而，由於陳濟棠十分注重社會治安，曾經全力肅清地方土匪，獲行良好的效果，為未來建設廣東奠下良好的基礎。

四、陳濟棠的《廣東三年施政計劃》與建設新廣東

陳濟棠的改革計劃源自孫中山先生的構想。陳濟棠說：「1932 年秋，西南政務委員會成立。陳氏被推舉為五常委之一，乃擬訂「廣東三年施政計劃」（以下簡稱《三年計劃》），提經第卅六次政務會議通過，交廣東省付諸實施。「該計劃之立案基礎，完全遵

---

[16] 陳濟棠，《陳濟棠自傳稿》，傳記文學出版社，1974，頁 30。按：除此例子外，陳濟棠曾多次拒絕升遷或申請離職，包括：1.拒絕孫中山之任師長，建議由陳可鈺或李濟琛代。2.兩次讓位與陳銘樞。3.拒兼任廣東省主席。4.請假數月，赴歐考察（被拒）。5.胡漢民被扣，欲入京伴胡氏出國。6.胡漢民離京，又擬出國。這種輕易放下權勢的行為，不能單純以「扮豬食老虎」（陳銘樞語）以為解釋。

[17] 丁身尊主編《廣東民國史》，廣東人民出版社，2004，下冊，頁 759。

[18] 陳濟棠，《陳濟棠自傳稿》，頁 30。同頁又載，「西區包含廣州市、廣府屬及四邑、西江等地區。」

[19] 陳濟棠，《陳濟棠自傳稿》，頁 30。

[20] 廣東省檔案館編，《陳濟棠研究史料》，廣東省檔案館，1985，頁 199。

[21] 鍾卓安《陳濟棠》，暨南大學出版社／廣東省地圖出版社，1999，頁 156。

循〈建國大綱〉、〈建國方略〉、〈三民主義〉原則，並參酌地方實際情況擬訂。」[22]

他又說：「余之經濟計劃乃總理實業計劃之部份。簡言之：目的在增加國家資本，一方面建設國家經濟，同時建設國民經濟。以合作經濟為基礎，以國家經濟之力量，發展國民經濟，沿社會主義途徑以達實現民生主義之計劃經濟。」他又回憶說：「當時，頗有人非議，余之經濟措施為與民爭利。但余認為，供應調節民生之需要，少數重要必需品之統制，乃屬不可避免者。」其中，包括「設義倉九十六所，用以調節糖食。並由政府設立大紡織廠，解決人民衣料問題。增加水泥產量，建築材料不假外求。取消苛捐雜稅七、八十種，月減捐稅七百餘萬，因之物價平穩，人民稱慶。」[23]

陳濟棠在 1932 年夏秋之間，開始籌備《廣東三年施政計劃》，以求「擴大財源、吸引僑資、興辦實業和交通運輸業、實行兵工政策的墾荒屯田……效法蘇聯，搞三年或五年經濟計劃等等」。[24]據當日擔任陳濟棠幕僚的陳達材回憶，陳濟棠的計劃涉及的方方面面極多，包括廣東的民政、財政、建設、教育等方面。由於陳氏的顧問都積極配合，提出了不少意見，但群言龐雜，欠缺一個可操作的安排。陳達材便提出「為政必須有計劃進行，如果只憑主觀隨意而為，則何以示準繩？故長久治安之論計，自應嚴訂全盤的計劃，統籌兼顧，分期實施，應幾可計日以程功。」[25]陳濟棠遂命令陳達材「負責草擬，暫以三年為期的施政論劃……不久，就把十多萬言的草案完成……果然綱張目舉，認為各年計劃進度，都很周詳。」[26]到了 1932 年 9 月 14 日，陳濟棠便公開演講，宣稱要「造成模範新廣東」，表示「今年之內，把準備刷新本省政治三年建設之具體方案，計劃完竣，期在明年開始實施。」他首先要消滅五種政治的病態，包括：(一) 缺乏計劃；(二) 缺乏精神；(三) 教育病態；(四) 無責任心；(五) 因循陋習。[27]以上屬消極方面。而積極方面，則指出「今日情勢急迫有如累卵……目前我國外則滿洲被佔，大好山河，已缺東北一角；內則共匪縱橫，搗亂腹部。」又說：「欲求政治建設之成功，第一步須勤慎服務，先得人民之同情；第二步須開誠佈公，期與人民通力合作，使三民主義之政治於最短期間，次第實現，才可以建樹新的廣東，才可以

22 陳濟棠，《陳濟棠自傳稿》，頁 42。

23 陳濟棠，《陳濟棠自傳稿》，頁 47。

24 鍾卓安《陳濟棠》，暨南大學出版社／廣東省地圖出版社，1999，頁 156。

25 朱耀廷〈陳濟棠主粵時期的「三年施政計劃」〉，收於廣州市政協等主編《廣東文史資料存稿選輯（一）》，中國文史出版社，2008。

26 朱耀廷〈陳濟棠主粵時期的「三年施政計劃」〉，收於廣州市政協等主編《廣東文史資料存稿選輯（一）》，中國文史出版社，2008。

27 廣東省檔案館編，《陳濟棠研究史料》，廣東省檔案館，1985，頁 132-136。

救起垂危的中國。」[28]兩星期後，陳濟棠在西南政務委員會提出《三年施政計劃》，並獲決議通過。在〈提議書〉，陳濟棠強調建設工作，「苟非預定步驟，嚴釐方策，各本其犧牲奮鬥之精神，一致努力……爰擬定《廣東省三年施政計劃大綱草案》，就中確立施政原則，釐定施行程序及進度表，務求綱張目舉，望由有章……擬請付本會令發廣東省政府，依照原案，妥訂詳細計劃及施行細則，自民國二十二年（1933）一月一日啟始，切實施行。」[29]陳氏並指出該計劃的十一個大原則，均極具特色，必須細加分析。它們包括：

一、本計劃根據　總理〈建國大綱〉訂定之。

二、此項計劃之實行，須勿失其整個性。各種設施，務求互相適應，平頭進行。

三、整理各機關積弊，及公務人員惡習。懲治貪官污吏，須用重典。公務人員保障條例，須切實施行。

四、第一年，須於上半年內完成綏靖工作。

五、公務人員之選用，以考試為原則。第三年開始籌備縣市長之選舉。

六、財政先整理原有稅捐，增加收入。一面開辦無害民生之新稅，廢除苛細雜捐。

七、第一年須開源節流，同時並進；並極力裁撤駢枝機關。包括：i.煙稅賭餉，應設法籌抵，至第三年即實行禁絕賭博，並開始禁煙。ii.清丈全省土地，改徵地稅。iii.發展省立錢行，藉以發展種種建設事業。iv.省及地方財政完全公開。v.整頓縣兵警衛隊。縣兵宜酌改為省保安隊，使指揮訓練統一。警衛隊亦須有全省之統率機關。

八、鄉村建設，城市建設，須平衡發展。

九、物質建設，精神建設，須平衡發展。

十、經濟方面。i.厚集政府力量，發展國家經濟。更藉國家經濟之力量，為人民造產，發展國民經濟。對於人民合作事業，應特別扶助。ii.收容失業人民，在鄉村應發展農業礦業，在城市應發展工業。政府應直接辦理大規模之農場、礦場、工廠。其由人民投資興辦者，則加以特別之扶持。iii.指定面積廣大之荒地，獎勵人民前往開墾。

---

[28] 廣東省檔案館編，《陳濟棠研究史料》，廣東省檔案館，1985，頁 136。

[29] 廣東省檔案館編，《陳濟棠研究史料》，廣東省檔案館，1985，頁 137。

十一、教育方面，特別注意訓育主義化及教育職業化。[30]

陳濟棠並製定詳細的施行程序及進度表，以便讓全省市民的了解。

到了 1933 年 1 月 1 日，陳濟棠宣佈《三年計劃》開始實施。他首先提及「本省的土匪共匪，已次第肅清。做完了這種工作，才能把施行三年計劃的障礙除掉。……計劃的唯一目的，是要做成三民主義新廣東。」他又強調「一切計劃，都是根據總理的建國大綱而訂定的。一方面，依照訓政時期的需要，積極的訓練人民，便有相當的政治知識能力，藉以促進方自治，以期人民能行使四權；在另一方面，注重民生建設，以期滿足人民衣食住行四大需要；以政府力量，為人民造產，並以適當的方法，使國民經濟均勻發展。在政府本身，當然是先造成總理所說為人民造產的政府。」[31]這項工作，尤注重農材的建設。他解釋說：「中國以農立國，農村為構成國家的基礎，也是民生的根本。至於對農工商礦業等，也是不遺餘力的振興；即學校教育，亦以職業化為原則。」他重申必須有計劃、有步驟、斟酌財力、分另緩急地進行。廣東省政府已立定「最大的決心，無論怎樣艱難困苦，一定要使這種計劃次第實現。」[32]

翌日，廣東省政府主席林雲陔在民國二十二年第一個紀念周發表報告，宣佈全面啟動《三年計劃》。他說：「去年年底，陳委員濟棠就在西南政務委員會提出廣東三年施政計劃大綱，經……修正通過，發交廣東省政府辦理。」因此，《三年計劃》是一個集體決定，並經過一定的法律程序，交廣東省政府辦理，並非陳濟棠一人的獨斷獨行。其中涉及範圍極其廣泛，包括「整理及建設」兩方面，同時並進的。因此，一般認為《三年計劃》只是一個經濟發展計劃，認識是欠全面的。整理部分，第一項是吏治。傳統的胥吏政治，是中國政治的一大癥結。因此，整理吏治對《三年計劃》的成敗具關鍵作用。林雲陔計劃在第一年「將全省各機關現任公務員的資格嚴加審核，分別去留……舉行縣長考試及縣佐治員考試……開辦廣東省公它人員訓練所。」「第二年，則全省各機關任用公務人員，一律以教試、銓敘，或訓練合格者為限。」「第三年則制定人民彈劾案之程序……並制定縣市長選舉法規，籌備人民直接選舉市長。」林氏特別強調要「為人民求得良好官吏。」[33]此外，《三年計劃》也分別對財政、教育等方面勾劃出未來三年的整理步驟。財政方面共分六項，包括：廓清積弊、整理稅捐、整理土地、整理金融、清理公債、改善預算；教育方面則分五項，包括：整理學校課程及教

---

[30] 廣東省檔案館編，《陳濟棠研究史料》，廣東省檔案館，1985，頁 138-142。

[31] 廣東省檔案館編，《陳濟棠研究史料》，廣東省檔案館，1985，頁 155-156。

[32] 廣東省檔案館編，《陳濟棠研究史料》，廣東省檔案館，1985，頁 156。

[33] 廣東省檔案館編，《陳濟棠研究史料》，廣東省檔案館，1985，頁 159-160。

學綱要、整飭學校風紀、考核教育成績、清理各校校產及整理各縣市地方教育經費、改善學校設備。[34]由此可見，《三年計劃》與施政的關係非常密切，而負責執行的機關是廣東省政府。

第二是建設部分，「是根據孫總理的三民主義，建國方略，建國大綱來擬定的。」[35]它可分為四大類：政治、經濟、交通、教育。首先是政治方面，林雲陔指出：「審度本省目前急的就是下列三項：1、保衛，以肅清全省土匪、安集流亡人民、整理全省警政與保安為主；2、自治，以成立各縣市自治機關、實行人口普查、訓練人民行使四權為主；3、救濟事業，視為現代政府職務，設置平民醫院、養老院、育嬰所、平民教養院，規復義倉、設置平民飯堂及平民宿舍等。」[36]

其次是經濟方面，林氏以為「中國由革命破壞之後，民年凋敝之餘，經濟事業的振興，尤為重要。」他在經濟事業劃分為五項：1、農林，重點在「增加生產，防除患害，墾殖荒地，整理農村經濟」。2、蠶桑，包括擴充及增建蠶種製造場、改良蠶種，並舉行品評會及展覽會等。3、改良及籌建漁業養殖場、增設魚市場、籌辦製造新式漁具工廠、籌設漁船製造廠，以收水產之利。4、礦業，經營煤礦及省營鐵礦，並籌備鋼鐵廠，以興礦利。5、工商，以本省大局粗定，擬乘時振興工商業，鼓勵人民集資經營，以由政府舉辦重要工業。又設立勸業銀行，讓工商業資本得以流通周轉。[37]

交通方面，林氏認為是「一切事業發達的基礎」，其計劃可分五項：1、公路，發展全省交通，並改善城鄉及鄰省的交通，使全省公路，四通八達。2、鐵路，籌築廣汕、江欽、欽邕、粵黔等鐵路，以便交通。3、航政，積極整理全省的港務船務，並籌辦航海講習所、航海學校，並籌辦廣東航業公司、南北航業公司等，以推廣本省航業。4、電話，改善全省長途有線電話，並籌設無線電話及相關製造廠和學校。5、航空，力圖加強民用航空業的發展。[38]

教育方面，林氏強調「教育為文明根本，世界上沒有教育不發達的國家能夠進步的」。他把教育建設分為六類：1、推辦義務教育，將全省失學兒童盡量收容。2、擴充中等教育，盡量增設省立及縣立中學，又訂定補助私立中學辦法。3、發展職業教育，以根本解決民生問題。設立全省職業教育設計委員會，規劃本省職業教育，並令各縣

[34] 詳細內容可參看廣東省檔案館編，《陳濟棠研究史料》，廣東省檔案館，1985，頁 160-163。

[35] 廣東省檔案館編，《陳濟棠研究史料》，廣東省檔案館，1985，頁 163-164。

[36] 廣東省檔案館編，《陳濟棠研究史料》，廣東省檔案館，1985，頁 164-165。

[37] 廣東省檔案館編，《陳濟棠研究史料》，廣東省檔案館，1985，頁 165-167。

[38] 廣東省檔案館編，《陳濟棠研究史料》，廣東省檔案館，1985，頁 167-168。按：發展民用航空業，對加強廣東空軍甚為重要。在《三年計劃》的相關時段內，廣東空軍有良好的發展。

市小學籌設職業補習班。林氏又要求多設農業學校，並在普通中學添設工科等。4、推行師範教育，籌設幼稚院師範班及鄉村師範學校，並繼續擴充各種師範學校。5、增加高等教育，以造就專門人材。籌設省立勷勤大學、省立農業專科學校、水產專科學校、美術專科學校，補助各私立大及派遣留學生。6、推行社會教育，設立省市、縣市社會教育委員會、省立實驗民眾教育館、民眾教育人員訓練所，督促各縣、市、區、鄉設立民眾教育館並推廣民眾學校識字運動等。[39]

在實施《三年計劃》中，由於資金、技術、原料等困難，原先擬定 20 餘項的建設中，主要完成了 12 家省營企業，包括市頭糖廠、新造糖廠、揭陽糖廠、順德糖廠、廣東紡織廠[40]、廣東化學廠[41]、西村飲料廠[42]、廣東肥田料廠[43]、梅菉麻袋廠[44]、廣州南石頭省營造紙廠[45]、泥城發電廠、士敏土廠[46]另有屬於軍墾處的兩家糖廠[47]軍事工業方面，主要是擴建石井兵工廠[48]、興建清遠琶江兵工廠、廣州飛機修理廠、韶關飛機製造廠[49]、毒瓦斯製造廠和防毒面具製造廠等。此外，當時尚有正籌辦、極具規模的滃江水力電廠、廣州東塱鋼鐵廠、黃埔造船廠、漁船製造廠和油頁岩煉油廠等，後來因政局驟變，陳濟棠在 1936 年 7 月下野，而沒法繼續下去。據估計，《三年計劃》所需投資總數約一億元。有學者認為「（陳濟棠）除通過整理財政，吸收僑匯，甚至武裝走私等途徑籌措資金外，更抓住當時世界經濟危機，歐美國家競相削價出售機器設備的時機。」然而，所謂「武裝走私」，是指陳濟棠利用緝私船隻從香港運入大批太古糖，並以五羊牌重新包裝在國內銷售。人們謔稱為「無煙糖」（smokeless sugar），是因為糖廠尚未投入生產，而產品已經流入市場。其實，這種特殊經營手法，主要是為了積累投入省營企業的資金，絕非為私人圖利。根據當時廣東的財政狀況和法律規定，只可視為靈活變通，並不屬於「走私」範疇。這種安排，主要是廣東省政府為籌集新式糖廠的開辦經

[39] 廣東省檔案館編，《陳濟棠研究史料》，廣東省檔案館，1985，頁 168-171。

[40] 位於廣州河南工業區，分為絲織部、製絲部、絹絲麻紗部、毛紡織部、棉紡織部、機械部，還附有織造廠和整染印花廠。

[41] 位於廣州西村工業區，包括硫酸部和苛性鈉部。

[42] 位於廣州西村工業區，包括啤酒和汽水。

[43] 位於廣州西村工業區，包括磷肥部及籌備中的氮肥部。

[44] 位於粵西吳川梅菉鎮，是省營糖廠的配套企業

[45] 籌建於 1931 年。

[46] 廣東士敏土廠原建於 1908 年，位於河南。到了 1932 年在廣州西村另建士敏土廠，並於 1935 年設置第二套新機。

[47] 分別位於東莞和惠陽。

[48] 當時石井兵工廠處於衰敗階段，時停時辦，沒有多大發展。

[49] 主要負責組裝飛機。

費而進行，建議者是著名農業經濟專家、嶺南大學農學院教授馮銳。[50]

五、結論

本文主題是建設廣東，時段為抗戰前。其中，以孫中山《實業計劃》關於廣東的經濟發展規劃，以及陳濟棠的《三年計劃》為主。《實業計劃》以全國經濟發展為主，故尤重整體的研究。故此，一般而言，《實業計劃》沒有特別針對個別省分作出規劃。然而，由於廣東省是孫先生的故鄉，對本省情況亦較為熟悉，所以《實業計劃》對廣東的情況似較具體親切，可操作性亦較高。至於陳濟棠提出的《三年計劃》，範疇較為寬廣，包括政治、經濟、社會及教育各個領域，並非如《實業計劃》純以經濟發展為目標。

相比於民國以來眾多殘暴不仁的廣東軍閥，陳濟棠治粵八年為廣東人民帶來一段極為珍貴的平穩生活，治安改善、工商發達、廣州市容大為改良。陳濟棠能夠實現上述目標，除外部客觀條件外，其個人的思想特質，尚有值得注意之處。綜言之，陳濟棠重要主張包括：i.繼承孫中山先生的〈建國大綱〉、〈建國方略〉及總理遺教，強調社會經濟的發展，與人民權利之保障。ii.破壞與建設同樣是革命的目標，心理建設與經濟建設同樣重要，最終以改善民生為鵠的；iii.堅持軍民分治，反對獨裁政治；iv.極端重視社會治安，對消除匪患不遺餘力；v.重視教育工作，對家庭教育、社會教育與學校教育，對縣長、軍人、軍眷的思想教育均倍加留心，尤重視職業教育對民生經濟與風俗的影響；vi.認為共產主義不適合當時的中國，因為「素稱經濟落後、資本家尚未形成的中國，只有大規模的造產，哪裡談得到共產呢？」[51]他又認為蘇聯的五年計劃有足供參考的地方，但「對蘇俄侵略我國之野心早有警惕……必將是成為赤色帝國主義者。」[52]

---

50 黃菊艷，〈陳濟棠治粵時期廣東經濟結構的變化〉，《廣東史志》，2003 年第 2 期，頁 15。又，關於廣東省營糖業的詳細情況，可參看李向峰《廣東省營糖廠產銷研究（1934.12-1936.9）》，暨南大學碩士論文，2010；《廣東糖業與馮銳》，出版資料不詳，1937(?)；Emiy M. Hill, *Smokeless Sugar: The Death of a Provincial Bureaucrat and the Construction of China's National Economy*, University of British Columbia Press, 2011 等。

51 廣東省檔案館編，《陳濟棠研究史料》，廣東省檔案館，1985，頁 26，陳濟棠〈對於清共的一個意見〉。按：此書是研究陳濟棠事蹟的最重要史料之一。因為材料均為原始史料，非一般回憶、分析與研究較易受後來發展的影響。例如，廣州市政協文史資料研究委員會編《南天歲月——陳濟棠主粵時期見聞實錄》，廣州文史資料第三十七輯（廣東人民出版社，1987。）收集了大量相關人事的回憶，資料豐富，是十分珍貴的史料。但是，這些材料多寫於 1949-1980，當時國內政治環境較為嚴峻，執筆者自然多所顧忌，故立論難免不夠客觀及全面。因此，運用這類史料時必須多方考察，並十分謹慎。另外，成書於 1950 年代的陳濟棠，《陳濟棠自傳稿》，對本課題自是極重要的史料，但其回憶與陳述也有相似的情況，例如關於他在 1927 年第一次「請辭以前往蘇俄考察」（《陳濟棠自傳稿》，頁 23）及 1936 年下野時對其空軍，「飭由黃光銳司令率領，飛京聽候編配。」（《陳濟棠自傳稿》，頁 55）兩事，或為交待不清，或為違背事實。然而，就整體而論，陳氏的回憶錄已屬較為可信的史料。

52 陳濟棠，《陳濟棠自傳稿》，頁 23-24；又胡漢民對蘇聯的抗拒態度，與陳濟棠十分相近，見同書頁 26。

vii.決心不與南京中央政府兵戎相見，堅決支持維護領土主權及抗日。這種思想，無疑為廣東人民帶來一段較美好的回憶。

參考書目

陳濟棠，《陳濟棠自傳稿》，傳記文學出版社，1974。

陳濟棠，《陳伯南先生詩稿》，香港文教書局，1959。

林華平，《陳濟棠傳》，臺北：聖文書局，1996。

楊子嘉，《廣東實業計劃書》（複印本，書林書局，2016）

周聿峨、陳紅民，《胡漢民》，廣東人民出版社，1994。

孫中山，《孫中山全集》，中華書局，1985。

鍾卓安，《陳濟棠》，暨南大學出版社／廣東省地圖出版社，1999。

丘傳英主編，《廣州近代經濟史》，廣東人民出版社，1998。

方志欽、蔣祖緣主編，《廣東通史》，現代上冊，廣東高等教育出版社，2014。

廣州市政協文史資料研究委員會編，《南天歲月——陳濟棠主粵時期見聞實錄》，廣州文史資料第三十七輯，廣東人民出版社，1987。

李宗仁口述、唐德剛撰寫，《李宗仁回憶錄》，廣西人民出版社，1988。

楊萬秀主編，《廣州通史》現代卷，中華書局，2010。

丁身尊主緝，《廣東民國史》，廣東人民出版社，2004。

余炎光、陳福霖，《南粵割據——從龍濟光到陳濟棠》，廣東人民出版社，1989。

方志欽、蔣祖緣，《廣東通史》現代篇，廣東高等教育出版社，2014。

蔣永敬，《民國胡展堂先生漢民年譜》，臺灣商務印書館，1981。

李向峰，《廣東省營糖廠產銷研究（1934.12-1936.9）》，暨南大學碩士論文，2010。

柯偉林，《蔣介石政府與納粹德國》，中國青年出版社，1994。

李潔之，《李潔之文存》，廣東省興寧縣政協文史委員會編印，1990 年。

淩立坤、凌匡東，《陳濟棠傳》，花城出版社，1998。

兩廣實業考察團編，《兩廣實業考察團報告》，上海大眾印書館，1936 年 7 月。

廣東省政府秘書處編輯室，《廣東財政》，1943 年 10 月。

古屋奎二主筆，《蔣介石秘錄》，湖南人民出版社，1988。

黃自進、潘光哲編，《蔣中正總統五記》，臺北市：國史館，2011 年。

廣州市政協文史資料研究委員會編，《南天歲月——陳濟棠主粵時期見聞實錄》，《廣州文史資料》第三十七輯，廣東人民出版社，1987。

廣東省檔案館編，《陳濟棠研究史料（1928-1936）》，廣東省檔案館，1985。

《廣東糖業與馮銳》，出版資料不詳，1937(?)

Emiy M. Hill, *Smokeless Sugar: The Death of a Provincial Bureaucrat and the Construction of China's National Economy*, University of British Columbia Press,2011。

李從戎、楊銘光，〈對陳濟棠主粵時期經濟建設的分析〉，《法制與建設》，2009.4（下），頁 131。

陳紅民，〈「抗日反蔣」與「聯日制蔣」——胡漢民與兩廣的「抗日」口號與實踐（1932-936）〉，《抗日戰爭研究》，2002 年第 3 期。

陳紅民，〈胡漢民。西南政權與廣東實力派（1932-1936）〉，《浙江大學學報（人文社會科學版）》，第 37 卷第 1 期，2007 年 1 月。

李靜之，〈「兩廣事變」的性質初探〉，第一歷史檔案館，1985。

王楨楨、王林生，〈陳濟棠與蔣介石的政治博弈——從合作、對抗到合作〉，《廣州社會主義學院學報》，2010 年第 1 期。
張忠民、朱婷，〈略論南京政府抗戰前的國有經濟政策（1927-1937）〉，《社會科學》，2005 年第 8 期。
張忠民、朱婷，〈抗戰時期國民政府的統制經濟政策與國家資本企業〉，《社會科學》，2007 年第 4 期。
鍾祥財，〈20 世紀三四十年代中國的統制經濟思想〉，《史林》，2008 年第 2 期。
周興樑，〈陳濟棠治粵與廣東的近代化建設〉，《中山大學學報（社會科學版）》，2000 年第 6 期。
趙寶、徐紅艷，〈陳濟棠與民國時期廣東的工業建設〉，《廣東廣播電視大學學報》，2009 年第 5 期。
吳建新，〈試析近代工業和近代農的關係——以近代廣東的蔗糖業為例〉，《華南農業大學學報（社會科學版）》，2005 年第 1 期。
黃菊艷，〈陳濟棠治粵時期廣東經濟結構的變化〉，《廣東史志》，2003 年第 2 期。
連浩鋈，〈陳濟棠主粵時期（192901936 年）廣州地區的工業發展及其啟示〉，《中國社會經濟史研究》，2004 年第 1 期。
趙寶、崔鳳河，〈陳濟棠主粵時期對日關係述論〉，《內蒙古農業大學學報（社會科學版）》，2010 年 3 期。
范瑞婷、陳永祥，〈陳濟棠與廣東教育的發展〉，《廣州社會主義學院學報》，2009 年第 2 期。
秦慶鈞，〈民國時期廣東財政史料〉，收於《廣州文史資料》，第二十九輯，頁 1-115，廣東人民出版社，1983。
謝英明，〈陳濟棠主粵時期省營業工業概況雜記〉，《廣東文史資料》第二十八輯，頁 110-142，廣東人民出版社，1980。

中國現代化寶書
——孫中山：《實業計劃》的著譯與出版

李金強

孫中山（1866-1925）倡導革命，志在「救國救種」，拯斯民於水火之中，然革命後，國既不國，「陷水益深，蹈火益熱」，與其初衷不符，遂起而關注國家之建設，認為「實不容一刻視為緩圖者也」。[1]遂起而筆耕，先後出版〈孫文學說〉、〈實業計劃〉及〈民權初步〉三書，合成《建國方略》，作為國家未來建設之藍圖。其中被譽為「總理遺教之結晶」[2]之〈實業計劃〉一書，尤受重視，主張開放中國，引入外資，促成全國工業化，無疑為未來中國工業現代化的重要藍圖。由是啟迪二十世紀下半葉臺灣及中國大陸擬定之經濟發展計劃，推動工業現代化。從而促成臺灣經濟起飛而成為東亞四小龍之一。而更重要則為中國大陸之工業化，成為「世界工廠」，得以躍升世界第二大經濟體的契機。[3]該書無疑為二十世紀中國現代化的寶書，深值研究。由是引致中外學者，相繼投身探究《實業計劃》。其中關於《實業計劃》一書內容及其資料來源的研究，以及如何應用於其時中臺兩岸經濟發展之指南，研究特多。[4]然而該書之成書及出版，注意者少。直至近日才漸受學者關注。[5]故本文即就此探究，藉以瞭解此書之由來及價值。

1　引文見孫中山：〈建國方略〉，《孫中山全集》（北京：中華書局，1985），頁 158-159。

2　歐陽纓編：《總理實業計劃表解（附圖）》（上海：亞新地學社，1929），弁語，頁 7。

3　Sidney H. Chang, Leonard H. D. Gordon, 卜大中譯：《孫中山未完成的革命》（臺北：時報文化出版，1993），頁 272-276；鄭竹園：〈孫中山思想與當代潮流〉，邵宗海：〈孫中山與中國大陸現代化〉，《中山先生建國宏規與實踐》（臺北：中山學術文化基金會，2011），頁 115-116，121-123，551-558。

4　胡波：〈孫中山《建國方略》的創作與接受〉，《孫中山研究》（孫中山基金會），第 8 輯（2020），頁 234-235；張篤勤：《孫中山讀書生涯》（武漢：長江文藝出版社，1997），頁 134-139，謂經濟方面的英文參考書籍，達 240 多種。

5　武上真理子、宋玉梅譯：〈全球史中的《實業計劃》——孫中山的中國經濟發展計劃與工程學〉，《近代中國》（上海），24 期（2014），頁 86-109；李金強：〈孫中山及其《實業計劃》〉，《孫中山研究》，第 8 輯（2020），頁 258-273；徐濤：〈《實業計劃》成書考〉，《學術月刊》，53 卷 3 期（2021），頁 193-216。

一、《實業計劃》的中外研究

就《實業計劃》受到重視及進行研究而言，始於抗戰（1937-1945）前後，乃由中國工程師學會所策動。其時因 1928 年北伐統一全國，國民政府創立，遂以孫中山遺教為立國之本，孫氏備受尊崇，孫氏之著述及主張已啟研究之開端，及至日本侵華，國府遷都重慶，號召抗戰建國，而高等教育、學術機構與實業，均於戰火中相繼內遷，促成內陸地區之發展。[6]而由全國工程師於 1931 年所組成的中國工程師學會，尤重國家建設，結集國內工程精英，設立分會於各地，舉辦學術年會，發行刊物，推動科技交流。[7]對《實業計劃》所論農工商交通及民生發展的遠見，深表欽服，遂於翌年成立「總理實業計劃實施委員會」。內分 13 組，以民生、國防為研究目標。及至 1940 年抗戰期間，於成都召開第九屆年會，認為《實業計劃》為我國經濟建設之偉大方案。起而研究《實業計劃》一書，作為戰後國家重建的指南，進行籌劃，並於 1941 年 3 月，創設「國父實業計劃研究會」，由陳立夫（1900-2001）出任會長，組織專家隊伍，對居屋、商船、鐵路、公路、自動車、電訊、水利、電力、民用航空、日用器皿、製藥、食品、衣服、文化用品等 14 種經濟項目，由政府補助，進行研究，撰寫以《實業計劃》為本之研究報告。[8]最終成書，是為《國父實業計劃研究報告》，並在蔣介石（1887-1975）「嘉勉」下「將已有材料印送各方」。[9]期間有關《實業計劃》研究與出版之專書，亦為數不少。故舉例說明之：或以《提要》、《輯要》、《概要》、《匯編》、《摘要》、《淺說》、《表解》等書名出版，大多為說明《實業計劃》的內容要點，藉以推廣。[10]或以理論研

---

[6] 李金強：〈抗戰時期高等教育發展述論〉，呂芳上：〈抗戰時期的遷徙運動——以人口、文教事業及工廠內遷為例的探討〉，《紀念抗日戰爭勝利五十周年學術討論會論文集》（香港：珠海書院，1996），頁 21-43，359-372；呂氏一文討論文教及工廠內遷，促成內陸文化及工業之發展。

[7] 鄒樂華：〈抗戰時期中國工程師學會的科技交流工作〉，《科學與文化》，2013 年 5 期，頁 34-39。

[8] 吳承洛：〈三十年來之中國工程師學會〉，《三十年來之中國工程：中國工程師師學會三十週年紀念刊》（南京，1946），頁 1081-1082；並參鍾少華：（三十至四十年代對「孫中山實業計劃」的專題研究），《北京社會科學》，4 期（1986），頁 107-109。

[9] 葉秀峯：〈前言〉，《國父實業計劃研究報告》（南京：國父實業計劃研究會，1943），該報告之研究，乃依《實業計劃》之設計藍圖，據已有之基本數字，撰寫各計劃之施行概要，全書分兩類：其一為鐵路、公路、機車及車輛、水利、商船、築港、衣服工業、食品工業、電信等計劃概要；其二為自動建設、居室建設、電力建設、製藥工業建設、日用器皿工業、印刷工業、機械工業等建設基本數字，以及礦冶估計之材料。

[10] 《實業計劃提要》（中國國民黨中央執行委員會），蘇易日：《實業計劃輯要》（上海：商務印書館，1928）、《中國實業計劃概要》（世界書局，1929）；中央僑務委員會編：《實業計劃匯編》（南京，1931），劉光華編：《實業計劃摘要》（上海：商務印書館，1928），萬秋風：《中山實業淺說》（中央圖書公司，1927）；歐陽纓編：《總理實業計劃表解（附圖）》（上海:亞新地學社，1929）。

究著眼，以《研究》、《理論與實際》、《價值》等書名，進行探究，為此本「中國富強之劑」[11]，系統地說明全書之理論及其施行。[12]或借助實業計劃的內容啟迪，應用於交通、國防及地區，作為相關經濟建設之指南，分別以《鐵路》、《水道》、《交通》、《國防》、《西北》、《廣東》等書名為題。[13]由此可見，《實業計劃》一書，即在1928年國民政府成立後，在黨國人士及學者專家的研究及出版下，揭起對該書研究的序幕。

隨著國共內戰（1945-1949）結束，新中國成立，而國民政府敗走臺灣，中國由是分裂。然孫中山仍為國共兩黨推崇的開國政治領袖，以其倡導革命、建黨、建立民國之故。而孫中山及辛亥革命研究深受中外學者關注，而兩岸三地中港臺學者均採正面評價，而被目為「正統學派」。[14]《實業計劃》研究，即在此一政治氛圍下再開展。

就1949年後臺灣之研究而言，關於《實業計劃》一書內容之闡釋，即有張其昀：《實業計劃解說》（臺北：中央文物供應社，1953）一書。然而前述國父實業計劃研究會，亦隨著遷臺後，繼續其研究活動，而該會之研究取向，亦因應國府之「反攻復國」國策，而有所變化。轉而以「促進三民主義新中國之建設為宗旨」，並規定研究範圍，乃據孫中山《實業計劃》之遺訓，研究及擬訂光復大陸重建及發展臺灣經濟的各種計劃方案為目標，要求會員參與研究及撰著。該會隨即於60年代出版論文集兩冊：1966年出版《國父實業計劃研究論文集》，收論文40篇，依各篇題目分析，可見乃以《實業計劃》的成書，闡揚及如何應用於復國經建、臺灣經建及國防為主。其中值得注意者為該集乃恭祝蔣介石總統八十華誕，故有三文論述蔣總統對《實業計劃》的闡揚與策進。[15]翌年又出版《國父實業計劃研究學會年刊》（1967），共收論文46篇，內容不限於《實業計劃》一書，然相關者計共15篇。其中5篇研究《實業計劃》之內容，就題目而言，包括〈要義〉、〈本質〉、〈研究〉、〈發凡〉、〈主計制度〉。9篇乃借《實業計

11　徐安貞：〈序〉，《實業計劃之理論與實際》（生活書店，1937），頁4。

12　除徐安貞一書外，尚有吳晦華：《實業計劃之理論與實際》（新世紀書局，1930）；蔣靜一：《總理實業計劃之研究》（重慶：國民圖書出版社，1943），《實業計劃結合研究各論》（南京：中央訓練團黨政高級訓練班）；田鵬：《總理實業計劃之價值》（新昌印書館，1929）。

13　夏開儒：《實業計劃鐵路篇》（青年書店，1939）；陳遵楷：《實業計劃水道要論》（上海：商務印書館，1930）；林厚道：《實業計劃交通論》（上海：商務印書館，1941）；蘇貽源：《實業計劃與國防》（：國民圖書出版社，1946）；張人鑑：《開發西北實業計劃》（北平：北平著者書店，1934）；楊子嘉：《廣東實業計劃書》。

14　兩岸三地史家研究孫中山的正統觀點及著述，臺、港學者被視為正統派，而大陸學者則被視為新正統派，參 Winston Hsieh, *Chinese Historiography on The Revolution of 1911: A Critical Survey and a Selected Bibliography* (Stanford: Hoover Institution Press, 1975), pp. 5-11, 68-71; 李金強：〈新正統學派——中共「建國」以來辛亥革命研究之發展及其變化〉，《中華民國建國文獻：革命開國文獻》（臺北：國史館，1995），第二輯，頁9-15。

15　《國父實業計劃研究論文集》（臺北：國父實業計劃研究學會，1966），見〈編輯例言〉，頁1；又谷鳳翔、蕭自誠及周開慶三人撰蔣總統對《實業計劃》的闡揚與策進。

劃》遺訓，擬訂大陸重建之方案，涵蓋經濟建設、國家建設、社會建設、水利、畜牧、蠶絲、邊疆重建等方案。1 篇為〈建設臺灣為三民主義模範省芻議〉。其餘 31 篇則多為以《三民主義》及利用現代知識，探討建設臺灣及復興中華文化之著述。[16]可見《實業計劃》內容闡釋與國家建設關係此等課題仍為研究主流。由此可見，1949 年前《實業計劃》之研究，被視為抗戰建國「實施圖案」，[17]而引發眾多研究。而 1949 年後則被視為光復大陸重建方案及建設臺灣之指南而受關注，此為正統學派研究《實業計劃》之焦點所在。而相關之研究，除上述二書外，所在多有，根據臺灣之「國家圖書館期刊文獻資訊網」所列論文，至今已有 83 篇之多。然其中尤值得注意者則為中央研究歷史語言研究所徐高阮（1915-1969）[18]所出版之《中山先生全面利用外資政策》（臺北：商務印書館，1963）一書，此書為對孫氏利用外資及中國工業化的遺教資料輯要，進而探求其利用外資思想的源起及其《實業計劃》的創識，謀求引起國人對孫中山利用外資，發展實業思想的關注。並以此作為當前臺灣工業化的指南及擬定發展方案之參考，目的推動臺灣的工業化。同院近代史研究所王爾敏，因獲徐氏贈送此書而受其影響，稍後起而從近代中國思想史角度，研究孫中山及其《實業計劃》之思想淵源、內容及影響，並出版專著。[19]隨著國府遷臺後，謀求生聚教養、建設臺灣，而前此借《實業計劃》遺訓，所擬訂之經濟建設方案，無疑對臺經濟發展起了啟廸作用，使臺灣自六零年代起，推行加工出口區、十大經濟建設計劃等工業化方案，處處可見《實業計劃》的規劃思想，最終促成臺灣經濟得以現代化，從而成為東亞四小龍之一，此書功不可沒。[20]

就中國大陸而言，開國之初，由於毛澤東（1893-1976），視孫中山為「革命先行者」，孫氏地位備受肯定，從而開拓孫中山的生平及思想之研究，中間雖經文化大革命（1966-1976），孫中山被貶斥，地位一落千丈，孫中山研究停頓。[21]然其中孫氏《建國

---

16 《中華民國五十六年國父實業計劃研究學會年刊》（臺北：國父實業計劃研究學會，1967），〈目次〉，頁 1-3。

17 蔣靜一：〈自序〉，《總理實業計劃之研究》，頁 2，「國父實業計劃，是砌成復興之路的石基，不僅建國需要牠，就是抗戰也需要牠」。

18 徐高阮的生平與學術，參張璟超：〈政學兩問徐高阮〉，見「豆瓣讀書」book.douban.com，2021 年 9 月 28 日擷取。

19 王爾敏：〈中華民國初期之實業建國思想〉，《中華民國建國史討論集》（臺北：1981），2 冊，頁 40-70；〈孫中山先生的門戶開放主義與全面利用外資政策〉、〈「實業計劃」之時代背景及建國功能〉、〈評介徐高阮著：〈中山先生的全面利用外資政策〉，上述各文均收入《思想創造時代：孫中山與中華民國》（臺北：秀威資訊科技，2011）一書，頁 137-196，289-310。

20 于宗先：〈孫中山先生經濟思想在中國之實踐〉，《國父建黨一百周年學術討論集》（臺北：近代中國出版社，1995），第四冊，頁 4-17；鄭竹園：〈臺灣經濟模式的特色、實蹟與啟示〉，《明報月刊》，1988 年 10 月號，頁 20-25。

21 李金強：〈新正統學派——中共「建國」以來辛亥革命研究之發展及其變化〉，頁 10-15。

方略》及其中之《實業計劃》，卻從未受到學者之關注。至 1978 年十一屆三中全會後，在鄧小平（1904-1997）領導下，結束文革，開始推行改革與開放政策，實行農、工、國防、科技四個現代化，促成中國大陸的經濟改革。而孫中山的研究，遂得見重上日程，研究日見蓬勃。其中《建國方略》之研究，尤受重視，此因在推動改革與開放的現代化建設過程中，迭遭困難與困惑，其間發現孫中山所提出的建國藍圖，多具啟迪作用，由是興起孫中山與中國近（現）代化研究的重視，群起研究《建國方略》。而孫中山遂由「革命先行者的角色」，進展為「中國現代化事業的偉大先驅」。[22]而《實業計劃》一書日漸成為研究焦點之所在。有關研究，集中於開放政策、利用外資及振興實業等課題。[23]就「中國知網（www.cnki.net）」所收與《實業計劃》相關之論文，粗略估計，自 1978 年至今，共收相關論文，不下 137 篇，或重該書內容與思想探究，或重區域建設，經建項目如交通、港口等，可見該書受到大陸學者之重視，從而影響國家建設之規劃。[24]而中國經濟之現代化，踏入 21 世紀遂成為「世界工廠」，繼而躍升為世界第二大經濟體，論者皆謂《實業計劃》有以致之。[25]

此外，《實業計劃》之研究，不限於國人。美國韋慕庭（C. Martin Widbur）早於其孫中山傳記中探究，指評實業計劃乃一龐大而不切實際的計劃，並認為謀求外資協助中國現代化乃一夢想（Dreams of Foreign Aid for China's Modernization），採取否定而引起注意。[26]至有孫中山傳記作者法國白吉爾（Marie-Claire Bergère）對《實業計劃》之研究，認為於其時雖被時人評為不切實際，但對中國現代化，仍然提供「新的且有遠見的探討」，而應予重視。對此計劃內容及其特色，如區域開發、交通全國一體化及國際合作等主張，加以闡釋。及至其《孫逸仙》一書出版，重新肯定《實業計劃》的「宏

---

22 吳先寧：〈建國方略的再發現——改革開放以來對孫中山「建國方略」的研究述評〉，《團結》，5 期（2003），頁 43-45；1996 年並以「孫中山與中國近代化」為題，召開紀念孫中山誕辰 130 周年，繼而出版論文集《孫中山與中國近代化》（北京：人民出版社，1999）二冊，同類著述，尚有林家有：《孫中山與中國近代化道路研究》（廣州：廣東教育出版社，1999）、王興亞：《孫中山與中國近代化研究》（北京：人民出版社，2005）等書。

23 王義娜、黃立新：〈孫中山先生經濟思想研究的百年回顧與展望〉，《青島行政學院學報》，5 期（2011），頁 81-83；廖大偉：〈一個歷久彌新的學術話題——孫中山的《建國方略》國際學術研討會綜述〉；《民國研究》，13-14 期（2018），頁 134-137，研討會共發表 59 篇論文，其中與《實業計劃》相關者共 30 篇，超過一半。

24 邵宗海：《孫中山民生主義實踐之研究：以具有中國特色的社會主義初階討論為例》（臺北：國立國父紀念館，2017），頁 186-208。

25 顏清湟：〈孫中山與廿一世紀中國〉，林啟彥、李金強、鮑紹霖主編：《有志竟成——孫中山、辛亥革命與近代中國》（香港中國近代史學會，2005），上冊，頁 17-19；Marie-Claire Bergère, *Sun Yat-sen* (Stanford: Stanford University Press, 1998), pp. 285-286; 習近平：〈紀念孫中山誕辰 150 週年的講話〉，《新華網》，w www.xinhuanet.com，指《實業計劃》藍圖，已見完成於現時之中國。

26 C. Martin Widbur, *Sun Yat-sen, Frustrated Patriot* (New York: Columbia University Press, 1976), p. 96.

圖」，並指出該書構思多見於鄧小平的四個現代化中的政策。[27]而尚值得注意為，日本學者武上真理子對《實業計劃》出版過程的探究，指出成書出版前，英文稿先在《遠東時報》（*Far Eastern Review*）分四章刊登。而《建設》刊登之中文譯稿，亦曾轉載於《聯太平洋》（*The Trans-Pacific*）此一英、日、漢三語之國際性刊物，使《實業計劃》引起英語讀者的注意及討論。此文為《實業計劃》出版及研究首起之作，堪稱別開生面。[28]由此，可見《實業計劃》的成書出版，殊值研究，以下即就此對該書的撰著、校閱、翻譯、出版及時人反應，作出探究。[29]

二、《實業計劃》的撰著及校閱

孫中山至 1917 年，因段祺瑞（1865-1936）等之北洋政府，廢止民元約法，遂聯同部份國會議員，起而護法，南下至廣州，成立軍政府。並獲反段之滇、桂兩系軍人之支持，實行護法北伐。然終因滇、桂二系與北洋妥協，未竟其業，遂於 1918 年離粵至滬，乘大阪商船「蘇州丸」，經汕頭、臺北赴日，繼自神戶轉乘「近江丸」，啟程赴上海，於 6 月 26 日抵達後，寓居上海法租界莫利愛路 29 號（今香山路 7 號），退居於此。孫氏遂謀「據年來經驗」，「從著述方面，啟發國民」，並謂「文邇來杜門養晦，聊以著述自娛」。[30]其中《實業計劃》一書，即完成於此時此地。其研究與寫作的情景，據宋慶齡（1893-1981）說：「我的丈夫有許多書，他的室內四壁掛滿了各種地圖，每晚他最愛的事，是鋪開巨幅中國山水、運河圖、彎腰勾出渠道、港口、鐵路等等。而我給他讀馬克思、恩格斯，還有著名科學家如漢道科埃利斯（Handock Euis）、危普頓辛克萊（Upton Sinclair）等寫的書⋯⋯。」[31]

---

27 白吉爾：〈孫逸仙和實業計劃〉，《孫中山研究》，第一輯（1986），頁 195-209, Marie-claire Bergère, op.cit., pp. 280-286.

28 武上真理子、宋玉梅譯：〈全球史中的《實業計劃》——孫中山的中國經濟發展計劃與工程學〉，同前，頁 86-109。

29 張鐵君：〈國父手訂實業計劃的原因及經過〉，《國父實業計劃研究論文集》，同前，頁 1-8。此文為首見提及該書之著譯者及出版，但重點為對《實業計劃》撰寫原因作出說明，又參李金強：〈孫中山及其《實業計劃》〉，同上，頁 258-273，此文首起研究該書之著譯者，故本文第二及第三兩節，乃源於此文而經修訂。

30 陳錫祺主編：《孫中山年譜長編》（上海：中華書局，1991），上冊，頁 1123-1127，1134；孫中山：《孫中山全集》，第 4 卷，頁 515；並參徐濤：〈孫中山與上海關係新論〉，《社會科學》，3 期（2012），頁 154，159，163，165，謂 1918 年 6 月 26 日孫中山乘日本「近江丸」號抵達上海，與宋慶齡入住法租界莫利愛路 29 號，以此處為家，並在宋慶齡照顧下，生活規律，除與黨人朱執信、廖仲愷等研討革命理論外，埋頭讀書，看報及寫作。《實業計劃》即在上海成書、出版及送交外國友人，從而引致中外人士的關注。

31 陳錫祺主編：《孫中山年譜長編》（上海：中華書局，1991），下冊，頁 1160-1163。參張珏：〈在宋慶齡像前的回憶〉，〈宋慶齡談孫中山〉，《往事不是一片雲》（上海：中國福利會出版社，2011），頁 6，44，張珏畢業於上海滬江大學，建國後任宋慶齡秘書達 15 年之久，關係密切。該文所記孫中山研究情景謂在東京，恐誤，疑於上海。

《實業計劃》一書，據孫氏所說，於 1918 年 11 月一次大戰宣告結束後，起而探研及撰寫，為此書之起動時刻。「歐戰甫完之夕，作者始從事於研究國際共同發展中國實業，而成此六種計劃」。[32]而孫氏撰寫此書之原因，其一，就當前世局觀察，歐戰雖然結束，仍有「二次大戰之危機」，此因列強政治、國際商業戰爭與資本競爭，以至勞資階級鬥爭皆未消除，若能共同發展中國實業，世界各國互相提攜，共同發展中國富源，並為世界提供市場，可解決上述矛盾。其二，乃見中國民生凋疲，國事每況愈下，且「歐戰結束，經濟競爭將群趨於遠東，吾國若不於此時亟自為謀，則他人將有起而代我謀者，思之至可悚懼。」[33]此乃憂心戰後列強返華，瓜分故態復萌，遂計劃開放中國，謀求借助大戰後歐美軍工企業之機器輸華，利用中國之資源，共同開發，使中國發展實業。進而透過對全國水陸交通，港口、工礦、農林及移民邊疆等六項計劃的規劃及興建，目的在於完成我國「工業革命之第一步」，為世界創造新市場。不但促使戰後世界各國經濟得以發展，恢復戰前經濟原狀，並期盼能助長中國工業化。孫氏最後並謂若國際協助開發中國，不但「可使人類博愛之情益加鞏固」，進而使中國成一工商業國，無疑「新闢一世界」，參與者將獲「超越尋常之利益」。又建議參與投資之各國組成一國際團，與中國政府簽訂互利合約，利用其戰時組織、人材、物資來華投資，完成壯舉，藉此避免由貿易戰帶來未來世界大戰之禍患，為人類謀和平之幸福。[34]而外資機器入華，促成中國實業之發達，實業所獲利益，使中國之「教育、養老、救災、治療及夫改良社會，勵進文明，……歸之國民所享」。此「甫經實業發達，即孕育社會革命」，而最終達致「真正國利民福」之社會。[35]孫氏由是於 1918 年至 1920 年間，陸續以中、英文撰譯《實業計劃》一書，初以英文發表於孫氏之前顧問李亞（George Bronson Rea, 1869-1936）創編之 *Far Eastern Review: Engineering, Finance, Commerce*（《遠東時報》，簡稱 FER）。[36]繼而翻譯中文，刊於《建設》雜誌，最後結集成書，出版中英文本。

32　孫中山：〈建國方略之二：實業計劃〉，《孫中山全集》，第 6 卷，頁 248。

33　孫中山：〈建國方略之二：實業計劃〉，第 6 卷，頁 247-251；引文見〈復唐繼堯函〉，《孫中山全集》，第 5 卷，頁 43。

34　孫中山：〈建國方略之二：實業計劃〉，《孫中山全集》，第 6 卷，頁 248；篇首，頁 249-253；引文，見頁 250，252。

35　孫中山：〈中國實業如何能發展〉，《孫中山全集》，第 5 卷，頁 135。

36　出生美國之李亞，至古巴任工程師，目睹古巴獨立戰爭及美西戰爭（1898），並轉任 Herald（國際先驅論壇報）的戰地特派員，於美西戰後至菲律賓馬尼拉，創辦 FER，其生平簡歷，見 Michael P. Ruth, James Stuart Olson, *Historical Dictionary of War Journalism* (London: Greenward, 1997), pp. 248-249; 關於 *FER* 創刊之宗旨在於推介菲律賓及遠東各國之工業及未開發之資源，為商家提供來此發展工商業及謀利機會。見 *FER*, vol. 1 (1904), p. 6; 又李亞於 1912-13 為孫中山興辦鐵路顧問之一，參武上真理子、宋玉梅譯：〈全球史中的「實業計劃」——孫中山的中國經濟發展計劃與工程學〉，《近代中國》（上海），24 期（2014），頁 89-90。

全書除序文外，包括篇首緒論、第一至第六計劃（建北方大港於直隸灣；建東方大港於杭州灣；建南方大港於廣州；修築全國鐵路網——中央、東南、東北、西北及高原鐵路；發展本部工業——衣、食、住、行、印刷；開放鐵、煤、油、銅等礦業）；結論及六項附錄。

孫氏撰寫的過程中，據其所說，蔣夢麟（Chiang Monlin, 1886-1964）、余日章（David Yui, 1882-1936）、朱友漁（Y.Y. Tsu, 1885-1986）、顧子仁（T.Z. Koo, 1887-1971）及李耀邦（John Y. Lee, 1884-1939）五人參與「校閱稿本」，幫助尤大。[37]此即蔣夢麟同門，胡適（1891-1962）所說：「中山先生……專心計劃，想替中國定下一個根本建設的大方略。這個時期，正是他邀了一班專家，著手做「建國方略」的時候」，[38]這一班專家，當為前述五人。而五人中對於此事的參與，首見於蔣夢麟的回憶，他指出孫中山為了此書，「親自繪製地圖和表格，並收集資料，詳加核對，實業計劃中所包括的河牀和港灣深度和層次等細節，他無不瞭如指掌」。又說：「在他仔細研究工業建設的有關問題的解決辦法以後，他就用英文寫下來，打字工作全部歸孫夫人（宋慶齡）負責。校閱原稿的工作則由余日章和我負責，一切資料數字都詳予核對，如果有甚麼建議，孫先生無不樂予考慮。」[39]並謂由他邀余日章幫助撰寫。[40]而朱友漁的回憶則進一步說明，除蔣夢麟及他本人外，尚有余日章及兩位青年會同工顧子仁、李耀邦，合成一組人，協助孫中山。「有幾個月我們每星期在他上海的家裡聚會一次，逐章檢討他的原稿」。並謂完工後，同享一頓豐美的晚餐。[41]而為顧子仁寫傳的謝扶雅（1892-1991）亦指出顧子仁與余日章，常到孫宅斟酌其英文稿。[42]由此可見《實業計劃》英文稿能夠完成，得力於此五人。

何以孫氏能獲此五人相助？蔣夢麟早於 1909 年在加州柏克萊大學（University of California, Berkeley）讀書時，透過其同學及負責革命黨報《大同日報》的劉成禺（1816-1953），得識孫中山，建立關係。及至 1917 年，於哥倫比亞大學（University of Columbia）取得博士學位後，隨即回國出任商務印書館編輯及《新教育》月刊的主編，且兼任江

[37] Sun Yat-sen, "Preface," *The* International *Development of China* (New York: G. P. Putnam's Sons, 1922), p. vi; 孫中山：〈建國方略之二：實業計劃〉，序，頁 248。

[38] 胡適：〈知難，行亦不易〉，《吳淞月刊》，第二期（1929），頁 1。

[39] 蔣夢麟：《西潮》（香港：磨劍堂，1959），頁 116-117。

[40] 蔣夢麟：〈追憶孫中山先生〉，《新潮》（臺北：傳記文學出版社，1967），頁 69。又說自 1917 至 1919 年間在上海，「幾乎每晚往馬利南路（莫利愛路）孫公館……此時，先生正著手英文《實業計劃》，並要大家幫他忙寫。我邀同余日章先生幫先生撰寫。」

[41] 朱友漁：《朱友漁自傳》（香港：基督教文藝出版社，1972），頁 44-45。

[42] 謝扶雅：《顧子仁與學運》（香港：基督教文藝出版社，1973），頁 11。

蘇省教育會的理事，余日章亦為理事，即於期間邀余日章合作校閱孫氏之原稿，並謂孫氏對其「建議的批評都樂於接受」。[43]而余日章，出身教會家庭，父文卿為漢口聖公會牧師，及長，入學武漢文華書院（Boone School），1905 年畢業於上海聖約翰大學，繼而回文華書院任教職，參加「日知會」活動，由是與革命黨人胡蘭亭（1865-1936）、黃吉亭（1868-1954）二聖公會牧師及劉靜庵（1875-1911）等結交，幾受清廷羅織，遂遠走赴美，至哈佛大學進修二年，撰"The School of Old China"論文，於 1910 年取得教育碩士回國。適逢武昌起義，參與革命，組織紅十字會，救助傷兵，又出任黎元洪臨時幕僚，專責外交交涉，並親向臨江圍城的大清艦隊司令薩鎮冰（1859-1952）交涉調停，避免開戰，使武漢光復成事。踏入民國，於 1913 年投身中國基督教青年會，負責講演部，藉科學演講，啟廸民眾，並主張學習耶穌基督，倡「人格救國」，繼而出任中華基督教全國協進會會長。余氏早年於聖約翰大學就讀時，已撰寫〈中國的鐵路〉一文，對鐵路建設，主張尤力。堪稱孫中山之知音，1918 年於上海出任青年會總幹事，因與蔣夢麟同屬江蘇省教育會，故即於其時參與孫中山《實業計劃》一書的撰寫及校稿工作。[44]

朱友漁與顧子仁，均為出身聖公會而具有世交、同學與親姻的關係。二人之父親朱玉棠牧師及顧春林牧師同為上海聖公會神學院同窗，畢業後均為滬區聖公會同工。友漁與子仁二人，又同為聖約翰大學之同班，至為親暱。1904 年畢業，二人同獲文學士，繼於神學班肄業，而具牧職資格。其後子仁娶友漁之妹朱琪貞，由是親上加親。[45]友漁於聖約翰大學畢業後，至無錫聖安得烈差會任會吏，1909 年赴美至哥倫比亞大學留學，取得碩士及哲學博士，並在紐約總神學院取得道學士，隨即回國至母校聖約翰大學任教九年（1912-1921）。[46]而顧子仁畢業後卻遠赴成都執教中學，翌年改至川漢及

---

[43] 蔣夢麟：《西潮》，頁 115-116。關於蔣夢麟在上海的就業及活動，參馬勇：《蔣夢麟傳》（河南文藝出版社，1999），頁 37-57，80-81；並參 "Chiang Meng-lin," in Howard L. Boorman, *Biographical Dictionary of Republican China* (New York: Columbia University Press, 1967-1979), vol. 1, pp. 347-348.

[44] 余氏之生平與事功，可參查時傑：〈余日章——獻身基督教青年會事工的拓荒者〉，《中國基督教人物小傳》（臺北：中華福音神學院，1983），頁 135-140。余氏之家世、在聖約翰大學就讀時曾撰〈中國的鐵路〉一文，及參加武昌起義一事，可參袁訪賚：《余日章傳》（香港基督教文藝出版社，1970），頁 1-79；"Yui Jih-chang," in Howard L. Boorman, ibid., vol. 4, pp. 64-66. 又余氏主理講演部，以科學演講，推廣全國，又提倡平民教育救國及「人格救國」之說，參王成勉：〈余日章與青年會——一個基督教領袖的愛國之道〉，《近代中國歷史人物論集》（臺北：中央研究院近代史研究所，1993），頁 793-805。

[45] 朱、顧二人之生平，見羅元旭：《東成西就：七個華人基督教家族與中西交流百年》（香港：三聯書局，2012），頁 410-416。

[46] 朱友漁：《朱友漁自傳》（香港基督教文藝出版社，1972），頁 19-32，37-45，朱氏日後加入國際青年會工作，又任職北京協和醫學院院牧，適值 1925 年孫中山逝世，應孫夫人之邀，主持孫中山之追思禮拜。抗日戰爭時，得獲祝聖為雲貴主教；參謝頌羔：《孫總理與基督教》（上海：廣學會，1937），頁 7-11，詳述孫中山喪禮經過。

津浦鐵路總局任職。由於顧子仁以英文見長，至 1917 年，被其聖約翰大學校友余日章邀請，出任青年會董事部書記，掌管英文函牘，漸成青年會重要幹部，並提倡青年基督徒救國運動。[47]至於李耀邦，父為浸會名牧李濟良（1858-1951）。11 歲時，隨其雙親赴美，其父在三藩市及芝加哥牧養華人教會。在美成長，入學芝加哥大學，大學期間，以其科學成績優異，被選加入美國大學優等生榮譽會（Phi Beta Kappa）及科學研究榮譽協會（Sigma Xi）的會員。師從獲諾貝爾物理獎之密立根（R.A. Millikan, 1868-1953），並於芝大任教，至 1914 年取得博士學位。據吳大猷（1907-2000）所說，為民國時期第二位取得物理學博士學位者。在美期間，於中國學生會及基督徒團體，已見活躍，1916 年加入美國青年會工作。至 1917 年回國，一度任教東南大學物理系。隨即轉任青年會全國協會副總幹事。兼任滬江大學的工業顧問，且出任中華浸信會書局總經理。[48]

而正在此時，孫中山「作了有關中國輿地及地緣政治之廣泛研究，邀請若干友人評閱其全稿」，[49]而五人適在上海，彼此或曾參加革命，或具基督教信仰，或曾留美，且為同學、校友、親姻、共事關係。對現代科學、鐵路知識俱備，無疑為協助孫氏之最佳人選。故能群集於孫中山夫婦之府邸，共同為《實業計劃》之英文本，付出心力。此外，據胡漢民（1879-1936）所述，謂孫氏撰寫英文稿的方法，一方面，用嘴說出成文，再有人「把他的話就打下來成文章」，另一方面又採用很多西書及調查材料而成，並謂「孫夫人的幫助是很大的」。然而尚值得注意者為，此書首四大計劃英文稿完成後，再由宋慶齡聯繫年青美國記者索克思（George E. Sokolsky, 1893-1962）協助修訂及潤色，全稿始見底定。故宋慶齡被視為《實業計劃》英文稿完成之核心人物之一。[50]此《實業計劃》一書，日後得以影響中國之現代化之其來有自。

---

47 謝扶雅編著：《顧子仁與學運》（香港基督教文藝出版社，1973），頁 4-54。子仁日後離開青年會，轉任世界基督教學生同盟的幹事，足跡遍佈世界各地，晚年於美國愛荷華州立大學任教。青年會的余日章及顧子仁關心國家與社會，參趙君影：《漫談五十年來中國的教會與政治》（臺北：中華歸主協會，1981），頁 6-7。

48 "In Remembrance: Dr. John Y. Lee," *Chinese Recorder*, June, 1939: 332; "Obituaries: Dr. John Y. Lee," *North China Herald*, 26 April 1939: 153；李氏於 20 年代後從商致富，資助上海滬江大學，而出任該校董事會主席；又參吳大猷：《早期中國物理發展的回憶》（臺北：聯經出版事業，2001），頁 69，149；並參 John Burder Hipps, *History of the University of Shanghai* (Raleigh: Edwards & Broughton Co., 1964), pp. 95, 106; 王立誠：《美國文化滲透與近代中國教育：滬江大學的歷史》（上海復旦大學出版社，2001），頁 166。

49 朱友漁：〈憶妹夫子仁〉，謝扶雅編著：《顧子仁與學運》，頁 75。

50 引文見胡漢民述、張振之記：〈關於實業計劃〉，《新亞細亞》，4 期 1 號（1932），頁 9-12；轉引自徐濤：〈實業計劃成書考〉，《學術月刊》，53 期 3 號（2021），頁 203-205。

三、《實業計劃》的翻譯及出版

孫中山於撰寫英文稿同時，並進行中文翻譯。據孫氏說：「原稿為英文，其篇首及第二、第三計劃及第四之大部分為朱執信所譯，其第一計劃為廖仲愷所譯，其第四之一部分第六計劃及結論為林雲陔譯，其第五計劃為馬君武所譯。」[51]中文稿隨即於《建設》月刊刊登（參附表一）。

《建設》為孫中山因應五四運動，國內鼓吹新文化思想之風起雲湧而興辦的。其時孫氏命隨其赴滬之胡漢民（1879-1936）、汪精衛（1883-1944）、戴季陶（1891-1949）、廖仲凱（1818-1925）、朱執信（1895-1920）等組織「建設社」，於 1918 年 8 月 1 日創刊《建設》。孫氏於〈發刊詞〉中說明目的在於「鼓吹建設之思潮，闡明建設之原理，冀廣傳吾黨建設之主義，同為國民之常識……而建設一世界最富強最快樂之國家。為民所有、為民所治、為民所享者……。」[52]並於《章程》中指明「經營譯著出版事業」。該刊由胡漢民、朱執信、廖仲凱、戴季陶出任編輯，時建設社社員汪精衛正在歐洲，而同志林雲陔（1881-1948）剛自美國學成歸國，加入該刊之翻譯工作，此外，邵元沖（1890-1936）及馬君武（1886-1940）亦加入編輯。自 1918 年創刊，至 1920 年 12 月停刊，共出版 13 期。其內容不論著作、翻譯，均見擲地有聲，使發行數字由 3,000 份升至 13,000 份。然最終停刊，乃因 1920 年陳烱明（1878-1933）率領粵軍，攻下廣州，驅逐桂系，孫氏得以回粵，建立正式政府，黨人需離滬回粵，參加新政府之建設工作，因而告停。[53]而《實業計劃》即於其時譯刊於《建設》。

就四位譯者而言，被孫中山譽為「革命中的聖人」朱執信，出生遊幕世家，其父棣垞，為廣東名儒，故舊學深厚，具有強烈民族意識，與汪精衛有舅甥關係。1904 年以官費赴日留學，入法政大學，舊學新知由是積澱。於日、英語文均能掌握，為黨人中最具學問者。1905 年加入同盟會，為《民報》主要撰稿人。於 1907 年任教廣州法政學堂，從事革命宣傳，鄒魯（1885-1954）、陳烱明均為其學生，又以一介書生，聯絡民軍，策動新軍，促成 1910 年新軍起義，並為 1911 年廣州三・二九之役及廣州光復之重要策動者。及至民國建立，由於反袁，流亡日本，支持孫中山，加入中華革命黨，

[51] 孫中山：〈建國方略之二：實業計劃〉，第 6 卷，自序，頁 249。

[52] 《國父全集》（臺北：中國國民黨黨史委員會），4 冊（下），頁 1423。

[53] 呂芳上：《革命之再起——中國國民黨改組前對新思潮的回應（1914-1924）》（臺北：中央研究院近代史研究所，1989），頁 41-47，60-63；李金強：〈孫中山軍事思想——黃埔建軍由來之探析〉，《傳承與創新——紀念國父中山 150 歲誕辰》（臺北：國父紀念館，2016），頁 236。

參與討袁護國、護法之役。於五四後，深信除以武力革命，破壞專制政權外，宜從思想上謀改革，言建設，與其時孫中山之理念吻合。朱氏遂於《上海晨報》、《民國日報》、《星期評論）及《建設》等，相繼發表建設國家的言論，為時人所注目。而《實業計劃》之篇首，及第二、三計劃與第四計劃之大部分，均由其手譯。[54]廖仲凱，其父任職香港匯豐銀行，被派赴美國舊金山分行任職，故於美國舊金山出生及長大。16 歲回港，就讀香港官立英文中學——皇仁書院（Queen's College），故英文嫻熟。1902 年赴日留學，入學早稻田大學，認識孫中山，遂加入同盟會，投身革命。並在《民報》發表文章，曾翻譯亨利喬治（Henry George, 1839-1897）的 *Progress and Poverty*《進步與貧乏》一書，1907 年回國參加留學生考試，考取舉人名銜，被派至吉林任官，暗中進行革命。辛亥革命後，任職廣東革命政府，負責財政。二次革命後，隨孫中山至日本，加入中華革命黨，參與討袁護國、護法運動。1917 年於廣州軍政府亦主理財政，1918 年隨孫氏至上海，參與《建設》創刊，宣傳建設國家，並於該刊鼓吹社會革命，注意民權主義，翻譯威爾確斯（D.F. Wilcox）之《全民政治》（*Government of All the People*）一書，幫助孫中山宣揚民權主義。即於其時翻譯《實業計劃》的第一計劃。[55]至於林雲陔早年入學廣州兩廣方言學堂，習英語及格致之學，於其時加入同盟會，參加廣州三・二九之役，至辛亥革命時，參加廣東高州光復，出任高雷都督。其後為孫中山派赴美國深造，至紐約聖理喬斯大學（St. John's University）研習法律、政治，又於哥倫比亞大學攻讀碩士學位，於 1918 年學成歸國，被孫中山招赴上海，參加《建設》，任編輯，憑其中英文學養，翻譯《實業計劃》第四計劃部分，第六計劃及結論。[56]而馬君武，廣西桂林人，家貧而能苦學成名。於庚子拳變時，參與唐才常自立軍起義，失敗後入學上海震旦學院，習法文。1902 年赴日留學，入京都帝國大學工科，得識孫中山，於 1905 年加入同盟會，任執行部書記。並為同盟會會章起草者之一，又於《民報》發表文章，鼓吹民主。1906 年歸國，於上海中國公學任該校總教習兼講授理化。因宣傳革命，為兩江總督端方（1861-1911）緝捕，遂離國至德柏林工藝大學，習冶金。辛亥革命後回國，參與《臨時政組織大綱》起草，及至袁世凱就任臨時大總統，隨孫中山推動全國鐵路建設，出任鐵路公司秘書長。二次革命失敗後，再次赴德深造，獲工學博士，隨

54 吳相湘：〈朱執信知行合一〉，《民國政治人物》（臺北：文星書店，1967），二冊，頁 55-67；又參呂芳上：《朱執信與中國革命》（臺北：中國學術著作獎助委員會，1978），頁 1-5，229-239。

55 陳福霖：《孫中山、廖仲凱與中國革命》（廣州：中山大學出版社，1990），頁 157-166，169-179。

56 〈林雲陔（1881-1948）〉，《民國人物小傳》（臺北：傳記文學，1981），二冊，頁 78；又參李穗梅：〈1918-1925 年間的林雲陔〉（中國評論學術出版社），hk.crntt.com, 2018 年 7 月 23 日擷取。林氏日後出任廣州市長，對廣州城市建設貢獻良多。參邵駿：〈試述孫科、林雲陔與民國廣州公園建設〉，《嶺南文史》，3 期（2013），頁 12-14。

即回國。於 1917 年孫中山領導護法運動，追隨孫氏，任大元帥府秘書。據馬氏所說，孫中山勤於求知，學問淵博，記憶力很強，對「本國的沿海岸線，……每一個較大的地名，他都清楚……地方水深多少，他也能源源本本說出來」。至 1918 年又隨孫氏至上海，於其時為孫中山翻譯《實業計劃》之第五計劃。[57]

上述四人，皆於同盟會時期，起而追隨孫中山革命。為孫中山重要之支持者與跟隨者。且四人皆學有專精，深識現代社會科學及科學工藝知識，且嫻熟外語，多長於著述及譯述。於五四前後，對孫中山於革命破壞後，尤須重視國家建設之理念，深有同感，無異為《實業計劃》一書之最佳譯者。《實業計劃》一書得以行世而受中外關注，不言而喻。

至於全書之出版過程及對其評價，直至近日始受史家關注，進行研究，漸見明確。[58]就其成書及出版之過程而言，可知孫氏於倡導革命之同時，早具經濟改革之構思與藍圖，此即由清季主張農業改良而至民國建國之初，倡議修建鐵路交通，發展實業。隨著民國建立後反袁、反軍閥及策動北伐，孫氏於進行武力破壞反動勢力的同時，於五四運動（1919）前後，默察時勢，因應國民的覺醒，已見籌謀建國之藍圖——《建國方略》三書，包括〈孫文學說〉（心理建設）、〈實業計劃〉（物質建設）、〈民權初步〉（社會建設），藉以謀求重建國家，以臻富強之境。[59]其中《實業計劃》之撰寫與出版，即為孫氏對國家工業現代化發展之重要方案。1918 年 11 月一次大戰結束後，孫中山以其前此博覽群書所獲取的科學知識，配以其對中國國土的實際調查及認知。[60]遂見其於 1919 年 2 月先以英文撰寫《實業計劃》的緒論部份，首先郵寄給予美國駐華公使芮恩施（Paul Samuel Reinsch, 1869-1923）及都市計劃家安特生（Hendrik Christian Andersen, 1872-1940）。繼於 3 月，將此一緒論英文稿，交由李亞所創辦及由其編輯的 *Far Eastern Review* 發表，題為“The International Development of China: A Project Designed to Assist

---

57 〈馬君武（1880-1940）〉，《民國人物小傳》，第 1 冊，頁 121-122；曾誠：〈馬君武〉，李新等編：《民國人物傳》（北京：中華書局，1978），7 卷，頁 13-16；引文見馬君武：〈孫總理〉，章開沅主編：《馬君武集（1900-1919）》（武漢：華中師範大學出版社，1991），頁 477。

58 C. Martin Wilbur, Sun Yat-sen, *Frustrated Patriot* (New York: Columbia University Press, 1976), pp. 96-100; 武上真理子著、宋玉梅譯，同前，頁 89-92；李金強：〈孫中山及其《實業計劃》〉，同前，頁 258-273；徐濤：〈實業計劃成書考〉，同前，頁 193-216。

59 李金強：〈孫中山之早期思想——農業改良言論探討（1881-1895）〉，《書生報國——中國近代變革思想之源起》（福州：福建教育出版社，2001），頁 156-159；呂芳上：《革命之再起——中國國民黨改組前對新思潮的回應（1914-1924）》（臺北：中央研究院近史研究所，1999），頁 98-215；胡波：〈孫中山《建國方略》的創作〉，《孫中山研究》，8 輯（2020），頁 233-257；隋立新：〈孫中山撰述《實業計劃》的歷史考察〉，《中國國家博物館館刊》，11 期（2016），頁 9-12。

60 武上真理子：〈近代科學思想與孫中山〉，《壹讀》，https://read01.com，2018 年 7 月 14 日擷取。

the Readjustment of Post-Bellum Industries"，[61]而中文緒論則同月於《民國日報》發表。[62]此後英文稿相繼由 1919 年 6 月起至 1920 年 12 月間，在 FER 斷續發表。與此同時，中文稿則由前述朱執信、廖仲愷、林雲陔及馬君武合譯後，相繼於孫氏主導創辦的《建設》發表。[63]然中、英文稿，均只發表了緒論及第一至第四計劃之前四節而已，並非全部（見附表一），期間英文稿之緒論及四大計劃，由於索克思之安排，自 1920 年 2 月起至 9 月則在美國之《遠東共和》（*Far Eastern Republic*）連續重刊，藉此擴大影響。而中文譯稿亦在各報刊如《民國日報》等刊登，已見流傳。稍後再續寫及翻譯完成第五計劃本部工業（衣、食、住、行、印刷）、第六計劃礦業及結論，但孫氏已不希望登載於報刊，決定成書出版。[64]而首先以英文稿成書，題為 *The International Development of China*，於 1920 年 7 月在上海商務印書館出版，至 1921 年 10 月則由黨辦上海民智書局出版中文本。[65]而其海外英文本遲至 1922 年再由英國 Knickerbocker Press 及美國 G. D. Putnam's Sons 兩出版社，印刊出售，並於 1929 年重版。[66]孫氏之中英文本《實業計劃》一書，由是引起海內外相關人士對其關注與評價。

四、時人對《實業計劃》的反應

在《實業計劃》撰寫及成書過程中，孫中山已經向中外政要、知名人士郵寄其緒論及部份文稿，盼能藉此引起中外之關注，協助中國發展實業及鐵路交通。就知會外人而言，於 1919 年起，孫氏於完成緒論時，已將其陸續寄送歐美駐華公使、各國政要、名士及巴黎和會代表，包括美國駐華公使芮恩施（Paul S. Reinsch, 1869-1923）、美國商務部長劉飛爾（William C. Redfield, 1858-1932）、英國內閣閣僚、義大利國防部長嘉域利亞（General Enrico Caviglia, 1862-1954）、碧格（John Earl Baker, 1880-1957）、美籍都市規劃家及雕刻家安得生（Hendrik Christian Andersen）、*FER* 創編者李亞。後者且將

[61] *FER*, vol. 15 (1919), pp. 2-3.

[62] 〈孫中山先生國際共同發展中國實業計劃書〉，《民國日報》（上海），1919 年 3 月 7 日。

[63] 陳錫祺：《孫中山年譜長編》，3 卷，頁 1160-1162。

[64] 徐濤：〈實業計劃成書考〉，頁 201, 209, 210。

[65] 徐濤：〈實業計劃成書考〉，頁 210-211。謂乃胡適、蔣夢麟、余日章、顧子仁等與商務印書館具有關係者協助而得於該館出版。

[66] Sun Yat-sen, *The International Development of China* (New York and London: G.D. Putnam's Sons, Knickerbocker Press, 1922), 孫氏並於書首，將此書獻給其香港西醫書院老師康德黎（Sir James Cantlie）夫婦；又參徐濤：〈實業計劃成書考〉，頁 211-213；謂《實業計劃》商務英文初版，印刷粗糙而設計差，故孫氏擬於英國重刊，於 1921 年，由英國 Hutchison & Co. Ltd 出版，但仍不理想，最終有 G.D. Putnam's Sons 及 Knickerbocker Press 合出，至此孫氏始感滿意。

《實業計劃》之英文稿，分期刊登於 *FER*，已於前述。其餘上述接函者，多以禮節性答覆，然對其建議之可行性，多抱質疑。其中唯芮恩施及安得生，對其計劃表示讚賞而有實質的回應。[67]芮恩施一方面覆函討論計劃可行性的細節，並有行動。尤其關注北方大港的建設，芮氏一直認為天津港口，難以成為國際貿易港，故特派商務部特別委員威瑟姆（Paul Page William, 1878-1941）至直隸灣沿岸港口，實地考察，確定北方大港之計劃。進而建議當地及北京政府推動建設北方大港，結果促成直隸省議會通過《直隸灣築港》之計劃，但最終未能成事。此外，時任北京政府交通部顧問的美人碧格，亦主張興建鐵路，將海口與內陸聯結，發現其所論與孫氏吻合，引為同道。並引介孫氏《實業計劃》之第一計劃，發刊於東京具有影響力的《聯太平洋》財經月刊 2 期之漢文欄。並見該刊英文欄，刊登雷同孫氏的三大港口計劃之文章。[68]至於安特生則於獲得孫氏《實業計劃》之〈緒論〉後，代其轉寄給在巴黎和會的美國總統威爾遜（Thomas Woodrow Wilson, 1856-1924），並允諾為其於美國宣揚，然最終亦未見成果。[69]就國人而言，《實業計劃》陸續刊印時，影響朱執信、廖仲愷、林雲陔、孫科（1891-1973）等相繼撰文，討論未來國家之實業建設，如朱執信關注鐵路和港口關係，探究北方大港的營建，以及西北鐵路系統的修建。[70]廖仲愷亦撰文說明「要救中國，要建設中國，非從交通上著手不可」。[71]而《實業計劃》中都市建設，亦引起林雲陔、孫科等撰文討論，對歐美都市規劃及其體制多所論述。[72]其間四川一省之反應尤為熱烈，計劃發展川省之實業，以此為起點推動全國實業建設。[73]然上述中外時人之反應，卻未能使《實業計劃》的建設方案，付之事實。故孫中山謀求中國現代化工業革命成功之理想，終成畫餅，且被指為夢想而已。[74]在其有生之年，未成事實而齎志以歿，祇待來者。

---

[67] 各人之覆函，見 Sun Yat-sen, *The International Development of China*, op.cit., Appendix II-VI, pp. 251-265. 至於英國內閣閣僚方面，參孫中山：〈致康德黎夫人函〉（1919 年 3 月 20 日），《孫中山全集》，第 5 卷，頁 35。孫氏表示若英國內閣對其實業計劃反應良好，將計劃「前往英國一行」，然未有任何回應。

[68] 〈碧格覆函〉，《建設雜誌》，1 卷 1 期（1919），頁 22-23；武上真理子著、袁廣泉譯：《孫中山與「科學的時代」》（北京：社會科學文獻出版社，2016），頁 137-144。

[69] 武上真理子著，袁廣泉譯：《孫中山與「科學的時代」》，頁 131-144。

[70] 朱執信：〈直隸灣築港之計劃（附圖）〉，《建設》，2 卷 2 期（1920），頁 227-240.

[71] 廖仲凱：〈中國人民和領土在新國家建設上之關係〉，《建設》，1 卷 1 期（1919），頁 25-35；1 卷 2 期，頁 273-287，引文見頁 287。

[72] 林雲陔：〈歐美市制概論都市與文明之關係（附圖）〉，〈市政與二十世紀之國家〉，孫科：〈都市規劃論〉，《建設》，1 卷 2 期，頁 311-322；1 卷 3 期，頁 501-512，1 卷 5 期，頁 855-871。

[73] 呂芳上：《革命之再起——中國國民黨改組前對新思潮的回應》，頁 125，201-206。

[74] Niel Cantlie and George Seaver, *Sir James Cantlie: A Romance in Medicine* (London: William Cloues and Sons, 1939), p. 123.英國報界謂孫氏為一 "an uncompromising visionary"。

五、結論

甲午戰爭（1894-1895）前後，孫中山起而倡導革命，已深悉列強侵略下之滿清王朝政治腐敗、民生凋蔽，故於香港西醫書院習醫時（1887-1892），已針對民生凋蔽而提出吸取西方農學及農耕技術，進行改良農業的言論。及至辛亥革命，推翻滿清專制，並讓位於袁世凱（1859-1916）。孫氏深悉「有此非常之破壞，則不可無非常之建設」。[75]起而主張全國修建鐵路 20 萬里，謀求振興實業，致國家於富強，可惜袁氏獨裁稱帝，事與願違。[76]及至歐戰結束，進而撰寫 *International Development of China*，中譯《實業計劃》一書，即為其《建國方略》中之〈物質建設〉，主張開放中國，利用外資，發展實業，促成中國工業化，此即呼籲歐美列強，將其戰時工業設施投放中國，利用本國豐富自然資源，共同發展經濟，藉此恢復戰前世界經濟元氣，造福世界和平。孫中山以其中西博識，全國實地調查的觀察，完成此一未來中國經濟現代化的方案，[77]由撰文至成書，前後幾近三年。其間英文本之校閱及修訂，得力於蔣夢麟、余日章、朱友漁、顧子仁、李耀邦五人，打字及成稿則由孫夫人宋慶齡負責。此皆具有基督教信仰、青年會成員、教會大學及留美背景學有專精而精通英語者。隨即由孫氏之革命夥伴——朱執信、廖仲凱、林雲陔及馬君武四位精通中英語文者，分別代譯。中英文稿，先後發表於五四時期國民黨創辦，宣傳國家建設的《建設》雜誌，英文期刊《遠東時報》及《遠東共和》，最終成書，分別於商務印書館、民智書局及英美出版社出版。由是為中外有識者所注目。而本文即就透過對《實業計劃》之中外研究成果、從而得悉宜由撰著、校閱、翻譯及出版四方面著墨，此皆《實業計劃》研究向未深究者。期盼為此一影響二十世紀中國現代化的「寶書」，提供更為明確的「文字身世」，從而增加對孫中山遺教貢獻的認知。

---

75 孫中山：〈建國方略〉，《孫中山全集》，第六卷，頁 207。

76 隋立新：〈孫中山撰述實業計劃的史考察〉，《中國國家博物館館刊》，1 期（2016），頁 9-12。

77 王爾敏：〈「實業計劃」之時代背景及建國功能〉，《思想創造時代——孫中山與中華民國》，頁 153-196。

附表一　《實業計劃》於中、英文期刊發表歷程

年月	*Far Eastern Review* （*FER*,《遠東時報》）【註 1】	《建設》
1919 年 3 月 (vol. XV, no. 3)	The International Development of China: A Project Designed to Assist the Readjustment of Post-Bellum Industries【註 2】	
6 月 (vol. XV, no. 6)	Program I - Part I-V: The Great Northern Port	
8 月	Program II - Part I, II: The Great Northern Port (Part II 後半部和 Part III-V 沒有刊載)	《建國方略之一：發展實業計劃》：緒論，第一計劃第一到第五節（1 卷 1 期）
9 月		第二計劃第一節到第二節（未完）（1 卷 2 期）
10 月		第二計劃第二節（承前）（1 卷 3 期）
11 月		第二計劃第三節（1 卷 4 期）
12 月		第二計劃第四節（1 卷 5 期）
1920 年 1 月		第三計劃第一節（1 卷 6 期）
2 月		第三計劃第二節（2 卷 1 期）
3 月		第三計劃第三節（2 卷 2 期）
4 月	Program III - Part I, II: Great Southern Port	第三計劃第四節（未完）（2 卷 3 期）
5 月		第三計劃第四節（承前）到第五節（2 卷 4 期）
6 月	Program III - Part III-V	第四計劃第一節（2 卷 5 期）
8 月		第四計劃第二節（2 卷 6 期）
10 月	Program IV - Part I-II: Railway System	
11 月	Program IV - Part III-VI	
12 月		第四計劃第三到第四節（3 卷 1 期）
據武上真理子：《孫中山與「科學的時代」》，頁 123-126，並對照《建設》月刊之 1 卷 1 期（1919）至 3 卷 1 期（1920）篇目修改而成。		

【註 1】《實業計劃》緒論及四大計劃，透過美國記者索克思（George E. Sokolsky）的安排，亦在美國《遠東共和》（*Far Eastern Republic*）月刊之 1920 年 2 月至 9 月重刊，參徐濤：〈實業計劃成書考〉，《學術月刊》，53 卷 3 期（2021），頁 201。

【註 2】此文之中譯，3 月 7 日於上海《民國日報》刊登，題目為〈孫中山先生國際共同發展中國實業計劃書〉（本文即成書後之緒論）

實業救國：永利化學工業有限公司，1917-1937

關文斌

現在的國家，如果自己不能造酸製鹼，就算沒有辦化學工業的資格，沒有這資格，就算不成其為國家。

——范旭東，〈永利製鹼公司第五屆股東常會報告〉，12/7/1928

舊中國的市場，「一般來說是一個開放競爭市場，」但也不乏像化工產品這樣的技術和資金門檻都極高的壟斷性行業。[1] 英國卜內門公司（Brunner, Mond & Co., Ltd. 1926 年後，為皇家化學公司 Imperial Chemical Industries，PLC.子公司，下文作 ICI），1899 年派員到中國，實地調查。[2] 1901 年開始向中國出口純鹼，目標明確：為了從中國取得最大利潤，除了把天然鹼趕出市場外，還得防止氨鹼法傳播。[3] 其 Winnington 總廠和 Billingham 分廠所生產的硫酸銨化肥，自 1905 起，主要供應中國市場。作為當時全球最大的純鹼生產商、Solvay 氨鹼生產法集團和世界氮化肥壟斷組織（Convention Internationale de l'Azote，簡稱 CIA）的成員，卜內門「擁有」中國純鹼市場，而化肥則與德國靄奇（IG Farben Industrie）瓜分。[4] 針對化工產品連年入超，范旭東等倡辦的永利化學工業公司，以 5,000 元資本開始，從鹼到酸，逐步發展成為近代中國最大的私營化工集團。[5] 本文利用國內外的公私文書檔案，分析從 1917 年成立到 1937 年間，如何實現他們以實業救國的理想，通過天津以至上海等的關係網，籌集所需要資金，挑戰卜內門等跨國集團技術和市場壟斷。重利的中國銀行網絡又如何支援永利？「拉關係」與經濟發展是否不能並存？

---

1 Thomas Rawski, *Economic Growth in Prewar China* (Berkeley: University of California Press, 1989), 116.

2 H. Glenndining 訪華報告，8/8/1899；調查四川鹼業報告；見 ICI 檔案 W45/6/101；W45/6/72（存英國 Cheshire Local Archives）。

3 W.J. Reader, *Imperial Chemical Industries*, 2 vols. (London: Oxford University Press, 1975), I：I: 339; Brunner, Mond and Co., Ltd., Castner-Kellner Alkali Co., Ltd., and United Alkali Co., Ltd. 協議, 10/30 /1919。見 ICI 檔案 BM 4686/13。

4 George W. Stocking and Myron Watkins, et. al., *Cartels in Action* (N.Y.: Twentieth Century Fund, 1946), chapters 9-11。

5 陳歆文，《中國近代化學工業史》（北京：化學工業出版社，2006）。

集股、資金問題

范旭東（原名源讓，又名銳，以字行），自幼失怙，曾與寡母寄居長沙節婦堂，後隨長兄源濂東渡日本，受梁啟超資助，京都大學化學系畢業後，1911 回國，供職財政部，奉派到歐洲考察鹽業，預備籌建國營鹽廠。但是回國後，北京政局已變，「飽嘗官場腐敗」滋味，范遂毅然辭去造幣廠職位，投身實業，1914 年創辦久大精鹽公司。[6] 一戰爆發後，鹼價大漲，英國又趁第二期善後大借款的談判，要求取得在中國生產的特權。[7]1916 年冬，吳次伯、王小徐、和陳調甫，通過蹇先益的引介，從上海到天津，與范旭東商議籌辦永利鹼廠。為了保衛國家權益，范旭東、景本白（學鈐，以字行，亦作韜白）、李賓士（穆，亦作賓四）等遂決定開辦。但是永利自興辦開始，即飽受資金問題的困擾，或可分為兩期進行分析：1917-1929 年間籌備，試驗、生產起步，由股東和久大投資，不足由久大和金城銀行通融。第二期 1930-1937，以發行公司債券、抵押貸款、銀行直接投資為主。[8]

1918 年十一月，永利製鹼有限公司創立大會議決，集資 300,000 萬元，興建一年產三千噸（五萬擔）的鹼廠，預算十五萬元用於機器設備，五萬元購置地基建築廠房，餘款供作開辦費及流動資金，估計每擔生產成本為 3.05 元，以戰前價每擔 3.9 元計，可獲利每擔 0.85 元，若用當時市價每擔十六元計，則每擔可獲利十三元，應付官利八釐，應無問題。可是，直到 1919 年四月，實收資本僅八萬餘元（見附錄），為了增建煉焦廠生產氨氣，原來預算已不敷應用，遂於同年八月，議決續招十萬元，共四十萬元，預算日產三十噸，每年生產九千噸，每噸成本為 34.66 元，以市價每噸 67.2 元（一噸約 16.8 擔，每擔四元）計，估計年可獲利 292,000 元。1921 年十一月股東會，為了擴充日產量至五十噸，再度修改章程，增資至六十萬，而註冊資本為二百萬。預算生產成本為每噸 39.40 元（未包括折舊）。1924 年六月二十二日，第四屆股東會報告，實收股本為 1,185,000 元，銀行貸款 135,695 元，其他貸款 62,565 元；支出為 1,265,238 元；又以出貨在即為理由，決議實收股本增至 1,500,000 萬。實際上，開辦初年，永利

---

[6] 詳情見趙津，李健英，《永久黃團體研究》（天津：人民出版社，2014，第一章；拙作 *Beyond Market and Hierarchy* (N.Y.: Palgrave MacMillan, 2014)。

[7] 范旭東，〈中國化工界的偉人——侯博士〉，《海王》，16.11（1944），頁 81-2；陳德元（調甫）《引玉集》（1946），頁 24；〈朱爾典文書〉（John Jordan papers）及英國外交部檔案，存英國國家檔案館。

[8] 詳情見趙津等編，《永久黃團體檔案彙編——永利化學工業公司專輯》（天津：人民出版社，2010），上冊，第四章；拙作 *Patriots' Game* (Boston: E.J. Brill, 2017)。

鹼廠的實收資本，低於註冊資本，而註冊資本，以日產一噸得投資一萬美元設備的比例計算，又低於實際需要，種種技術、設備問題，直至 1926 年才初步解決，開始正常生產。多年毫無收益，僅在 1921 年，因為一戰期間低價購匯十六萬美元，從剩餘外匯獲利 125,585 元，提出十萬元發過一次股息。[9] 股東們意興闌珊，甚至有「原來發起人，自願退出。」市場對招股集資，反應冷淡。這時期的永利，主要是倚賴股東，久大和金城銀行的支持。

久大對永利這「難產兒」的投資，從公開的帳目來看，始於 1921 年的五萬元；但實際上更早，涉及的資金和其他資源也比帳面值高的多。從建廠的土地到碼頭，都是由久大無償提供使用，經理人員互調，更不用說身為總經理的范旭東，亦只領取久大一份薪酬。久大的兩次增資「用於照顧老弟（即永利）的占絕多數……老大哥（久大）的帳底裡已是百孔千瘡了……從京津兩地張羅起……到漢口、長沙、上海，甚至用私人名義張羅到青島的國家銀行……。」[10] 但是，挪用久大資金百分之七十五以上還不夠，正如余嘯秋所說，「創設之初……賴久大支持……但久大利潤畢竟有限……先以久大名義代借……范（旭東）私人曾向金城，名為久大借款，實則暗給永利……。」[11] 後來，永利也直接向金城透支貸款，據收集到的部分材料，歷年情況如下表：*

年份	金城永利透支額度	金城永利借款數	金城久大借款數	久大欠各銀行數#
1921	200,000			
1922		130,022	122,962	87,131
1923			459,033	411,220
1924		149,854	343,608	278,829
1925		166,270	749,047	459,147
1926	600,000	604,784**	567,429	680,137
1927			785,180	586,952
1928				645,768
1929		480,000		580,443
1930		77,811	795,000	407,794
1931		50,372		480,448
1932		121,907		379,945

[9] 久大把應收的 16,000 元股息改成永利股票。見附錄。

[10] 〈海王團體上古史中的資源流通篇〉，引自趙津等編，《永久黃團體檔案彙編——久大精鹽公司專輯》（天津：人民出版社，2006），上冊，頁 18。

[11] 余嘯秋，《永利久大廠史提綱》，上海金城銀行檔。

年份	金城永利透支額度	金城永利借款數	金城久大借款數	久大欠各銀行數#
1933		61,601		191,498##
1934		419,334		395,165
1935		656,796		528,064
1936		1,322,347		123,871
1937		500,000		2,455,542

* 天津金城銀行檔；中國人民銀行上海市分行金融研究室編《金城銀行史料》（上海：人民出版社，1983），頁 167。1929-1937 永利借款數字，轉引自：劉永祥，《民國時期的金城銀行》（南開大學博士論文，2001），頁 87。

**李一翔，《近代中國銀行與企業關係》（臺北：海嘯出版事業有限公司，1997），頁 49。

久大鹽業有限公司歷年資產負債表。1930 年開始，包括來往及定期借款。

##久大 1933 年資產負債表說明二：銀行往來欠款項下為 551,498 元。其中除去代墊永利公司借款 360,000 元，故只 191,498 元。

金城貸款月息九釐至一分不等，實際貸款亦根據市場情況鬆緊調整，如 1921 年底，透支額度因為「市面銀根甚緊」，減至五萬元。按合同規定，永利每年得將利息付清，並償還本金 1/5 才能轉期。[12] 儘管這些貸款都由久大全部資產抵押剩餘部分擔保，但因為久大本身也是一家有限公司，營運也得有龐大資金，金城所承擔的風險並沒有減輕。

永利和金城這種特殊關係，是建築在范旭東跟周作民的「私人友誼」上。「值此環境，只好拚命做去，豈有它途？」是兩人的共識。[13] 據范的助手余嘯秋的回憶：

> 他們的結合，全是私人友誼，無政治作用。周（作民）、范、葉（緒耕，金城實業顧問）同時都在西京帝大，十分契好，情同手足……在帝大時范曾幫過周大忙……幫范是「報德」。[14]

其他北方銀行首腦，范亦多認識，與卞白眉（中國銀行天津分行經理）更一度非常接近，相許「就分內事勉為其難，為社會造一分好因……」[15] 加上范的信用，金城肯往來，同屬北四行的大陸、鹽業、中南亦稍可通融。而南三行中的浙江興業銀行（葉揆初），也是久大的股東。但是，正因為范和周的關係深厚，其他銀行亦不能，也不願意太接近久大、永利，以避免與金城產生矛盾。[16]

---

[12] 天津金城銀行檔。

[13] 周作民致范旭東函，11/17/1929。

[14] 余嘯秋，《永利久大廠史提綱》，上海金城銀行檔。

[15] 卞的兒子松年、柏年，都在范的黃海化學工業研究所工作。見《卞白眉日記》（存天津市政協圖書館）。

[16] 《卞白眉日記》，4/9-10/1920 條。

合併與競爭

對永利的情況，卜內門通過種種管道，包括利用張樹森為人頭股東（天津永盛行，1934 年股東冊有 217 股），派員混入廠內，收集、分析排出廠外的廢液等等，掌握許多情報。1924 年，當時卜內門（中國）的化驗室主任韓組康（原名恩綬，即 John E.S. Han）參觀永利以後（韓的一名學生，時為永利化驗員），澄清了永利與 Mathieson Alkali（Solvay 與卜內門控股的美國公司）沒有直接關係，設計圖紙由 W.D. Mount 提供（Mathieson Alkali 前廠長，時為 Gramorgan Foundry & Piping Co.工程師），估計成本為 3.6 元一擔。韓的報告，也提到乾燥鍋（Thelan pan）問題，刮刀是從美國進口，但鑄鐵鍋是國內生產，二者用料不同，受熱後膨脹係數有異，產生摩損，造成裂縫，所產純鹼色澤亦不理想。另外，氨氣滲漏亦是一個嚴重問題，需要花費鉅資更換管道；其他設備維修配套不全，也造成生產不穩定，連年虧損，逼不得已，唯有停工、裁員、減薪。[17] 除了這些技術問題以外，資本不足，導致利息負擔過重，每擔成本達 4.09 元。解決問題，公司內部有兩個方案：一是爭取國內大戶如耀華玻璃公司，二是接受日本訂貨。前者韓認為耀華與卜內門已簽訂契約和享有特殊優惠，後者則日人或另有用心，俱不可行。[18] 卜內門既掌握永利的情況，遂派遣董事 Sir J. G. Nicholson 在大連與范旭東談判，合組新公司，資本五百萬元，各占一半股權。永利方面以全部財產估價 2,218,491.6 元，並負責與中國政府談判，保證繼續免稅、免釐等特惠。卜內門同意經審核永利帳目及生產資料後，除注入資金外，亦會提供技術指導。[19]

從范旭東的角度來看，這或許是一個逼不得已的城下之盟。建廠所耗費的二百餘萬[20]，全憑實收資本、久大墊款和金城貸款支持；久大投入永利的資金，已超過其註冊股本的一半，對其本身營運和盈利，不無影響，股東們（包括景本白）意見紛紜。[21] 天

---

[17] 鹼廠初年操作的困難，陳調甫有詳細描述。見其〈在鹼廠寫信給氫廠技工〉，《海王》9.31 (1937)，507-9。James Reardon-Anderson, *The Study of Change: Chemistry in China, 1840-1949* (Cambridge: Cambridge University Press, 1991)，頁 167 說永利於 1924 年開始穩定生產，並不確切。實際上，永利 1/10/1924 開始試車，3/8/1924 投產，6/26/1924 停工；4/5/1925 復工，11/1 停工直至 6/27/1926。

[18] 韓組康，《永利報告》，4/17/1924；5/9/1925。見 ICI 檔案 W45/3/61。

[19] 5/21/1925 簽訂草約，有效期至 12/31/1925。次日永利即提出邀請卜內門工程師來華協助。後因上海發生「五卅慘案」，范於 6/29/1925 致電卜內門，暫停進行。見 ICI 檔案。

[20] 景本白說是三百餘萬，余嘯秋說是貳佰五十萬。韓組康估計是貳佰萬。經折舊後，為 198.5 萬元。見李建英，〈部門創新體系建設中的永利模式〉（南開大學博士論文，2009），頁 51。

[21] 參見附表。久大（註冊資本 210 萬）第一次投資五萬；第二次 33 萬；第三次 60 萬。見陳歆文，周嘉華《永利與黃海》（濟南：山東教育出版社，2003），第二章。1951 年經過公私合營清估，久大持有永利 25,291,856 股，或

津金城銀行對周作民支持永利的決定，亦不無微詞。[22] 公司出貨無期，技術設備改進，在在需款，從市場集資更是杯水車薪，緩不濟急。內外交困情況下，范不得不忍辱負重，接受卜內門的條件。在卜內門來看，這也是一舉多得的辦法，不單能繼續控制中國市場，還可避免永利與日本合作，也省掉在華設廠的投資。[23] 但是，由於「五卅慘案」所引發的抵制英貨運動，范旭東要求暫緩進行。而 ICI 經過分析資料後，認為永利不足為患，兩家合作的計畫，也就不了了之。

1926 年，經過侯德榜等的努力，永利終於正式投產，但因為規模過小，產量有限，成本高昂，原料英國工業用鹽每噸二角五分，蘆鹽非四元不辦，原料和成品的稅釐問題，加上銀行利息負擔亦重，周轉不易，社會同情者少，故無從集資改進，「復無保護關稅，不堪外貨壓迫」，處勢依然危殆。內部股東的不滿，卜內門一度跟降不跟升的削價競爭，加上南京政府宣佈國營企業計畫，由國家投資，興建酸鹼等化學工廠，永利作為一家私企，如何自全？

為了應付內外困境，范旭東「耍卜內門手段相當厲害」。[24] 一方面是與卜內門在 1929 年二月正式重開談判，籌建一家資本七至八百萬元的新公司，永利財產估值為 2,129,829 元。儘管兩公司都曾各自與英國駐華領事和南京政府接觸，討論與政府合作（甚至三方面共組公司），但永、卜會談時，雙方都同意不能讓政府插手經營化學工業。[25] 而范又以政府的種種要求，包括政府要求加入官股、稅釐問題等，逼使卜內門在治外法權、資金、股權、公司組織章程等問題上讓步。[26] 雙方對新公司章程達成共識以後，范以引進外股和技術，擴張產量，避免競爭為理由，在十月二日向南京政府提出中外合資申請。[27] 另一方面，范旭東亦利用南京政府的國營工業計畫，對接受外資尚得考慮為理由，在十月八日再度要求政府注資永利，加入官股，既節省國家投資，又可保護民族工業，經過鄒秉文（同時亦為卜內門的顧問）和徐善祥（鳳石）的奔走，

25.29%，見〈永利化學工業公司清估工作總結初稿〉。

[22] 中國人民銀行上海市分行金融研究室編《金城銀行史料》（上海：人民出版社，1983），頁 168-9。

[23] 滿鐵與 ICI 英國總部曾有接觸，在東北合組公司，投資二千萬日元興建鹼廠。但卜內門（中國）認為一旦成功，滿鐵會在中國傾銷，「我們純鹼的超經濟利潤（overprice），就會化為烏有」，極力反對。買賣終於沒有談成，但 ICI 亦擔心滿鐵會轉與永利合作。見 Percy Fowler 致 J.G. Nicholson 函，4/22/1925，卜內門檔案。

[24] 余嘯秋，《永利久大廠史提綱》，上海金城銀行檔。永利與卜內門的鬥爭，請參見余嘯秋，〈永利鹼廠和英商卜內門洋鹼公司鬥爭前後紀略〉，《文史資料選輯》80，頁 44-59；拙著，"Market and Network Capitalism,"《中央研究院近代史研究集刊》49（2005），頁 93-126。

[25] 詳見上引拙文，頁 108-11；李建英（2009），頁 66-7。

[26] 利用政府要求參加新公司，免稅免釐等問題，要求英方注資 600 萬，永利股權占 51 至 55%等。Percy Fowler 致 J.G. Nicholson 電，5/1/1929。見 ICI 檔案。

[27] 范旭東呈工商部，見南京國家第二檔案館 422.2117。

得到當時工商部長孔祥熙的支持，原則通過國家第一期投入公股二百萬，自籌一百萬，永利增資共成五百萬。[28] 作為一家「準國企」，原料、成品免稅免釐、減輕運費等問題，也順帶批准。十月二十六日，范旭東通知卜內門，南京不會批准中外合組公司用鹽免稅，加上政府將在十一月五日簽訂注資永利的合約，永利跟卜內門可以繼續討論的，唯有永利出口代銷權。[29] 失去這已到口的獵物，卜內門也無可奈何。

官股無期，債券抵押

范旭東雖然用政府不能批准永利與卜內門合組新公司免稅的優惠，公股月內即可到位等等理由來推卻卜內門，但是實際上，徐善祥調查永利的報告和批准官股的條陳，十一月底才到部；而政府的注資，更是遙遙無期。工商部多次行文財政部，但宋子文卻不買孔祥熙的帳，以永利「獲利亦厚，公家免稅損失頗巨」（自 1924 年至 1929 年期間，領用鹽斤 1,807,842 擔，按每擔二角計，共 361,570 元），對其他如製造醬油皮革等小工廠，用鹽雖然無多，亦得按食鹽稅率納稅，未免不公。[30] 加上永利尚在五年免稅期內作為理由，反對永遠豁免原鹽和成品釐稅。[31] 經過來回磋商，終以將來政府財政改善時，可以注入官股為條件，免稅三十年定案。

但是，永利的資金問題，還是有待解決。為了擴大日產至一百二十噸，改善規模效益，范旭東和永利董事會 8/30/1930 決定改發公司債貳佰萬元，委託中國、浙江興業、鹽業、中南、金城經理，按票面定額九八[32] 收款，月息一分（年息一分二釐），八年還清，銀行經手酬金千分之三。[33] 但市場反應並不理想，僅由浙江興業售出 7,000 元。為了解決永利的困難，周作民主張，由金城，中國，鹽業，中南平均分擔承購。經過反覆相討後，除以壹佰萬元債券償還金城和久大精鹽公司部分舊欠各五十萬外，剩餘的壹佰萬元，由中南、中國、鹽業、四行儲蓄會、浙江興業和上海商業儲蓄銀行

[28] 工商部呈行政院加入公股提案 10/14/1929.；工商部訓令永利 10/22/1929。同上。

[29] 主要是日本市場。ICI（日本）利用永利的純鹼，以較低價格傾銷，逼使日本鹼商讓步，合組卡特爾。ICI（日本）除了保證訂貨外，還提供 300,000 元的「保證金」，對永利的財政困難，不無小補。見 ICI 檔案。

[30] 財政部令長蘆鹽運使，10/28/1929，〈長蘆鹽務管理局檔〉，存河北省檔案館。

[31] 徐善祥關於調查天津永利報告，11/30/1929；工商部咨財政部 5/10/1930，5/30/1930，6/9/1930；財政部咨工商部，4/17/1930。Reardon-Anderson 論及永利「得到政府貸款 550 萬，年息七釐，為期五年」有誤。見 Reardon-Anderson (1991)，頁 265。

[32] 即 100 元面值（面額）的股票，購買者僅付 98 元，但利息按面值計算。

[33] 范旭東致孔祥熙、工商部電，6/20/1930，9/1/1930。天津金城銀行檔。

接受作為抵押品，以票面值七五扣再貸款與永利。[34] 其承做數額如下表：

承做銀行	數額
中南	280,000
中國	250,000
浙江興業	100,000
上海商業儲蓄	100,000
鹽業	85,000
四行儲蓄會	85,000
合計	**900,000**

注：《永利廠史資料（一）》，頁 136，作 720,000 元（亦缺四行儲蓄會）。久大所持有的永利債券，亦旋向銀行抵押貸款。

九一八事變以後，東北淪陷，華北告急，永利後續建設資金更形緊張，天津金城分行嘗試收縮對永利的巨額透支，雖然尚有額度，還是請總行「代為婉卻」，周作民不得不代為「介紹」中南貸款 25,000 元；但是杯水車薪，永利又欲以存鹼作抵，向天津中國銀行貸款一百萬，卞答以八十萬試辦。[35] 此路不通，范又計畫發新公司債五百萬，收回舊債，餘款用作技術改造，擴充生產。經周作民等折衝，卞僅答以 150 萬（120 萬公司債，30 萬透支），並須得管理權，「否則寧可少借，以十五萬為限。」[36] 興建燒鹼廠所需的三十萬，以公司債券及存貨提單作抵，貸自上海商業儲蓄、浙江興業。

籌建南京永利錏廠

1930 年，為了促進農業發展和因應國防需要，經徐善祥、程振鈞、鄒秉文、郭秉文等向實業部長孔祥熙條陳，南京政府決定，成立實業部硫酸錏廠籌備委員會，計畫利用英國退還庚子賠款基金部分盈餘，興建國營硫酸錏廠。卜內門聞風而動，致函實業部表示願意參予。[37] 實業部經商議後，正式邀請卜內門、靄奇參加，條件是中外合資，中方股份占 51（內 55%由英國退還庚子賠款基金盈餘撥付，作為官股；餘數留作商股），外資占 49%。為了籌備這對國防、民生都有重大作用的建設，鄒秉文遍訪國內有關專家，范旭東認為生產規模應以滿足國內需求為準，設計年產 20 萬噸，投資約

34　《卞白眉日記》，8/23/1930，9/11/1930，10/16/1930，11/18/1930 各條。

35　天津金城分行與上海總行來往函，2/25-26/1932；余嘯秋致周作民函，4/29/1932；見上海金城銀行檔；《卞白眉日記》，6/24/1932，7/5/1932 條。

36　《卞白眉日記》，11/28/1932，12/27/1932 各條。

37　卜內門（中國）致實業部函，6/18/1931。四日後雙方第一次會面。

1,700 萬，估計年可賺利 700 萬。為了解決技術、資本問題，鄒等遂建議添聘范旭東、翁文灝、張公權、陳光甫、宋子良參加。擴大籌備委員會於 9/28 日開會，討論結果，「深感經費問題最關重要……一時恐不易籌集，議定……資本總額暫以一千萬為限。」為了推廣商股，集廣思益，又增聘史量才、劉鴻生、吳蘊初、陳調甫為籌備委員。[38]消息傳出，亦有美國氮氣工程公司（Nitrogen Engineering Corp., 剛被 American Cyanamid 收購，不屬於 CIA 集團）的浦柏（Frederick Pope）在上海與鄒秉文、徐善祥接洽，提出兩個方案（年產 3.5 萬、7 萬噸），報價六至七百萬元，但僅負責設計、協助選購、安裝機器設備和訓練中國工程師操作，不包括營運、地基、進口稅等，每噸成本約 109 元。[39]

當時正值全球經濟大蕭條，世界化肥生產已經過剩，英、德兩公司作為 CIA 的主要成員，對中國發展化肥工業，自給自足，不無顧慮，但也不願意放棄這個機會，派遣代表來華考察，提出一個設在上海，年產 4.5 萬噸硫酸錏工廠計畫，需要資金 1,500 萬（包括地基、流動資本等），管理、保險、和專利費每噸共合 20.3 元，每噸總成本約 126 元。[40] 由於估計盈利率僅有 4-7%，ICI/靄奇為此要求免除原料、機器設備進口稅，工廠及出口稅十二年，並由兩公司全權管理工廠營運, 專銷所有產品和決定價格 ；在十二年內，若工廠產量足敷湖南、湖北、江西、安徽、江蘇、浙江、福建、四川八省需求，中國政府還得同意於八省內不准另設新廠。若有建設新廠需要，ICI/靄奇有優先承辦權。此外，英、德公司還要求中國政府負擔錏廠設計費 150 萬元。[41] 為了達到目的，ICI 總部密令上海分公司向英國駐華外交官員尋求協助，向南京施壓，否則整個計畫將會告吹。[42] 同時，兩公司亦在倫敦與浦柏談判在華合作，更趁宋子文在英京參加世界經濟會議期間，由 ICI 總經理麥高溫勳爵（Lord Harry McGowan）與宋會面（6/23/1933），推銷 ICI/靄奇的計畫，強調浦柏的方案，只有設計和工程，沒有經營經驗，也沒有包括地基、營運資金，不能與兩公司的計畫相比。宋答應致電南京，命令財政部和實業部從詳計議，等待他回國後才決定。[43] 同年十月六日，麥高溫親自來華主持談判，一方面與范旭東會面，表示願意合作（包括鹼廠、錏廠），另一方面，又與南京政府多次會

[38] 史、劉對計畫都有興趣，並答應入股。見實業部檔案。

[39] 張能遠，〈南京永利錏廠的創建和發展〉，《江蘇文史集萃》（1997），第十冊，頁 96-97；Louis C. Jones（China Chemical Industries, Fed., Inc.）致鄒秉文函，1/8/1934，上海商業儲蓄銀行檔。

[40] 另一方案為年產 35,000 噸，需款 1,100 萬。見實業部檔。

[41] 陳公博《四年從政錄》（上海：商務印書館，1936），頁 14。見英國外交部檔案，371.17128。

[42] ICI (London) confidential cable to ICI (China) dated 29 November 1932; G.A. Haley letter to Louis Beale dated 3 December 1932; and Foreign Office to Beale dated 28 March 1933 in *FO* 371.17128。

[43] Patrick Brodie, *Crescent over Cathay* (Oxford: Oxford University Press, 1990), 133-5。

談，希望能在他十月二十七日離華以前簽約。但宋子文對整個計畫，興趣似遠不如孔祥熙，對卜內門和謁奇各種要求，宋開門見山，表示失望。要是氩廠不能「經濟地運作」（包括應付所有稅項），也就沒有存在價值；要是為了國防，生產炸藥，更不需要這樣大規模的投資。如果英、德公司有誠意幫助中國建設，可以向中國政府貸款，減輕官股的壓力。食之無味，棄之可惜，進退兩難的麥高溫只有失望地轉赴日本。[44] 但 ICI 還是不甘放棄，由拉西曼（Rajchmann 國聯對華技術合作顧問）通過宋藹齡，嘗試疏通；V. St. Killery（ICI 中國董事總經理）通過端納（W.H. Donald，曾任張學良顧問，宋家的「叔叔」）安排，直接向宋美齡、蔣介石面陳，經宋的介紹，跟孔祥熙（繼宋子文任財政部長）繼續談判；麥高溫和英國政府亦以對華 1,700 萬英鎊投資相誘。[45]

面對人才、技術兩缺，官股籌措困難，外資又提出難以接受的條件，實業部部長陳公博也是無計可施。范旭東身為籌備委員，又通過黃漢瑞（時在陳的辦公室工作），深悉南京的困境。加上日本財閥和全賣聯，在關東軍鼓勵下，投資一千五百萬日元，在大連興建硫酸氩廠，國難當前，范旭東毅然挺身而出，由永利接辦，興建年產五萬噸的氩廠。所需資金一千萬，范先與周作民商量，「以全數資金悉能籌集為要件」，投資 200 萬元。[46]得到金城銀行的支援後，再函請鄒秉文（時任上海商業儲蓄副理）動員陳光甫，「並希望作民、光甫二君極力向公權先生進言湊足六百萬，則餘數當易號召。」十一月 12 日，范親赴南京與陳公博磋商，得到共識，再轉赴上海。

在給周作民的親筆信裡，范旭東把融資開工廠問題第一波的曲折，有一段詳細說明：

> 到滬後，光甫兄始終表示加入，但尚欲與兄（即周）及公權兄面商……弟因期限逼切，萬一中國各銀行竟不能足數，此事或終為卜內門攫去，於公於私，皆極危險，不得已就商於美國放款機關，彼等對永利早有調查，一說已瞭解，允為協助半數五百萬……在弟原不願與外人合作，只以勢偪，處此設任卜內門在中國設廠，吾等十餘年來為中國化學工業所築基本，將完全失效，故兩害相權取其輕，毅然與美商接近……。[47]

---

44 宋子文、麥高溫會談紀要，10/16/1933；10/26/1933。宋自從八月底回國以後，因不滿南京對日本政策與蔣介石鬧翻，10/29/1933 亦辭職。

45 Brodie 前引書；鄒秉文，〈永利硫酸氩廠建廠經過〉，《文史資料選輯》19（1961），頁 102-3。

46 天津渤化永利化工股份有限公司編，《范旭東文稿》（天津：天津渤化，2014），頁 383。

47 范旭東致周作民函，11/24/1933。美資，是指 C. V. Starr（史帶）的美亞保險公司（American Asiatic Underwriters）。聯繫國內銀行過程的另一版本，即九月前范已得到銀團的口頭約定，見鄒秉文前引文，頁 105。引進外資的另一說，即由浦柏參加，見李建英（2009），頁 89。但浦與麥高溫在倫敦談判時，已答應不會投資永利。

其後得到陳光甫的幫助，聯繫到貝祖貽（淞蓀，時為中國銀行上海經理）的支援，但具體數目，必需張公權肯首才能決定。[48] 解決資金辦法既露端倪，范即在十一月 22 日，呈文實業部申請備案，由永利承辦硫酸錏廠，年產五萬噸，所需資金一千萬元，業經認足，詳細計畫一個月後可以提出，以便政府回絕卜內門、靄奇。[49] 次日實業部即向行政院提議，由永利承辦錏廠，呈文稿中羅列卜內門、靄奇免稅要求過奢，設計費用太巨，成本過高，未能成議的因由。[50] 五日後，陳公博致電范旭東，轉達行政院決定，由永利承辦錏廠；並請轉告（張）公權，（周）作民，（陳）光甫，（徐）新六等銀行家。[51] 十一月 30 日行政院正式行文實業部，批准由永利這家私營企業來承辦錏廠，限一年半內成立。[52]

政府雖然批准了計畫，但融資尚有許多問題。范旭東與一眾「犯胃病」——吃了又吐，不吃又餓——的銀行家打交道，也不無轉折和壓力。[53] 陳光甫 9/9/1933 專程到塘沽參觀鹼廠，張公權則表明永利不能完全依賴銀行資金，函囑卞白眉與范旭東就近商討。但兩人見面時「范對中國（銀行）態度大變，置公司債於一邊，完全不談，大唱高調，似乎此等工業不但銀行應扶助之，永利之舉，實乃中華民國國民所應盡之職責。」卞對范「自定一切，得意忘形時，不知所云……」 甚為不滿，堅持冷靜考慮銀行利益，以「津行不能擔任巨數」、上海等銀行對永利計畫亦不無懷疑為理由，向張公權力陳反對意見。雖有周作民緩頰、貝祖貽兩次進言，張仍無決定。[54] 面對這情況，范旭東一度堅持貝祖貽已有承諾，一定可行，但終於也不得不順應鄒秉文的規勸，親赴上海，與張公權直接商討，「兩雄相遇，敘談不到一小時，一切迎刃而解。」[55]

大原則雖然決定，但融資額、利率條件等具體細節，還是有待落實。永利當時的情況，資金、技術確是不足，誠如范旭東向實業部呈文所說的，「並非吾人無謀，甘冒萬險，勢逼處此，欲避無從；中國資本缺乏，世所共知，操金融業者又皆無意於工業經營……」永利不顧艱難，目的「無非為積貧之中國開闢利源，並為中國工業技術，

---

48 中國人民銀行上海市分行金融研究室編《上海商業儲蓄銀行史料》（上海：人民出版社，1990），頁 550。

49 鄒秉文前引文提到實業部已回絕 ICI/靄奇的說法有誤。亦見范旭東致鹼廠 11/21/1933 電。

50 正式呈文則刪改成與卜內門、靄奇合作「頗有成議希望」。

51 上海金城銀行檔。

52 褚民誼致陳公博函，11/30/1933，實業部檔。存中央研究院近史所檔案館。

53 余嘯秋，《永利久大廠史提綱》。李建英（2009），頁 89。

54 資耀華致鄒秉文函，上海商業儲蓄銀行檔；又見《卞白眉日記》 9/17/1933；12/7/1933；12/19/1933；12/23/1933；1/15/1934 各條；余嘯秋，《永利久大廠史提綱》。上海商業儲蓄銀行檔。

55 余嘯秋，《永利久大廠史提綱》。

在世界爭得地位。」[56] 為此永利考慮發行 750 萬元公司債（150 萬清還舊債，600 萬建廠）。但是在舊中國，私人企業通過市場募集如斯鉅款，可以說是創舉，風險亦極大。[57] 債券每年的利息，氬廠出貨以前都得由鹼廠的利潤來負擔，為此股東以及投資者不無顧慮。又因為《公司法》規定「公司債」和有限公司投資其他公司的限制，如何解決久大「移花接木」的投資和墊款，又滿足市場、銀團、和政府法令，實在煞費思量。

據 1929 年公司法第一章第十一條：

> 公司如為其他有限公司之有限責任股東時，其所有股份總額不得超過本公司實收股本總數四分之一。

又第四章第七節「公司債」第 177 條規定：

> 公司債之總額不得逾已繳股款之總額，如公司現存財產少於已繳股款之總額時，不得逾現存財產之額。

永利化學工業有限公司發行公司債的計畫，向行政院備案時，因此遇到麻煩，汪精衛（時為行政院院長）認為必須再開會審查全案，批令實業部詳細調查永利資產債務狀況。為了避免反覆，鍾履堅（精鹽總會幹事，1936 年轉到久大工作）一方面請託行政院秘書「努力斡旋」，另一方面又和實業部工業司司長劉蔭茀（治萬）商討，劉建議兩個辦法：一是由實業部負責發行公司債，二是由范旭東設法「多列實在資產，估高價格，公司債仍可發行。」[58]權衡得失，前者涉及的問題更多。經過電報往返，最後范旭東親赴南京與劉面商如何將永利資產補充騰挪，使實業部「過得去」。

處理久大的股份和墊款問題，〈海王團體上古史中的資源流通篇〉有一段生動的描述：

> 當銀團派駐公司會計人員開始辦公的前夕，老弟（永利）自身懷抱中的帳本，結算到一百零一分的整齊……（久大墊款）總計從建築工程發動起……已超過了銀幣一百五十萬元的大關。為了配合結算方式，總共一次付了利息十八萬

[56] 范旭東呈實業部，8/1934。

[57] 劉志英，《近代上海華商證券市場研究》（上海：學林，2004），頁 180-190。

[58] 鍾履堅致范旭東函，3/7/1934。〈精鹽公會抄檔〉，存南開大學經濟學院。

> 元……墊本部分作為老大哥（久大）的投資，按照其時公司法所許可的數量和久大股東會同意過的數量範圍內，填寫老大哥本名的股票。其餘的數目，填成各種不同的堂記戶名……。[59]

修訂的計畫是在已收股本貳佰萬元基礎上，通過資產重估，以未分資產提充股本貳佰萬，再增募新股 150 萬，籌足 550 萬，再發行公司債 550 萬，利息七釐，十足發行。對久大和永利現有股東來說，這個方案較為有利。[60] 但銀團方面，經過審查公司帳目後，認為永利未分資產應為 1,130,199 元，存貨 280,000 元，共 1,410,000 元；但對沖回試驗費及開辦費 630,673 元則有所保留，加上尚有「圖案費」324,890 元仍列作資產，一旦日本化肥來華傾銷、引進技術或有阻力、銀團支持永利的毅力等顧慮，須要慎重考慮。[61] 如通過發行新股增資 200 萬，又增加了銀團集資的壓力，因此要求新股東也得分潤「未分資產」的四成。為了解決矛盾，范旭東致電周作民：

> 為考慮資金不夠……久大不便再購，決由弟個人另籌，唯虛增之股，舊股東必須得七成，始免阻滯，相差有限，且屬人情，極盼玉成。[62]

經過周作民、吳鼎昌、周貽春（原清華學堂校長，中孚銀行北京分行經理，永利董事、股東）的斡旋，[63] 終於決定，未分資產提充股本 150 萬，增募新股 200 萬。虛增部分，七成分與舊股東（即 90 萬元，按舊股 200 萬元計算，平均每股申得 45 元，即每一舊股升為新公司的 1.45 股）；三成（60 萬）贈與認購新股 150 萬的股東（即每認購一股，實得 1.4 股）。以每股票面值 100 元計算，認購新股，折讓率達 23%，又因為十年償還公司債本息期內，紅利希望甚少，復規定新股官利五釐，若公司未能獲利，得記帳待補。[64] 永利的舊股東對「放棄許多權利」，不無微詞，加上時局動盪，認購新股並不踴

---

59 前引〈海王團體上古史中的資源流通篇〉，頁 19。

60 據永利 1933 年資產負債表內開，庫存鹼 281,900 擔，作價每擔三元入賬，故當年純利僅為 335,375 元。實際市價為七元多，如按歷年結轉成例作價六元計，三元差價為 845,701 元。再加上公司改組，公積金 123,992 元，呆帳預備 9,762 元，貨價保障預備金 126,301 元，餘利滾存 10,142 元，連同未分純利，同人獎金改充股份，共 150 餘萬。如按鹼的時價計算，加上年底將與卜內門協同加價的「好處」又二十多萬，約合貳佰萬。見永利致銀團函，上海金城銀行檔。

61 林鳳苞、金宗城、奚玉書致銀團查賬報告。同上。

62 范旭東致周作民電。同上。

63 范旭東致周作民電。同上。

64 〈永利製鹼公司擴大營業範圍添收股本創辦氮氣工業緣起〉，天津金城銀行檔；〈永利製鹼公司增資及委託銀團經募公司債興辦硫酸錏廠辦法〉，12/18/1933，上海金城銀行檔。

躍，到期只有十三萬；銀團方面承購的 150 萬，由金城、上海商業儲蓄、中南分擔。新收股本缺口 37 萬，由范旭東以私人名義購買後，再以股票作抵向金城貸款二十萬（月息 8 釐），上海商業儲蓄十七萬（利率同）補足。[65]

1934 年永利增資改組後，共有記名股東 456 戶，55,000 股，構成如下：#

（一）銀行、銀號：

上海商業儲蓄銀行	9,750 股
金城銀行	5,607 股
上海中南銀行	5,214 股
天津大通銀行	580 股
天津鹽業銀行	162 股
浙江實業銀行	145 股
儀品銀行	135 股
長春中國銀行	90 股
上海建築銀行	73 股
上海中國通商銀行	73 股
中央銀行	27 股
中央信託銀行	15 股
天津合源銀號	44 股
天津聚豐永銀號	9 股
唐山糧市大街廣發銀號	29 股
小計	21,953 股（39.91%）

（二）久大、永利及附屬機構、堂號：

久大精鹽有限公司	8,584 股
恒豐堂等	12,471 股
小計	21,055 股（38.28%）

（三）投資一萬元以上的個人投資者包括（按所擁有股數排列）：

范旭東*	603		宋儉生	145
蔡慕韓*（勝芳蔡家家長）	418		周少泊*	145
吳少皋*（贛西鎮守使）	385		魏雲卿（長沙裕豐號）	145
周作民*（仁厚堂等）	310		蕭衍珊（兩湖巡閱使）	145
畢永年（重慶渝盛號）	290		韓玉堂*	145
趙玉聲*	218		黃玉儂*	145

---

[65] 余嘯秋致李倜夫函，12/17/1935，存南京市檔案館。抵押與金城部分，1936 年由銀行承受。見天津金城銀行檔。

李梅逸	218		齊兆牲	145
張樹森（天津永順行／卜內門）	217		龔輔材	145
景本白*	215		張竹溪（長蘆灶首）	130
鄭宗蔭*（天津太古洋行）	200		朱漪齋（天津壽豐麵粉公司）	121
周君會	194		蕭磬遠（長沙謙益號）	109
李賓四*（鹽運使，范的親戚）	167		姚詠白*（財政部閻錫山顧問）	106
符定一（鹽務署署長）	146		陳羲晃	102
周貽春*	146		秦幼林陳家溝德盛窯業津廠	100
張國淦（農商總長等）	146		杜綬臣*	100
其它部分可考的股東，按地域（天津、上海、漢口、南昌）和軍政界（北洋、南京）劃分，包括梁啓超家族*（82股），蔡鍔家族*（蔡繼述堂，58股），黎元洪家族*（大德堂，89股），嚴修家族*（務本堂，29股），顏惠慶（退省堂，50股）；李琯卿*（寧波小港，上海總商會會董，34股），石芝坤*（上海總商會會董；18股），蔣孟蘋*（浙江興業銀行董事，95股），聶芸台（上海總商會會董，15股），項松茂（五洲大藥房，15股），殷子白（五和精鹽，15股），鐘子良（利源精鹽，30股）；歐陽惠昌（漢口太古洋行買辦，58股），黃文植（漢口商會會長，通益精鹽，73股）；龔梅生*（南昌總商會會長，58股）；張弧*（北洋政府財政部部長，8股），雷飆（蔡鍔部下，50股），張斯可（川軍特派北京代表，73股）；黃鈞選*（廣東梅縣人，清末駐日本領事，北洋參議員，73股），蔣尊禕（彬侯，北洋交通部司長，58股），樊樊山（增祥，北洋參政院參政，44股），張雲搏（一鵬，北洋司法部次長，35股），劉盥訓*（孚若，山西人，同盟會會員，南京立法委員，40股），陳公洽（儀，73股），陳公亮（天驥，南京鹽務總署稅警科科長，20股）等。[66]				

「永利化學工業股份有限公司股東名冊，1934。存中央研究院近代史所檔案館。

* 兼久大股東。久大股東冊有「周治園」戶，地址亦為北平太平胡同。又「韓玉堂」、「黄玉儂」兩戶，久大股東冊同為天津英租界戈登路102號，俱為陳光遠（北洋時期江西督軍）化名。

經過改組後，除了久大本身和永利股東的投資以外，金融資本已成為永利最大的資本來源。陳光甫、周作民都當選董事，王孟鐘（中南銀行）、楊介眉（上海商業儲蓄銀行）為監察。董事會其他成員包括范旭東、周貽春(寄梅)、景本白、余嘯秋、李燭塵、侯德榜、劉君曼（後由孫學悟替補）。

新收股本支配用途如下：

公司債本金	791,000元
公司債利息	31,640.6元
中國銀行透支	350,000元
天津浙江興業透支	60,000元
天津上海商業儲蓄	60,000元
透支利息	49,100.6元
營運資金	658,258.8元

[66] 共49,952股，占永利55,000股的90.8%。這個股東網絡久大部分的初步分析，可參考拙著，〈網絡、層級、與市場〉，張忠民，陸興龍，李一翔編，《近代中國社會環境與企業發展》（上海：上海社會科學院出版社，2008），頁195-200。

購置廠基，修建碼頭等前期資金，由鹼廠已有資金應付。復以工程按進度用款有序，暫時不需動用部分，空納利息，為了節省負擔，決定先貸款，後發公司債辦法。貸款部分，以原有股本及全部財產擔保，最初三年先用透支，由中國銀行提供 150 萬，上海商業儲蓄 150 萬，浙江興業 100 萬，金城 75 萬，中南 75 萬，共 550 萬，年息七釐，三年為期。第四年起，方正式發行公司債，九八發行（參本文註 32），第一、二年僅付利息，第三年起開始還本，預計九年還清。所有債項未清償以前，公司不得發放股東官、紅利。[67] 1936 年，錏廠建設工程進行如火如荼，資金告緊，為應急需（如附加設備得從日本購入），又與銀團續訂透支 110 萬合同，為期十三個月，年息九釐，隨時可以加增，各銀行分認比例同前。[68] 通過上述財技安排，永利實際取得六百餘萬元的資金，勉強應付需要。

南京錏廠，原來要求限一年半內建成，但因為選址、收購地畝、設計、交運、安裝種種耽擱，經政府核准展期，終於在 1937 年二月五日開始投產。[69] 錏廠既開始運作出貨，范旭東即進行下一步工作，得到當時實業部長吳鼎昌（前此為鹽業銀行董事長，大公報董事長，都與范有關係）的支持，雖然永利只有 550 萬元註冊資本，但經南京政府特許，在 1937 年 6 月 22 日超額發行公司債 1,500 萬，由原來銀團，新加入交通銀行，分兩期進行承募，十年還清。第一期 1,000 萬，照票面十足收款，年息七釐，用作收回 550 萬舊公司債和臨時透支，添加設備，興建煉焦、煉磺，新鹼廠，燒鹼溶液廠、營運資金，預算分配如下：

第一期（12/1936-5/1938）	收回舊債券	550 萬
	清還透支	110 萬
	煉焦廠	220 萬
	煉磺廠	80 萬
	營運資金	210 萬
第二期（6/1938-12/1939）	新鹼廠	200 萬
	燒鹼溶液廠	40 萬
	硫酸錏廠	50 萬
	營運資金	60 萬

[67] 永利呈實業部，3/16/1936，存南京國家第二檔案館實業部檔。

[68] 公司原來計畫透支 150 萬。金城負責總數為 150,000 元，天津分行攤 75,000 元。見〈永利公司發行公司債之經過節略〉，天津金城銀行檔　。

[69] 行政院 7/9/1935 密令，見實業部檔，存中央研究院近史所檔案館。

所有工程完成以後，永利化工的總資產可望增加到 2,400 萬元，年純利 300 餘萬，對於國防民生，「尤有重大意義。」

雖然永利氫廠已在運作，化肥銷售亦理想，鹼廠更是連破日產記錄，但是發行新公司債，還是出現問題。銀團原來要求 98 發行，據余嘯秋轉述李倜夫（時任永利秘書長，駐上海）的說法，是上海商業儲蓄在「作祟。」[70] 但范旭東以力所難勝，堅持十足發行。[71] 後經周作民調解，銀團終於接受十足承募，但永利亦答應儘先按照公司債未償還餘額提合年息 3.5%，贈與銀團各成員，作為酬勞。[72] 為了滿足銀團，范亦申請政府以國庫擔保永利公司債券保息七釐，若公司收益不敷，即由政府撥付不足數目，五年為期。在償清所有政府墊款、公司債息以後，始可對股東分派官、紅利。若尚有餘數，則再提十分之四，為承募公司債銀團的紅利，但萬一逾期未付，亦不發生利息關係。

第一期各銀行承募額如下：

中國銀行	200 萬
交通銀行	200 萬
金城銀行	200 萬
上海商業儲蓄銀行	180 萬
浙江興業銀行	120 萬
中南銀行	100 萬

新公司債成立以前，銀團向永利提供墊款已達九百多萬，年息九釐，所增二釐即為公司贈與銀團的酬金。實際上，永利公司債債券從未印發，而抗日戰爭已經爆發，中國銀行網絡與永久黃集團關係的歷史，亦進入另一個新時期。

餘論

永利融資的經驗，也反映了舊中國企業和金融市場的一些「遊戲規則」。中外企業史研究表明，企業在草創時期，信用未孚，無論所在的資本市場多發達，從市場集資還是有困難，也有交易成本。因此，動員親朋戚友「內線」投資，通融周轉，或許不

[70] 資耀華致陳光甫函，5/28/1936。見上海商業儲蓄銀行檔。

[71] 永利致銀團函，5/18/1936。同上。

[72] 銀團內部函件，11/20/1936。見上海交通銀行檔。

是通例，但並非罕見。[73] 雖然這不是「中國式資本主義」的特點，但永利也是通過久大股東網絡和范旭東與周作民的關係籌集資金來創業。范與周的關係，上文已提到。或許周對別人未必這樣，但與范討論任何問題，無論貸款大小，沒有超過三十分鐘（范說是二十，余嘯秋則說只要十分鐘）就可以解決。[74] 周是久大、永利的股東和董事，而范也是金城的股東和監察。對投資這高風險的化工行業，「從業務觀點來看，很不划算……可是永利的成功，對於金城來說，也大有好處，替我們做了很好的宣傳。」[75] 兩家的關係，或許不能以金錢或利潤來衡量。

但是隨著企業的成長，永利的資金需要也愈來愈大，儘管有周作民的支援，以華北為基地的金城，實力和承擔壞帳風險的能力也有其極限。表現在對永利融資這問題上，周雖然能夠掌握原則，但借款都是天津分行經辦，利息並無特別優待，長期超額透支，「轉期多次，殊為不便」，銀行對永利、久大的收支，亦不無戒心，經常扣留進款，減輕借貸；要是來往款項減少，周亦會過問公司的財政狀況，要求弄的「帳面上較為好看。」[76] 雖然天津當時已經設有股票交易所，但永利的股價，因為種種原因，長期低迷，投資者卻步。[77] 范旭東若要籌集更多資金完成他的建設，就得走出華北，通過周作民的推介和人脈，進軍全國金融市場，特別是以上海為中心的銀行網絡。[78]

當然，這個銀行網絡也有它的「遊戲規則」，有別於周作民對永利的「保育關係主義。」[79] 近代中國的銀行，特別是中國、金城、上海商業儲蓄、浙江興業、中南等大銀行，無論新派還是官派，俱無「輔助工商業之成績」。[80] 它們與現代企業的有限關係，若以行業劃分，重點經營的是紡織、麵粉、工礦業，對本重而利薄，技術要求高的化學工業，興趣不大。[81] 若以商品製造、流通過程來分析，則重點是在流通，不是生產：

---

[73] Naomi R. Lamoreaux, *Insider Lending: Banks, Personal Connections, and Economic Development in Industrial New England* (Cambridge, MA.: NBER, 1994), passim.；Richard Grassby, *Kinship and Capitalism* (Cambridge: Cambridge University, 2000), chapter 7.

[74] 《海王》20.26 (1948)，頁 411；余嘯秋致徐國懋函，8/10/1959。

[75] 徐國懋，〈周作民與金城銀行〉，許家駿等編：《周作民與金城銀行》（北京：中國文史出版社，1993），頁 42。

[76] 周作民致范旭東函，11/25/1929；胡組榮（久大會計部部長）致范旭東函，3/8/1930。

[77] 永利股票市場價格變動，見南滿洲鐵道株式會社天津事務所調查科，《支那に於ける 酸、曹达及窒素工业》（1937）， 頁 22-23。

[78] 中國人民銀行總行金融研究所編，《近代中國的金融市場》（北京：中國金融出版社，1989）；復旦大學中國金融史研究中心編，《上海金融中心地位的變遷》（上海：復旦大學出版社，2005）；Brett Sheehan (史翰波), "Myth and Reality in Chinese Financial Cliques in 1936," *Enterprise and Society* 6.3 (2005), 452-491。

[79] 余嘯秋，〈與金融資本的結合〉，《永利久大廠史提綱》，上海金城銀行檔；周作民，〈華北產業之發展與金融之關係〉，《復興月刊》2.3 (1933)，頁 1-14。

[80] 上海市檔案館編，《陳光甫日記》（上海：上海書店，2002），頁 6。

[81] 張公權，《上海商業儲蓄銀行五十年史》，頁 162-4；陳光甫，《上海銀行對紡織業放款之回憶》（1960 年）。二文

以前銀行工業放款，著重在攬造貨物押款，即有以廠基機器抵押者，亦僅為補貨物押品不足，而工業盛衰，非銀行所欲問焉。[82]

要是從現代專業銀行的角度來看，

有些人認為銀行的功能是輔助工業發展。這對現代銀行，特別是商業銀行來說，是錯誤的……更不能說鼓勵工業。銀行歸根結底是一個買賣，不是救濟機關。要貸款，得拿實物譬如棉花來抵押，一般以市價七成為標準。要是信用殷實，可以達到貨價的八成。三個月後得本利清還，這才是買賣。銀行扶助工業的意識並不強。[83]

上海商業儲蓄雖然「開行第三年已開始工業放款」，但其對象是以紗廠、麵粉為重點。具體做法多為商品流通周轉環節，「即以工廠原料及製成品所存倉庫交與本行管理，憑以質押透支，隨用隨還。以廠基抵押和信用貸款，不過小數，抵押折扣平均約市值六成。」至於中國銀行和上商合作，以申新廠房和機器為抵押，向榮家提供達兩千多萬元貸款的個案，據張公權和陳光甫的回憶，是「不得已」之舉，「迄今思之，不寒而慄」。[84]

1930 年以後銀行對永利的支援，是否代表舊中國銀行業的轉變，企業與銀行「相輔相成」，特別是對資本科技雙密集形產業融資制度的創新？當事人之一的張公權，當然有他的話語權：

中國金融界對於工業放款政策，在 1931 發生重大轉變，即是年東北淪陷，金融界之有識者，認為非提倡國貨工業，無法減少進口，平衡貿易。因此對於工業放款，不特增加數量，且放寬條件。在社會方面，本視銀行工業放款有背商業原則，今則譽為愛國之舉，於是有少數銀行，甘冒有限度之損失，負起促進工業發展之責任……。[85]

倶稿本，存胡佛研究所。李一翔前引書，頁 38-92；Linsun Cheng(程麟蓀), *Banking in Modern China* (Cambridge: Cambridge University Press, 2003), 86, table 3.6。

[82] 張公權，《陳光甫傳》（稿本，哥倫比亞大學圖書館），頁 123。

[83] 《陳光甫口述歷史》，（英文稿本，哥倫比亞大學圖書館），頁 42-3。

[84] 張公權，《上海商業儲蓄銀行史》（稿本；胡佛研究所），頁 13；陳光甫，《上海銀行對紡織業放款之回憶》頁 15（1960 年）。

[85] 張公權，《陳光甫先生傳記稿》，無頁數（胡佛研究所）。

通過這個「少數銀行」網絡的合作——「落落大方」的中國銀行；作為國家指定發展實業，處於「特殊地位」不能落後的交通；「同情」永利的金城；並無主張的浙江興業，唯上海商業儲蓄是從的中南，共同向永利提供資金。[86] 但是以穩妥為前提仍是遊戲規則之一。表現在永利，就是通過銀行家們的網絡，組成銀團，不單強化他們之間的關係，也分散了倒帳的風險。

實際上，銀行支持工業的資金，也有其極限：

> 工業資金既隨工業發展需要之數量日增，而中國金融業之能承受廠基與機器固定押款者，無非利用資本、公積與定期存款之一部分而不能超出一定限度……。[87]

而重商主義和追求利潤的原則，並沒有因為融資制度創新和國難有根本改變。單以1934年而論，中國、交通、上海商業儲蓄、鹽業、金城、中南、大陸、浙江興業、中國實業、江蘇等十銀行對兩淮鹽業的押匯和信用放款，就達到三千萬元，遠超過它們對化學工業的投資。[88] 哪怕是二戰以後，上海商業儲蓄的放款政策，還是以商業為主，

> 一般人都說工業重要，這道理當然是不錯的。但是貿易一項更為重要，因為貿易才可達到物盡其用……。

陳光甫雖然自認對化學工程一竅不通，但對化學工業投資大，週期長，技術更新快，收益小的「世界通例」深有體會。上海商業儲蓄經營鹽業的子公司大業一度曾考慮投資興建燒鹼廠，亦終以陳光甫的反對而作罷。[89] 至於銀行家說話「花樣十足，這不肯，那不肯」[90]；永利資產如何重估，新股東分潤三成還是四成；公司債九八還是十足發行；所有資產擔保還不夠，還要國庫擔保付息；債項沒有完全清償以前，不能向股東派息；公司債利息以外，銀行亦對公司盈餘享有分紅權利等等條件，無怪秉性耿直的范旭東「氣悶」。公司債成立以後，永利所有收支款項都交由銀團各銀行經理，支出必須由銀團推薦的會計部長（吳德元，鄒秉文表弟）簽字；駐津會計孫汝為「不甚圓通，頗不

---

[86] 資耀華致陳光甫函。

[87] 張公權，《陳光甫先生傳記稿》，無頁數（胡佛研究所）。

[88] 上海商業儲蓄銀行上海總行鹽業部編，《上海商業儲蓄銀行鹽業放款彙編》（1934年）。

[89] 《陳光甫文書》（哥倫比亞大學圖書館），第7、8函。

[90] 余嘯秋致徐國懋函，8/10/1959。

好伺候。」[91] 1941 年，上海商業儲蓄所持有的 180 萬元永利債券，即以永利出售永新麻袋廠機器與東亞毛紡廠所得，由銀行自行扣抵，是銀團唯一提前收回永利公司債欠款的銀行。[92] 經過這些教訓，無怪范旭東日後與美國進出口銀行談判 1,600 萬美元貸款時，先決條件是美國銀行不能派人駐廠。當然，對希望通過辦工廠來救國，但長期因為缺乏資本而不能盡施所長的范旭東和他的同道來說，「我們當時覺得肯借已是感激，對利息是無所謂的」。[93]

永利融資的個案，也突顯出「關係」在舊中國金融與企業之間以及銀行界如何運作的問題。范旭東與周作民、鄒秉文的關係，與他跟卞白眉、張公權、陳光甫就有等差； 銀行本身如資耀華、鄒秉文與陳光甫；卞白眉、貝祖貽與張公權；加上銀行家之間（如周與陳，張與陳），既是業務競爭的對手，也是互相協作的夥伴，其中的利害取捨，網絡作為一種社會經濟制度，也有其交易成本。如何分析「經濟人」與「社會人」角色衝突、互補，關係網的構成、運作等問題，尚有待開展。[94]

近代中國有識之士開闢荒蕪，以實業救國為職責，回顧范旭東從鹼到酸，從無到有的過程，哪怕與范共事多年的景本白也慨歎，「早知如此困難，雖白刃加頸，亦不發起此事也。」[95] 興辦氫廠，范自言是「跳火炕」[96]，要是單純就利潤和風險來考慮，恐怕不完全符合經濟理性（economic rationality），外人對范的評價是他雖然不排外，但對實業救國，頗類宗教狂熱（almost religious in their fervour）。[97] 也有國人以范為實現理想而不汲汲營營，認為這位實業家精神有毛病（troubled mind）。[98] 但是范旭東這位「湖南兒子」並沒有知難而退，一件事剛有苗頭，立刻籌備另一件，而且計畫一個比一個大，儘管控資鉅萬，但出無專車，居不置產，多年只領取久大一份工資。[99] 因此，胡

---

91 余嘯秋致李倜夫函，7/12/1935。存南京市檔案館。

92 上商亦是東亞的大股東。其他銀行的公司債，1947-48 年分三期還清。見《永利廠史資料》（一），頁 145、169。至於范旭東所欠 170,000 萬（以永利股票 1450.5 股作抵），是天津上商分行個人放款最大戶，雖經屢次催還，但直至 1941 年，尚未能收回，估計要「吃虧七萬元」。卜內門天津分行亦是上商天津分行存款大戶。見上海商業儲蓄銀行檔（存天津市檔案館）。

93 《陳光甫日記》（英文稿本，哥倫比亞大學圖書館），4/5/1945 條；余嘯秋，《永利久大廠史提綱》。

94 見 Oliver E. Williamson, "Calculativeness, Trust, and Economic Organization," *Journal of Law and Economics* XXXVI (1993), 453-486; Janet Tai Landa, "Coasean Foundations of a Unified Theory of Western and Chinese Contractual Practices and Economic Organizations," in Richard P. Appelbaum, William L.F. Felstiner, and Volkmar Gessner eds., *Rules and Networks: The Legal Culture of Global Business Organizations* (Oxford, OR.: Hart Publishing, 2001), 347-62.

95 景本白，《永利製鹼公司創立史》（北京：鹽政雜誌社，1948），頁 13。

96 《海王》6.27（1934），頁 417。

97 Brodie（1990），頁 132。

98 韓組康，《永利報告》，4/17/1924；5/9/1925。見 ICI 檔案 W45/3/61。

99 侯德榜，〈追悼范旭東先生〉，《科學》28.5（1946），轉引自全國政協文史與學習委員會編，《回憶范旭東》（北京：

適對范推崇備至，「中古修士式的清貧高尚」，人格「可以上比一切時代的聖賢」。[100] 范雖然對南京政府各項經濟統制政策時加批評，兩次推卻實業部部長官位，但中央政府還推許他堅持「以興辦重工業為職志，乃當今富於經濟學而能實行者。」[101]「力行致用」（1945 年蔣介石輓范詞）與「功在中華」（毛澤東輓范詞），可為范旭東實業救國的注腳。

中國文史出版社，2014），頁 168-172。

[100] 曹伯岩整理，《胡適日記全集》第八冊，頁 5，1/3/1941 條。

[101] 范銳卷，《軍事委員會委員長侍從室人事登記卷》，存國史館。

附錄：永利化學工業有限公司歷年實收股本、貸款、盈利、股息表，1917-1937*

（年底數，單位：元）

年份（年末）	股本	久大帳面投資	銀行貸款	銀行透支	盈利	股息
1917	9,000				0	0
1918	32,200				0	0
1919	81,900				0	0
1920	274,122	50,000			0	0
1921	515,822	66,000			125,585	98,775
1922	723,500	66,000			0	0
1923	857,200	66,000			0	0
1924	916,600	66,000	135,695		0	0
1925	925,100	66,000			0	0
1926	935,100	69,000			0	0
1927	1,019,100	100,000			24,129	40,764
1928	1,294,600	100,000	948,463		91,842	64,730
1929	2,000,000	120,000			84,719	100,000
1930	2,000,000	389,000	320,000	92,366	180,796#	100,000
1931	2,000,000	496,000	250,000	119,549	300,767**	180,000
1932	2,000,000	592,000	680,168	79,398	282,142**	160,000
1933	2,000,000	592,000	520,000	35.515	335,375**	
1934	2,000,000	811,710		293,585	955,109^	146,300
1935	5,500,000##	730,539		5,550,000	388,817###	275,000
1936	5,500,000	730,539	100,000	7,320,746	386,341**	275,000
1937/5/31	5,500,000	730,539	108,290	8,789,491	498,386	

* 數字來源：天津鹼廠檔案，186；久大、永利歷年資產負債表。1928 年「銀行貸款」數字，資產負債表作「借款」。

\# 金城銀行檔（天津市檔案館）。上海金城銀行檔作 188,596 元。

** 金城銀行檔（上海市檔案館）。1933 年數字解釋，參看正文。

^ 上海商業儲蓄銀行檔（上海市檔案館）。4/30/1934 為止，包括純鹼存貨，每擔五元入帳。見余嘯秋致楊介眉函，5/1934。是年五月到十二月，純利為 196,623 元；全年純利為三十八萬餘元，「本來盈餘可以多結，但因向政府請求保息，特將盈餘少結。」見資耀華致陳光甫函，3/13/1935。

\## 見正文。

\### 南滿洲鐵道株式會社天津事務所調查科（1937），頁 25，作 411,551 元。

近代福建的經濟發展與環境保護

劉翠溶

一、福建經濟發展的背景

做為討論經濟發展的背景，在此先略述福建的地理環境。福建位於臺灣海峽的西岸，地處中國大陸的東南沿海，在北緯 23°32'~28°19'之間和東經 115°50'~120°43'之間，總面積 121,100 平方公里（占中國總面積 9,596,960 平方公里的 1.26%），形狀像個矩形。福建的東部面海，而中部和西部則有兩條山脈從北到南貫穿，平均高度約 1,000 公尺；山地約占福建總面積的 90%。從福建山區發源的河川有 24 個水系，總共包含 663 條河川，總長度 12,850 公里，其河川網絡的密度在中國各省中是相當獨特的。這些河川大多數從福建出海，只有汀江由廣東出海。在福建境內的河川與山脈之間有一系列的小平原；在沿海有四個較大的平原，是福州、興化、泉州與漳州的所在地。在中部和西部，城鎮大多數坐落在海拔 100-200 公尺的盆地上。[1]

福建省年平均降雨量 1,400-2,000 公釐，是中國雨量最豐富的省份之一。氣候條件優越，適宜人類聚居以及多種作物生長。但氣候區域差異較大，閩東南沿海地區屬南亞熱帶氣候，閩東北、閩北和閩西屬中亞熱帶氣候，各氣候帶內水熱條件的垂直分異也較明顯。根據地理國情監測雲平臺結合 2000-2010 年福建省地面氣象監測站數據，專用氣候數據空間插值軟件 Anusplin，得出福建省降雨分佈圖（見地圖 1）。[2] 由此可見平均降雨量由閩東南沿海（1,264 公釐）向閩西北（2,672 公釐）遞增。

---

[1] 林星，《城市發展與社會變遷：福建城市現代化研究——以福州廈門為中心》，天津：天津古籍出版社，2009，頁 16-18。

[2] 福建省年降雨量數據，http://mt.sohu.com/20160420/n445116062.shtml，查詢日期 2016/06/14。

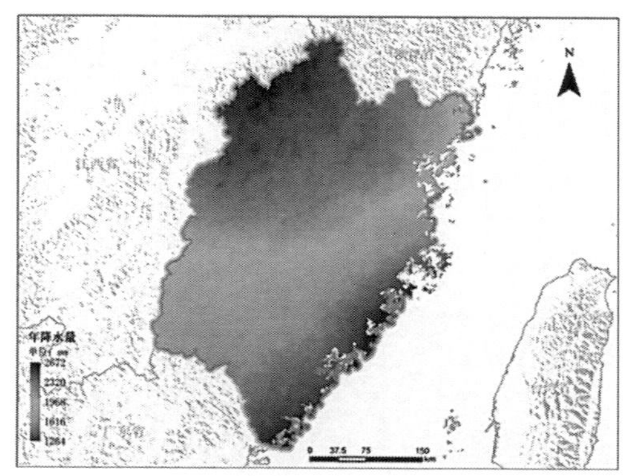

地圖 1　福建省 2010 年降雨量空間分布

資料來源：見註 2。

其次，利用統計資料來綜觀福建省與中國大陸人口的比較。就人口總數來看，圖 1 繪出的是 1949-2014 年間福建省與中國大陸的人口數，以及福建省人口占全國的比率。在此期間，福建省的人口由 1,186 萬人增至 3,806 萬人，中國大陸的人口由 54,167 萬人增至 136,782 萬人。福建省人口占中國大陸人口的比率由 2.2%增至 2.8%。

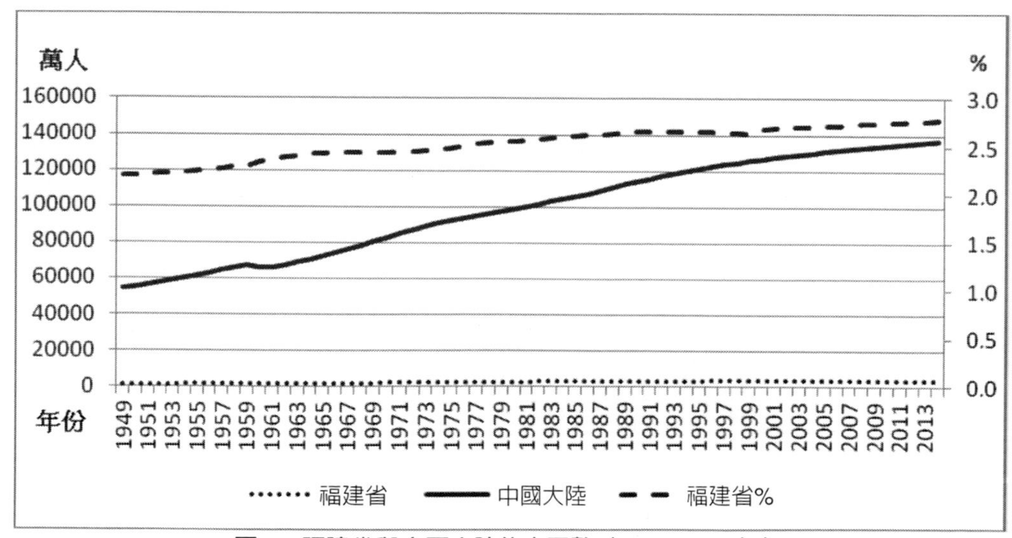

圖 1　福建省與中國大陸的人口數（1949-2014 年）

資料來源：本圖由作者據相關統計繪製。

1950-1990 年福建人口總數取自柯永標等，〈對建國後福建歷年主要人口數據調整的研究〉，《福建統計學刊》1993 年第 6 期。其他年份根據《福建統計年鑑 2015 年》表 3-1 主要年份年末常住人口及人口變動。中國人口數根據《中國統計年鑑 2015 年》表 2-1 人口數及構成。

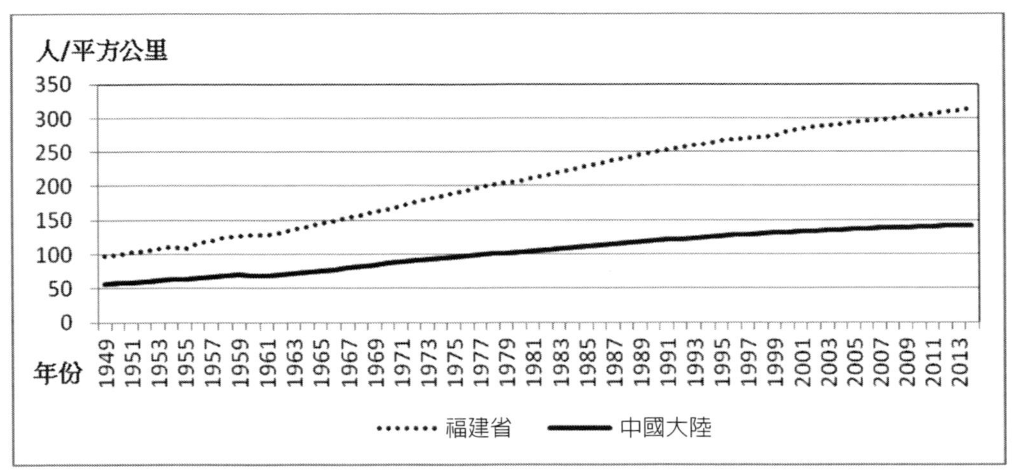

圖 2　福建省與全國平均的人口密度（1949-2014 年）

資料來源：同圖 1。

再就人口密度來看，圖 2 繪出的是 1949-2014 年間，福建省與中國大陸人口密度的變化趨勢。由圖 2 可見，以每平方公里人數計算，福建省人口密度由 1949 年的 98 人增加到 2014 年的 314 人；中國大陸平均的人口密度，由 1949 年的 56 人增加到 2014 年的 143 人。相較之下，福建省的人口密度是中國大陸平均的 1.8 倍至 2.2 倍。

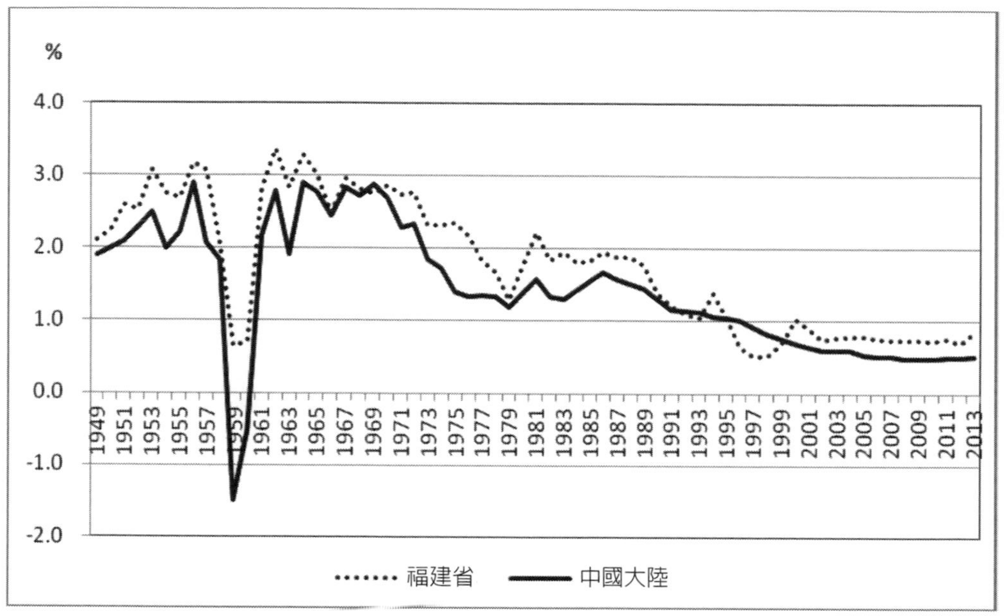

圖 3　福建省與中國大陸的人口年均成長率（1949-2014 年）

資料來源：同圖 1。

另就人口年均成長率來看，圖 3 繪出的是 1949-2014 年間，福建省與中國大陸人口年均成長率的趨勢。由圖 3 可見，人口年均成長率頗有起伏，有二波比較明顯的下降：第一波出現在 1960 年，福建省的人口年均成長率降至 0.7%，中國大陸則降至 -1.5%。第二波在 1978-80 年間，福建省由 1.8%降至 1.3%，中國大陸則由 1.4%降至 1.2%。大致上，1990 年代以後人口成長率呈現下降的趨勢，雖然福建省的起伏較為明顯。在 1950 年，福建省的人口成長率是 2.1%，中國大陸是 1.9%。在 2014 年，福建省的人口成長率是 0.8%，中國大陸是 0.5%。

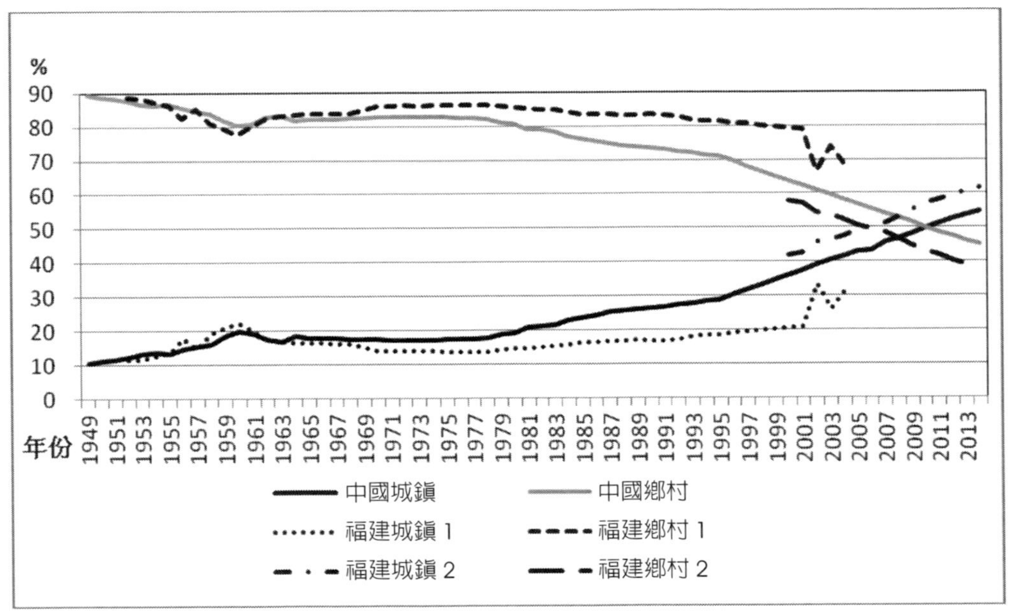

圖 4　福建省與中國大陸的城鄉人口比例的變化（1949-2014 年）

資料來源：本圖由作者據下列相關統計資料繪製。
1949-2004 年中國與福建省 1，見國家統計局國民經濟綜合統計司（編），《新中國五十五年統計資料匯編》，表 1-3 中國人口，表 14-2 福建人口。
2005-2014 年中國，見《中國統計年鑑 2015》，2-1 人口數及構成。
2000-2014 年福建 2，見《福建統計年鑑 2015》，3-1 主要年份年末常住人口及人口變動。

就人口在城鄉分布的情形來看，圖 4 繪出的是 1949-2014 年間福建省與中國大陸城鄉人口的比例變動。由圖 4 可見，在 1949-2014 年間，中國大陸鄉村人口由 89.4%逐漸下降至 45.2%，城鎮人口由 10.6%逐漸增加至 54.8%；兩條曲線的交叉點落在 2011 年。福建省的情況因為原始統計資料的不同，而顯得有點複雜。福建省 1 的統計來源與中國大陸相同，可以認為是採取同一標準，可以互相比較。在 1952-63 年間，福建 1 的曲線略有起伏，在 1952 年，福建城鎮人口為 11.5%，略低於中國大陸的 12.5%，在 1963 年，福建城鎮人口比例是 18.9%，略高於中國的 18.8%。在 1964-2004 年間，福建的城鎮人口比例都低於中國大陸，而鄉村人口比例則較高。至於 2005-2014 年間，中國大陸的城鎮人口比例持續提高，在 2010 年，城鎮人口與鄉村人口的曲線交叉以後，城鎮人口比例就高於鄉村人口比例，在 2014 年城鄉人口之比為 54.8：45.2。至於福建 2 的資料顯示，在 2000-2014 年間，福建省城鎮人口比例由 42.0%增至 61.8%，鄉村人口比例由 58.0%降至 38.2%。福建 2 的兩條曲線在 2006 年交叉，較中國大陸的 2010 年還早四年，意味著近年來福建省城鎮化的快速發展。

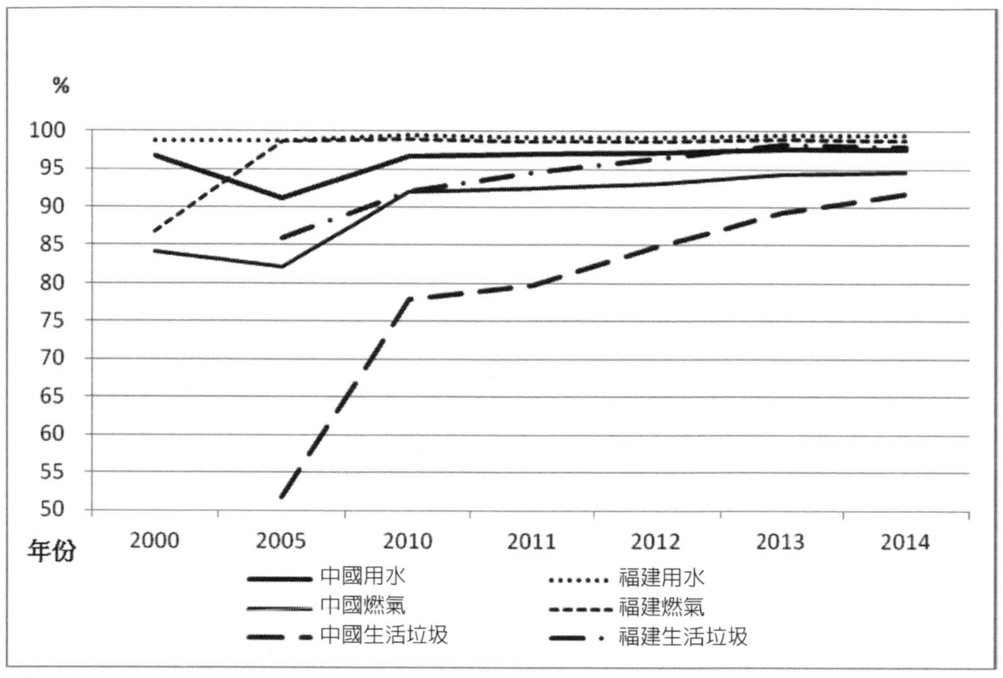

圖 5　福建與中國大陸城市用水普及率、燃氣普及率、生活垃圾無害化處理率（2000-2014 年）

資料來源：本圖由作者據相關統計資料繪製。
《中國統計年鑑 2001 年》，表 11-13　各地區城市設施水平；
《中國統計年鑑 2006 年》，表 12-15　各地區城市生活垃圾清運和處理情況；
《中國統計年鑑 2015 年》，表 8-20　分地區城市生活垃圾清運處理情況。

再就福建省與中國大陸在城市生活設施方面來看，圖 5 繪出的是 2000 年、2005 年及 2010-2014 年間，生活用水普及率、燃氣普及率、生活垃圾無害化處理率的比較。由圖 5 可見，在城市用水普及率方面，在 2000 年，福建是 98.7%，中國大陸是 96.7%；在 2014 年，則分別是 99.5%與 97.6%。在城市的燃氣普及率方面，在 2000 年，福建是 86.8%，中國大陸是 84.2%；在 2014 年，則分別是 98.8%與 94.6%。在生活垃圾無害化處理率方面，在 2005 年，福建是 85.9%，中國大陸是 51.7%；在 2014 年，則分別是 97.9%與 91.8%。在這三方面，目前福建省的比率都高於全國的平均值，代表福建經濟發展與環境保護並重的成果。

以上就福建省的地理條件、人口變動與城市生活設施等方面、以相關統計就福建省與中國大陸的變化趨勢略做比較，下面再分兩節討論福建的經濟發展與環境保護。

二、改革開放後福建的經濟發展

在此，先以相關統計資料來看福建省國內生產總值（GDP）的變化。圖 6 繪出的是 1978-2014 年間福建省與中國大陸 GDP 總值與福建省所占的比重。由圖 6 可見，在 1978-2014 年間，福建省 GDP 總值由 66.4 億元增加到 24,055.8 億元，後者是前者的 362 倍；中國大陸的 GDP 總值由 3,650.2 億元增加到 636,138.7 億元，後者是前者的 174 倍。整體而言，在這段期間，中國的 GDP 總值呈現指數成長的趨勢。福建省 GDP 總值占全國總值的比重由 1.8%提高到 3.8%，雖在這期間略有起伏，然而呈現線性增長趨勢。

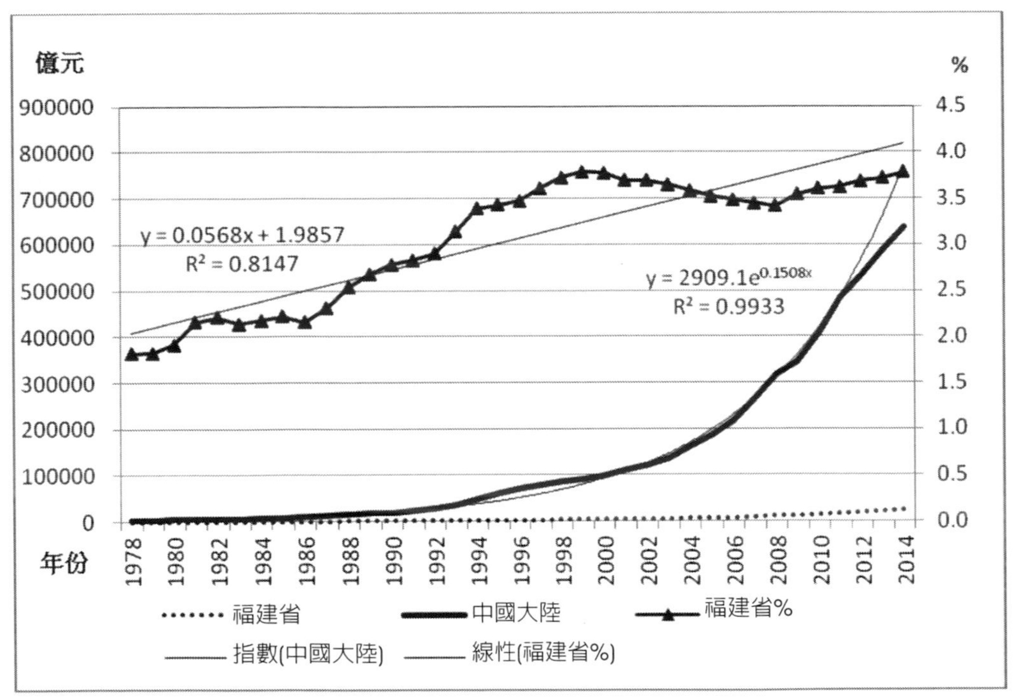

圖 6　福建省與中國大陸 GDP 總值（1978-2014 年）

資料來源：本圖由作者據相關統計資料繪製。
《中國統計年鑑 2010 年》，表 2-1 國內生產總值；
《中國統計年鑑 2015 年》，表 3-1 國內生產總值；
《福建統計年鑑 2015 年》，表 2-4 主要年份地區生產總值。

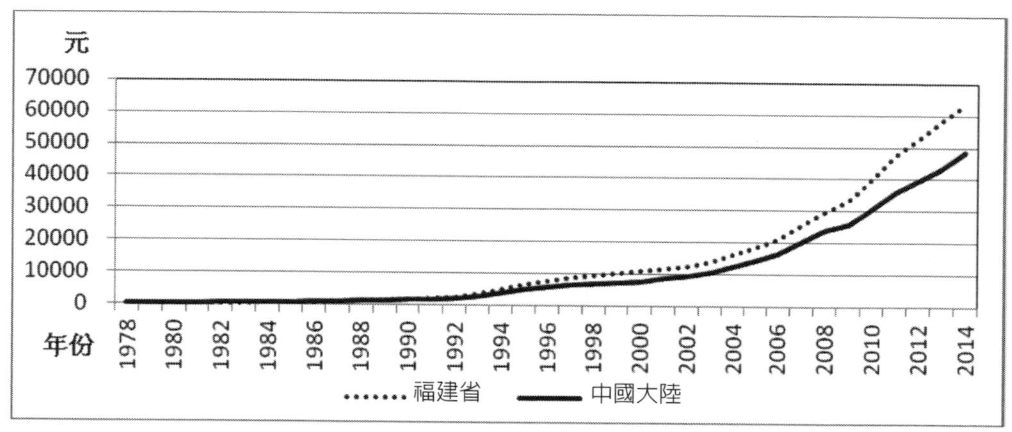

圖 7　福建省與中國大陸的人均 GDP（1978-2014 年）

資料來源：同圖 6。

再就人均 GDP 來看，圖 7 繪出的是 1978-2014 年福建省與中國大陸的比較。在 1978-2014 年間，福建省人均 GDP 由 273 元增加到 63,472 元，後者是前者的 232.5 倍；中國大陸由 362 元增加到 48,629 元，後者是前者的 134.3 倍。另外，得注意的是，自 1989 年開始，福建省人均 GDP 就超過全國的平均值。

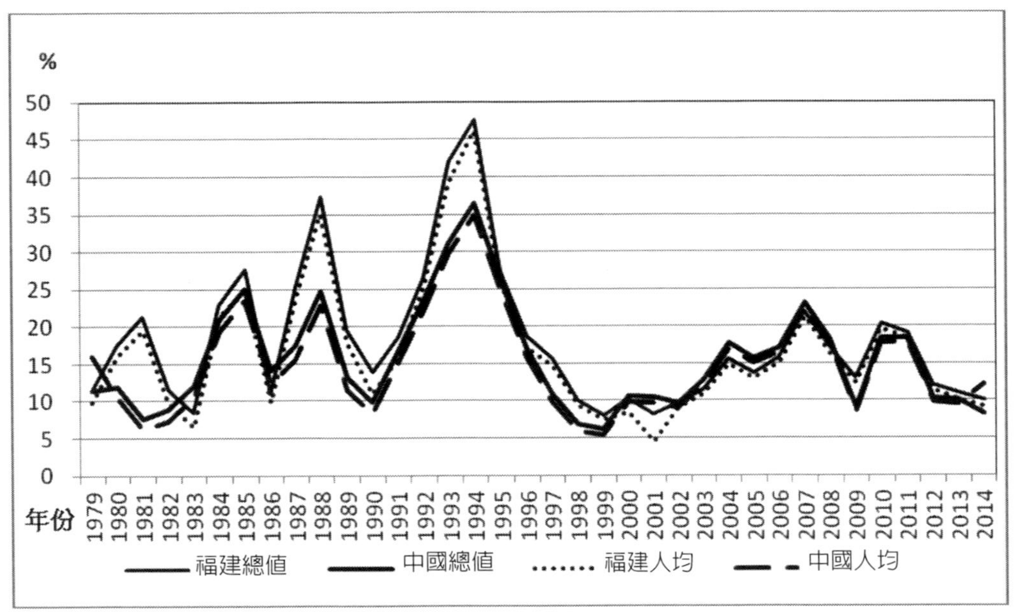

圖 8　福建省與中國大陸 GDP 年均成長率（1978-2014 年）

資料來源：同圖 6。

另外，圖 8 繪出的是福建省與中國大陸 GDP 年均成長率的變動情形。年均成長率是以前後兩年的數值比較計算而得〔(本年－上年／上年)×100〕。由圖 7 可見，在 1978-2014 年間，福建省與中國大陸 GDP 年均成長率的變動趨勢大致上相當一致，經歷八個高峰和八個低谷，雖然幅度略有不同。在 1994 年成長率達到最高峰，福建省 GDP 總值的成長率達 47.6%，中國大陸達 36.4%。在 1994 年之前，福建省三個高峰分別出現在 1981 年 21.3%，1985 年 27.6%與 1988 年 37.2%；中國大陸出現在 1980 年 11.9%，1985 年 25.1%與 1988 年 24.8%。值得注意的是，在 1999 年，福建省與中國大陸 GDP 年均成長率都降到一個谷底，福建省只有 8.0%，中國大陸只有 6.2%。自 1999 年以後，成長率雖然有回升，數值卻已大不如前。在 2000 年，福建省略為回升到 10.3%（中國大陸 10.6%），但 2001 年福建省又降至 8.2%（中國大陸則在 2002 年降至 9.7%），下一個小高峰是 2004 年，福建省升至 15.6%（中國大陸 17.7%），再下一個小高峰是 2007 年，福建省升至 22.0%（中國大陸 23.1%），再下一個小高峰，福建省是 2010 年的 20.4%（中國大陸則是 2011 年的 18.4%），以後就下降，至 2014 年，福建省只有 10.0%（中國大陸 8.2%）。

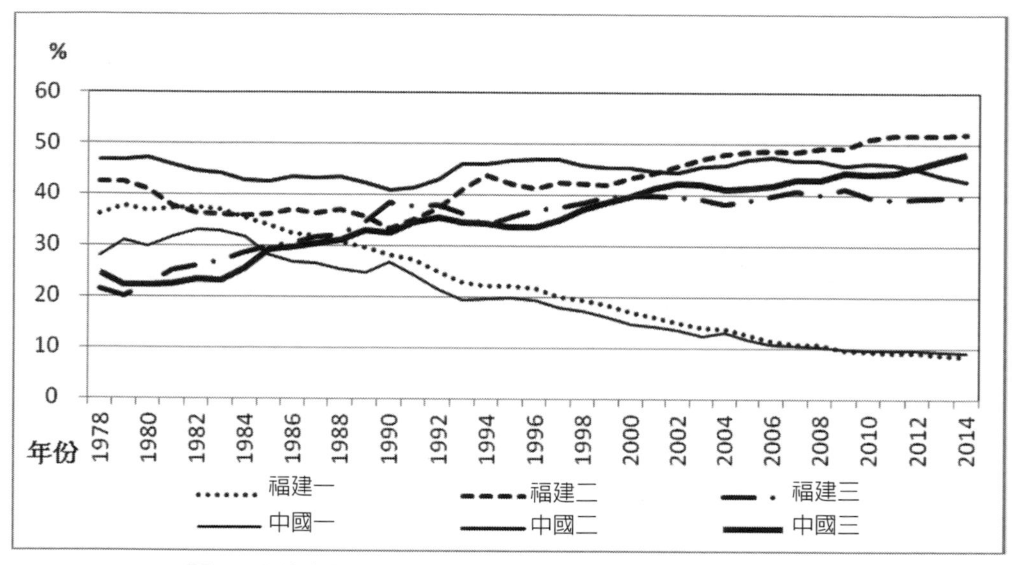

圖 9　福建省與中國大陸三次產業所占比重（1978-2014 年）

資料來源：本圖由作者據相關統計繪製。
《中國統計年鑑 2015 年》，表 3-2 國生產總值構成。
《福建統計年鑑 2015 年》，表 2-4 主要年份地區生產總值。

再就三次（第一、第二、第三）產業占生產總值的比重來看，圖 9 繪出的是 1978-2014 年間福建省與中國大陸的變化情形。第一產業是指農林漁牧和礦業，第二產業是指工業和製造業，第三產業是指服務業。由圖 9 可見，就第一產業來看，福建省的比重在 2008 年以前都高於全國平均，以後才略低；就第二產業來看，福建省的比重在 2002 年以前都低於全國平均，以後則略高；就第三產業來看，除 1978-79 年以外，福建省的比重在 1999 年以前都略高於全國平均，以後則略低。以 1978 年來看，福建省三次產業的比值是 36.1：42.5：21.5；全國平均是 27.9：46.7：24.5。以 2014 年來看，福建省三次產業的比值是 8.4：52.0：39.6；全國平均是 9.2：42.7：48.1。

至於城鄉居民消費水平的差異與變化，圖 10 繪出的是福建省 1952-2014 年的情形。

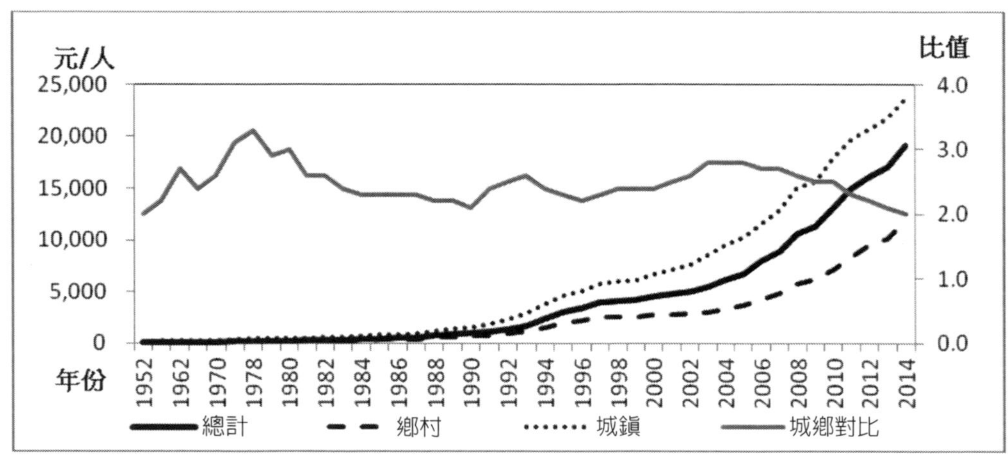

圖 10　福建省居民的消費水平（1952-2014 年）

資料來源：本圖由作者據相關資料繪製。
　　　　　《福建統計年鑑 2015》，表 2-20 主要年份居民消費水平。

由圖 10 可見，在 1952-2014 年間，福建省居民的消費水平由 1952 年每人 88 元（占該年人均 GDP 102 元的 86%），提高到 2014 年的 19,099 元（占該年人均 GDP 63,472 元的 30%），後者是前者的 217.0 倍；鄉村居民的消費水平由 79 元提高到 11,908 元，後者是前者的 150.7 倍；城鎮居民的消費水平由 159 元提高到 23,642 元，後者是前者的 148.7 倍。城鎮與鄉村的對比頗有起伏，大致上在 2.0 與 3.3 之間變動，以歷年平均來說，則城鎮居民消費水平是鄉村的 2.5 倍。

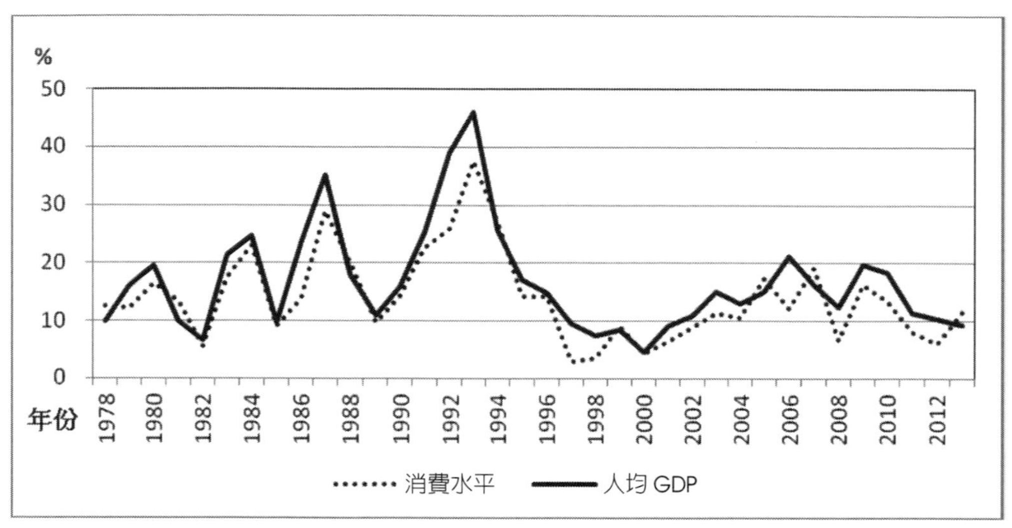

圖 11　福建省人均消費水平與 GDP 成長率的比較（1978-2014 年）

資料來源：見圖 8 與圖 10。

如果以圖 8 所示的福建人均 GDP 成長率與圖 10 消費水平計算的成長率來比較，則圖 11 顯示，兩條成長率曲線的變動大致上是一致的。大致上，消費水平的成長率低於人均 GDP 成長率，也是合理的。

以上述統計資料顯示的變動情形為背景，下面再列舉學者對福建省經濟發展的論述。

首先，關於僑外投資對福建經濟發展的作用。自 1978 年實施改革開放後，僑外投資在福建省的經濟發展中扮演重要的角色。俞云平討論僑外直接投資與福建經濟發展的關係。他指出自 1979 年以來，僑外商在福建的直接投資可以分為四個階段。（1）1979-1983 年為起步階段：這五年中僑外商直接投資發展緩慢，累計簽訂合同 68 項；全省實際利用外資共 10,659 萬美元，其中對外借款占 66.7%，僑外商直接投資僅占 20.2%。（2）1984-1987 年為曲折發展階段：在 1984 年，廈門經濟特區擴大到全島，並實行自由港的政策；因此，僑外商來福建投資也迅速增長，於 1985 年達到最高點，該年共批准外資專案 395 項，協議外資金額達 37,679 萬美元，實際投資額為 11,782 萬美元，均超過了前六年的總和。從 1986 年開始，國家的宏觀經濟政策重點由刺激經濟增長轉為緊縮和調整；因此，中國吸收外資急劇下降。為了改善投資環境，國務院於 1986 年 10 月頒佈《關於鼓勵外商投資的決定》；福建也根據省情，提出《福建省貫徹國務院〈關於鼓勵外商投資的規定〉的補充規定》，並成立外國投資工作領導小組，加強對外商投資的行業引導與跟蹤服務等等。於是，僑外商直接投資從 1987 年開始逐漸回升。（3）1988-1993 年為快速發展階段：在此階段，全省平均每個項目合同外資額從 1985 年的 95 萬美元，擴大到 1993 年的 241 萬美元。1993 年有 286 個投資總額在 1,000 萬美元以上的大型項目，其中投資總額在 1 億美元以上的項目有 6 個。此外，僑外商投資方式也有了新的發展；股份公司、集團公司等形式紛紛出現。（4）1994 年以後為調整階段：1994 年，全省新批外商投資企業比上年下降了 35.8%，合同外資額下降 36.8%。從 1994 年的情況看，雖然外商投資的協議金額比上年下降，但實際到資則比上年增長 29.5%，外商投資結構繼續呈良性發展。

俞云平也指出，僑外商在福建直接投資的結構表現在三方面：（1）投資來源以臺港澳同胞和華僑華人為主，截至 1994 年底，福建累計批准臺資企業 3,659 家，合同臺資金額 49.98 億美元，占全省外商直接投資額的 16.8%；（2）產業分佈以生產性工業為主，但第三產業比重仍偏高；（3）地域分佈偏重於閩東南沿海地區，雖然在最近幾年，僑外商直接投資已從沿海地區逐漸向內陸山區拓展。至於僑外商直接投資在福建經濟發展中的地位和作用顯示在六方面：（1）僑外資的投入彌補了全省建設資金的不足，僑外資企業已成為福建經濟的一個重要組成部分，為福建經濟的增長作出了直接的貢獻；（2）僑外資的引進使福建省出現了許多新的經濟增長點，成為經濟發展強勁的推動力；（3）僑外商投資企業已成為福建省出口創匯的生力軍，福建的外貿出口額在全國的位次從 1985 年的第 11 位，躍居 1994 年的第 3 位；（4）僑外資的有效投入，減緩了能源、交通、原材料等薄弱環節的瓶頸制約，改善了投資環境；（5）僑外商直接投資也帶來了良好的社會效益；（6）僑外資對促進福建經濟發展具有積極作用，但也不可避免地存在一些消極因素。隨著外資企業的增多，這些消極因素已日益突出。因此，中央及地方各有關部門應加強對外資的宏觀調控，加強對外商投資企業的監督管理，制定更為完善的法律法規，充分發揮外資企業的積極作用，儘量降低其消極影響。[3]

另外，王奕霖與林宜寶的研究指出，外商投資是加快福建經濟發展的催化劑。外商投資在福建的主要特徵表現在五方面：（1）外商投資發展迅速，規模擴大，並向集約化經營方向發展；（2）外商投資經營方式的多元化，使外商投資企業發展更趨社會化，並提高外商投資的衍生效應；（3）外商投資來源日趨多元化，在保持僑、港、臺來閩投資為主的同時，歐、美、日等國家來閩投資日益增多；（4）外商投資區域已從沿海向山區內地延伸；（5）在外商投資總體格局中，外商獨資居主導地位，這些獨資

[3] 俞雲平，〈淺論僑外商直接投資在福建經濟發展中的地位和作用〉，《南洋問題研究》，1992 年 02 期，頁 35-45。

企業又以國際市場為導向，體現出福建吸收外商投資的重要特色。至於外商投資在國民經濟中的地位及其作用，則表現在四方面：（1）大幅度增加福建省經濟投入產出，推動國民經濟持續、快速、健康發展；（2）推動了國內市場與國際市場相互銜接，促進全省外向型經濟和社會主義市場經濟的快速發展；（3）促進了產業結構優化和地區經濟的發承；（4）外商投資區的開發建設效益顯著。總之，外商投資是加快福建經濟發展的催化劑，也是帶動福建經濟發展的火車頭，使福建經濟朝著外向化、國際化大步邁進。[4]

由於 1990 年代是福建省經濟進一步發展的關鍵年代，以下依時間先後，陳述相關研究提出的看法。在 1991 年，雷德森指出，在面對國際與國內經濟發展環境的轉變之下，福建省在 1990 年代的經濟發展基調是，充分利用現有的優勢，切實加強基礎工作。在基礎農業方面，主要是進一步確立大農業在福建經濟發展中的基礎地位，特別是糧食和林業。在基礎工業方面，福建的基礎工業主要是機械（包括電子）、食品、化工、紡織四大行業。福建省的基礎產業主要是進一步優化結構，注重提高科技水準，並力促原材料、能源基礎工業的發展，以便使物質生產建立在可靠和持續發展的基礎上。在基礎設施方面，在改革開放的十年，福建省的基礎設施有了較大的發展。但是，隨著對外開放的擴展和人民生活水準的提高，在交通運輸、能源供給、物質倉儲、水電供給、郵電通訊等系統，衛生福利、文化教育系統，都還存在著許多薄弱環節，有待進一步開發。1990 年代福建經濟社會的發展是一項巨大的社會系統工程，它的建設和發展必須依靠和切實加強各方面的基礎工作，並充分發揮綜合基礎工作的效能，才可望實現在世紀末進入先進省份行列的戰略目標。[5]

在 1995 年，汪漢英與伍長南提出對福建經濟發展的展望。他們指出，自 1990 年代以來，隨著全國改革開放的不斷深入和發展，福建原有的改革開放優勢已有所弱化。福建要增創新優勢，面臨著國內不同開放層次的嚴竣挑戰，主要表現在二方面：其一，全國已形成了沿海、沿江、沿邊的全方位開放格局，尤其是廣東、海南、上海、江蘇、浙江等省成為福建吸收外資的強有力競爭對手；其二，福建是全國最早實行「特殊政策、靈活措施」的省份，但在全國大開放格局下，使得原有的特殊政策不再是吸收外資的最主要優勢，對外資的吸引力已相對削弱，特殊政策效應正在逐步下降。面臨這些挑戰，他們建議，福建可從三方面加以因應：一是立足於原有的超前優勢，增創加大改革力度及對外開放的新優勢；二是從產業、人才和投資環境等方面再造局部新優

[4] 王奕霖、林宜寶，〈外商投資是加快福建經濟發展的催化劑〉，《發展研究》1996 年 08 期，頁 23-25。

[5] 雷德森，〈福建經濟發展的基點及對策〉，《福建論壇（經濟社會版）》1991 年 04 期，頁 36-37。

勢；三是從福建擁有的五大優勢，即閩臺互補、廈門自由港、廈門特區的立法權、福州國際大都市、以及腹地發展等，努力培植後發的優勢。[6]

在 2000 年，福建省人民政府發展研究中心課題組在蔡德奇的指導下，由七人執筆，提出對福建經濟發展的思考與建議。他們認為，福建能否繼續保持在全國「先行一步」的優勢，關鍵在於轉化優勢，強化特色。具體而言，就是必須緊緊圍繞一個奮鬥目標，牢牢抓住三個發展機遇，努力轉化五個方面優勢，把握八個工作切入點。一個奮鬥目標是努力建設海峽西岸繁榮帶，率先基本實現現代化。三個發展機遇是：中國加入世界貿易組織帶來的機遇，國家實施西部大開發戰略帶來的機遇，以及兩岸關係變化與發展帶來的機遇。五個方面優勢包括：促進開放優勢轉化為產業優勢，促進體制優勢轉化為企業優勢，促進對臺區位優勢轉化為投資優勢，促進山海資源優勢轉化為經濟優勢，以及促進人文優勢轉化為人才科技優勢。八個工作切入點包括：（1）應對海峽兩岸複雜局勢，推進海峽西岸大通道的建設；（2）以大中城市發展推動經濟增長，重點建設大廈門；（3）把握新一輪外商投資潮，加大對跨國公司的引資力度；（4）應對網絡經濟，大力實施電子商務戰略；（5）重新定位福建的旅遊業，建設旅遊強省；（6）加強人才資源開發，建設福建人才新高地；（7）關注海外華僑華人變化，繼續做好「僑」的文章；（8）轉變政府角色，營造集聚要素的良好環境。針對這些要點，他們都提出數據來論證和分析。[7]

同樣在 2000 年，宋小佳分析 21 世紀初期福建經濟發展環境，他先從全球的角度，指出四個重點：一是世界經濟將繼續保持增長態勢；二是國際貿易和資本流動將趨活躍；三是國際性產業轉移勢頭正勁；四是市場環境將發生重大變化。他接著討論國內經濟發展面臨的新情況與新問題。結論指出，21 世紀初期將是福建經濟和社會發展的一個極為重要而又充滿困難的時期，面臨著改革開放以來前所未有的比較嚴峻的發展環境，機遇與挑戰並存，希望與困難同在。全省上下都必須堅定信心，振奮精神，增強使命感和緊迫感，適應新形勢，迎接新挑戰，增創新優勢，贏得新發展，把福建的改革開放和現代化建設全面推向前進。[8]

在 2001 年，洪燕忠對增強福建經濟發展後勁提出以下五點思考。思考一、培育特

---

[6] 汪漢英、伍長南，〈展望二十一世紀增創福建經濟發展新優勢〉，《福建論壇（社會經濟版）》1995 年 03 期，頁 28-31。

[7] 福建省人民政府發展研究中心課題組，〈轉化優勢強化特色——對福建經濟發展的若干思考與建議〉，《發展研究》2000 年第 5 期，頁 12-16。

[8] 宋小佳，〈21 世紀初期福建經濟發展環境分析〉，《福建論壇（經濟社會版）》2000 年第 6 期（總第 213 期），頁 43-45。

色鮮明、富有活力的經濟圈以增後勁。他建議：（1）成立地級武夷山市，培育武夷山旅遊經濟圈；（2）成立地級東山市，培育南大門經濟圈；（3）調整寧德市行政區劃，培育閩東沿海經濟圈。思考二、立足省情開發旅遊經濟資源來增後勁。他建議：（1）推出幾條旅遊線路精品，籌畫旅遊經濟圈；（2）籌畫形成福建旅遊熱；（3）福州作為省會城市，應儘快挖潛、組合和建設一二個大牌景點，以提升優秀旅遊城市的形象；（4）加強風景區交通的建設和其它基礎設施等硬體的配套，改善服務品質等軟環境。思考三、關注、培育扶持新僑鄉以增後勁。他指出，1980 年代後，長樂、福清、連江等地的大批農民移居海外，站穩腳跟後，一批帶一批，人數越來越多。他們每年匯回大量外匯，直接推動了家鄉的發展和繁榮。這是福建沿海的一大特色，也是當地經濟發展後勁的重要支撐。思考四、加快建設小區域經濟文化中心來增後勁。他建議：（1）小區域經濟文化中心的建設在規劃、佈局時應因地制宜追求品位，土地等應嚴格按規劃審批；（2）山區小縣應通過適度的縣城規模擴張，壯大當地的區域中心功能；（3）工業區的佈局應遵循工業經濟學的科學原理，克服目前普遍存在的小工業星羅棋佈問題；（4）條件好的小區域中心應把周圍鄉村列入新區規劃，把新區建成佈局合理、生活服務配套、市政設施完善、逐步向城市化邁進的城鎮。思考五、防止過高的稅收任務危害經濟後勁。他指出，廈門、泉州等少數經濟發展良好且領導注重涵養稅源的地方，稅收也保持良好的增長勢頭；而經濟發展相對滯後的地方，由於年年稅收任務層層加碼，已給經濟發展造成危害，十分不利於增強經濟發展後勁，應予以關注和解決。[9]

在 2003 年，王開明討論新型工業化與福建經濟發展，他認為適合福建省情的新型工業化發展之路大致包含五個方面：（1）以資訊化帶動工業化，重點發展「高新技術＋勞動密集型」產業；（2）以對外開放帶動新型工業化，集中全省力量建設福州、廈門兩市開發區，進一步發展閩臺港澳四地合作；（3）以大項目帶動新型工業化，集中力量建設廈門、福州、湄洲灣三大港口，大力發展港口經濟；（4）以城市化推動新型工業化，實施「城市郊區化，郊區城市化」的城市化戰略；（5）以可持續發展戰略帶動新型工業化，重點發展生態效益型工業。[10]

在 2005 年，雷德森與張良強指出，在「十一五（2006-2010）」期間，福建省如要保持 9%左右的經濟增長速度，對相關人才將會提出更大更高的渴求。他們提出福建實施「人才強省」戰略的十點建議。（1）實施專門人才培養六大工程：包括黨政人才培養工程、高級經營管理人才培養工程、「155 專家工程」、高技能人才培訓工程、人才

[9] 洪燕忠，〈對增強福建經濟發展後勁的五點思考〉，《發展研究》2001 年第 5 期，頁 10-12。

[10] 王開明，〈新型工業化與福建經濟發展〉，《福建論壇（經濟社會版）》2003 年第 3 期，頁 44-48。

扶貧工程和人才素質提高等六大項目。（2）加強高層次專業技術人才隊伍建設：通過自主培養和大力引進，造就一支數量可觀、門類齊全、結構合理、素質精良的高層次專業技術人才隊伍。（3）加快職技能人才隊伍建設：高技能人才的社會地位和待遇的提高，建立技師、高級技師與工程師、高級工程師相當的技術職稱評定體系。各級政府要建立對有特殊貢獻的拔尖高技能人才的獎勵制度。（4）加速教育和培訓事業的發展：大力發展職業教育，加快高技能人才的培養，加快非公經濟的人才培養，加強農村和山區等欠發達地區的人才培養。（5）創建吸引和聚集人才的載體和平臺：實施新世紀重點科研基地和專案工程；創新吸引和聚集人才的平臺；搞好人才資料庫及資訊網路建設。（6）啟動和實施人才國際化工程：啟動高層次科學家「推出」計畫；加大吸引國際人才為福建省服務的工作力度。（7）完善人才管理體制和機制：根據省經濟和社會發展規劃，按市縣、行業編制好人才戰略規劃；深化人才管理體制改革；進一步深化福建省職稱制度改革，改革創新專業技術人才評價工作。（8）積極推行人才柔性流動政策：設置戰略人才流動補助基金及其他政策工具，引導、鼓勵科技人員到農村、到欠發達地區、邊遠地區和少數民族地區工作，到福建省需要而僅靠市場機制難又以吸引人才的崗位工作。（9）推進人才的職業誠信體系建設：可以在福州、廈門等地先行試點建設，取得經驗以後再在全省範圍內推廣。（10）提高總體工資水準和改進分配機制：在全省工資總體水準與周邊省市相比明顯偏低的情況下，應逐步提高公務員的工資水準，以帶動事業單位、企業單位人才工資水準的提高，改善全省人才的總體待遇水準，增強福建省對人才的吸引力。[11]

在 2006 年，徐子青提出對福建經濟發展階段性特徵的思考。他先分析福建經濟發展階段性特徵，指出：（1）從經濟增長走勢看，福建經濟增長波動由大趨小，已進入新一輪增長期；（2）從產業推動因素看，三次產業增長變化趨向清晰，工業支撐作用突出；（3）從需求拉動因素，三大需求增長趨向均衡，對經濟增長拉動有力。從經濟增長走勢變化和經濟增長變動因素看，值得關注的有兩個趨勢：其一，經濟增長攀升勢頭有所趨緩；其二，推動經濟增長的優勢有所弱化。面對這種趨勢，他提出四點因應措施：（1）對臺優勢受各種因素制約而尚未充分發揮，必須抓住國家鼓勵東部地區率先發展和支援海峽西岸經濟發展的重大歷史機遇，提升區域發展影響力；（2）外向型經濟缺少強健內在素質的支撐，必須優化需求結構，促進內需外需雙向互動，增強抗禦外部風險能力；（3）產業均衡發展的帶動作用仍顯後勁不足，必須推動結構調整

[11] 雷德森、張良強，〈「十一五」福建實施「人才強省」戰略的十點建議〉，《開放潮》2005 年 09-10 期合刊（總第 98 期），頁 42-44。

和產業升級，提升產業整體發展競爭力；（4）粗放型經濟方式增長方式尚未得到根本性轉變，必須大力轉變以提高經濟發展可持續力。[12]

在 2007 年，柳國祥指出，在 1979-2000 年間，福建是全國經濟增長最快的省份，地區生產總值（GDP）年均增長 13%。在 1978 年，經濟總量在全國的位次是第 22 位，在 2000 年上升到第 11 位；人均水準從第 23 位上升到第 7 位。在「九五（2001-2005）」時期儘管受到亞洲金融危機的衝擊和國內需求不振的影響，福建經濟增長速度有些放緩，但 GDP 年均增速仍達到 11.5%，在全國各省市中位居前列。2005 年，福建經濟總量仍在全國各省市中排名第 11 位，但人均 GDP 已從「九五」末期的第 7 位退至第 9 位。他認為，制約福建經濟發展的主要問題有四：（1）內、外需增長失衡，內需不旺，需求對經濟增長的拉動力不強；（2）工業化水準不高，產業支撐能力和財政實力不強，經濟發展後勁不足；（3）全社會研發經費投入不足，自主創新能力不強，科技進步對經濟增長的貢獻十分有限；（4）城市化水準較低，中心城市集聚、輻射和帶動能力較弱，區域經濟整體競爭力不強。針對這些問題，他建議著力於四個對策：（1）做大做強三大中心城市（福州、廈門、泉州），有效推進海峽西岸城市群建設，提高區域吸納資源、集聚要素的能力；（2）擴大內需，增強投資和消費的拉動力，促使經濟增長由過度依賴外需拉動向投資與消費、內需與外需協調拉動轉變；（3）發展現代工業，推進產業結構優化升級，增強經濟增長後勁；（4）增強自主創新能力，加快科技創新體系建設，促使經濟增長更多地依靠科技進步帶動。[13]

在 2007 年，張良強、雷德森、許惠煌探討福建沿海縣域的經濟發展經驗。福建省共有 58 個縣（市），其中沿海縣（市）25 個，山區縣（市）33 個。自 1990 年代以來，全省縣域經濟獲得了長足的發展，尤其以沿海縣域經濟發展的成就引人注目。他們指出，福建沿海縣域經濟發展的顯著成效表現在四方面。（1）經濟總量高速增長，政府財力迅速提高：在 2005 年，福建沿海縣（市）地區生產總值是 1991 年的 13.93 倍；地方財政收入是 1991 年的 7.28 倍；工業總產值達是 1991 年的 39.92 倍；農業總產值是 1991 年的 5.74 倍。（2）經濟結構逐步優化，實現歷史性跨躍：沿海縣（市）地區生產總值中的第一、二、三產業的產值結構由 1991 年的 41.31%、35.52%、23.17%，調整為 2005 年的 15.87%、51.67%、32.46%。其中第一產業所占的比重下降，第二、三產業所占的比重提高，基本完成了縣域經濟的工業化過程。（3）城鎮職工收入快速增

[12] 徐子青，〈對福建經濟發展階段性特徵的理性思考〉，《福建行政學院福建經濟管理幹部學院學報》2006 年第 3 期（總第 97 期），頁 88-91。

[13] 柳國祥，〈福經濟發展存在的主要問題及對策〉，《發展研究》2007 年第 7 期，頁 22-24。

長，農民人均純收入顯著提高：2005 年沿海縣（市）人均 GDP 水平比全省縣域平均水平高 18.34%，比山區縣域平均水平高 62.43%。2005 年沿海縣域城鎮單位在崗職工平均工資比 1991 年提高 6.16 倍，年均增長 15%；農民人均純收入比 1991 年提高 4.77 倍，年均增長 13.34%。（4）經濟活力增強，對外經濟輻射能力擴大：2005 年沿海縣（市）的基本建設投資規模達到 466.11 億元，占全省縣域的 64.68%，是山區縣域的 1.83 倍。沿海縣域通過把特色產業轉化為優勢產業，形成了多樣性、區域化和專業化的產業格局，形成了區域品牌經濟。他們把福建沿海縣域的經濟發展道路歸納為三種具有代表性的模式：民營經濟發展模式，特色產業發展模式，及農業產業化發展模式。他們也指出，福建省山區的經濟應借鑒沿海縣域經濟發展的成功經驗和模式，以建設海峽西岸經濟區為契機，創新思路，加快山區縣域經濟發展。福建山區縣域應堅持「因地制宜、揚長避短、循序漸進」的方針，找準經濟發展的突破口，才能充分挖掘潛能，減少不利因素的制約，最大限度地促進當地縣域經濟發展。[14]

在 2010 年，林喬金指出福建現有投資結構存在的問題。首先，福建投資規模總量偏小；其次，三大產業投資比重不協調；第三，城鄉投資總額分配差距大；第四，投資地區分佈差異較大；第五，投資、消費和出口拉動經濟增長不和諧。這些問題制約了經濟、社會的可持續發展。他建議，從長遠發展來看，福建投資結構優化應突出以下三個目標：（1）消除結構性短缺或結構性過剩，實現主要工業品的市場供求基本平衡，減少和避免經濟運行的劇烈波動；（2）促進生產要素向效率更高的部門、地區和企業轉移，提高資源配置效率，增強產業競爭力；（3）控制和減輕環境污染，保護生態平衡，實現人與自然的和諧。這些目標決定了福建投資結構優化的任務具有多重性。但根本意義的是，在優化投資結構時，必須以提高資源利用效率和產業競爭力作為關鍵環節，切實推動發展方式的根本性轉變。此外，林喬金指出，福建經濟發展方式仍然呈現明顯的粗放型增長特徵，現有的投資結構不同程度地存在一些問題和隱患，制約了經濟、社會的可持續發展。福建的投資規模明顯不足，主要表現有五方面：（1）投資總量偏小，占全國的比重偏低；（2）三大產業投資比重不協調，例如在 2009 年，第一、二、三產業投資比例為 1：33：62；（3）第二產業內部結構也不盡合理；（4）城鄉投資總額分配差距大，投資地區分佈差異較大，長期以來，福建省投資高度集中福州、廈門、泉州三市；（5）投資、消費和出口拉動經濟增長不和諧，也付出的資源

---

[14] 張良強、雷德森、許惠煌，〈福建沿海縣域經濟發展的經驗、模式和啟示〉《福州大學學報（哲學社會科學版）》2007 年 05 期，頁 43-47。

浪費和環境代價。[15]

在 2011 年，李鴻階討論福建經濟與中國東部地區的差距，主要體現在七方面。（1）總量差距：2006-2010 年，福建經濟總量由 7,614.55 億元增至 13,800 億元，在東部地區排名升至第 8 位。2010 年福建經濟總量為東部地區平均水準 19,918.2 億元的 69.3%，占東部地區經濟總量的 6.29%，僅為同期廣東、江蘇、山東、浙江和河北經濟總量的 30.3%、33.7%、35%、50.9%和 68.3%。（2）結構差距：2006-2010 年，福建三次產業比重由 11.8：49.1：39.1 轉變為 9.5：51.3：39.2；按工業化發展標準衡量，福建與廣東、浙江的產業結構差距為 5 年以上，與江蘇的產業結構差距大約在 2 至 3 年。（3）產業差距：2010 年福建擁有高新技術企業 1,126 家，產值 2,630.09 億元；同期廣東、江蘇、上海、山東高新技術企業為 4,600 家、3,093 家、3,129 家、1,727 家，實現產值分別為 30,000 億元、21,987 億元、6,958.01 億元和 31,602.1 億元；福建高技術產業規模較小，全年產值不及廣東的 1/8、江蘇的 1/5、上海的 1/3、山東的 3/5 和浙江的 2/3；對外依賴性高，外資和港澳臺資本占高新技術企業產值比重達 75%以上。（4）實力差距：受歷史因素和基礎設施等影響，福建財政實力偏弱，企業盈利水準不高，與東部地區省際競爭力差距拉大。2006-2010 年，福建地方財政收入由 540.29 億元增至 1,151.5 億元。2010 年福建地方財政收入居東部地區第 9 位，為東部地區地方財政收入平均水準 2,273.45 億元的 50.65%。（5）增長差距：近年來，隨著投資環境改善，福建經濟快速增長，年均增長率均在 12%以上，呈現加快發展趨勢。2006-2010 年，福建 GDP 年均增長率分別為 13.4%、15.2%、13.0%、12%和 13.8%，位居東部地區第 7、第 1、第 2、第 4 和第 3 位。（6）人均差距：2006-2010 年，福建與東部地區人均 GDP 差距由 5,648 元增至 10,778 元。2005-2010 年，福建城鄉居民人均收入由 12,321 元增至 21,781 元，居東部地區第 7 位。（7）外向差距：2010 年福建出口總額和實際利用外資額居東部地區第 6 和第 7 位，所占比重略有提高，分別占東部地區出口總額和實際利用外資額的 5%和 7.69%。與 2005 年相比，福建實際利用外資排名提升兩位，出口額排名則下降一位。2010 年福建出口總額為 715 億美元，居東部地區第 6 位。李鴻階接著分析福建與東部地區經濟發展差距主要是由六個因素造成的：總量擴張較慢，投入強度偏弱，有效需求不足，區域落差較大，發展品質不高，以及集群帶動不強。針對這些缺失，福建經濟實現跨越發展的路徑選擇為：（1）優化產業佈局，做強新增長區域。（2）推動產業轉型，提升經濟發展品質。（3）加大要素投入，增強

---

[15] 林喬金，〈優化投資結構，推動福建經濟發展方式的轉變〉，《福州黨校學報》2010 年第 6 期（總第 127 期），頁 27-30。

自主創新能力。（4）培育產業集群，擴大跨境合作效益。（5）實施接軌發展，實現資源優化配置。（6）強化平潭引擎，建設兩岸共同家園。（7）引導產業轉移，協調區域經濟發展。[16]

在 2011 年，陳彩棉探討福建跨越發展的方式。他先指出，跨越式發展是指在一定歷史條件下，落後者發揮後發優勢，對先行者走過的某個發展階段的超常規跨越行為。福建的跨越發展戰略就是福建省委在經濟全球化的大背景下，在中國跨越發展的新形勢下，結合福建省特色社會主義建設的實際，而提出的一種發展戰略。他接著指出，實現福建跨越發展的必要性有三：福建跨越發展是中國跨越發展全域的重要組成部分；福建跨越發展是順應區域經濟競相發展態勢的根本要求；福建的跨越發展是進一步滿足人民群眾更高需要的必需。他分析經濟發展方式的轉變是福建跨越發展的基礎，指出：福建已初步具備了轉變經濟發展方式、實現跨越發展的基本條件，表現在四方面：（1）高度的工業化和城鎮化能夠為經濟社會發展提供必要的支撐和帶動；在 2009 年，福建省規模以上重工業增加值占規模以上工業增加值比重超過 50%，城鎮化率達到 51.4%；（2）經濟總量達到了必要的量級；在 2009 年，福建省人均 GDP 突破了 5,000 美元，自此福建省將進入加快推進現代化進程的關鍵時期；（3）福建省有著一定的抗禦風險以及經濟恢復的能力；面對國際金融危機的衝擊，2009 年福建省實現了 12.3% 的增長，2010 年上半年經濟增速回升到 15.5%，達到 2000 年以來同期最高水平；（4）福建省有著極大的地緣優勢；近年來，國家及各方面對福建發展和海西建設給予了更多實質性的支持，福建省基礎設施狀況顯著改善，臺港澳僑、民營經濟、港口、生態等優勢日益凸顯，全省上下凝心聚力謀發展的意識和合力進一步增強。他也指出，要切實地實現跨越發展，必須在產業結構、城鄉結構、地區結構三方面，經由具體路徑並採取具體措施。他認為，通過經濟結構的調整，並輔以政治體制改革以及生態文化的創建與弘揚，福建的經濟發展方式必將得以根本轉變，福建必將並隨之得以實現跨越式發展。[17]

在 2011 年，楊軍紅探討中國雙邊自由貿易區與福建經濟發展的對策。他首先指出，近十年來，中國積極開展雙邊自由貿易區合作，為中國快速融入世界市場和國際經濟體系創造出了更多的機會和條件。由於福建區位環境的特殊性，以及經濟優勢、僑臺優勢等，福建完全可以抓住中國雙邊自由貿易區快速發展的契機，在互惠互利原

---

[16] 李鴻階，〈福建經濟發展差距與跨越發展戰略研究〉，《福建論壇（人文社會科學版）》2011 年第 12 期，頁 164-170。

[17] 陳彩棉，〈福建跨越發展道路探析——兼論福建經濟發展方式的轉變〉，《閩西職業技術學院報》第 13 第 2 期（2011 年 6 月），頁 49-53。

則下，迅速提高自身的經濟增長力和區域競爭力，提升福建在區域經濟一體化中的地位和作用。加快中國雙邊自由貿易區建設對福建經濟發展具有巨大的促進作用，給福建經濟發展帶來了難得的機遇；區域金融合作給福建經濟快速走出經濟危機陰影提供了原動力。目前存在的具體問題包括：（1）中國雙邊自由貿易區合作無疑要求福建在更高程度和更大範圍內開放，而必然會對福建產業造成一定的外部衝擊；（2）福建在融入中國雙邊自由貿易區發展的過程中，與自貿夥伴之間不可避免會發生競爭關係，處理不好會加大利益矛盾，影響雙邊合作；（3）雙邊自由貿易協定中的原產地規則可以避免貿易轉移，直接關係到合作成員的切身利益，如何加強福建對自貿夥伴各種原產地規則的政策協調，是一個備受關注的問題；（4）福建全面參與中國雙邊自由貿易區合作，必然帶來雙邊貿易和投資的擴大，目前福建對區域戰略投資的意識和技巧還很欠缺，更缺乏相應的高素質金融人才；（5）由於參與合作雙方的經濟體制、發展水平、政治制度、價值觀念等不盡相同，大量的區域合作事務需要溝通和協商來加以解決，而這些繁雜的區域事務不可能完全由政府包攬。如何構建具有福建特色的區域社會化服務體系已成為當務之急。針對以上問題，他提出五項對策：（1）建立和完善貿易救濟和產業損害補償制度；（2）建立有效的雙邊貿易爭端解決機制；（3）加強原產地規則的政策協調，降低自由貿易區的調整成本；（4）建立區域貿易和投資一體化系統；（5）推進社會中介服務體系建設。他相信這些對策思考將會更好地促進福建建立起自身特色的區域合作機制，融入中國雙邊自由貿易區快速發展的時代潮流。[18]

在 2012 年，劉慧宇與謝愛國對改革開放後福建經濟發展戰略加以評述。他們首先回顧福建經濟發展戰略的演變。在 1981 年福建提出開發和利用山、海兩種資源的資源優勢型戰略；1984 年提出加快教育發展、科技進步和產業創新的戰略；1986 年提出「山海協作，梯度推進，分類指導，共同發展」的戰略；2004 年提出「建設對外開放、協調發展、全面繁榮的海峽西岸經濟區」的構想；2006 年，「海峽西岸經濟區」被寫進政府工作報告和「十一五」規劃綱要；2009 年 5 月，國務院首次在政策上明確支持海峽西岸經濟區發展，從此海峽西岸經濟區戰略上升為國家戰略。他們接著討論福建經濟發展戰略的歷史經驗，指出福建成功的經驗在於：（1）立足省情、發揮特色，（2）重視科教、培養後勁，（3）勇於學習、善於借鑿。至於時代局限，則顯示在：（1）重視戰略制定、忽視政策落實，（2）重視陸地發展、輕視海洋開發，（3）重視外向經

---

[18] 楊軍紅，〈中國雙邊自由貿易區與福建經濟發展的對策思考〉，《重慶三峽學院學報》2011 年第 6 期（第 27 卷，136 期），頁 49-52。

濟、忽視內需開發，（4）重視科教培育、忽視結構分佈。[19]

在 2013 年，熊俊莉分析閩臺經濟發展比較與合作優勢。他先分析福建經濟發展的現狀，指出五個事實。（1）總體經濟規模不斷擴大，維持穩定較快增長態勢：在 2011 年，福建省地區 GDP 總值 1.7 萬億元，在中國大陸居第 12 位；GDP 年增長率 12.2%，高出大陸平均水平 3 個百分點，在東部 11 個省市中居第 2 位。（2）投資和出口是拉動福建經濟增長的最重要動力：在 2007-2011 年，福建省固定資產投資年平均增長率超過 20%；福建對外貿易出口由 499 億美元增加至 928 億美元，在 2011 年增長率高達 30%；相對而言，內需在福建經濟中的地位和作用有待進一步提升，2011 年消費總額 6169 億元，比上年增長 18%。（3）以工業經濟為主，產業結構不斷優化：福建省加快了產業調整的步伐，由農業為主逐步調整為以工業經濟為主，第三產業也得到快速發展，產業結構升級取得了顯著成果；在 2011 年，福建三次產業比例調整為 9.2：52.7：38.1。（4）對外經濟呈加速發展態勢，外貿結構不斷優化：在 2011 年，福建對外貿易進出口總額 1,436 億美元，同比增長 32%，占大陸對外貿易比重約 4%；前五大貿易夥伴分別為美國、歐盟、東盟、日本和香港地區。（5）收入水平顯著提升，居民生活實現總體小康：在 2007 年福建人均 GDP 僅 3,000 美元，到 2011 年已突破 7,000 美元，比大陸平均水平高出了 34%。隨著收人水平的提升，福建省居民擁有的財富顯著增長，醫療衛生保健水平不斷提高，社會保障體系逐步完善，民眾生活總體上實現了小康水平。對未來福建經濟發展戰略，則提出五點建議：（1）總體經濟保持中高速增長，但需注重加快經濟增長方式轉變；（2）合理調整產業佈局，以全面提升服務業為戰略重點；（3）根據區位和資源特點劃分區域，採取相應的區域發展策略；（4）擴大開放，提升對外經貿合作的層次；（5）重視區域經濟合作，以推動閩臺交流與合作為重點之一。至於閩臺經濟合作，他指出三點：（1）閩臺貿易規模不斷擴大，但尚未充分發揮潛力；（2）閩臺積極展開相互投資，但有待加強；（3）閩臺產業分工合作日益深化，但在各自產業升級轉型中面臨新的機遇和挑戰。如何將競爭轉向合作關係將是未來閩臺產業合作面臨的重要挑戰之一。[20]

---

[19] 劉慧宇、謝愛國，〈改革開放後福建經濟發展戰略評述〉，《重慶科技學院學報（社會科學版）》2012 年第 7 期，頁 89-91。

[20] 熊俊莉，〈閩臺經濟發展比較與合作優勢分析〉，《現代臺灣研究》2013 年第 3 期，頁 50-56。

三、經濟發展與環境保護

大致上，經濟發展與環境保護的討論是進入二十一世紀以來的重要課題。在 2003 年，中國環境監測總站首次採用生物豐度指數、植被覆蓋指數、水網密度指數、土地退化指數、污染負荷指數等五項評價指標，按優、良、一般、較差、差五個等級，對全國各地生態環境品質進行評價，結果表明，福建省生態環境品質優的區域占 85.4%，其餘 14.6%的區域為良，生態環境品質位居全國第一。[21]

這個訊息透露了福建省在兼顧經濟發展與環境保護上的努力。以下，就以福建省環境保護局主編的《福建省環境狀況公報》歷年資料加以整理，就水環境、土地資源、空氣品質、聲環境、污染物排放與處理等方面，加以陳述。[22]

1. 水環境

在水環境方面，先看福建省 12 條主要水系水質的變化情形。圖 11 繪出 2000 年、2005 年與 2015 年福建省 12 條主要水系 I-III 類水質的比例。依照水質標準，這三類水質都適用於生活用水，I 類水質良好，II 類水質受輕度污染，經常規淨化處理即可供飲用，III 類水質適用於集中式生活飲用水源地保護區。在圖 11 中呈現的 12 條主要水系，除了汀江流入廣東省的韓江出海以外，其他各水系是按照在福建省出海口所在地，由北到南排列。由圖 11 可見，自 2003 年以來，福建省 12 條主要水系提供生活用水的三類水質大致上呈現改善的趨勢。在 2015 年，霍童溪（出海口在寧德市）、交溪（寧德市）、敖江（福州市）、萩蘆溪（莆田市）、東溪（泉州市）、晉江（泉州市）、漳江（漳州市）都已達 100%。水質比例最低的是龍江（福清市），在 2010 年曾一度提高至 50%，但隨後又降低，在 2015 年只有 42%。福清市是福州市轄下的一個縣級市，是閩江口城市群的次中心，也是一個新興工業生產地，在 1987 年建立了福清融僑經濟技術開發區。[23]然而，這些新興工業與龍江水質的關係，則尚未見相關的研究，需進一步探討。

---

[21] 見《2003 年福建省環境狀況公報》，http://www.fjepb.gov.cn/zwgk/kjjc/hjzl/qshjzkgb/200406/t20040604_5231.htm。

[22] 歷年《福建省環境狀況公報》，可在福建省環境保護廳，http://www.fjepb.gov.cn/zwgk/kjjc/hjzl/qshjzkgb/，依年份查詢。每一年份有一個網址，不一一詳列。

[23] 嚴正，〈加快閩東南城鎮帶的建設〉，《福建師範大學報（哲學社會科學版）》，1996 年第 1 期，頁 9-13 轉 39。

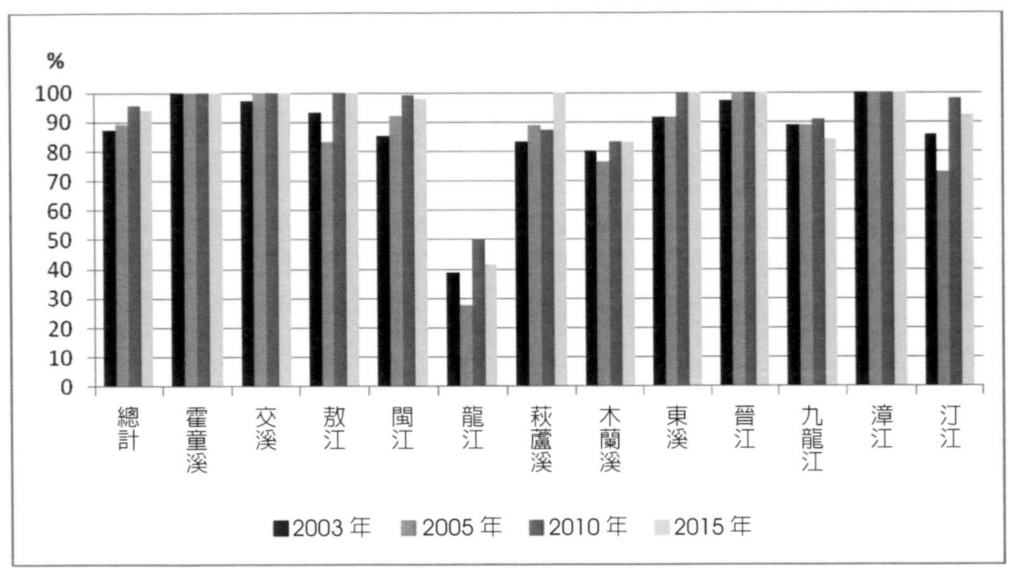

圖 11　福建省 12 條主要水系 I-III 類水質比例（2003、2005、2010、2015 年）

資料來源：本圖由作者據歷年《福建省環境狀況公報》相關統計資料整理繪製。

至於城市內河，水質污染比較普遍，以水域功能達標率來看，在 2003 年是 38.7%，在 2005 年是 50.3%，逐年提升到 2014 年為 87.9%。

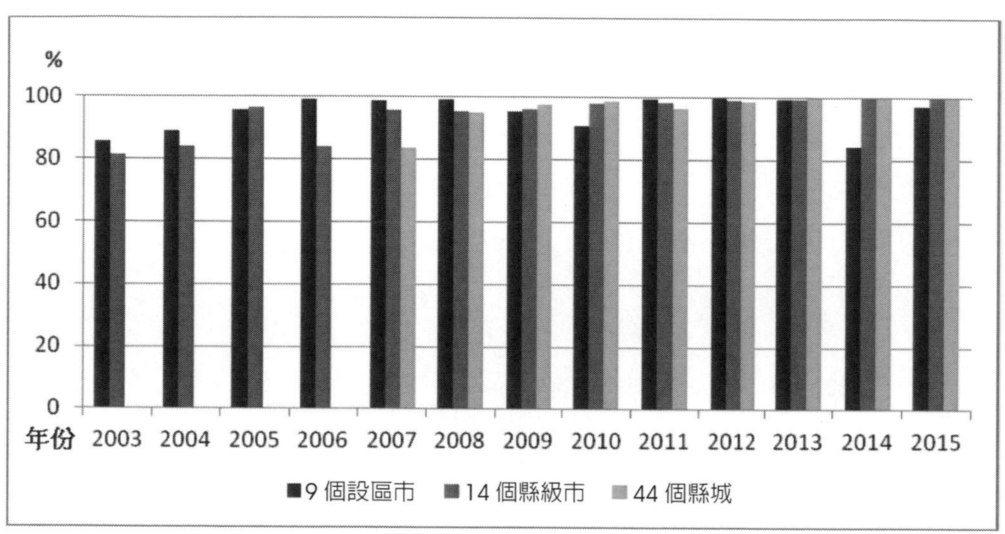

圖 12　福建省飲用水水源地水質達標率（2003-2015 年）

資料來源：同圖 11。

再看飲用水水源地水質的情形。圖 12 繪出的是 2003-2015 年福建省不同層級的市區飲用水水源地水質達標率。就飲用水水源地的處數而言，9 個設區市由 2003 年 22 處增至 2015 年 31 處；14 個縣級市由 2003 年 18 處增至 2015 年 25 處；44 個縣城，由 2007 年 64 個減為 2015 年 63 個。就水源地水質達標率來看，9 個設區市由 2003 年的 85.5%，一度增至 2012 年的 100%，在 2014 年降為 84.5%，在 2015 年再增至 97.3%。14 個縣級市由 2003 年的 81.5%，略經波動，至 2015 年達 100%。44 個縣城在 2007 年為 83.6%，逐漸增至 2013-2014 年的 100%，在 2015 年略降為 99.9%。

再看福建省 10 個主要湖泊水庫水域功能達標率，自 2011 至 2014 年，分別是 56.5%、58.3%、59.3%和 56.5%；至於 2015 年，則以 I-III 類水質比例計算，為 66.7%。值得注意的是，三大城市的湖泊水庫水質始終不是很好，福州西湖水質為V類，泉州山美水庫水質為劣V類，廈門篔簹湖為海水湖，水質為劣海水四類。

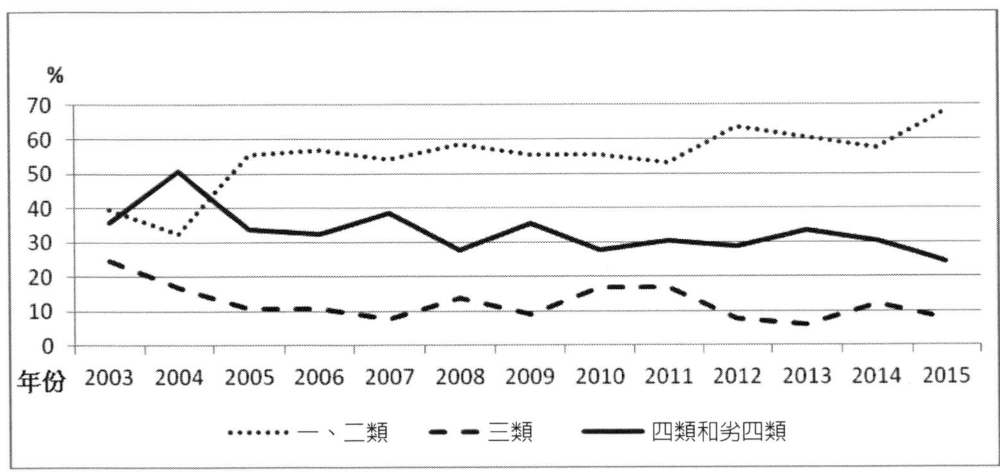

圖 13　福建省近海海域水質比例（2003-2015 年）

資料來源：同圖 11。

至於福建省近海海域水質比例，繪於圖 13。由圖 13 可見，在 2003-2015 年間，福建省近海海域的水質頗有起伏。一、二類水質由 39.6%增至 68.2%；三類水質由 24.5%降至 736%，四類和劣四類水質由 35.9%降至 24.2%。

2. 土地資源

在土地資源方面，福建省耕地面積在 2003 年有 136.64 公頃，歷年略有增減，在 2015 年有 133.77 萬公頃。基本農田保護面積在 2008 年有 121.98 萬公頃，在 2010-2015 年間維持在 114 萬公頃，保護率大約是 85%左右。至於 2003-2015 年治理水土流失的情形繪於圖 14。由圖 14 可見，福建省累計治理水土流失的面積由 2003 年 205.04 萬公頃增至 2015 年 352.79 萬公頃，年增率除 2007 年降至 0.21%外，其餘各年大約在 5%左右上下。

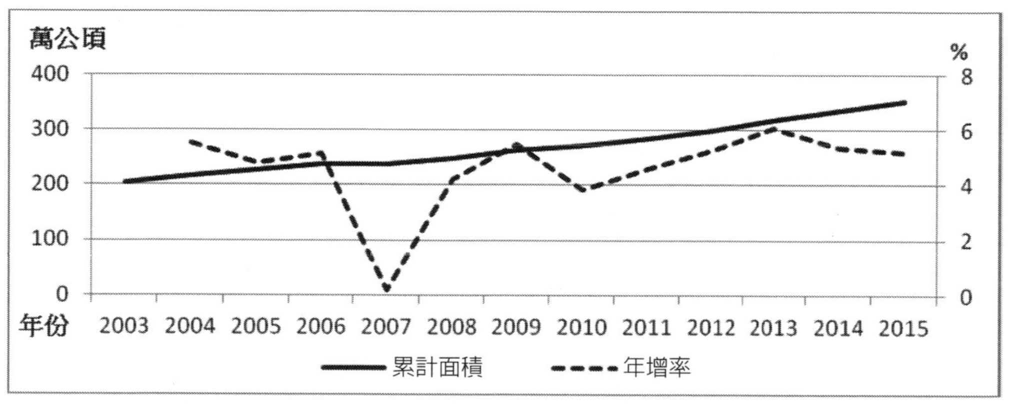

圖 14 福建省治理水土流失累計面積與年增率（2003-2015 年）

資料來源：同圖 11。

註：原統計在治理水土流失面積所採的單位不一致，在 2012-2015 年間，原以萬畝表示，在此以 15 畝＝1 公頃，加以折算。

至於福建省的森林面積與森林覆蓋率，據 1995 年的公報說，全省森林資源繼續呈現增長。有林地面積 697.3 萬公頃。森林覆蓋率達 57.3%，較上年增加 9.4%，仍居全國第一。[24]在此，以 2003-2015 年的統計繪於圖 15。圖 15 顯示，在 2003 年，福建省森林面積為 735.37 萬公頃，在 2004-2007 年間，增為 1,215 萬公頃，在 2008 年減為 906.7 萬公頃，在 2009 年減為 866.65 萬公頃，在 2010-2012 年間維持在 766.67 萬公頃，在 2013-2015 年間維持在 801.27 萬公頃。森林覆蓋率在 2003-2015 年間，略有增加，由 60.52%增至 65.95%。另外，福建省劃定了生態公益林，其面積在 2008 年有 286.3 萬公頃，在 2013 年略減為 285.98 萬公頃，然後又稍增為 2014-2015 年的 286.13 萬公頃；大致上生態公益林面積維持穩定。

[24] 見《1995 年福建省環境狀況公報》，http://www.fjepb.gov.cn/zwgk/kjjc/hjzl/qshjzkgb/200406/t20040603_5224.htm。

在此值得一提的是，福建省森林發生的火災，歷年發生次數最多的是 2004 的 1,164 起，最少的是 2012 年的 92 起；森林火災受害面積在 2004 年達 13,600 公頃，在 2012 年有 700 公頃。此外，福建森林病蟲害的成災面積以 2007 年的 1.64 萬公頃最多，其次是 2011 年的 1.26 萬公頃，最少的是 2008 年的 0.17 萬公頃。

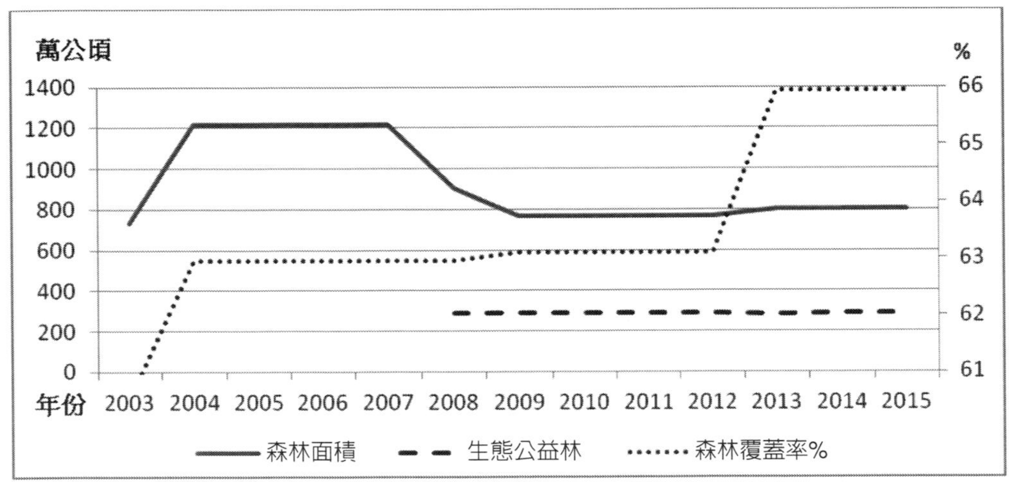

圖 15　福建省森林面積與覆蓋率（2003-2015 年）

資料來源：同圖 11。

在生態建設方面，在 1995 年，福建省設立自然保護區 22 個，面積 12.87 萬公頃，占全省國土面積 1.1%，低於全國平均水平；森林公園（國家級與省級合計 11 處），面積 2.1 萬公頃。在 1999 年，自然保護區有 75 個，面積 32.7 萬公頃；森林公園有 16 個，面積 2.8 萬公頃。在圖 16 繪出 2003-2015 年各項建設的個數與面積，除了森林公園的個數變動較大，由 16 個增加到 178 個再略減為 175 個，其他項目的變動不多。此外，圖 16 未顯示的是 2012 年建立海洋公園 5 處，面積 188.5 平方公里。

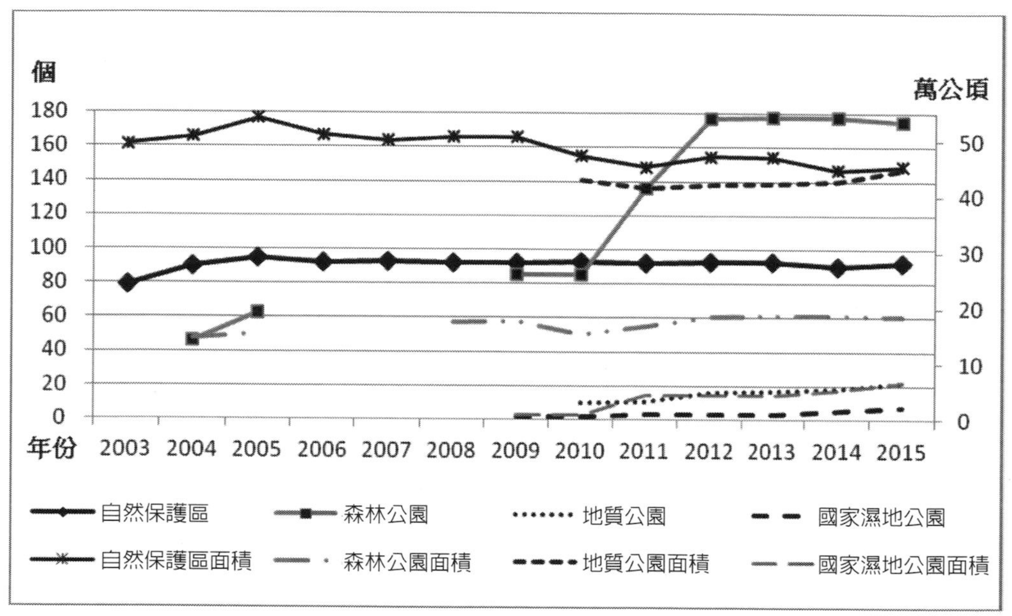

圖 16　福建省自然保護建設（2003-2015 年）

資料來源：同圖 11。

3. 空氣品質與環境噪聲

以福建省 9 個設區城市的空氣污染指數來看，「優、良」的天數比例，平均值由 2007 年的 95.5%增至 2012 年的 99.6%，再略降至 2015 年的 97.9%，九年的平均是 97.8%。以酸雨的 pH 年均值來看，在 2003-2015 年間，由 4.89 增為 5.17，其間略有起伏，十三年的平均是 4.99；要之，pH 小於 5，是屬於酸雨的範圍。以酸雨出現的頻率來看，由 2009 年的 36.8%增至 2013 年的 48%，再降至 2015 年的 40.5%；2009-2015 年間的平均值是 43.8%。以環境噪來看，全省 23 個城市的道路交通噪聲，在 2003-2015 年間，由 69.4 分貝降為 2013 年的 67.8 分貝，再升為 2015 年的 68.4 分貝，平均是 68.6 分貝；同期間，區域噪聲由 56.2 分貝略降為 55.7 分貝，平均是 55.6 分貝。

4. 工業污染物排放與處理

工業污染物主要分為廢水、廢氣與固體廢物三大類。由於《福建省環境狀況公報》歷年收入的資料並不一致，在此，以歷年《福建省統計年鑑》的資料加以整理，分類加以討論。

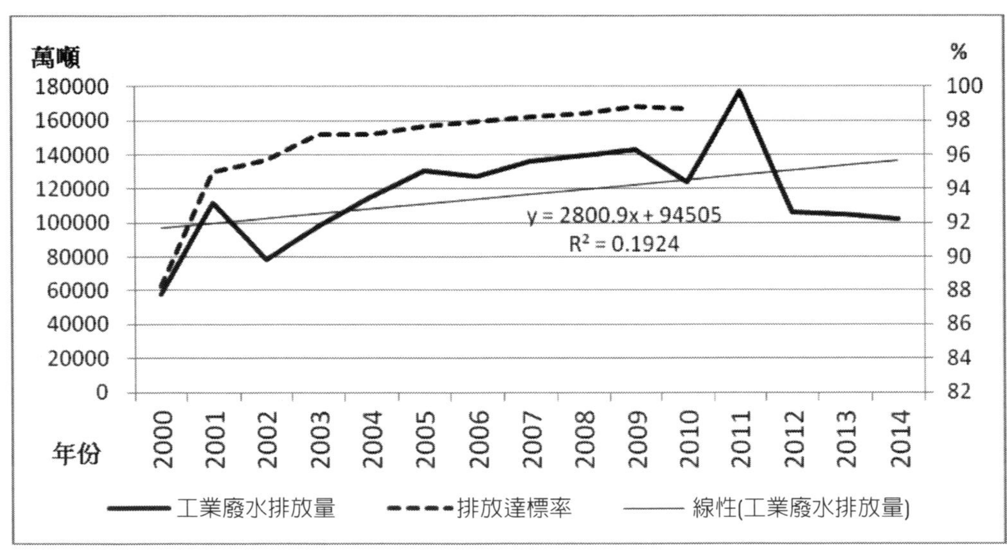

圖 17 福建省工業廢水排放量與排放達標率（2000-2014 年）

資料來源：本圖由作者據歷年《福建省統計年鑑》相關統計整理繪製。

就工業廢水來看，圖 17 繪出的是福建省 2000-2014 年間工業廢水排放量與排放達標率。由此可見，在 2000-2011 年間，工業廢水排放呈現增加的趨勢，由 57,614.22 萬噸增至 177,185.62 萬噸，然後下降到 2014 年的 102,051.74 萬噸。排放達標率則只有 2000-2010 年的統計，由 88.28%增至 2007-2010 年的 98%左右。

在此必須一提的是，工業廢水所含的污染物包括汞、鎘、六價鉻、鉛、砷、揮發酚、氰化物、石油類、化學需氧量及氨氮，其中數量最大的是化學需氧量，其次是氨氮。在 2001-2014 年間，化學需氧量由 105,828.8 噸減至 77,630.9 噸，氨氮由 8,680.2 噸減至 5,494.3 噸，其間雖有起伏，然削減的趨勢相當明顯。

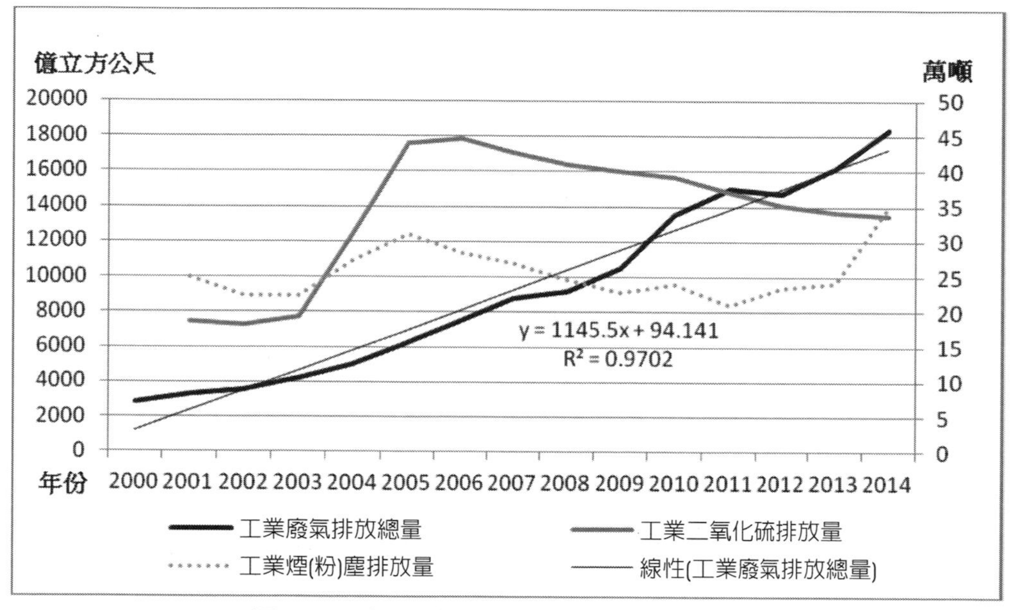

圖 18　福建省工業廢氣排放量（2000-2014 年）

資料來源：同圖 17。
註：原統計資料缺 2006-2007 年的排放總量，在此用插補方式補上。

其次，就工業廢氣來看，圖 18 繪出的是 2000-2014 年間福建省工業廢氣排放的情形。由此可見，就工業廢氣排放總量來看，由 2000 年的 2,828 億立方公尺增至 2014 年的 18,383 億立方公尺，呈現相關係數很高的線性成長（R^2=0.9702）。此外，圖 18 也繪出工業廢中的兩個主要成分，二氧化硫和工業煙（粉）塵，的排放量。二氧化硫排放量由 2001 年的 18.61 萬噸略降為次年的 18.12 萬噸，然後增至 2006 年的 44.61 萬噸後，再減至 2014 年的 33.76 噸。工業煙（粉）塵排放量由 2001 年的 24.94 萬噸減至次年的 22.24 萬噸，於 2005 年達 31.09 萬噸後，頗有起伏，至 2014 年達 34.92 萬噸。

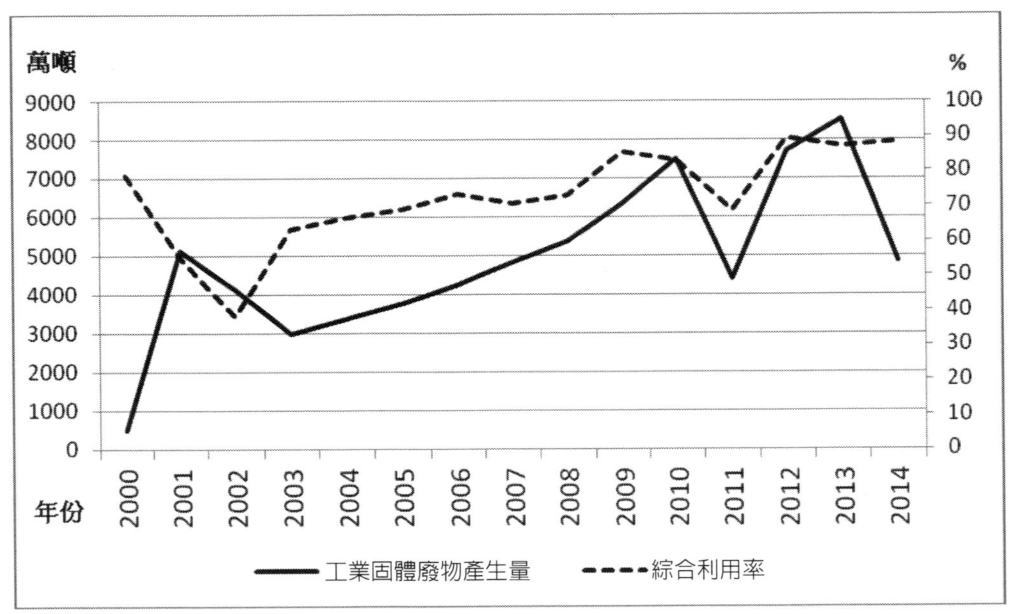

圖 19　福建省工業固體廢物產生量與綜合利用率（2000-2015 年）

資料來源：同圖 17。

再就工業固體廢物來看，圖 19 繪出的是 2000-2015 年間福建工業固體廢物產生量與綜合利用率。由圖 19 可見，福建省工業固體廢物產生量在 2000 年是 498.4 萬噸，但在 2001 年有 5,133.1 萬噸，然後頗有起伏，至 2013 年達 8,536.9 萬噸的高峰，再降至 2014 年的 4,843.9 萬噸。至於工業固體廢物的綜合利用率，也是頗有起伏，在 2000 年是 78.7%，2002 年降至 38.1%，2012 年達 89.2%後再略降至 2014 年的 88.3%；2000-2014 年的平均是 72.5%。值得注意的是，在工業固體廢物中，危險廢物的產生量由 2001 年的 4.4 萬噸增至 2014 年的 28.2 萬噸；危險廢物處置率由 2008 年的 25.4%增至 2010 年的 62.2%後再降至 2014 年的 37.1%。

在上述統計分析的背景下，再來看一些近年相關的研究。在 2005 年，張炳光指出，在經濟發展過程中要堅持生態優先，在經濟發展的每一個環節落實生態建設的要求，構建可持續的生態支撐體系。重要的作為包括：（1）在生產環節，突出企業的生態資任，要發展循環經濟和集群經濟。作為農林牧業生產運銷龍頭的企業，要帶動農林牧業循環經濟的發展。生態塑膠（生物質塑膠）生產、乙醇汽油生產等使用農業原料較多的企業，更要帶動農－工－農循環經濟的發展。（2）在流通環節，要截容創利。流通環節對生態環境帶來最大破壞的是從外貿、外運途徑，通過引進外來物種、引進貨物（尤其是廢舊物資），入境人員衣物附著的污物等，造成外來有害生物入侵。在流通環節，首先要截住外來生物入侵。這需要相關企業、檢疫部門和涉外公眾一起努力。（3）在分配環節，要堅持公平原則，實行必要的轉移和補償。進行生態建設要堅持公平原則，用合理的轉移和補償來解決。（4）在消費環節，要把生態建設的要求滲透到食、衣、住、用、行、遊等各個方面。張炳光也指出，需要重新認識生產力。過去的看法認為生產力是人們利用和改造自然，以滿足自己需要的能力。現在要重新審視以下三點：（1）光靠利用和改造自然以取得物質資料來滿足人類需求，最終會使資源枯竭，而且愈來愈破壞人類賴以生存和發展的生態環境；（2）人們按生態建設的要求，進行節能、節水、省料、減耗、減污的創新活動，在財富增長的同時，在一定程度上減輕了自然的負擔，加強了環保，促進了人與生態的協調發展；（3）把「滿足自己需要」與人們無止境的欲望相結合，產生了許多違背科學的不合理需求，從而帶動不合理的生產和消費，浪費資源、污染環境、損害健康，並破壞了人和生態的協調。因此，需要重新認識，生產力是人類從自然資源和非自然資源中創造物質資料以滿足人們的合理需要，並促進人與生態協調發展的能力。[25]

在 2008 年，張良強、雷德森、劉香旭對 2000-2006 年福建省資源節約型社會建設的績效提出評價。他們先進行縱向發展評價，以認識福建省近年來資源節約型社會建設的進展情況；然後將福建省與華東六省市進行比較評價，以明確福建省存在的差距和問題。他們根據改進的層次分析法，對 16 位專家的意見加以分析，結果顯示：在生產過程節約資源的績效評價中，專家普遍認為工業能耗係數和農業能耗係數較重要；在生活消費過程節約資源的績效評價和節約資源的綜合績效評價中，分別是單位家用電器能耗係數和居民消費支出的綜合能耗係數最重要，表明節約能源被放在建設資源節約型社會的突出位置。他們也從有關統計資料得到福建、上海、江蘇等華東六省一市的資源節約型社會評價指標體系中各項指標的具體數據。從縱向評價結果可以看出，

[25] 張炳光，〈福建經濟發展要生態優先〉，《開放潮》，2005 年第 8 期（總第 97 期），頁 31-33。

福建省 2000-2005 年的資源節約型社會綜合評價指數雖然有所波動，但總體上是呈下降趨勢。2006 年福建省開始實施「十一五資源節約型社會建設專項規劃」後，綜合評價指數回升，表明福建的資源節約型社會建設取得了初步成效。從橫向比較評價結果可知，2006 年華東地區中，資源節約型社會綜合評價指數排名前三位的分別是上海、浙江、山東，福建省排在第 4 位，處於中等水平，江西、安徽排在末兩位。概括而言，福建省在居民消費支出的綜合能耗係數、農業能耗係數、單位家用電器能耗係數、工業水耗係數、居民生活水耗係數、人均生活廢棄物排放量、工業重複用水率、工業固體廢物綜合利用率等指標上還有較大的差距，在工業能耗係數上與處於全國先進水平的上海市還有一定的差距。為了加快福建省資源節約型社會建設，他們提出六項建議：（1）節約為本，觀念先行；（2）加快技術創新，突破技術瓶頸，建立資源節約的技術支撐體系；（3）推廣新機制，發揮市場引導作用，降低居民的生活用能用水消耗；（4）優化產業結構，大力發展高新技術產業和現代服務業；（5）加強政策法規建設，為資源節約型社會發展提供政策支持和法制保障；（6）建立資源節約型社會監測預警管理信息系統。[26]

在 2008 年，福建省環保局局長馬承佳指出，福建在過去 30 年堅持「在加快發展中加強環境保護，在加強環境保護中加快發展」。具體的表現是，福建省在 2007 年生產總值達 9,249.13 億元，居全國第 11 位；二氧化硫（SO_2）、化學需氧量（COD）排放總量分別列全國第 24 位和第 16 位。同時，全省環境品質狀況總體保持良好，12 條主要水系水質達I類～III類比例為 94.2%；全省 23 個城市空氣品質總體良好，其中 9 個設區城市空氣品質優良天數比例為 95.5%。森林覆蓋率達 62.96%，城市建成區綠化覆蓋率達 35%，生態環境品質綜合評價指數位居全國前列。福建省是 2007 年水、大氣和生態環境品質均優的唯一省份。對福建省的發展，他從三個大方向提出的看法如下：（1）在發展佈局上，堅持以環境標準為重要依據，把環境保護融入經濟社會發展全域，促進可持續發展；從嚴格功能區劃，嚴格環境准入，嚴格總量控制三方著手；（2）在產業發展上，堅持減量、循環、再利用的循環經濟原則，促進生產要素集聚和物資循環利用，走新型工業化道路；從調整產業結構，推行循環經濟，發展生態農業，壯大環保產業四方面著手；（3）在環保管理上，注重運用綜合手段，促進環境資源的合理利用，實現環境友好、資源節約。推動資源價格改革，儘快形成合理的資源價格體系，

---

[26] 張良強、雷德森、劉香旭，〈福建省資源節約型社會建設的績效評價與對策〉，《福州大學學報（哲學社會科學版）》，2008 年 06 期，頁 52-57。

落實環境金融政策，並加強監管能力建設。[27]

在 2009 年，鄭少春探討資源環境約束和福建經濟發展方式轉變。他首先陳述福建工業發展的重型化趨向，綜合各方面因素判斷，福建目前大體處於工業化中後期，進入重化工業階段。他分析福建工業的發展與資源承載力，指出福建是一個能源資源貧乏的省份：（1）從水和土地資源的利用情況看，福建水資源相對全國來講比較豐富，但全省水資源分佈不平衡；（2）從工業用地增長情況看，近年來土地供需矛盾突出；（3）從能源的消耗和供給方面看，福建是缺煤少礦、無油無氣的省份，但隨著重化工業的快速發展，福建高消耗資源的產品產量迅速增長；（4）節能減排難度大，兼顧產業發展與資源可持續發展，是重化工業時代不可迴避的問題之一。他也分析福建工業發展與生態環境的矛盾，指出企業生產排放的污染物大量增加，對環境也造成了極大的壓力。主要的污染有三：大氣污染，水資源污染，以及工業固體廢物的產生和排放。他探討緩解資源環境壓力的福建發展模式，指出：（1）產業轉移模式基本上不適合福建；（2）資源國際化模式應該考慮，但無法解決主要問題；（3）轉變經濟發展方式，實行集約增長是福建的必然選擇；福建要構建資源節約型工業結構，要培植新的主導產業與高新技術產業，要加快技術進步提高自主創新能力，要大力發展循環經濟，要創新管理模式，要建立具有區域特色的重型工業。[28]

在此，值得一提的是，福建省在生態城市（eco-city）與生態文明（ecological civilization）建設方面的努力。中國環境保護部自 1995 決定建立「國家級生態示範區」後，截至 2011 年底，分七批共命名了 528 個城市（包括地級市、縣級市和縣）做為「國家級生態示範區」；其中，有 120 個分布在東南沿海五省，依次是江蘇省 65 個，浙江省 36 個，福建省 12 個，廣東省 6 個，海南省 1 個。此外，在 2008 年，中國環境保護部開始規劃設立「生態文明先行示範區」，至 2014 年 7 月 22 日公布第一批 55 個入選的地區，其中，福建省是最先在 2014 年 3 月 10 日，就由國務院發布〈關於支持福建省深入實施生態省戰略加快生態文明先行示範區建設的若干意見〉，福建省政府抓緊這個機遇，積極投入生態文明建設。[29]根據最新的報告，截至 2015 年底，福建省共建成國家級生態縣（市、區）10 個、生態鄉鎮（街道）519 個、生態村 3 個；省級生態市 5 個、生

[27] 馬承佳，〈以環境保護優化福建經濟發展〉，《發展研究》2008 年第 12 期，頁 23-25。

[28] 鄭少春，〈資源環境約束和福建經濟發展方式轉變〉，《中國科技論壇》第 9 期（2009 年 9 月），頁 73-77。

[29] 關於中國東南沿海地區生態城市與生態文明建設的個案研究見，Ts'ui-jung Liu, "Ecological Construction in Coastal Southeast China," to be included in Ts'ui-jung Liu, Andrea Janku, and David Pietz (eds.), *Landscape Changes and Resource Utilization in East Asia: Perspectives from Environmental History* (to be published by Routledge, forthcoming).

態縣（市、區）62 個、生態鄉鎮（街道）926 個、生態村 2400 個。[30]

此外，值得注意的是，對於農村環境的整治。在 2010 年 4 月，福建省被正式確定為全國農村環境連片整治示範工作 8 個示範省份之一。在 2010-2012 年期間投入 15 億元，用於開展「水源清潔」,「家園清潔」和「田園清潔」示範工程。[31]據現有的統計，在 2010-2012 年，福建省共有 93 個示範片區實施農村環境連片整治。整治專案涉及 9 個設區市和平潭綜合實驗區、50 個縣（市、區）、205 個鄉鎮、1,285 個村莊，受益人口約 262 萬人。專案建設內容包括飲用水水源地保護，農村生活汙水處理、生活垃圾處理、畜禽養殖和面源污染整治等。[32]要之，福建省的生態建設已相當深入農村地區。

小結

以上整理了相關的統計資料來分析近年來福建省經濟發展與環境保護的情形，並借助一些學者的研究來陳述相關問題所在與必要的改進措施。不過，整體而言，本文涉及的仍只是比較宏觀的層面，至於微觀的細節，則尚待一一加以深入探討。

[30] 見《2015 年福建省環境狀況公報》，http://www.fjepb.gov.cn/zwgk/kjjc/hjzl/qshjzkgb/201606/P020160603649157645861.pdf。

[31] 見《2010 年福建省環境狀況公報》，http://www.fjepb.gov.cn/zwgk/kjjc/hjzl/qshjzkgb/201106/t20110603_5240.htm。

[32] 見《2012 年福建省環境狀況公報》，http://www.fjepb.gov.cn/zwgk/kjjc/hjzl/qshjzkgb/201306/P020130813578952526710.pdf。

制度移植與區域差異：「買辦制度」的臺灣經驗（1860-1895 年）*

陳計堯

一、引言

過去，在近代東亞及東南亞地區使用的「買辦制度」，尤其是在「清帝國」與民國的運作歷史，一直被兩種角度審視。第一種角度是從宏觀制度的內容、利弊、演變等方面研究，著重買辦的經濟活動、與歐美商人甚或是近代歐美「帝國主義」的關係、法律責任、經濟功能與貢獻等面向加以分析。[1] 第二種角度是買辦的個人，包括買辦個人成為買辦的過程、在擔任買辦期間的一切經商活動，以及其他社會活動。[2]從這兩種

* 本文在撰寫期間，得到林文凱、曾文亮兩教授提供寶貴意見，也得到費德廉（Douglas Fix）、蘇約翰（John Schufelt）兩教授針對部份英文資料翻譯判讀上的協助，特此致謝。

1 東亞同文書院（調查），《支那經濟全書》（東京：東亞同文會，明治四十[1907]年），第二輯，頁 327-537；根岸佶，《買辦制度の研究》（東京：日本圖書株式會社，1948）；土屋計左右，〈買辦制度〉，《支那經濟研究》第一編（1924），頁 1-50；鈴木總一郎，〈買辦制度〉，《東亞經濟論叢》第一卷第一號（1941 年 2 月），頁 1-20；鈴木總一郎，〈買辦發生の社會的根源〉，《東亞經濟論叢》第一卷第三號（1941 年 9 月），頁 1-17；Motono Eiichi, "A Study of the Legal Status of the Compradores During the 1880s with Special Reference to the Three Civil Cases Between David Sassoon Sons & Co. and Their Compradores, 1884-1887," in *Acta Asiatica*, No.62 (1992), pp. 44-70；本野英一，〈19 世紀 60 年代上海買辦登記制度的挫折和出口貿易體制的改變——以怡和洋行的活動為中心〉，丁日初（主編），《近代中國》第三輯（上海：上海社會科學院出版社，1993），頁 17-53；Sherman Cochran, "Japan's Capture of China's Market for Imported Cotton Textiles Before World War I: The Role of Mitsui Trading Company," *The Second Conference on Modern Chinese Economic History* (III) (Taipei: The Institute of Economics, Academia Sinica, 1989), pp. 809-841; Jerry L.S. Wang, "The Profitability of Anglo-Chinese Trade, 1861-1913," in *Business History*, Vol.35, No.3 (1993), pp. 39-65; 汪敬虞，《十九世紀西方資本主義對中國的經濟侵略》（北京：人民出版社，1983），頁 98-113, 483-537；王水，〈清代買辦收入的估計及其使用方向〉，《中國社會科學院經濟研究所集刊》第五集（1983），頁 298-324；易繼蒼，《買辦與上海金融近代化》（北京：知識產權出版社，2006）。Yen-p'ing Hao, *The Comprador in Nineteenth Century China: Bridge Between East and West* (Cambridge, Mass.: Harvard University Press, 1970)，中譯版郝延平，《十九世紀中國的買辦：東西間橋樑》（上海：上海社會科學院出版社，1988）。聶寶章，《中國買辦資產階級的發生》（北京：中國社會科學出版社，1979）；黃逸峰、姜鐸、唐傳泗、陳絳，《舊中國的買辦階級》（上海：上海人民出版社，1982）。類似的論述，也可見李燕（編著），《買辦文化》（北京：中國經濟出版社，1995）。

2 劉廣京，〈唐廷樞之買辦時代〉，載劉廣京，《經世思想與新興企業》（臺北：聯經，1990），頁 327-400；香港中文

角度而呈現的，是一個從二十世紀初期就開始的角度，也就是買辦由個人擔任，風險也由買辦個人承擔，各地買辦不約而同在一個「制度」架構之下運作；這個「制度」雖然也還是會有其變遷，惟其內在一致性卻基本不變。這種內在一致性可被套用在清帝國的其他範圍，當中基本上只有個人、行業與時代上的差別。

不過，近人對買辦研究開始採用區域史的角度來探討，並有以此為研究對象的成果，所以有「香山買辦」、「浙江買辦」、「天津買辦」、「臺灣買辦」等名詞與相關研究，包括這些地區的買辦活動、收入、責任、契約、商業爭議、與歐美商人之間的關係，甚至買辦的慈善行為、政治活動、思想著述等。[3]雖然，這些區域研究下所做的買辦研究，基本上還是不脫在「清帝國買辦制度」下的地方個案的論述，但也提供一個契機讓學界可以檢討「買辦制度」是否存在地區差異。

對於清帝國各地區域性差異的重要性問題，最早是在 20 世紀初期日本學者內藤湖南對清帝國提出區域問題。雖然，內藤所期待的是一個由多個以大區域（比現存在省為大的行政區域）為基礎的「共和」實體，[4]但他的期待卻暗示清帝國內部存在的區域差異。至 1960 年代，美國學者施堅雅（G. William Skinner）提出的大區域研究典範，認為「中華帝國」因統治幅員廣大，內部分歧卻是因為地理、山川、平原的分佈所造成，在同一地理、環境所製造的「大區域」內，內部的貿易與人流交往甚密，但各大區域之間的互動相對疏遠。[5]施堅雅的區域研究典範，深深影響著從 1970 年代以來眾多「中國社會經濟史」的相關研究，[6]加上對歐美學界來說，要理解「中國」並不能單

大學中國文化研究所文物館、香港中文大學歷史系（合編），《買辦與近代中國》（香港：三聯書店，2009）；天津市政協文史資料研究委員會（編），《天津的洋行與買辦》（天津：天津人民出版社，1987）。

3 胡波，《香山買辦與近代中國》（廣州：廣東出版集團/廣東人民出版社，2007）；易繼蒼，《浙江籍買辦研究》（北京：中國社會科學出版社，2011）；中國人民政治協商會議天津市委員會文史資料委員會（編），《近代天津十大買辦》（天津：天津人民出版社，2001）；李佩蓁，〈依附抑合作？清末臺灣南部口岸買辦商人的雙重角色（1860-1895）〉，《臺灣史研究》，第 20 卷第 2 期，頁 31-76。

4 吉尾寬（著）、胡寶華（譯），〈內藤湖南的中國共和制論——以《支那論》與《新支那論》的思路〉，內藤湖南研究會（編著）、馬彪（等譯），《內藤湖南的世界》（西安：三秦出版社，2005），頁 157-187。

5 G. William Skinner, "Marketing and Social Structure in Rural China," *Journal of Asian Studies*, Vol. 24, No. 1 (1964), pp.3-43, Vol. 24, No. 2 (1965), pp.195-228, Vol. 24, No. 3 (1965), pp. 363-399; G. William Skinner, "Urban Development in Imperial China," "Regional Urbanization in Nineteenth-century China," "Urban and Rural in Chinese Society," "Cities and the Hierarchy of Local Systems," "Urban Social Structure in Ch'ing China," in G. William Skinner, ed., *The City in Late Imperial China* (Stanford: Stanford University Press, 1977), pp. 3-31, 211-249, 253-273, 275-351, 521-553; G. William Skinner, "Marketing Systems and Regional Economies: Their Structure and Development," paper prepared for the Symposium on Social and Economic History in China from the Song Dynasty to 1900, Chinese Academy of Social Sciences (Beijing, 26 Oct.-1 Nov. 1980).

6 施堅雅本人就曾經召集多位學者共同研究不同時期的「中國」城市，見 G. William Skinner, ed., *The City in Late Imperial China*; Mark Elvin and G. William Skinner, eds., *The Chinese City Between Two Worlds* (Stanford: Stanford

從過去的中央朝廷的角度思考，更要深入地方社會才能真正理解「中國社會」，使「地方史」（local history）成為近年來理解「中國史」的關鍵。[7]

這種區域、地方上的差異，在晚近的研究中也出現在近代「中外經濟關係」上。另一位美國學者高家龍（Sherman Cochran）研究英美煙草公司（British American Tobacco Company）在 19 世紀末 20 世紀初在清帝國及中華民國投資生產、銷售香菸上，也出現分區域經營模式的情況，在華北、蒙古、滿洲、西北等地均有通曉當地語言、方言的公司外籍職員進行推銷，在長江流域、華南地區卻依賴華人買辦分別經營。[8]語言之外，帝國及民國各區域之間明顯地存在其他的差異，使英美煙草公司的經營者必須調整並加以利用。在討論買辦制度的經典研究中，郝延平也提出，不同區域的買辦的出現與歐美商人對不同地區物產的興趣有關。[9]這些論述對我們理解買辦制度的區域差異，意義尤重。但除了各地語言、物產等差異之外，區域之間又有何經濟、商業傳統上的差異？

過去，筆者雖然亦曾經針對 20 世紀初期以長江下游地區的一位買辦劉鴻生（O. S. Lieu）在「買辦制度」之下的進行過研究，[10]但在經過收集更多不同時期的買辦契約與相關研究之後發現，19 世紀至 20 世紀上半期清帝國及民國的「買辦制度」本身有很多商業經營上關鍵的制度內含其實是在變化中，其中包括歐美商人對買辦施加的責任與規範，甚至對買辦能否兼任他職也受到限制，而這些限制大致上在 1890-1900 年代逐漸在不同的買辦契約中出現，並成為 20 世紀上半期「買辦制度」的重要內涵與規範。[11]這些發現讓人開始思考，在 19 世紀後半期正當「買辦」的行為與內涵逐漸被規範時，「買辦制度」本身可能存在多元性或差異，並且涉及到結構上的不同。

筆者基於過去對「買辦」契約變遷的歷史研究，認為清末臺灣是理解「買辦制度」區域差異性的重要案例，必須重新加以檢驗、釐清與詮釋。其原因主要是臺灣在 1860 年「北京條約」規定下開港以前，並不存在「買辦」人員，可提供制度「移植」的實際

University Press, 1974)。

[7] Paul A. Cohen, *Discovering History in China: American Historical Writing on the Recent Chinese Past.*, Chapter 4.

[8] Sherman Cochran, *Big Business in China: Sino-Foreign Rivalry in the Cigarette Industry, 1890-1930* (Cambridge, Mass.: Harvard University Press, 1980), pp. 10-53.

[9] Yen-p'ing Hao, *The Comprador in Nineteenth Century China: Bridge Between East and West*, pp. 51-54.

[10] Kai Yiu Chan, "A Turning in China's Comprador System: KMA's Changing Marketing Structure in the Lower Yangzi Region, 1912-1925," in *Business History*, Vol.43, No.2 (April 2001), pp. 51-72; Kai Yiu Chan, *Business Expansion and Structural Change in Pre-war China: Liu Hongsheng and His Enterprises, 1920-1937* (Hong Kong: Hong Kong University Press, 2006), pp. 49-76.

[11] 陳計堯，〈近代中國買辦制度再議——以買辦契約為分析中心（1860-1940）〉，張忠民、陸興龍、李一翔（主編），《近代中國社會環境與企業發展》（上海：上海社會科學院出版社，2008），頁 347-358。

個案。而且，雖然「買辦制度」在臺灣運作可能不足以全面驗證區域差異的問題，但仍然可以作為一個起點，讓其他在清帝國以及其他地區「買辦制度」的運作，能有多面向檢討的可能。這些因素到底會否影響到由華南、江浙一帶轉移過來的「買辦制度」，過去臺灣史的研究中並未有所探討，而且僅專注在臺灣的買辦到底有沒有自主性、是否依附於歐美商人等問題。這些問題固有其重要性，但也可能忽略制度轉移過程中的變化與差異，值得更深入的探討。

更重要的是，與19世紀後半期臺灣的買辦相關的文獻資料，雖然既非數量龐大亦不完整，但相比同一時代清帝國其他區域的買辦文獻來說卻非常重要，因為臺灣相關的買辦文獻中存在至為重要的買辦契約，均為日本領有臺灣時「臺灣總督府」下屬機構如「臨時臺灣舊慣調查會」等調查、收集所得。這些臺灣的買辦契約，與同時代的其他買辦相關文獻以及官方文獻檔案進行分析，正好能讓我們理解「買辦制度」本身最重要的規範。此外，臺灣總督府在日治初期也曾經對島內洋行與買辦進行調查，對於買辦的背景提供更多的資訊。所以，本文將更深入地比較分析各地不同的買辦契約背後所存在的制度異同，藉以探討19世紀晚期臺灣的買辦與清帝國其他地區的買辦之間所存在的特殊性。

二、19世紀中期「買辦」的再定義

要重新檢討19世紀後半期「買辦制度」可能存在的區域差異，就必須先理解「買辦」作為一個制度，在19世紀中期正面對重要的演變。在第一次中英戰爭（所謂「鴉片戰爭」）以前，「買辦」一詞正出現重大變化。在清帝國中葉以前，管理對外貿易的制度，以「公行」（或稱「洋行」、「行商」）作為與歐美商人交易的窗口。在廣州「獨口通商」時期，為管理歐美商人在廣州貿易時的行為，一切交由「行商」負責，其中尚包括債務與行為。在「行商」之下，設有「通事」與歐美商人溝通，並進行公文的翻譯與傳遞。在「通事」之下，設有「買辦」，專門負責為歐美商人在港口逗留期間採購日常生活物資。[12]

在19世紀初，「買辦」的性質仍在上述的安排下運作，官方對「買辦」的認知一如以往，被認為必須聽從清廷指揮。例如，在醞釀第一次中英戰爭的多次中英外交衝

---

[12] 關於「廣州制度」，見梁嘉彬，《廣東十三行考》（上海：商務印書館，1937）；Michael Greenberg, *British Trade and the Opening of China, 1800-42* (New York: Monthly Review Press, 1951); Frederic Wakeman, Jr., "The Canton Trade and the Opium War," John K. Fairbank, ed., *The Cambridge History of China, Vol.10, Late Ch'ing, 1800-1911, Part I* (Cambridge: Cambridge University Press, 1978), pp. 163-212.

突中，「買辦」因其為歐美商人擔任採購生活所需而多次被滿清官方視為反制歐美商人的重要手段之一。例如，1835 年「兩廣總督」盧坤在他討論與歐美商人關係政策的奏折中提到：「洋船引水、買辦，由澳門同知給發牌照，不准私雇。」[13]在數年後林則徐因強令禁煙與英國升高衝突時，朝廷「禁絕柴米食物，撤其買辦工人，自應權宜妥理，不可稍示以弱」[14]，撤走「買辦」儼然已成為清廷中央視為力抗外人的辦法。另一方面，盧坤的奏折很明顯地暗示，外國商人應該在此之前已經自己「僱傭」「買辦」，並且不受清廷官方節制，只有在 1830 年代因為中英衝突加劇才被清廷中央再次重視，可見「買辦」的性質在 19 世紀初中葉已悄悄地改變。[15]

對在清帝國的「買辦」制度上最重要的變化，誠然就是在第一次中英戰爭之後。雖然在「南京條約」訂定後馬禮遜（J. R. Morrison）所編的《中國商務指覽》（*Chinese Commercial Guide*）中，買辦仍然只擔任一如以往的歐美商人管家、日用品採購等業務，[16]但轉變也接著慢慢地展開。過去的研究者並未為這個重要變化具體的過程進行過詳細的歷史重建，但大致上有三種的說法。第一種說法是在 20 世紀初期的理解，認為是因為「公行制度」被「南京條約」廢止之後，主要的原因是歐美商人不諳清帝國的各種情況，尤其是語言、商情與信用制度等方面形成障礙，所以在「行商」經營外貿的格局崩潰之後就需要另一種可供利用的當地人。[17]第二種說法是 20 世紀後期由郝延平所提出的，就是歐美商人在「南京條約」之後，對 1840 年代的現況感到充滿不確定性，雖然對舊的「公行制度」不滿但又無從變動，「買辦」卻因提供保證服務而減輕歐美商人的壓力。[18]第三種說法是在「中國共產黨」政權建立以後所提出的，認為「買辦」多為舊有「公行人員」中的「漢奸人物」，勾結歐美商人進行經濟侵略。[19]雖然這三種的討論各有其所著重之處，有待日後有更深入的研究，但三種說法不約而同地認定在 1840 年代至 1860 年代「買辦」在制度上出現巨大變化。

在各種變化之中，關鍵是「買辦」擔保的問題。其實，從 1940 年代末的根岸佶到後繼的郝延平、聶寶章均有描述，其中最常為人所知的，是郝延平從瓊記洋行（Augustine Heard & Co.）檔案中引用的兩張在新買辦上任時必須由他人擔保的單據：

---

13 臺灣銀行經濟研究室（編），《清宣宗實錄選輯》（全三冊）（臺北：臺灣銀行，1964），第二冊，頁 185-186。

14 臺灣銀行經濟研究室（編），《清宣宗實錄選輯》，第二冊，頁 221。

15 其實，早在 1829 年管理廣州對外貿易的官員就已經針對「行商」「聯保新商」的問題而有考慮「外商可自由任用買辦」，但事後不了了之。見梁嘉彬，《廣東十三行考》（上海：商務印書館，1937），頁 370-371。

16 J. R. Morrison, *Chinese Commercial Guide*, 3rd edition (Canton: The Office of the Chinese Repository, 1848), pp. 201-203.

17 根岸佶，《買辦制度の研究》，頁 74-75。

18 Yen-p'ing Hao, *The Comprador in Nineteenth Century China*, pp. 48-49.

19 例如，聶寶章，《中國買辦資產階級的發生》（北京：中國社會科學出版社，1979），頁 9-13。

立擔保單人亞楊為因舉薦唐能往福州隆順行喝公司庄口承充買辦但行內事務或有虧空銀兩係擔保人填還如有火燭賊盜與及異[意]外等弊即與擔保人無涉恐口無憑立單為據

咸豐九年三月初一日　立單保人亞楊筆[20]

立保單人陳三谷為擔領長男玉池前往日本國央喝行當買辦之職以長男玉池買賣事款盡皆熟悉而且一片忠誠千金可託惟是己則公心人難篤信倘有意外不測之事各安天命如果懷私走騙統為陳三谷是問特立此保單一張交執存照

咸豐拾年四月廿二日　陳三谷的筆[21]

據郝延平的研究，這兩張難得的擔保單據（「保單」）所延伸的是到1850年代末期，要擔任買辦就必須取得別人的擔保。[22]

其實，買辦除了需要由別人作保之外，也同時需要承擔擔保的責任。同樣出自郝延平引用有關瓊記洋行買辦的史料，有一張同時代難得的買辦契約，內容論及「陳亞九」（亦即陳三谷的兒子陳玉池[23]）出任該洋行橫濱買辦的規範。雖然買辦的出任地遠在日本的橫濱，但買辦契約簽字地點是香港，該地雖是英國殖民地但亦為華南經貿的一員，故這份契約可視為華南地區買辦的契約。筆者試圖把契約的結構以表列的方式展現（見表一）：

表一　瓊記洋行與陳亞九的買辦契約（1860年）

結構	英文原文	漢文譯文
立約地點與日期	Hong Kong 7th June 1860.	1860年6月7日，香港，
簽約兩方	Memo of Agreement entered into on the date above written, between Augustine Heard Co. on the one part, and Akow, Chinese, on the other part to nit.	瓊記洋行為一方與華籍陳亞九為另一方，雙方於上述日期訂定合約。

[20] Yen-p'ing Hao, *The Comprador in Nineteenth Century China*, p. 156.

[21] Yen-p'ing Hao, *The Comprador in Nineteenth Century China*, p. 158.

[22] Yen-p'ing Hao, *The Comprador in Nineteenth Century China*, p. 157.

[23] 關於兩者的關係，見橫浜開港資料館，《橫浜中華街——開港から震災まで》（橫浜：橫浜開港資料館，1998），頁28。

結構	英文原文	漢文譯文
業務範圍	Akow agrees to proceed at once to Yokohama in Japan and to act there, or on any other open Port in Japan if required, as Compradore to the Agent of Augustine Heard Co, for as long a time as mutually agreeable.	亞九同意立即前往日本橫濱，或如有需求到日本其他港口，擔任該地瓊記洋行之代理人之買辦一職，直至雙方所約定的期限為止。
期限	He cannot however leave them within one year from the time of his arrival here, nor without give them at least four months notice of his intention, although they shall have the right to discharge him, if dissatisfied with his conduct, at any time, on payment of one month's extra wages.	在他到步後一年內，他無論如何不能離開或未經預先至少四個月通知他們[代理人]，雖然如經發現[亞九]不稱職，他們可以隨時解聘他，並需要補上一個月的額外薪資。
職務	He also agrees to further and assist in their business in every way in his power and	他[陳亞九]又同意在他的能力上在各方面促進並協助他們的經營，
行為規範	to enter into no trading transactions on his own account without the consent previously obtained, in each instance, of Augustine Heard Co.'s Agent. It is understood that such consent will not be withheld except when the transaction interferes with the business of the House. withhold	並在未得到琼記洋行代理人明確同意之下，不得以其個人名義參與各種各樣的交易。雙方也明白除非是該洋行營業上受到干擾的交易，是項應允將是毫無保留的。
責任	Augustine Heard Co agrees to pay his passages to and from Japan and also those of his shroff, two coolies and cook. These men are hereby secured and guaranteed by Akow.	琼記洋行同意給付他和他的銀師、兩名苦力、一名廚師來往日本的旅費。這些人將會由亞九來擔保。
報酬	They also agree that his compensation, for himself and for all his men mentioned above shall be one hundred and seventy Mexican dollars per month, say $170.	他們[代理人]也同意支付他與上述他的人手每月墨西哥銀圓 170 元。

註：原資料只有英文原文，表中漢文的部份由本人翻譯。

資料來源：Yen-p'ing Hao, *The Comprador in Nineteenth Century China* (Cambridge, Mass.: Harvard University Press, 1970), p.162.

上述契約列舉各種買辦與歐美商人之間的僱傭關係，包括職務範圍、責任與報酬等，且必須受到來自歐美商人方面的規範。而且，買辦必須為旗下使用人的行為負責。

買辦所承擔的責任尚不止此。根據劉廣京對唐廷樞擔任怡和洋行買辦時期史實的分析，在清帝國第二波因條約而開放通商口岸時，「買辦」所擔負的事情與責任繁重，包括替怡和洋行投資錢莊、採購所需商品、兜攬生意、收集相關商業情報等與過去第一次中英戰爭前「買辦」所處理很不同的事情。但更重要的是，怡和洋行的「買辦」必須對自己所經手的交易、擔保的人員（包括下一任買辦），提供擔保或承擔最終負責清理的義務。[24]也就是說，「買辦」人員在 19 世紀中葉的變化，從向清廷負責擔保歐美商人在清帝國經商的治安問題，轉為向歐美商人負責擔保由「買辦」經辦的華人商業活動，其中包括下一任「買辦」的商業行為。

這種擔保制度，其實在清帝國的商業習慣中非常常見。在帝國各地的「市街」中，均由必須向政府報領身分的「牙行」（辦法是領「牙帖」）才能擔當市場仲介人，這些仲介人必須對經手過的買賣負連帶的責任。[25]牙行所承擔的責任不單是對商人的責任，也可能是對地方政府負責，因為若商業糾紛涉及地方治安，地方上可能因此而產生治安問題時，牙行也連帶受牽連。問題是從 19 世紀中葉到 1900 年代為止，當負擔擔保責任的「買辦」必須跟隨歐美商人到內陸地區採購或推銷時，因接觸面比一般的市街或地方市場為廣闊，也同時導致「買辦」所承擔高度的責任，甚至到其無法承擔的程度，可謂「更大的責任、更大的風險」[26]。以後買辦契約有不少的變化，但與歐美商人之間的契約關係成為擔任買辦的關鍵，其中又以買辦必須承擔擔保風險為契約的關鍵。

除了擔保問題之外，表一的「陳亞九」的契約中尚有其他結構性的問題值得討論。從郝延平的專論中轉載的契約本身以英文繕寫，似無漢文版本，雖然陳亞九以漢字簽名，但簽約的地點是在英國統治下的香港，[27]顯然有以英國殖民地法律體系以約束歐美商人與華籍商人（如買辦）之間的關係。[28]而且，在英國的法律制約下，買辦一方以個人身分，另一方是作為「法人」身分的琼記洋行。如是買辦契約本身，建構一個歐美洋行聘僱個人為買辦的制度，這種以個人擔任買辦而承擔風險的結構，就算是在 19 世紀末 20 世紀初的清帝國通商大埠如上海、天津等地，仍然如此。[29]在琼記洋行的買辦

---

[24] 劉廣京，〈唐廷樞之買辦時代〉，頁 348-357。十三行行商也有類似的聯保情形，見梁嘉彬，《廣東十三行考》，頁 370。

[25] Andrea McElderry, "Guarantors and Guarantees in Qing Government-Business Relations," in Jane Kate Leonard and John R. Watt eds., *To Achieve Security and Wealth: the Qing Imperial State and the Economy, 1644-1911* (Ithaca, NY.: Cornell University East Asia Program, 1992), pp. 119-137.

[26] 陳計堯，〈近代中國買辦制度再議——以買辦契約為分析中心（1860-1940）〉，頁 351-355。

[27] 當時九龍半島普經清帝國割讓英國，正式移交九龍半島主權為 1861 年 1 月，故應指香港本島無異。關於九龍半島主權移交，見 R. C. Hurley, *Handbook to the British Crown Colony of Hong Kong and Dependencies* (Shanghai: Kelly and Walsh, Ltd., 1920), p. 58.

[28] 關於殖民地香港在近代「條約港制度」中的作用，見 Paul H. Ch'en, "The Treaty System and European Law in China: A Study of the Exercise of British Jurisdiction in Late Imperial China," in W. J. Mommsen and J.A. De Moor, eds., *European Expansion and Law: The Encounter of European and Indigenous Law in 19th- and 20th Century Africa and Asia* (Oxford: Berg, 1992), pp. 83-100.

[29] 這方面可參考兩份買辦有關的資料，第一份是 1890 年天津的「寧通洋行」及其買辦之間的訴訟案，買辦契約的內容也因此而在報章上大為披露，見 *North China Herald*, 15 September 1893, p. 431。另一份則是 1901 年上海的「Murai Brothers Co. Ltd., Shanghai Branch」聘用買辦的契約，藏於「Edward J. Parrish Papers, Duke University

契約中也發現歐美商人在聘用買辦時所需要的另一人擔保，卻不出現在「陳亞九」的契約中，顯然對買辦的擔保制度，如上述「陳三谷」為其子作保的一樣，是在買辦契約外以另一紙契約所進行的。所以，買辦個人對其經手的業務進行擔保，而「保單」中的買辦保人卻為買辦作保，成為任用買辦的額外保障。

另一方面，在清帝國晚期向歐美商人提供貿易相關服務的商人，並非只有買辦一類。聶寶章也指出，除了買辦之外尚存在另一種稱為「掮客」，雖然仍是為歐美商人在清帝國經商服務，但其契約屬於一次性，並非如「買辦契約」般的長期。[30]也可以說，19 世紀中葉買辦為歐美商人在清帝國內經商提供相關的長期擔保責任，並因此成為一種以中外契約關係建構的身分，沒有「買辦契約」者，縱使從事中外貿易的仲介角色，仍然不能成為買辦。而且，作為受僱的一方，職銜叫做「買辦」，而不是其他同期如「掮客」（broker）、「代理人」（agent）的稱呼，或後來的「華經理」（Chinese manager）等名稱，「買辦」透過與歐美商人的契約關係在 19 世紀後半期幾成一種特殊身分。

對臺灣而言，「買辦」一詞卻在 1860 年開港通商以前，甚為陌生，而且從清領以來多是以動詞使用。例如，在康熙二十二年（1683）施琅在攻臺後所頒佈的「諭臺灣安民生示」，就提到「鎮營日用蔬菜，市肆買辦，照依民價無虧，斷不許藉稱官辦應用，一絲一毫侵取民間」。[31]至康熙末臺灣發生「朱一貴事變」，清廷均對集結廈門時，總督一再重申「嚴令肅伍，船止許一人登岸，買辦所需，悉依民價」[32]，所指的仍是以動詞使用「買辦」一詞。

另一方面，臺灣島的對外貿易，在清廷的規定下只能在指定的港口進行，指定的港口在 17 世紀末只有臺灣府治所在地（即 19 世紀晚期的臺南府城）及安平、鹿耳門等外港，到 18 世紀晚葉又增加兩地，一在中部的鹿港，另一在北部的八里。[33]從 1710 年代後半期開始從臺灣府治港口地區，一切進出口貿易、港務與船務，均有相關行業的同業行會「郊」來運作。[34]「臺地物產豐饒，各處貨物駢集，士、農而外，商賈為盛，

Perkins' Library」，並由 Howard Cox 教授提供，本人在此予以致謝。

30 聶寶章，《中國買辦資產階級的發生》，頁 15-18。

31 〈諭臺灣安民生示〉，施琅，《靖海紀事》（臺北：臺灣銀行，1958），頁 53-55。

32 藍鼎元，《平臺紀略》（臺北：臺灣銀行，1958），頁 9。

33 林東辰，《臺灣貿易史》（臺北：成文出版社，1999 年重印 1932 年版），頁 167；林玉茹，〈從屬與分立：十九世紀中葉臺灣港口城市的雙重貿易機制〉，《臺灣史研究》第 17 卷第二期，頁 1-37，特別是頁 7。

34 關於「郊商」，見井出季和太，〈臺灣の郊行〉，《臺法月報》，第 24 卷 2 號（1930 年 2 月），頁 11-15；第 24 卷 3 期（1930 年 3 月），頁 2-8。佚名，〈臺灣於——特臺南三郊〉《高雄商工時報》（高雄商工會議所出版），第 2 卷 12 號（1939 年 12 月），1-8；伊能嘉矩（著）、江慶林（等譯），《臺灣文化志》（全三卷）下卷（臺中市：臺灣省文獻委員會，1991），頁 2；林玉茹，〈從屬與分立：十九世紀中葉臺灣港口城市的雙重貿易機制〉，頁 4。不過，根據康熙末的臺灣縣官員陳文達的記載，象徵郊商聚會的水仙宮在 1718 年建成，見陳文達（編纂），《臺灣縣志》

工值尤昂。……城市之零鬻貨物者曰店，聚貨而分售各店者曰郊。來往福州、江、浙者曰北郊，泉州者曰泉郊，廈門者曰廈郊：統稱三郊。郊者，言在郊野，兼取交往意。年輪一戶辦郊事者曰鑪主，蓋酬神時焚楮帛於鑪，眾推一人主其事，猶內地行商有董事、司事、值年之類。」[35]參與行郊的商人成為臺灣商業的主角，各郊訂定行業行規、對有糾紛的各方進行仲裁，但又代表臺灣府方面監督各商行為。「郊商」不單是清領時期臺灣重要商人的代名詞，也是臺灣在開港前的清帝國之下一種獨特的邊疆貿易的管理型態。其後，重要的貿易港口也陸續出現「郊商」的蹤影。[36]但在文獻上，從未在臺灣出現如廣州十三行一樣的「買辦」，也因為存在「廣州制度」的關係，臺灣在清帝國之下到 19 世紀中葉以前也沒有對外貿易的相關管理機構。可以推斷，當臺灣開港時買辦制度正是一邊在原來的清帝國東南沿海轉化中、一邊又被移植到臺灣。

三、進出臺灣的買辦 VS.「掮客」

在移植「買辦制度」的過程中，到底聘用何種人士在臺灣擔任買辦？但到底歐美商人如何確定買辦人選？過去在討論買辦人選時，曾經論及歐美商人對清帝國情況的有限理解而需要熟悉當地的人士充當，又或者是一些所謂「有商業實力」人士。[37]另一方面，買辦卻又能從寂寂無名而成為經商新貴，全憑為歐美商人提供商業服務所帶來的豐厚利潤，[38]顯然又與擔任買辦時就已經是「有商業實力」者有一段距離。而在臺灣，商業上的「有商業實力者」首推「郊商」，但歐美商人在選用「買辦」時，是否會以「郊商」為任用條件？

關於選用買辦的情況，就史料的情況來說，必須分開在開港時代的前半（約 1865-1880 年）與後半（1880-1894 年），因為就剛開港之時到 1870 年代末如何選用買辦的情況，史料是缺乏與零散的，恐怕需要更進一步的資料才能有更具體的分析。但日治初期比較具體的調查資料，可能可以先回答開港後期的部份情況。在 1896 年 10 月臺

（臺北：臺灣銀行，1961 排印 1720 年版）（全二冊），第二冊，頁 211。另外，一份 1765 年的碑文記載該水仙宮卻是早在 1715 年即成立。若以 1715 為開始，1718 年完工也不無可能。見臺灣銀行經濟研究室（編），《臺灣南部碑文集成》（臺北：臺灣銀行，1966）（全六冊），第一冊，頁 68-70。

35 丁紹儀，《東瀛識略》（臺北：臺灣銀行，1957），頁 32-33。

36 伊能嘉矩（著）、江慶林（等譯），《臺灣文化志》下卷，頁 3。

37 對清帝國方面，見 Yen-p'ing Hao, *The Comprador in Nineteenth Century China: Bridge Between East and West*, pp. 24-32；就臺灣而言，見李佩蓁，〈依附抑合作？清末臺灣南部口岸買辦商人的雙重角色（1860-1895）〉，頁 45-52。

38 擔任買辦的收入豐厚，見 Yen-p'ing Hao, *The Comprador in Nineteenth Century China: Bridge Between East and West*, pp. 89-94。

灣總督府因調查外國人（英、德兩國）居留狀況而間接獲得歐美商人與傳教士所僱傭的人員名單，全數共27頁，其中可得知英、德商人聘用買辦的情況調查表，現整理如下（表二）：

表二 1896年10月英、德商人聘用買辦情況之調查表

外商名稱	買辦姓名與年齡	工作地點	原居地（Belonging to）
Unrin Staff of Dinshaw & Co.	蘇振豐（34）	Unrin（雲林？）	未註明
同上	張汝珍（36）	Unrin（雲林？）	未註明
同上	莊蒲（22）	Unrin（雲林？）	未註明
Policia Staff	徐錦波（28）	Policia（埔里？）	未註明
同上	李克明（30）	Policia（埔里？）	未註明
Pi-shau (Hozan) Staff of Dinshaw & Co.	陳文生（40）	Pi-shau（Hozan）	未註明
Chip Chip Staff of Dinshaw & Co.	陳水生（40）	集集	未註明
同上	陳查某（40）	集集	未註明
同上	張汉衛（36）	集集	未註明
同上	林媽烟（29）	集集	未註明
Takow Staff of Dinshaw & Co.	吳烈活（60）	打狗	未註明
Dinshaw & Co. Tainanfoo	陳洽榮（43）（又名仁記洋行）	臺南	未註明
同上	莊珍潤（40）（又名慶記洋行）	臺南	未註明
Tait & Co., Takow	陳升冠（45）（又名旂后德記行）	打狗	未註明
Tait & Co., Tainan Office	方慶佐（45）	臺南	未註明
Bain & Co.	朱簪源（44）	鹽水港	泉州
同上	邱石砌（42）	Phoeah Khar（樸仔腳？）	泉州
同上	張英泉（34）	嘉義市	泉州
同上	鄭根安（32）	Hoonim（雲林？）	泉州
同上	張汝泰（32）	集集	泉州
Bain & Co., Tainan	陳纓賜（35）	臺南	泉州
同上	蔡簪蘭（43）	臺南	泉州
Bain & Co., Their Hong in Takow	張清輝（47）	打狗	泉州
同上	莊佛山（35）	打狗	泉州
Mehta & Co.	莊步墀（34）	臺南當事	廈門
同上	莊清忠（24）	臺南當事	廈門
同上	白圻修（34）	集集當事	廈門
同上	蔡銘庭（24）	集集當事	泉州

外商名稱	買辦姓名與年齡	工作地點	原居地（Belonging to）
同上	王自東（37）	雲林當事	臺南
同上	鄭磷趾（49）	鹿港當事	泉州
同上	蘇震鈞（37）	鹽水港當事	廈門
Mannish Merchant	沈德墨	臺南	未註明
同上	盧潤堂	打狗	未註明
同上	高拱宸	集集	未註明
同上	阿發	Rinkipoh（林圯埔？）	未註明
Hermann Vostein	Dun Liu Yew	集集	未註明
同上	Lee Chan	集集	未註明
同上	Dun Seug Dat	雲林	未註明
同上	Juun Joo Dey	集集	未註明
同上	中和 Dun Teug Ho	打狗（staying at Linga liau[苓雅寮？]）	未註明
同上	Dun Lu Su	打狗	未註明
D. M. Wright	陳維茂（56）	臺南	未註明
同上	沈阿竣（57）	臺南	未註明
同上	莊湖元（54）	臺南	未註明

備註：本表以原資料中受僱人職稱為「Compradore」者認定為「買辦」之標準。原資料中有漢字、英文並列者，採用漢字表示。缺漢字者只能以英文表記。原資料中關於「原居地」英文以「Belonging to」表達，現以原文附後註明。

資料來源：〈居留外國臣民ニ關スル取調ノ儀：付英獨領事ノ照會案〉（1896 年 1 月 15 日），《總督府公文類纂》，第 9683 冊，文號 12。

在表二的 44 名「買辦」名單中，除了「Mannish Merchant」與「Hermann Vostein」兩家 10 名之外，其他均載明餘下的 34 名「買辦」的年齡。在有記錄的人員當中，只有一名（「吳烈活」）在記錄當下是 60 歲，而「D. M. Wright」的 3 名「買辦」均超過 50 歲之外，其餘 30 名均在 50 歲以下，最輕的只有「Dinshaw & Co.」22 歲的莊蒲。另外，名單裡尚未載明年齡者之中，「Hermann Vostein」在打狗名為「中和」的買辦，根據檔案中的英文拼音應該就是「陳中和」，而在調查的當下他的年齡也是約在 43 歲左右。[39]另一名「Mannish Merchant」買辦「盧潤堂」，在調查時約 50 歲。[40]即便加上這兩名年紀較長的「買辦」，大部份仍為 30 至 49 歲的年齡層，全屬壯年人士，恐怕在 1860 年代初中期剛開港時如果不是尚未出生，就還是 10 歲以下孩童至 10 來歲的青

[39] 關於陳中和的年齡，見臺灣總督府，《臺灣列紳傳》（臺北：臺灣總督府，1916），頁 306-307。

[40] 臺灣總督府，《臺灣列紳傳》，頁 308-309。

少年，能夠充當「買辦」應該與他們成長後的辦事能力（也就是約 1870 年代以後）比較有關。若再與同一時代的清帝國相比，有名的「買辦」如「寶順洋行」的買辦徐潤，擔任時已 24 歲，而「怡和洋行」的唐廷樞，擔任買辦時已經 31 歲。[41]若以此推斷，表二中在臺灣的買辦若是因為表現而備受重用成為「買辦」，也很可能是在 1880 年代中期才開始。而在 1870 年代末 1880 年代前半正好是南臺灣對外貿易的轉折期，不但南臺灣整體的船運噸位數停滯，也見證西洋帆船（sailing vessel）被現代的蒸汽輪船（steamship）逐步取代，這批新崛起的商人可能順應此一趨勢而成為「買辦」。[42]至於作為「有商業實力」者的表現（如擔任「郊董」、具有功名等），尚需要更多資料才能釐清其中的因果關係。

而且，表二中顯示各歐美商行在南臺灣重要的城鎮均安插「買辦」，這些大小不一的城鎮明顯也有經貿功能上的層級不一的可能，使各「買辦」也很可能是功能職權各有不同的情況，任用時的條件也就並非一致。還有，在某些地方還出現同一城市同一歐美商行會僱傭超過一位「買辦」（像「Dinshaw & Co.」在雲林、埔里、集集，「Bain & Co.」在臺南、打狗，「Mehta & Co.」在臺南、集集，「Hermann Vostein」在集集、打狗，「D. M. Wright」在臺南等等），顯然也有更深層的意義存在（這部份在下文再論）。

除了個人能力之外，地緣關係可能是剛開港時的臺灣歐美商人一個選用買辦的關鍵環節。臺灣的買辦來源，因為是制度移植的關係，部份無疑是來自清帝國內地，在一份同治十一年的租約中便透露相關的訊息，租屋的「買辦」會有「回唐」的一天。[43]到底從所謂的「唐山」到臺灣的買辦，具體是源自何方？廣東可能是首選，因為該省是買辦的發祥地。如同前述往橫濱的「陳亞九」，廣東買辦也會被調派到廣東以外的地方，協助歐美商人業務。以廣東買辦不但能遠赴橫濱，更能在近代上海商業站上一席之地，[44]可見其經商實力之雄厚。郝延平也曾認為，19 世紀初、中期廣東買辦之成功

---

[41] 唐廷樞擔任買辦時的年齡推算，見劉廣京，〈唐廷樞之買辦時代〉，頁 328；徐潤擔任買辦時的年齡記載，見徐潤，《徐愚齋自敘年譜》（香山，廣東：香山徐氏，1927），頁 7-8。徐潤的原書藏廣州市「孫中山文獻館」，筆者感謝館員等的協助。

[42] 關於南臺灣對外貿易轉折，見陳計堯，〈「條約港制度」下南臺灣與廈門的商品貿易與白銀流動（1863 到 1895年）〉，《歷史臺灣——國立臺灣歷史博物館館刊》，第七期（2014 年 5 月），頁 5-36，特別是頁 12-14。

[43] 〈租稅合約字〉，臺灣銀行經濟研究室（編），《臺灣私法物權編》（臺北：臺灣銀行，1963）（全九冊），第八冊，頁 1377-1378。

[44] 關於橫濱，見横浜開港資料館，《横浜中華街——開港から震災まで》，頁 26-30；關於上海，見宋鑽友，《廣東人在上海（1843-1949）》（上海：上海人民出版社，2007），頁 37-38。

是因為歐美商人對茶葉的需求與廣東買辦對茶葉的專業知識。[45]問題是目前尚未有具體在臺灣的買辦是來自廣東的例子，到底是否為語言、地緣的因素所致，目前尚不得而知，有待日後更多的資料探究。

臺灣買辦的另一個來源是福建，而且例子甚多。例如，在同治年間牽涉歐美商人而使清廷必須進行外交交涉的淡水「吳阿成——即吳大成，晉江縣學武生；前由艋舺德興號保認，充當洋商探臣行內買辦。」[46]另外，必麒麟（W. A. Pickering）說他的「買辦是從廈門」渡海而來，「帶著他一小班的隨從、他的老婆與家人」。[47]在連橫描述之下少數的富商之一的「李春生，福建廈門人。少入鄉塾，家貧不能卒業，改習經紀。年十五，隨父入耶蘇教，信道甚篤。遂學英語，為英人役。間讀報紙，因得以知外國大勢。同治四年來臺，為淡水寶順洋行買辦。」[48]另一名買辦是同樣在連橫筆下的「臺灣商界巨子」沈德墨：「名鴻傑，泉之安溪人。年十三，隨父赴廈門學賈。稍長，習航海，貿易東南洋，至則習其語。凡日本、越南、暹羅、爪哇、呂宋、新嘉坡，遠至海參崴，靡不游焉。……數來臺灣，販運糖、茶，賈於天津、上海，而獲其利。同治五年，寄籍郡城，遂家焉。素諳英語，與英人合資建商行。既又與德人經營，採辦洋貨，分售南北，而以臺貨赴西洋。」[49]雖然連橫的描述中並未明載沈氏的買辦身分，但根據日人調查，他卻在 1895 年被紀錄為「瑞興洋行」買辦。[50]從晉江、安溪到廈門，福建人在臺灣開港初期擔任歐美商人的買辦，實為顯著。

對於買辦的來源，在日治初期也有一些資料可供進一步的推論。在前述 1896 年 10 月臺灣總督府得知英、德商人聘用買辦的情況調查表（表二）中，有兩家歐美商人所開的公司（分別是「Bain & Co.」與「Mehta & Co.」）資料出現一項少見的資訊，就是他們的原居地（「Belonging to」）。從這份資料發現，就算到了清帝國結束在臺灣統治之時，這兩家公司所僱傭的買辦任職範圍最北達鹿港，最南至打狗，最東達嘉義、集集等城鎮。但在這兩家歐美商人的公司總共 16 名買辦中，竟仍有 11 人來自泉州，另有 4 人來自廈門，只有 1 人來自本島，到雲林任職。此外，表二中的「Mannish Merchant」買辦「盧潤堂」，據說也是在同治末年從廈門來臺。[51]

---

[45] Yen-p'ing Hao, *The Comprador in Nineteenth Century China: Bridge Between East and West*, pp. 51-53.

[46] 臺灣銀行經濟研究室（編），《臺灣對外關係史料》（臺北：臺灣銀行，1971），頁 58。

[47] W. A. Pickering, *Pioneering in Formosa* (Taipei: SMC Publishing, Inc., reprinted 1898 version, 1993), p. 167.

[48] 連橫，《臺灣通史》（上海：商務印書館，1947），頁 673。

[49] 連橫，《臺灣通史》，頁 673-674。

[50] 臺南州共榮會（村上玉吉）（編纂），《南部臺灣誌》（臺南：臺南州共榮會，1934），頁 392-393。

[51] 臺灣總督府，《臺灣列紳傳》，頁 308-309。

歐美商人也可能從臺灣本地尋找買辦，就如前項表二的調查中到雲林擔任買辦的，正是來自臺南。另一名買辦「中和」，若果真為「陳中和」的話，就是在打狗苓雅寮出生。[52]但到底誰是「臺灣買辦」？使用籍貫在臺灣1885年建省以前顯然有其困難，因為官方資料往往也以臺灣商人的祖籍來分類，也經常往來閩臺兩地（特別是泉州、廈門），本來就難以界定。就表二而言，原資料中所指的「原居地」，很可能就是這些「買辦」若要撤回清帝國時要返回的地方。明顯地，若依表二的資訊，就算加上「陳中和」，在1895年以前屬於臺灣本地的「買辦」寥寥可數。

就開港時代任用「臺灣買辦」的情況而言，兩份同樣是日治時代的調查資料或許可提供進一步的線索。第一份資料是在日本對臺灣人國籍尚未確定前的一項調查，是1896年11月底進行關於鹽水港洋行糖棧的調查。[53]根據調查，當地三名「買辦」的籍貫就大不同：「怡記棧」的朱線來自廈門、「和義棧」的方慶雲是「台南人」，而「東興棧」的施廚來自「嘉義鹿仔草堡」。三個買辦之中，沒有一個是鹽水港本地出身，而其中來自本島的兩個，地緣關係也與鹽水港路程相當，可見若當地無人可用，也盡量使用有地緣關係的人員。

第二份資料是在1934年刊行的《南部臺灣誌》，當中刊載了在1895年日本領臺當時對臺灣南部歐美商人「洋行」的調查，也同時列出各「行」的國別、所有資本，以及所用的「買辦人」（表三）。這份資料中，謝亦若與許京秋目前查無資料，莊頭與陳宗也只有同名同姓但年代不甚可信的資料可供比對，[54]其餘均曾經出現在表二，並有一定的資料可查。其中，連橫筆下的沈德墨之外，莊珍潤曾經於光緒十六年捐錢在臺南府城修橋，也於翌年以「郊董」的身份捐款協助開通安平與府城之間的水道，[55]其為府

---

[52] 臺灣總督府，《臺灣列紳傳》，頁306-307。

[53] 見〈洋行糖棧取調報告〉（1906年11月29日），《總督府公文類纂》，第9750冊，文號12。關於臺灣住民併入「日本國民」身份，是在1897年5月8日「臺灣住民身分處理辦法」的執行，見王泰升、阿部由理香、吳俊瑩，《臺灣人的國籍初體驗：日治臺灣與中國跨界人的流動及其法律生活》（臺北：五南圖書出版，2015），頁67-68。

[54] 「莊頭」一名，最靠近19世紀晚期的是一份「戴萬生案」中清廷一方陣亡人員名冊中，見〈斗六大營失陷力戰陣亡及彰化梅仔厝莊等先後陣亡員弁兵丁銜名事略〉，臺灣銀行經濟研究室（編），《臺灣通志》（臺北：臺灣銀行，1962），第四冊，頁864-878，特別是頁872；「生員陳宗」則曾經在1837年重修現今臺南市「興濟宮」中「捐銀二十六元」，見〈興濟宮辛卯年重修碑記（道光十七年）〉，臺灣銀行經濟研究室（編），《臺灣南部碑文集成》，第五冊，頁625-628，特別是625。及至1849年又有一位「陳宗老」捐款給歸仁的「大人廟」，見〈大人廟重建碑記（道光二十九年）〉，臺灣銀行經濟研究室（編），《臺灣南部碑文集成》，第五冊，頁649-653，特別是頁649。若此兩人為同一人，到1895年時至少以成人身份活過一甲子。

[55] 〈重修寅舍橋碑記〉，臺灣銀行經濟研究室（編），《臺灣南部碑文集成》，第六冊，頁744-745；孫德彪（監修）、何培夫（主編），《臺灣地區現存碑碣圖誌臺南市（下）篇》（臺北：國立中央圖書館臺灣分館，1992），頁398-399。

城人士無疑。方慶佐在「臺南市街頂看西街」有店鋪，亦夥同「鳳山巨富」陳北學合股經商，顯然也在南部有相當的商業人脈。[56]陳維茂曾為臺南府城的「森泰行」負責人，在1890年分別與「旗昌」、「唻記」兩家歐美商號簽訂「買辦」契約，也在「臺南市打鐵街」與人合夥開典當「大源號」。[57]此外，沈德墨、方慶佐、莊珍潤、陳維茂等四人的名字，也出現在表二有關1896年10月份的調查資料裡，但該表也並未註明他們的原居地。所以，這些資料中均無法確認這些「買辦」是否就如沈德墨一樣的在臺灣開港後因從商的關係而自福建移入臺灣。

表三　1895年臺灣南部洋行買辦狀況表

行名	開設年間	歐美商人國別	資本	買辦人
慶記	咸豐（1851-1861）	印度孟買	十萬圓	謝亦若
怡記	同治（1862-1874）	英商	十萬圓	莊珍潤
德記	同治	英商	十萬圓	方慶佐
美打	同治	孟買	十萬圓	莊頭
唻記	光緒（1875-1894）	英商	十萬圓	陳維茂
東興	光緒	德商	八萬圓	許京秋
萬鎰	光緒	德商	八萬圓	陳宗
瑞興	光緒	瑞典商	八萬圓	沈德墨

註：「光緒」年號在臺灣只到1894年。原資料中唻記洋行被歸類美商，但根據臨時臺灣舊慣調查會的契約資料，唻記是英商，並在英國領事館中註冊相關商業文件，故特此改列為英商。

資料來源：臺南州共榮會（村上玉吉）（編纂），《南部臺灣誌》（臺南：臺南州共榮會，1934），頁392-393；有關唻記的國籍，見臨時臺灣舊慣調查會，《臺灣糖業舊慣一斑》（神戶：臨時臺灣舊慣調查會，1908），《臺灣糖業舊慣一斑附錄參考書》，頁127-131。

鹽水港的情況是否全南部適用，甚至全島如此，在沒有對在臺買辦全面性資料的情況下，目前無法推斷，更不能把買辦的省籍來源進行比對，計算各類的比例。但若綜合上述資料加以分析，到1895年左右在臺灣的鄉鎮找本島人充任買辦的可能性是存在的，只更可能是從清帝國鄰近臺灣的泉、廈地區而來的。至於在如臺南府城的經濟都會，擔任買辦者不會單純因為他們熟悉地方情形而被歐美商人聘用，同時也需要更多商業上的往來與「網絡」，所以就算是來自福建各地的商人，也可以一邊推動歐美商

---

[56] 關於店鋪，見〈寬期懇章字〉，臺灣銀行經濟研究室（編），《臺灣私法商事編》，第二冊，頁314-315；關於與陳北學的關係，見〈協約書〉，臺灣銀行經濟研究室（編），《臺灣私法商事編》，第一冊，頁90-92；關於陳北學作為「鳳山巨富」，見胡傳，《臺灣日記與稟啟》（卷一）（臺北：臺灣銀行，1960），頁12-13。

[57] 關於「買辦契約」，見臨時臺灣舊慣調查會，《臺灣糖業舊慣一斑》（神戶：臨時臺灣舊慣調查會，1908）、頁194-199，並同書之《臺灣糖業舊慣一斑附錄參考書》，頁127-131；關於典當，見〈合股字〉，臺灣銀行經濟研究室（編），《臺灣私法債權編》（全二冊）（臺北：臺灣銀行，1960），第一冊，頁57-59。

人的業務，一邊進入臺灣的地方社會狀況。

當然，在「買辦制度」被移植到臺灣的同時，也有不少商人使用歐美商人一樣的漢字行號名稱，使斷定「洋行」本身就已經是一大難題。在前述《南部臺灣誌》所刊載的 1895 年日本「領臺當時」對臺灣南部歐美商人的「洋行」所做的調查（表三）中發現，調查中的歐美商人的「行名」多與臺灣本地商號名稱相同，甚至有商人利用與歐美商人的「洋行」同名的商號以詐騙經商。就以「德記洋行」一名為例，一份 1881 年的碑記有「德記棧」捐錢重修臺南府城宮廟。[58]而且，在 1893 年的一份清廷公文書中，也有「艋舺街郊戶德記號」擔任淡水、新莊一帶書院的保人。[59]顯然，這裡所提的「德記」，不全然是「德記洋行」，就算是名稱為「德記洋行」的，也不一定是清帝國晚期的「英商德記洋行」。

另一個例子就是「怡記」，因為「怡記」一名早在 1847 年在現今臺南市的「崇福宮」《重修崇福宮碑記》中就已經出現，但所記的不是「行」而是「號」。[60]在 1861 年尚未正式開港時，「怡記號」也已經是重要成員之一。[61]而「怡記」、「美打」、「德記」等三名字，全出現在 1880 年的郊商名單中，卻也是「號」而非「行」。[62]所以，進入臺灣的歐美商人與買辦就必須考慮商用漢字名稱背後的模糊不清。而且，這不是假設性的議題，因為使用「怡記」而涉及外國人的，還有「怡記棧」，連清廷官方也對這個「怡記棧」也釐清其營運內容，並將之與歐美商人的商行加以區隔：「安平之役，搆釁雖由洋人，實則廩生許建勳，副將蕭瑞芳主之。英人必麒麟者，海關之扦子手也；因事逐出。許建勳自以洋銀百圓雇之，開設怡記棧，冒稱洋行，用必麒麟作爪牙，私販樟腦。前護臺灣道梁元桂拏獲，適其堂兄許廷道呈控吞騙家產，發交府經歷看管，乘間脫逃；遂託必麒麟重賂吉必勳，必撤梁元桂而後止。此許建勳主謀之實跡也。」[63]所以，根據清廷的查核，「怡記棧」利用「怡記」名字詐稱「洋行」，而並非真正由歐美商人所經營的「洋（人商）行」，而真正由歐美商人經營的「怡記洋行」卻與許建勳可能毫無關係。

---

58 〈重修樂安橋崇福宮並起後落碑記（光緒七年）〉，臺灣銀行經濟研究室（編），《臺灣南部碑文集成》，第六冊，頁 727-729。

59 〈舉人潘成清稟〉，臺灣銀行經濟研究室（編），《臺灣教育碑記》（臺北：臺灣銀行，1959），頁 90。

60 〈重修崇福宮碑記〉，臺灣銀行經濟研究室（編），《臺灣南部碑文集成》，第五冊，頁 647-648。。

61 臺灣銀行經濟研究室（編），《臺灣私法商事編》（全二冊）（臺北：臺灣銀行，1961），第一冊，頁 16-17，特別是頁 16。

62 臨時臺灣舊慣調查會（編），《臨時臺灣舊慣調查會第一部調查第三回報告書第三卷臺灣私法附錄參考書》，第三卷上（東京：臨時臺灣舊慣調查會，1900），頁 53-54。

63 臺灣銀行經濟研究室（編），《籌辦夷務始末選輯》（全三冊），第三冊（臺北：臺灣銀行，1964），頁 376- 377。

畢竟在 19 世紀末，清帝國尚無商標法、亦無商業登記，這些全要等到 20 世紀初的「商律」、「公司法」等出現後才有。[64]但 19 世紀後半尚為清帝國領有的臺灣而言，歐美商人要進入當地採購與推銷均有相當的困難，並需要尋求信用良好的臺灣商人與他們合作，如何從中減低風險就成為核心的問題，就必須尋找有能力的商業助手、尋找可承擔風險的「買辦」。

在減低風險的前提之下，歐美商人除了可以選擇僱傭買辦外，尚可有其他選擇，最具體的就是利用「捐客」的服務。其實，在開港時代臺灣的商人，可能有不少參與進出口貿易的商人活動，在扮演「捐客」的角色時，卻被誤認是受聘於歐美商人的「買辦」，因為兩者的性質接近而表面上難以輕易分辨。其中，南部有名的商人陳福謙很可能就是其中的例子。在過去的研究中，陳福謙給人的「印象」是參與進出口，甚至因片段的「印象」而被直指就是買辦。[65]但如果把連橫所寫陳福謙生平稍作分析，並無直接證據證明陳福謙的「買辦身分」，而他更像是一個單純的糖出口商：

---

[64] 關於清帝國頒佈「公司律」的歷史根源，見 David Faure, "Company Law and the Emergence of the Modern Firm," in David Faure, *China and Capitalism* (The Annual Workshop in Social History and Cultural Anthropology, 1993, Occasional Paper No.1) (Hong Kong: Division of Humanities, Hong Kong University of Science and Technology, 1994), pp. 28-53; 又，同著者，"The Mackay Treaty of 1902 and Its Impact on Chinese Business," *Asia Pacific Business Review*, Vol.7, No.2 (Winter 2000), pp. 81-92。

[65] 例如，林滿紅在其早期的著作中提到陳福謙時，就指陳福謙是買辦：「陳福謙之所以敢於提供大量事先貸款，乃因他『善相機宜』。陳福謙之所以善相機宜，除了他個人的秉賦以外，也可能與他曾為買辦，較熟悉市場行情有關。……1890 年臺南的《英國領事報告》所附買威令報告更直接說，順和行背個說來好聽（euphemistic）的『買辦』之名。可見順和行曾擔任買辦，……。」林滿紅，《茶、糖、樟腦業與臺灣之社會經濟變遷（1860-1895）》（臺北：聯經出版事業公司，1997），頁 121-122。後來的研究者不少也採信這種說法。例如張守真、楊玉姿對陳中和的研究中提及陳中和發跡前的僱主陳福謙時，也認為陳福謙就是買辦：「美商羅賓奈洋行……，因緣際會找陳福謙擔任買辦的工作，託代為購買米、糖，從事砂糖輸出。……陳福謙在旗後開辦『順和行』，以買賣蔗糖，同時經營許多糖廍。」張守真、楊玉姿，《陳中和新傳》（高雄：麗文文化事業公司，2014），頁 17。晚近的李佩臻也認為「開港後，陳福謙敏銳掌握時機，迅速與外商建立合作關係，他擔任英商德記洋行的買辦，負責銷售進口的鴉片並採購臺灣南部的砂糖交付洋行外銷。」而作者的證據就是林滿紅所翻譯的英國領事報告中的「南臺灣糖業報告」。李佩臻，〈臺灣糖業鉅子陳北學〉，《國史研究通訊》第二期（2012 年 6 月），頁 43-49，特別是頁 44。倘若翻查英國領事在 1890 年的報告與「買辦」相關的部份，內容卻並非直接指明陳福謙的身份，甚至在字裡行間連「順和棧」也並沒有提及。而全份報告書中，英國領事針對臺灣南部輸出砂糖一事的描述提到，在打狗兩大砂糖出口商的其中一個（即林滿紅所推測陳福謙的「順和棧」）願意供應歐美商人糖貨的「行」，同時也派員到橫濱銷糖，為打狗歐美商人解決被另一重要糖商抵制的危機。見 Great Britain, Foreign Office, *Diplomatic and Consular Reports on Trade and Finance, China. Report for the Year 1890 on the Trade of Tainan (Formosa)* (London: Her Majesty's Stationery Office, 1891), pp. 23-24。李佩蓁還認為陳福謙用「陳邦記」商號早就活躍在臺灣府城郊商圈中，但若陳福謙致富是在臺灣開港之後，應該是實質開港後的 1860 年代後半，而作者所說的 1862 年已經是府城郊商重要一員的「陳邦記」，時間雖然相近但仍然難以斷定府城的「陳邦記」就是陳福謙的「邦記」。見李佩蓁，〈依附抑合作？清末臺灣南部口岸買辦商人的雙重角色（1860-1895）〉，頁 48，註 103。

「陳福謙，少名滿，鳳山苓雅寮莊人。莊瀕海，與旗後望；耕漁並耦，僅一寒村。福謙家貧，習刺舟，勤苦耐勞。數年，積資數十金，乃販米，往來各村中，早作夜息。又數年，得數百金，兼販糖。糴賤糶貴，善相機宜；與人交，持以信，以是生意日大。設順和行於旗後，以經營之。鳳山產糖多，配至香港、上海，轉販東西洋。其利每為外人所握，而運費亦繁。福謙以日本消糖巨，派人查之，知有利。同治九年，自配至橫濱，與日商貿易。十三年，設棧於此，以張販路。其糖分銷東京等處，歲約五萬擔。臺糖之直配日本自福謙始。已又分棧於長崎、神戶。郡治及東港、鹽水港亦各有其業，兼販布疋、五穀、阿片。當是時，通商口岸，輪船尚少，乃自夾板以行，不為外商所牽制。嗣以白糖三萬擔販英京。臺糖之直配西洋亦自福謙始。」[66]

其後，高雄地區的文史工作者流傳一段類似的說法：

> 陳福謙家貧，有一洋人要求搭其竹筏，一起作海上遊，白天同筏出漁，晚上同床睡覺，雖言語不通，以比手畫腳能達意，頓程莫逆。這位異國朋友臨走時，交給他一筆鉅款，託代為購買糖米，並約好次班的船期。順和頭家（陳福謙）依照吩咐採購貨物，外國船也如期前來裝載。因他人很聰明，且重信譽，此後託他購買的外商漸多，財富漸積，逐在旗後開辦順和行。[67]

從上述描述可見，雖然「順和行」接受歐美商人的「委託」、「採購貨物」，工作性質與買辦相似，但並非受僱人員，並擁有自己的棧房與分支機構。而 1890 年的英國駐臺南領事也認定，在打狗提供歐美商人糖貨又同時有橫濱分支機構的商人，是一個「行」而非一個「買辦」。[68]

其實，若套用前述丁紹儀的「定義」，「城市之零鬻貨物者曰店，聚貨而分售各店者曰郊。」[69]，陳福謙就是「郊商」。但丁紹儀也提到「郊者，言在郊野，兼取交往意。年輪一戶辦郊事者曰鑪主，蓋酬神時焚楮帛於鑪，眾推一人主其事，猶內地行商有董事、司事、值年之類。」則「郊商」身分與參與祭拜的「行商」有關，是具有組織性的身分。另一方面，有「（光緒）七年辛巳夏，……一月之間下鹹雨三次，遍野如洗，洵非常災變也。諸生蔡玉成等請賑，通判李翊清不許，乃赴臺灣道、府告災請卹。……

[66] 連橫，《臺灣通史》，頁 672-673。

[67] 照史（林曙光），《高雄人物評述》，第一輯（高雄：春暉出版社，1983），頁 59。

[68] Great Britain, Foreign Office, *Diplomatic and Consular Reports on Trade and Finance, China. Report for the Year 1890 on the Trade of Tainan (Formosa)*, pp. 23-24.

[69] 丁紹儀，《東瀛識略》頁 33。

鳳山縣郊商陳順和捐薯絲一千擔。」[70]雖然，史料中的「陳順和」未必就是陳福謙，但若果真如此，則陳福謙就是一名「郊商」。至於晚清的鳳山縣當地為何會有具組織性的「郊商」？當時鳳山縣的「郊商」組織又是如何？就必須等進一步研究才能回答。

除了「順和行」之外，尚有眾多「行」與「棧」，雖然一如買辦般替歐美商人採購，但實際上可能只是「掮客」。在日治初期收集到的一張與臺南府城商人「沈俊」「委託販賣」的擔保品有關的收據，就可以證明這種關係的存在（表四）：

表四　羅特斯與荷斯洛普（Lautes & Hoeslop）洋行與沈俊「委託販賣」關係之擔保品收據（1889 年 8 月 24 日）

	英文原文	漢文譯文
簽收人	Lautes & Hoeslop, Taiwanfoo-Takow (Formosa) And Swatow	羅特斯與荷斯洛普，臺灣府－打狗（福爾摩沙）並汕頭
日期與保品	Received this twenty fourth day of August 1889 the title deeds of the city property, situated in Taiwanfoo in Paksi-Koe street. The title deeds have been handed to us in a sealed envelope.	茲於 1889 年 8 月 24 日收到厝契一紙，地址位於臺灣府城北勢街，厝契已密封封存。
保品用途	These title deeds to serve as security against opium Consignments to be made to Sim Chum and Messrs. Laut Haeslop are bound to return the said title deeds on termination of the said Consignments.	是項厝契用以擔保沈俊販售鴉片之貨，當是項貨物販售完畢，羅特斯荷斯洛普務必歸還沈俊。
保品價值	The title deeds are valued at $1500.	厝契的價值為壹仟伍佰圓整。
日期	Taiwanfoo August 24 1889. Lauts Haeslop	1889 年 8 月 24 日 羅特斯荷斯洛普

註：原資料只有英文原文與日文翻譯兩種，表中漢文的部份由本人翻譯。日文譯文中使用「厝契」作為英文「title deed」的翻譯，本文亦遵循使用。

資料來源：臨時臺灣舊慣調查會，《臺灣糖業舊慣一斑》（神戶：臨時臺灣舊慣調查會，1908），《臺灣糖業舊慣一斑附錄參考書》，頁 120-121。

這張收據由「羅特斯與荷斯洛普」洋行在 1889 年簽發，內容提及接受「委託販賣」的臺南府城商人「沈俊」提交一紙府城內地產的「厝契」作為抵押，為的就是暫時作為提貨（鴉片）販賣的保證金。從這張收據可見，雖然接受委託販售的府城商人必須一如買辦的提出擔保品，但擔保品與單次銷售的貨物掛勾，形成一次性的「委託販賣」的僱傭關係，明顯與前述「陳亞九契約」有所不同。「掮客」的契約是一次性的，一批貨物售罄或採購完畢就結束，而「買辦」契約是長期性的，到主僱雙方同意終止為限。在開港時代到底臺灣有多少商人擔任「掮客」？目前無法統計，因為我們必須先知道

[70] 林豪，《澎湖廳志》（臺北：臺灣銀行，1958），頁 376-377。

有多少進出口參與者具有上述的「掮客」身分。同樣地，要檢驗一位商人是否買辦，最終關鍵還是在於其與歐美商人之間是否存在「買辦契約」關係。[71]

若回到買辦本身，既然是歐美商人希望在臺灣拓展業務的幫手，也就很可能需要超越一次性僱傭關係的「掮客」模式。到底「買辦契約」在臺灣是如何運作？其間又有何種變化？與清帝國內地所用的又有否差異？要進行這方面的探討，必須一一的把個案內容加以酌磨，才能確認其所屬的經濟組織類別，買辦的契約以及相關的文獻就成為需要分析的關鍵。

四、契約中的臺灣「買辦」

誠如上述，「買辦制度」既然是外國商人到清帝國經商時的僱傭人，臺灣的「買辦」身分確立就與清帝國其他地區的「買辦」一樣，需要建立在一種契約關係之上。目前，在臺灣公開與買辦有關的文獻，一部份是買辦經辦與歐美商人有關之事務時的契據、涉及清政府對外關係的檔案，但也在日本領臺後因各種事由而保留下來、非常珍貴的買辦契約，讓筆者可以一窺臺灣的買辦在制度上的內涵及其與其他地區買辦契約之差異。

開港初期臺灣的買辦契約，就如同在1850年代末1860年代初清帝國本地一樣留傳甚少，但卻有1860年代初期與買辦相關的契約文書可重建部份的買辦契約內容。其中包括一張「保單」。[72]「保單」本身原文應是漢文書寫，但已經失傳。也因為只有「保單」而非「買辦契約」，而無法看到漢文的內容。這份資料在日治時代經由調查後出版，以日文翻譯刊載，現在由筆者翻譯回漢文，與日文原譯並列如下（表五）：

表五　英商怡記洋行買辦陳徐雨交付其行主之「保單」（1864年）

	日文原譯	漢文翻譯
保單內容	茲に英商怡記洋行は、陳徐雨を延て買辦となし、毎月手當として銀五十元を給し、行中一切の費用徐雨の支理に歸し、行主關係なし、又た行主虞朗と機斯は洋銀十萬圓を以て營商の資本となす、徐雨は侵用するを得ず、若し侵用し、一び查出を經ば、唯だ保家の責に歸	茲就英商怡記洋行延攬陳徐雨為買辦，每月給予津貼銀五十元，行中一切費用歸徐雨支理，與行主無關。又，行主虞朗與機斯用洋銀十萬圓作為營商資本，徐雨不得侵用，倘若侵用，一經查出唯歸保家代徐雨負賠償之責。當行主欲停業時，必須清算帳簿，請行主檢查，並歸

[71] 像陳福謙的例子，目前並沒有「買辦契約」的文獻足以支持他是「買辦」的說法，也並沒有同時代的人說明他是「買辦」。

[72] 這份「保單」過去卻被誤認為是買辦契約，見李佩蓁，〈依附抑合作？清末臺灣南部口岸買辦商人的雙重角色（1860-1895）〉，頁54-55。

	日文原譯	漢文翻譯
	し、徐雨に代つて賠償すべし、行主商業の停止を欲する時は、須らく帳簿を清算し、行主の檢查を請ひ、並に先きに交附せし英洋銀を返還し、約字を回收すべし、詞を藉て挨延するを得ず、此に照す。	還先前交附之英洋銀，回收契約字據，無容藉詞拖延，此照。
日期	同治三年五月初三日	同治三年五月初三日
涉及人員	英商怡記洋行買辦人　陳徐雨 保家人　吳芝水 保家人　蔡金山	英商怡記洋行買辦人　陳徐雨 保家人　吳芝水 保家人　蔡金山

註：原資料只有日文一種，表中漢文的部份由本人翻譯。
資料來源：臺南州共榮會（村上玉吉）（編纂），《南部臺灣誌》，頁 390-391。

文獻本身並非由歐美商人與買辦雙方簽訂，也並未載明買辦的職務範圍，而文獻的後半部份所涉及的，卻是買辦的擔保人所承保的範圍，包括對行主資本的關係、買辦關係結束時的處分方式等，並有「保家人」簽款等。若與前述的「保單」、表一中的陳亞九的「買辦契約」等資料相比較，就不難發現其為「保單」的事實。「保單」殘存地記錄部份的買辦責任規範，誠然妨礙我們對當時「買辦制度」具體的制度安排，但這份資料卻也透露出部份買辦職務的內容，因為文獻的前半部有關買辦的事情，包括歐美商人用的「行」名、買辦名字、歐美商人給買辦的「津貼」（而不是「薪金」）、買辦與其使用人的關係、以及買辦的行為規範等，讓我們可以一窺這位買辦的部份工作內容與責任規範，也就是「保家人」需要清楚的擔保範圍。

至於「保單」的內容，卻並非全然清楚。首先，陳徐雨需要負責「行中」事務的開支，這裡的「行中」指涉的範圍，應該就是指歐美商人的「行」（「店」或辦公處），也應該包括旗下用人，這方面陳徐雨應該與表一中的「陳亞九」相近，負擔旗下人員的支薪與責任。其次，明訂陳徐雨不得「侵用」「行中」錢財（「十萬圓」），表示陳徐雨或許只是一個平常掌管歐美商人生活必需品的供給與雜役的使用，但因為事務上熟知「行主」的作業習慣而有機會「侵用」，也可以說是其本身業務上就有經手「行主」錢財的機會，所以在經手過程中不得「侵用」。由於「保單」並沒有透露該買辦的業務範圍，這個部份很難絕對地論斷。最後，在「行主欲停業時，必須清算帳簿，請行主檢查，並歸還先前交附之英洋銀，回收契約字據。」這裡所指的「帳簿」，有可能就是陳徐雨所經手過的買賣、出納或倉儲等業務，因為包括「行主」過去交託的錢財。所以，如果陳徐雨並未按照規定釐清帳目的話，「保家人」就要承擔相關的責任。至於「回收契約字樣」應該是指「保家人」要求收回「買辦契約」，以最終了結其責任。因為缺乏「買辦契約」，我們無法確認條文中的「買辦」是否平日就參與行主的經營，但以陳徐雨對於「行中一切費用歸徐雨支理，與行主無關」來看，陳徐雨尚保留郝延平筆下的管家（house steward）型買辦的特徵，為行主管理生活大小雜事。[73]而即使陳徐雨有可能參與「行主」的經營活動，卻應該不會超出該「行」的地點與空間範圍。也就是「洋商」的「行」在何處，陳徐雨就會在何處，並打理該「行」的業務與雜務。

在缺乏陳徐雨在1864年正確的買辦契約的情況下，筆者無法推定他當時所揭的具體工作內容。但在20年後的1885年怡記洋行行長與陳徐雨之間又訂有一份由買辦經手的購糖合約（表六）。合約中可見，買辦的工作顯然更為重要：

表六　英商怡記洋行行長與買辦之購糖協議書（1885年）

	日文原譯	漢文翻譯
內容	茲に本行々長虞朗機斯、上斗赤糖一萬擔を囑買す、每擔時價六八銀五圓五錢とす、引渡期限は立約の日より起り六十日を以て限となす、買辦人は此六十日内應に陸續全數の糖貨を本行々長に交附し、以て輸出に便にし、期限を逾え、糖貨を短少するを得ず、若し六十日を超過するも糖貨全額を交附せず、或は糖色不純なれば買辦人の失約に係り、賠償全額一に行長の主裁に從ひ敢て異言せず、定むる所の赤糖一萬擔の價銀は、立約の日先づ一半を領收し、買出人を鄉下に派し以て採買せしむべし、存する所の一半は六十日内に於て陸續交附し、各廊腳に清算すべきに依り、行長は交附時日を拖延し、銀額を短少するを得ず、又聲明す、期限六十日内に於て糖價若し漲落あるも、是れ二人の商運に係り、總て立約の日定むる所の糖色及び價銀を以て定準となし、互に翻異あるを得ず、此れ兩愿に係り本日の時價に照らして買賣す、一言定となす、口に憑なきを恐る、合さに約字を立てて證となすべし。	茲就本行行長虞朗、機斯囑託採買上斗赤糖一萬擔，每擔以時價六八銀五圓五錢計，移送期限為從立約之日起六十日為限，買辦人應在此六十日內陸續向本行行長交附全數糖貨，以方便輸出，不得逾越期限並不得短少糖貨。若超過六十日未交附全額糖貨，或糖色不純者，為買辦人之失約，賠償的全額必須依照行長的裁定不得異議。所定赤糖一萬擔之價銀，於立約之日先行領收一半，並派批發商至鄉下採買；所留存的另一半於六十日內陸續交附，據此向各廊腳進行清算。行長不得拖延交附時日或短少銀額。又聲明在期限六十日內若糖價有所漲落，是二人商運的關係，總以立約之日所定的糖色及價銀為準，不得反悔異議。此係兩愿照本日之時價買賣，一言為定，恐口頭無憑、同立合約字以證之。
日期	光緒十年六月二十日立約字	光緒十年六月二十日立約字
涉及人員	英商怡記洋行買辦人　陳徐雨	英商怡記洋行買辦人　陳徐雨

註：原資料只有日文一種，表中漢文的部份由本人翻譯。
資料來源：臺南州共榮會（村上玉吉）（編纂），《南部臺灣誌》，頁392。

[73] 關於管家型買辦，見 Yen-p'ing Hao, *The Comprador in Nineteenth Century China: Bridge Between East and West*, pp. 65-68.

若這份合約的內容早在 1864 年就存在，陳徐雨的買辦職能一開始就並不單純，因為他從「保單」中「營商資本……不得侵用」，轉為受行長之託全程處理購糖時的貨款，所要負責的是採購時的貨量與期限，對於貨價方面不存在虧損問題，因為那是洋行行長的責任。但若是項合約內容是在 1885 年時才出現，則顯示歐美商人對買辦更形倚重。這可能因為從 1870 年代末開始，南臺灣的蔗糖採購開始出現強烈的競爭，本土商人開出各種價格以取得糖貨。[74]雖然外國人員（包括清帝國海關洋員）也指出革新蔗糖栽種辦法，但舊法依舊存在。[75]這種情況到 1880 年代的前半依然存在，只有在 1884 年受到「清法戰爭」影響而受挫，到 1885 年甚至海關有紀錄買主派員深入鄉下預定原糖的作法。[76]所以，前述 1885 年的採購蔗糖「協議書」極有可能是因應 1880 年代的狀況所定的，亦即買辦陳徐雨從包含管家型的業務內容的買辦，轉型為更接近郝延平所形容的「內地買手」（upcountry purchaser）型的買辦。[77]當然，也因為買辦只需負責應付貨期與貨量，貨價上就成為買辦可能從中取利的新機會。

買辦「保單」與購糖協議書之外，買辦制度移入臺灣的過程中也出現其他文書，讓我們能理解這個制度在臺灣社會運作的狀況。其中，買辦為業務需要而向臺灣當地人士租用房屋，卻並非只為其個人。一張在 1872 年與買辦因採購茶葉而租賃房屋的契約中顯示買辦超越個人的關係：

> 立招稅合約字人陳拔記，即拔卿，有願蓋瓦厝一座，帶連護厝，前至庭路為界，後至滴水為界，長一十二丈，合共十一間，經於庚午年稅過吳活官等起蓋民式棧屋經商，於上年被風雨損壞。茲因茶葉多收，增廣房屋，現水陸行買辦劉長成要再稅路下拔記曠地長六丈，闊七丈二尺，再起民式樓屋。前後議約每年該

[74] H. E. Hobson, "Takow Trade Report, for the Year 1878," in China. Inspector General of Customs, *Reports on Trade at Treaty Ports, for the Year 1878*, (Shanghai: Statistical Department of the Inspectorate General of Customs, 1879), p. 233.

[75] W. B. Russell, "Takow Trade Report, for the Year 1880," in China. Inspector General of Customs, *Reports on Trade at Treaty Ports, for the Year 1880*, (Shanghai: Statistical Department of the Inspectorate General of Customs, 1881), p. 203.

[76] G. C. Stent, "Takow Trade Report, for the Year 1883." In China. Inspector General of Customs, *Returns of Trade at the Treaty Ports, and Trade Reports for the year 1883* (Shanghai: Statistical Department of the Inspectorate General of Customs, 1884), p. 276; H. F. Merrill, "Takow Trade Report, for the Year 1884," In China. Inspector General of Customs, *Returns of Trade at the Treaty Ports, and Trade Reports for the year 1884* (Shanghai: Statistical Department of the Inspectorate General of Customs, 1885), p. 274; E. Fitzgerald Creagh, "Takow Trade Report, for the Year 1885," In China. Inspector General of Customs, *Returns of Trade at the Treaty Ports, and Trade Reports for the year 1885* (Shanghai: Statistical Department of the Inspectorate General of Customs, 1886), p. 275.

[77] 關於內地買手，見 Yen-p'ing Hao, *The Comprador in Nineteenth Century China: Bridge Between East and West*, pp. 75-83.

納厝稅銀四百元，即日先交納本年份稅銀四百元清楚，隨將願蓋瓦厝並路下曠地踏明界址，交付成水陸行前來居住，開張生理，採買茶葉等貨。其曠地任由成起蓋民式樓屋棧房等，均從其便。至於所蓋民式樓屋各項料工銀元，罷稅之日，應歸厝主掌管，不得向拔記言討。其每年稅銀四百元，約於年頭完納，不得短欠；如有短欠，該新舊樓屋等件概付厝主別稅他人；若無短欠稅銀，仍付水陸行經商，不得翻異。倘舊厝被風雨損壞，須報明厝主倩工修葺，不得擅自修理改造控稅。此係兩願，各無反悔，今欲有憑，合立招認稅合約字二紙，各執為照。再約者：此次起蓋樓屋，因地方官禁約不能起蓋英人體式，若要起蓋樓式，須當照候陳聯與稅德記經有稟請地方官如何批示，方可舉行，不得擅自主張，此約，照。

再批明：每年稅銀倘長成回唐，約就承接水陸行買辦之人支取；如不承稅，務要就新舊樓屋一概交還厝主別稅，不得刁難，再照。

再批明：所稅之地，前後原有通行之路及鄰居之弟各不得起蓋塞絕，再照。

再批明：前合約不得行用，再照。

同治十一年三月　日
代　筆　人　劉子玉
在場知見人　楊有佳
立招稅字人　陳拔卿[78]

租屋契約中載明，「倘長成回唐，約就承接水陸行買辦之人支取」，買辦為其僱主所籌備的一切生財器具或房屋，並非在買辦個人名下，而是為整個包括日後繼任買辦在內的「買辦團隊」所置。雖然像劉長成的租屋契約並不多見，同期的房東多不列出繼任買辦有承租的優先權，[79]但這張契約卻意味著在「買辦制度」的移植過程中，買辦雖看似個人但也隱藏著超越個人的身分，更像是一個經營單元（the firm）。

而且，這種買辦非個人而是一個經營單元的情況，不單出現在北部。在日治初期對臺灣糖業的調查中，就有兩份相當完整的買辦契約，可以證明這種特殊的契約狀況。這兩張買辦契約均是臺南府城的「森泰行」分別與歐美商人「旗昌行」（Russell & Co.）、

---

78 〈招稅合約字〉，臺灣銀行經濟研究室（編），《臺灣私法物權編》（全九冊）（臺北：臺灣銀行，1963），第八冊，頁 1377- 1378。

79 〈轉稅厝字〉，臺灣銀行經濟研究室（編），《臺灣私法物權編》第八冊，頁 1379；〈招稅字〉，臺灣銀行經濟研究室（編），《臺灣私法物權編》第八冊，頁 1383-1384。

「唻記」（David Moncrieff Wright）所定的。[80]就以美籍的「旗昌行」為例（附錄1），全份契約共有11條，載明買辦的工作範圍、責任範圍、報酬等細節。與前述橫濱買辦「陳亞九」的契約類似，簽約雙方不單在契約開始的地方載明身分，也在契約結尾聯同畫押。雖然臺南府城並非如香港般作為英國植民地，但英國領事代理美國領事作為見證人，可取得在條約下外國商人在清帝國享有相關的法律保障。另外，無論是「旗昌」還是「唻記」，均在買辦契約中明白要求「買辦」需要「保家人」擔保，而不是另附一紙「保單」（如陳徐雨的例子），只是英文版卻表示「擔保」而已，顯示可以是人或財物，提供更多元的擔保可能性。可以說，「洋行方面對於自己的買辦有了比30年前琼記洋行對『陳亞九』更明確的要求，使得它們的買辦必須承擔因客戶的倒債而有的風險。這對買辦而言，新的契約安排具體地增加他們的負擔與風險。」[81]就這方面，19世紀末臺灣與清帝國其他重要條約港類似，歐美商人對買辦的約束逐漸趨向嚴謹，契約內容對於買辦擔保問題也日漸具體。

微妙且更重要的是，臺灣買辦契約中顯示一些與清帝國其他地區不盡相同的地方。在「旗昌行」與「唻記行」的買辦契約中，簽約的買辦並非個人，而是一家商號，一家「行」，也有可能就是在1880年成為府城「郊商」重要幹員之一的「森泰號」。[82]事實上，在「唻記」的契約中，「森泰行」方面除了簽署行名之外，尚有一名「陳維茂」的簽名。「森泰行」也許就是「陳維茂」，但在相關的買辦契約中卻並不一定如此，「森泰行」超越個人，是一個經營單元。這方面，在這兩份買辦英文版的契約中，均披露端倪。當中，「森泰行」被僱聘的是英文眾數身分的「compradores」，「眾數的買辦」亦被用在整份的契約中，這方面的差別單從漢字版的「買辦先生」中難以察覺，但在英文版的對照下得以重見。

其實，若就「森泰行」擔任買辦這一事實來說，這個買辦是一個超越個人的「行」，甚或是一個「合夥」型態的「郊商」。礙於我們對「森泰行」的瞭解有限，尤其是它在1895年以前的資訊有限，筆者無法推論。但如前述表二所示，除了「森泰行」之外在臺南和打狗尚有數名「買辦」既有「個人」身分，又是以行號為名的。其中，包括「Dinshaw & Co.」在臺南的陳洽榮「又名仁記洋行」、莊珍潤「又名慶記洋行」，以

---

80 臨時臺灣舊慣調查會，《臺灣糖業舊慣一斑》（神戶：臨時臺灣舊慣調查會，1908）、194-199，並同書之《臺灣糖業舊慣一斑附錄參考書》，頁127-131。

81 陳計堯，〈近代中國買辦制度再議——以買辦契約為分析中心（1860-1940）〉，頁352。

82 關於「森泰號」成為郊商要員之一，見臨時臺灣舊慣調查會（編），《臨時臺灣舊慣調查會第一部調查第三回報告書第三卷臺灣私法附錄參考書》，第三卷上，頁54。

及「Tait & Co.」在打狗聘用的陳升冠「又名旂后德記行」。[83]雖然我們並不知道這些買辦與歐美及其他國籍商人之間所定的買辦契約內容，他們是合夥型的經營單元的可能性是存在的。

至於其他以「個人」名義出現在名單上的「買辦」背後又是否存在另一個「行」，筆者不得而知。但在某些地方還出現同一城市同一歐美商行會僱傭超過一位「買辦」（像「Dinshaw & Co.」在雲林、埔里、集集，「Bain & Co.」在臺南、打狗，「Mehta & Co.」在臺南、集集，「Hermann Vostein」在集集、打狗，「D. M. Wright」在臺南等等），也極有可能就是合夥的「買辦」（所以參與同一合夥的商人名字必須全體並列）。明顯地，無論是臺灣北部的茶葉出口部門，抑或是南部臺灣的糖出口，甚至於是鴉片進口，這些在開港時代臺灣對外貿易中的重要項目中出現特殊的買辦制度安排，均可能在不少的程度上呈現出與清帝國內地的發展有明顯差異的地方。

五、結論

上述對開港時代臺灣出現「買辦」這種從清帝國內地移植的經濟制度的分析，到底有何意義？根據上述的分析可見，「買辦制度」從華南移植到臺灣的過程中，在臺灣擔任買辦者多來自福建，尤其是泉州、廈門等地，並在開港時代進入臺灣市場與臺灣社會。在此過程中，任職買辦者一如在清帝國內地般的，在臺灣為歐美商人採購、販售，並為其相關營業而作保，成為歐美商人在臺灣（如同在清帝國一樣的）經商的一種避險工具。也因此可以理解，歐美商人因在臺灣使用「買辦」而面對風險管理的層面上，是與同時代的其他地區可能相近，使買辦在「契約」中所呈現的權利關係與其他地區無甚差異。

臺灣與清帝國內地使用「買辦制度」的差異，卻出現在買辦的性質到底是「個人」還是「經營單元」的問題上。本文透過對臺灣「買辦契約」以及與買辦活動相關的契約文書縝密的分析顯示，從北部與茶業相關的活動到南部蔗糖的採購、鴉片的販售，均出現部份「買辦」是一個「經營單元」而超越「個人」性質的痕跡，而且跨越整個開港時代，與同時代清帝國內地以「個人」為主的「制度」原則，有明顯的差異。

上述臺灣的「買辦契約」與相關文獻中呈現的臺灣「買辦」有部份是作為一個「經營單元」而非「個人」的現象，反映出兩者在相同的制度原則之下，實質運作時所遇

[83] 〈居留外國臣民ニ關スル取調ノ儀：付英獨領事ノ照會案〉（1896 年 1 月 15 日），《總督府公文類纂》，第 9683 冊，文號 12。

到的社會脈絡存在差異，可能因此產生在地運作時制度內涵上的差異。畢竟臺灣島原先由鄭成功家族政權所控制的西南部地區，從 1683 年開始納入清帝國版圖，成為日後被北京視為「等同內地」的「臺灣府」，直到 19 世紀中葉為止卻仍然是清帝國的邊疆地區之一。臺灣與清帝國其他「內地」雖然制度上看似相同，卻與華南、江南地區之間卻存在差異，尤其是臺灣社會具有「漢人」殖民開墾、原住民與漢人雜處的邊疆地區特有現象。[84]諸多族群、社會經濟、商業習慣與制度等方面，在在與帝國內地存在差異，甚至進而產生如同人類學者陳其南所提出的「土著化」，亦即移民產生對在地社會的認同感。[85]「買辦制度」在移植的過程中出現差異，尤其是以超越個人的經營單元成為需要承擔相當風險的「買辦」，也許就是殖墾社會發展的結果。

至於在移植晚期的資料顯示以泉州、廈門人為主的「買辦群」現象，是否意味「臺灣買辦」在開港時代並不普遍？由於北部、中部，礙於篇幅與資料所限，也只好留待日後再進行探討。但根據本文以南部「買辦」為觀察對象的分析，在開港時代晚期以臺灣為「原居地」而擔任「買辦」者，雖然是存在但為數不多，並很可能存在於地方市場而非大城市。以泉州、廈門人士為主的臺灣「買辦經驗」，的確反映在開港的過程中，南臺灣內部可能缺乏某些條件而使之無法大量出現「臺灣買辦」的現象。有趣的是，在極為稀少的「臺灣買辦」當中，卻出現「陳中和」這樣有影響力的「買辦」，也使得在開港時代末期南臺灣在地資本也並非一事無成。[86]同時，在臺灣的泉州、廈門人充當「買辦」，卻在日治時期留下成為「臺灣買辦」，當中無疑存在大歷史中的政治力量影響的面向，但商人選擇留在臺灣繼續經營，或許就是「土著化」的一種現象。

本文也分析在臺灣的買辦以福建人士居多，令人可深思過去的買辦研究中多以買辦為廣東、江浙地區人士任之的印象。因為從明清以降福建商人經商的成功例子甚多，令人印象深刻。[87]他們的活動範圍除了清帝國東南沿海及臺灣之外，更南北穿插往來，把東南亞、東亞與東北亞連貫起來。[88]就如本文所示，他們在 19 世紀後半隨著歐美商人，以「買辦」身分進出臺灣，意味著同時期清帝國的買辦應該包含更多社會面向。

---

84 關於臺灣作為一個邊疆地區，見 John Robert Shepherd, *Statecraft and Political Economy on the Taiwan Frontier 1600-1800* (Stanford, California: Stanford University Press, 1993)。

85 陳其南，《臺灣的傳統中國社會》（臺北：允晨文化實業，1987），頁 91-180。

86 張守真、楊玉姿，《陳中和新傳》；戴寶村，《陳中和家族史——從糖業貿易到政經世界》（臺北：玉山社，2008）。

87 例如：廖大珂，《福建海外交通史》（福州：福建人民出版社，2002）；徐曉望，《閩商研究》（北京；中國文史出版社，2013）。

88 最顯著的就是以清初的「廈門（貿易）網絡」，見 Ng Chin-keong, *Trade and Society: The Amoy Network on the China Coast 1683-1735* (Singapore: Singapore University Press, 1983), pp.95-152。

當然，臺灣與清帝國內地「買辦制度」上存在差異的具體原因，基於目前的資料與篇幅，我們尚需要進一步的研究才能確立。但臺灣與清帝國內地差異存在的事實，卻也不禁讓人重新思考過去對「買辦制度」的理解，「買辦制度」從華南擴散與移植到其他區域（尤其是到臺灣、滿洲以及廣西等族群複雜的地區）時，也可能同時存在差異。這種差異，可能也延伸至移植到東亞其他區域（如橫濱）的「買辦制度」，讓我們對於不同地區、不同商業傳統的地區對相同制度的移植所出現的反應，有更深入瞭解的必要。

另一方面，「買辦」與「郊商」之間似乎存在若干密切關係，而且過去的研究一直認定擔任「買辦」者與他們是「郊商」有關。到底是擔任「買辦」者因為相關的事業經營成功而成為「郊商」，抑或是「郊商」因為其事業成功而受邀擔任「買辦」？從上述對相關史料與檔案的判讀，筆者相信在 1880 年代出任南臺灣地區「買辦」者，可能是因為其經營能力受歐美商人所重視而擔任「買辦」一職。至於在剛開港時是否出現「郊商」擔任「買辦」，抑或是「買辦」成為「郊商」，筆者因為資料所限而不得而知。但在「買辦」存在的同時，歐美商人卻亦利用「掮客」在臺採購或銷售，當中也極可能存在「郊商」擔任「掮客」的情形。無論如何，「郊商」與「府城」的商業傳統有密切關係，「買辦」是從臺灣外部移植的制度，並有特定的「契約關係」規範其經營與商業行為。兩者之間固然存在身分重疊的例子（如莊珍潤、方慶佐與「森泰行」的陳維茂等），其與「郊商」之間的關係卻不宜過度的解讀。反而，我們對於「掮客」與「郊商」之間的關係，更需要進一步的研究與探討。

必須說「郊商」本身的發展，也並非能清楚地解釋這種關係。過去對「郊商」的研究，多依賴日治時期各單位的調查報告，其中多以 19 世紀末的資料回溯 19 世紀中期或者更早的年代。但清初的「郊商」把持臺灣島對外貿易的型態，到 19 世紀中期開港時代能否維持，問題本身就涉及甚廣。就如本文所示，19 世紀後半開港時代的前一半資料甚少，對於「買辦」本身的經營內容、財務狀況、往來客戶等資訊均不易取得，更遑論對「郊商」與「買辦」的關係進行更有系統的分析。同樣地，在 19 世紀中期「郊商」的資料甚少，使研究者難以完整地重建「郊商」經營上的變遷。凡此種種，也只好留待日後更多新的史料開發才能有更具體的釐清。

總而言之，在 19 世紀後半臺灣開港通商的同時，也把原本在清帝國已經存在但也在轉型中的「買辦制度」移植到島內。雖然，充當「買辦」的人員很可能大多從福建的泉州、廈門移入，但卻產生一些制度性的差異，而在臺灣出現部份「買辦」可能作為「經營單元」而非「個人」的性格。區域的制度差別，意味著不同地區之間背後社會經濟歷史脈絡的發展差異，而這種差異的出現，使過去對「買辦制度」的認識有更新的必要，同時也讓人對於「買辦制度」在近代東亞的歷史，產生必須重新檢驗的契機。

附錄 1　美國旗昌行聘任臺南府城森泰行為買辦之契約（1890 年）

	英文原版	漢字原版
契約雙方	Memorandum of Agreement; by and between. Messrs. Russell & Co. American Merchants of Tawianfoo, in the Island of Formosa, of one part and the Sim Tai (森泰行) Hong of Taiwanfoo, on the other part, in manner following, that is to [s]ay:	仝立約條款人，美國旗昌行，中國森泰行，今緣旗昌在臺灣臺南府城，振作生理，聘請買辦先生，辦理買賣事務，爰僉議條款細列於左：
條文	1st That the said Russell & Co, hereby agree to engage and employ the said Sim Tai Hong as agents and compradores, at the p[o]rt of Taiwanfoo, and the said Sim Tai Hong hereby agrees to act, in the said capacities, and perform the duties thereof honestly and faithfully finding Security for their dealings and intromissions to the full satisfaction of the said Russell & Co.	第一條　旗昌愿聘森泰，為臺郡買辦，凡有倚兌及買賣事務，須照公道辦理，而森泰經請保家人，向旗昌保家，甘願承擔。
	2nd That the said Russell & Co hereby agree to pay to the said Sim Tai Hong as compradores, the sums of ($25) Twenty five dollars, foreign annual per mensem, as Wages, and the said Sim Tai Hong hereby agree, in consideration thereof, to find and provide and pay for, all native clerks, shroffs, and servants required for the due and proper conduct of the business.	第二條　旗昌既聘森泰為買辦，每月願貼辛金〥川銀貳拾伍員，所有行內應用各等人，由森泰自理，與旗昌無干。
	3rd That said Russell & Co. hereby agree to find and provide a Hong in Taiwanfoo, for the accommodation of the said Sim Tai Hong, and their staff, and the conduct of the business.	第三條　議明，旗昌在臺郡租行壹所，作寫字樓，並與森泰辦理旗昌事務，所有行稅，旗昌自理，與森泰無干。
	4th That the said Russell & Co, do not bind themselves to find Godowns in Anping, other than, save and except, for their own requirements, but, should their godowns not be required, at any time, then, the said Sim Tai Hong shall be at liberty to use the godowns, until required again by the Russell & Co, free of charge.	第四條　議明，旗昌安平尚未稅定棧房，如有稅定棧房，森泰有貨物貯棧，不算棧稅，如旗昌要用務即搬休。
	5th That the said Russell & Co, hereby agree to pay to the said Sim Tai Hong, a commission, at the rate of (1%) One percent, on all sales of imports effected to, through, or by them.	第五條　旗昌所到各貨，如森泰經手招售，每百元抽仲錢壹員。第五條　旗昌所到各貨，如森泰經手招售，每百元抽仲錢壹員。

	英文原版	漢字原版
	6th That the said Russell & Co, hereby agree to sell to, through or by the said Sim Tai Hong at the usual credits customary at the p[o]rt of Taiwanfoo, or at such special credits as may, shall or will, be mutually agreed upon at the time of sale, and the said Sim Tai Hong herby agree to pay to the said Russell & Co, the proceeds in full of all sales made to, through or by them on the due date of the prompts of such sales.	第六條　凡森泰代兌貨件，其銀項依臺郡別行期例，至期交清，不得拖延，如要越例，須先面議。
	7th That the said Russell & Co, hereby agree to sell to, through or by the said Sim Tai Hong; but, in the event of being able to obtain from outside buyers better prices than those offered by the said Sim Tai Hong; Russell & Co, shall, after giving the said Sim Tai Hong the option of purchasing at the higher rate offered; be at liberty to sell direct. On sales to outside buyers a commission of (1/2%) One half percent shall however be payable to the said Sim Tai Hong, as Compradores, but, when no option of purchase is given to the said Sim Tai Hong, then the full rate of Commission of (1%) One percent shall be due to and payable to the said Sim Tai Hong. All sales made to outsiders shall be at the sole risk of the said Russell & Co, and the said Sim Tai Hong can and shall, in no way, be held responsible.	第七條　旗昌所到各貨，必歸森泰招售，或價不和，別按有加，旗昌須再通知，若森泰不受，方能別兌，倘無再問，竟自別兌，照約仍付抽仲銀每百元壹元，如有通知者，每百元抽仲銀伍角，如別兌貨，項被人倒欠，與森泰無干。
	8th That the said Sim Tai Hong hereby agree to sell, and for purchase, and for contract to, for and with the said Russell & Co, at the ruling market prices of the day, on which such sales, purchases and contracts may shall or will be effected, made or done; and it is hereby mutually agreed, that, after the due and proper signing and completion of the sale, purchase and for contract note; no change in the prices agrees upon shall be permitted or made on either side. The sale, purchase and for contract note shall be drawn up and signed in duplicate, each party retaining one copy.	第八條　議明，凡買賣貨照依時市價，面議如定規，立單簽字各執一紙為憑，倘早晚貨價升降各歸造化，不能反悔。

	英文原版	漢字原版
	9th That the said Russell & Co, hereby agree to pay to the said Sim Tai Hong, on and for all Sugars and for produce, bought, purchased and for contracted for by, through or with the said Sim Tai Hong, advances to the extent of (65%) Sixty five percent, on signing the purchase and for contract note, or as soon after so doing as possible the balance (35%) Thirty five percent, on due full and complete and satisfactory delivery into Godowns at Anping; but if it be found necessary to make further advances, over and above, the (65%) Sixty five percent hereby agreed upon, such advances must and shall be arranged and mutually agreed upon at the time of the signing of the purchase and for contract note.	第九條　議明，凡買糖貨，議定作字定規按數若干，旗昌當先交銀六成半，餘三成半，俟貨至棧足數方能交清，倘要多支，作字日宜聲明。
	10th The parties to these agreement; the Sim Tai Hong, on their part, hereby agree, that from time to time and at all time hereafter, fully, truly and satisfactorily to guarantee, answer for, pay and make good all losses, arising from an[y] sales, purchases and for contracts, and transactions, which may or shall be made or done by them, and for by, through or with their knowledge and consent, and Russell & Co., on their part, hereby agree to assist the said Sim Tai Hong, in recovering all monies due to them, as Compradores, by dealers, clerks, shroffs and for servants in their employ; and, if required, bring the claims to the notice of the native authorities, and press for payment thereof through the American Consul - but, should such efforts be unsuccessful, then, the said Sim Tai Hong shall be allowed (6) six months in all, wherein to make good the sum or sums, money or monies due to the said Russell & Co.	第十條　議明，凡森泰經手數項，被交關人倒欠，及行夥侵逃，旗昌當稟明領事官究追，如果究追討莫，向限六個月為屆，森泰自當賠償。
	11th The parties to this agreement hereby mutually agree and determine, - Russell & Co., on their part and the Sim Tai Hong, on their part - that, in the event of either or both parties desiring to terminate this agreement; notice, in writing, of six months shall be required, and must be given on either part.	第十一條　議明，日後或兩相意向不合，或要停止生理，須先六個月前通知，俾鳩收賬項付，還方能辭退。
日期與副本	Signed in English and Chinese, in duplicate, each party retaining one copy in proof thereof, as witness the hands of the parties hereto aforesaid, on this the Twenty fourth day of November, in the year of our Lord one thousand eight hundred and ninety. (24 November 1890)	以上旗昌與森泰明議約款十一條，繕寫英華字一樣共貳紙，均各花押簽字各執一紙為憑。 大清光緒拾陸年拾月拾參日 大英一千捌百玖拾年拾壹月拾肆號
簽章	Russell & Co. 森泰圖章	森泰圖章

	英文原版	漢字原版
見證	Signed before me this 24th day of November 1890, at H.B.M.'s Consulate Tainan Petham Warren H.M. Consul In charge of	

註：原資料部份英文拼自有誤，均已修訂。其中，「旗昌行」的英文名字在原資料為「Kussell」，應是「R」誤植為「K」之故，也一併修訂。

資料來源：臨時臺灣舊慣調查會，《臺灣糖業舊慣一斑》（神戶：臨時臺灣舊慣調查會，1908），頁194-199。

二十世紀前半葉滿鐵的礦業經營

陳慈玉

前言

日俄戰爭的勝利，使日本取得東北的利權。日本於是組織南滿洲鐵道株式會社（以下簡稱滿鐵）來開發東北的豐富資源，並進一步樹立「滿蒙經營」的根基。滿鐵創業期（1907-1914）的資金主要來自日本政府和在外國發行的公司債，二者合計約佔 85.6% 的比重。所經營的事業有：鐵路、海運、港灣、礦山、電氣、瓦斯、旅館、地方建設（包括市街經營、衛生設施、教育設施、警備設施等），同時也從事調查事業。鐵路和礦山是兩大投資部門，礦業的重心即為撫順煤礦。滿鐵的首任總裁是後藤新平（前臺灣總督府民政長官）、副總裁為中村是公（前臺灣總督府財政局兼總務局長），理事有兩名三井物產出身者的加入，不但象徵著公司營利的性格，並且顯示出滿鐵與三井物產的緊密聯繫。一般職員亦大多來自日本官界，「傭人」（下層職員）和勞工則絕大多數僱自工資低廉的東北當地人口。[1]撫順煤礦就是在此背景中發展的。

撫順煤礦是滿鐵礦業部門的重心，在液體燃料和氣體燃料尚未出現或普及之前，煤炭是最主要的工業燃料，和交通運輸工具（鐵路、輪船）的原動力，亦為工業化的指標之一，故可稱為文明之泉源。如適當利用一英噸（1.016 公噸）的煤炭，則可與男子 1,100 天的工作量相匹敵。[2]事實上，在 1920 年代末，世界動力的 75.1%來自煤，17.3%來自石油，水力的比重則為 7.6%。[3]日本的情形大抵類似，唯水力利用較發達，當時最主要的動力資源中，煤炭和水力各佔 74%和 25%強。[4]日本天然資源並不豐富，

---

[1] 南滿洲鐵道株式會社，《南滿洲鐵道株式會社十年史》（大連：滿洲日日新聞社，1919 年，以下簡稱《滿鐵十年史》），頁 1-101；金子文夫，《近代日本における對滿州投資の研究》（東京：近藤出版社，1991），頁 82-93。

[2] H. Foster Bain, *Ores and Industry in the Far East* (New York: Council of Foreign Relations, 1933), p. 37.

[3] Abbott Payson Usher, "The Resource Requirements of an Industrial Economy," *The Journal of Economic History*, Supplement VII (1947), pp. 35-46; 全漢昇，〈山西煤礦資源與近代中國工業化的關係〉，收於氏著，《中國經濟史論叢》（香港：新亞研究所，1972），冊 2，頁 748。

[4] 財團法人東亞經濟調查局編，《本邦を中心とせる石炭需給》（東京：東亞經濟調查局，1933），頁 13-14。石油和褐煤（熱量較煤炭低，含灰分很多）共佔 1%左右。

僅煤炭較多，而從 1860 年代明治維新以來，政府積極實施各種獎勵工礦業發展政策，棉紡織業、鐵路和礦山業為主的國營和民營企業開始勃興，製鐵業顯著地成長，對於原料煤的需求因此增加，採煤業的生產規模隨而擴大。由於動力用煤和原料用煤的品質要求不同，故市場亦相異，日本國產原料用煤雖不足以供給其工業需求，[5]但動力用煤炭尚能出口到中國和東南亞，亦可大量補給逐漸頻繁的外國船舶。動力用煤炭的輸出量在 1877 年約佔全國產出的三分之一，到 1887 年則將近二分之一，故可以說 1870 年代以後日本煤業是以遠東市場（包括船舶用燃料和一般動力用煤）為中心而發展的。[6]

十九世紀末二十世紀初，日本煤在遠東市場的優勢逐漸受到中國煤的挑戰，尤其是英國所投資的開平煤和俄國所投資的撫順煤。由於中國煤的黏結性強，適於煉成製鐵用焦煤，所以輸入日本者漸多，[7]因此如何掌握中國煤礦，使其生產和流通能配合日本所需，遂成為攸關日本工業發展的一大課題。同時以貸款方式為主的礦業投資應運而生，而且逐漸成為日本對中國投資的重要一環。[8]

相形之下，撫順煤礦可說是日本直接投資的。[9]原本日本軍隊已經在 1905 年佔領該礦區，1907 年 4 月 1 日始由滿鐵接收。而早自預備接辦撫順煤礦以來，滿鐵總裁後藤新平即認為該礦是滿鐵的一大財源，乃慎選經營人才，於 1907 年 1 月聘請工學博士松田武一郎為該公司所屬煤礦之礦長，有意建設撫順成為「煤都」。

1911 年松田武一郎逝世，米倉清族繼任礦長，在舊有的基礎上，引進新技術，改良設備，以達到增加產量和降低成本的經營方針，所以到 1916 年，每日平均採煤已近 6,000 公噸，為 1907 年接收時的 9 倍多。[10]1917 年開始，產量逐年增加，故成為滿鐵獲利的一主要來源。

本文首先分三期析述其發展軌跡，其次探討滿鐵經營該礦的利潤，以試圖了解該礦在滿鐵投資網中所扮演的角色。

---

5 隅谷三喜男，《日本石炭產業分析》（東京：岩波書店，1968），頁 432-437。

6 隅谷三喜男，《日本石炭產業分析》，頁 185-187。當時輸出的主要是九州所產煤炭。

7 隅谷三喜男，《日本石炭產業分析》，頁 369-370。

8 東亞研究所編，《日本の對支投資》（東京：東亞研究所，1942），頁 2-4、163-164；杜恂誠，《日本在舊中國的投資》（上海：上海社會科學院出版社，1986），頁 145。

9 C. F. Remer, *Foreign Investments in China* (New York: The Macmillan Co., 1933), pp. 68-69, 426-428.

10 虞和寅，《奉天撫順煤礦報告》（北京：農商部礦政司，1926），頁 229-230。

表 1　撫順煤礦產量表（1907-1949）

單位：千公噸

指數：1912 年=100

年代 \ 產量	全國 A	遼寧 B	撫順 C	B/A%	C/A%	C/B%	撫順指數
1907	—	—	233	—	—	—	16
1908	—	—	491	—	—	—	33
1909	—	—	706	—	—	—	48
1910	—	—	899	—	—	—	61
1911	—	—	1,344	—	—	—	91
1912	8,988	1,647	1,471	18.32	16.37	89.31	100
1913	12,800	2,520	2,186	19.69	17.08	86.75	149
1914	14,102	2,524	2,148	17.90	15.23	85.10	146
1915	13,417	2,516	2,169	18.75	16.17	86.21	147
1916	15,903	2,459	2,044	15.46	12.85	83.12	139
1917	16,902	2,839	2,276	16.80	13.47	80.17	155
1918	18,340	3,297	2,522	17.98	13.75	76.49	171
1919	20,055	3,721	2,929	18.55	14.60	78.72	199
1920	21,260	3,890	3,130	18.30	14.72	80.46	213
1921	20,459	3,443	2,772	16.83	13.55	80.51	188
1922	21,097	4,499	3,859	21.33	18.29	85.77	262
1923	24,552	5,799	4,930	23.62	20.08	85.01	335
1924	25,781	6,578	5,539	25.51	21.48	84.20	377
1925	24,255	6,655	5,681	27.44	23.42	85.36	386
1926	23,040	7,175	6,487	31.14	28.16	90.41	441
1927	24,172	8,687	6,959	35.94	28.79	80.11	473
1928	25,092	8,281	7,198	33.00	28.69	86.92	489
1929	25,437	8,622	7,293	33.90	28.67	84.59	496
1930	26,037	8,690	6,867	33.38	26.37	79.02	467
1931	27,245	7,698	6,133	28.25	22.51	79.67	417
1932	26,376	7,158	5,853	27.14	22.19	81.77	398
1933	28,379	8,850	7,061	31.19	24.88	79.79	480
1934	32,725	10,656	7,572	32.56	23.14	71.06	515
1935	35,803	10,721	7,667	29.94	21.41	71.51	521
1936	39,342	11,948	9,593	30.37	24.38	80.29	652
1937	36,913	11,769	9,536	31.88	25.83	81.03	648
1938	31,943	12,245	9,136	38.33	28.60	74.61	621
1939	38,542	13,005	8,919	33.74	23.14	68.58	606
1940	46,828	13,950	7,268	29.79	15.52	52.10	494
1941	58,823	14,735	6,706	25.05	11.40	45.51	456
1942	65,686	15,445	6,359	23.51	9.68	41.17	432
1943	56,687	9,253	5,374	16.32	9.48	58.08	365

年代＼產量	全國 A	遼寧 B	撫順 C	B/A%	C/A%	C/B%	撫順指數
1944	53,782	9,144	4,512	17.00	8.39	49.34	307
1945	29,206	4,461	2,405	15.27	8.23	53.91	163
1946	18,898	1,883	1,267	9.96	6.70	67.29	86
1947	21,904	2,111	1,372	9.64	6.26	64.99	93
1948	20,106	1,893	878	9.42	4.37	46.38	60
1949	32,430	1,915	—	—	—	—	—
總計	1,083,307	262,682	189,744	—	—	—	—

資料來源：

1. 丁文江、翁文灝，《中國礦業紀要》（北京：農商部地質調查所，1921），頁 26-27。
2. 謝家榮，《第二次中國礦業紀要》（北京：農商部地質調查所，1924），頁 14-15 之間的插頁。
3. 侯德封，《第三次中國礦業紀要》（北平：農礦部地質調查所，1929），頁 228。
4. 同上，《第四次中國礦業紀要》（北平：實業部地質調查所，1932），頁 31-39。
5. 同上，《第五次中國礦業紀要》（北平：實業部地質調查所，1935），頁 41、43-47、54-55 之間的插頁、64-65 之間的插頁。
6. 白家駒，《第七次中國礦業紀要》（重慶：經濟部地質調查所，1945），頁 49-50。
7. 中國近代煤礦史編寫組，《中國近代煤礦史》（北京：煤炭工業出版社，1990），附表 1、2。
8. 虞和寅，《奉天撫順煤礦報告》（北京：農商部礦政司，1926），頁 229-230。
9. 〈撫順煤礦歷年產銷數量及營業之變遷〉，《礦業週報》，326 號（北平，1935），頁 221-223。
10. 南滿洲鐵道株式會社，《南滿洲鐵道株式會社二十年略史》（大連：南滿洲鐵道株式會社，1927），頁 185-186。
11. 南滿洲鐵道株式會社，《南滿洲鐵道株式會社三十年略史》（東京：原書房，1981），頁 368-369。
12. 財團法人滿鐵會，《南滿洲鐵道株式會社第四次十年史》（東京：龍溪書舍，1986），頁 372。

註：由於資料關係，1912-1917 年和 1943-1949 年的遼寧省煤產量係有統計確數的大煤礦之合計；1918-1942 年的產量則為大礦再加上其他礦之估計值。

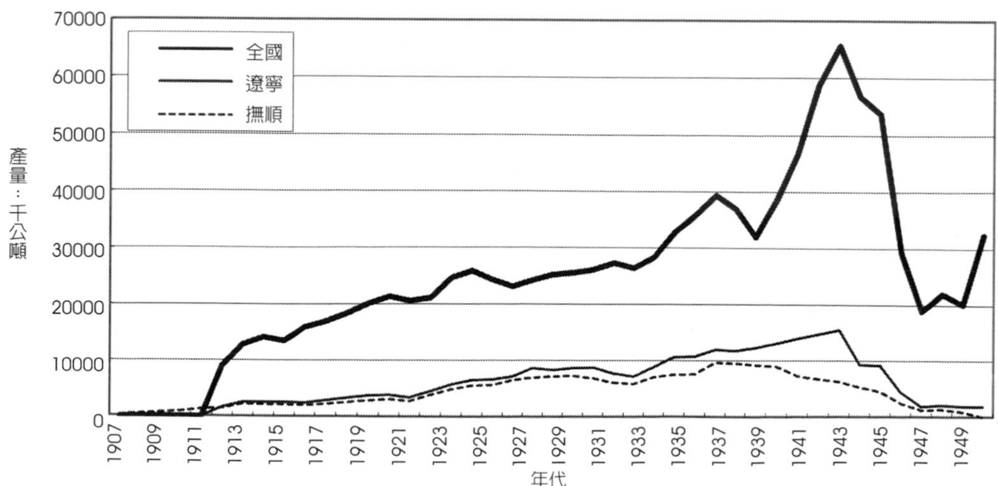

圖 1　撫順煤礦產量圖（1907-1949）

資料來源：表 1。

一、內銷導向期：1917-1920 年

第一次世界大戰期間日本工業勃興，這些新興工業都以煤炭為主要的燃料，所以日本當局和礦業資本家除了擴大本國煤炭生產外（使產量自 1915 年的 2,000 萬公噸左右，增至 1920 年的 2,900 多萬公噸），[11]更汲汲於自殖民地和中國進口所需煤炭。

同時，東北對撫順煤的需求也增加甚快。根據表 2 和圖 2，當地和該公司（滿鐵）的消費量自 1914 年的 106 萬公噸左右，增加到 1920 年的 194 萬公噸。在總銷售量中的比重則自 1914 年的 46.34%，上昇到 1920 年的 73.89%。這主要是由於第一次世界大戰對東北工業發展所帶來的影響所致。俄國的相對弱勢使東北北部的俄國資本工業完全沒落，華商資本繼之而起，在鐵路沿線以外的地區，柞蠶絲業、毛織業等小規模工廠增加不少；而東北南部的企業亦在大戰中勃興，1919 年可以說達到一個高峰。所有這些新興事業，雖然華商投資不少，但絕大部分仍是日本人投資的。[12]日本方面最主要的投資者仍是滿鐵，而日本民營企業積極參與，1915-1919 年間，共計在當地成立 605 家公司，總資本達 14,636 萬日圓，是 1914 年的 7.79 倍，其中最引人注目的是工業部門，[13]佔總額的 32.8%左右。

當時煤炭主要用於油坊、煉瓦、燒鍋、鐵匠、織布、機械、火柴和製糖等工業，到 1920 年又開始充當製鐵業的原料和動力，是年製鐵業用煤居東北工業用煤量的 25%，超過傳統的油坊業（14%）。[14]

其次，滿鐵事業本身的發展，亦促使煤炭需求增加，該公司對撫順煤的消費量自 1915 年的 48.4 萬公噸增至 1920 年的 99 萬公噸，[15]並佔 1920 年內銷量的 51.06%。滿鐵在 1915-1919 年期間的投資重點是鐵路、製鐵和煤礦三大部門，其中對鐵路部門的投資高達 13,812 萬日圓，佔總金額（3 億 6,936 萬日圓）的 37.4%。[16]

此外，滿鐵亦以提供貸款的方式，投資於非公司經營的線路，例如吉長鐵路（本為中國官辦鐵路）。滿鐵的貸款，高達吉長鐵路所需資金之半（215 萬日圓），但中國政

---

11 財團法人東亞經濟調查局編，《本邦を中心とせる石炭需給》（東京：東亞經濟調查局，1933），頁 72。

12 堀亮三，〈用途別需要より觀たる滿洲石炭の過去、現在及將來（一）〉，載於《滿鐵調查月報》15:5（1935 年 5 月 15 日），頁 14-15。詳見孔經緯，《東北經濟史》（成都：四川人民出版社，1986），頁 151-178。

13 金子文夫，《近代日本における對滿州投資の研究》，頁 912-913，頁 913 的表 4-10。

14 堀亮三，〈用途別需要より觀たる滿洲石炭の過去、現在及將來（一）〉，載於《滿鐵調查月報》15:5，頁 16；大藏省管理局，《日本人の海外活動に關する歷史的調查》（東京：大藏省，1950），冊 23，頁 267。

15 〈撫順煤礦歷年產銷數量及營業之變遷〉，載於《礦業週報》，326 號（北平：1935），頁 221-222。

16 金子文夫，《近代日本における對滿州投資の研究》，頁 222，表 5-4。

府仍然掌握鐵路的經營實權。[17]鐵路業發展，燃料用煤炭的需求自然劇增，1907 年約為 96,000 公噸，1917 年大增為 437,832 公噸，到 1920 年更大增為 736,290 公噸，[18]數量是 1907 年的 7.7 倍，1917 年的 1.7 倍。

二、出口導向成長期：1921-1931 年

如表 1 和圖 1 所示，1920 年代的撫順煤產量呈現出飛躍現象，1922 年產量是十年前的 2.62 倍，1927 年更創下 696 萬多公噸的記錄，為 1912 年的 4.7 倍左右，高佔中國全國總產量的 28.79%，亦是九一八事變以前的巔峰。再就其消費量而言，表 2、表 3 和圖 2、圖 3 顯示：

（1） 銷售量呈現出大幅度上昇的趨勢。到 1929 年創下九一八事變以前的最高記錄（816 萬公噸左右），是 1921 年的 2.35 倍。

（2） 出口量在此時期明顯增加，自 1920 年的 50 萬公噸劇增到 1929 年的 378 萬公噸，達到一個巔峰，是 1921 年的 3.95 倍。

（3） 內銷量亦增加，但其速度不若出口量。原本內銷量多於出口量，而自 1923 年開始，出口量和船舶供給量即超過內銷量。1931 年前兩者在總銷量的比重甚至高達 60.24%。

（4） 外銷以輸往日本為主，且成長迅速，自 1921 年的不及 30 萬公噸，劇增為 1929 年的 188.7 萬公噸，佔該年外銷總量的 49.88%。由此可見滿鐵經營撫順煤礦，使其產品能供應日本本國的目的已經成功。

（5） 再者，輸向中國國內各地和東南亞的數量也逐年增加，1925 年以後每年皆在 114-154 萬公噸之間，居總出口量的 31%以上；但流向朝鮮者卻增加有限。

很明顯的撫順煤礦的發展，受到出口成長的刺激，而最重要的出口地是日本。日本的經濟結構在第一次世界大戰以後面臨著轉型的挑戰，因為戰爭的終止表示貿易→海運→造船→鋼鐵產業連鎖效果所帶來的經濟發展也已結束。1920 年 3 月日本開始出現股價和商品價格的暴跌，而海運與造船業亦在 1920 年代跌入不景氣的困境，儘管鋼鐵的需求減少，由於日本鋼鐵的生產量有限，供不應求，因此仍有不足的部分必須仰

---

[17] 在中國山座公使より牧野外務大臣宛，〈長春洮南熱河鐵道敷設計畫ニ關シ意見上申の件〉，機密第 290 號，1913 年 8 月 13 日，檔案編號 585，收於外務省編纂，《日本外交文書》，大正 2 年第 2 冊（東京：外務省，1964），頁 678。

[18] 堀亮三，〈用途別需要より觀たる滿洲石炭の過去、現在及將來（一）〉，載於《滿鐵調查月報》15:5，頁 23。

賴進口彌補。以日本鋼管株式會社（1912 年創立）為首的民間鋼鐵企業和官營八幡製鐵所，都設法改良設備、降低原料價格，他們的策略之一是從中國東北鞍山製鐵所進口生鐵，[19]而此鞍山製鐵所正好是滿鐵經營的工業，其燃料和煉鐵所需原料焦煤皆由撫順煤礦供應。

另一方面，1920 年代前半最重要的公共事業是電氣事業，電氣事業的發達則肇因於第一次世界大戰期間的都市化與重工業化，在工業地帶，由於電氣的需求增加，出現電力不足、電費上漲的現象。日本也像歐美國家一樣，積極實施大規模的水力開發和容量大的遠距離高壓送電等投資計畫。在進口所需要的發電器材設備之外，還大幅度增加火力發電廠，因此對煤炭的需求也大幅度增加。到 1920 年代後半，由於外資所導入的先進生產技術已經奏效，電氣機械工業乃能自行製造電動機和發送電機器，以取代進口，而且其價格低廉，間接降低了電力成本。[20]

火力發電和工業發展需要煤炭頗多，大量開採的結果，日本各煤田的產量下降，主要煤田（在九州和北海道）大多已度過鼎盛時期。礦業乃一報酬遞減的工業，各礦坑的產量有一定限度，煤炭生產成本逐漸增加，煤價又受制於 1921 年所成立的石炭礦業聯合會，無法下跌，反而比進口煤昂貴，所以進口煤在 1923 年以後開始超過出口煤。進口煤主要來自撫順，約佔 60%-70%左右，由於滿鐵與石炭礦業聯合會談判，為保護日本煤業自動設限，[21]因此所佔比例雖然驚人，卻不算太高，否則所佔百分比絕不止此而已。

撫順煤的另一重要消費市場是中國關內。中國一向是日本煤最大的消費市場，在 1921 年以前，平均約佔日本煤炭總輸出量的 35%左右，此後雖然總輸出量減少，但對中國的出口量卻自 1917-1921 年的年平均 85 萬公噸左右，增至 1922-1931 年的年平均 123 萬公噸左右，所以在總輸出量中的比重也由 36%一躍而為 61%。[22]如果再細究之，可以發現到 1926 年以後，對中國的出口有明顯減少的趨勢。[23]在中國市場方面，1912-1920 年間，日煤（包括臺灣煤）平均佔中國進口煤總量的 72%之多，此後開始減少，1928-1931 年期間進口日煤平均只佔總進口量的 54%。[24]

---

[19] 以上詳見橋本壽朗、武田晴人，《日本經濟の發展と企業集團》（東京：東京大學出版會，1992），頁 111-117；中村隆英、尾高煌之助編，《二重構造》（東京：岩波書店，1989），頁 107-112。

[20] 詳見中村隆英、尾高煌之助編，《二重構造》，頁 37-41、101-105。至於電力和電動機的普及所導致的多消費電力型產業（如肥料工業、人造絲工業等）的發展，以及中小型工業的機械動力化等現象，則擬另稿討論。又，此時期的引進外資尚有汽車工業、石油精煉業等。

[21] 財團法人東亞經濟調查局編，《本邦を中心とせる石炭需給》，頁 79-81、91-95、289-291。

[22] 財團法人東亞經濟調查局編，《本邦を中心とせる石炭需給》，頁 90-92。

[23] 財團法人東亞經濟調查局編，《本邦を中心とせる石炭需給》，頁 90-91 之間的第 34 表〈石炭輸出國別表〉。

[24] 蔡謙，〈日煤與中國煤的供給〉，載於《社會科學雜誌》4:4（北平，1933 年 12 月），頁 456、473-474。此處所指

相形之下，如表 3 所示，撫順煤輸往中國關內和東南亞的數量卻大為增加。1921 年，撫順煤有 17 萬多公噸流入中國關內，1931 年增加到 137 萬公噸，為 1921 年的 8 倍左右。[25]換言之，對日本而言，由於 1920 年代火力發電和工業的發展，煤炭需求增加，本國產量增加有限，乃積極自海外進口，進口數量之大甚至超過其出口量，但為了保護本國業者的既得利益，仍然設有關卡，限制撫順煤的進口量；撫順煤於是代替日本煤開拓其他海外市場，以彌補日本煤出口之不足。依此觀點來看，撫順煤不但供給日本本國和東北當地，並且拓展海外市場，成為「日本煤業帝國」之重要一環。

再者，就貿易與撫順煤礦的關係而言，在 1920 年代，煤是僅次於豆類的出口品，煤與焦煤的輸出值約佔東北總出口值的 9%，並且出口煤的 95%來自撫順。而為了控制此出口市場，滿鐵與各民間財閥互相合作，例如外銷的撫順煤起初是委託三井、三菱、野澤組和南昌洋行等公司，[26]大額的當地消費和船舶用煤則由滿鐵直接經手。[27]1912 年，滿鐵與三井物產會社協定，由三井獨家經營撫順煤的海外和日本國內市場；[28]到 1923 年 4 月，「撫順炭販賣會社」成立，專門負責輸向日本市場的東北煤，而朝鮮市場比照當地內銷市場辦理，對其他地區的出口則分由三井物產、南昌洋行、泰順洋行、熾昌厚和三菱商事辦理。[29]另一方面，三井物產在 1914 年與開灤煤礦簽訂獨佔販賣開灤煤的協定；[30]翌年又大量買進開灤礦務總局的股票，[31]確立了「撫順、開灤、日本煤」的三角同盟；同時也與競爭對手三菱和古河會社成立協定，換取兩者的妥協。[32]三井並於 1918 年與顏雲年合資，在臺灣設立基隆炭礦株式會社，[33]次年進而締結臺灣煤與開灤煤在上海市場的協定，[34]操縱臺灣煤的出口；1925 年 10 月三井又自南昌洋行買進「撫

的日本煤包括臺灣煤在內，故與註 21 之日本本國煤的記錄有出入。

25 侯德封，《第四次中國礦業紀要》（北平：實業部地質調查所，1932），頁 437-438。

26 南滿洲鐵道株式會社，《滿鐵十年史》，頁 625。

27 南滿洲鐵道株式會社，《南滿洲鐵道株式會社三十年略史》（東京：原書房，1981。以下簡稱《三十年略史》），頁 445。

28 《三井物產會社取締役會議錄》，第 2 號（財團法人三井文庫所藏史料，編號物產 2010，1910 年）。在 1910 年的會議中，一向壟斷日本煤海外市場的三井物產決定與滿鐵妥協，並謀求掌握英國資本的開平煤礦。

29 南滿洲鐵道株式會社，《滿鐵三十年略史》，頁 445-446。

30 《三井物產會社取締役會議錄》，第 10 號（財團法人三井文庫所藏史料，編號物產 184，1914 年）；《第 5 回支店長會議議事錄》（編號物產 198-5，1917 年），頁 286；財團法人三井文庫編，《三井事業史》本篇，卷 3 上（東京：三井文庫，1980），頁 74。

31 《三井物產會社取締役會議錄》，第 11 號（三井文庫所藏史料，編號物產 185，1915 年）；財團法人三井文庫編，《三井事業史》本篇，卷 3 上，頁 74。

32 《第 5 回支店長會議議事錄》，頁 286；財團法人三井文庫編，《三井事業史》本篇，卷 3 上，頁 74。

33 詳見陳慈玉，〈顏國年與中日台煤礦業合作的構想，1924-1930〉，載於《近代中國歷史人物集》（臺北：中央研究院近代史研究所，1993），頁 833-871。

34 《第 7 回支店長會議議事錄》（三井文庫所藏史料，編號物產 198-7，1919 年），頁 29；春日豐，〈一九一〇年代

順炭販賣會社」的股票。[35]換言之，滿鐵與三井經由國際協定和投資，如願地控制亞洲的煤炭市場，彼此不再為了競爭而降價交易，這不但促進了撫順煤的外銷，也確立了三井物產在日本國內外的穩定地位和優厚利潤。撫順、三井、三菱和開灤的四公司之間的合作關係一直維持到九一八事變和一二八事變發生，當時由於中國發生如火如荼的排斥日貨運動，開灤宣佈退出協定，彼此之間的合作關係才告中止。[36]在日本國內，撫順炭販賣會社於 1926 年開始與石炭礦業聯合會簽訂限制撫順煤輸入量的協定，[37]自動設限，以免撫順煤威脅到日本國內煤礦業者的生存。九一八事變後，此協定亦因中國政治外交環境驟變，已影響到日本煤和撫順煤雙方的銷售市場分配問題，而面臨嚴重挑戰。

における三井礦山の展開〉，載於《三井文庫論叢》，第 12 號（東京：財團法人三井文庫，1978），頁 140。

[35] 《三井物產會社取締役決議錄》，第 536 號（三井文庫所藏史料，編號物產 2013，1925 年 10 月 13 日）。此外，越南鴻基煤亦由三井物產獨家販賣。

[36] 滿鐵，《滿鐵三十年略史》，頁 453。

[37] 財團法人東亞經濟調查局編，《本邦を中心とせる石炭需給》，頁 291。

表 2　撫順煤礦銷售量表（1908-1943）

單位：千公噸
指數：1912=100

年度	總銷量		內銷量		外銷量		船舶	
	量	指數	量	%	量	%	量	%
1908	437	28	400	91.53	21	4.81	16	3.66
1909	713	46	516	72.37	163	22.86	34	4.77
1910	961	62	586	60.98	324	33.71	51	5.31
1911	1,064	69	755	70.96	245	23.03	64	6.01
1912	1,549	100	849	54.81	569	36.73	131	8.46
1913	2,377	153	963	40.51	1,231	51.79	183	7.70
1914	2,281	147	1,057	46.34	1,005	44.06	219	9.60
1915	2,102	136	1,173	55.80	743	35.35	186	8.85
1916	2,376	153	1,255	52.82	940	39.56	181	7.62
1917	2,567	166	1,633	63.62	773	30.11	161	6.27
1918	2,721	176	1,847	67.88	738	27.12	136	5.00
1919	2,869	185	2,230	77.73	555	19.34	84	2.93
1920	2,624	169	1,939	73.89	500	19.06	185	7.05
1921	3,463	224	2,076	59.95	957	27.63	430	12.42
1922	5,291	342	2,691	50.86	1,854	35.04	746	14.10
1923	5,193	335	2,593	49.93	1,920	36.97	680	13.10
1924	5,808	375	2,830	48.72	2,384	41.05	594	10.23
1925	6,213	400	2,872	46.23	2,611	42.02	730	11.75
1926	6,991	451	3,186	45.57	3,182	45.52	623	8.91
1927	7,476	483	3,385	45.28	3,388	45.32	703	9.40
1928	7,961	514	3,631	45.61	3,619	45.46	711	8.93
1929	8,155	526	3,666	44.95	3,783	46.39	706	8.66
1930	7,481	483	3,296	44.06	3,636	48.60	549	7.34
1931	7,279	470	2,894	39.76	3,723	51.15	662	9.09
1932	7,412	479	3,451	46.56	3,176	42.85	785	10.59
1933	8,476	547	4,070	48.02	3,537	41.73	869	10.25
1934	9,088	587	4,566	50.24	3,665	40.33	857	9.43
1935	9,565	618	5,609	58.64	3,078	32.18	878	9.18
1936	9,288	600	5,732	61.71	2,706	29.14	850	9.15
1937	9,710	627	6,550	67.46	2,342	24.12	818	8.42
1938	9,312	601	7,090	76.14	1,442	15.48	780	8.38
1939	8,767	566	7,282	83.06	937	10.69	548	6.25
1940	7,254	468	6,129	84.49	721	9.94	404	5.57
1941	6,517	421	5,315	81.56	828	12.70	374	5.74
1942	6,071	392	5,067	83.46	758	12.49	246	4.05
1943	5,371	366	4,621	86.04	649	12.08	101	1.88

資料來源：解學詩主編，《滿鐵史資料，第四卷煤鐵篇》（北京：中華書局，1987），第一分冊，頁 238、246；第 2 分冊，頁 437-438。原出處為《撫順炭礦統計年報》，昭和 17 年度（1942 年），頁 132、33；昭和 18 年度（1943 年），第 2 編，頁 14-15。

表 3　撫順煤輸出市場表（1908-1943）

單位：千公噸
指數：1912=100

項目／年度	總計		日本		朝鮮		華北		華中		華南		東南亞	
	量	指數	量	%	量	%	量	%	量	%	量	%	量	%
1908	21	4	2	9.52	0	0.00	7	33.33	8	38.10	4	19.05	0	0.00
1909	163	29	3	1.84	40	24.54	24	14.72	48	29.45	37	22.70	11	6.75
1910	324	57	9	2.78	87	26.85	57	17.59	77	23.77	79	24.38	15	4.63
1911	245	43	55	22.45	5	2.04	39	15.92	56	22.86	56	22.86	34	13.87
1912	569	100	112	19.68	141	24.78	55	9.67	107	18.80	104	18.28	50	8.79
1913	1,231	216	388	31.52	232	18.85	78	6.34	135	10.96	140	11.37	258	20.96
1914	1,005	177	361	35.92	210	20.90	69	6.86	81	8.06	74	7.36	210	20.90
1915	743	131	122	16.42	253	34.05	66	8.89	90	12.11	96	12.92	116	15.61
1916	940	165	180	19.15	299	31.81	92	9.79	106	11.28	99	10.53	164	17.44
1917	773	136	149	19.28	344	44.50	66	8.54	87	11.25	55	7.12	72	9.31
1918	738	130	159	21.54	398	53.93	50	6.78	54	7.32	20	2.71	57	7.72
1919	555	98	115	20.72	359	64.68	24	4.33	46	8.29	11	1.98	0	0.00
1920	500	88	64	12.80	319	63.80	12	2.40	50	10.00	19	3.80	36	7.20
1921	957	168	288	30.09	335	35.01	45	4.70	103	10.76	24	2.51	162	16.93
1922	1,854	326	910	49.08	389	20.98	76	4.10	245	13.21	95	5.13	139	7.50
1923	1,920	337	922	48.02	392	20.42	102	5.31	200	10.42	94	4.89	210	10.94
1924	2,384	419	1,171	49.12	340	14.26	109	4.57	375	15.73	150	6.29	239	10.03
1925	2,611	459	1,240	47.49	322	12.33	152	5.82	706	27.04	83	3.18	108	4.14
1926	3,182	559	1,447	45.47	363	11.41	217	6.82	750	23.57	171	5.38	234	7.35
1927	3,388	595	1,694	50.00	408	12.04	177	5.22	696	20.54	221	6.52	192	5.67
1928	3,619	636	1,849	51.09	436	12.05	168	4.64	821	22.69	143	3.95	202	5.58
1929	3,783	665	1,887	49.88	397	10.49	165	4.36	935	24.72	166	4.39	233	6.16
1930	3,636	639	1,709	47.00	370	10.18	145	3.99	993	27.31	201	5.53	218	5.99
1931	3,723	654	1,812	48.67	315	8.46	119	3.20	861	23.12	389	10.45	227	6.10
1932	3,176	558	1,790	56.36	344	10.83	113	3.56	586	18.45	122	3.84	221	6.96
1933	3,537	622	2,388	67.52	404	11.42	92	2.60	322	9.10	184	5.20	147	4.16
1934	3,665	644	2,725	74.35	463	12.63	87	2.37	153	4.18	166	4.53	71	1.94
1935	3,078	541	2,388	77.58	442	14.36	60	1.95	51	1.66	116	3.77	21	0.68
1936	2,706	476	2,048	75.68	468	17.30	55	2.03	47	1.74	78	2.88	10	0.37
1937	2,342	412	1,713	73.14	544	23.23	17	0.73	10	0.43	50	2.13	8	0.34
1938	1,442	253	960	66.57	467	32.39	2	0.14	11	0.76	0	0.00	2	0.14
1939	937	165	722	77.05	206	21.99	1	0.11	8	0.85	0	0.00	0	0.00
1940	721	127	547	75.87	172	23.85	0	0.00	2	0.28	0	0.00	0	0.00
1941	828	146	668	80.68	160	19.32	0	0.00	0	0.00	0	0.00	0	0.00
1942	758	133	622	82.06	136	17.94	0	0.00	0	0.00	0	0.00	0	0.00
1943	649	114	587	90.45	62	9.55	0	0.00	0	0.00	0	0.00	0	0.00

資料來源：解學詩主編，《滿鐵史資料，第四卷煤鐵篇》（北京：中華書局，1987），第一冊，頁 246、頁 438。

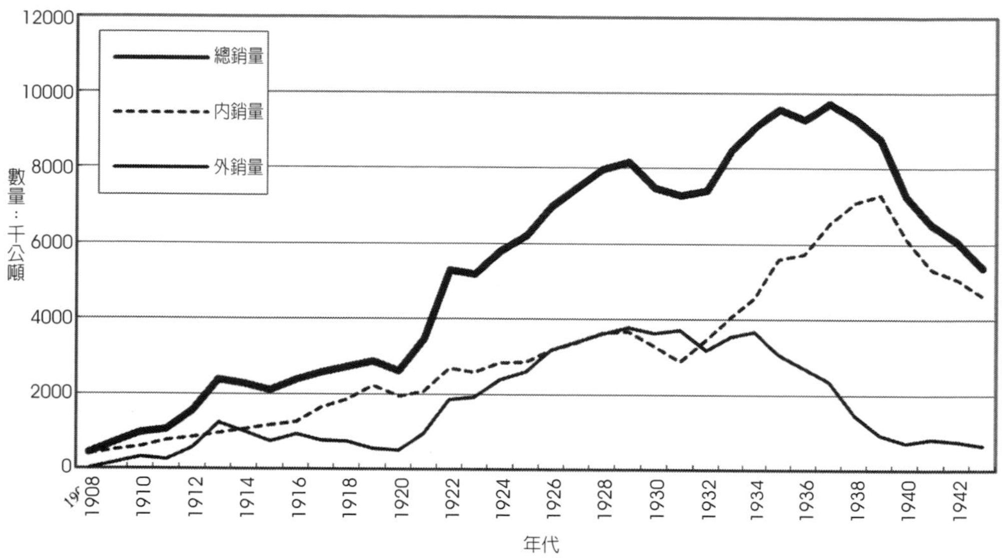

圖 2　撫順煤礦銷售量圖（1908-1943）

資料來源：表 2。

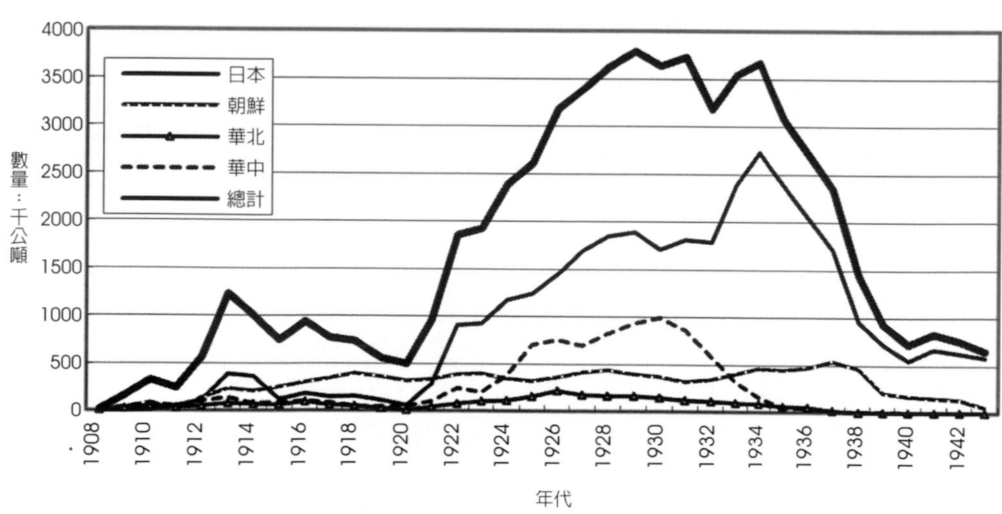

圖 3　撫順煤輸出市場圖（1908-1943）

資料來源：表 3。

三、內需為重時期：1932-1945 年

1931 年九一八事變以後，滿洲國成立，日本加強對東北經濟統制；到 1937 年七七事變後，更以兩個「滿州產業開發五年計畫」（1937-1941、1942-1946）來開發東北資源與發展重工業，而煤炭則是當時最重要的燃料，故撫順煤礦的經營必須配合日本當局（主要是關東軍）的政策。

但是表 1「撫順煤礦產量表（1907-1949）」可以看出，撫順煤礦雖然是「滿洲產業開發五年計畫」的重心之一，但其產量除在 1933-1936 年間呈現增加的趨勢外，1937 年即開始逐步下坡，1944 年僅生產 451 萬公噸，是 1936 年的 47%而已，而為 1931 年的 74%左右。

戰爭期間撫順煤礦生產力不能如預期般的上昇，甚至有下降之勢，影響到滿洲產業開發五年計畫的達成，礦方當局於 1940 年分析該礦區面臨的瓶頸如下：[38]

1. 技術提昇困難

撫順煤礦井下開採的作業區，正逐漸轉入深層挖掘，所產生的瓦斯量隨之顯著增加，甚至曾發生瓦斯爆炸問題，必須設法用大型鼓風機改善通風設備。再者，目前的井下開採方法已達極限，因為採煤機械化的不能進展，故很難再有所突破。而且每一礦工的平均生產效率自 1936 年以來，逐漸低下。從 1936 年的每工平均日產 1.96 公噸，降至 1938 年的 1.39 公噸，1939 年更降到 0.90 公噸，僅為 1936 年的 46%而已。

2. 勞力供給不足

生產效率的低降與熟練工的不足息息相關，由於當時滿洲各種產業的發展，撫順煤礦本身生產作業的擴大，和滿洲煤業的增加，因此對勞工的需求明顯增加，使勞力市場供不應求。而撫順礦坑的井下條件惡化，一些熟練工轉移至他廠，因此不但欠缺「下級勞工」階層，並且能長久工作的「傭人」流動率亦高，造成「上級勞工」階層的熟練程度下降，導致產煤量減少。

3. 設備器材無法添置

自 1939 年度以後，未能按照計畫添置新的機械器材，從而延遲了轉入深層開採時

---

[38] 解學詩主編，《滿鐵史資料》，頁 401-406。

的準備巷道作業，而鐵釘、鐵絲之類的物資亦無法如期進貨，甚至在滿洲就可以自給的煤車也不能得到充分的供應，故影響到工作成果。

這種減產的現象似乎越來越嚴重，因為器材和勞動力不足的問題一直無法解決，使井下煤坑的開採深度已達到極限；而撫順露天礦（古城子、楊柏堡、南昌）一向被視為天然的貯煤場，一旦需要即可強制增產，所以九一八事變後撫順煤炭之所以急遽增加，露天礦坑居功不少，但七七事變後完全改觀。大抵言之，撫順煤礦所經營的各礦坑（包括撫順、煙台、蛟河、老頭溝和瓦房店）中，在七七事變以前的 1933-1937 期間，撫順煤約佔總產煤的 96%，外地煤只佔 4%而已，其中露天煤的比重即高達 53%。七七事變後，撫順煤明顯地減產，1942 年度的產量僅為事變前的 73%，而佔總產量的 76%。反之，外地煤的產量卻劇增，1942 年度的產出是七七事變前平均值的 5.18 倍，因此在總產煤量中的比重上昇到 24%。其中，減產最厲害的就是撫順地區的露天礦，自七七事變前的 486 萬公噸，減少到 1938 年度的 408 萬公噸；翌年雖略增，但此後即劇減，1942 年度僅有 301 萬公噸，而為戰前平均值的 62%左右，只佔總產量的 36%而已。[39]

露天礦坑的減產是因為七七事變前過度挖掘的緣故。據當時的調查報告，如果要合理的經營露天礦，則表土、岩石的剝離應與採煤經常保持一定的比例；平衡發展時，一般必須保持在採煤 1 公噸剝離 5-7 立方公尺土砂與頁岩的比例，而此比例由於煤層傾斜的關係，隨著開採範圍的擴大，需要逐年增大。七七事變後，因為戰爭的進展，機器和維修器材進貨困難，人力資源又不足，再加上砂石場運搬土砂與岩石的鐵路列車運行時間的延長等因素，常常延遲剝離作業。造成剝離與採煤不平衡的現象，導致產煤能力的下降。[40]例如 1941 年的剝離量為 1,200 萬立方公尺，僅達成計畫作業的 73%而已，卻產煤 305 萬公噸，為計畫的 105%，[41]而每一公噸煤的剝離為 3.93 立方公尺，相較於計畫中的 5.69 立方公尺，明顯地呈現出採煤面的採煤作業與準備作業不平衡的現象。

進入第二次「滿洲產業開發五年計畫（1942-1946 年）」後，勞動力不足與機械資材添置不易的現象依然無法解決，故一再修改方案，例如第一年度（1942 年）原本計畫撫順煤礦總量（包括撫順和外地煤）為 887 萬公噸，但經考慮撫順煤礦正轉向深部採煤的進展情況，以及其他條件的限制後，制定實際執行的生產 850 萬公噸的

[39] 解學詩主編，《滿鐵史資料》，頁 420 的表 3 和表 4。至於各礦坑之詳細產量數字，可參閱滿鐵，《滿鐵三十年略史》，頁 368-369；財團法人滿鐵會，《南滿洲鐵道株式會社第四次十年史》（東京：龍溪書舍，1986），頁 370-371。

[40] 解學詩主編，《滿鐵史資料》，頁 421。

[41] 解學詩主編，《滿鐵史資料》，頁 408。

計畫。[42]結果達成率為五年計畫的 94%，實際執行計畫的 97%，其中撫順礦區僅完成五年計畫的 89%，煙台和蛟河各為 104%和 131%。[43]這正印證前述撫順煤和外地煤呈現出不同的生產趨勢的說法。

到 1943 年，除了人力與物力的問題仍舊無法解決外，撫順礦區又面臨傳染病（霍亂）的侵襲，煙台礦區則發生瓦斯爆炸的災難，故都不得不減產，兩礦區分別達成計畫目標的 77%和 99%。相形之下，蛟河礦區卻能超越計畫所規定的產出量，完成率為 134%。但由於撫順煤的嚴重減少，而計畫又不切實際地增加到 920 萬公噸，[44]故總產量（750 萬公噸）只有預計目標的 81.5%而已。

此後每況愈下，雖然滿鐵總裁小日山直登在視察撫順煤礦時，召開煤礦作業討論會，建議：鑒於戰局吃緊，必須將加強時間觀念貫徹到每一基層從業人員，實行嚴格的作業時間制，以提高效率。而且規定日本籍從業員以身作則，率先下井，並加強對滿洲人從業員的「為國奉公」觀念的教化。[45]但人力的工作負擔量畢竟有限，再加上原有的客觀條件（資材不足、通風不良、瓦斯量增加等）的惡化，故 1944 年度的實際產量（634 萬公噸）只是計畫（965 萬公噸）的 65.7%而已。其中撫順礦區的達成計畫率僅 60%，煙台和蛟河礦區各為 77%和 90%。[46]

由此亦可見第二次「滿洲產業開發五年計畫」的過度樂觀性。因為在第一年度即未達到目標，而卻仍計畫往後每年增產 4%-5%。礦業本是一投資報酬遞減的產業，何況早在 1938 年已有報告，謂由於採煤工人不足、採購器材困難、熟練監工者減少等因時局所造成的因素，而只完成滿洲產業開發五年計畫中，該年度撫順煤礦的責任產量的 93%。[47]但在制定第二次滿洲產業開發五年計畫時，依然無視於苛酷的不利於增產的現實條件，以致於第一年度（1942 年）的預期產量（887 萬公噸）仍比第一次「滿洲產業開發五年計畫」第五年度（1941 年）的實際成果（671 萬公噸）多 216 萬公噸，增加幅度高達 32%強。再者，縱然 1942 年的實際產出（833 萬公噸）是達成了計畫目標的 94%，但此後預期產量雖增加，實績則遞減，撫順煤礦終於在生產線凋落不振的情況下面臨終戰的命運。

---

[42] 解學詩主編，《滿鐵史資料》，頁 417。

[43] 解學詩主編，《滿鐵史資料》，頁 423。老頭溝礦區為 76%，瓦房店礦區則有 85%。

[44] 解學詩主編，《滿鐵史資料》，頁 419、423。老頭溝礦區亦增產，達成預計目標的 80%。

[45] 解學詩主編，《滿鐵史資料》，頁 422。原檔案為撫順礦務局所藏，編號 8-386，石炭一般，第 52 號。

[46] 解學詩主編，《滿鐵史資料》，頁 423。老頭溝礦區甚至只達成 58%的計畫目標。

[47] 解學詩主編，《滿鐵史資料》，頁 399-400。原檔案為撫順礦務局所藏，編號 8-5，第 55 號，頁 1-2。

再者，如表 2 和圖 2 所示，此時期由於東北當地重工業的發展，亟需燃料煤，所以撫順煤的內銷量逐年劇增，其在總銷量中的比重一直超過外銷量，並且差距越來越大。而表 3 和圖 3 則顯示出外銷市場的變化，亦即撫順煤主要被輸往日本，流入朝鮮者亦增加，但出口到中國的顯著減少。此現象意味著在經濟統制體制下，撫順煤礦的經營帶著為戰爭服務的色彩。

四、滿鐵經營撫順煤礦的利潤

那麼，作為「日本在華企業」的撫順煤礦，到底在滿鐵的全部營業利潤中，所佔的比重有多大呢？大抵而言，滿鐵所經營的事業包括鐵路、礦業、港灣、電氣、瓦斯、船舶、旅館和地方建設，自 1907 年至 1916 年，總利潤為 5,510 萬日圓，其中鐵路部門的收益雖高達 11,638 萬日圓，[48]礦業利潤亦有 1,668 萬日圓（見表 4 和圖 4、圖 5，當時談不上製鐵業，故皆為煤業之利）之多，但因為船舶、旅館和地方建設等部門虧損，又必須支付公司債的利息，[49]所以總利潤未及鐵路部門收益之半。

到 1917-1920 年間，鐵路部門依然是滿鐵的最大收益來源，如表 4 和圖 4、圖 5 所示，其利潤逐年增加，自 1917 年的 2,360 萬日圓增到 1920 年的 4,856 萬日圓。而礦業部門的成長更加迅速，1920 年為 1,137 萬日圓，是 1917 年的 2.13 倍。再者，因為鞍山鐵礦、旅館業和地方建設的赤字營業，所以滿鐵總利潤仍不及鐵路和礦業部門利潤的總和，不過 1920 年度已比 1917 年增加 83.5%，而 1917-1920 年四年間的總利潤是 1907-1916 年草創期十年間總利潤的 1.6 倍。此時期礦業部門的利潤是草創期的 2.2 倍多，鐵路部門則為 1.2 倍弱，換言之，礦業部門的成長速度超越了包括鐵路業在內的滿鐵所經營的其他各項事業，而礦業部門的重心就是撫順煤礦。

在出口導向成長期，由於銷售市場多元化，滿鐵經營礦業的利潤成長頗速。表 4 和圖 4、圖 5 顯示出，此時期礦業利潤達 8,991 萬多日圓，若不論受世界經濟大恐慌和日本「昭和恐慌」[50]所波及的 1930 年和 1931 年，則 1920 年代年平均利潤有 979 萬日圓左右。當時營業收益的兩大支柱依舊是鐵路和礦業。1930 年礦業部門的收益僅為前一年的 14.8%弱，鐵路部門卻達 78.2%，1931 年的情形大致相同，所以就總營業利潤而言，鐵路部門顯得更加重要。至於獲利率，此時期的鐵路部門不但收入多，支出亦不

[48] 南滿洲鐵道株式會社，《滿鐵十年史》，頁 936-938。

[49] 南滿洲鐵道株式會社，《滿鐵十年史》，頁 936-943。關於滿鐵各事業部門的收益問題，擬另稿專論。

[50] 昭和恐慌始於 1929 年秋，當時日本政府宣告，即將實施金本位制，中止黃金輸出的禁令，並提倡愛用國貨和節約消費，以圖減少國內需求和輸入，結果造成物價劇跌。見中村隆英、尾高煌之助編，《二重構造》，頁 50-55。

斷減少，因此大約維持在 27%左右。[51]由於礦業產品煤炭的運輸大多依賴鐵路，故可以說礦業投資亦對鐵路部門的收益有所貢獻。1920 年代礦業部門的收入和支出均不斷增加，此時期營業利潤僅及鐵路部門的 13.7%左右，1930 年甚至只有 3%。獲利率約為 5%，是 1927-1929 年的一半，遠低於鐵路部門。[52]

再進一步分析此時期滿鐵的礦業投資佔總投資額的比重。1920-1930 年度間，投資總額達到 37,271 萬日圓，其中礦業部門僅佔 8%（2,974 萬日圓），遠低於 1910 年代的 23.9%，而鐵路部門仍高居第一位，比重達 35.4%（13,211 萬日圓），港灣則為第二位，比重也達 14.2%。礦業部門的降低主要是由於滿鐵對勢力範圍內的地方建設投資大幅增加，比重由 1910 年代的 7%躍昇到 1920 年代的 40.3%（15,031 萬日圓），甚至凌駕了鐵路部門，[53]這些投資主要是用在市街地的取得、規劃、水源地的整頓以及醫院和學校的建設方面。[54]這或許象徵滿鐵公司經營的多角化，也或許反映出日本帝國主義在東北的進展，因為這些投資都是滿鐵做為「殖民地國策公司」所必須達成的任務。基於同樣的「神聖」使命，滿鐵以出口導向的策略來經營撫順煤礦，使之填補「日本煤業帝國」結構中的空隙。

九一八事變以後滿鐵的營業利潤有些許變化。1931 年度的鐵路部門收入佔滿鐵總收入的 50%，煤礦收入則為 32.8%。此後鐵路與礦業收入所佔的比重雖然呈現出逐漸下降的趨勢，但絕對數額並未減少。這是由於其他部門的經營（如港灣）以九一八事變為轉捩點，營業成績好轉的關係，因此鐵路與礦業收入的比重相對地降低。到 1937 年度，鐵路收入為滿鐵總收入的 42.5%，其支出只佔滿鐵總支出的 21.8%，因此純利潤高達 8,971 萬日圓，[55]是 1931 年度的 1.86 倍多，同時，礦業部門純利亦有 1,051 萬日圓，是 1931 年度的 618 倍（不過，該年的低利潤應屬例外），但仍低於 1929 年的 1,228 萬日圓。1938 年的鐵路與礦業部門的利潤比為 83:17，此後鐵路部門的利潤每年激增；煤礦部門的收入雖有增加，但由於擴張製油事業的設施、煤炭液化事業和製鐵事業等相關垂直產業的支出逐年增加，所以礦業部門全體相對於鐵路部門的利潤比例明顯低降，例如 1941 年度的礦業利潤只有鐵路利潤的十分之一而已，1944 年的鐵路與礦業

---

[51] 金子文夫，《近代日本における對滿州投資の研究》，頁 395，表 8-11。

[52] 金子文夫，《近代日本における對滿州投資の研究》，頁 395。又，1907-1919 年的獲利率，鐵路部門平均為 16.2%，礦山部門為 4.8%，見頁 232，表 5-9。

[53] 金子文夫，《近代日本における對滿州投資の研究》，頁 381，表 8-5。

[54] 金子文夫，《近代日本における對滿州投資の研究》，頁 390。其中市街地建設（包括用地取得）76.4%，醫院為 8.1%，學校有 7.3%。

[55] 解學詩主編，《滿鐵史資料》，頁 453-455。

部門的利潤比例則變為 94:6。[56]這固然是由於時局緊迫的緣故，也可看出為實行充分供給燃料資源的「國策」，礦業部門付出了極大的代價。

其實，由於礦業產品煤炭的運輸大多依賴鐵路，故撫順煤礦亦對滿鐵的鐵路部門的收益有所貢獻。在鐵路的貨物運輸量中，大宗的物品有農產品（包括大豆）和煤炭，隨著東北各地重工業的飛躍發展，煤炭需求量大增，非利用鐵路運輸不可，所以煤炭運輸量自 1933 年以後逐增，在 1936 年度的貨物總運輸量中，煤炭佔 37%的比例，農產品為 17%，木材的比重為 6%，鋼鐵及其製品亦佔 10%左右。[57]此後由於戰爭的擴大，大豆無法外銷，自產地至港口的運輸量大減，並且滿洲國強化農產品和穀物的配給統制，故市場流通量減少。

反之，由於滿洲工業的持續成長，使燃料煤需求擴大，甚至出現「煤炭飢饉」的狀況，於是煤炭的增產增運似乎成為至高無上的命令。滿鐵亦於 1941 年 3 月分別在吉林、牡丹江和錦州等地召集所屬鐵路總局、撫順煤礦、日滿商事（1936 年成立的專門經營撫順煤內銷的公司）三機關，舉行煤炭出貨懇談會，極力推進煤炭的增運。[58]另一方面，軍用貨物的運輸量之增亦非常醒目，在總運輸量中的比重自 1937 年的 13.9%，提高到 1941 年的 34.5%。[59]

至於運費收入的結構方面，由於推進煤炭增產增銷，所以自 1937 年 5 月 1 日開始大幅度降低煤炭和其他礦產之運費（採用遠距離遞減策略），[60]因此 1936 年的煤炭運輸收入在鐵路運費總收入中的比重雖為 25%，[61]但翌年礦產品（包括煤炭）的收入比例卻只有 20%，1941 年略降到 19.1%。而軍用貨物的比重則自 1937 年的 2.1%，上昇至 1941 年的 14.2%。[62]

此處所指的煤炭，除了滿鐵系統煤炭外，尚有滿洲炭鑛株式會社（1934 年成立）所轄煤炭和本溪湖煤等，不過以撫順煤為主的滿鐵系統煤炭的運輸收入，大致是煤炭運費總收入的 80%左右。[63]如再考慮經營撫順煤礦本身所得到的利潤，以及燃料供給的重要性，則更可以認識到煤礦經營對鐵路部門的貢獻。

---

[56] 財團法人滿鐵會，《南滿洲鐵道株式會社第四次十年史》，頁 406-407。

[57] 財團法人滿鐵會，《南滿洲鐵道株式會社第四次十年史》，頁 208。

[58] 財團法人滿鐵會，《南滿洲鐵道株式會社第四次十年史》，頁 206-207。

[59] 財團法人滿鐵會，《南滿洲鐵道株式會社第四次十年史》，頁 208。

[60] 財團法人滿鐵會，《南滿洲鐵道株式會社第四次十年史》，頁 218-219。

[61] 解學詩主編，《滿鐵史資料》，頁 459。

[62] 財團法人滿鐵會，《南滿洲鐵道株式會社第四次十年史》，頁 208。

[63] 解學詩主編，《滿鐵史資料》，頁 459。

表 4　滿鐵營業利潤表（1907-1944）

單位：千日圓

年度	總利潤	鐵路		礦業		港灣	
		金額	%	金額	%	金額	%
1907	2,017	3,667	181.80	572	28.36	12	0.59
1908	2,114	7,376	348.91	1,043	49.34	174	8.23
1909	5,772	9,198	159.36	1,246	21.59	247	4.28
1910	3,708	9,129	246.20	1,668	44.98	132	3.56
1911	3,667	10,618	289.56	2,178	59.39	120	3.27
1912	4,926	12,061	244.84	1,847	37.49	216	4.38
1913	7,167	14,361	200.38	1,800	25.12	216	3.01
1914	7,541	14,871	197.20	2,224	29.49	306	4.06
1915	8,080	15,358	190.07	2,015	24.94	333	4.12
1916	10,108	19,379	191.72	2,084	20.62	315	3.12
1917	14,926	23,599	158.11	5,330	35.71	268	1.8
1918	22,193	27,955	125.96	7,122	32.09	-103	-0.46
1919	24,375	36,532	149.87	13,478	55.29	-1,357	-5.57
1920	27,392	48,557	177.27	11,374	41.52	109	0.4
1921	31,386	45,031	143.47	5,561	17.72	1,485	4.73
1922	35,080	53,644	152.92	10,584	30.17	2,180	6.21
1923	34,796	56,482	162.32	12,452	35.79	1,628	4.68
1924	34,553	56,008	162.09	11,744	33.99	1,469	4.25
1925	34,865	58,595	168.06	9,028	25.89	1,186	3.4
1926	—	—	—	5129	—	—	—
1927	36,274	68,008	187.48	9,748	26.87	970	2.67
1928	42,553	74,281	174.56	11,603	27.27	2,462	5.79
1929	45,506	74,890	164.57	12,275	26.97	3,557	7.82
1930	21,673	58,562	270.21	1,813	8.37	1,821	8.4
1931	12,599	48,185	382.45	17	0.13	1,289	10.23
1932	61,288	65,051	106.14	128	0.21	3,039	4.96
1933	42,921	75,766	176.52	5,016	11.69	3,217	7.5
1934	46,467	73,244	157.63	10,392	22.36	3,580	7.7
1935	49,624	84,030	169.33	12,714	25.62	4,911	9.9
1936	50,174	—	—	—	—	—	—
1937	73,929	89,713	121.35	10,505	14.21	4,951	6.7
1938	72,875	97,117	133.27	16,579	22.75	5,895	8.09
1939	77,848	105,922	136.06	11,260	14.46	2,943	3.78
1940	76,711	144,945	188.95	13,487	17.58	1,670	2.18
1941	72,131	150,589	208.77	14,022	19.44	1,364	1.89
1942	84,888	199,261	234.73	14,393	16.96	-44	-0.05
1943	92,957	229,636	247.03	5,822	6.26	-6,244	-6.72
1944	113,799	298,236	262.07	-12,445	-10.94	-11,411	-10.03
總計	1,388,883	2,459,857	177.11	245,808	17.70	32,906	2.37

資料來源：

1. 南滿洲鐵道株式會社，《南滿洲鐵道株式會社二十年略史》（大連：滿鐵，昭和 2 年，1927），頁 102-104、150-151、362-363。
2. 南滿洲鐵道株式會社，《南滿洲鐵道株式會社三十年略史》（東京：原書房，1981），頁 714-720。
3. 財團法人滿鐵會，《南滿洲鐵道株式會社第四次十年史》（東京：龍溪書舍，昭和 61 年，1986），頁 567-568。

註：

1. 1926 年只有礦業部門上半期的資料，而 1936 年沒有各部門的資料。
2. 由於滿鐵經營的事業頗多，亦有虧損者（例如製鐵、旅館、地方建設），又必須支付公司債的利息，因此表中的總利潤金額小於鐵路部門的金額。

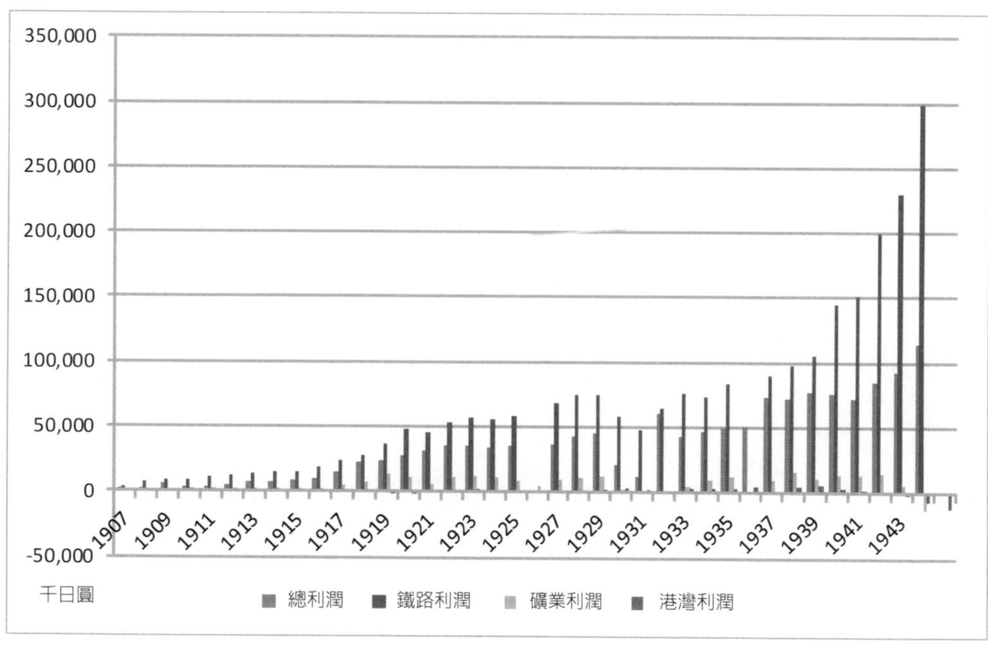

圖 4　滿鐵營業利潤變化圖（1907-1944）

資料來源：表 4。

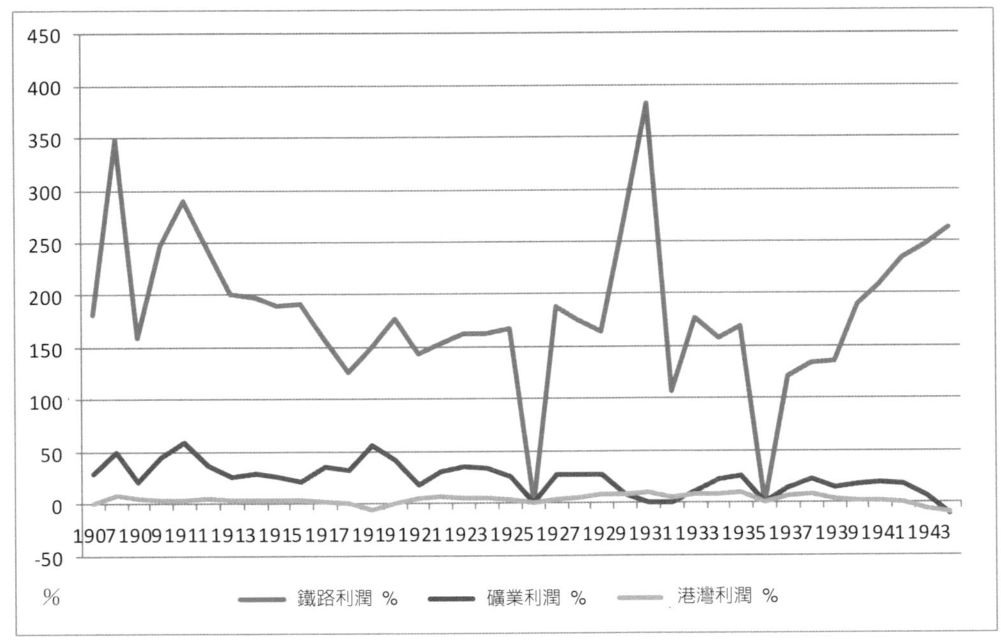

圖 5　滿鐵營業利潤百分比變化圖（1907-1944）

資料來源：表 4。

結論

撫順煤礦的發展可說是日本對華直接經濟性投資的典型，並且是由具「國策」性質的滿鐵所經營。其發展過程除了內在的因素外，和當時東北的大經濟環境有關，更與日本經濟及其政策相關，當時世界情勢的變化亦對此礦業發生影響。到 1920 年代，隨著日本工業發展和煤炭需求的增加，撫順煤礦迅速成為日本進口煤的主要來源，但日本為了保護本國業者，限制撫順煤的進口量。於是撫順煤轉而開拓中國關內和東南亞市場。但是，進入 1930 年代以後，由於政治環境的變化，該煤礦在東北經濟統制體制下，扮演一個舉足輕重的角色，供應當地因發展重工業所需的燃料資源。

再者，撫順煤礦提供燃料和原料焦煤給滿鐵經營的鞍山鐵礦，而鞍山鐵礦生產的生鐵和鐵礦石正是當時日本鋼鐵業發展所不可或缺。換言之，二十世紀初期以來，隨著滿鐵在東北的投資網之擴大，當地與日本的經濟關係亦開始改變，原本東北只是日本糧食和肥料的供給地，逐漸成為供應資源（煤）和重工業原料（生鐵）給日本的補給站，也成為當地能夠「自力更生」的重要關鍵。此經濟關係改變的最主要因素之一就是撫順煤炭的生產和對日本輸出的增加。

為了達成此一轉變，滿鐵當局曾花費心血，引進新技術和設備，使此原本根基於中國傳統的礦業，能在不斷的嘗試錯誤中成長。滿鐵還投資新市街、宿舍和醫院等的建設，吸收大量人口的流入，[64]改變了當地的生態環境，使撫順成為頗具規模的「煤都」，為東北工業化提供重要的動力。而且撫順煤礦對滿鐵在東北的經營有極大的貢獻。大抵而言，二十世紀初期以來，滿鐵所經營的事業包括鐵路、礦業、港灣、電氣、瓦斯、船舶、旅館和地方建設等部門，其中船舶、旅館和地方建設等大多呈現虧損的現象，以撫順煤礦為主的礦業部門，卻一直是僅次於鐵路部門的營利事業，成為滿鐵收益的兩大支柱。就此意義而言，雖然影響撫順煤礦的發展因素因各時期而不同，其經營理念亦深受當局所左右，但卻顯現出做為一企業的發展連續性。

[64] 1909 年 3 月撫順煤礦約有各種勞工 2,674 名，1921 年 1 月有 12,584 人，主要來自直隸、山東和東三省其它各地，間有少數原籍熱河、江蘇、山西和河南省者。見南滿洲鐵道株式會社撫順炭坑編纂，《撫順炭坑》，頁 226、246；虞和寅，《奉天撫順煤礦報告》，頁 146-148。

徵引書目

一、史料

1. 《三井物產會社取締役會議錄》，第 2 號（1910 年），財團法人三井文庫藏，編號物產 2010，。
2. 《三井物產會社取締役會議錄》，第 10 號（1914 年），財團法人三井文庫藏，編號物產 184。
3. 《三井物產會社取締役會議錄》，第 11 號（1915 年），財團法人三井文庫藏，編號物產 185。
4. 《三井物產會社取締役決議錄》，第 536 號（1925 年），財團法人三井文庫藏，編號物產 2013。
5. 《第 5 回支店長會議議事錄》（1917 年），財團法人三井文庫藏，編號物產 198-5。
6. 《第 7 回支店長會議議事錄》（1919 年），財團法人三井文庫藏，編號物產 198-7。
7. 〈長春洮南熱河鐵道敷設計畫ニ關シ意見上申の件〉，機密第 290 號（1913 年 8 月 13 日），檔案編號 585，收於外務省編纂，《日本外交文書》，大正 2 年第 2 冊，東京：外務省，1964。

二、年報及調查資料

1. 〈撫順煤礦歷年產銷數量及營業之變遷〉，《礦業週報》，號 326，1935 年 3 月，頁 221-223。
2. 《撫順炭礦統計年報》，昭和十七年版，1942。
3. 《撫順炭礦統計年報》，昭和十八年版，1943。
4. 丁文江、翁文灝，《中國礦業紀要》，北京：農商部地質調查所，1921。
5. 白家駒，《第七次中國礦業紀要》，重慶：經濟部地質調查所，1945。
6. 侯德封，《第三次中國礦業紀要》，北平：農礦部地質調查所，1929。
7. 侯德封，《第五次中國礦業紀要》，北平：實業部地質調查所，1935。
8. 侯德封，《第四次中國礦業紀要》，北平：實業部地質調查所，1932。
9. 堀亮三，〈用途別需要より觀たる滿洲石炭の過去、現在及將來（一）〉，《滿鐵調查月報》，卷 15 號 5，1935 年 5 月。
10. 虞和寅，《奉天撫順煤礦報告》，北京：農商部礦政司，1926。
11. 謝家榮，《第二次中國礦業紀要》，北京：農商部地質調查所，1924。

三、專著

1. 大藏省管理局，《日本人の海外活動に關する歷史的調查》，東京：大藏省，1950。
2. 中村隆英、尾高煌之助編，《二重構造》，東京：岩波書店，1989。
3. 中國近代煤礦史編寫組，《中國近代煤礦史》，北京：煤炭工業出版社，1990。
4. 孔經緯，《東北經濟史》，成都：四川人民出版社，1986。
5. 杜恂誠，《日本在舊中國的投資》，上海：上海社會科學院出版社，1986。
6. 東亞研究所編，《日本の對支投資》，東京：東亞研究所，1942。
7. 金子文夫，《近代日本における對滿州投資の研究》，東京：近藤出版社，1991。
8. 南滿洲鐵道株式會社，《南滿洲鐵道株式會社二十年略史》，大連：南滿洲鐵道株式會社，1927。
9. 南滿洲鐵道株式會社，《南滿洲鐵道株式會社十年史》，大連：滿洲日日新聞社，1919。

10. 南滿洲鐵道株式會社，《南滿洲鐵道株式會社三十年略史》，東京：原書房，1981。
11. 南滿洲鐵道株式會社撫順炭坑編，《撫順炭坑》，大連：南滿洲鐵道株式會社，1909。
12. 財團法人三井文庫編，《三井事業史》，卷 3，東京：三井文庫，1980。
13. 財團法人東亞經濟調查局編，《本邦を中心とせる石炭需給》，東京：東亞經濟調查局，1933。
14. 財團法人滿鐵會，《南滿洲鐵道株式會社第四次十年史》，東京：龍溪書舍，1986。
15. 隅谷三喜男，《日本石炭產業分析》，東京：岩波書店，1968。
16. 解學詩主編，《滿鐵史資料》，卷 4，北京：中華書局，1987。
17. 橋本壽朗、武田晴人，《日本經濟の發展と企業集團》，東京：東京大學出版會，1992。
18. Bain, H. Foster. *Ores and Industry in the Far East.* New York: Council of Foreign Relations, 1933.
19. Remer, C. F. *Foreign Investments in China*. New York: The Macmillan Co., 1933.

四、論文

1. 春日豐，〈一九一〇年代における三井礦山の展開〉，《三井文庫論叢》，號 12，東京：財團法人三井文庫，1978，頁 85-178。
2. 全漢昇，〈山西煤礦資源與近代中國工業化的關係〉，收於全漢昇，《中國經濟史論叢》，冊 2，香港：新亞研究所，1972，頁 745-766。
3. 陳慈玉，〈顏國年與中日台煤礦業合作的構想，1924-1930〉，《近代中國歷史人物集》，臺北：中央研究院近代史研究所，1993，頁 833-871。
4. 蔡謙，〈日煤與中國煤的供給〉，《社會科學雜誌》，卷 4 期 4，1933 年 12 月，頁 451-479。
5. Usher, Abbott Payson. "The Resource Requirements of an Industrial Economy." *The Journal of Economic History*, Supplement VII (1947), pp. 35-46.

建設工程國家
——「中美工程師協會」在中國，1919-1941

吳翎君

一、前言

近年來關於近代中國工程建設的研究愈來愈受到關注，不少學者從國家治理、工程師專業化，以及技術專家對形塑現代國家的作用等視角提出有意義的見解，其中較具代表的當屬 David A. Pietz 所著關於 17 世紀中葉以後二百年來的黃河水利治理和民國時期淮河治理（1927-1937）的兩本學術專書。[1]關於南京政府時期的工程建設則有 William Kirby 研究經濟資源委員會和國聯技術顧問的技術合作對重建南京新政府的工業生產戰略和建設目標的作用，並提出南京政府時期工程專家的形成如何影響戰後台海兩岸工業建設方針的宏觀解釋。[2]新近亦有學者從港際工程的技術個案考察或從近代工程學科的專業化和學科社群的建立，以此省視近代中國與世界的聯結脈絡。[3]這些研究的共同點均呈現近代工程學與工程師個人／群體在中國邁向現代國家過程中在經濟

---

[1] David A. *Pietz, Engineering the State: The Huai River and Reconstruction in Nationalist China, 1927-1937* (*New York and London*: *Routledge,* 2002). David A. *Pietz, The Yellow River: The Problem of Water in Modern China (Harvard University Press, 2014).* Pierre-Etienne Will, *Bureaucracy and Famine in Eighteenth-Century China* (Stanford University Press, 1990) and *Nourish the People: The State Civilian Granary System in China, 1650-1850* (University of Michigan Center for Chinese Studies, 1991).

[2] William C. Kirby, "Joint Ventures, Technology Transfer and Technocratic Organization in Nationalist China," *Republican China* 12, no. 2 (April 1987). Kirby, William C. "Engineering China: Birth of the Developmental State, 1928-37," in Wen-hsin Yeh ed. *Becoming Chinese* (Berkeley: University of California Press, 2000). pp. 137-160. William C. Kirby, "Engineers and the State in Modern China," in William P. Alford, William Kirby and Kenneth Winston, eds. *Prospects for the Professions in China* (Routledge Studies on Civil Society in Asia. London: Routledge, 2010), pp. 283-313.

[3] Shellen Wu, *Empires of Coal: Fueling China's Entry into the Modern World Order, 1860-1920* (Stanford University Press, 2015) 考察十九世紀以來近代地質學家以及採礦學和近代工程學科的建立。朱瑪瓏，〈「港際」工程：1875 年來自日本的兩位荷蘭水利工程師對上海吳淞內沙的調查〉，《中研院近史所集刊》，90 期（2015:12），頁 55-93. Shirley Ye, "Business, Water, and the Global City: Germany, Europe, and China, 1820-1950," PhD thesis, Harvard University, 2013.房正，《近代工程師群體的民間領袖——中國工程師學會研究，1912-1950》（北京：經濟日報出版社，2014）。

建設、工業生產、人才培育、學科奠基和國家治理等層面的相互推波，並以此為考察切點的跨領域研究。

1919 年「中美工程師協會」（The Association of Chinese and American Engineers）於北京成立，為中美兩國工程師所組成的友好組織。創建之初受到中美兩國政府的支持，榮譽會員含括北京政府交通部官員和美國駐華公使，而其主要會員則投身於中國的公共工程建設，如鐵路、公路、水利、礦務和電報等，亦有少數大學教授參與，此一組織堪稱一次大戰後中美兩國工程師精英的跨國合作，並為 1920 年代以後的中國國家建設做出重要貢獻。該協會有出版英文刊物《中美工程師協會月刊》（*Journal Association of Chinese and American Engineers*），完整保存於北京國家圖書館和美國密西根大學（University of Michigan），然而過去並未有具體的研究成果。本文以中美工程師協會的發展為主軸，探討這群技術專家如何與中國政府合力推動中國工業化建設，引介工程知識和開創建設思路，並分析其對中美兩國和走向世界的聯結作用。過去研究早期外人在華職業群體，以傳教士、外交官、法律專家或政府顧問（政治、軍事和經濟顧問）等議題，受到的關注較多。相對而言，關於外籍工程師在華活動的相關研究，不論中西學界而言，受到的關注較少；如有，則仍以個別工程師的研究居多，關於外人在華工程師的群體組織及其活動，並未受到重視。

二、一次大戰後中美友好的技術知識群體

1914 年 8 月歐洲大戰方酣之際，15 日巴拿馬運河通航，當時美國尚未參戰，急欲向世界各國展示美國在科技和工藝上的優異領先地位。次年 9 月 20-25 日，第一屆國際工程師大會（First International Engineering Congress）在舊金山由美國公共工程師學會（American Society of Civil Engineers）等機構盛大舉辦，這次會議以慶祝巴拿馬運河的通航象徵國際各國工程師的通力合作為號召，而事實上係向全球宣告美國工程界和國家團隊的勝利時刻。[4]從 2 月 22 至 12 月 4 日，美國以持續十個月之久的時間在舊金山舉辦巴拿馬太平洋萬國博覽會（Panama Pacific International Exposition），希望藉由此一占地 635 英畝匯聚各國工藝參展的賽會活動，向各國展示主辦城市從 1906 大地震廢墟中重生的嶄新都會面貌，並且通過各式宏偉的現代化建築和先進工藝器械的展演，

4 International Engineering Congress, *Transactions of the International Engineering Congress,* San Francisco, California. Sep. 20-25, 1915.

證明美國已是傲踞全球的工業科技強國。[5]當時中國實業界在農商部籌辦下組團參加，由陳琪出任巴拿馬賽會事務局局長，這次活動不僅為拓展中國對外貿易並與世界交流，也為增加中美之間商業網絡和技術交流的機遇。[6]而就在巴拿馬運河竣工之後，原擔任巴拿馬運河管理局的（Panama Canal board）賽伯特上校（William Luther Sibert, 1860-1935）通過紅十會的居中牽線，則是參與了整治中國大運河和導淮工程。[7]在此一脈絡之下，「中美工程師協會」的創建及其宗旨，可說是賦予美國政府一種引領中國走向美國所打造的工業技術帝國的想像和使命感。

一次大戰後「中美工程師協會」的出現，除了體現中美兩國在知識文化上的合作意義之外，也顯現歸國留美學人對建立具有近代意義的知識社群之作用。如同任鴻雋於 1916 年「中國科學社」的致詞稱知識社群對於傳播近代西方科學方法的重要性：「譬如外國有好花，為吾國所未有。吾人欲享用此花，斷非一枝一葉搬運回國所能為力，必得其花之種子及其種植之法而後可。今留學生所學彼此不同，如不組織團體互相印證，則與一枝一葉運回國中無異；如此則科學精神，科學方法，均無移植之望，而吾人所希望之知識界革命，必成虛愿」。[8]不少留美學人認為美國是應用科學技術致富的典型，中國土地形勢和物產豐饒又與美國最為相近，是故中國應以美國為模本：「以商立國者英國是也，以工程實業建國者美國是也……美國賴以發達其天然之富有，工藝工程也。故工藝之巧，工程之精，各國中當推美國為第一」[9]。成立於一次大戰之後的「中美工程師協會」，正如創建「中國科學社」的知識精英所持的理想抱負，欲藉由學術性社團的推動，將理念轉化為行動，彙聚知識與實務，並且通過中美兩國政府層次上的合作意義，更加發揮此一具有近代意義的工程師社團對國家建設的力量。

---

5 Sarah J. Moore, *Empire on Display: San Francisco's Panama-Pacific International Exposition of 1915* (Norman, OK: University of Oklahoma Press, 2013).

6 梁碧瑩，〈民初中國實業界赴美的一次經濟活動——中國與巴拿馬太平洋萬國博覽會〉，收入：顧雲深、石源華、金光耀主編，《鑒往知來：百年來中美經濟關係的回顧與前瞻》（上海：復旦大學出版社，1999），頁 323-344。謝輝，林芳，《陳琪與近代中國博覽會事業》（北京：國家圖書館出版社，2009），頁 132。

7 芮恩施（Paul S. Reinsch）著，李抱宏、盛震溯譯，《一個美國外交官使華記》（北京：商務印書館，1982），頁 82。Karen Lynn Brewer, "From Philanthropy to Reform: the American Red Cross in China, 1906-1931," Ph. D. Thesis, Case Western Reserve University, 1983, pp.177-179.

8 〈常年會紀事〉，為 1916 年「中國科學社」之社務會議記事，《科學》第 3 卷第 1 期（1917 年 1 月），頁 72。關於「中國科學社」的創建歷史，詳見：張劍，《科學社團在近代中國的命運——以中國科學社為中心》（濟南：山東教育出版社，2005）。

9 朱庭祺，〈美國留學界〉，留美學生會編，《庚戌年留美學生年報》（1911 年 6 月）。頁 11-12。

1. 成立宗旨與會務

「中美工程師協會」於 1919 年 11 月 22 日在北京成立，其宗旨有：一、促進工程學的知識與實務經驗。二、維繫工程師專業水平，培養同儕合作精神，樹立工程專業規範。三、為中國正開展的工程建設所遭遇的問題尋求可行之解決方案。次年 9 月發行機關報《中美工程師協會月刊》，榮譽主席前內閣總理熊希齡於創刊序言強調留美學生對中國工程界的貢獻，以及美國工程師出任北京政府公共工程顧問及承擔各項工程要職，顯現中美友好之情誼。他提到「工程師」(engineer) 與中國傳統「工匠」(artisan) 有所不同，前者是伴隨著近代工業革命以後工程學的誕生所形成的一個知識創新與技術勞動的職業群體；中國缺乏近代工業革命後的工程專業技術人員，封閉的中國必須與世界接軌，而中美工程師協會的成立適逢世界經歷重大國際衝突後的重建工作，中美工程師的相互扶持和鼓勵，揭示了中國知識份子寄望戰後「新中國」黎明的到來。[10]

「中美工程師協會」成立之初，會員約百人。創會後的慣例是現任交通部和現任美國公使為固定榮譽會員。1920 年有榮譽會員 7 名，這 7 名榮譽會員中中國人 4 名，美國人 3 名，有前內閣總理熊希齡、駐華公使柯蘭 (Charles R. Crane, 1858-1939)、交通總長葉恭綽、美國廣益投資公司 (A.I.C.) 副總裁亨利 (Philip W. Henry, 1864-1947)、大運河疏浚局副總裁兼全國水利局副總裁（署理總裁）潘復、美國著名河工專家費禮門 (John R. Freeman, 1855-1932)、中國交通部鐵路技司主席沈琪（慕韓）。[11]次年美籍榮譽會員增加一名，亦即以建造美國大北鐵路（The Great Northern Railway）和擔任巴拿馬運河首席工程師 (1905-1907 年) 享譽國際工程界的史蒂文生 (John F. Stevens, 1853-1943)。1922 年美籍榮譽會員增加為 6 名，再加入著名河工專家溫德爾 (John Alexander L. Waddell, 1854-1938，一般縮寫 J.A.L. Waddell) 和新任公使舒爾曼；中國籍榮譽會員 6 名為：熊希齡、葉恭綽、潘復、沈琪、王景春（新任交通總長）和張謇，均具有鐵路交通工程之背景及任職交通部或財經部門之經歷。這些中美人士的榮譽會員延攬了美國駐華前後公使、中國鐵路和水利官員、以及美國最著名的工程界人士，此一黃金隊伍打響該組織的名號，1922 年會員數激增為 239 名會員，[12]1924 年再增加到 270 名會員。[13]

---

[10] Hsiung his-ling, "Introduction", *Journal Association of Chinese and American Engineers* (hereafter cited as *JACAE*), Vol. I, No. 1, Sep. 1920, pp. 1-3.

[11] "List of Members of the association", *JACAE,* Vol.I, No. 1,Sep. 1920, pp. 38-43.

[12] "List of Members of the association", *JACAE,* Vol. III, No. 8,Sep. 1922, pp. 2-9.

[13] "List of Members of the association", *JACAE,* Vol. V, No. 1, Jan. 1924, pp. 4-15. 1924 年的榮譽會員為 13 名，其中 12

在「中美工程師協會」創辦初期，在行政奧援上除了有北京政府交通部的大力支持，駐華時間不長的美國駐華公使柯蘭功不可沒。柯蘭於 1920 年 3 月到 1921 年 7 月初擔任駐華公使，抵華後對推動中國的經濟發展和工業建設不遺餘力，費禮門等重要河工專家均為他大力延攬來華。[14]柯蘭、溫德爾和亨利等三位長期擔任該會的榮譽會員，據 1938 年會員名錄中這三人仍保有此一頭銜。[15]

就在一戰爆發之後，一批留學美國學習工程的青年學生，有感於工業化潮流的必然，而於 1918 年於美國東部組織「中國工程學會」。「中國工程學會」的主要成員為「中國科學社」骨幹，該社係 1914 年由康乃爾大學為主的一批留學生為發起人，首任會長為任鴻雋，而康乃爾大學正是庚款留美學生的大本營，各種知識社團相當蓬勃。[16]「中國工程學會」與「中國科學社」這兩個留美學生組織成員，回國後與「中美工程師協會」的關係密切。「中美工程師協會」在創刊之初便詳加介紹了清華大學校長金邦正——同時也是「中國科學社」發起人於 1920 年 9 月接任清華校長的訊息和照片。[17]康乃爾大學的歸國學人在「中美工程師協會」始終居有重要地位，例如曾於土木工程系進修的孫多鈺於 1923 年任職交通部次長時即出任該「中美工程師協會」會長、[18]工程學博士鄭華於 1936 年出任該協會會長、[19]水利專家李書田 1937 年出任協會會長。[20]

名延續自 1922 年，王景春雖下交通部長職務，但仍擔任榮譽會員，增加的這一名即現任交通部長，但因北京內閣更迭不斷，因此名錄中僅有交通部長頭銜而未出現名字。

14 柯蘭具有廣泛的歐洲和中東遊歷經驗。在 1915 年前是名繼承家業柯蘭公司的成功商人，此後他辭去公司總裁投入自己感興趣的科學與教育事業，曾任麻省 Woods Hole 海洋生物實驗室（Marine Biological Laboratory at Woods Hole）主席，投入土耳其伊士坦丁堡女子教育，並有俄國遊歷經驗。獲威爾遜總統邀請擔任巴黎和會國際委員會中對土耳其問題的美國代表，此後才奉派擔任駐華公使。JACAE, Vol. I, No. 4, Dec. 1920, pp. 1-2.

15 "List of Members of the association", *JACAE,* Vol. XIX, No. 2, Mar.-Apr. 1938, pp. 95-102.溫德爾逝世於 1938 年。

16 胡光麃，《波逐六十年》（臺北：新聞天地社，1976），頁 163-164。據胡光麃所記，1918 年 8 月，在美東的「中國工程學會」與「中國科學社」在康乃爾大學舉行聯合年會，因為一半以上的會員參加兩個學會。關於「中國科學社」的演變和歷史，詳見：張劍，《科學社團在近代中國的命運——以中國科學社為中心》（濟南：山東教育出版社，2005），pp. 1-14。

17 "The President of Tsing Hua College," *JACAE,* Vol.I, No.4, Dec. 1920, pp. 8-9.

18 "Hon. T. C. Sun" *JACAE,* Vol. IV, No. 8, Oct. 1923, 照片夾頁和說明，無頁碼。

19 鄭華於 1917 年取得康乃爾大學工程學博士學位後，曾在麻里蘭和賓州從事鐵路和橋樑工程，於 1919 年回國，進入交通部鐵路司承擔津浦鐵路和山海關橋樑等工事。"PhooHwa Cheng," *JACAE*, Vol. XVII, No. 4, July-Aug.1936. 附照片。

20 "LiShuTien," *JACAE*, Vol. XVIII, No. 3, May-June 1937. 附照片。李書田係康乃爾大學工學學博士，1927 年返回中國後出任順直水利委員會秘書長、北洋大學教授。他於 1928 年後參與中國水利工程學會的成立並任副會長。曾任國立交通大學唐山土木工程學院院長、國立北洋工學院院長，建立了中國最早的水利專業和水利系。1938 年榮任「中美工程師協會」會長。

一批早期留學美國學習工程的學生於 1920 年代陸續返華，成為中國現代化實業建設的先鋒，特別是因工程學背景相近，且可用英語溝通，有不少人加入「中美工程師協會」。就以 1922 年《中美工程師協會月刊》載有的名錄，康乃爾大學留學生就有孫多鈺、施肇祥和楊豹靈，另有曾於哥倫比亞大學深造的淩鴻勛和畢業於麻省理工學院胡光麃（Hu, Kuang-Piao, 1897-1993）等人。[21]1924 年會員名錄有普渡大學（Purdue University）的程孝剛、理海大學（Lehigh University）的顏德慶、北俄亥俄大學（Ohio Northern University）的鄧益光等；[22]這些早期的中國工程界精英，他們和外籍工程師群體組織的關係及其建立的社會人脈網絡，不僅意含著跨國人才的流動、技術的擴張和中西文明的觸媒，亦對彼此的知識觀念和工程技術經驗帶來新的動力。

「中美工程師協會」創刊之初分為榮譽會員、正會員和副會員的階層制度，有資深領導新進人員的意味。發行資料雖完整，但並非每年都刊有會員名冊。從姓名研判華籍工程師人數從創刊開始人數始終勝於美籍工程師。[23]該協會董事會議每月第三星期開會一次，機關刊物年繳 5 美元，單本 50 分美元。1922-1927 年間為該組織人數最多且維持在 250 人左右。1924 年以後，「中美工程師協會」會員擴及不駐地會員（nonresident member / absent），到 1930 年非駐地正會員 28 人中（有一位來自東京，一位神戶，其他都居在美國）。1930 年後會員總數不如創刊初期，總人數快速下滑，到 1931 減到 163 名。1934 年初設立終身會員，共有 29 名終生會員，終生會費為一百美元。[24]為擴充該刊的影響力，1936 年以後不僅有終身會員、不駐地會員，另增加附屬會員（Affiliate member）。1936 年終身會員增加到 38 名，但並沒能重振該會之聲勢，總會員數降到 139 名。[25]受中日戰爭影響，1941 年發行 5-6 雙月號後即未預警停刊。[26]該協會的全盛時期從創立到 1930 年代中期，之後開始式微，原因容後分析。會員人數如附錄一。

---

21 "List of Members of the Association," *JACAE,* Vol.III, No. 8, Sep.1922, pp. 2-9.

22 "List of Members of the Association," *JACAE,* Vol.V, No. 1, Jan.1924, pp.4-15.

23 早期會員名單均為英文姓名，許多華人名字只有簡稱或特殊拼音，較以難得知其正確中文名字。1931 年後的會員名錄始有中英文姓名並列。

24 "Report of Council," *JACAE,* Vol.XV, No.4, July 1934, pp. 3-4.由王景春（C. Y. Wang）出任主席。

25 *JACAE,* Mar.-Apr., 1936, pp. 104-111. 這 38 名終身會員中，從姓名研判華籍應有 31 名，較著名者如鄭華、程孝剛、胡光麃、金濤、李國普、李國鈞、李書田、王金職、淩鴻勛、孫家錄、顏德慶、楊豹靈、等人都是較早入會的會員，一般會員如薛卓斌、薩福鈞、高大剛、施肇祥、徐世大、王正黻、王寵佑等人，也都是工程界的重要人物。

26 北京國家圖書館所收最後一期為 1940 年發行 11-12 月號。密西根大學藏有 1941 年 5-6 月號，卷 22，第 3 號。

圖一　中美工程師會員大會，1921 年 10 月 5 日合影，漢口

「中美工程師協會」創立之初獲得北京政府交通部的財政資助，由 1925 年 11 月公布的年度財務報表（1924 年 10 月 1 日至 1925 年 10 月 31 日）顯現正會員年費收入 1,046 美元，副會員會費 273 美元，不駐地會費收入 101.35 美元，出售刊物所得僅 22 美元，而來自交通部支付的廣告刊登費用就高達 2,000 美元，為該會主要收入。[27]機關刊物《中美工程師協會月刊》最早為月刊，1929 年出刊時間略混亂，該年 9 月才發行第一號，十月至十二月回復正常月刊，1932 年以後改為雙月刊。該刊為英文發行，早期鮮少有華人學者提交專業學術論文，直到 1930 年代華人學者始踴躍發表專業論文。每年年會和研討會則有中美兩方的工程師熱烈加入討論，此外留美學人像梅貽琦、胡適、張維藩等人皆非會員，偶或參加該會活動，可見得該會年會亦為留美學生互相聯誼之聚會。[28]據 1935-38 年「中美工程師協會」的會員名冊，有來自中央和地方各省的

---

[27] "Financial Statement," *JACAE*,Vol.VII, No. 1,Jan.1926, p.41.

[28] 〈科學新聞〉,《科學》第 21 卷，第 6 期，1937 年，頁 485-486。1937 年 4 月 19 日在北平華語學校召開第 17 屆年會有：關祖章、金濤、唐化成、楊豹靈、王子文、丁寅及黃河水利會顧問英人塔德（即陶德 O. J. Told）等 30 餘人參加。共有四位會員宣讀論文，中美學人各占一半，為：金濤〈平綏鐵路修養軌道述要〉、可克（W. E. Cooke）〈過灣風流之阻礙〉、王宛佑〈以種種方法採礦物水油〉和陶德（O. J.Todd）〈工程師之地位〉討論熱烈。會後有參訪製皮廠、玻璃廠、觀嶗山風景和遊頤和園等活動，晚間在歐美同學會聚餐。惟這份資料提到當時該會有永久會員 73 人，正會員 33 人，副會員 34 人。人數與筆者據該協會 1937 年名冊有所出入（見附錄一），應以筆者據協會正式名錄為核，而每人每年交會費 5 元，永久會費一百元，則是相同。

工程師加入該學會，其會員分佈於中國境內，甚至有來自雲南和福建的中國籍會員。[29] 該會設有天津、青島、上海南京等地的通訊員，串聯起中國各地的工程師通報國內與國外最新的工程知識訊息。

2. 中美工程師群體的關係網絡

「中美工程師協會」創立之初即和美國本土工程學會進行跨國聯結，不僅榮譽會員擔任美國各項工程學會要職，《中美工程師協會月刊》也常報導美國本土最具規模的「工程協會」（Association of Engineering Societies）訊息。該學會於 1880 年 12 月 4 日成立於芝加哥，於次年一月起發行刊物，最早由四個工程師團體發起成立，後加入各地工程師分會。[30]《中美工程師協會月刊》創刊第一年 12 月號，就有文章介紹美國「工程協會」的組織，也報導了「美國土木工程師學會」（American Society of Civil Engineers）的歷史，不僅是和美國相關學會的聯繫，更有打開世界知識之窗的作用。[31]

「中美工程師協會」的成員之間有聯誼合作關係，但也不免有衝突。民國初年擔任導淮和運河整治工程的全國水利局總裁兼導淮總裁的張謇，亦是「中美工程師協會」的榮譽會員。張謇對於導淮整治的專業意見與美國河工專家費禮門（兼協會榮譽會員）歧異頗大。[32]費禮門是「美國土木工程師學會」會員長達四十年，曾榮任主席，鼓吹美國應成立國家級的水力實驗室（National Hydraulic Laboratory），發表過不少重要學術論文。費禮門於 1922 年重新設計過的紅十字導淮工程圖，於 1930 年代初為國民政府所選用。1932 年費禮門過世，美國國家科學院有專文表彰其在工程界及工程教育上的貢獻。[33]《中美工程師協會月刊》在 1933 年 1 月刊出費禮門逝世專刊，熊希齡以書法題詞稱費氏在華功蹟如同古代大禹治水，遺愛永垂。費禮門所提攜工程師——陶德（Oliver J. Todd, 1880-1974）以及多位留美華籍會員楊豹靈、鄭泰、薛卓斌發表專文表彰費禮門

---

[29] "List of Members of the Association," *JACAE*, Vol.XIX, No. 2, Mar.-Apr.1938, pp.96-97.林輯西（來自福建州協和建築部），彭炳祿（來自雲南府永固建築廠）。

[30] 發起成立美國「工程協會」的四個團體為：Western Society of Engineers, Civil Engineers' Club of Cleveland, Engineers' Club of St. Louis, Boston Society of Civil Engineers，後擴及全國各地。北京國家圖書館藏有「工程協會」出版的多數官方期刊，收藏的第一本為 1895，係由哈佛大學於 1939 年贈予北京國家圖書館。

[31] "Recent development in the Organization of the Engineering in the United States," *JACAE*, Vol.I, No.4, Dec. 1920, pp. 3-4."American Society of Civil Engineers Meeting," Vol. VI, No. 10, Oct. 1925, *JACAE*, pp. 83-87.

[32] 民國初年張謇在治理導淮工程其間，與美方技術人員頗多合作，亦有所衝突，最早係和詹美森（Charles Davis Jameson, 1855-1927）的嫌隙最大。後來又和費禮門的導淮意見相左。詳見：吳翎君，《美國大企業與近代中國的國際化》（臺北：聯經出版公司，2012），頁 202-205。

[33] Vannevar Bush, "Biographic Memoir of John Ripley Freeman, 1855-1932", *JACAE*, Vol.XIV, No. 1, Jan. 1933, pp.171-187.

在工程學上的創見和貢獻。[34]駐華公使柯蘭特撰「費禮門為中國做了什麼？」(What John R. Freeman did for China）表彰費氏對中國的貢獻。美國胡佛總統出席費氏出生地普羅維登斯（Providence）的工程學會稱頌費氏是「最頂尖的美國工程師和來自普羅維登斯最好的希望大使」（The foremost of American Engineer and the finest ambassador of good will from Providence）。[35]「費禮門一手提攜的工程師——陶德（Oliver J. Todd, 1880-1974），後來全力投入中國水利工程，被喻為「河流馴師」（River Tamer），他於 1930 年代長期擔任中美工程師協會秘書、財務長，亦曾出任主席，成為此一協會的靈魂人物。[36]

清末民初外人在華工程師團體，尚有英國人創辦的「中華國際工程學會」（The Engineering Society of China），由一批英國工程師於 1901 年 1 月成立於上海，是在中國本土最早成立的工程師協會。引進西方先進技術，「打造摩登上海」（特別是租界的市政建設）成為上海「中華國際工程學會」最關注的焦點。詹天佑於 1905 加入上海外籍工程師學會，拓展了他與世界各國工程師接觸的機會，同時也成為詹天佑日後建立中國本土的工程師協會——「中華工程師學會」（1913）的參考藍本。詹天佑過世後，留美的沈琪（慕韓）扛起交通部鐵路技術委員會的重要職務，「中美工程師協會」在 1921 年初在機關報刊詳細介紹了榮譽顧問沈慕韓的各項經歷。[37]

在北京的中美工程師協會係以中美兩國在北京政府交通部服務的工程專家為主要會員（兼有少數商業工程師），而在上海由英人創立的「中華國際工程學會」其組織和歷屆主席則是以洋人為主導的工程師群體，僅有少數華人。兩個組織均以促進中國的工程近代化和提昇工程師的專業能力為宗旨，在中國分踞南北，並都發行具有學術性質的刊物。[38]這兩個組織深有聯繫，彼此轉載文章或交換圖書或聯誼活動，[39]上海聖約

---

34 熊希齡，〈費禮門先生贊像〉，以及楊豹靈、鄭泰、薛卓斌等人的追憶文章，刊於 *JACAE,* Vol.XIV, No. 1, Jan. 1933, pp.1-14.

35 *JACAE,* Vol.XIV, No. 1, Jan. 1933, pp. 1-39. 胡佛讚詞刊於頁 39，原刊於 *Providence Journal,* Oct. 7, 1932.

36 陶德在 1923 年獲聘為「華洋義賑救災總會」（China International Famine Relief Commission）首任總工師負責規劃大型工程與賑災計劃，直到 1935 年才光榮下臺。George Gorman, "Major O. J. Todd", in O. J. Todd, *Two Decades in China* (Peking: The Association of Chinese and American Engineers, 1938), pp. 1-6.陶德在華洋義賑會的事蹟，可參閱黃文德，《非政府組織與國際合作在中國：華洋義賑會之研究》（臺北：秀威出版社，2004），頁 134-139。

37 "Mr. M. H. Shen," *JACAE*, Vol.II, Vo.1, Jan. 1921, pp.1-2.

38 Wu Lin-chun, "Foreign Engineers' Activities in China and the Process of China's Internationalization, the Case of the Engineering Society of China, 1901-1941", in María Dolores ELIZALDE & WANG Jianlang eds. *Chinas Development from a Global Perspective,* Cambridge Scholars Publishing, 2015, pp.375-403.

39 例如：中華工程師學會的文章" Engineering and Economic" 為 Dr. H. Charley 於該年會發表，於 1928 年 1 月被《中美工程師協會月刊》轉載, *JACAE*, Vol.IX, No. 1,Jan. 1928, pp. 20-23.

翰大學校長 John. A. Ely 甚且擔任「中華國際工程學會」主席（1933-1936）和「中美工程師協會」主席（1938-1940）。[40]

前述 1918 年由美東工程界留學生所籌組的「中國工程學會」與詹天佑創立的「中華工程師學會」（1913 年創立），此兩會於 1931 年於南京舉行合併聯合年會，通過合併案更名為「中國工程師學會」[41]1930 年代在中國本土的華人工程師群體的合流與成功重整，使得以華人工程師認同的工程師團體聲勢蒸蒸日上。[42]並且，南京政府統一之後通過國家力量的操作，將各種工程技術專業人員有效地吸納到政府體制之中，尤其是以關乎國家基礎建設的鐵路工程與水利工程最為明顯，使得中國本土工程師群體的陣容和自我認同感愈來愈堅固。

由此，我們可以看出中國本土工程師團體和「中美工程師協會」之間形成一個微妙的關係網絡，並且有著技術合作和政治權力的關係，亦和上海英人創立的「中華國際工程學會」南北相映。中國第一代工程師如詹天佑等人最早受益於上海的「中華國際工程會」，許多歸國留美學人也在北京「中美工程師協會」中逐步成熟，但在 1930 年代中國本土工程師團體逐漸壯大，並形成一股工程界的「本土化」（internalization）風潮（詳下）。此一過程對雄踞南北的兩個工程師協會造成了不同的影響，在北京的「中美工程師協會」會務和聲勢逐漸沒落；然而，以上海為主要根據地且吸納不同國籍的「中華國際工程學會」的會務並不受影響。甚且在 1937 年以後上海淪陷，日軍尚未占領公共租界中、西區和法租界時，大量人力和資本進入形成一度畸形繁榮的「上海孤島」時期，「中華國際工程學會」的會務仍穩定成長。上海租界的特殊地位使得「中華國際工程學會」得以運用其國際化（internationalization）因素持續發揮其影響力。其後隨著太平洋戰爭的爆發，「中美工程師協會」和「中華國際工程學會」的會務都不得不被迫中止。[43]

---

40 "John. A. Ely," *JACAE,* Vol.XIX, No.3, May-June1938, p.137.

41 吳承洛，〈三十年來中國之工程師學會〉，收於周開慶主編，《三十年來之中國工程》，下冊（臺北：華文書局，1969），頁 9-13。

42 「中國工程師學會」在 1931 年的普通會員有 2,169 人，1936 年有 3,069 人，1940 年有 3,290 人（另加上 26 個團體會員）。房正，《近代工程師群體的民間領袖——中國工程師學會研究，1912-1950》，〈中國工程師學會會員人數統計表，1931-1949〉，頁 61。

43 「中華國際工程學會」會員在 1935 年有 250 人，1936 年更打破 300 人之譜。為因應孤島時期快速新建的城市大樓和公共設施，此一組織大力倡導學徒制，通過和上海工部局的合作認證，以培育合格工程人才來保證上海公共租界的專業施工品質。詳見：Wu Lin-chun, "Foreign Engineers' Activities in China and the Process of China's Internationalization, the Case of the Engineering Society of China, 1901-1941", pp.375-403.

三、聯結中國與國際工程知識的橋樑

《中美工程師協會月刊》除簡要報導會務會訊之外，該學會討論的議題則從工程學基本原理、工程實務經驗，延伸到中國工程界應用技術的標準化（standardization）和產品規格化（specification）、在中國技術專利的保護和推廣，甚至對中國工程教育的重視和人才培育等等議題，均為該組織所關懷。近代工程學的專業學科知識之演進非本文之目的，以下著重此一協會所扮演的聯結中國與國際工程知識的橋樑。

1. 倡議標準化和推動工程國家

「標準化」為歐洲第二波工業革命以後的產物，十九世紀末工業競爭愈為劇烈，獲利邊際越來越難，企業主乃採取更有效率的科學管理，使物資、勞力和機械三者作最有效的利用。講求效率的「生產裝配線」及科學管理的強化，在一次大戰前後受到重視。「標準化」在中國的推動，可說一開始是從鐵路標準化工程開始，逐步向其他經濟生產和科學管理擴散開來的。

一次戰後在華盛頓會議所倡導的合作精神之下，1920 年代「中美工程師協會」與上海的「中華國際工程學會」均相當重視「標準化」的倡議，這些概念對科學化管理、促進工程效率和近代中國的工業化均有所影響。「中美工程師協會」在 1920 年 11 月曾有專文探討「標準化」的重要性，此後一再闡釋標準化與鐵路統一對近代中國工業化的必要性。[44]不同的是位於上海「中華國際工程學會」最早推動的是電力標準化（electrical standardization）的發展，希望以上海為起點示範，進而推廣到全中國各城市。[45]這可能是由於「中華國際工程學會」的會員主要居住於上海租界，而「中美工程師學會」的會員任職於交通部最重視的是攸關各國在華鐵路權益的鐵路標準化議題，顯現兩個學會的不同關懷。然而不論電力標準化或鐵路標準化均有賴於中國與各國的通力合作，這一目標若非有一強而有力的中央政府之推動，勢難達成。南京政府成立後，曾宣佈統一全國度量衡標準，直到 1931 年南京政府始在經濟部管轄下成立工業標準委員會，始有初步的成果。

---

[44] "Standardization", *JACAE*, Vol. I, No. 11, Nov. 1920, pp. 3-7.

[45] 1914 年 1 月，在兩位工程師 R. A. Williams and J.S.S. Cooper 的力促下，「中華國際工程學會」成立「電力標準化委員會」(Electricity Standardization Committee), *Engineering Society of China, report and proceeding,* 1915-16 (Shanghai), p. 171.

「中美工程師協會」的重要成員均為交通部官員或美國顧問專家，兩大公共工程議題最受關注：一、鐵路工程。二、水利工程。1920 年 2 月間，交通部連續召開第一次公共工程會議和第一次機械工程會。創刊號刊出這二次會議的開幕致詞，特別強調中國統一全國鐵路的擘劃應借鑑於同有廣大領土的美國其建造鐵路之經驗。[46]統一全國鐵路與上述標準化運動息息相關，該會認為二十世紀初美國在鐵路標準化的設計和實務領先其他國家，而此一優勢主要來自數個不同工程技術學會和獨立組織的合力研究成果，期許「中美工程師協會」亦應扮演此一作用。[47]沈慕韓和熊希齡於該協會的致詞中再三強調標準化對中國統一鐵路工程的重要性，而北京政府已延攬了一批重要的技術顧問來協助建設中國鐵路，顯現北京政府交通部銳意推動現代化工程的決心。[48]1923 年該協會的通訊中提到交通部內部檢討當時中央政府所掌控的數段鐵路標準不一，不利於國防和經濟發展。[49]由於清末以來中國鐵路的路權掌握在不同國家銀行和財團手中，鐵路規格和貨運計算等標準的不一致，加深中國交通的效率和管理統一工作，因而此一工作的推動則有賴於各國的通力合作。由協會的報導可看北京交通部技術官僚的深具國際視野，但當時中國鐵路統一議題除了列強在華的利益間隙之外，尚有中國官場無法化解的政治派系對立因素，該協會的學理論辯並不受用。[50]

「中美工程師協會」可說扮演了聯結中國與國際工程知識的橋樑。1921 年 3 月，有一華人會員參加「美國機械工師學會」年會（American Society of Mechanical Engineers）並報導了此次會議的重點，他山之石，可以攻錯，文末評述如何將美國經驗轉換於中國。鑑於大戰後美國鐵路發還私營，民間企業與政府管理法規的爭執不斷，如何有效管理運輸的問題成為該次會議的討論焦點；中國做為鐵路工業尚在起步的後發國家，他認為中國的鐵路事業或應由政府統一建造或掌管，但鐵路管理的內部權責則必須分

[46] "An Opening of First Civil Engineering Conference in Peking", Speech by the Minister of Communication, *JACAE,* Vol.I, No. 1, Sep. 1920, pp.12-14.

[47] "The Commission on Railway Technics", *JACAE*, Vol. I, No. 1, Sep. 1920, pp. 6-11. 本文提到的協力單位有：The Master Car Builders' Association, the American Railway Master Mechanics' Association, The American Railway Engineering Association, the American Society for Testing Materials, The Railway Signal Associations 等。

[48] "Speech by the Minister of Communication", *JACAE,* Vol. I. No.1, Sep. 1920, pp. 14-15.

[49] "Standardization of Government Railways", *JACAE,* Vol. IV, No. 10, Dec. 1923, pp. 26-28.

[50] 太平洋會議前後中國嚴重陷入派系政爭風潮，鐵路統一之正反爭議，成為親美研究系（贊成）和親日交通系（反對）互相詆毀的帽子，親日和親美派系雙方都對中國主權有所論述，但因派系恩怨淹蓋理性的政策論辯，以致無法平心靜氣討論中國鐵路該如何統一的方案。「中美工程師協會」年會的討論議題係從學理上論辯中國必須有統一的鐵路規劃，但其管理上並非交通系所指稱中國鐵路將以「統一」之名而淪為列強共管。此處不贅，詳見：吳翎君，《美國大企業與近代中國的國際化》，頁 170-175。

開且有效管理，避免各單位事權衝突。[51]「中美工程師協會」的榮譽會員溫德爾是黃河鐵橋的工程專家，他於1921年會主題發言中比較了中美兩國鐵路發展的不同，稱道中國現今鐵路事業的情況就如同五十年前的美國，惟有一明顯的例外，亦即美國鐵路是聯結偏鄉與都市的運輸系統，以交通帶動經濟開發和人口遷移，但中國的鐵路線係建造在人口稠密的都市，美國鐵路往往要營業多年後才開始賺回本金，在中國則不然，鐵路通車後很快就有經營利潤。他建言中國鐵路事業在快速獲利之下更應注意鐵路管理與發展規劃等長遠效益。[52]溫德爾於1921年返美任職紐約市的國際工程顧問及其他部門，活躍於國際工程界。1928-30年間他再次被國民政府交通部所延攬，擔任鐵路技司部門顧問。溫德爾在華盛頓美國工程學會（American Association of Engineer）和美國國家福利工程學組織（The National Welfare Engineering Organization of United States）的支持下出版一本書 *Vocation Guidance in Engineering Line*，邀集了世界著名工程師和學者撰述參與大型工程計劃的專業考察和實務經驗的分享，是一本針對年輕工程師的教戰手冊，共有52作者參與，厚達550頁之多，含50張全開的工程圖片，該書編寫計劃從1926年著手，直到1933年才發行。「中美工程師協會」於1933年、1934年兩度介紹溫德爾其人和該書撰述目的，陶德至為推崇本書的重要貢獻。[53]

黃河和淮河水患問題為中國數千年藜民之苦艾，中國水利工程的進展和世界最新工程技術相關訊息，是「中美工程師協會」創刊之初的另一關注焦點。清末以來中國與西方的接觸，使得外籍工程師得以將西方水利技術與經驗轉移至中國；二十世紀以後因交通資訊的便捷和人道救援問題，中國黃淮流域的治理受到國際救援團體的關注，不僅有美國紅十字會派員前來，1921年更成立跨越國際的非政府組織——中國華洋義賑會（China International Famine Relief Commission, IFRC）的成立。[54]中國華洋義賑會的成立時間和中美工程師協會相近，不同是前者關注的是國際合作賑災，以更加科學化和專業化的中外合作方式，統籌財力、人力和物力，期使建立更為有效的全國賑災

---

51 "The Annual Meeting of the American Society of Mechanical Engineers", *JACAE*, Vol. II, No. 3, Mar. 1921, pp. 8-11.

52 "Address by Dr. Waddell", *JACAE,* Vol. II, No.6, June 1921, pp. 1-12.

53 溫德爾為美國橋樑工程界的重要人物，曾參與加拿大、日本、古巴、蘇俄和紐西蘭的大橋計劃，於民國初年曾擔任黃河鐵橋工程顧問委員會的委員，負責審查招標事宜。1916年於溫德爾曾撰有一本工程學專書，暢言世界各地興建大型橋樑工程之心得和經驗，從工程學理論到建造個案的研究，共兩大冊八十章節。1933年則為總編最新的工程學專書。"Vocation Guidance in Engineering Line," *JACAE*, Vol. XIV, No. 5,Sep. 1933, pp. 4-6; C. CalorMota, "Dr. J.A.L. Waddell," *JACAE*, Vol. XVI, No.6, Nov.-Dec.1935, pp. 340-343.

54 關於華洋義賑會的研究，參見：Andrew James Nathan, *The History of the China International Famine Relief Commission* (Cambridge, Mass., Harvard University Press, 1965). 黃文德，《非政府組織與國際合作在中國：華洋義賑會之研究》（臺北：秀威出版，2004）。

網絡和急難救助的經營組織；而後者——「中美工程師協會」則著重引進防災工程、實務操作的方法、解決工程挑戰和困難。該協會偶亦報導華洋義賑會的活動，反映了彼此的資訊互流。[55]

1928 年南京政府成立後建設委員會的設置，統籌和強化了淮河水利的中央管理，次年成立導淮委員會，並引進國際技術和金融組織參與淮河治理。1930 年代初在「國聯與中國技術合作委員會」（Committee of the Council for Collaboration between the League of Nations and China）的協助下又有一批工程專家協助各地水利工程。[56]1931 年中國第一個民間水利學術組織——中國水利工程學會成立，李儀祉被推選為會長。李儀祉於 1916 年自歐洲遊學回國後即投入黃淮水利和水利人才培育，1933 年出任黃河水利委員會委員長兼總工程師後延攬了一批自歐美回國的水利技術專家。李儀祉所率領的工程團隊借鑑並再次研究了美國紅十字會（1914）、江淮水利局（1919）、安徽水利局（1919）、費禮門（1920）、全國水利局（1925）等各種治淮方案，並提出整治中國水利的調查報告。[57]中國整治水利的工程學和技術問題始終是《中美工程師月刊》的重要訊息，可以看出許多工程技術人員是在實施工程中成長起來的，著名的河工專家溫德爾和陶德常發表他們在中國各地考察工程進度的文章。中國水利專家李書田（該協會終身會員）和北洋大學教授汝人鶴（JU Jen-Hao）於 1934 年 9 月共同於該刊宣告中國成立第一個水利實驗室的歷史經過和雄圖目標的長文。[58]

北洋政府時代參酌了美國剛完成的巴拿馬運河工程經驗而提出紅十字會的導淮報告和費禮門方案，當時的報告偏重水利防洪。到了 1929-31 年導淮水利工程計劃在管理上則參考了美國政府的田納西流域治理的大型計畫經驗，不僅僅是水利防洪的根本問題，還要著重水力發電、航運和灌溉，以發達國家水利管理的指導原則，三十年間的水利建設思路已出現不同的演進。很可惜的是黃淮水利工程於 1937 年春國民黨政府

[55] "China International Famine Relief Commission, Extract from the Annual Report", *JACAE,* Vol. V. No. 4, Apr. 1924, pp. 9-20.

[56] 張力，《國際合作在中國——國際聯盟角色的考察，1919-1946》（臺北：中央研究院近代史研究所，1999），頁 154-163。本書提到國聯專家所考察之水利工程有：一、導淮工程。二、華北水利。三、黃河水利。四、揚子江水利。五、綏遠灌溉工程。六、陝西灌溉工程。七、山西水利工程。

[57] David A. *Pietz, Engineering the State: The Huai River and Reconstruction in Nationalist China, 1927-1937,* Ch. 3, pp. 45-46.李儀祉曾在柏林大學和丹斯哥大學學習，1916 年回國，先後在多個部門任職，包括張謇創辦的河海工程專門學校。擔任導淮委員會總工程師後延攬了一批水利工程師，包括曾於德勒斯登頓技術學院接受水利工程教育的沈怡，後來沈怡成為全國資源委員會的核心成員。來自漢諾威大學的水利工程專家方修斯（Otto Franzius）任導淮委員會工務處的技術顧問，提交淮河流域的調查報告。

[58] "The First National River Hydraulic Laboratory of China", by LI Shu-Tien and JU Jen-Hao, *JACAE*, Vol. XV, No. 5, Sep. 1934, pp. 39-46.

為了阻止日軍從東北南下，蔣介石下令炸開河南花園口的黃河大堤，河水整治工程最後中斷於對日戰爭中的國家軍事目的，此一犧牲數十萬無辜村民被淹死的慘劇究竟為抵擋日軍侵略之成功戰略或者過當手段引起不同爭議。[59]此後太平洋戰的加劇和隨後爆發的國共內戰，以致基礎建設難以開展，一些工程師率領勞工冒著生命危險搶通交通運輸的情形，成為戰爭中驚險英偉的故事。[60]刊載於《中美工程師協會月刊》的水利報告成為紀錄中國水利建設思路的軌跡。

2. 國際合作與中國工程師團隊的形成

十九、二十世紀之交，工程師的全球移動已非常普遍，以協會創刊時的榮譽顧問史蒂文生而言，他是建造美國大北鐵路公司和巴拿馬運河總工程師（1905-1907）。1917 年俄國大革命後，以美國技術委員會主席身分協助俄國臨時政府整頓的西伯利亞鐵路（Trans-Siberia），臨時政府垮台後擔任協約盟國技術委員會（Inter-Allied Technical Board）的會長，負責中東鐵路和西伯利亞鐵路的管理和運作。[61]1921 年 1 月，該協會刊出美國廣益投資公司（American International Corporation）副總裁亨利（該協會榮譽會員）的專文談論〈工程師的合作〉，廣益投資公司為一戰後由美國華爾街大財團組成的全球投資公司，中國市場為其目標之一。這篇文章的主旨強調「中美工程師協會」應拋棄個人成見以該組織的團體力量改造中國。[62]

做為工程技術團體組織，該協會的活動和發表的期刊論文有一特點是談論「國際主義」（internationalism）、國際合作（international cooperation）以及對工程師的社會責任和自我期許，這一想法貫穿該協會在華歷史並形成該協會以工程建設改變中國的理想主張，特別是在創刊初期有多篇文章論述此一觀點。為何創刊初期特別強調國際合作和知識文化上的國際主義？此一情況呈現大戰後知識分子對於國際和平的渴盼，工

59 David A. *Pietz, Engineering the State: The Huai River and Reconstruction in Nationalist China, 1927-1937,* pp. 116, 120-121.

60 陶德因長期擔任中美工程師協會秘書，主要論文發表於該刊，此後將論文成專書。O. J. Todd, *Two Decades in China*。陶德於 1940 年代重返中國參與聯合國戰後救濟總署（UNRRA）的黃河水利和救災工程，因為該工程艱巨而重要，且因國共內戰不斷，以致工程時而被迫中斷，過程充滿驚險。Jonathan D. Spence（史景遷）, *To Change China: Western Advisers in China* (New York: Penguin books,1980, reprinted in 2002)，pp. 205-216。

61 "John F. Stevens", *JACAE,* Dec.Vol.I, No. 4, 1920, pp.1-2.

62 Philip W. Henry (Vice-President, American International Corporation), "Cooperation Among Engineers", *JACAE,* Vol. II, No. 1, Jan.1921, pp. 3-4.廣益投資公司的詳細介紹，可參閱：吳翎君，《美國大企業與近代中國的國際化》，第 4 章〈國際大財團投資案——廣益投資公司與一千五百英哩鐵路計劃〉，頁 151-155。Harry N. Scheiber, "World War I as Entrepreneurial Opportunity: Willard Straight and the American International Corporation," *Political Science Quarterly*, 84(1969:09), pp. 486-511.

程師的跨國活動經驗更讓他們體認藉由工程合作來消弭各國人民之間的仇恨與對立。美國都市計劃專家與工程師古德里奇（Ernest P. Goodrich, 1874-1955）於 1921 年 2 月所撰〈國際主義在工程界〉（Internationalism in Engineering）一文最代表歐戰後工程師群體對科技文明所帶來的戰爭破壞的焦慮感，寄盼各國工程師對戰後各國的迅速重建有更大的責任感，對於以跨國合作來減緩軍國主義的復甦寄予希望。[63]

1922 年美國工程年會（American engineering Council）由斯泰潘內克（Bedrick Stepaneck）提議成立世界工程學基金會（World Engineering Foundation），通過以國家為單位代表各國來召集國際工程大會的構想，而且此一組織將以每一國家只能有一個工程學會做為國家代表會員。[64]成立「工程師世界聯盟」（The World's Federation of Engineers）構想終於在 1929 年東京舉行的「萬國工程會議」（World Engineering Congress）受到廣泛的重視，各國代表承諾朝此一目標努力，喊出「團結將使我們站立，分裂就倒下」（United We stand, Divided We fall）。[65]這次會議中國本土工程界的代表——「中國工程學會」在政府支持下派出 20 餘人參加，與會者深深感到參與國際頂尖工程組織的榮耀。[66]會中美國代表著名的發明企業家（Elmer A. Spery, 1860-1930）發表文章，對當前工程師的社會地位終於獲得社會肯定表示欣慰，但這也意味著工程師對世界福址有更高的使命。[67]

1930 年代中國本土工程組織在南京政府的扶植下愈來愈為壯大，加深了對中國本土工程團體的認同之際，而一批留學美東的工程師原本就是「中美工程師協會」的基本成員，當然分散了中國工程師對於「中美工程師協會」的向心力，因此參與活動的人數逐年下降。1931 年在德國柏林舉行的「世界動力協會會議」由「中國工程師學會」上海分會會長黃柏樵帶領會員參加。1936 年在華盛頓舉行第三次「世界動力協會會議」和世界第二次巨壩會議，「中國工程師學會」積極派員參加，中國工程師以國家代表隊參與國際工程大會的成軍，大大提昇中國本土工程學會的國際知名度。[68]

---

[63] Ernest P. Goodrich, "Internationalism in Engineering," *JACAE,* Vol. II, No. 2, Feb. 1921, pp. 3-5. Goodrich 在 1905 年獲美國工程學會頒給 35 歲以下的年輕工程師的獎項 Collingwood Prize。1910-16 於紐約曼哈頓公共部門，此後曾在上海和南京，參與黃埔江擴充計劃，1930 年創辦 Institute of Traffic Engineers，於 30-32 年間擔任主席。此人與中美工程師協會中 1927 年天津通訊員 R. D. Goodric h（任職河北水利委員會）為不同人。

[64] Oct. 16, 1935, Presidential Address by J. A. Fly, *Engineering Society of China, Report and Proceeding,* 1935-36, p. 6.

[65] *Engineering Society of China, Report and Proceeding,* 1935-36, p. 7.

[66] 〈中國工程學會將參加萬國工程會議〉，《申報》，1928 年 8 月 28 日。〈本會在國際間之榮譽〉，《中國工程學會會務月刊》，1930 年 5 期。

[67] Elmer A. Spery, "Recognition of the Engineer and the American Engineering Societies", *JACAE,* Vol. X, No. 4, Dec. 1929, p. 22.

[68] 〈中國工程師學會二十四年度會務總報告：關於推派代表參加世界動力協會會議事項〉，《工程週刊》，1936 年

誠如學者所指出 1928-37 是中國邁向「工程國家」或「技術官僚治國」的誕生階段，中國開始由一批技術專家來規劃中國的基礎建設，這一理想固然和孫中山的實業計劃藍圖有所淵源，但是在南京政府時期通過建設委員會、資源委員會等組織，並尋求國際聯盟技術專家的合作，積極推動全國大型建設和公共工程，國外技術團體的人脈和資源被有效整合到中央政府內部，逐步完成國家基礎建設的藍圖。[69]1930-35 年間，「中美工程師協會」的主要幹部由任職交通部鐵路司、經濟資源委員會、黃埔江水利局、華洋義賑會或華北水利會等會員分任，顯現南京中央政府與該協會會員的統合密切關係（如附錄二）。

「中美工程師協會」的組織動員和活力在 1930 年代以後已不如創刊之初，此亦是該協會在 1935 年以後刊物改為半年刊之故，其會員數下滑到 130 人左右。1930 年代「中美工程協會」的主席和委員會不乏由學者擔任，學者特質反映在此一時期的刊物上，強調培養工程教育人才和教育機構的重要性，並闡揚工程師應具有人文精神的涵養。1932 年 7 月《中美工程師協會月刊》刊出美國胡佛總統擔任商務部長時所撰的一篇〈向工程師致意〉（"A Tribute to the Engineers"）文章，美國胡佛總統年輕時曾任大清帝國工程師，靠採礦起家並由此致富。胡佛提及美國當時約有二十萬名訓練有素的工程師，他個人覺得工程師的地位在美國愈來愈崇高，幾乎已等同於「紳仕」（gentleman）；期許美國工程師團隊以工程專業把握機會改變時代，並應積極為社會發聲。[70]

或許是會員人數下降的因素，1935 年「中美工程師協會」舉辦「為何要加入一個工程師學會討論會」（Why Join an Engineering Society-A Symposium），再度強調加入學術社群的重要意義。由溫德爾擔任主持和引言人，引言題目「機會」（Advantages），強調工程師對世界的進步負有積極責任，尤其是該組織的中美會員多位居中國政府公共工程的要職，掌握建設中國為工程國家的命運，如果沒有工程師的巧手和睿智，就沒有發展和進步。交通部王景春的致詞則強調工程師的人道主義關懷，期勉年輕工程師全心投入國家改造的建設。[71]雖然就協會內部文獻未見到會員們對會務沉寂趨勢的具體回應，但我們可以看到一種跨越國境的高度胸襟，主張工程師群體應堅守專業回饋社會和人群；更重要的是這些訊息不論來自中國或美國會員，均透露「工程師」在中國已然形成一種專業身分的認可，且與國家建設和社會責任的期許連結一氣。

（第 5 卷，第 10 期），頁 3。

[69] C. William. Kirby, "Engineering China- Birth of the Development State, 1928-1937." in Yen Wen-Hsing, *Becoming Chinese: Passages to Modernity and Beyond* (University of California Press, 2000), pp. 137-160.

[70] Herbert Hoover, "A Tribute to the Engineers", *JACAE,* Vol. XIII, No. 4,July 1932, pp. 24-29.

[71] "Why Join an Engineering Society-A Symposium", *JACAE*, Vol. XVI, No. 5, Sep.-Oct. 1935, pp. 268-274.

四、結論

創建於一次大戰後的「中美工程師協會」一方面是中美政府友好關係下的產物，由一批留美歸國的工程學精英和美籍工程師為主要會員的群體組織；另一方面也呈現一戰以後文化國際主義全力發展的時代，大戰的毀滅性破壞，促使歐美知識菁英和藝文人士期望從教育、文化和藝術展演等方面，取代國際政治和軍備的競爭。[72]此一組織與「美國工程學會」的關係相當密切，該學會榮譽會員也都是美國工程界的領軍人物。《中美工程師協會月刊》除討論工程專業文章之外，亦常於會訊報導正進行的中美政府合作工程的進度和困難，同時對於國際工程界的最新訊息亦深為關注。不論就該協會刊載的學術刊物或工程訊息或推動標準化等主張，均與全球技術革命同聲共息，可說中國直接受惠於歐洲十九世紀中葉以後第二次工業革命的技術成果與技術觀念的創新。

中國特殊地理環境和條件對於外籍工程師提供一種特殊的挑戰機遇，這群外籍工程專家們奔勞於偏鄉惡地或現場工地，跋山涉水從事水利工程或建造鐵路等基礎設施，除了少數像陶德（參與華洋義賑會、演講、撰文等活動）在中國知識圈較為活躍外，多數的工程師並不擅於以文字書寫來面對文化界和媒體界，亦不常參與社交活動，加以工程學的專業知識較難和公眾有直接對話，以致較不為人所知。事實上，通過「中美工程師協會」友好組織的運作，得以引介了近代西方工業技術，並傳播近代工程學知識。正是中外工程師／群體的交會合作，且跨越不同政權的輪替與經驗傳承，使中國得以進入國際工程學和科技的舞台，甚至可說翻轉了近代中國的工程命運。

隨著南京政府大力運用國家力量和中央資源，國外技術團體的人脈和資源被有效整合到政府內部和國家策略目標，以及 1930 年代「中國工程師學會」的專業功能愈來愈為完備並且以國家代表隊身分參與國際活動，而以國家為單位的國際工程組織如「萬國工程會議」也於適時成立，在國族主義大纛下更加鞏固了本土工程師的自我認同感。原本以中美友好和文化國際主義為號召的「中美工程師協會」之功能和作用，在此一情勢之下逐漸退場。儘管如此，迄於太平洋戰爭爆發前夕「中美工程師協會」始終扮演了工程專家及群體組織之間的橋樑，且與中央政府的國家建設工程聯結起來，讓這些工程專家得以匯聚和交換他們的專業知識參與建設國家工程的梯隊。該協會所發行

---

[72] Akira Iriye, *Cultural Internationalism and World Order* (Baltimore: The John Hopkins University Press, 1997), p. 184. Akira Iriye, "Culture and Power: International Relations as Intercultural Relations," *Diplomatic History* 3, no. 3 (1979), p. 115.

的近三十年機關報刊因而提供了一個歷經北洋政府到南京政府時期中國如何建設工程國家的思維理路，並且與世界接軌的具體圖像。

太平洋戰爭爆發之後，將中美技術人才的培育合作，推進到一個極為特殊的階段，一批南京政府派遣赴美培訓的技術工程人才，對於戰後中國的重建和戰後臺灣也有重要貢獻。當時「中美工程師協會」已停止活動，非本文討論範疇。但值得留意的是在美國允諾之下，南京政府派遣工礦電業諸種技術人才赴美實習，以精進技術能力與學識專業，最主要的電力人才實習地點亦即是田納西河流域管理局（TVA ,Tennessee Valley Authority）。[73]一直到冷戰時代的臺灣，在美援技術委員會的支持下，1956 年 4 月 1 日創辦了《中美技術》雜誌，從技術合作及其背後的政治文化意義等諸多層面而言，係與一次大戰後創建的《中美工程師協會月刊》理念一脈相承。

[73] 太平洋戰爭時期美方協助中國技術人才赴美訓練，由資源委員會派遣工、礦、電業各單位之高級技術人員，分批赴美。戰後尚有「揚子江三峽計劃」和「西屋電氣公司」（Westinghouse Electric Corporation）派遣人才赴美訓練合作計劃。程玉鳳編著，《資源委員會技術人員赴美實習史料——民國三十一年會派》上冊，（臺北：國史館，1988），頁 5。1943 年 4 月 4 日召開了 T.V.A.區中國留美工程師第一次術會議於美國田納西州諾克斯威爾（Knoxville Tenn），由 T.V.A.負責培訓。太平洋戰爭發生後，南京政府派送赴美人員訓練，在電力方面的技術幹部主要都安排在 T.V.A.實習，像俞恩瀛、謝佩和、王平洋、蔡同璵、張光門、孫運璿等人。這些技術人才像孫運璿等人隨國民政府來臺，直接參與了臺灣電力公司的接收與重建。程玉鳳編著，《資源委員會技術人員赴美實習史料——民國三十一年會派》上冊，收錄赴美人員在 T.V.A.的照片與文字記錄。

附錄一　中美工程師協會會員人數

會員人數／年	1920	1922	1924	1925	1927	1930	1931	1936	1937	1938
Honorary members	7	12	13	13	11	10	9	8	7	8
Life members								38	43	44
Members	91	166	150	133	121	83	126	32	33	55
Associate	4	61	66	70	63	48		33	31	
Affiliate member								2	2	1
Absent member (non-resident)			37	29	36	28	28	23	23	24
Absent associate members			4		10	3		3	3	3
Absent life members										2
Absent Affiliate member									1	1
total	102	239	270	245	241	172	163	139	143	138

Source: "List of Members", *JACAE*, Sep., 1920, pp.38-43; Sep., 1922, pp. 2-9; Jan.1924, pp. 4-15; Jan. 1925, pp. 2-14; Feb. 1927, pp. 31-44; Dec. 1930, pp.41-52; Dec. 1931, pp. 31-35; Mar.-Apr., 1936, pp.104-111; Mar.-Apr., 1937, pp.139-146; Mar.-Apr., 1938, pp. 95-102.

附錄二　1935和1940「中美工程師協會」幹部

officer	1935	1940
President	S. M. Dean, Principal, North China School of Engineering Practice, Peiping	John A. Ely. President, St. John University, Shanghai
First Vice-President	P. H. Cheng(鄭華), Chief of Design Division, Ministry of Railways, Nanking	Cheng Tan(譚真), French Concession, Tientsin
Second Vice-President	S. T. Li(李書田), President, Peiyang University, Tientsin	C. P. Hsueh(薛卓斌), Whangpoo Conservancy Board, Customs Building, Shanghai
Secretary	O. J. Todd, Chief Engineer, China International Famine Relief Commission, Peiping	S. M. Dean, Principal, North China School of Engineering Practice, Peiping
Corresponding Secretary for USA	none	O. J. Todd, Pala Alto, California, U. S. A. (說明：陶德離華返美)
Corresponding Secretary for Shanghai	C. P. Hsueh(薛卓斌) Whangpoo Conservancy Board, Customs Building, Shanghai	C. P. Hsueh(薛卓斌) Whangpoo Conservancy Board, Customs Building, Shanghai
Corresponding Secretary	for Tsingtao Frank F. C. Ling, Kiaochow-Tsinan Railway, Tsingtao	For Nanking T. Y. Koo Formerly National Health Administration
Corresponding Secretary	for Hankow Geo. G. Stroebe National Economic Council, Hydraulic Engineering Bureau, Kinshui Project.	For Foochow Paul P. Wiant, Union Architectural Service, Foochow, Fukien
Corresponding Secretary for Tientsin	C. Y. Kao North China River Commission.	C. Y. Kao North China River commission.
Treasurer	T. King(金濤) Chief Engineer, Peiping-Suiyuan Railway, Peiping	T. King(金濤)Chief Engineer, Peiping-Suiyuan Railway, Peiping

資料來源："Officers", JACAE, July-Aug., 1935; *JACAE*, Mar.-Apr., 1940.

徵引書目

一、檔案、報刊與文獻

1. 《工程週刊》，1936 年
2. 《中國工程學會會務月刊》，1930 年
3. 《申報》，1928 年
4. 《科學》，1917 年
5. *Engineering Society of China, Report and Proceeding,1901-1941. Shanghai*
6. International Engineering Congress, *Transactions of the International Engineering Congress,* San Francisco, California. Sep. 20-25, 1915.
7. *Journal Association of Chinese and American Engineers,1919-1941.Beijing*
8. 留美學生會編，《庚戌年留美學生年報》，1911 年

二、專書

1. 吳翎君，《美國大企業與近代中國的國際化》，臺北：聯經出版公司，2012。
2. 房正，《近代工程師群體的民間領袖——中國工程師學會研究，1912-1950》，北京：經濟日報出版社，2014。
3. 胡光麃，《波逐六十年》，臺北：新聞天地社，1976。
4. 張力，《國際合作在中國——國際聯盟角色的考察，1919-1946》，臺北：中央研究院近代史研究所，1999。
5. 張劍，《科學社團在近代中國的命運——以中國科學社為中心》，濟南：山東教育出版社，2005。
6. 黃文德，《非政府組織與國際合作在中國：華洋義賑會之研究》，臺北：秀威出版，2004。
7. 謝輝，林芳，《陳琪與近代中國博覽會事業》，北京：國家圖書館出版社，2009。
8. Iriye, Akira. *Cultural Internationalism and World Order*, Baltimore: The John Hopkins University Press, 1997.
9. Moore, Sarah J. *Empire on Display: San Francisco's Panama-Pacific International Exposition of 1915*, Norman, OK: University of Oklahoma Press, 2013.
10. Nathan, Andrew James. *The History of the China International Famine Relief Commission* (Cambridge, Mass., Harvard University Press, 1965).
11. Pierre-Etienne Will, *Bureaucracy and Famine in Eighteenth-Century China*, Stanford University Press, 1990.
12. Pietz, David A. *Engineering the State: The Huai River and Reconstruction in Nationalist China, 1927-1937*, New York and London: Routledge, 2002.
13. Pietz, David A. *The Yellow River: The Problem of Water in Modern China*, Harvard University Press, 2014.
14. Spence, Jonathan D. *To Change China: Western Advisers in China,* New York: Penguin books, 1980, reprinted in 2002, pp. 205-216。
15. Todd, O. J. *Two Decades in China,* Peking: The Association of Chinese and American Engineers, 1938.
16. Will, Pierre-Etienne. *Nourish the People: The State Civilian Granary System in China, 1650-1850*, University of Michigan Center for Chinese Studies, 1991.
17. Wu, Shellen. *Empires of Coal: Fueling China's Entry into the Modern World Order, 1860-1920*, Stanford University Press, 2015.

三、論文

1. 朱瑪瓏，〈「港際」工程：1875 年來自日本的兩位荷蘭水利工程師對上海吳淞內沙的調查〉，《中研院近史所集刊》，90 期（2015:12），頁 55-93。
2. 吳承洛，〈三十年來中國之工程師學會〉，收於周開慶主編，《三十年來之中國工程》，下冊，臺北：華文書局，1969，頁 9-13。
3. 吳翎君，〈打造摩登城市與中國的國際化——「中華國際工程學會」在上海，1901-1941〉。「上海法租界與上海城市變遷」國際學術討論會，2016 年 6 月 10-11 日。上海師範大學主辦。
4. 梁碧瑩，〈民初中國實業界赴美的一次經濟活動——中國與巴拿馬太平洋萬國博覽會〉，收入：顧雲深、石源華、金光耀主編，《鑒往知來：百年來中美經濟關係的回顧與前瞻》（上海：復旦大學出版社，1999），頁 323-344。
5. Iriye, Akira. "Culture and Power: International Relations as Intercultural Relations," *Diplomatic History* 3, no. 3 (1979), pp. 115-128.
6. Kirby, William C. "Engineering China: Birth of the Developmental State, 1928-37," in Wen-hsin Yeh ed. *Becoming Chinese*, Berkeley: University of California Press, 2000. pp. 137-160.
7. Kirby, William C. "Engineers and the State in Modern China," in William P. Alford, William Kirby and Kenneth Winston, eds. *Prospects for the Professions in China*, Routledge Studies on Civil Society in Asia. London: Routledge, 2010, pp. 283-313.
8. Kirby, William C. "Joint Ventures, Technology Transfer and Technocratic Organization in Nationalist China," *Republican China* 12, no. 2 (April 1987).
9. Scheiber, Harry N. "World War I as Entrepreneurial Opportunity: Willard Straight and the American International Corporation," *Political Science Quarterly*, 84(1969:09), pp. 486-511.
10. Ye, Shirley. "Business, Water, and the Global City: Germany, Europe, and China, 1820-1950." PhD thesis, Harvard University, 2013.

附錄

劉廣京先生履歷及著作表
CURRICULUM VITAE

Kwang-Ching Liu 劉廣京

Education

National Southwest Associated University 國立西南聯合大學, Kunming, 1939-1942
(completed Junior year)
A. B. in History, magna cum laude, Phi Beta Kappa, Harvard University 哈佛大學, 1945
M. A. in History, Harvard University, 1947
Ph. D. in History, Harvard University, 1956

POSTIONS HELD

Teaching Fellow in Regional Studies, Harvard University, 1947-1948
Chinese Translator, United Nations Secretariat 聯合國秘書處, 1948-1955
Research Fellow in Chinese Economic Studies, Harvard University, 1955-1959
Instructor in History, Harvard University, 1957-1960
Research Fellow in East Asian Studies, Harvard University, 1960-1962
Lecturer, Harvard Summer School, 1962
Visiting Associate Professor of History, Yale University 耶魯大學, 1962-1963
Visiting Professor of History, University of California, Davis 戴維斯加州大學, 1963-1965
*Professor of History, University of California, Davis, 1965-, Emeritus (active), 1993-2006
Director, Program for the Study of East Asian Culture, University of California, Davis, 1978-1985
Visiting Professor, National Taiwan University 國立臺灣大學, Spring, 1993, 1995 and 1997
Lecturer, Department of History, University of Hawaii at Manoa 夏威夷大學, Fall 1993
Adjunct Professor of History, University of Hawaii at Manoa, 1995-2000

*主要職位

HONORS AND GRANTS

John Simon Guggenheim 古根漢大學 Fellow, Spring 1969

Social Science Research Council 社會科學研究協會 fellowship, Fall 1972

American Council of Learned Societies 美國學術團體聯合會 award for advanced study of the Chinese civilization, Winter 1973

Elected to Membership, Academia Sinica 中央研究院院士, Taipei, 1976

National Endowment for the Humanities 美國國家人文學科基金會 award for independent study and research, January-June 1977

American Council of Learned Societies and National Endowment for the Humanities grants for a research conference, August 1981

Appointed to the National Academy of Sciences' 美國科學院 Distinguished Scholar Exchange Program with the People's Republic of China, 1981-1982

John A. Burns 貝恩斯講座 Distinguished Visiting Professor in History, Universityof Hawaii at Manoa, Fall 1985

Faculty Research Lecturer 本校教授學術講座, University of California, Davis, April 1987

Ch'ien Mu Lecturer on Chinese History and Culture 錢賓四先生學術文化講座, New Asia College, Chinese University of Hong Kong 香港中文大學新亞書院, February 1988

Henry Luce Foundation 魯斯基金會 grants for a project to translate the major writings of Yang T'ing-yun (1562-1628), 1990-1991, 1992-1993 (principal investigator)

Chiang Ching-kuo Foundation 蔣經國基金會 grants for a conference and for institutional enhancement at the University of California, Davis (principal investigator), 1991, 1992

China Foundation for the Promotion of Education and Culture 中華教育文化基金董事會 grant for a collaborative project to write a history of modem China, 1992-1996

PROFESSIONAL SERVICE

Associate Editor, *Journal of Asian Studies* 亞洲學報, 1966-1969

Director and Chairman, Advisory Committee on Research and Development 學術發展諮詢委員會 Association for Asian Studies 亞洲學會, 1971-1974

Member, Board of Editors, *Tsing Hua Journal of Chinese Studies* 清華學報, 1974-1986

Member, Joint Committee on Sino-American Cooperation in Humanities and Social Sciences a 中美人文社會科學合作聯合委員會, American Council of Learned Societies and Social Science Research Council, 1976-1981

Member, Editorial Committee, University of California Press 加州大學出版社, 1977-1981

Member, Research Division of the American Historical Association 美國史學會, 1984-1986

Member, Advisory Committee, The Henry Luce Foundation Project on the History of Christianity in China 基督教在華歷史研究計畫, 1985-1990

Vice President, Pacific Coast Branch of the American Historical Association 美國史學會太平洋岸分會, 1985-1986, and President, 1986-1987

External Examiner 校外考試委員, The Graduate School, Chinese University of Hong Kong, 1982

Chairman, Advisory Committee 諮詢委員會, Institute of Modern History, Academia Sinica, 1992-2000

LIST OF PUBLICATIONS

1. 1946, German Fear of a Quadruple Alliance, 1904-1905. *Journal of Modern History* 18: 222-240.
2. 1950, Co-author with John K. Fairbank. Modern china: *A Bibliographical Guide to Chinese Works, 1898-1937*, Harvard University Press, pp. 608 Reprinted in 1961.
3. 1954, Financing a Steam-Navigation Company in China, 1861-1862, *Business History Review*, 28: 154-181.
4. 1955, Administering a Steam-Navigation Company in China, 1862-1867, *Business History Review*, 29: 157-188.
5. 1959, Steamship Enterprise in Nineteenth-Century China, *Journal of Asian Studies*, 18: 435-455.
6. 1960, Early Christian Colleges in China, *Journal of Asian Studies*, 20: 71-78.
7. 1960, Co-author with Robert L. Irick and Ying-shih Yü 余英時, *American-Chinese Relations, 1784-1941: A Survey of Chinese-Language Materials at Harvard*, Harvard University Press, pp. 296
8. 1961, 唐廷樞的買辦時代 Tong King-sing: His Compradore Years [in Chinese and English], *Thing Hua Journal of Chinese Studies* 清華學報. New Series 2: 143-183.

9. 1962, *Anglo-American Steamship Rivalry China*, 1862-1874. Harvard University Press, pp. 218
10. 1963, *Americans and Chinese: A Historical Essay and a Bibliography*, Harvard University Press, pp. 211
11. 1964, British-Chinese Steamship Rivalry in China, 1873-1885. In C. D. Cowan (Ed.), *Economic Development of China and Japan. Studies in Economic History and Political Economy*, George Allen & Unwin, pp. 49-78.
12. 1966, Editor. *American Missionaries in China: Papers from Harvard Seminars*. Harvard University Press, pp. 310
13. 1967, Cohong, *Encyclopaedia Britannica*, 1964 edition published in 1967.
14. 1967, Li Hung-chang in Chihli: The Emergence of a Policy, 1870-1875, In A. Feuerwerker, R. Murphey and M. C. Wright (Eds.), *Approaches to Modern Chinese History*, University of California Press, pp. 68-104.
15. 1967, Introduction to the Symposium, New Views of Ch'ing History, *Journal of Asian Studies*, 26: 185-211.
16. 1967, Disintegration of the Old Order. *Chicago Today*, 6: 2: 14-20.
17. 1967, 王爾敏《淮軍志》序 Foreword [in Chinese], In Wang Erh-min, *History of the Huai Army* [in Chinese], Institute of Modem History, Academia Sinica, Taipei, pp. i-iii.
18. 1968, Nineteenth-century China: The Disintegration of the Old Order and the Impact of the West. In Ping-ti Ho and Tang Tsou (Eds.), *China in Crisis*, University of Chicago Press, volume 1, book 1, pp. 93-178.
19. 1970, The Confucian as Patriot and Pragmatist: The Formative Years of Li Hung-chang, 1823-1866, *Harvard Journal of Asiatic Studies*, 30: 5-45.
20. 1970, 鄭觀應《易言》：光緒初年的變法思想 Cheng Kuan-ying's *I-yen*: Re-form Proposals of the Early Kuang-hsü Period [in Chinese], *Tsing Hua Journal of Chinese Studies*, New Series 8: 373-425.
21. 1971, Li Hung-chang in Chihli: The Emergence of a Policy, 1870-1875. In Immanuel C. Y. Hsü (Ed.), *Readlings in Modern Chinese History*, Oxford University Press, pp. 234-257. [Reprint of no.14]
22. 1972, America and China: The Late Nineteenth Century, In E. R. May and J. C. Thomson, Jr. (Eds.), *American East Asian Relations: A Survey*, Harvard University Press, pp. 34-96.
23. 1974, Co-author with Adrian A. Bennett. Christianity in the Chinese Idiom: Young J. Allen

and the Early, *Chiao-hui hsin-pao, 1868-1870*, In J. K. Fairbank (Ed.), *The Missionary Enterprise in China and America*, Harvard University Press, pp. 159-196, 396-401, 425-426.

24. 1974, 晚清督撫權力問題商榷 The Limits of Regional Power in the Late Ch'ing Period: A Reappraisal, *Tsing Hua Journal of Chinese Studies*, New Series 10: 2: 176-207 [in Chinese], 207-223 [English summary].
25. 1974, Co-author with Yen-p'ing Hao 郝延平, The Importance of Archival Palace Memorials of the Ch'ing Dynasty: The Secret Palace Memorials of the Kuang-hsü Period, *Ch'ing-shih wen-t'i: Bulletin of the Society for Ch'ing Studies*, 3: 1: 71-94.
26. 1976, Co-author with Yen-p'ing Hao, Publications of Historical Archives in the National Palace Museum on Taiwan, *Asian Studies Profssional Review*, pp. 51-56. [A condensed version of no. 25.]
27. 1976, Politics, Intellectual Outlook, and Reform: The T'ung-wen Kuan Contro-versy of 1867, *In* Paul A. Cohen and John E. Schrecker (Eds.), *Reform in Nineteenth Century China*, Harvard University Press, pp. 85-100.
28. 1977, 魏秀梅《清季職官表》跋（英文）, Postface. In Wei Hsiu-mei, *Offices and Personnel in the Late Ch'ing Period: Metropolitan Officials and High Officials in Provinces and Dependencies, 1796-1911*, Vol. 2. Taipei: Academia Sinica, pp. 1-3.
29. 1977, The Limits of Regional Power in the Late Ch'ing Period: A Reappraisal [in Chinese]. Reprinted in *Selected Articles in Chinese History* 選輯, Series 2, Yu-shih Publishers, Taipei, pp. 841-895.
30. 1978, 晚清地方官自述之史料價值：道咸之際官紳官民關係初探 Late Ch'ing Magistrates' Memoirs as Historical Sources: Aspects of Social History [in Chinese], *In Papers commemorating the Fiftieth Anniversary of the Academia Sinica* 中央研究院成立五十週年紀念論文集, Vol. 2, pp. 333-364.
31. 1978, The Ch'ing Restoration. Chapter 9 of *The Cambridge History of China*, Vol. 10, Cambridge University Press, pp. 409-490 (text) and 606-608 (bibliographical essay).
32. 1978, Co-author with Ting-yee Kuo 郭廷以, Self-strengthening: The Pursuit of Western Technology. Chapter 10 of *Ibid.*, pp. 491-542 (text) and 608-611 (bibliographical essay).
33. 1979, The Historical Methodology and Its Contribution to the Study of Economic History. In Chi-ming Hou and Tzong-shian Yu (Eds.), *Modern Chinese Economic History*, Academia Sinica, Taipei, pp. 659-664.

34. 1979, Revenue Totals and Tax Burden: Comments on Chi-ming Hou and Kuo-ch'i Li, "Local Government Finance in the Late Ch'ing Period." *In Ibid*., pp. 543-546.
35. 1979, Credit Facilities in China's Early Industrialization: The Background and Implications of Hsü Jun's Bankruptcy in 1883. *In Ibid*., pp. 499-509.
36. 1980, Foreword. In K. H. Kim, *The Last Phase of the East Asian World Order: Korea,* Japan*, and the Chinese Empire*, University of California Press, pp. vii-xix.
37. 1980, Co-author with Richard J. Smith. The Military Challenge: The Northwest and the Coast. Chapter 4 of *The Cambridge History of China*, Vol. 11, Cambridge University Press, pp. 202-273 (text) and pp. 610-612 (bibliographical essay).
38. 1980, Co-editor with John K. Fairbank. *The Cambridge History of China*, Vol. 11, Cambridge University Press, pp. 754
39. 1981, Co-author with Richard J. Smith. The Decline of Imperial China. *In Collier's Encyclopedia,* Macmillan Educational Company, New York, pp. 322-326.
40. 1981, World View and Peasant Rebellion: Reflections on Post-Mao Historiography. *Journal of Asian Studies* 40: 2: 295-326.
41. 1981, 十九世紀初葉中國知識份子：包世臣與魏源 Early Nineteenth-Century Chinese Intellectuals: Pao Shih-ch'en and Wei Yuan [in Chinese], In Proceedings of the international Conference on Sinology 國際漢學會議論文集, held in August 1980, Academia Sinica, Taipei, pp. 995-1030.
42. 1982, Abridged Chinese translation of no.40 in *Zhongguo shi yanjiu dongtai* 中國史研究動態 (Trends in the Study of Chinese History), Beijing, March: 12-19.
43. 1982, A Chinese Entrepreneur. In Maggie Keswick (Ed.), *The Thistle and the Jade: A celebration of 150 Years of Jardine, Matheson & Company*, Octopus Books, London, pp. 102-127.
44. 1982, 一八六七年同文館爭議——中國早期近代化專題研究之一 The Tongwen Guan Controversy of 1867—A Case Study of China's Early Modernization [in Chinese], *Fudan University Journal* 復旦學報, Shanghai, September, pp. 97-101.
45. 1983, 近三十年美國關於中國近代史的研究 American Scholarship on Modern Chinese History During the Past Three Decades [in Chinese]. 近代史研究 *Jindaishi Yanjiu* (Modern Chinese History), Beijing, January, pp. 289-312.
46. 1983, 一八八三年上海金融風潮 The Financial Crisis of 1883 in Shanghai [in Chinese], *Fudan University Journal*, Shanghai, June, pp. 94-102.

47. 1984, Co-editor with Lu Pao-ch'ien 陸寶千. *Proceedings of the Conference on Statecraft Thought in Modern China* 中國近代經世思想研討會論文集, Taipei: Institute of Modern History, Academia Sinica, pp. 679
48. 1984, Co-author with Kai-Wing Chow 周啟榮, 學術經世：章學誠之文史論與經世思想 Scholarship and Statecraft: Chang Hsueh-ch'eng's Theory of History and Literature and His Ideas on Statecraft [in Chinese], *in Ibid.*, pp. 117-56.
49. 1984, 魏源之哲學與經世思想 The Philosophy and Statecraft Thought of Wei Yuan (1794-1856) [in Chinese], *in Ibid.*, pp. 359-390.
50. 1984, 《中國近事經世思想研討會論文集》序 Introduction [in Chinese]. *Ibid.*, pp. 1-15.
51. 1984, 中英在華輪船航運競爭 British-Chinese Steamship Rivalry in China [in Chinese, translated by Li Jung-ch'ang 李榮昌], 中國近代經濟史資料 *Sources of Modern Chinese Economic History*, Institute of Economics of the Shanghai Academy of Social Sciences, pp. 16-44. [Translation of no. 11, above.]
52. 1985, 魏秀梅《陶澍在江南》序 Preface [in Chinese], *T'ao Chu in Chiang-nan* by Wei Hsiu-mei. Taipei: Institute of Modern History, Academia Sinica, 1985, pp. i-vi.
53. 1986, Co-author with Kai-WingChow, 《皇朝經世文編》關於「經世之學」的理論 The Theory of the "Learning of Statecraft" as Seen in *Ch'ing Dynasty Writings on Statecraft* [in Chinese]. *Bulletin of the Institute of Modern History* 近代史集刊, Academia Sinica, 15. 1, pp. 33-99.
54. 1987, 近世制度與商人 Early Modern Institutions and Merchants [in Chinese], In 余英時，《中國近世宗教倫理與商人精神》 Yü Ying-shih, *Early Modern Chinese Religious Ethics and the Spirit of Merchants*. Taipei: Lien-ching, pp. 25-53.
55. 1987, 對於晚清自強運動的一些看法 Perspectives on the Self-Strengthening Movement of the Late Ch'ing Period [in Chinese], *Newsletter for Modern Chinese History* 近代中國史研究通訊, 4: 39-55.
56. 1987, 變法的挫折：同治六年同文館爭議 The Setback of Reform: The T'ung wen Kuan Controversy of 1867 [in Chinese], In 蔣慰堂先生九秩榮慶論文集 *Festschrift for the 90th Birthday of Mr. Chiang Fu-ts'ung*. Taipei: The Chinese Association of Library Science, pp. 413-424. [Revised version of no. 44 above.]
57. 1987, 一八八三年上海金融風潮 Financial Crisis of 1883 in Shanghai [in Chinese], *In* 國史釋論：陶希聖先生九秩祝壽論文集 *Interpretive Essays on Chinese History:*

Festschrift for Professor T'ao Hsi-sheng's Ninetieth Birthday. Taipei: Shih-huo 食貨, pp. 301-312. [Revised version of no.46 above.]

58. 1988 一七九六年湖北白蓮教起義的宗教因素 The Religious Factor in the White Lotus Rebellion of 1796 in Hupei [in Chinese], In 明清檔案與歷史研究 *Ming-Ch'ing Archives and Historical Research: Studies in Commemoration of the Sixtieth Anniversary of the First Historical Archive*. Beijing: Chung-hua, 2: 776-815.
59. 1988, Chinese Merchant Guilds. *Pacific Historical Review*, 57: 1-25.
60. 1988, 經世、自強、新興企業 Statecraft, Self-Strengthening, and New Enterprises [in Chinese], *In Proceedings of the Conference on the Late-Ch'ing Self Strengthening Movement* 清季自強運動研討會論文集 August 1987. Taipei: Institute of Modern History, Academia Sinica, pp. 1121-1133.
61. 1988, 中英在華輪船航運競爭 British-Chinese Steamship Rivalry in China, 1872-1885 [in Chinese, translated by Chi-kong Lai 黎志剛]. *Ibid.*, 1137-1162. [New translation of no. 11 above, published as Appendix to no. 60.]
62. 1988, 英美在華輪船航運競爭 Anglo-American Steamship Rivalry in China [in Chinese, translation of no. 9, above, by Ch'iu Hsi-jung 邱錫鑅 and Ts'ao T'ieh-san 曹鐵珊, and revised by Ch'en Tseng-nien 陳曾年], Shanghai: Social Science Academy Press, pp. 223
63. 1988, 商人與經世 Merchants and Statecraft [in Chinese], *Newsletter for Modern Chinese History*, 6: 23-37.
64. 1989, Imperialism and the Chinese Peasants: The Background of the Boxer Rising, *Modern China*, 15. 1: 102-116. [A review article, identical with Book Reviews no. 16.]
65. 1989, Statecraft and the Rise of Enterprise: The Late Ch'ing Perspective. *In The Proceedings of the Second Conference on Modern Chinese Economic History*, Institute of Economics, Academia Sinica, 1: 5-19.
66. 1990, Editor. *Orthodoxy in Late Imperial China*, University of California Press, pp. 364
67. 1990, 經世思想與新興企業 *Statecraft and the Rise of Enterprise* [in Chinese], Taipei: Lien-ching, pp. 655
68. 1990, 迎接一九〇〇年一中國怎樣進入二十世紀 Greeting 1900-China Approaching the Twentieth Century [in Chinese]. *Twenty -First Century* 二十一世紀, Hong Kong, no. 1: 19-27.
69. 1991, Co-editor with Samuel C. Chu 朱昌峻. Li Hung-chang: Diplomat and Modernizer. *Chinese Studies in History*, 24. 1-2, pp. 167; 24. 4, pp. 96; 25. 1, pp. 89.

70. 1991, Introduction: The Beginnings of China's Modernization, *in Ibid.*, 24. 1: 7-23.
71. 1992, 從曾國藩家書說起 Significance of Tseng Kuo- fan's Family Letters [in Chinese], in *Collection of Articles from the International Conference on Family Process and Political Process* 中國近世家族與政治比較歷史研討會論文集, Institute of Modern History, Academia Sinica, pp. 97-118.
72. 1992, 十九世紀末界知識份子的變法思想 Reformist Thought of Chinese Intellectuals in the Late Nineteenth Century [in Chinese], In 余英時等著, 中國歷史轉型時期的知識份子 *Intellectuals in Transformative Periods in Chinese History*, by Yü Ying-shih et al. Taipei: Lien-ching, pp. 43-54.
73. 1993, 從輪船招商局的早期看官督商辦的兩個形態 Two Types of "Govermment Supervision and Merchant Operation" As Seen in the Early History of the China Merchants' Steam Navigation Company [in Chinese]. In 張寄謙編, 素馨集, *Unadorned Fragrance: Essays in Memory of Professor Shao Xunzheng*, Zhang Jiqian (Ed.), Beijing: Peking University Press 北京大學出版社 pp. 258-89.
74. 1994, Co-editor with Samuel C. Chu. *Li-Hung-chang and china Early Modernization. Armont*, N. Y.: M. E. Sharpe, pp. 308
75. 1994, Education for Its Own Sake: Notes on Tseng Kuo-fan's Family Letters. In Benjamin Elman and Alexander Woodside (Eds.), *Education and Society in Late Imperial China,* University of California Press, pp. 76-108.
76. 1994, 《基督教與中國現代化國際學術研討會論文集》序 Foreword [in Chinese]. *Proceedings of the International Scholarly conference on Christianity and China's Modernization*, Taipei: Yü-chou Kuang 宇宙光 Publications, pp. 1-9.
77. 1994, 晚清人權初探—兼論基督教思想的影響 A Preliminary Study of the Ideas on Human Rights in the Late Ch'ing Period-with Comments on the Influence of Christian Thought [in Chinese], *New History* 新史學, Taipei, 5. 3: 1-23.
78. 1995, Co-editor with Samual C. Chu. 李鴻章評傳 Critical Studies of *Li Hung-chang's Caree.r*, Translated into Chinese by Chen Jiang 陳絳, Shanghai: Guji chubanshe 上海古籍出版社, 404 pp. See no.74.
79. 1996, 王爾敏《明清時代庶民文化生活》序 Foreword, In Wang Erh-min, *The Cultural Life of the Common People during the Ming-Ch'ing Era* [in Chinese], Institute of Modern History, Academia Sinica, Taipei, pp. 1-2.
80. 1996, Foreword, In Patricia Buckley Ebrey, *The Cambridge Illustrated History of China,*

Cambridge University Press, p. 6.

81. 2004, Co-editor with Richard Shek 石漢椿, *Heterodoxy in Late Imperial China*, University of Hawaii Press.

82. 2009, *China's Early Modernization and Reform Movement: Studies in Late Nineteenth-Century China and American-Chinese Relations*, Institute of Modern History, Academia Sinica, edited by Yung-Fa Chen 陳永發 and Kuang-Che Pan 潘光哲.

LIST OF PUBLISHED BOOK REVIEWS

1. 1958, *The Last Stand of Chinese Conservatism: The Tung-chih Restoration, 1862-1874* by M. C. Wright, *Journal of Economic History*, 18: 385-387.
2. 1962, *Lin-Tse-hsü. Tseng Kuo-frmn. Tso Tsung-t'ang*, Three books by Gideon Chen, *Journal of Asian Studies*, 21: 542.
3. 1962, *Late Ch'ing Finance: Hu Kuang-yung as an Innovator* by C. J. Stanley, *Business History Review*, 32: 447-479.
4. 1964-65, *The Earliest Modern Government Schools in China* by K. Biggerstaff, *Harvard Journal of Asiatic Studies*, 25: 279-284.
5. 1966, *Foreign Investment and Economic Development of China, 1840-1937* by Chiming Hou, *American Historical Review*, 72: 260.
6. 1967, *The Moslem Rebellion in Northwest China* by Wen-djang Chu, *American Historical Review*, 73: 564-65.
7. 1967, *Chung-kuo kuan-shen fan-chiao ti yuan-yin, 1860-187*4 (The causes of the anti-Christian movement among Chinese officials and gentry, 1860-1874) by Lü Shih-ch'iang, *Journal of Asian Studies*, 27: 136-137.
8. 1967, *Agricultural development of Taiwan, 1903-1960* by Yhi-Min Ho, *Agricultural History*, 41: 429-431.
9. 1967, *Foreign Investment and Economic Development in China, 1840-1937* by Chi-ming Hou, *Tsing Hua Journal of Chinese Studies*, New Series 6:Nos. 1 & 2 (combined): 285-286 [in Chinese].
10. 1968, *Britain, China, and the Antimissionary Riots, 1891-1900* by E. S. Wehrle, *Harvard Journal of Asiatic Studies*, 28: 256-259.
11. 1968, *A Guide to the Archives and Records of Protestant Christian Missions from the*

British Isles to China, 1796-1914 by L. R. Marchant, *Harvard Journal of Asiatic Studies*, 28: 298-300.

12. 1971, *Postal Communication in China and Its Modernization, 1860-1896* by Ying-wan Cheng, *American Historical Review*, 76: 820-821.
13. 1971, *The Boxer Rising* by V. Purcell, *The Foreign Affairs 50-Year Bibliography*, New York and London, p. 783.
14. 1975, *The District Magistrate in Late Imperial China* by J. R. Watt, *American Historical Review*, 80: 1025-1027.
15. 1982, *Shantung Rebellion: The Wang Lun Uprising of 1774* by Susan Naquin, *American Historical Review*, 87: 1141-1142.
16. 1989, *The Origins of the Boxer Uprising*, by Joseph W. Esherick, *Modem China*, 15: 102-116, See List of Publications, no. 64.

劉廣京先生學述*

潘光哲

史學耆宿，中央研究院院士劉廣京先生，於二〇〇六年九月廿八日（美國時間）在睡夢裡安詳辭世，享壽八十五歲。消息傳出，史學界同悼共哀。就筆者個人而言，方一九九三年春季就學於台灣大學歷史系博士班之際，廣京先生恰來台大擔任客座教授，由當時系主任張秀蓉教授引介，自彼時起，即得到追隨廣京先生讀書的機會，此後研史問學，長蒙指點；復得榮寵，由廣京先生擔任個人博士論文口試委員會主席（二〇〇〇年），正我誤闕。驚聞噩耗，實是悲慟無已。哲人已遠，學術遺澤，長存天地。學界的後繼者可以從廣京先生的鴻篇巨帙裡汲取的智慧靈光，必然無窮無盡。筆者不才，無可報效先生者，謹此略述廣京先生的學術業績，以懷一代學人篳路藍縷，發凡起例之功。

一、

從整體的脈絡來說，近代中國史（特別是十九世紀中國史）領域，是廣京先生獨步史壇的貢獻。從一九四〇年代末期起，廣京先生在這個領域裡上下求索將近一甲子，規模宏大，氣象萬千，史界無有匹敵者。迴源溯流，廣京先生早於初涉史壇之際，便已打下深厚的學術功底，為學界前輩同稱共譽；此後持續猛進，既擅從精微個例詮說世勢之變化，復長於宏觀視野釋論史跡之遷易，終成一代史學宗師。

胡適交誼滿天下，世所共知，楊聯陞則是他於一九四〇年代在美國哈佛大學結識的後輩學人裡，「相知與日彌深而且終身不渝的一位」[1]，雙方之間，書信往來不輟，論學言事，靈犀長通。胡適提攜後進，不遺餘力；楊聯陞也樂此不倦，劉廣京先生便是他曾向胡適致函專門介紹推薦的一位：

---

* 初稿發表於：「劉廣京院士（1921-2006）紀念會」（臺北：中央研究院近代史研究所，2006 年 10 月 28 日）。

1 余英時，〈論學談詩二十年——序《胡適楊聯陞往來書札》〉，胡適紀念館（編），《論學談詩二十年——胡適楊聯陞往來書札》（台北：聯經出版事業公司，1998），頁 viii。

> 哈佛中國同學學歷史的，又添了兩位，都是聯大來的。一位陳安麗小姐……一位劉廣京君，從三年級轉來，非常聰明，據說在聯大有很多先生賞識他。我已經見過，實在不壞。兩位大概都是專攻西洋史的。……[2]

那時的廣京先生，還只是方入哈佛大學之門的大學部學生[3]，英姿勃發，已然引起前輩的注意。楊、劉之間，同在哈佛大學研史治學，交還無已，特別是當廣京先生的治學轉向近代中國史的研究領域以後，更有密切交流，像是楊聯陞有意進行「胡光墉與光緒九年之經濟危機」之寫作，搜集材料時，便得到廣京先生之助[4]，可見一斑。

廣京先生在哈佛大學苦學多年，從學士（一九四五）到碩士（一九四七），迄於一九五六年榮獲博士為止，接受了完整的學術訓練。在大學部求學時期的廣京先生，以治英國史為專業，畢業論文以十九世紀英國哲學家 T. H. Green 的思想為主題[5]，深獲師長欣賞，日後費正清（John K. Fairbank, 1907-1991）在回憶錄裡提到廣京先生時，首先便是贊譽他的這篇論文[6]。還只是哈佛碩士生的廣京先生，已積極向學術領域進軍，在專業期刊上發表論文，討論德國在一九〇四至一九〇五年間對三國聯盟的反應[7]，這篇初試啼聲之作，應也顯示了廣京先生治史方向轉變的軌跡。

特別是從一九四六年末起，當時正在哈佛大學全力拓展中國／東亞史領域的費正清，有意對哈佛燕京學社有關近代中國史的庋藏展開調查，身為費正清指導的研究生，廣京先生得與其業，師生聯手，完成了一部厚達六〇八頁的書目指南[8]。費正清回憶其事曰：

---

2 〈楊聯陞致胡適（1944 年 3 月 14 日）〉，《論學談詩二十年——胡適楊聯陞往來書札》，頁 32。

3 劉廣京先生於一九四三年十二月聖誕節前夕，方始抵達哈佛大學，翌年二月正式入學，見：蘇雲峰，〈學人專訪：劉廣京院士〉，收入：郝延平、魏秀梅（主編），《近世中國之傳統與蛻變：劉廣京院士七十五歲祝壽論文集》（台北：中央研究院近代史研究所，1998），頁 1310。

4 〈楊聯陞致胡適（1950 年 6 月 15 日）〉，《論學談詩二十年——胡適楊聯陞往來書札》，頁 102；不過，楊聯陞先生未成斯篇，反而廣京先生後來就此題撰有專文行世：劉廣京，〈一八八三年上海金融風潮〉，收入：氏著，《經世思想與新興企業》（台北：聯經出版事業公司，1990），頁 571-593。

5 Kwang-Ching Liu, "T. H. Green and His Age" (Thesis [A. B., Honors], Harvard University, 1945★Harvard Archives: HU 92.45.525 [003882734], Harvard Depository)；廣京先生回憶曰，題為："T. H. Green: The Evangelical Revolt in Philosophy"（蘇雲峰，〈學人專訪：劉廣京院士〉，頁 1311），應非實錄。

6 John K. Fairbank, *Chinabound: A Fifty-Years Memoir*(New York: Harper & Row, Publishers, 1982), p. 328.

7 Kwang-Ching Liu, "German Fear of a Quadruple Alliance, 1904-1905," *The Journal of Modern History*, Vol. 18, No. 3 (1946), pp. 222-240.

8 John King Fairbank and Kwang-Ching Liu, *Modern China: A Bibliographical Guide to Chinese Works, 1898-1937* (Cambridge, MA: Harvard University Press, 1950).

> 劉廣京是書目學方面的天才，史學家會怎麼利用那些可以入手的材料，他的想像力特別豐富[9]。

今日重行批閱這部大書，一切的漢字都應出自廣京先生之手，可以想見他付出的精力。其實，如此辛勤的文字勞動，乃是項「利己利人」的事業。恰如費正清的述說：

> 至今我捧讀這卷書的時候，仍然覺得興奮不已。只要我手頭上有這部書，我就能隨時告訴我的任何一個學生，他應該要找的漢語材料的相關知識，並且可以指示他要如何去找。它就像人多了一個大腦一樣，不僅可以隨身攜帶，而且還要來得可靠得多[10]。

對廣京先生個人而言，經此全盤地毯式的史料調查勞作，他對相關的史料著述，顯然成竹在胸，基礎既實，涵養愈深，所可建構的宏偉史學殿堂，自是遠邁群倫。

廣京先生在一九四八年取得博士候選人的資格，偶然間考取了聯合國秘書處中文翻譯的工作，遂於是年秋天暫離哈佛，赴紐約任職，至一九五五年始重回劍橋。廣京先生曾經告訴筆者，在聯合國工作期間，結識了蔣廷黻先生，嘗獲邀擔任他的秘書，廣京先生以對此等工作毫無興趣而予婉拒。廣京先生在一九五六年獲得博士學位後，始終留在哈佛，全力向學術衝刺，努力將博士論文修改為專書出版，亦且開始開拓「中美關係史」、「基督教在中國」等學術領域。至一九六三年，廣京先生終於告別哈佛，橫越北美大陸，來到加州的戴維斯，在臨近太平洋濱的這方靜謐大學城，開闢近代中國史研究的新天地。

二、

在研究十九世紀中國史的漫長征途上，廣京先生成就的業績猶如百科全書，涵括廣博，內容精確。十九世紀的中國大地，動盪紛擾，內亂外憂，無時而已。廣京先生追溯描摹世局變動的歷史圖像，既注意「西風東碰」引發的結果，更重視大清帝國自身內部的動力因源。

---

[9] John K. Fairbank, *Chinabound*, p. 328.

[10] John K. Fairbank, *Chinabound*, p. 328.

從一九四〇年代末期起，身為史壇初生之犢，廣京先生首先開展的是航運史研究，經由述說英美在大清帝國的航運競爭歷程[11]，並及探索輪船招商局（與其相關人物如唐廷樞）歷史的系列論文[12]，廣京先生對於現代帝國主義「侵略」與大清帝國自身經濟變遷之間的關係，提供了應該如何具體勾勒這幅錯綜複雜的歷史圖景的示範。

廣京先生也是開拓十九世紀「中美關係史」與「基督教在中國」等學術領域的帶頭人之一。以「中美關係史」領域而言，廣京先生既與 Robert L. Irick、余英時等合編這一課題的漢語書目[13]，復獨力編纂涵括英語原始史料及文獻的書目，並撰有提綱挈領的導論[14]，嘉惠學林。積此功力，廣京先生述說十九世紀「中美關係史」的專文[15]，自成格局。廣京先生將「基督教在中國」的歷史視為理解十九世紀中國史的入手之方，所以深為重視基督教對中國的社會影響。如基督教在中國創辦的大學的畢業生，對中國教育界和醫界的貢獻；基督教傳教士的著述，又對晚清思想的變遷，提供了什麼樣的動力來源，都是廣京先生所曾致力的課題[16]。至於在晚清思想界流傳甚廣的論說：「人人有自主之權」，廣京先生也以基督教傳教士主編的《萬國公報》為史源，勾勒這等論說的起源依據和變化，具體展現基督教思想對晚清士人思想之影響的起伏[17]。

在述說這些「西風東碰」的課題之外，廣京先生早於一九六〇年代中末期起，即開始闡釋大清帝國自身內部回應世局變動的「內在動力」。他在探討十九世紀「舊秩序」的崩解及其結果之際，即特別指出，應該同時注意由本土和外來因素合力引發的新趨勢和新運動（the new tendencies and movements born of indigenous as well as external forces）[18]；

---

[11] 主要代表作是：Kwang-Ching Liu, *Anglo-American Steamship Rivalry China, 1862-1874* (Cambridge, MA: Harvard University Press, 1962)；其餘單篇論文，不詳舉例。

[12] 代表著作是：〈唐廷樞的買辦時代〉，《經世思想與新興企業》，頁 327-400；其餘論文，不詳舉例。

[13] Robert L. Irick, Ying-shih Yü and Kwang-Ching Liu, eds., *American-Chinese Relations, 1784-1941: A Survey of Chinese-Language Materials at Harvard* (Cambridge, MA: Harvard University Press, 1960).

[14] Kwang-Ching Liu, *Americans and Chinese: A Historical Essay and a Bibliography* (Cambridge, MA: Harvard University Press, 1963).

[15] Kwang-Ching Liu, "America and China: The Late Nineteenth Century," in E. R. May and J. C. Thomson, Jr. eds., *American-East Asian Relations: A Survey* (Cambridge, MA: Harvard University Press, 1972), pp. 34-96.

[16] Murray A. Rubinstein 即贊譽廣京先生對「基督教在中國」研究領域的先導之功，也認為廣京先生主編的這部論文集：Kwang-Ching Liu, edited, *American Missionaries in China: Papers from Harvard Seminars* (Cambridge, MA: Harvard University Press, 1966)，乃是研究這個課題的靈感泉源和起始點，見：Murray A. Rubinstein, "Christianity in China: One Scholar's Perspective of the State of the Research in China the Mission and China Christian History, 1864-1986,"《近代中國史研究通訊》，第 4 期（台北：中央研究院近代史研究所，1987 年 9 月），頁 111。

[17] 劉廣京，〈晚清人權初探——兼論基督教思想的影響〉，《新史學》，第 5 卷第 3 期（台北：1994 年 9 月），頁 1-23。

[18] Kwang-Ching Liu, "Nineteenth-century China: The Disintegration of the Old Order and the Impact of the West," in Ping-ti Ho and Tang Tsou, eds., *China in Crisis* (Chicago: University of Chicago Press, 1968), volume 1, book 1, pp. 93-178.

約略同一時期，他也開展李鴻章及鄭觀應變法思想的相關研究[19]，等於又涉足於政治史和思想史的領域。基於這樣的認識，廣京先生提倡晚清「自強運動」和「經世思想」的研究，並以身為則，扭轉歷史的認識維度。如廣京先生藉由對魏源思想的探究，提出宏觀的反思，指陳「中國近代史上之不斷創新，原為因應多方面之內在需要，絕非僅由外來之刺激，而實有自發之精神與思想為基礎」[20]；他也透過對李鴻章仕途史的研究，提醒我們應該注意「儒家傳統內部的靈活性」（the flexibility within the Confucian tradition）[21]。

廣京先生治史論學，贊賞的是對材料文獻搜羅殆盡，並從事於具體史事重建的功夫。方其評論前輩史家 K. Biggerstaff 的 *The Earliest Modern Government Schools in China* 一書，即欽贊有加，指出他甚至於利用了林樂知（Young John Allen）和傅蘭雅（John Fryer）的未刊文獻，可以精確刻畫同文館的歷史[22]。當廣京先生自身探討一八六七年同文館初設天文算學館時的爭議，綜合既有成果與原始史料，對倭仁和恭親王等人的爭鋒場景，做出更精緻入微的史實重建[23]。廣京先生的治史技藝，精細綿密，猶如繡花功夫。像是研治晚清史的學界同仁始終聲言晚清「督撫集權」，甚或指稱曾國藩、李鴻章為「軍閥」，此等既成論說，甚囂塵上；廣京先生為反駁此等似是定論的流行言說，即以大量的圖表統計督撫任期，論證清廷中央如何控制地方[24]；對於晚清地方社會的官吏紳民關係，廣京先生則無意提出宏觀理論，僅以具體的史料鋪陳勾描[25]，讀之引人入勝。

即令已然是一代學宗，廣京先生對歷史真實的追求，精益求精，儼然沒有盡頭。一九八八年，廣京先生以漢語發表了探索一七九六年湖北白蓮教起事的研究[26]，猶不為

---

[19] 李鴻章研究方面，自以與朱昌崚合編的專著，最稱重要：Samuel C. Chu and Kwang-Ching Liu, eds., *Li-Hung-chang and China's Early Modernization*（Armonk, NY: M. E. Sharpe, 1994），漢譯本：劉廣京、朱昌崚（編），陳絳（譯校），《李鴻章評傳：中國近代化的起始》（上海：上海古籍出版社，1995）；鄭觀應方面，廣京先生則以他的《易言》為主要史料，分析討論 1870 年代初期的變法思想：劉廣京，〈鄭觀應《易言》——光緒初年之變法思想〉，《經世思想與新興企業》，頁 419-521。

[20] 劉廣京，〈魏源之哲學與經世思想〉，原刊：《近世中國經世思想研討會論文集》（台北：中央研究院近代史研究所，1984），《經世思想與新興企業》，頁 25-76。

[21] Kwang-ching Liu, "The Confucian as Patriot and Pragmatist: The Formative Years of Li Hung-chang, 1823-1866," *Harvard Journal of Asiatic Studies*, 30 (1970), also in Samuel C. Chu and Kwang-Ching Liu, eds., *Li-Hung-chang and China's Early Modernization*, p. 18.

[22] *Harvard Journal of Asiatic Studies*, 25 (1964-65), pp. 279-284.

[23] 劉廣京，〈變法的挫折——同治六年同文館爭議〉，《經世思想與新興企業》，頁 403-418。

[24] 劉廣京，〈晚清督撫權力商榷〉，《經世思想與新興企業》，頁 247-293。

[25] 劉廣京，〈晚清地方官自述之史料價值——道咸之際官紳官民關係初探〉，《經世思想與新興企業》，頁 189-245。

[26] 劉廣京，〈從檔案史料看一七九六年湖北省白蓮教起義的宗教因素〉，收入：中國第一歷史檔案館（編），《明清檔

已足，隨著相關史料的不斷刊佈，兼及後起之秀的研治成果頻出，他仍孜孜不息，經過吸收轉化，成為他擬撰英語新稿之張本[27]。然而，在二〇〇四年問世的這篇論文，並不是廣京先生計畫的「封筆之作」。廣京先生曾興致勃勃地告訴筆者，因為盛宣懷檔案關於招商局的部分，終於面世[28]，所以他打算依據這份期盼已久始告公開的史料，修改前此發表述說輪船招商局歷史的諸篇論作，特別是為紀念對他有重大影響的邵循正先生而撰述的論文[29]，廣京先生表示，「非改不可」。已然年逾八旬的廣京先生，在史學實踐的道路上，依舊衝勁十足，不知疲倦地邁步直行。

三、

在廣京先生寬廣的學術世界裡，自有學術標準的堅持，卻又「兼容並蓄」。像是廣京先生對 James L. Hevia 那部引起爭議的著作[30]，固然指稱是書「有不少翻譯上的錯誤，所論亦不精」，仍贊譽他「能利用大量英國檔案（包括東印度公司檔案）」，也以為他「提供的研究方向還值得參考」[31]。前輩學人嘉許後繼者自展身手的風範，學林永式。

身為開拓十九世紀中國史的研究領域的先行者之一，廣京先生的學術組織能力，亦稱卓越群倫。他與費正清領銜主編的《劍橋中國史．晚清編》第 2 卷，學術貢獻厥偉，世有定評。然而，廣京先生向來強調中國漫長歷史遺產的重要，因此在一九八〇年代之始，即發動了探討明清以來的正教和異端（orthodoxy and heterodoxy）的研討會，歷經長久的積累，成果方始面世[32]。長期以來，西方學界探索中國的宗教和思想（兼及相關社會組織和活動等面向），往往籠罩在 Max Weber 論說的陰影之下，廣京先生和同儕在這兩部大書裡的努力，當具燭照之明的提醒作用[33]。由此而言，在「中國研究」的

案與歷史研究：中國第一歷史檔案館六十周年紀念論文集》（北京：中華書局，1988），頁 281-320。

27 Kwang-ching Liu, "Religion and Politics in the White Lotus Rebellion of 1796 in Hupei," in Kwang-ching Liu and Richard Shek, eds., *Heterodoxy in Late Imperial China*（Honolulu: University of Hawai'i Press, 2004）, pp. 281-320；廣京先生引證的是李健民和 Blaine Gaustad 等人的後出研究成果。

28 陳旭麓、顧廷龍、汪熙（主編），《輪船招商局．盛宣懷檔案資料選輯之八》（上海：上海人民出版社，2002）。

29 劉廣京，〈從輪船招商局早期歷史看官督商辦的兩個形態〉，收入：張寄謙（編），《素馨集：紀念邵循正先生學術論文集》（北京：北京大學出版社，1993），頁 258-289。

30 James L. Hevia, *Cherishing Men from Afar: Qing Guest Ritual and the Macartney Embassy of 1793* (Durham & London: Duke University Press, 1995).

31 黎志剛，〈再訪劉廣京先生〉，《近世中國之傳統與蛻變：劉廣京院士七十五歲祝壽論文集》，頁 1332。

32 Kwang-Ching Liu, edited, *Orthodoxy in Late Imperial China* (Berkeley, CA: University of California Press, 1990); Kwang-Ching Liu and Richard Shek, eds., *Heterodoxy in Late Imperial China* (Honolulu: University of Hawai'i Press, 2004).

33 參考：Stephen R. MacKinnon, Kai-wing Chow and Chi-Kong Lai, "Kwang-ching Liu: In Appreciation,"《近世中國之

海洋裡，廣京先生扮演的領航者角色，豈僅十九世紀中國史一端而已。

廣京先生認為，就解釋整個中國近代史而言，「中心問題是為什麼古代中國會變成近代中國」[34]。為求其解，廣京先生投注了畢生的心血，無懈無怠，營擘了宏偉壯麗的知識殿堂。一代大師的生命旅途，固然畫上句點；廣京先生披荊斬棘奮力而拓的學術方向，則必永遠指示著後繼者的前行道路；廣京先生費精耗神涵泳提煉的知識智慧，也必在後代的心版上刻鏤永恆的印記。

傳統與蛻變：劉廣京院士七十五歲祝壽論文集》，頁 1281-1284。

[34] 蘇雲峰，〈學人專訪：劉廣京院士〉，頁 1313；他又謂「中國近代史的中心問題」就是「古代中國如何變成近代中國、現代中國」，見：劉廣京，〈三十年來美國研究中國近代史的趨勢〉，《近代史研究》，1983 年第 1 期（北京：1983 年 1 月），頁 291。

PC1034 讀歷史 140

經世與實業：劉廣京院士百歲紀念論文集

主　　編 / 黎志剛、潘光哲
責任編輯 / 鄭伊庭
圖文排版 / 楊家齊
封面設計 / 王嵩賀

發 行 人 / 宋政坤
法律顧問 / 毛國樑　律師
出版發行 / 秀威資訊科技股份有限公司
114 台北市內湖區瑞光路 76 巷 65 號 1 樓
電話：+886-2-2796-3638　傳真：+886-2-2796-1377
http://www.showwe.com.tw
劃撥帳號 / 19563868　戶名：秀威資訊科技股份有限公司
讀者服務信箱：service@showwe.com.tw
展售門市 / 國家書店（松江門市）
104 台北市中山區松江路 209 號 1 樓
電話：+886-2-2518-0207　傳真：+886-2-2518-0778
網路訂購 / 秀威網路書店：https://store.showwe.tw
國家網路書店：https://www.govbooks.com.tw

2022 年 8 月　BOD 一版
定價：720 元

讀者回函卡

國家圖書館出版品預行編目

經世與實業：劉廣京院士百歲紀念論文集/黎志剛, 潘光哲主編. -- 一版. -- 臺北市：秀威資訊科技股份有限公司, 2022.08

面； 公分. -- (史地傳記類)

BOD 版

ISBN 978-626-7088-52-4(平裝)

1.史學 2.文集

607 111002151